정신분석적 심리치료

Nancy McWilliams 저
권석만 · 이한주 · 이순희 공역

학지사

Psychoanalytic Psychotherapy: A Practitioner's Guide
by Nancy McWilliams

Korean Translation Copyright © **2007** by Hakjisa Publisher
The Korean translation rights arranged with The Guilford Press,
A Division of Guilford Publications, Inc.

역자 서문

정신분석적 심리치료는 모든 심리치료의 모태라고 할 수 있다. 정신분석은 인류 역사상 최초의 체계적인 심리치료일 뿐만 아니라 대다수의 심리치료 이론이 그로부터 파생되었거나 그에 대한 반작용으로 출현했기 때문이다. 현재 이 지구상에는 수많은 다양한 심리치료가 존재하고 있으나, 정신분석적 심리치료는 인간의 문제를 가장 심층적이고 세밀하게 접근하는 치료방법이라고 할 수 있다. 하지만 가장 이해하기 어렵고 숙달하기 어려운 치료방법이기도 하다. 더구나 정신분석은 Freud 이래로 이론과 기법에 있어서 많은 변화를 겪어 왔으며 현대에는 자아심리학, 자기심리학, 대상관계 이론 그리고 소위 포스트모던 이론들을 위시한 다양한 이론들이 제시되고 있어 그 진면목을 파악하기 어렵다. 또한 대다수의 정신분석적 문헌들은 난해한 용어, 복잡한 이론, 모호한 표현으로 인해 이해하기가 쉽지 않다.

이런 점에서, 미국의 여류 정신분석가이자 임상심리학자인 Nancy McWilliams가 저술한 이 책은 매우 보기 드문 책이다. 현대의 다양한 이론들을 아우르면서 정신분석적 심리치료의 진수를 명쾌하고도 감동적으로 소개하고 있기 때문이다. Nancy McWilliams는 이미 『정신분석적 진단(*Psychoanalytic Diagnosis*)』과 『정신분석적 사례이해(*Psychoanalytic Case Formulation*)』를 통해서 세계적인 명성을 얻고 있으며, 이 책은 그녀의 3부작을 완성하는 마지막 저술이다. 그녀는 이 책에서 정신분석적 심리치료의 핵심적인 치료적 요인과 실제적인 치료과정을 오랜 치료경험에 근거하여 누구나 공감할 수 있도록 설득력 있게 제시하고 있다. 자신의 치료방법을 내담자와의 첫 만남에서부터 종결에 이르기까지 놀라울 정도로 구체적이고 솔직하게 제시하고 있어서, 정신분석적 심리치료의 진수를 생생하게 접할 수 있을 뿐만 아니라 비록 다른 치료적 입장을 지닌 치료자라 하더라도 심리치료에 관한 소중한 깨달음을 얻을 수 있을 것이다.

이 책을 처음 읽으면서 "좀 더 이른 시기에 이 책을 보았더라면" 하는 안타까움과 "이제라도 이 책을 접하게 된" 기쁨을 함께 느꼈다. 한국의 독자들에게 하루 빨리 소개하고 싶다는 욕심으로 번역을 시작하였으나, 2005년에 번역하여 출간한 『정신분석적 사례이해』와 마찬가지로, 이 책을 한글로 옮기는 일은 매우 많은 시간을 요하는 어려운 작업이었다. 그래서 현재 미국에서 임상심리학 박사학위과정을 밟고 있는 이한주, 이순희 두 선생에게 도움을 요청하였으며 이한주 선생이 5, 6, 7장 그리고 이순희 선생이 8, 9, 12장과 부록의 초벌번역을 해 주었다. 이러한 초벌번역의 모든 내용을 역자 대표가 읽기 쉽고 일관성 있게 다듬어 정리하였다. 교정과정에서 서울대학교 대학원 박사과정생인 김윤희 선생이 세심하게 문장을 다듬어 주었으며 석사과정생인 조현석 군과 조수아, 김빛나 양이 마무리 작업을 도와주었다. 모두에게 고마운 마음을 전한다. 아울러 역서의 출간을 지원해 주신 학지사의 김진환 사장님, 편집을 해 주신 이지혜 과장님 그리고 대담한 표지 디자인을 해 주신 고광수 선생님께 감사드린다.

이 책을 통해서 한국의 독자들이 정신분석적 심리치료를 좀 더 친근하게 여기게 되기를 바란다. 아울러 심리치료자들 역시 전공학문의 배경과 이론적인 입장이 다르더라도 서로를 존중하고 소통하며 배우려고 노력하는 계기가 되기를 희망한다.

2007년 5월

역자 대표 권석만

저자 서문

심리학은 과학이지만 심리치료는 예술(art)이다. 정신역동적 치료는 히스테리 환자들이 나타내는 이해하기 힘든 증상을 치료하기 위해 시작되었지만, 지난 한 세기에 걸쳐 점점 더 다양한 범주의 사람들이 겪는 고통을 치유하기 위한 노력을 해 오면서 체계화되고 확장되었다. 심리치료에 관한 훌륭한 책들이 많음에도 불구하고 이 책을 쓰게 된 것은 심리치료라는 예술을 배우는 학생들에게—다양한 인간집단, 정신병리, 정신분석학계에서 현재 유행하고 있는 매우 다양한 패러다임, 시대와 장소 그리고 가족의 특수성을 반영하는 다양한 인간적 불행을 아우르는—심리치료의 핵심적 속성을 통합적으로 소개하는 책이 부족하다고 생각했기 때문이다. 어떤 책이든 그 시대와 문화의 산물일 수밖에 없지만, 이 책에서는 정신분석적 치료를 소개하는 기존의 많은 입문서들보다 다양한 관점을 포함하려고 노력하였다. 과거에 내가 쓴 책들과 마찬가지로, 이 책은 주로 수련중인 사람들—심리학, 상담학, 정신의학, 일반의학, 사회사업학, 간호학 또는 신앙적 치료의 어떤 분야에서든—에게 도움이 되도록 저술하였다.

신참 치료자들이 수련과정에서 알고 싶어 하는 점들에 관해 설명하면서 동시에 여러 이론적 입장과 전문적 학문분야에 해당될 수 있는 치료에 관한 이야기를 나누고자 한다. 애매모호한 용어와 과거에 너무 독선적이었던 집단적 성향 때문에 정신분석을 싫어하는 사람들에게 정신분석적 입장을 소개하기 위해서는 다양한 환자집단에 적용될 수 있는 정신역동적 치료의 핵심적 측면을 설명하는 것이 좋을 듯싶다. 일부 연구자들이 '도도 새' 현상(Luborsky, Diguer, Luborsky, Singer, & Dickter, 1993)이라고 부르는 것, 즉 효과적인 치료에서는 치료자의 이론적 입장과 상관없이 공통적인 특성이 나타난다는 연구결과(Luborsky et al., 2002; Weinberger, 1995)는 나의 개인적 경험과도 일치한다. 나의 동료인 Brenna Bry는 스키너식의 행동치료자이다. 나의 치료방식을 설명하면서 내가 사용하는 용어는 그녀가 사용하는 용어와 매우 다르지만, 그녀가 시행한 치료의 녹화 테이프를 보고서 나는 그녀와 상당부분 동일한 방식으로 치료하고 있다는 것을 알게 되었다. 만약 내가 이러한 공통적 요소를 '개인적인 따뜻함' 이나 '공감' 과 같은 용어보다 좀 더 분명한 개념으로 설명할 수 있다면, 정신역동적 치료과정에서 일어나는 일들을 정신분석적 입장의 신참 치료자들에게 좀 더 쉽게 설명할 수 있을 뿐만 아니라 다른 이론적 입장을 지닌 치료자와 학구적인 일반 독자들에게도 좀 더 흥미롭게 제시할 수 있을 것이다.

나는 도도 새 현상을 환원주의적으로 이해하고 있지 않다. 즉, 특정한 정신장애를 치료하는 효과적인 치료방법이 존재한다는 사실을 부인하지 않는다. 21세기의 초입에 있는 현대사회에서는 여러 가지 장애를 호전시키는 인지행동적 치료, 정신병과 심한 기분장애를 변화시키는 의학적 치료, 불안과 우울을 감소시키는 약물치료, 중독증을 극복하도록 돕는 12단계 프로그램과 같은 대중적 운동이 인기를 얻고 있다. 이 밖에도 특정한 장애를 치료하는 수많은 특수한 치료법들이 제시되고 있다. 심리치료를 받으려 하는 사람들은 특수한 장애에 대한 전문적 치료를 기대하는 동시에 고민을 털어놓을 수 있고 전반적인 성장을 촉진하는 치료적 관계를 바라고 있다.

정신분석적 치료에만 해당되는 요인들이 있기는 하지만, 치료적 요인의 대부분은 다양한 입장을 지닌 치료자들에 의해서 공통적으로 시행되는 것이다. 이러한 나의 견해는 개인적 경험에 근거한 것이지만, 매우 엄격한 방법을 통해 수행된 연구결과와도 일치하고 있다. Luborsky와 동료들(2002)의 연구를 분석한 Messer와 Wampold(2002)에 따르면, '경험적으로 검증된 치료(empirically supported treatments)' 를 강조하는 요즘의 경향은 충분히 입증되지 않은 의학적 모델에 근거하고 있으며 체험적 치료, 정신역동적 치료 그리고 가족치료를 실증적 근거 없이 평가절하하고 있다는 것이다. 나아가서 이들은 특정한 증상을 목표로 하는 구체적인 치료방법들도 '좀 더 거시적인 치유적 맥락에서 시행될 때에만' 효과적이며, (우리가 오래전부터 알고 있듯이) 치료효과가 달라지는 이유는 치료적 접근의 차이라기보다 치료자의 차이 때문이라고 결론짓고 있다. 나는 정신분석적 감수성(psychoanalytic sensibility)의 중요성을 각별히 강조하는 동시에 경쟁적인 다른 치료법들의 공헌을 솔직하게 인정하려고 노력하고 있는데, 이러한 두 가지 입장 간에는 상충되는 측면이 있는 것 같다. 그러나 Winnicott이 치료자들에게 모순처럼 보이는 역설을 잘 포용하라고 권유한 바 있듯이, 다양한 각도에서 현상을 바라보려는 나의 노력을 독자들이 잘 이해해 주리라 기대한다.

새로운 입문서를 쓰게 된 또 다른 이유는, 내가 가르치는 많은 학생들이 효과적인 치료라면 경계선, 자기애적, 반사회적, 외상적, 공생적 성격 병리를 지닌 심각한 내담자를 도울 수 있어야 한다고 생각하면서 치료과정에서 어려움을 겪고 있기 때문이다. 현재, 교육수준이 높은 내담자를 주로 치료하는 개업 치료자뿐만 아니라 정상적인 성장과정에서 겪는 문제를 돕기 위해 설립된 대학의 상담센터에서조차 치료를 받고자 하는 대부분의 내담자들은 신경증 수준 이상의 심각한 문제를 지니고 있다. 이들은 발달적 정체, 성격구조의 결함, 심한 애착장애, 중독증 그리고 가혹한 운명적 재난과 관련된 심리적 고통을 겪고 있다. Rutgers에 있는 New Jersey 주립대학 대학원생 중 상당수는 신경증적 갈등을 파헤치는 전통적인 정신역동적 치료를 하고 있는데, 이러한 치료에서는 전이와 그 역사적 선행사건에 관심을 기울이는 전통적 기법을 사용하고 있다. 또한 이들은 건강한 관찰적 자아, 자기 및 대상 항상성, 개인적 주체의식, 변화를 위한 구체적 동기를 지닌 내담자들을 치료하는 방법을 가르치는 정신분석적 치료에 관한 책들을 읽고 있다. 대학원생들이 이러한 방식의 치료법을 내담자에게 적용하려 할 때, 내담자들이 그들을 비판적이고, 공격적이며, 기계적이고, 무관심하며, 통제적이라고 인식한다는 것을 알고 당황하게 된다.

최근 수십 년간에 일어난 기술공학적, 사회적, 경제적, 정치적 변화—또는 변화의 속도 자체—로 인해서 새로운 심각한 정신병리가 생겨난 것인지, 심리치료에 의해 치유될 수 있는 "범위의 확대"(Stone, 1954)로 인해 과거에 치료받기를 기피했던 많은 사람들이 치료를 받으러 오게 된 것인지, 아니면 치료자들이 과거보다 내담자가 겪는 고통의 근원적이고 성격적인 측면을 더 잘 포착할 수 있게 된 것인지는 논란의 여지가 있는 문제이다. (아마도 이러한 세 가지 요인들이 모두 기여를 했겠지만, 우울증의 발병률이 현저하게 증가했다는 여러 자료를 고려한다면, 나는 첫 번째 설명이 가장 유력하다고 생각한다.) 어쨌든 임상적 현실은 분명하다. 과거보다 더 심각하고 더 강렬한 심리적 문제로 치료자를 찾는 사람들이 늘어나고 있다.

학생들에게 치료하기 쉬운 내담자를 효과적으로 치료하는 방법만을 가르치고, 좀 더 어려운 내담자를 치료하는 방법은 현장에서 각자 배우라고 하는 것—이 경우 학생들은 교과서에서 배운 치료원칙을 어기고 있다는 막연한 죄책감에 시달리게 된다—은 잘못된 것이다. 정신역동적 치료의 입문서에서는 신참 치료자에게 먼저 '고전적인' 환자를 치료하는 기법을 가르친 다음에 '전(前)오이디푸스기의' '성격구조가 불안정한' 또는 독특한 성격구조를 지닌 내담자를 치료하기 위해서 이러한 기법을 변형시켜 적용하는 방법을 가르치기보다는, 모든 환자에게 적용될 수 있는 치료적 개입방법을 강조하는 것이 바람직하다고 생각한다. 이것은 신경증 수준의 환자를 치료하는 전통적인 입문서가 무익하다는 것이 아니라 특정한 유형의 내담자에게 초점을 맞추는 치료방법이 때로는 의도하지 않은 역효과를 나타낼 수 있다는 점을 말하고자 하는 것이다. 나는 이와 같은 문제점이 소위 경험적으로 검증된 치료와 증거에 근거한 치료(evidence-based therapies)의 경우에도 발생할 것으로 생각한다.

주로 적응 수준이 높은 내담자들을 치료하는 곳에서 일하는 정신분석가들도 있지만, 정신분석적 치료는 결코 '가벼운 증상을 가진 사람'을 위해서만 존재해 온 것은 아니다. Freud가 처음에 치료했던 환자들은 중산층이었지만, 이들 대부분은 외상적인 과거경험과 매우 부적응적인 증상을 지녔었다. 나의 동료들과 학생들은 개업 치료실, 병원, 클리닉, 교도소, 학교, 장애아동을 위한 기관, 사회복귀시설, 주립 아동보호소, 기업체, 위기 서비스 기관, 상담센터, 아동 치료기관, 교회에서 일하고 있다. 그들은 테러 공격이나 지진과 같은 재난적인 위기상황에서 자발적인 봉사활동을 하기도 한다. 다른 나라의 치료자들과 함께 일하면서, 나는 정신역동적 치료방법이 매우 색다른 환경에서 고통받는 사람들을 돕는 데에 창의적으로 적용될 수 있음을 목격한 바 있다.

건강한 내담자일수록 분석적 치료를 통해서 더 빨리 더 많은 호전을 나타내는 것은 사실이지만, 이 점은 모든 치료에서 마찬가지다. 정신역동적 치료든 다른 치료든, 대부분의 단기치료는 그 방법으로 치료하기 어려운 심각한 환자를 배제하는 기준을 발전시켜 왔다. '경험적으로 검증된 치료' 의 대다수는 내담자가 협조적이어야 하고 치료목표가 되는 증상과 '공존' 하는 다른 문제들을 가지고 있지 않아야 한다는 등의 내담자 선택기준을 사용하여 검증되어 왔는데, 이러한 기준들은 일반적인 치료자들이 결코 적용할 수 없는 기준들이다. 이는 가벼운 증상을 가진 사람을 치료하기 위한 방법이라는 뜻으로 이해될 수 있다. 정신역동적 전통에서는 매우 치료하기 어렵고 다양한 증상을 지닌 성격장애 환자를 성공적으로 치료해 온 확고한 임상적 업적을 오랜 기간 축적해 왔다. Jeffrey Young(예: Young, Klosko, & Weishaar, 2003)과 같이 다른 치료적 입장을 지닌 임상가들은 다른 치료방법을 통해서 그러한 내담자들이 치료될 수 있다는 점을 제시하고 있지만, 이러한 치료방법은 실제에 있어서 정신분석적 치료와 놀라울 정도로 유사하며 이제 막 치료적 시도를 시작하는 단계에 있다.

적어도 미국의 경우, 심리치료를 하는 신참 치료자들이 어려움을 겪게 되는 또 다른 현실적인 이유는 정신건강과 관련된 환경의 변화 때문이다. 요즘은, 수련과정을 막 수료한 치료자가 슈퍼비전이나 계속적인 교육도 받지 못하면서 주당 60명의 환자를 치료해야 하는 기관에 고용되는 일이 드물지 않다. 심리치료를 제공하는 기관들은 재정적인 어려움을 겪고 있어서 과거보다 훨씬 더 많은 일을 신참 치료자에게 할당하고 있다. 나와 같은 세대의 치료자들이 슈퍼바이저와 첫 직장의 동료들로부터 얻었던 도움도 받기가 어려워지고 있다. 따라서 우리가 인턴과정을 하면서 그리고 정신건강기관에 취업하여 직업활동과 수련과정을 병행하면서 과거에 전수받곤 했던 치료적 교훈과 지혜를 소개하는 책이 필요하다고 생각한다.

이러한 책을 쓰는 일에 대해서 망설임이 없었던 것은 아니다. 사실, 나는 책을 쓰게 만드는 벌레에 물려 감염되어 버린 사람이지만 여러 달 동안 이 책의 저술을 주저했다. 출판사 편집장과 여러 사람들은 성격진단과 사례이해에 대해 내가 이미 쓴 책들

(McWilliams, 1994, 1999)에 이어서 치료에 관한 책을 써야 한다고 권유했다. 이러한 권유에 대해서 나는 내가 이미 발표한 책에서 주장한 전반적인 입장이 환자를 억지로 틀에 맞추게 하는 기본적인 '치료기법' 이 존재한다는 생각을 부정하는 것이었다고 반박했다. 치료과정은 내담자와 그가 지닌 문제의 특성을 충분히 이해한 상태에서 자연스럽게 흘러가야 한다고 나는 늘 주장해 왔다. 나는 정신분석적 전통에서 치료방법이 치료목적보다 더 강조되는 경향이 있다고 느꼈으며 요즘도 여전히 그렇게 느끼고 있다(치료를 평가하는 사람으로부터 "그렇게 한 것은 분명히 환자에게 도움이 되겠지만 그것을 정신분석이라고 할 수 있나요?"라는 말을 나만 듣는 것은 아닐 것이다.). 치료에 관한 이 일반적 지침서가 또 다른 기법적인 규범이 되어 예민한 학생들이 이를 어기는 것에 관해 죄책감을 느낄지 모른다는 우려가 있었지만, 진단에 상관없이 내담자와 맺게 되는 치료적 관계의 핵심적 특성에 관한 생각을 정리하며 새롭고 유익한 방식으로 소개하려고 하였다.

이 책에서는 다른 교과서에서 잘 다루고 있지 않는 심리치료의 측면들—예컨대, 내담자가 주는 선물을 받을 것인지 또는 포옹을 해 줄 것인지의 여부, 책임의 문제가 야기되는 경우들, 치료자가 치료 계약을 맺거나 환자에게 개입할 때 자신의 권리를 중시해야 할 필요성과 같이 흔히 겪게 되는 당혹스러운 문제들—에 각별한 관심을 두었다. 의료비를 감축하려는 노력으로 인해 심리치료가 혹독한 제한을 받고 있는 미국에서는 치료기관, 병원, 상담센터, 심지어 개업 치료자도 내담자를 자주 만나서는 안 되며 단기치료를 해야 한다는 강력한 압력을 받고 있다. 이처럼 심리치료의 전문성에 대해 무지하거나 회의적인 분위기 속에서 주어지는 최소한의 치료 여건 속에서, 우리는 복잡한 심리적 문제를 지닌 사람들을 치료하기 위해서 매일 어렵게 노력하고 있다. 이처럼 억압적인 환경에 처해 있지만 학생들에게 그들의 치료적 노력이 소중함을 깨닫도록 돕고 싶다.

아마도 정신분석을 접해 본 독자들에게는 놀라운 일이겠지만, 이 책의 내용은 작업동맹, 저항, 전이와 역전이, 해석, 훈습 및 종결이라는 전통적인 주제로 구성되어 있지 않다. 그 이유는 치료하는 방법을 위주로 서술한 책의 구성 방식을 폄하하기 때문이기보다는 신참 치료자를 여러 해 동안 가르치면서 알게 된 두 가지 이유 때문이다. 그 첫째는 그러한 유형의 책들이 이미 많이 있을 뿐만 아니라 좋은 책들도 상당수 있다는 것이다. 두 번째 이유는 정신분석 치료에 있어서 전이나 저항의 해석방법, 훈습과정의 이해, 치료 종결의 고려시점보다 학생들이 알아야 할 좀 더 기본적이고 근본적인 점들이 있기 때문이다. 학생들은 자신의 자존감을 지켜내는 방법, 전문가다우면서 자기답게 행동하는 방법, 절박한 내담자들이 시도하는 침범으로부터 자신의 경계를 보호하는 방법을 알고 있어야 한다. 나는 두 가지 유형의 책, 즉 심리치료에 대한 상세한 지침서와 Thomas Ogden, James Grotstein, Michael Eigen이 쓴 바 있는 압축적이면서 시적인 유형의 임상적 서적의 중간쯤에 해당하는 책을 쓰고자 노력했다. 고정된 기법에 의해 심리치료를 정의하려는 방식을 늘 못마땅하게 생각해 왔지만, 신참 치료자들은 구체적인 내용을 원하며 "상황에 따라 다르다."라는 식의 모호한 내용은 도움이 되지 않는다는 것을 잘 알고 있다. 내가 이 책에서 주로 소개하는 것은 궁극적으로 치료적 자세에 관한 것이다(참고: Lear, 2003).

이 책에서 소개하는 자세는 한 인간을 이해하고 최대한 성장하도록 돕는 소중한 노력을 백안시하는 요즘의 정치적 · 경제적 압력을 극복하기 위한 것이다. 내가 가장 잘 알고 있는 집단인 요즘의 임상심리학 전공생들은 정신역동적 치료가 경험적으로 입증되지 않았다는 편견과 더불어 정신분석적 전통에 대한 여러 가지 잘못된 지식을 지니고 수련과정에 들어오게 된다. '증거에 근거한 의학(evidence-based medicine)' 이 중시되는 이 시대에, 돈벌이는 되지만 기계적으로 약물처방을 하는 면담을 하기보다 환자의 마음에 귀를 기울이는 면담을 하고자 하는 정신의학 전공생들은 그들의 전공분야에서 점점 더 소외되고 있다(참고: Frattaroli, 2001; Luhrman, 2000). 그리고 사회사업 프로그램에 들어가려는 대부분의 사람들은 기관운영자나 사회적 운동가가 되기보다 치료자가 되기를 원한다. 상당수의 일반인들은 치료과정에서 내담자의 부모를 질책하고, 개인적 책임감을 회피하게 만들며, 이기주의를 합리화하는 일들이 일어난다고 믿고 있다. 치료자들은 그들을 비난하는 사람들에게 대항할 만큼 잘 조직되어 있지 않으며 그런 노력을 할 만한 기질적 성향을 가지고 있지도 않다. 이러한 모든 상황에도 불구하고 심리치료에 인생을 바치고자 하는 수련생들에게 도덕적이고 이론적인 지지를 해 주려고 노력했다.

나는 이 책에서 심리치료 실제에 관한 구술적 전통(oral tradition)을 따르고자 한다. 대부분의 치료자들은 글로 쓰인 책보다 두 가지의 원천, 즉 슈퍼바이저와 심리치료 및 분석의 개인적 경험을 통해서 훨씬 더 많은 것을 배우게 된다. 이러한 경험을 통해 축적된 지혜가 특정한 내담자에게 그대로 적용되지 않는 경우에, 치료자들은 그들이 이해한 바를 개별적 상황에 맞추어 응용하거나 확대하여 적용한다. 이에 대해서, 학문적인 심리학자와 정신의학자들은 치료적으로 도움이 되는 요인을 알기 위해서 통제된 경험적 연구를 해야 한다는 비판적인 입장을 지니고 있다. 반면에 좀 더 내면적 성찰을 중시하는 사람들은, 기본적인 치료기법들이 이미 제시되어 있으며 이러한 기법들을 어려운 환자와 도전적인 문제에 창의적으로 재치 있게 적용할 수도 있지만 숙련된 치료자들의 경험을 통해 이미 많이 축적되어 있는 전문적 노하우를 배울 수 있다고 생각한다. 나는 양쪽 입장을 모두 인정하고 있지만, 나의 기질적 성향은 과학자보다 예술가에 가깝다. 좀 더 정확하게 말한다면, 나는 과학이 통제된 연구를 통해 얻은 지식과 더불어 임상적 경험을 통해 얻은 지식을 모두 포용해야 한다고 생각한다. 잘 통제된 연구를 존중하듯이 좀 더 시적이고, 비유적인 표현으로 기술된 경험에 근거한 임상적 이론도 존중해야 한다고 나는 깊게 믿고 있다.

내가 성장해 왔고 현재 직업적 활동을 하고 있는 미국문화는 에너지가 넘치는 청소년의 긍정적 특성과 부정적 특성을 모두 지니고 있는 것으로 생각된다. 과거의 혁명적 유산을 소중하게 여기는 미국인들은 기존의 권위를 불신하고, 새롭고 자극적인 것을 중시하며, 지난 세대의 감수성을 배척하는 경향이 있다. 조상을 존중하거나 지혜로운 연장자에게 조언을 구하는 일은 미국문화에서 이례적인 일이다. 나 역시 이러한 문화적 성향과 일치하는 심리적 특성을 많이 지니고 있지만, 내가 가르치는 학생들과 마찬가지로 내가 수련을 받을 때 진실한 지혜의 소리를 갈구했었다. 새롭고 혁명적인 것을 좋아하는 미국인의 성향 때문에, 정신분석은 초기에 너무 무비판적으로 수용되었다. 그러나 이제 성숙해진 정신분석은 요즘 너무 무비판적으로 무시되고 있다. 이 책에서,

나는 정신분석에 관한 불필요한 요소를 배제하면서 정신분석 본연의 모습을 제시하고자 한다.

편향적인 것일 수 있지만, 내가 전문가로 성장하는 과정에 많은 영향을 미친 한 가지 성향이 있다. 심리치료에 관해 더 많은 연구가 필요하며 연구자들이 이미 밝혀 놓은 것에 관심을 지녀야 한다고 믿고 있지만, 나는 무미건조한 연구자들보다는 열정적인 치료자들로부터 훨씬 더 많은 것을 배워 왔다. 이 책이 헌정된 Arthur Robbins(예: 1988, 1989)는 내가 알고 있는 정신분석가 중에서 심리치료를 일련의 입증된 기법을 시행하는 것이 아니라 내담자에 따라 개별적으로 적용해야 하는 예술이라고 가르친 최초의 사람이었으며, 그가 어려운 임상사례를 다루면서 보여 준 사려 깊은 지도는 유명한 일반적 '기법' 을 가르친다고 주장했던 사람들의 저술에서 보았던 것보다 훨씬 더 많은 도움이 되었다. 또한 내가 항상 심리적 동질감을 느끼고 있는 몇 사람이 있는데, Theodor Reik(예: 1948)는 그의 책을 통해서 내가 이 직업에 매력을 느끼게 해 주었고, Frieda Fromm-Reichmann(1950)은 내가 이 책을 쓰는 심정과 유사한 마음으로 치료에 관한 글을 써 왔으며, Roy Schafer(1983)는 신망받는 경험적 연구자임에도 불구하고 심리치료적 관계에 중요한 태도적 차원을 밝히려고 애썼던 사람이다. 이들은 매력적인 글을 통해서 전통적인 정신분석의 영역 밖에 있는 사람들에게 정신분석적 이론을 좀 더 친숙하게 소개하려고 노력했다. 나는 모든 주요한 심리치료 분야—정신의학, 심리학, 사회사업, 목회상담—에서 활동하는 유능하고 공감적인 많은 치료자들로부터 배운 바 있는데, 이러한 치료자들은 치료에 무관심한 같은 분야의 동료들보다 서로 간에 더 많은 공통점을 지니고 있었다.

나는 이 책에서 내가 치료자로서 말하고 행동하는 개인적인 방식을 자주 소개할 것이다. 그 이유는 나의 방식이 '옳다' 거나 최선이라고 생각하기 때문이 아니라 치료자들이 말하고 행동하는 구체적인 예를 통해서 학생들이 많은 배움을 얻게 된다고 이야기하고 있기 때문이다. 학생들은 대부분 경험 많은 치료자들이 치료하는 모습을 볼 기회가 거의 없기 때문에 전문가들이 행동하는 구체적인 방식을 접함으로써 그러한 다양한 방식을 시도해 보고 그들의 성격에 잘 맞는 치료방법을 찾는 데에 도움이 된다고 말하고 있다. 심리치료에 관해 가르칠 때, 나는 Martha Stark(1994, 1999)과 Henry Pinsker(1997)와 같은 저자들의 책을 읽도록 하는데, 그 이유는 다양한 치료자들이 내담자에게 실제적으로 어떻게 말하고 있는지를 보여 주기 때문이다.

나는 가장 치료다운 치료를 배우려면 정신분석 교육기관에서 수련을 받는 것이 최선이라는 편향된 견해를 지니고 있지만, 이 책은 정신분석(psychoanalysis)을 소개하는 책이 아니다. 그보다, 이 책은 가장 집중적이고 탐색적이며 장기적인 치료인 정신분석을 포함하는 정신분석적 또는 정신역동적 치료(psychoanalytic or psychodynamic therapies)에 관한 책이다(나는 '정신분석적' 치료와 '정신역동적' 치료가 어떻게 다른지 알지 못한다.). 대부분의 치료자들 그리고 대다수 신참 치료자들은 전통적인 정신분석을 받을 기회를 갖기 어렵다. 설사 공식적인 정신분석 수련을 받았고 정신분석이 잘 알려진 도시에서 일하는 치료자라 할지라도, 일주일에 여러 번 방문할 수 있고 그럴 의향을 지닌 내담자를 만나서 정신분석에서 요구하는 깊이 있는 치료를 할 수 있는 기회를 갖기는 어렵다.

이 책에서는 정신분석적 치료가 상대적으로 적응수준이 떨어지는 내담자들에게 그리고 정신분석을 위한 좋은 대상이지만 정신분석을 받을 수 없는 사람들에게 많은 도움이 될 수 있다는 점을 강조하고 있다. 많은 경험을 지닌 정신분석적 치료자들은 치료를 통해서 내담자의 적응수준을 개선하고, 내면적인 성격구조를 구축하며, 심리적 세계 속에 존재하는 구조물을 변화시킴으로써 도움을 줄 수 있다는 것을 알고 있다. 치료자는 단지 내담자를 '관리' 하고 적당히 적응하게 만들고 특정한 과격행동을 하지 못하도록 막는 일을 하는 것이 아니다. 환자는 치료라는 성장과정에 동참하게 되는 것이다. 정신분석적 치료는 심리적 고통을 완화하고, 파괴적인 행동을 예방하며, 질병에 대한 저항력을 증진하고, 인생을 좀 더 의미 있게 만들며, 심각한 상처를 입은 사람들에게 위안을 제공한다. 잘 설계된 장기적 연구를 통해서 우리의 이러한 모든 신념이 궁극적으로 입증되기를 기대한다. 그러한 때가 오기까지, 이 책은 우리의 도움을 필요로 하는 고통 받는 다양한 사람들을 임상장면에서 효과적으로 치료하기 위한 핵심적인 주제들의 정수를 밝히려는 노력의 일환이라고 할 수 있다.

차 례

제 1 장

정신분석적 치료를 어떻게 정의할 것인가

> 우리는 정신분석적 치료가 진리에 대한 사랑, 즉 현실의 인정에 근거하고 있다는 점, 그리고 어떠한 속임수나 기만도 배격한다는 점을 결코 잊어서는 안 된다.
>
> – Sigmund Freud(1937, p. 248)

정신분석을 위시한 정신분석적 치료들은 궁극적으로 Sigmund Freud와 그의 동료 및 추종자들의 이론에 근거하여 사람을 돕는 접근방법이다. 아마도 이러한 계보는 거의 모든 종류의 '대화적 치료(talking cure)' 에 해당될 수 있는데, 그 이유는 대부분의 치료 유형이—Freud의 치료방식과 상당히 다른 것일지라도—적어도 간접적으로 Freud의 영향을 받고 있기 때문이다.

나의 생각으로는, 사람을 돕는 정신역동적 치료에 있어서 무엇보다도 중요한 명제는 우리 자신에 대해서 더 정직할수록 우리가 더 만족스럽고 유익한 삶을 살게 될 것이라는 점이다. 게다가, 정신분석가들은 우리 자신의 동기에 대해서 정직해진다는 것이 결코 쉽지 않다는 사실을 잘 인식하고 있다. 정신분석적 계보에 속하는 다양한 치료적 접근법들은 의식되지 않은 것을 인식하는—즉, 우리 자신의 내부에 존재하지만 인식하기 힘들거나 고통스러운 것들을 인정하는—능력을 향상시키는 목표를 공유하고 있다. 무의식적인 내용들은 취약성(심리적 혼란, 파편화, 파멸의 위험), 허세(수치감, 완벽의 포부, 전능감의 환상, 특별감 및 특권의식), 갈등(욕망과 금지 간의 긴장, 양가감정, 상호배타적인 목표의 추구), 도덕적 결함(자기기만, 자기정당화의 유혹, 행위의 부정적 결과에 대한 부정) 또는 육욕, 탐욕, 경쟁 그리고 공격성에 관한 것으로서, 우리가 현재 살고 있는 사회보다 훨씬 더 위선적인 사회에서 Freud가 초기 이론을 통해 그토록 강렬하게 폭로하고자 했던 것들이다.

정신분석적인 임상적 · 이론적 저술은 우리에게 분명하게 자각되지 않은 동기를 밝히는 일에 항상 초점을 맞추어 왔는데, 그 전제는 우리 마음이 부인하는 측면을 자각하는 것이 그것을 무의식적인 것으로 유지하기 위해 소요되는 시간과 노력을 경감시켜 줄 것이라는 것이다. 따라서 그러한 관심과 에너지를 해방시킴으로써 우리의 삶을 현실적이고 생산적이며 즐겁게 만들기 위한 복잡한 과제에 사용할 수 있다. 무의식에 속하게 되는 동기들은 개인에 따라, 문화에 따라 그리고 시대에 따라 다양하다. 개인의 이동이 활발해지고, 대가족은 물론 심지어 핵가족도 지리적으로 흩어지게 되며, 대부분의 인간관계 문제는 결별을 통해 해결되어 가는—다른 말로 표현하면, 매달리고 싶은 욕구는 환영받지 못하고, 의존하려는 모습은 경멸의 대상이 되는—현재의 서구 문화에서, 정신분석적 연구자나 이론가들이 애착, 관계, 상호성 그리고 상호주관성을 강조하고 있는 것은 아마도 우연한 일이 아닐 것이다.

만약 이러한 설명이 다소 도덕주의적인 것으로 들린다면, 그것 역시 우연이 아닐 것이다. 수십 년 전에, 사회학자인 Philip Rieff는 Freud가 기본적으로 도덕주의자—어떤 죄를 지은 것에 대해서 타인을 공격하려고 하는 사람이라는 일반적 의미에서가 아니라 궁극적으로 진실한 것을 지향한다는 보다 더 철학적 의미에서—라고 학구적이고 설득력 있게 주장한 바 있다.

> 솔직함에 대한 본능적 추구와 위선적인 문화 간에 갈등이 있음은…… 인정되어야 한다; 솔직해지고자 하는 행위는 Freud에게 있어서 새로운 건강의 출발점이다…….

> 정신분석의 정립을 위해서는…… 정신분석이 하나의 치료적 활동일 뿐만 아니라 현대 문학과 지성인들이 추구하는 해방적 각성(disenchantment)의 노력과 연결되어 있다는 것을 인정하는 각별한 솔직함이 필요하다(1959, p. 315).

이러한 Rieff 견해의 계승자들과 Michael Guy Thompson(2002)이 주장해 왔듯이, 한 분야로서의 정신분석은 정직함의 윤리에 기초하고 있다. 이러한 정직함의 윤리는 정신분석에 있어서 다른 어떤 목표보다도 우선시되며, 증상경감을 비롯한 치료적 목표는 정직한 대화의 부산물로 얻어지는 것이다. Thomas Szasz(2003)는 정신분석을 "의료적 치료가 아닌 도덕적 대화"(p. 46)라고 정의한 바 있다. 지난 수십 년 동안, 정직함의 윤리는 개인적 분석을 통해서 철저한 자기인식을 이루었거나 환자에서 이러한 인식을 갖게 한 치료자의 모습을 통해서 구현되었다. 치료적 동반자 관계에서 분석가와 환자 모두가 점진적으로 정직해져야 한다는 인식이 현대의 정신분석적 저술에서 증가되고 있다.

Bion(1970)은 정신분석이 두 가지 지향, 즉 의료적 지향과 종교적 지향이 교차하는 위치에 있다고 주장했다(참고: Strenger, 1991). 그에 따르면, '의료적' 지향은 심리적 · 정서적 장애로 고통 받는 사람들에게 실제적인 도움을 주려는 사람들이 추구하는 객관적 · 합리적 · 과학자적 · 전문가적 자세를 의미한다. 의료적 지향은 전문가가 타당성이 입증된 기법을 사용하여 구체적인 치료효과를 반복적으로 구현하고자 한다. Kernberg와 그의 동료들(예: Yeomans, Clarkin, & Kernberg, 2002)이 경계선 성격구조를 치료하기 위해 최근에 개발한 지침서는 이러한 정신역동적 치료의 측면을 보여주고 있다. 주관적인 심리적 체험에 대한 신경학적 · 뇌화학적 연구와 정신분석적 치료에서 일어나고 있는 변화들에 대한 최근의 저술(예: Schore, 1994, 2003a, 2003b; Solms & Turnbull, 2002)은 이러한 의료적 지향을 반영하고 있다. 이와 동등한 중요성을 지니는 '종교적' 지향을 설명하면서, Bion은 (결코 해결될 수 없는) 인간 문제에 대한 해답을 추구하는 실존적 · 체험적 · 인본주의적 · 낭만적 · 협동적 · 발견지향적 노력이 이러한 지향과 관련되어 있음을 지적하였다.

구체적으로 말하면, 정신역동적 치료라고 지칭되는 여러 접근법들은, 적어도 단기 치료 형태의 경우, 많은 공통점을 지니고 있다. 여러 연구에서 반복적으로 검증된 자료에 근거하여 심리치료 과정을 종합적으로 비교한 Blagys와 Hilsenroth(2000)는 정신역동적 치료가 인지행동적 치료와 구분되는 7가지 요인을 제시한 바 있다. 즉, 정신역동적 치료는 다음과 같은 특징을 지니고 있다: (1) 감정과 정서 표현에 초점을 둔다; (2) 환자가 특정한 주제를 회피하거나 치료적 진전을 지연시키는 행위(예: 저항적 행위)를 탐색한다; (3) 환자가 나타내는 행위, 사고, 감정, 경험, 관계(대상관계)의 패턴을 파악한다; (4) 과거 경험을 강조한다; (5) 대인관계의 경험을 주목한다; (6) 치료적 관계(전이와 작업동맹)를 강조한다; (7) 소망, 꿈, 환상(심리내적 역동)을 탐색한다. 이 연구자들은 이러한 차이가 '현재경험을 중시함'과 '현재경험을 중시하지 않음'과 같이 질적인 것이 아니라 다분히 양적인 차이라고 말하고 있다. Hilsenroth(개인적 교신, 2003년 6월 22일)는 이러한 차이를 켜짐/꺼짐(on/off)의 버튼보다 다양한 명도를 조절하는 스위치에 의해 조절되는 불빛과 같다고 비유한 바 있다. 즉, 이러한 차이는 특정한 치료적 입장을 강하게 신봉하는 치료자들에 의해서 더 현저하게 나타나게 된다. 따라서 Blagys와 Hilsenroth가 제시한 특성의 일부(예: 3번 항목)는 인지행동적 치료자들의 경우에도 해당되는 것인 반면, 다른 특성(예: 2번 항목)은 모든 정신역동적 치료에서 항상 나타나는 것도 아니다. 예컨대, 자기심리학적 입장을 지닌 치료자거나 탐색적 치료보다는 지지적 치료가 적절한 내담자를 치료하는 전통적인 자아심리학적 입장의 치료자들은 그러한 특성을 나타내지 않는다.

나는 대다수의 분석적 치료자들이 (정신분석을 포함한) 정신역동적 치료의 특징이라고 여기는 점, 즉 정신역동적 치료가 인지행동적 치료와 그밖의 비정신분석적 치료와 구별되는 점은 '기법'의 문제(예컨대, 내담자를 면담하는 빈도, 자유연상의 권장 여부, 면담시간에 치료자가 말을 많이 하는 정도, 환자의 아동기에 관해 이야기하는지의 여부, 심지어 치료자가 전이반응을 명시적으로 언급하는지의 여부)가 아니라 치료자 행위의 바탕에 깔려 있는 가정의 속성이라고 생각한다. 정신역동적 사고방식과 치료에 스며들어 있는 특정한 심리적 자세가 있다. 이러한 자세는 비언어적이고 전(前)언어적 경험을 중시하고 있기 때문에 말로 묘사하기가 쉽지 않은 것이지만, (Justice Potter Stewart가 다른 주제에 관해서 빈정거린 바 있듯이) 직접 그것을 경험해 본 사람은 알 수 있는 것이다. 나는 이 장과 다음 장에서 여러 가지 관련된 주제를 다루면서 이러한 자세에 관해 설명할 것이다.

현대의 정신분석학계에는 인간의 영적인 욕구와 추구에 대한 관심이 증가하고 있다(예: Gordon, 2004; Lawner, 2001; Roland, 1999). Bion은 다소 약한 어조로 이야기했지만, 정신분석적 치료자들이 어떤 '신앙체계'를 공유하고 있는지도 모른다.[1] 이러한 신앙의 내용에는, 앞에서 언급했듯이, 자신을 깊이 안다는 것은 다양한 긍정적 효과를 나타낼 것이라는 믿음; 솔직함(방어를 없애거나 거짓 자기를 참된 자기로 대체하는 것)은 건강함이며 특히 정신건강에 중요하다는 믿음; 그리고 정신분석적 치료자가 되는 최선의 방법은 정신분석적 치료를 받는 것이라는 믿음이다. 2장에서 이러한 암묵적인 신념체계와 정신분석적 감수성에 대해서 좀 더 자세하게 설명할 것이다. 그 전에, 왜 그토록 많은 사람들이 정신분석적 전통을 단지 한 가지 지향, 즉 Bion이 의료적이라고 불렀던 지향으로만 여기는지, 그리고 왜 사람들은 정신분석을 그러한 지향 내에서도 좁게 정의된 치료 형태로 잘못 인식하는지를 살펴보기 위해서 정신분석의 역사를 잠시 살펴보도록 하겠다. 다음 절에서 소개하는 내용은 주로 미국에 해당되는 것이지만, 미국적인 태도가 은밀하지만 다양하게 다른 문화에 스며들거나 의도하지 않은 영향을 미칠 수 있다는 점을 고려한다면 다른 나라의 독자에게도 흥미로울 것이다.

1) 고(故) Herbert Strean(개인적 교신, 1976년 3월 17일)은 라디오 인터뷰에서 정신분석이 '또 다른 종교'가 아닌가 하는 질문을 받은 적이 있다고 했다. 그때 Strean은 "결코 그렇지 않습니다."라고 응답하면서 "정신분석은 모든 다른 종교와는 다릅니다."라고 반박했다고 한다. 나는 Ralph Greenson에게도 비슷한 일화가 있었다고 들었다. 분석가들이 흥미롭게 기술하고 있는 이러한 프로이트적 실수는 진실에 관한 많은 것을 암시하고 있다.

배경 정보

'고전적인' 정신분석적 기법의 발전

정신분석 이론이 20세기 초반에 대서양을 건너왔을 때, 미국의 의학계는 상당히 침체되어 있었다. 항생제가 발견되지 않았을 때였고, 평균수명은 40대였으며, 많은 여성들이 출산과정에서 죽었고, 아동의 25%가 아동기에 사망했으며, 의사들은 기적을 보여 주는 치료자이기보다는 진맥을 하는 사람 정도로 간주되었다. 의사의 수련과정이 표준화되어 있지 않았기 때문에, 많은 사람들이 신뢰할 수 없는 자격증을 갖고 의사로서 진료를 했다. 1910년에 카네기재단은 유명한 Flexner 보고서를 발간했는데, 이에는 미국의 의사 수련과정이 수준 이하이며 일정치 못한 기준에 의해 이루어지고 있다고 기술되어 있다. Wallerstein(1998)은 이러한 폭로가 Johns Hopkins에서 시작된 모델에 따라 1930년대에 수련과정을 급진적으로 개선하는 계기가 되었다고 지적하고 있다: "당시의 목표는 치료적 활동으로부터 돌팔이 의사를 추방하고 수련조건을 잘 갖춘 기관으로부터 수여되는 적절한 의사 학위, 즉 적절한 수련과 치료기술의 능력을 증명하는 보증서를 만드는 것이었다." (p. 5) Flexner 보고서의 발표 이후에 낙후된 기준을 비판하던 당시의 분위기를 감안한다면, 정신분석에 관심을 지니게 된 미국의 의사들은 정신분석이 결코 당시에 유행하던 비과학적인 행위로 간주되지 않도록 노력해야 했다. 그들은 정신분석을 전문적인 의료적 활동으로 규정되는 기법적 절차를 구체적으로 설정하고자 했다.

Freud(1926)는 정신분석이 전문적인 의료적 활동으로만 한정되어서는 안 된다는 확고한 생각을 지니고 있었으며, 정신분석을 하기 위해서는 이상적으로 역사, 문학, 사회과학, 심리학, 인문학의 넓은 기초소양과 더불어 개인적 분석이 필요하다고 주장하였다. 그가 가장 소중하게 여겼던 정신분석의 동료들은 대부분 의사가 아니었으며, 의사라는 자신의 신분이 개인적으로는 중요한 의미를 지녔지만 그는 정신분석이 '정신의학의 시녀' 가 되는 것을 원치 않았다. 한 유명한 글에서 정신분석을 외과수술에 비유한 적이 있기는 하지만, 그는 정신분석이 고정된 기법에 의해 규정될 수 없는 것이라는 분명한 입장을 지니고 있었으며 그러한 견해를 여러 번 개진한 바 있다.

그러나 Flexner 보고서가 미국의 의사들을 난처하게 만들고 있던 시기에, Freud는 그의 이론이 무모하게 잘못 적용되고 있는 점에 대해서 곤혹스러워하고 있었다. 개인적 분석이나 정신분석적 훈련이 부족함에도 불구하고 전문가로 자처하면서 스스로를 정신분석가라고 자칭하는 사람들이 넘쳐나고 있었다. 그리고 사람들은 그의 이름을 부적절하게 인용하고 있었다. 예컨대, 그는 같은 지역의 한 의사가 그의 이론을 인용하면서 환자의 신경증 증세가 성생활을 하게 되면 사라질 것이라고 환자에게 말했다는 것을 알게 되었다. 또한 일부 분석가들이 환자와의 성적 접촉을 합리화하고 있다는 것을 알고서 곤혹스러워했다. 따라서 그는 그가 소중히 여기는 정신분석 운동이 돌팔이들의 무책임한 행동으로 인해 훼손되는 것을 우려하면서, 그가 '돌팔이' 정신분석이라고 지칭한 것의 악영향에 대해 염려하게 되었다. Freud는 그의 이론에 대한 경박한 사용을 경계하라고 다음과 같이 독자들에게 호소했다.

> 의사가 정신분석에 관해 약간의 지식을 가지는 것만으로는 충분하지 않다. 의사가 정신분석적 관점에 따라서 의료적 시술을 하려면, 정신분석적 기법에 숙달해야만 한다. 이러한 기법은 책을 통해 배울 수 있는 것이 아니며 시간, 노력 그리고 성공적인 경험이라는 커다란 투자 없이는 독자적으로 숙달할 수 없는 것이다. 다른 의료기법과 마찬가지로, 정신분석은 이미 그것을 숙달한 사람으로부터 배울 수 있는 것이다 (1910, p. 226).

(이 시점에서, Freud가 추천하고 있는 치료방법은 그 당시 '신경증' 이라고 불리는 것, 즉 히스테리 장애, 강박장애, 공포증, 비정신병적 우울증에만 적용하도록 개발된 것이라는 점을 주목해야 한다. 따라서 치료기법은 분석적 치료를 통해 치료하고자 했던 문제들에 있어서는 어느 정도 일관성을 유지할 수 있었다. 그러나 정신병, 성격장애, 경계선 장애, 외상후 장애, 중독증, 그 밖의 비신경증적 문제의 경우에는 다른 치료방법이 필요했다.)

Freud는 1901년 논문을 발표하고 나서 표준적인 정신분석적 치료의 규범이 되는 기법에 관한 논문(Freud, 1912a, 1912b, 1913, 1915)을 쓰고 있던 시기에, 그의 일부 동료들이 환자와 성적인 관계를 맺고 있다는 것을 알고서 당혹스러워했다. 치료자들이 전이 현상의 강렬함을 인식하기까지, 자칭 정신분석가인 사람들은 환자와의 성적인 관계가 다른 전문가들이 맺는 인간관계(예컨대, 성인 여성과 그녀의 치과의사나 회계사)에서 생기는 성적인 관계보다 더 치명적일 수 있다는 점을 잘 인식하지 못했던 듯하다. 따라서 Freud는 치료기법을 설명하면서 규율과 제약을 강조하게 되었으며 치료과정에서 일어나는 감정을 오용하지 말라고 경고하였다.

Mark Siegert(개인적 교신, 2003년 11월 12일)에 따르면, Freud는 그의 동료들이 범한 잘못된 판단을 우려했을 뿐만 아니라 당시 그의 이론에 대한 비난을 접하면서 방어적인 태도를 지니고 있었던 듯하다. Freud의 비판자들은 Freud가 유아적인 성적 욕망의 증거를 찾는다면서 오히려 환자에게 성에 관한 생각을 주입하고 있다고 비난했다. (이러한 주장은 내담자의 마음속에 존재할 것이라고 미리 확신하고 그것을 찾아내려는 치료자의 과도한 노력에 의해서 해리적 증상과 외상적 기억이 만들어질 수도 있다고 요즘의 신중한 전문가들이 우려하는 것과 매우 유사하다.) 그러한 비판을 고려하여, Freud가 환자의 자유연상에 영향을 미칠 수 있는 행위를 피하는 중립적인 태도를 그토록 강조한 점은 이해할 만하다.

이러한 관심사들, 즉 과학적 신뢰를 얻고자 했던 미국 의사들의 절박함, 정신분석 이론이 무책임하게 사용되는 것에 대한 Freud의 염려 그리고 정신분석 운동의 비판자들에게 공격거리를 제공하지 않으려는 Freud 측의 확고한 의지가 합쳐져서, 미국의 의료계는 정신분석적 수련과정을 장악하는 동시에 정신분석을 의학적 치료법, 즉 공인된 외과적 수술방법처럼 표준화된 기법으로 규정하려는 노력을 기울이게 되었다. 외과수술에 기술이 필요하듯이, 심리치료에도 기술이 필요한 것은 사실이다. 그러나 문제는 치료방법의 획일성과 엄격성이 강조되었을 뿐만 아니라 분석가가 중립적이고 객관적인 자세로 환자의 자기이해 이외에 다른 욕구를 충족시키는 행위를 억제하면서 환자의 심리를 체계적으로 탐색해야 한다는 점이 강조되었다는 점이다. 이러한 강조에는 냉정한 과학자의 모습을 이상화하고 합리적인 것으로부터 비합리적인 것을 제거하려는 **계몽**(Enlightenment)이라는 과학적 가치가 반영되어 있다.

미국에서 정신분석이 의학화됨에 따른 결과

미국의 경우, 1986년의 소송사건(Welch 대 미국정신분석학회)으로 인해 모든 정신분석 연구소가 비의학적 치료자에게 문호를 개방하기까지, 대부분의 권위 있는 정신분석적 조직은 정신과의사에 의해서 지배되었으며, 심리학자와 다른 '일반' 전문가들에게는 치료보다 연구에 관한 수련 프로그램에만 참여를 허용했다.[2] 정신분석을 다학문적인 지식과 행동 체계이기보다 전문적인 의료기술이라고 주장함으로써 얻게 된 이득(Berger, 2002)은 항생제가 개발된 이후에 현저하게 향상된 의학의 지위를 고려하면, 의학의 한 분야로서 정신분석의 지위가 향상되었다는 것이다. 정신분석가가 되는 것은 매우 높은 신분을 얻는 것이었다. 심리치료를 하고자 하는 의사들은 그들이 존경받고 고수입을 올릴 수 있다는 확신을 지니고 이 분야에 뛰어들었다. 미국정신분석학회에 가입된 사람에게 분석을 받고자 하는 환자들은 이들이 의과대학을 나올 만큼 우수한 지능과 양식을 지닌 사람이라고 여겼다. 많은 '돌팔이' 분석가들이 활동하지 못하게 되었다.

아울러, 환자들이 보험사를 통해서 의료비를 지출하는 것이 일반화되면서, 의료분야로 규정된 심리치료는 보험혜택을 받을 수 있게 되었다. 제2차 세계대전 중에는 심리치료를 하기 위해 고용된 심리학자들이 정신과의사와 동일한 일을 하고 있음에도 불구하고 보험혜택을 적용받지 못했다. 심리학자들은 심리학자인 동시에 치료자로서

2) Douglas Kirsner(개인적 교신, 2002년 7월 5일)에 따르면, 이러한 태도가 생겨난 주요한 이유는 유럽에서 이주해 온 분석가들 중 다수가 의학적 수련을 받지 않았지만 Freud와 함께 활동을 했었다는 영예로운 경력을 지니고 있어서 미국의 정신과의사들에게는 환자를 놓고 경쟁해야 하는 위협적 존재가 될 수 있다는 두려움 때문이었는데, 이러한 두려움은 1938년부터 노골적으로 나타나게 되었다.

심리치료를 할 수 있는 박사학위 과정을 만들기 시작했고, 자격증 제도를 인정받고 보험혜택을 받기 위한 노력을 하면서 "우리도 박사학위를 가진 치료자이다!"라고 주장했다. 이런 점에서 심리치료와 의학의 연합은 정신과의사뿐만 아니라 심리학자에게도 경제적 혜택을 주는 데에 기여했다.[3)]

그러나 정신분석이 수술과 같은 치료적 기법으로 규정됨으로 인한 희생은 매우 컸다. 첫째, 정신분석에 대한 이러한 규정은 정신분석을 의과대학과 일부 사립연구소에 고립시키는 결과를 초래했다. 이렇게 고립됨으로써 분석가들이 다른 분야의 지식인들로부터 배우고, 다른 분야의 지식인들이 정신분석을 배울 수 있는 기회가 줄어들었다. 또한 정신분석적 수련기관에는 비밀스러운 종교집단과 같은 분위기가 생겨났다. 분석가들이 대학에 근무했던 뉴욕과 몇몇 도시를 제외하면, 대부분의 교수들(의과대학 교수는 제외)은 정신분석적 이론과 치료에 관한 논의와 변화를 접촉할 길이 없었다. 그들은 Freud 이론의 일부에 대한 개별적인 공부, 환자로서의 경험, 의료계 대변인이나 매스컴의 보도를 통해서 정신분석을 접할 수밖에 없었다. 심지어 오늘날에도, 성격과 정신병리에 관한 학술적 교재의 저자들 중에는 수십 년 전에 읽은 일부 문헌에 근거하여 정신역동적 입장을 오도하는 경우가 종종 있다. 아마도 이들은 정신분석이 연구의 진전, 여러 철학적 입장의 수용, 비서구적인 문화적 요소의 접목 그리고 새로운 과학적 이론의 존중을 통해서 꾸준히 새로운 이론체계를 만들어 내며 활발하게 발전하고 있다는 점을 결코 학술적 단체로부터 접할 수가 없었을 것이다.

둘째, 의학적 전문가로서 누릴 수 있는 높은 지위 때문에 정신분석적 수련과정은 다른 사람을 돕고자 하는 소망이나 관심보다는 지위와 인정에 대한 욕망이 강한 사람들에게 더 강한 매력을 느끼게 만들었다. 사실, 정신의학 분야에서 정신분석이 명성을 얻었던 소위 '전성시대'에는 전통적인 정신분석 기관들이 자석처럼 자기애 성향자들을 끌어들였다고 말하는 것은 과장이 아니다. 수련기관에서 행해진 교육과정은 이상

3) 나는 정신분석의 의료화로 인한 이러한 실제적 결과에 대해 관심을 갖게 해 준 Paul Mosher에게 감사한다.

화, 분리, 시기와 같은 자기애적 성향과 더불어 그러한 교육자의 편견을 받아들이지 않는 수련생들에 대한 처벌에 의해서 심하게 오염되어 있었다(Kernberg, 1986, 2000; Kirsner, 2000). 20세기 중 · 후반에는, 일부 분석가들이 자신을 지나치게 중요한 존재로 잘못 인식하고 행동하는 경향이 있어서 정신역동적 입장에 대한 부정적 반응을 유발하기도 했다. 미국정신분석학회의 마케팅 연구팀에서 조사한 결과에 대한 Good(2001)의 보고서에 따르면, "우리가 예상했던 것보다 다른 정신건강 전문가들이 정신분석과 정신분석가에 대해서 훨씬 더 많은 것을 알고 있었다. 또한 그들은 정신분석가를 싫어하는 것처럼 정신분석을 싫어하지는 않았다." (pp. 1, 6)

셋째, 정신분석적 치료의 효과가 임상적 경험을 통해 입증되었다는 섣부른 확신으로 인해 많은 분석가들은 자신의 생각을 과학적으로 검증하는 일에 소홀하게 되었다. Masling(2000, Hoffman, 2002에서 인용)이 정신역동적 이론에 근거한 경험적 연구가 5,000개 이상이라고 추산했듯이, 정신분석과 정신역동적 치료에 관한 경험적 연구는 보험사, 제약회사, 일부 학자들이 알고 있는 것보다 많지만, 치료효과에 대한 연구는 기대되는 것보다 현저하게 부족하다. 경험적 연구를 경시하는 이러한 태도에는 Freud도 일부 책임이 있다. 미국 심리학자인 Saul Rosenzweig가 억압에 대한 Freud의 생각이 실험실에서 검증되었다는 것을 알리려고 Freud에게 편지를 보냈더니, Freud는 그 스스로 이미 억압에 대한 충분한 증거를 가지고 있다고 회신했다. 그는 그러한 개념에 대한 경험적 검증을 불필요한 것으로 간주했던 것이다.

Freud 이래로 정신분석적 치료자들이 연구를 소홀히 여기는 성향은 기질과 관련된 문제인 듯하다. 유럽의 통합적인 철학적 전통을 좋아하는 사람들 중에는 세밀하게 통제된 연구에 흥미를 느끼는 사람이 드물다. 이들은 내향적이고 성찰적인 경향이 있으며, 특정한 현상이 왜곡 없이 실험적으로 조작될 수 있는지에 대해서 회의적이다. 치료자가 되려는 사람들은 완벽하게 통제되지 않은 상황이라 할지라도 그러한 상황에서 사람을 돕는 일에 관심이 더 많다. 심리치료 결과에 대한 경험적 연구에 흥미를 느끼지 못하는 경향은 환자와 치료자 두 사람 간의 개인적 경험을 통해 얻은 정신분석의 가치에 대한 확신, 즉 상투적인 경험적 증거는 불필요하거나 피상적인 것이라고 여기는 믿음을 반영하는 것이기도 하다. 그러나 이러한 믿음을 경험적 연구를 통해 검증받는 것에 대해서 분석가들이 나타내는 저항적인 태도는 우월주의자들이 지니는 자만심과 관련된 것이기도 하다. 현재 미국의 정치적 상황에서, 분석적 치료자는 정신분석적 치료에 대한 통제된 연구를 하지 않은 것에 대해서 많은 대가를 치르고 있다.

넷째, 소위 전성기에 누렸던 정신분석의 특권으로 인해 정신분석적 용어가 관습적인 사회적 규범을 정당화하는 데에 이용되었다. 예컨대, 미국의 많은 여성들은 그들이 남근선망으로 인해 고통을 받고 있다는 말을 치료자로부터 자주 들었다. 이러한 말은 누구나 자신이 가지지 못한 것(유방, 자녀출산 능력, 많은 자녀, 젊음, 재산, 미모, 권력, 재능 등)에 대해서 불가피하게 원초적인 질투 감정을 느낌으로써 고통을 받게 된다는 공감적인 설명이 아니라 중산층 주부나 엄마들이 기대하기 어려운 욕구를 지니는 것은 병적인 것이라는 암시를 담고 있었다. 영혼을 깊이 살펴보기보다는 관습에 순응하도록 영혼을 길들이고 세척하려는 노력이 이루어지는 과정에서, 무의식적 욕망에 대해 급진적이고 비관습적이며 동정적인 입장을 지닌 정신분석의 의도가 뜻하지 않게 왜곡되었다. 유럽의 정신분석적 입장이 미국 주류사회의 가치관과 잘못 접목된 것이다. 정신분석은 암묵적으로 순응을 중시하거나 물질주의적 욕구를 지지하거나 상업적 성공, 시장의 확대, 과학적·기술적 진보에 의해 인간의 고통이 해결되고 '행복의 추구' 가 실현될 것이라고 가정하지 않는다. 사실, Thompson(2002)이 갈파했듯이, 우리가 속해 있는 문화가 무시하려는 현상에 관해서 솔직하게 말하려는 강렬한 성향 때문에 "정신분석은 항상 저항적이다." (p. 82)

다섯 번째의 부작용은, 이 책의 관점에서 보면 가장 중요한 것인데, 20세기 중반에 미국에서 시행된 정신분석적 치료가 의료계에 의해 주도된 주요한 수련기관에서 표준적인 기법이라고 간주한 정신분석의 형태로 이루어졌다는 점이다. 20세기 중반에 분석가를 대상으로 시행된 Glover(1955)의 조사에 따르면, 실제적인 치료방법에 있어서 분석가들 간에 상당한 차이가 있었다고 하지만, 전형적인 치료방법을 따라야 한다는 압력이 강력했다. 미국의 분석가들 중에는 정신분석적 치료를 '교정적 정서경험' 으로 해석한 Franz Alexander(Stone, 1961)의 새로운 시도에 대해 반발하는 이들이 많았는데, 이들이 보기에 교정적 정서체험은 환자를 치료하기 위한 시발점에 불과한 것이었기 때문이다. 치료에는 '정도(正道)' 가 필요함을 인정하고 매우 협소한 범위 내에서만 표준적 기법의 예외를 허용하는 '기본적인 모범적 기법' 에 관한 Kurt Eissler(1953)의 보수적인 논문은 Alexander의 새로운 시도를 무력화시키는 것으로서 환영을 받았다. "전통적인 것으로 잘못 여겨지고 있는 신(新)정통파" 라고 Lohser와 Newton(1996)이 지칭한 현상이 정신의학계의 치료를 주도하게 되었다. Bucci(2002)는 최근에 '정통파적' 치료방법을 다음과 같이 명료하게 기술한 바 있다: "정신분석적 치료는 전이의 맥락에서 통찰을 유도하는 해석에 초점을 맞추면서 표준적인 기법을 잘 따르는 치료라고 정의되었다." (p. 217)

이러한 '고전적' 기법은 Freud 자신이 어떻게 치료를 해나갔는지에 대한 Freud의 견해에—다분히 선택적으로—근거하여 정당성을 확보하려 했다. Freud의 견해에는 개인차를 존중하면서 융통성 있게 접근하라는 뜻이 분명히 담겨 있지만, 이러한 견해는 슈퍼바이저가 수련생에게 전수하는 일련의 '규칙들' 로 단순화되었다(예: "환자의 질문에 응답해서는 안 된다." "항상 분석하라; 결코 내담자의 욕구를 충족시키지 말라." "늦게 오는 것은 저항으로 해석해야 한다." "환자에게 치료자에 대한 것은 어떤 것이든 이야기해서는 안 된다."). Herbert Schlesinger(2003)는 1950년대에 자신이 경험한 정신분석 수련에 대해 다음과 같이 기술하고 있다:

> 아마 대부분의 정신분석가들은 내가 그러했듯이 이해하기 어려운 정신분석기법들을 배웠을 것이다: 그것은 일관성 있게 조직된 지식체계라기보다는 해야 할 것과 해서는 안 되는 것들로 이루어진 규칙체계였다. 그러한 규칙을 한 개라도 어기면 분석을 망칠 것이라는 두려움이 가슴속으로 밀려왔다(p. 1).

내가 살펴본 바에 따르면, 정신분석적 치료를 해야 할 것과 해서는 안 되는 것들의 준수 항목으로 규정해 온 가장 유해한 교육자들은 분석적 수련이나 장기간의 개인적 분석을 받은 경험이 없는 치료자들로서 정신분석이 정신의학을 주도할 시기에 중진의 나이가 된 사람들이었다. 이러한 임상가들은 정신분석적 치료방법에 대한 정형화된 이미지를 가지고 있었으며 정신분석적 입장의 바탕이 되는 핵심을 배제한 채 모든 형식적 규칙들을 중요시하였다. 이들이 정통적 또는 고전적이라고 주장하는 것은 나에게 늘 정신분석적 치료의 도착적인 형태로 여겨졌다(참고: 복종은 자신의 약함을 인정하는 건강한 동기의 도착적 형태라고 Ghent(1990)가 주장한 바 있다.). 충분한 수련을 받은 숙련된 분석가들은, 자신이 의학적 집단에 소속되어 있든 그렇지 않든, 그러한 '기법적 규칙' 이 의미하는 것보다 훨씬 더 따뜻하고 자연스러우며 융통성 있는 태도를 지녔으며 다른 사람에게도 그러하기를 권장해 왔다. Freud 역시 그러했다(Ellman, 1991; Lipton, 1977; M. Thompson, 1996).

자질이 없지만 단지 지위에 이끌려 치료자가 된 사람을 풍자하는 만화나 정신분석을 전혀 비효과적인 치료방법이라고 매도하는 비분석가를 통해서 정신분석적 입장을 접하게 된 사람들 중에는, 치료자가 아무 말도 하지 않으면서 가끔 환자에게 "저항하고 있다." 며 질책하기만 하는 것이 정신분석이라고 알고 있는 경우가 종종 있다. Freud 자신도 정신분석을 어떻게 정의할 것인지에 대해서 일관성 있는 태도를 보이지 않았다는 점 역시 혼란을 가중시키고 있다. 자신의 이론이 다른 사람에 의해 과장되거나 제멋대로 적용되는 것을 걱정한 Freud는 늘 따뜻한 배려 속에서 치료적 기법을 적용하라고 강조하곤 했다. 치료과정의 핵심에 대해 언급하면서, Freud는 전이와 저항을 다루는 탐색 작업이라면 어떤 것이든 정신분석이라고 불러도 된다고 말한 바 있다(예: 1914, p. 16). 1906년 Carl Jung에게 보낸 편지에서, Freud는 분석적 치료가 본질적으로 사랑을 통한 치료라고 말한 바 있는데, 사람을 현격하게 변화시키는 심리치료를 받아 본 사람은 공감할 수 있는 말이다(McGuire, 1974, pp. 8-9).

정신분석적 치료를 반드시 따라야 하는 정형적인 기법이라고 배운 학생들은 그러한 치료방법이 내담자의 바람과 얼마나 어긋나는 것인지를 금방 알게 된다. 신참 치료자들은 엄격한 고전적 기법에 의해 잘 치료되는 상당히 건강한 신경증 수준의 환자들을 만나기가 어렵다. 이들은 자신이 "올바로 기법을 적용하고 있지 못하며" 숙련된 치료자라면 이러한 환자에게 정해진 치료기법을 효과적으로 잘 적용했을 것이라고 생각하곤 한다. 융통성 있게 치료하는 것을 두려워하여 환자를 잃는 경우도 있다. 그러나 다행스럽게도 신참 치료자들은 내담자의 독특한 문제를 다루면서 공감적이고 직감적으로 적절한 효과적인 방법을 적용하는 경우가 더 많다. 그러나 이들은 자신이 실제로 행한 것을 슈퍼바이저나 동료에게 공개해도 괜찮은 것인지 고민하게 된다. 자신이 행한 것을 솔직하게 말할 수 없는 신참 치료자들은 당연히 치료자로서의 성숙이 지연될 수밖에 없다.

치료자라면 누구나 치료자로서 해야 하는 일과 해서는 안 되는 일에 대한 일반적인 감각을 지녀야 할 뿐만 아니라 어떤 기법을 변형시켜 적용하기 전에 그 기법을 철저하게 숙달해야 한다는 오랜 원칙이 있지만, 당연히 따라야 하는 규칙을 위반하고 있다는 느낌은 치료자로서 자신에게 적합한 치료방식을 발전시키는 데에 방해가 된다. 전형적인 기법을 흉내 내기보다는 그러한 기법의 이론적 기초와 목표를 아는 것이 더 중요하다. 효과적이라고 여겨지는 일반적인 치료기법들이 특수한 맥락에서도 항상 적절한 것은 아니다. 자기심리학이 알려지면서부터, 치료는 규칙에 맞추어 하기보다 환자에 맞추어 해야 한다는 정신분석적 문헌이 상당수 발간되었다. 어떤 학파에 속하든 유능한 분석가들은 이 점을 잘 인식하고 있었으며, 치료기법을 융통성 있게 적용해야 한다는 문헌들이 발간되기 오래전부터 이미 그렇게 치료해 온 것으로 생각된다(일례로, 피학적인 역동을 지닌 환자에게 정신분석을 적용한 Menaker의 1942년 논문을 참고하기 바란다.).

현대의 관계적 혁명(relational revolution)은 정신분석의 형식적 요소보다는 실체를 중시하는 노력으로 여겨진다. 관계적 운동의 대표적인 대변자들은 자신을 분석했던 분석가의 경직성에 부딪쳐 치료의 진전을 위해 갈등해야 했던 기억을, 문헌상으로는 흔치 않지만(예: Maroda, 1991) 사적으로는 자주 언급하고 있다. 이들은 모범적인 치료방식인 양 여겨지고 있는 특정한 기법적 '규칙들'에 대해서 지금 큰 목소리를 지닌 운동을 통해서 잘 대항하고 있다. 그러나 많은 환자들에게 있어서 그러한 규칙을 강제로 적용하는 것이 그들을 자유롭게 하기보다 오히려 죽게 만드는 것이라는 증거가 있음에도 불구하고, 그러한 규칙들은 20세기에 성장하여 여전히 나름대로의 생명력을 유지하고 있다.

정신분석과 정신분석적 치료들

Freud가 실제로 시행했던 정신분석은 환자가 상당히 안정된 애착관계와 강한 정서 경험에 몰입하면서 동시에 이를 관찰할 수 있는 능력을 지녀야만 적용할 수 있는 것이다. 따라서 정신분석은 치료를 통해서 그러한 능력을 개발시켜야 하는 사람들에게는 권유할 만한 치료법이 아니다. 정신병 수준의 문제, 심한 중독증, 경계선 성격구조 또는 심각한 반사회적 성향을 지닌 사람들은 Freud 식의 정신분석을 위한 좋은 치료대상이 아니다. 게다가, 전통적 정신분석을 통해 도움을 받을 수 있는 사람들이 많다 하더라도 매주 여러 회기(의 치료비)를 감당할 수 있는 사람은 드물다.

많은 저술가들은 정신분석에 부적절하거나 비효과적인 사람들을 치료하기 위해 개발된 정신분석적 치료를 본래의 정신분석과 구분하고 있다. 일부 저술가들은 Freud가 개발한 치료보다는 덜 철저하지만 그의 이론에서 유래한 개념에 근거한 치료를 지칭하기 위해 '정신역동적' 이라는 단어를 사용하기도 한다. 정신분석이 명성을 떨치던 20세기 중반의 미국에서는, 심지어 정신분석이 적절하지 않은 환자의 경우에도, 치료자가 '진정한' 정신분석—Freud(1919)가 한때 '구리(copper)' 라고 비유한 최면법에 대비하여 '순금(pure gold)' 이라고 지칭한 바 있는 치료방법—과 유사한 기법을 사용할수록 환자의 치료효과가 커진다는 편견을 지닌 정신건강 전문가들이 많았다. 그래서 양질의 제품과 복제품을 다른 용어로 구분하는 것이 중요했다.

불연속성보다는 연속성을 강조하는 나의 취향에 따라, 나는 **정신분석**을 출발점으로 하여, 전이를 유발하게 하고 이를 내담자의 생활사에 비추어 검토하는 **탐색적 정신역동적 치료**를 거쳐, 지금-여기에 나타나는 병리적 방어에 초점을 맞추는 **전이초점적 또는 표현적 치료**를 지나, 위기상황에 있거나 심한 정신병리를 지니고 있는 또는 여러 회기의 치료를 받을 수 없는 사람들을 위한 **지지적 치료**를 마지막에 두는 연속선상에서 이러한 치료들을 구분하곤 한다. 연속선의 양 끝은 괴리가 매우 커서 차이점이 많이 드러나지만, 주당 4회기 면담을 하는 정신분석과 주당 2회기 면담을 하는 탐색적 치료 간에는 단지 정도 차이만 있는 것으로 나는 생각한다(참고: Schlesinger, 2003). 환자로서 치료를 받기도 하고 분석가로서 치료를 해 보기도 한 경험을 통해서 나는 전통적인 정신분석을 소중하게 여기게 되었지만, 정신분석적 영향을 받은 치료법들이 진정한 정신분석보다 열등한 치료법이라고 생각하지 않을 뿐만 아니라 그 자체로 소중한 것이며 많은 환자의 경우에는 최선의 치료법이라고 생각한다(참고: Wallerstein, 1986).

일반적인 심리적 원리와 더불어 사람마다 차이를 나타내는 개인차를 잘 이해하는 것이 그러한 지식의 기반 없이 치료적 기법만을 숙달하는 것보다 더 중요하다고 생각하기 때문에, 나는 이 책에서 정신분석적 이론으로부터 유래한 **특정한** 치료법을 시행하는 구체적 방법을 설명하지는 않을 것이다. 그러한 기법들은 특정한 유형의 내담자와 상황에 적용하는 다양한 치료방략을 선호하는 치료자들로부터 배우는 것이 좋을 것이다. 대부분의 분석적 치료자들은, 특히 임상적 경험이 많은 치료자의 경우, 경직된 기법을 사용하기보다 환자 개인(또는 부부, 집단, 가족, 조직)에 대한 상세한 지식에 근거하여 융통성 있게 치료한다. 그러나 정신분석적 이론을 처음 접하는 사람들을 위해서 고전적 정신분석뿐만 아니라 여러 정신분석적 치료법의 핵심적 개념들을 간략히 소개할 것이다. 먼저 여러 치료이론에 대해 Freud가 기여한 점을 지적하고 나서, 정신분석과 정신분석적 치료들에 관한 좀 더 현대적인 이론들을 설명할 것이다(정신분석적 이론뿐만 아니라 그에 관한 경험적 연구를 이 책에서 소개하는 것보다 좀 더 자세하게 알고자 한다면 2003년에 발표된 McWilliams와 Weinberger의 논문을 보기 바란다.).

Freud의 정신분석

Freud는 환자를 눕게 하고 긴장을 이완시킨 후에 가능한 한 자유롭게 말하게 함으로써 의식에 떠오르는 모든 생각과 감정을 보고하게 하였다. 그는 일종의 무아상태와 같은 수용적 자세('고르게 떠 있는 주의')로 환자가 자유연상에서 떠올리는 주제에 귀를 기울이면서 그 의미를 해석하고 그 해석내용을 피분석자(분석 받는 환자)에게 전달하려고 노력하였다. 그는 환자들이 이러한 작업을 하는 과정에서 그들의 마음에 떠오르는 모든 것을 말하지 않으려 하고 새로운 깨달음에 따라 행동하지 않으려 한다는 것('저항')을 발견하게 되었다. 또한 환자들이 그를 있는 그대로 보기보다는 마치 과거의 애착대상인 것처럼 그에게 행동한다는 것('전이')을 알게 되었다.

Freud는 그를 대하는 환자의 태도로 인해서 도움을 주려는 치료적 노력을 방해하는 강한 감정이 치료자에게 유발된다는 것을 알게 되면서, 이러한 현상을 '역전이'라고 불렀다. 그는 분석가가 치료과정에서 느끼게 되는 강렬한 감정을 사적으로 이용하지 않는 것이 중요함을 강조하였다. 이러한 감정이 성적인 욕망과 관련된 것이거나 치료자에게 역전이적 격앙상태를 유발하는 경우에는 특히 그러하다. 그는 분석가가 치료자의 역할을 이용하여 환자에게 어떤 생각을 주입하거나 불법적인 착취행위를 해서는 안 된다는 점('절제')을 경고하였다. 또한 그는 치료자가 치료과정에서 자신의 특이한 성격과 견해를 무리하게 도입해서는 안 되며 '예언자, 구세주, 구원자의 역할을 하려는 유혹'에 굴복해서도 안 된다고 촉구했다(1923, p. 50). 그 대신, 치료자는 환자의 감정을 비추어 주는 거울처럼 그리고 개인의 내면적 상태가 투사될 수 있도록 하얀 스크린처럼 행동해야 한다('중립성')고 권고했다.

Freud는 처음에 저항을 제거해야 할 방해물로 여겼다. 그러나 그는 내담자의 비협조적인 행위를 책망하지 않았다. 그러한 행위의 결과가 자기파멸적인 것이라 할지라도 친숙한 것에 집착하는 강력한 무의식적인 힘이 작용하고 있음을 알게 되었다. Freud가 치료를 시작했던 초기에는 환자에게 "당신은 지금 저항하고 있군요!"라고 불평한 것으로 알려져 있지만, 나중에는 저항을 존중되어야 하고 '훈습' 되어야 할 불가피한 과정으로 인정하게 되었다. 전이 역시 처음에는 그에게 환영받지 못할 현상으로 느껴졌으며, 많은 신참 치료자들은 여전히 그렇게 느끼고 있다(전이 현상을 예상하는 경우라 할지라도, 다른 사람에게 향해져야 할 감정의 대상이 되는 것은 불편하게 느껴진다.). Freud는, 공감적인 치료자의 모습을 나타내려고 노력함에도 불구하고 자신이 피분석자의 과거 삶에서 중요했던—흔히 문제가 있는—인물인 것처럼 여겨진다는 점을 괴롭게 여겼다.

처음에 Freud는 환자에게 투사(부인하고 있는 자신의 욕구를 다른 사람의 것으로 여기는 것)와 대치(욕구나 감정을 한 대상으로부터 덜 불편한 대상에게 전가하는 것)에 관해 설명하면서 전이현상을 지적해 주려고 했지만, 전이가 나타나는 관계 속에서만 의미 있는 치유가 일어날 수 있다는 결론을 내리게 되었다. 어린 시절에 경험한 갈등에 대해 내담자가 분석을 통해 어떻게 다른 결과를 경험하게 되는지를 설명하면서, 그는 "이 자리에 존재하지 않거나 실제 대상이 아니라면 어떤 사람에게도 피해를 줄 수 없다." (1912a, p. 108)고 말한 바 있다. 그가 이 말을 통해 전달하려 한 의미는, 환자가 겪은 어린 시절의 분위기가 치료 장면에서 재현되어 피분석자가 분석가를 부모와 같은 정서적 대상으로 경험하면서 환자는 오랫동안 잊혀졌던 부모에 대한 감정을 생생하게 자각하게 되고, 아동기에 표현하지 못했던 것을 표현할 수 있게 되며, 분석가의 도움을 통해서 과거의 갈등에 대한 새로운 해결책을 발견하게 된다는 것이다.

Freud는 환자를 일주일에 5회 또는 6회씩 거의 매일 만났다. 이러한 잦은 만남 속에서 환자가 수동적인 자세를 견지하고 있는 치료자에게 자신의 생각과 감정을 자유롭게 이야기하다 보면, 환자는 일시적인 전이반응이라고 할 수 있는 것 이상의 반응을 나타내게 된다. 즉, 환자는 Freud가 '전이 신경증'이라고 지칭한 현상을 나타내게 되는데, 이는 분석가에 대한 일련의 태도, 감정, 환상, 가정으로서 환자의 아동기 경험으로부터 유래하는 핵심적이고 체계적인 관심사와 갈등을 반영한다. 나중에 치료자들은 일주일에 3회 또는 4회의 빈도로 만나는 치료에서도 전이 신경증이 나타날 수 있다는 것을 알게 되었다. 정신분석은 전이 신경증이 나타나도록 허용하고 이를 체계적으로 분석하여 '해결'하는 과정이라고 정의되었다(Etchegoyen, 1991; Greenson, 1967).

해결(resolution)이란, 개인의 핵심적 갈등으로 인한 다양한 결과를 종합적으로 이해하는 것으로서, 정신병리로 나타나는 무의식적 갈등을 인식하고 능동적으로 조절하게 되는 것을 의미한다. Freud는 환자의 증상을 무의식적 욕구(예: 성적 또는 공격적인 행동으로 표출하고자 하는 욕구들)와 이러한 욕구를 수용하지 못하는 역시 무의식적인 완고성 간의 갈등을 표현하는 것으로 이해했다. 이러한 완고성은 특정한 욕구들이 근본적으로 부적절하거나 위험하다는 사회적 가치를 내면화한 것으로서 양육자에 의해 학습된다. 예를 들어, Freud가 살던 시대[4)]에 흔한 현상이었지만 신경학적으로 설명이 불가능했던 손의 마비 증상은 자위를 하려는 욕구와 자위에 대한 두려움 간의 무의식적인 갈등에 대한 신경증적 해결책으로 해석되었다. 자유연상을 통해서 그러한 갈등을 의식하도록 도움으로써, Freud는 무의식적으로 문제를 조절하려는 마비 증상 대신에 능동적 통제감(이 예에서는 성적 욕구에 대한 통제감)을 향상시키려 하였다. 다른 말로 설명하면, Freud는 증상을 만들어 내는 자동적이고 혼란스러우며 다소 마술적인 심리적 과정을 의식적이고 현실지향적인 과정으로 대체시키려고 했다.

Freud는 현상을 기술할 때 일상적이고 직설적인 용어를 사용하는 경향이 있었다(참고: Bettelheim, 1983). 그가 사용했던 평이하고 품위 있는 언어로 인한 정신분석 이론에 대한 이해의 용이성이 그의 저술에 대한 영어 번역판에서는 사라져 버렸다. 아마도 그 이유는 그의 저술이 매우 강박적이던 그의 환자 James Strachey에 의해 번역되었기 때문인지 모른다. 또한 정신분석의 의학화 경향으로 인해 기계적이고 딱딱한 용어가 사용되었다. 예를 들어, Freud가 사용한 "it" "I" "I above"를 라틴어 용어인 "id" "ego" "superego"로 바꾼 것은 커다란 손실이다. 인칭대명사가 심리적 감흥이 거의 없는 추상적인 행위자로 변형된 것이다. Jonathan Shedler가 한때 나에게 언급한 적이 있듯이, 일상적 언어에서 "I"와 "it"를 구분하는 것은 쉬운 일이다: "I did this"는 "It came over me"와 다른 느낌을 준다. 인간 심리의 갈등적 측면, 즉 마음은 통일성을 지니지만 다측면적이고 서로 분리되어 갈등한다는 깨달음은 단순하지만 심오한 생각이다.

점진적으로, '심리치료'라는 용어는 전이 신경증이 발달하지 않지만 전이 반응들이

---

4) 최근에 이스탄불에서 강의할 때, 나는 터키에서 손의 마비('장갑 마비')과 같은 'Freud 시대의' 증상이 터키에서는 여전히 일반적이라는 것을 알게 되었다. 여성의 성적 욕구를 인정하지 않고 경계해야 할 것으로 교육하는 전통적 또는 근본주의적 이슬람 교도를 부모로 둔 딸들은 성에 대해 엄격했던 비엔나의 가족에서 젊은 여성들이 겪어야 했던 것과 같은 문제로 고통받고 있는 듯했다.

다루어지고, 저항이 분석되며, 현격한 변화를 초래하는 통찰이 추구되는 수정된 치료 방식을 의미하게 되었다. 내담자는 눕거나 마음에 떠오르는 모든 것을 말하도록 요구되지 않지만, 치료자는 내담자로 하여금 주호소와 관련된 문제영역에 관해서 가능한 한 자유롭게 말하도록 한다. 치료자와 내담자는, 정신분석에서와 마찬가지로 꿈과 환상의 의미를 찾기 위해 함께 노력하지만, 한두 가지 중심적 주제나 갈등에 초점을 맞추는 경향이 있다. 치료적 동맹관계는 정신분석에서 그러하듯이 인간관계의 새로운 모델이 되어 내면화된다고 가정하지만, 치료자는 내담자의 심리적 세계를 모든 구석과 틈새까지 탐색하지 않는다. 최근의 연구에서는 정신분석의 치료효과가 지지되고 있다; 일반적으로 치료를 더 자주 그리고 더 오래 받을수록 그 효과는 긍정적이다 (Freedman, Hoffenberg, Vorus, & Frosch, 1999; Sandell et al., 2000; Seligman, 1995). 그러나 광범위한 Menninger 연구(Wallerstein, 1986)의 결과에 따르면, 많은 내담자에게 있어서 정신분석적 치료가 정신분석과 유사하거나 그보다 나은 치료효과를 보인다는 점이 시사되고 있다. 이러한 연구결과는 일부 내담자에게 있어서 덜 집중적인 치료가 오히려 최선의 치료방법이라는 임상적 경험을 지지하는 것이다.

정신분석적 치료과정에 대한 현대의 개념들

임상적 정신분석은 원래 치료법으로 개발되었지만 한 사람의 삶에 중요한 영향을 미치는 무의식적 사고, 욕구, 공포, 갈등, 방어, 동일시에 관한 모든 것을 이해하기 위한 장기적인 탐색적 노력으로 정의되고 있다. 사람들은 개인적 성장을 위해서 또는 치료자로서 환자들이 갈등하는 보편적 주제에 대한 깊이 있는 이해를 위해서 정신분석을 받으려 한다. 심리치료는 특정한 장애의 경감, 고통의 감소, 심리적 구조의 강화와 같이 좀 더 겸허한 목표를 지향한다. 정신분석은 개인의 성격에 뿌리 깊게 자리 잡고 있는 문제를 해결하는 데에 가장 효과적인 치료로 여겨지는 반면, 심리치료는 보다 구체적인 문제에 초점을 맞추어 치료한다. 정신분석은 매주 3~4회에 걸쳐 (흔히 장의자에 눕는 상황에서) 시행되는 반면, 정신역동적 치료는 일주일에 2회 이내로 (흔히 얼굴을 맞대는 상황에서) 시행되는 것으로 정의되고 있다. 그러나 이러한 관례적 정의에도 불구하고, '분석'과 '치료'의 중요한 차이점은 치료가 진행되는 조건이 아니라 치료과정에서 어떤 일이 일어나느냐는 점이며 이러한 견해에 아마도 대부분의 정신분석가들은 동의할 것이다.

임상적 경험에 따르면, 철저한 정신분석의 야심적인 목표를 성취하기 위해서는 환자들이 치료실에서 충분히 편안함을 느끼고 '퇴행'할 수 있어서 어린 아동기에 중요했던 강한 감정을 느낄 수 있어야 한다. 많은 환자들은 자신이 치료시간에 아이가 된 것처럼 느낄수록, 치료실 밖에서는 더 성장하고 자율적인 존재라는 느낌을 갖게 된다고 보고한다. 따라서 그들은 의미 있는 성장이 퇴행과 함께 그리고 퇴행을 통해서 일어나는 것으로 경험한다. 제한적으로 퇴행하는 경우에, 분석가는 환자의 심리적 세계 속에서 어린 시절의 양육자가 지녔던 영향력과 유사한 심리적 영향력을 점진적으로 갖게 된다. 환자가 전이신경증 상태에 있을 때, 분석가는 치유와 예방 모두에 기여하는 정서적 영향력을 갖게 된다. 치료적 퇴행은 치료자와 환자가 빈번하게 접촉하는 상황에서 더 잘 일어난다. 그러나 어떤 환자들은 일주일 2회의 만남에서도 깊은 분석적 치료가 가능한 반면, 일주일 5회의 만남이 수년간 지속되어도 분석적 치료가 불가능한 사람들이 있다는 것을 경험 많은 치료자들은 잘 알고 있다.

앞 절의 끝부분에서 언급했던 관계적 운동(relational movement)으로 인해 정신분석적 치료과정을 기술하는 데에 새로운 용어가 도입되었다. 관계적 분석가들은 다양한 자료들, 즉 Freud의 헝가리인 동료인 Sandor Ferenczi와 그의 추종자들, Melanie Klein과 영국의 대상관계 이론가들, Harry Stack Sullivan과 미국 대인관계 운동가들의 저술, 역전이에 관한 Heinrich Racker의 저술, 치료적 행위에 관한 Hans Loewald의 개념들, 역할 반응성에 대한 Joseph Sandler의 업적, 자기심리학의 Heinz Kohut, Merton Gill의 임상적 이론들, 인식론과 해석학에 관한 수많은 철학적 저술들에 근거하고 있다. 이러한 관계적 운동의 영향으로 인해 분석가가 환자의 내면적 역동에 대해 객관적인 언급을 할 수 있는 중립적 관찰자라는 생각(1975년에 Schimek으로부터 시작하여 많은 정신분석적 저술가들은 이러한 생각을 '순수한 지각'의 신념이라고 지칭한 바 있다)은 도전받게 되었다.

관계적 분석가들은 치료자와 내담자 양측의 주관적 경험이 서로 영향을 미친다는 점을 강조하고 있으며, 치료자가 정신분석적 치료과정에 관여하게 되면 치료자와 내담자는 모두 내담자가 겪은 어린 시절의 드라마를 회상시키는 역동적 관계에 빠져들게 된다는 점을 지적하고 있다. 역전이는 우발적인 현상이 아니라 광범위하게 나타나는 불가피한 현상으로 간주되고 있다. 환자의 주관적 세계에 들어가는 일은 치료자의 인생에서 경험한 유사한 기억들을 활성화시키는 경향이 있다. 따라서 성폭행의 경험을 지닌 여성과 그녀의 치료자는 미묘한 방식으로 그들에게 익숙한 역할을 하면서 서로에게 영향을 미치고 있다는 것을 발견하게 되는데, 이러한 역할은 Davies와 Frawley(1994)가 "무관심한 부모와 버림받은 아동; 가학적 공격자와 분노하는 무력한 희생자; 이상화된 구원자와 구원을 요구하는 특권의식적인 아동; 유혹하는 사람과 유혹을 당하는 사람" (p. 167)과 같은 2자 관계에서 흔히 나타나는 것이라고 지적한 바 있다. '역할재현(enactment)' (Jacobs, 1986)은 치료과정을 정신분석적으로 이해하는 데에 중요한 개념이 되고 있다. 현대의 정신분석적 치료자들은 치료과정에서 어떤 일이 재현되고 있는지를 설명하기 위해서 내담자에게 자신의 감정과 생각을 종종 공개하곤 한다.

역할재현이 불가피하다는 인식은 내담자와의 상호작용 과정에서 형성되는 맥락과 의미에 대해 전문가로서 이해한 바를 전달하는 것이 치료자의 역할이라는 생각과 더불어 정신분석적 대화의 기본적인 속성이 되었다. 치료자가 상당히 객관적인 외부관찰자의 역할을 하는 것이 중요하다고 여전히 여기고 있는 일부 분석가들은, Freud와 마찬가지로, 전이가 왜곡된 것이라는 점을 강조하고 있다. 그러나 객관성을 지닌다는 것이 불가능하다고 보는 관계적 분석가들은 전이-역전이 관계를 두 사람이 함께 만들어 가는 것으로 보고 있다. 이러한 관계적 측면에 대한 인식이 증가됨으로 인해 나타나는 바람직한 부수적 결과는 정신분석적인 임상적 저술이 점차적으로 좀 더 솔직한 고백의 형태로 변화되고 치료자들이 치료과정에서 느끼는 자신의 정서적 체험을 기술하고 있다는 점이다. 관계적 분석가들은 '고전적인' 입장의 선배들보다 심리치료를 좀 더 평등하고 민주적인 방식으로 묘사하는 경향이 있다. 예컨대, *The Psychoanalytic Review*에 발표된 한 논문(Eisenstein & Rebillot, 2002)에서는, 환자와 분석가가 치료과정에서 느꼈던 각자의 정서적 변화에 주목하면서 치료적 작업을 함께 회고하고 있다.

정신분석의 오랜 역사와 정신분석적 치료이론의 다양성을 감안하여, 그동안 정신분석학계에 제기되었던 다양한 물음들을 소개하면서 나의 입장을 제시하고자 한다. 분석적 치료자들은 자신이 지닌 정신분석적 입장을 강렬하게 옹호한다는 점을 일부 독자들은 잘 알고 있을 것이다. 치료자는 자신을 고전적 입장과 관계적 입장 중 어떤 입장의 치료자로 규정하는가? 상호주관적 입장과 자기심리학적 입장 중 어떤 입장인가? Freud, Jung, Klein 또는 Lacan 중 어떤 입장인가? Freud 이래로 정신역동적 이론과 치료에 대한 역사는 중세의 이단 논쟁에 버금가는 갈등과 의견 대립 그리고 분열로 채워져 있다. 우리 모두를 정신분석이라는 한 우산 아래 포함시키기에는 치료자들의 취향이 너무 다양해서 공통점을 찾기가 어렵다. 『정신분석적 진단』(McWilliams, 1994)에서 논의한 바 있듯이, 이론가들은 자신이 선호하는 입장을 옹호하기 위해 싸움을 벌이지만, 대부분의 치료자들은 통합적인 경향이 있어서 특정한 환자를 이해하고 치료하는 데에 도움이 된다면 자신과 다르거나 심지어 상반되는 입장의 이론을 취하기도 한다. Pine(1990)은 정신분석의 여러 입장을 장님과 코끼리의 우화에 비교하면서 다음과 같이 말한 바 있다: "인간이라는 동물은 너무나 복잡하기 때문에, 인간을 다양한 입장에서 이해하는 것이 바람직하다."(p. 4) 이 책에서 소개하는 입장은 Pine의 주장과 마찬가지로 통합적인 것이다.

나의 치료적 입장

독자는 나의 개인적 신상정보, 소속, 계보, 입장에 관해 알 권리가 있다. 현대의 여러 저술가들은 우리가 편견을 지니지 않을 수는 없지만 적어도 자각하고 있는 편견은 스스로 인정해야 한다고 주장하고 있다. 이러한 주장에 따라서 나의 관점을 제시하고 설명하고자 한다.

정신분석적 다원론에 대하여

나는 Oberlin 대학에서 행정학을 전공하는 학생으로서 Freud의 정치적 이론에 관한 논문을 쓰면서 처음으로 정신분석 이론에 흥미를 갖게 되었다. 나의 취향이 Freud와 유사한 점이 있어서 그의 저술에 강한 흥미를 느끼게 되었다. 그 당시 서점에는 그의 제자인 심리학자 Theodor Reik의 여러 저서가 있었는데, 나는 그 책들을 열심히 읽기 시작했다. 졸업 후에 나는 남편과 함께 브루클린으로 이주했는데, 그 근처인 맨해튼에 Reik가 거주한다는 것을 알게 되었다. 나는 Freud와 매우 가깝게 지냈으며 인간의 삶에 관해 그토록 감동적인 책을 쓴 사람을 만나고 싶은 마음이 절실했다. 나는 그에게 편지를 써서 나를 만나줄 수 있는지 그리고 나의 심리치료 공부에 관해 조언을 해 줄 수 있는지를 물었다. Reik는 친절하게 나를 반겨 주었고 정신분석을 받아 보도록 권유했다. 마침내 나는 그가 설립한 연구소인 National Psychological Association for Psychoanalysis(NPAP)의 수련과정에 들어가게 되었다.

나는 심리학에 관한 대학원 공부를 Rutgers 대학의 성격 및 사회심리학과에서 하게 되었다. 내가 Rutgers 대학에서 임상심리학보다 성격심리학을 공부하게 된 이유는, 책을 통해 감명을 받은 Sylvan Tomkins가 성격에 관한 강의를 하고 있었으며 나의 관심은 임상적인 주제를 넘어서 개인차에 관한 폭넓은 것이었기 때문이다. 석사학위를 취득한 후 나는 NPAP에 등록했으며 동시에 거기에서 박사학위 과정을 밟았다. 내가 Rutgers 대학의 대학원생으로 공부할 때, George Atwood와 Robert Stolorow가 성격심리학 교수로 부임하여 함께 매우 창의적인 연구를 시작했다. 그들이 자신의 연구를 전통적인 정신분석이론에 대한 도전으로 여길 때 가끔 의아하게 생각하기는 했지만 나는 그들의 연구를 좋아했다. 그들의 사고방식은 나와 궁합이 잘 맞았으며, 내가 나의 분석을 통해 경험하는 것이나 내가 분석적 수련과정에서 배우는 것과 근본적으로 상충되는 것이 아니라고 느꼈다.

NPAP에서 '고전적'이라고 일반적으로 간주되는 것은 Freud로부터 Theodor Reik를 통해 전달된 치료적 입장이었다. Freud가 정신분석은 정신의학의 시녀가 되어서는 안 된다는 글을 쓰게 된 것도 Reik를 위해서였다. 미국의 의료기관들이 그를 수련감독자에서 제외하게 되자, Reik는 독자적인 수련과정을 개설하였다. 그는 대표작인 『제3의 귀로 경청하기(*Listening with the Third Ear*)』(1948)를 통해 Freud 이론의 계승자임을 주장하면서, 분석가의 치료적 작업이 지니는 예술적 속성, 경이로움을 느끼는 것의 중요성 그리고 '해석하지 않으려는 용기'를 위시한 도덕적 용기의 미덕을 강조했다. 1970년대에 NPAP에서 나를 지도한 교수나 슈퍼바이저들은 대부분 이러한 태도를 지니고 있었다. 그들은 나에게 Freud뿐만 아니라 Ferenczi, Klein, Fairbairn, Balint, Mahler, Winnicott, Bowlby, Erikson, Sullivan, Searles, Kohut 등에 관해서 가르쳤다. 이러한 이론가들은 Freud의 이론을 대체하거나 부정하는 것이 아니라 그의 이론을 계속 발전시켜 나가는 것으로 생각되었다. 이 책에서 내가 일관되게 제시하고 있듯이, 치료방법이 적절하고 유익한지를 판단하는 기준은 얼마나 표준적인 기법을 따르느냐가 아니라 환자가 얼마나 자유롭게 말하고 자신의 진정 고통스러운 감정을 내보이며 치료에 깊이 몰입하느냐라고 배웠다(참고: Kubie, 1952).

정신병리는 시대와 문화에 따라 다르기 때문에, 경쟁적인 이론들은 각기 특정한 시대와 장소에서 흔히 접하게 되는 환자의 심리상태를 설명하기 위한 노력의 산물이라는 점도 NPAP에서 자주 지적되었는데, 이러한 견해는 정신분석적 문헌에서 간헐적으로 제시된 바 있었다. 이론가들은 특정한 유형의 환자를 치료하면서 독특한 비유적 설명을 발전시킨다. 그래서 초기에 히스테리 증세를 나타내고 해리적인 심리상태를 지닌 환자를 치료했던 Freud는 갈등적인 것으로 경험되는 여러 심리적 구조의 관계에 초점을 맞추는 이론을 발전시킨 반면, 유아기와 정신병에 강한 흥미를 지녔던 Winnicott(Rodman, 2003)은 "통합적 존재로 살아가기(going on being)"와 같이 좀 더 전체론적인 개념을 창안해냈다. 요즘에는 원초아, 자아, 초자아의 갈등 모델로 잘 설명되는 심리상태를 지닌 사람을 보기 힘들지만, 엄격한 부계중심 가족과 죄책감을 유발하는 자녀양육이 보편적이었던 Freud 시대의 유럽사회에는 그러한 사람들이 분명히 많았을 것이다. 서양의 대중문화가 그러하듯이, 일관성 있고 긍정적인 자기개념을 필요로 하는 많은 문제들이 생겨나는 시대와 사회에서 자기심리학 운동이 일어난 것은 우연이 아니라고 생각한다. 마찬가지로, 권위가 인정되지 않으며 평등적 관계가 일반적인 이 시대에 관계적 패러다임이 인기를 얻고 있는 것은 이해할 만하다(참고: Bromberg, 1992).

정신분석 수련을 받는 동안, 나는 어떤 특정한 입장을 신봉해야 한다는 압력을 거의 느끼지 못했으며, 자신의 이론을 기꺼이 개정하려 했던 Freud에게 깊은 인상을 받은 나는 이러한 열린 자세가 Freudian의 가장 기본적인 특성이라고 여겼다(자신과 견해를 달리하는 사람들을 추방했던 Freud의 강렬한 성향을 고려한다면, 이런 생각은 나의 선택적 지각을 보여 주는 것이다.). 나는 치료기법에 관한 Freud의 논문뿐만 아니라 그로부터 분석을 받았던 사람들의 저술들을 읽었으며, 그가 다양한 피분석자를 개인에 따라 적절하게 치료한 방식에 감탄했다(참고: Lohser & Newton, 1996; Lipton, 1977; Momigliano, 1987). 나는 호기심 많고 융통성 있는 치료자로서의 Freud와 동일시하면서, 나 자신을 Freudian이라고 생각했다.

NPAP를 졸업하고 여러 해가 지난 후에야 나는 뉴욕 정신분석 연구소의 Hartmann, Kris, Loewenstein에 의해 주도된 자아심리학 운동으로부터 생겨난 다른 유형의 '고전적' 정신분석을 접하게 되었다. '고전적인' 정신분석기관에서 수련을 받던 나의 동료 한 명은 '정신분석적 규칙' 에 관해 자주 이야기했으며, 그러한 규칙을 어겼을 때는 환자가 호전되고 있을 때조차도 심한 죄책감에 시달리는 듯했다. 그에 따르면, 같은 수련과정에 있는 한 동료는 "내가 정신분석을 좋아하는 이유는 내가 항상 올바른 치료를 하고 있다는 것을 내가 알고 있기 때문이다. 환자가 악화되거나 자살을 시도할 때도, 나는 내가 환자에게 최선의 치료를 했다는 것을 알고 있다."라고 말했다고 한다. 심지어 환자가 사망한 경우에도, 규칙 적용을 성공적인 치료로 간주하는 이러한 생각은 나에게 기괴한 것으로 여겨졌으며, 처음에는 그러한 생각을 그 심리학자의 병적인 자기애의 탓으로 돌렸다. 그러나 시간이 흐르면서, 나는 '고전적' 이라는 이름으로 벌어지고 있는 정신분석의 경직성과 권위주의에 대해서 여러 가지 많은 이야기를 듣게 되었다. 결국, 마치 내가 추동이론의 옹호자거나 당시 대다수 수련기관에서 정통이라고 여기는 것의 지지자인 것처럼 오해되었기 때문에 나 자신을 Freudian 또는 고전적 정신분석가라고 부르지 않기로 했다.

사실 나는 내 자신을 어떤 다른 입장을 지닌 사람이기보다 더 Freudian이라고 여전히 생각하고 있는데, 자신은 Freudian이 아니라고 한 Freud의 유명한 농담에 공감하기 때문일 것이다. 나는 대상관계 이론가, Jungian, Kleinian, 자기심리학자, 상호주관주의 이론가, 통제-숙달 치료자, 관계적 분석가로 자신을 지칭하는 분석가들로부터 깊은 영향을 받았다. 체험적 역전이-초점 집단(Robbins, 1988 참고)을 운영하고 있으며 정신분석적 문헌에 그러한 용어가 나타나기 오래전부터 상호주관성에 관해 가르쳤던 Arthur Robbins가 나에게 가장 많은 영향을 준 스승이다. 나는 현대의 관계적 분석가들을 높이 평가하며 내 자신을 그들과 동일시하고 있다. 그 이유는 내가 항상 그들의 주장에 동의하기 때문이 아니라 그들은 치료 과정을 제시하는 솔직함이나 논의의 수준을 향상시켰을 뿐만 아니라 환자와 그들과의 갈등을 이야기할 때 환자를 존중하는 태도를 증진시켰으며 탐구적 열정, 열린 대화, 영적 추구의 자세를 정신분석에 회복시켰기 때문이다.

Robert Holt가 말한 적이 있듯이(Rothgeb, 1973), Freud 이론의 잘못을 밝히기 위해서 Freud의 책을 읽는 사람은 Freud가 말한 것의 대부분이 잘못되었다는 것을 입증해낼 수 있겠지만, 그로부터 무언가를 배우기 위해 접근하는 사람은 훌륭한 통찰을 얻게 될 것이다. 정신분석이든 어떤 것이든 어떤 이론으로부터 최대한 많은 것을 얻기 위해서는 내담자에게 그러하듯이 그 이론을 주장하는 사람을 존중해야 한다고 생각한다. 환자에 대해서 우리는 그들의 출신배경, 그들이 해결하려는 문제들 그리고 그러한 해결책이 효과적일 수 있는 상황적 요인을 이해하려고 노력한다. 우리가 진정으로 공감적인 태도를 지닌다면, 정신병 환자라 하더라도 전혀 이해할 수 없다거나 구제불가능한 사람이라고 무시하게 되지는 않을 것이다. 대부분의 이론가들은 다면적인 인간 문제를 해결할 수 있는 방법을 나름대로 애써 강구하고 있으며, 만약 우리가 그들의 관점을 취한다면 그 이론으로부터 많은 가치를 발견할 수 있을 것이다. 그러나 만약 그들의 결론을 우리가 추구하던 진실이라고 쉽게 인정해 버린다면, 우리의 의미부여 능력을 너무 쉽게 포기하는 일이 될 것이다. 따라서 나는 정통주의에 대해서, 특히 기법적 정통주의에 대해서 회의적이며(Pine, 1998 참고), 특정한 치료적 입장에 푹 빠져 치료하는 것도 좋은 일이지만 그러한 입장에 의문을 품으며 각 학파 내에 불가피하게 존재하는 이질적인 주장을 인정하는 것도 좋은 일이라는 Roy Schafer(1983)의 주장에 동의한다.

정신분석적 치료와 다른 치료적 접근에 대하여

비정신역동적인 치료적 접근을 어떻게 생각하느냐는 질문을 종종 받는다. 나는 정신분석에 심취해 있지만 다른 여러 가지 치료법이 사람을 돕는 데 효과적이라는 증거를 존중해 왔다. 만약 심리적 치료의 가치를 평가절하하려는 보험회사와 제약회사의 부정적인 영향을 배제한다면, 정신분석적 치료에 도전하는 경쟁적 치료법의 개발은 긍정적인 발전이라고 생각한다. 다양한 입장의 존재는 특정한 문제에 대한 구체적인 치료방법(양극성 장애에 대한 약물치료, 강박증상에 대한 노출치료, 중독에 대한 12단계 프로그램, 역기능적 관계에 대한 가족체계 치료)을 개발하는 데에 도움이 된다. 대부분의 개업 치료자와 마찬가지로, 나는 그 이론적 기원이 어떠하든 간에 나의 치료성과를 높여주고 도움을 요청하는 사람들에게 도움을 줄 수 있는 방법을 제공한다면 어떤 접근이라도 환영한다.

현재, 심리적 문제의 치료에 있어서 학술적으로 가장 인정받고 있는 것은 인지행동적 치료다. 인지행동적 치료의 발전에 기여한 선구자들은 Freud에게 영향을 미친 유럽의 철학적 입장보다는 미국의 학문적 심리학의 경험적-실증주의적 입장을 지닌 사람들이다. 비록 정신역동적 입장과 인지행동적 입장의 대표적 인물들은 그들의 이론적 차이에 비해서 유사한 방식의 치료를 하고 있지만(Wachtel, 1977, 1997), 고통의 본질, 변화나 '치유'의 본질, 심지어 '현실'의 본질에 관한 전반적인 생각에서 상당한 차이가 있다. 어떤 환자들은 체계적으로 목표 증상을 정하고 과제를 할당하는 좀 더 초점적이고 직접적인 치료를 선호하는 반면, 어떤 사람들은 그러한 치료에 대해서 반감을 지니기도 한다. 많은 인지적 치료자와 행동적 치료자들은, 그들이 치료한 집단에 있어서 적어도 단기적으로는 그들의 치료가 효과적이었음을 입증해 왔다.

그러나 나는 이러한 대안적 치료들이 다양한 문제를 오랫동안 지니고 있는 사람들—즉, 치료를 찾는 대부분의 사람들—의 치료기간을 현저하게 단축시켰다고 생각하지는 않는다. 정신분석을 포함하여 모든 주요한 심리치료적 입장들은 단기간에 성공적인 치료를 했다고 주장하면서 발전하기 시작했지만, 모두 실제적인 치료과정의 복잡성에 직면하게 되면서 치료회기가 연장되고 있다는 점을 주목할 필요가 있다. Freud의 경우에도, '정신분석' 이 몇 주 정도로 단기화될 수 있을 것으로 생각했지만, 그와 이후의 분석가들은 저항과 전이라는 현상과 개인이 지닌 역동의 복잡성에 직면하게 되면서 분석적 치료는 여러 해로 연장되기 시작했다.

1980년대에, 해리장애 분야의 치료자들도 Freud와 마찬가지로 외상후 증상을 지닌 사람들을 치료하기 위해서 좀 더 장기적이고 복합적인 치료를 지향하게 되었다. 그들은 처음에, 한때 Freud가 그러했듯이, 회상과 발산에 초점을 두어 해리장애 환자를 치료하는 방법을 제시했으나 기억의 복잡성, 정서적 습성의 완고성, 치료관계에 주의를 기울이는 것의 중요성, 증상의 다양한 기능을 점차 인식하게 되면서 복합적인 외상에 대한 장기적 치료가 필요함을 절감하게 되었다. Carl Rogers도 처음에는 내담자 중심 치료를 통해 몇 회기 내에 현저한 치료성과가 나타날 수 있다고 주장했지만, 현재 인본주의 치료자들은 여러 해 동안 내담자를 치료하고 있다. 인지행동적 치료자들도 재발방지라는 문제에 직면하고 성격장애의 치료로 영역을 확장하면서, 인지행동적 치료의 회기 역시 연장되고 있다. 안구운동 둔감화 및 재처리법(EMDR)은, 한때 외상에 대한 단기적 치료법으로 알려졌지만, 복잡한 심리치료체계로 확장되고 있다. 우리는 모두 계속해서 동일한 교훈을 배우고 있다.

사람마다 선호하는 입장이 다르지만, 장애를 치료하는 각기 다른 방법들은 모두 치료적 관계라는 공통적인 커다란 무대 안에서 시행된다(Frank & Frank, 1991). 임상가들은 그들이 동의할 수 있고 그들의 개성을 표현할 수 있는 방식으로 치료한다. 나는 다음 장에서 설명할 전체성(gestalt)에 기질적으로 끌리지 않는 사람에게 정신역동적 치료를 가르치는 것을 망설이곤 하는데, 이는 음치에게 음악을 가르치는 것을 망설이는 것과 같다. (이러한 비교는 단순한 비유 이상의 의미를 지닌다; 음악적 적성과 정서적 교감은 유전과 아동기 경험 모두에게서 개인차가 나타나는 우반구의 특징적인 기능이다; Schore, 2003a, 2003b.) 따라서 나는 정신분석적 취향을 지닌 사람으로서 인지행동적 치료의 지침서 식으로 치료하는 것에는 전혀 재능이 없다. (나에게는 이런 치료가 너무 좌반구적인 것으로 생각된다.) 우리는 치료자로서의 재능과 성향이 각기 다르기 때문에 여러 가지 다른 종류의 치료를 만들어내고 있는 것이다. 권위주의적인 기법이 정신분석적 치료의 정수인 것처럼 전수되는 것에 혐오감을 느끼고 있는 사람인 나의 관점에서 볼 때, 정신분석이 의학, 임상심리학, 사회사업학 분야에서 더 이상 지배적이지 않게 된 현실로 인해서 우연하게 얻게 되는 이익은 진정한 정신분석적 취향을 지닌 학생들만이 분석적 슈퍼비전과 수련을 받을 것이라는 점이다. 이러한 변화를 통해서 창의적이지도 않고 공감적이지도 않으며 독선적이고 기계적인 정신역동적 치료가 앞으로는 쇠퇴하기를 바란다.

임상적 문헌에는 의학적 비유가 많이 존재하지만, 심리치료의 실제는 일종의 예술이며 의학적 치료보다 음악적 표현에 훨씬 더 가깝다. 음악 역시 과학과 이론에 근거하고 있지만, 연주로 나타나는 음악은 감상자의 정신 · 육체 · 감정 · 행위에 특별한 체험을 전달한다. 음악은 감상자의 음악적 선호와 상관없이 독특한 방식으로 뇌에 영향을 미치는 것 같다. 따라서 어떤 치료적 접근이 더 우월한가 하는 물음은 고전 음악, 재즈 음악, 록 음악, 민요, 컨트리 음악 중에서 어떤 것이 더 영혼을 살찌우는가 하는 물음처럼 잘못된 것이라고 생각한다.

이러한 결론은 나의 관찰과 경험에 근거한 것이지만, 이와 관련된 경험적 연구를 탁월하게 분석한 Bruce Wampold(2001)도 동일한 견해를 제시하고 있다. Wampold가 제시한 심리치료의 '맥락적' 또는 공통요인 모델은 최근의 연구와 사회정책에 그토록 많은 영향을 미친 의학적 모델보다 치료효과에 관한 사실들을 훨씬 더 잘 설명하고 있다. 정신건강 분야에서 다양한 치료법이 주장되고 있는 현실은 환자에게 어떤 의미를 지니는가? "치료 효과는 치료법의 유형보다 치료자에 의해 달라지기 때문에 내담자는 자신의 견해와 일치하는 이론적 입장을 지닌 가장 유능한 (주변의 치료자 중에서 잘 알려진) 치료자를 찾아야 한다."고 Messer와 Wampold(2002, p. 24)는 결론 내리고 있다. 다음 장에서는 정신분석적 입장을 지닌 사람들이 특징적으로 지니고 있는 심리적 습성을 살펴보고자 한다.

제2장

정신분석적 감수성

> 영국 전통과 프랑스 전통의 추종자들은 서로를 비판하면서 "우리가 하는 것은 정신분석이고, 당신들이 하는 것은 정신분석이 아니다."라고 말했던 것으로 알려지고 있다.
>
> Winnicott과 Lacan으로부터 많은 것을 배우게 되면서, 나는 정신분석적인 다양한 사유에 있어서 그들이 각각 희극적 성향과 비극적 성향을 반영하고 있다는 생각을 하게 되었다……. Winnicott에게는 따뜻한 세계관과 낙관주의, 즉 건강하고 행복한 가정을 만들 수 있으며 인류는 더 나은 방향으로 개선될 수 있다는 신념을 발견하게 된다. Lacan에게는 Freud의 비관주의, 즉 인간존재에는 '건강'과 같은 용어를 적용하기 어렵게 만드는 어떤 것이 있으며 이것은 근본적으로 변화시킬 수 없는 것이라는 인식을 만나게 된다. 만약 이러한 견해를 통합하는 것이 불가능하다면, 이러한 견해 중 어느 하나를 무시하는 것은 매우 위험한 일이다.
>
> –Deborah Luepnitz(2002, pp. 16-17)

이 장에서는 자칭 정신역동적이라고 주장하고 있는 어지러울 정도로 다양한 치료적 접근들로부터 공통적인 요소를 추출해 보고자 한다. 정신분석적 치료에는 하나의 진정한 보편적인 기법이 존재하지 않지만, 타인의 이해와 성장을 위해 정신역동적 원리를 적용하려는 노력의 기저에는 보편적인 신념과 태도가 존재한다. Mitchell과 Black(1995)은 그러한 태도를 "마음의 복잡성, 무의식적 정신과정의 중요성 그리고 개인적 경험에 대한 꾸준한 탐구의 가치"(p. 206)를 존중하는 태도라고 기술한 바 있다. Benjamin(2002)은 이를 "우리 모두의 취약성에 대한 진실, 자유 그리고 연민"에 관심을 지니는 것이라고 요약했다. 최근에 Lothane(2002)이 지적한 바에 따르면, 정신분석적 치료를 받는 환자는 "자기 자신을 아는 것을 배우고…… 충동적이기보다는 책임 있게 자신의 삶을 영위하는 도덕적 존재로 성장하는 것을 배우는, 탐구적 삶이라는 소크라테스적 목표를 추구한다."(p. 577) 정신분석의 가치에 관한 논문에서 Meissner(1983)는 자기이해, 진실성, 가치 자체의 존중 그리고 진실의 탐구를 강조하였다.

Buckley(2001)는 정신분석적 세계관이 고대 그리스, 특히 마음에 대한 플라톤의 '철학적' 모델(고대의 다른 모델들, 즉 호머의 시적인 모델과 히포크라테스의 의학적 모델과는 대조되는 것으로서)과 연결된다고 보았다. Messer와 Winokur(1984)는 문학비평의 언어를 도입하여 행동주의적 입장을 희극적이라고 평가한 반면, 정신분석적 입장은 비극적이라고 평가했다(서두에서 인용된 Luepnitz는 정신분석 내에서 강조점의 차이를 지적하고 있지만, 그녀와 유사한 취지에서 이렇게 평가했다.). '비극적' 이라는 말은 우리 삶의 실상이 본래 문제투성이며 고통스러운 것이라는 점을 인정해야 한다는 입장을 의미하는 반면, '희극적' 이라는 말은 변화를 통해서 행복한 결말을 초래할 수 있다는 실용주의적이고 문제해결적인 입장을 의미한다. Schneider(1998)는 정신역동적 전통을 서양적 사유에 있어서 '낭만적' (감성적, 직관적, 전체적) 취향에 속하는 것으로 보고 있는데, 이는 미국의 학문적 심리학과 논리적 실증주의 전통이 지니는 가설적-연역적-귀납적 성향과 반대되는 것이다. 최근에 이스탄불에서 강의를 하면서, 나는 터키 언어에 과학을 지칭하는 두 가지 다른 단어, 즉 서양의 학문적 심리학이 이상화하는 '과학적 방법' 을 지칭하는 belim과 관찰적이고 내성적이며 연상적인 수단에 의한 '이해-지향적 방법' 을 지칭하는 elim이 있다는 것을 알게 되었다(Yavuz Erten, 개인적 교신, 2003년 5월 15일). 정신분석이라는 학문은 elim의 영역에 속하는 것으로 생각된다.

정신분석적 기질을 지닌 다양한 저술가들은 자신을 현상학, 실존주의, 구조주의, 포스트 모더니즘, 구성주의, 회의주의, 불교, 기독교, 유대교, 그 밖의 다른 철학적·해석학적·영적 전통과 동일시하고 있다. 정신역동적인 취향을 지닌 이론가들은 자신의 사유방식을 철학적인 것으로 간주하면서 치료방법이 '객관적' 증거에 근거해서 개발되어야만 하며 지향하는 가치, 가정 그리고 문화적/역사적 맥락과는 무관한 구체적인 '기법들' 로 이루어져야 한다는 생각에 반대한다(참고: Messer & Woolfolk, 1998; Strenger, 1991). 이 책에서 내가 요약하여 제시하려는 것은 정신분석적 패러다임의 일부를 확장하거나 수정하기 위해 발전되어 온 입장들인데, 이에는 게슈탈트 치료, 내담자 중심치료 그리고 인본주의적-체험적 입장, 교류분석, 실존적 접근, 사이코드라마, 예술치료가 포함된다. 다소 임의적이기는 하지만, 나는 Freud의 죽음을 애도하는 시에서 W. H. Auden이 "정신분석적 입장의 전반적 성향"이라고 말했던 것의 구성요소를 호기심과 경외감, 복잡성, 동일시와 공감, 주관성과 정서적 교감, 애착 그리고 신념이라는 주제하에 설명하고자 한다. 이러한 측면들은 중복되기도 하고 그래서 서로 구분하기 어려운 점이 있다. 전체(gestalt)를 구성요소로 분해하여 설명하는 것이 불가능하지만 각 요소를 간략히 살펴보고자 한다.

호기심과 경외심

가장 기본적으로, 정신분석적 치료자들은 우리가 나타내는 대부분의 행동, 감정, 생각을 유발하는 근원이 의식적이지 않다는 점을 중요하게 생각한다. 우리가 최근에 뇌에 관해 알게 되어 이러한 신념은 인지 과학자들과 비정신분석적인 임상심리학자들도 공유하게 되었으며 여러 치료법들이 궁극적으로 통합될 수 있음을 시사하고 있다. 그러나 정신역동적 취향을 지닌 사람들은 비의식적인(nonconscious) 현상들이 존재할 뿐만 아니라 우리가 무의식적으로 경험을 저장하는 역동적인 조직체계가 존재한다고 믿는다. 이러한 역동적인 조직체계는 분석가들로 하여금 마치 그러한 무의식이 실재하는 것처럼 여기게 만들고 있다. 어떤 사람의 경우든, 심리내적인 조직체계는 성장하는 아동과 그 아이의 세계에서 중요한 역할을 했던 사람들 간에 일어나는 상호작용의 결과적 산물로 생각된다. 아동에 의해 경험된 이러한 초기 인물의 특성과 이들과의 관계는 안정된 형태로 내면화된다.

오랜 기간 정신분석적 치료를 해 온 사람들에게 있어서, 사람들이 하는 '선택'이 우연한 것이 아니라는 점은 매우 흥미로운 것이다. 우리는 우리가 하는 행동을 합리화하지만, 마치 최면에 걸린 피험자가 최면 후 암시에 따라서 자신도 모르게 한 행동에 대해서 그럴듯한 이유를 만들어내는 것과 마찬가지로, 우리는 우리의 행동을 결정하는 요인의 대부분을 알지 못한다. 아마도 이 점은 낭만적인 사랑의 상대를 '선택' 하는 일에서 가장 뚜렷하게 나타난다(Mitchell, 2002; Person, 1991). 사랑에 빠지는 일은 대부분의 사람들이 강렬한 감정을 통제하는 데에 자신이 얼마나 무력한지를 실감하게 만드는 몇 안 되는 공통적 경험의 하나다. 강렬한 감정을 지니는 부모의 자녀들은 흔히 강렬함을 추구하며, 방임적인 부모의 자녀들은 그들을 방치하는 사람을 상대로 선택한다. 알코올 중독인 아버지를 둔 딸들은 알코올 의존성을 지닌 남자에게 슬프게도 어쩔 수 없이 매력을 느끼며, 우울한 어머니를 둔 아들들은 불행한 여성의 불길에 나방처럼 끌린다. 사실, 가학적인 사람들은 피학적인 사람들을 감지하는 예민성을 지니고 있으며, 아동 성애자는 아동의 눈을 통해서 성추행을 쉽게 받아들일 수 있는 취약성을 잘 포착한다. 사람들은 흔히 그들이 저항할 수 없는 매력을 느끼는 특정한 '유형' 의 애정 상대가 있다는 점을 자각하고 있지만, 왜 그러한 사람에게 이끌리는지는 분명하게 알지 못한다. 우리는 언어적이고 이성적인 수준을 넘어서서 얼굴표정, 목소리, 머리의 기울임, 신체적 긴장, 심지어 성감을 자극하는 냄새를 통해 서로 미묘한 신호를 보내면서 다양한 수준에서 교류한다. 성에 관한 경험적 연구를 개관한 Money(1986)는 사람마다 매우 독특한 '사랑의 지도' 를 지니고 있다고 보고한 바 있다. 근접성과 우연성이 상대방과의 만남에 분명히 영향을 미치기는 하지만, 내담자의 생활사를 듣고 그들의 갈등을 지켜보게 되면서 치료자들은 그들에게 무의식적으로 결정된 반복적이고 지속적인 대인관계 패턴이 존재한다는 점을 알게 된다. 내가 치료했던 한 남자는, 아동기에 매일 아침 부엌에서 한 손에는 담배를 쥐고 있고 다른 손에는 커피 잔을 쥐고 멍하니 공간을 응시하는 알코올 중독의 어머니를 보곤 했는데, 대학교 식당에서 한 손에는 담배를 쥐고 있고 다른 손에는 커피 잔을 쥐고 멍하니 공간을 응시하는 한 여성과 '불가사의하게' 사랑에 빠지게 되었다.

어떤 사람들은 문제 있는 부모와 정반대되는 연인을 찾기 위해 노력하지만, 자신이 경험한 고통을 해소시켜 줄 해독제가 되리라고 생각했던 사람과 생활을 시작하면서, 그들이 어린 시절에 겪었던 경험이 새로운 관계에서도 무서우리만큼 다시 재현되고 있다는 것을 알게 된다. 예를 들어, 내가 만났던 한 여자 환자는 그 아버지가 간헐적으로 폭력을 휘두르곤 했는데, 결코 자신을 다시는 두려움에 떨게 하지 않을 만큼 비폭력 운동에 헌신하는 평화주의자와 사랑에 빠지게 되었다. 결혼하고 한 달이 지나서 몇 번의 다툼이 있은 후, 그녀는 남편의 이념적 평화주의가 그의 폭력적 성향을 위장하기 위한 것이라는 점을 알게 되었다. 그녀는 자신의 남편이 위험한 사람이라는 것을 다시 걱정하게 되었다. 치료에서, 그녀는 아버지로부터 벗어나기 위해 의식적으로 열심히 노력했음에도 불구하고 결국 그녀의 아버지를 다시 '만나게' 되는 결과가 초래되었다는 사실에 놀라움을 금하지 못했다.

Freud 방식이든 다른 방식이든, 꿈 분석을 하는 정신분석가들은 꿈의 심상과 줄거리 속에 얼마나 많은 정보가 응축되어 있는지를 알게 되면서 경이로움을 느끼게 된다. 우리가 심리치료에서 꿈 분석을 하든 그렇지 않든 간에, Freud가 꿈에 과학적 의미를 부여한 것이 자신의 가장 위대한 업적이라고 여긴 것은 이해할 만하다. 꿈의 상징 속에는 엄청난 응축이 이루어져 있기 때문에 뇌가 의식적으로 그러한 일을 한다고는 생각할 수 없다. Grotstein(2000)이 설명했듯이, 꿈은 마음속에서 다양하게 협동하는 '존재들' 의 활동을 보여 준다. 즉, "꿈을 꾸게 만드는 존재" "꿈을 이해하는 존재", 연기자들 그리고 "배경적 존재" — 이 모두는 "감각을 통해 접하게 되는 정보를 조직하고 통합하는" 각본을 통해서 경험을 서로 교류하고 표현한다(p. 24).

세심한 관찰자라면 다른 사람의 무의식을 보여 주는 증거를 발견하는 것이 어렵지 않다. 그러나 인식하거나 통제할 수 없는 어떤 힘에 의해서 우리 자신이 살아가고 있고 움직여지고 있다는 현실을 인정하는 것은 어려운 일이다. 대다수의 정신분석적 치료자들은 일상생활이나 개인적 치료과정에서 경험하는 우연한 사건을 통해서 이러한 경이로운 현실을 인식하게 될 뿐만 아니라 무의식적인 동기의 중요성을 지적인 이해에서 체험적 신념으로 확신하게 된다. 비행기가 세계무역센터를 향해 돌진했다는 이야기를 처음 들었을 때 우리가 어디에 있었는지를 생생하게 기억할 수 있듯이, 대다수 치료자들은 자신의 교만함을 허물어뜨리는 경이로움을 느꼈던 순간을 기억하고 있다. 내가 그러한 경험을 했던 순간은, 내가 이상하게 매료되었던 인물이 나의 아버지와 같은 별명을 지니고 있다는 것을 알게 되었을 때이다. 내 동료의 경우 그러한 순간은 치료과정에서 그녀 가족 간의 사랑이 실은 결핍된 애정을 주고받는 일종의 '거래 행위' 였다는 사실을 알고 슬퍼하던 즈음에 "Thomas Malthus"[1]에 관한 꿈을 꾸었을 때였다고 한다. 그녀는 Malthus가 자원의 부족을 강조한 경제학자라는 사실을 의식적으로는 알고 있지 않았지만 이러한 지식을 분명히 어디에선가 무의식적으로 접했다는 점에 놀라워했다. 다른 친구의 경우에는, 그의 아버지가 사망한 지 정확히 30년이 되는 날에 우울증이 시작되었는데 그는 그 날이 30주기가 되는 날인지도 몰랐다고 한다.

무의식적인 사고, 감정, 심상, 충동이 어떻게 함께 작동하는지에 대한 호기심은 치료자를 치료에 전념하게 만드는 동력인 동시에 내담자가 자신을 관찰하고 공개하는 용기를 갖게 하는 원천이다. 우리가 치료자로서 환자에 관해 무엇을 알게 될지 알 수 없다고 생각하는 것은 현실적인 동시에 치료적이다. 분석적 치료자의 역할, 즉 치료내용에서는 불확실성을 지니지만 치료과정에서는 전문성을 지니는 역할에 관해 흔히 이야기되는 비유는 새로운 길을 만드는 개척자나 여행 안내자의 비유이다. 만약 낯선 정글을 통과하려면, 위험에 빠지거나 제자리를 맴도는 일이 없도록 그 지역의 통과 방법을 잘 알고 있는 사람과의 동행이 필요하다. 그러나 안내자는 두 사람이 정글에서 어떤 상황을 만나게 될지 알 필요가 없다. 그는 단지 여행이 안전하게 이루어지는 방법을 알고 있을 뿐이다. 여러 장애나 성격에서 전형적으로 나타나는 심리적 역동을 설명하는 문헌이 많지만, 신중한 정신분석적 치료자는 그러한 이론이 틀릴 수도 있다는 열린 자세로 각 내담자의 말에 귀를 기울인다. Freud는 "고르게 떠 있는 주의"라고 불렀고, Bion과 Ogden은 "몽상상태(reverie)"라고 지칭했으며, Casement는 "비초점적 경청"이라고 부른 것은 분석적 태도의 필수적 요건이라고 할 수 있다. 즉, 어떤 것이 제시되더라도 그것을 받아들이려는 수용적 자세와 그것이 지닌 다양한 의미에 대한 호기심이다.

---

1) 역자 주: 『인구론』의 저자인 영국의 경제학자.

경외심은 늘 종교적 주제나 영혼에 관한 불가사의한 신비와 관련되어 경험되는 감정이다. 그러한 감정은 겸손함, 즉 Mark Twain이 지적했듯이 인간은 "우주의 작은 점"에 불과하며 우리는 우리의 자각과 통제 밖에 있는 무수한 힘들에 의해 휘둘려지는 존재라는 인식과 내재적으로 연관되어 있다. 경외심은 알 수 없는 거대한 존재 앞에서 자신이 매우 작은 존재임을 기꺼이 느껴보려는 자발성과도 관련되어 있다. 즉, 수용적이며 기꺼이 감동받고자 하는 자세일 뿐만 아니라 직접 체험하는 것이다. 이러한 태도는 문제를 구체적인 방법으로 해결하려는 도구적인 공리주의적 태도나 자신의 삶을 완전히 통제하고 있으며 모든 것을 할 수 있다는 실용주의적인 낙관적 태도와는 매우 다른 것이다. 이러한 태도는, 과학을 반대하지 않지만 거대하고 복잡한 주제를 작고 단순한 것으로 쪼개어 개념들을 쉽게 조작하고 변인들을 통제하려는 논리적 실증주의자보다 과학적 활동을 훨씬 더 넓은 의미로 받아들인다. 경외심은 우리의 경험을 놀라움 속에서 바라보게 한다. 즉, 경외심으로 인해 각 내담자는 치료자의 영혼과 정신에 신선한 인상을 남기게 된다.

복잡성

정신분석학자들은 마음속에 존재하는 갈등이나 다양성을 불가피한 것으로 여긴다. 우리의 욕구는 성인으로서 느끼는 욕구인 동시에 어린 아이가 느끼는 욕구이기도 하고, 남성적인 것인 동시에 여성적인 것이기도 하며, 스스로 통제할 수 있는 것인 동시에 다른 사람의 도움이 필요한 것이기도 하다는 점을 우리 대부분은 알게 된다. 한계를 지닌 현실에 적응해야 하는 우리는 어쩔 수 없이 양가적 태도를 지니게 된다. Freud가 관찰한 바에 따르면, 인간이라는 동물은 불만스러워하고, 항상 무언가를 바라며, 결코 완전히 만족할 수 없는 존재이다. 그 이유의 하나는 인간이 한 시점에서 서로 상충되는 것을 원하는 경향이 있기 때문이다. 인간은 추동에 의해 영향을 받기보다 관계형성의 욕구에 의해 움직이는 존재라고 여기는 Freud 이후의 정신분석가들 역시 역설, 모호성, 변증법, 다양한 자아상태, 인생과 고난의 다면적 속성에 관해서 이야기하고 있다(예: Eigen, 2001; Grostein, 2000; I. Hoffman, 1998). 그들은 어떤 종류의 환원주의에 대해서도 회의적이다. 정신분석가들은 "그녀는 단지 주의를 끌기 위해서 그러한 행동을 하고 있다."와 같은 방식으로 기술하지 않으며 적어도 '단지' 라는 표현을 사용하지는 않는다.

1937년에, 정신분석가이자 물리학자인 Robert Waelder는 Freud가 언급한 두 용어, 즉 '다중 원인론(overdetermination)' 과 '다양한 기능(multiple function)' 이라는 개념을 자세히 설명하고 있다. 정신분석가들은 치료자로서 오랫동안 관찰해 온 현상을 설명하기 위해서 이러한 개념들을 채택하고 있다. '다중 원인론' 은 중요한 심리적 문제나 성향들이 한 가지 이상의 원인을 지닌다는 관찰을 의미한다. 사실, 대부분의 현상은 복잡한 원인들을 지닌다. 치료자가 자세한 탐색을 하게 되는 중요한 증상은 개인의 기질, 정서적 성향, 발달적 성장사, 사회적 맥락, 타인에 대한 동일시, 강화 받은 경험, 개인이 추구하는 가치 그리고 현재의 스트레스와 같이 다양한 많은 요인들이 상호작용하여 나타나는 결과인 경우가 대부분이다. '다양한 기능' 은 중요한 심리적 성향은 한 가지 이상의 무의식적 기능들, 즉 불안 감소, 자존감 회복, 가족 내에서 환영받지 못하는 태도의 표현, 유혹 회피, 타인에 대한 의사 전달과 같은 여러 가지 기능을 한다는 사실을 의미한다.

예컨대, 식욕부진증에 빠진 여성은 다음과 같은 요인들의 상호작용으로 그러한 증상이 나타날 수 있다; (1) 그녀의 음식섭취에 부모가 과도하게 관심을 지녀온 배경, (2) 과거의 성적 학대 경험, (3) 최근의 상실 및 좌절 경험, (4) 그녀가 두려워하고 있는 발달적 변화, (5) 체중 증가와 임신에 대한 무의식적 연상내용, (6) 배고픔이나 애정의 욕구에 대해 수치심을 느끼게 했던 과거경험, (7) 가족 내에서 방치되고 있다는 느낌, (8) 체중감소에 대해 칭찬 받은 과거경험, (9) 여성의 비현실적 신체상이 높이 평가받는 상황의 반복적 목격 등이다. 그녀의 식욕부진증은 무의식적으로 다음과 같은 목표를 성취하기 위한 것일 수 있다; (1) 그녀를 통제하려는 타인의 노력에 대항하여 자신과 타인을 통제하기 위해서, (2) 치한들이 접근하지 않도록 그녀의 매력을 감소시키기 위해서, (3) 슬픔을 표현하기 위해서, (4) 아직 사춘기에 접어들지도 않았고, 월경을 시작하지도 않았으며, 결코 어른이 아니라는 느낌을 유지하기 위해서, (5) 그녀가 임신하지 않았다는 것을 자신에게 확인시키기 위해서, (6) 자기도취에 대한 비판을 피하기 위해서, (7) 가족으로부터 주의를 끌기 위해서, (8) 찬사를 얻기 위해서, (9) 아름다움에 대한 문화적 기대에 동조하기 위해서이다. 이처럼 많은 요인을 반영하고 또한 많은 기능을 수행하는 식욕부진증과 같은 복잡한 현상의 경우에, 정신분석가들은 이보다 훨씬 더 많은 항목을 열거할 수 있다고 말하곤 한다. 예컨대, 어떤 사회적 집단(모델, 무용수)에서는 이러한 식욕부진증적 행동이 정상적인 것이며 오히려 적극적으로 강화될 수도 있다.

대학생이었을 때, 내가 강의를 들었던 교수 중에는 George Lanyi라는 박식한 헝가리인 정치학자가 있었다. 국제적인 정치적 사건을 한 가지 요인만으로 설명해서는 Lanyi 교수로부터 좋은 학점을 받을 수 없다는 말이 학생들 사이에 전해 내려오고 있었다. 관련된 국가들을 세심하게 살펴야 하고 그들의 경제적 상황, 국민의 종교적 신념, 과거의 연합 및 경쟁 관계, 지도자의 성격, 여러 당파의 국내적 쟁점, 가장 위협적인 요인에 대한 그들의 생각, 이념적 성향, 발전 수준, 국가적 목표의식, 민족적 구성요소, 기후의 변화 등과 같은 요인들을 언급해야 했다. 아울러 한 가지 요인만으로는 중요한 국제정치적 현상을 설명할 수 없다는 식으로 국제정치학의 논술시험에 임해야 좋은 성적을 얻을 수 있었다. 내 친구 한 명은 현상의 복잡성에 관한 이러한 신념을 "Lanyi의 풍선" 이라고 명명하기도 했는데, 이는 어떤 현상을 가장 단순한 방식으로 설명하려는 노력을 의미하는 "Occam의 면도날" 과 대비시킨 것이었다.

관례적인 경험적 연구를 수행하는 심리학자와 의학적 연구자들은 간결성의 원리(principle of parsimony)를 따른다. 연구목적을 위해서는 간결한 설명이 매우 유용하다. 그러나 그것이 항상 진실인 것은 아니다(참고: Wilson, 1995). Occam의 면도날과 "Lanyi의 풍선" 은 모두 허구이며, 원인을 단순하게 또는 정교하게 설명하려는 선호를 나타내는 것일 뿐이다. 단순한 설명보다는 복잡하고 난해한 설명을 선호하는 정신분석적 치료자들은 그들의 임상적 경험뿐만 아니라 심층적이고 심리적으로 복합적인 치료를 좋아하는 기질을 나타내는 것일 수 있다. 어떤 심리적 현상은 단일한 원인에 의해 결정된다고 밝혀질 수도 있겠지만, 그러한 결론에 도달하기까지 정신분석학자들은 복합적 원인을 가정하는 경향이 있다.

동일시와 공감

개인의 기능장애는 인간의 보편적 성향이 극단적이거나 부적응적인 형태로 나타난 것이라고 보는 것이 정신분석적 입장이다. "우리는 어떤 다른 존재이기보다 기본적으로 인간적인 존재다."(1947, p. 16)라는 Harry Stack Sullivan의 신념은 정신역동적 사고방식을 잘 반영하고 있다. 이런 점에서, 정신분석적 치료자들은 인본주의적, 체험적, 내담자-중심적 치료자들과 같은 입장을 지닌다. 이는 정신역동적 치료자들이 개인적으로 환자에 대해 방어적 우월감을 전혀 느끼지 않는다는 의미는 아니다. 치료자들은 진단을 통해 환자를 객관적으로 평가할 뿐만 아니라 그들의 역동적 갈등으로부터 거리를 두려고 노력하는 과정에서 은근히 그들을 폄하할 수도 있다. 내가 말하고자 하는 요지는 정신분석적 이론이 우리 모두가 인간으로서 경험하게 되는 공통적인 발달과정, 취약성 및 욕구를 강조한다는 점이다. 다음 장에서 좀 더 자세하게 설명하겠지만, 정신분석적 수련기관이 수련생에게 정신분석을 받도록 권장하는 이유는 자신의 마음속에 존재하는 유사한 갈등을 경험함으로써 환자의 갈등을 포착하는 능력을 증진시키기 위한 것이다.

일부 분석가들은 인간이 지니는 "삶의 문제"(Szasz, 1961)를, 그러한 문제가 복잡한 심리를 지니는 개인에게 어떤 기능을 하고 있는지 고려하지 않은 채, 특정한 '장애'로 범주화하는 것에 반대하고 있다. 다른 글(McWilliams, 1998)에서 설명했듯이, 정신역동적 치료자들은 심리진단을 할 때 전체적 관점에서 맥락을 고려하며 정도의 문제로 진단한다. 일견 별개의 것으로 보이는 문제도 결코 그러한 문제를 지닌 사람과 분리해서는 잘 이해하기 어렵다. (나의 경험에 따르면, "다른 장애와 함께 나타나지 않는" 축 1

장애만을 지니는 환자는 거의 없다.) 이러한 기본적인 정신분석적 태도는 지난 40년 동안 동성애를 정신장애로 보지 않고 인간기능의 한 차원으로 보려 했던 Roughton (2001)의 논문에 명료하게 잘 나타나 있다. 특정한 성행위를 설명하면서, 그는 "정신분석적 평가에서 그러하듯이, 중요한 것은 겉으로 나타나는 행위의 유사성이 아니라 그 기저에 있는 심리적 구조와 그러한 행위의 동기와 의미이다." (p. 1206)라고 지적하고 있다.

Freud 이래로 정신분석적 치료자들은, 심각한 정신병리에 대한 유전적, 화학적, 신경학적 소인을 중요시해 왔지만, 그러한 소인을 증상으로 나타나게 만드는 과거 경험과 현재의 스트레스에도 관심을 가져왔다. 정신분석학자들은 치료자도 환자와 같은 기질과 상황적 조건하에서는 유사한 증상을 나타낼 수 있다는 암묵적인 합의를 지니고 있다. 환각을 나타내는 정신분열증 환자, 자해행위를 하려는 환자, 식사를 하지 않는 식욕부진증 환자, 심지어 가학적인 정신병질자를 이해하려는 정신역동적 임상가들은 자신의 마음속에도 정신병적, 경계선적, 신체집착적 그리고 가학적인 측면이 있음을 알게 된다. 또한 이러한 치료자들은, 부적응적 성격을 바꾸려는 내담자를 치료할 때, 자신에게도 존재하는 유사한 문제가 부각될 수 있다는 점을 알고 있다. 이처럼 치료자가 공감적인 감정을 느끼기 위해서 환자와 동일시하는 태도는, 생물학적 입장을 지닌 정신과의사나 학문적 심리학자들이 환자나 증상에 대해서 거리를 두려는 태도와 대조되는 것이다. 그러나 이러한 태도는 임상적인 사회사업과 목회상담에서 특징적으로 나타나는 포용적 태도와 일맥상통하는 것이다.

이 점에 대해서 Freud는 분명한 입장을 보였다. 그는 지식추구에 무관심한 사람들 (그는 미국인을 생각이 얕고, 정서적으로 피상적이며, 지나치게 물질주의적인 사람들의 집단이라고 여겼으며, 미국을 "돈의 나라"라고 지칭한 적이 있다)을 경멸하는 경향이 있었지만, 그와 같은 시대, 계층, 직업에 있는 사람들이 결코 동일시하기 어려운 일부 집단에게는 공감적인 태도를 보였다. 대다수 의사들이 전환 장애나 신체화 장애를 지닌 여성들을 거짓행동을 하는 천박한 사람들이라고 무시했을 때, Freud는 그들을 진지하게 대하며 이해하려고 노력했다. 1935년에 한 남성 동성애자의 어머니에게 보낸 유명한 편지(E. Jones, 1957, p. 195에서 인용)에서, 그는 동성애가 "수치스럽거나 사악하거나 퇴폐적인 것이 아니며 질병도 아니다."라고 말하면서 동성애자를 저열한 인간집단으로 매도하는 것에 반대했다(그는 동성애가 자손번식을 위해서는 불행한 일이지만 "성적 발달이 고착된 현상"이라고 보았다.). Freud가 '야만인'이라는 용어를 사용했다고 해서 그를 인종차별주의자로 보는 사람도 있지만, 문명사회에 사는 사람들과 '원시인'이라고 무시 받는 사람들은 우리가 생각하는 것보다 더 많은 공통점을 지닌다는 것이 그의 주된 생각이었다.

Christopher Bollas(1987)는 매우 유명한 저서에서 "환자를 이해하기 위해서, 우리는 자신 안에 있는 그의 모습을 발견해야 한다."(p. 202)라는 유명한 말을 한 바 있다. 동일시와 공감은 그것이 효과적인가 하는 이론적인 문제를 넘어설 만큼 중요한 것이다. 우리에게 도움을 청하기 위해 찾아온 사람을 이해하기 위해서 우리가 사용하는 주된 '도구'는 공감이며, 그러한 공감의 주된 '전달체계'는 바로 나라는 인간이다. 우리가 지식(이론, 연구, 임상보고)을 통해서도 여러 가지 이득을 얻을 수 있지만, 환자를 '이해'하고(좀 더 정확히 말하면, 완전하고 100% 정확한 이해를 할 수는 없지만 그러한 이해를 위해 '접근'하고) 우리가 이해한 바를 환자에게 도움이 되도록 전달하는 능력은 주로 우리의 직관적이고 정서적인 능력에 의해 좌우된다. 정신역동적 치료를 하면서 즐거움과 더불어 피로감을 느끼게 되는 주된 이유는, 환자의 주관적 세계 안으로 들어가기 위해 노력할 뿐만 아니라 다시 그 밖으로 나와 몰입했던 경험을 되돌아보기 위해서, 계속 앞으로 뒤로 움직여야 하기 때문이다. 유능하지만 공감적이지 않다고 느껴지는 치료자로부터 치료를 받는 내담자는, 수용적 태도와 정서적 성숙을 촉진하기보다는 순종이나 저항 또는 무감각을 유발하는 수치심을 느끼면서 마지못해 치료적 약물을 복용하는 셈이다. 치료자가 유능하지는 않지만 "공감하려고 노력하고 있다."고 느끼는 내담자는, 수치심을 느끼지 않을 뿐만 아니라 이해받고자 하는 바람 때문에 계속 치료를 받고자 할 것이다.

주관성과 정서적 교감

주관성이 진리의 방해자가 아닐 뿐만 아니라 객관성만으로 접근하는 것보다 심리적 현상을 훨씬 더 포괄적으로 이해하게 만드는 촉진적 역할을 할 수 있다는 가정은, 동일시와 공감과도 밀접하게 관련된 것이다. 이론 물리학자는 물질의 입자와 공감할 수 없지만(Einstein은 신의 계획을 이해하려고 노력한다고 말한 바 있으며, 창의적인 비범한 사람들은 무생물과도 교감한다고 하지만), 심리치료자는 한 사람의 심리적 세계에 관해 검증 가능한 추론을 이끌어내기 위해서 절제된 주관성을 활용할 수 있다. 사실, 일부 정신분석학자(Kohut, 1959; Stolorow & Atwood, 1992)는 정신분석을 꾸준한 공감적 탐색이 주된 관찰수단인 과학이라고 정의한 바 있다.

주관성의 폐해는 잘 알려져 있다. 우리는 우리의 개인적 욕망을 채우기 위해서 현실을 왜곡할 수 있다. 우리는 우리의 개인적인 과거경험, 믿음, 한계에 의해서 장애를 지니게 된다. 우리는 객관적으로 도출된 신뢰성과 타당성 없이 과학적인 지식체계를 구축할 수 없다. 그러나 객관성 역시 많은 단점을 지닌다. 객관성을 추구하는 연구자는 구체적으로 정의할 수 없고 실험적으로 조작할 수 없으며 무선적인 임상적 실험에 의해 연구될 수 없는 자료를 무시하는 경향이 있다. 그들은 실증적으로 연구하기 위해서 서로 얽혀 있는 복잡한 주제를 파편처럼 쪼개어 연구하는 경향이 있다. 그들은 방법론적으로 엄격하지만 내용적인 면에서 알맹이가 없는 연구를 하는 경우도 있다. 생후 1년 동안 신생아가 보호자와 어떻게 의사소통하는지를 알게 될수록 우리는 관찰하고 기술하고 설명하기 어려운 전(前)언어적인 의사소통 과정이 존재한다는 것을 알게 된다. 단지 우리는 이러한 의사소통을 느낄 수 있을 뿐이다.

생후 1년 동안 신생아와 부모는 그들의 좌반구를 통한 교감을 하게 되는데, 이러한 교감은 신생아가 적절한 신경발달과 더불어 안정된 애착형성, 심리적 인내력, 정서적 조절능력을 발달시키는 데에 필수적인 것이다(Goldstein & Thau, 2003). 숙련된 임상가는 자신의 정서적 경험을 통해서 내담자가 얼굴표정, 신체언어, 목소리를 통해 전달하고 있는 많은 것을 포착할 수 있다. Kernberg는 환자들이 "채널 II와 III," 즉 비언어적 의사소통과 역전이 유발을 통해서 의사소통을 한다고 말하고 있다(Hellinga, van Luyn, & Dalewijk, 2001). 정신분석적 치료자들은 자신의 주관성을 중시하며, 자신의 정서적 느낌을 통해서 내담자가 말하려 하는 것을 포착한다.

수년 전에, 한 남자가 전두엽 손상으로 인해 전혀 감정을 느낄 수 없게 되었다며 신경과 의사를 찾아왔다. 생물학적으로 그는 계몽철학자들과 현대의 많은 연구자들—진실만을 말하는 Data나 Mr. Spork(모두 Star Trek 시리즈에 나오는 인물)—이 이상화하는 '합리적 인간'의 전형이라고 할 수 있었다. 그는 의사결정을 할 때 공감, 감정, 직감과 같은 감성적 과정보다는 이성과 논리에 의존했다. 놀라운 것은 이 사람이 선택한 결정들이 대부분 기괴하거나 매우 자기파멸적이었다는 점이다. 감정을 느끼지 못하는 이 사람은 그가 선택한 것의 충분한 의미를 이해하지 못하는 것 같았다. 판단에 부정적인 영향을 미치는 것으로 추측되는 원초적인 감정으로부터 자유로워지기보다, 그는 현명한 판단을 하게 만드는 감성의 결여로 인해 오히려 판단기능이 손상되었다. 이 사람은 판사였는데, 이러한 손상 이후에 판사직을 그만두었다. 그 이유는 정의를 구현하기 위해서는 인간의 다양한 동기를 공감할 수 있어야 한다는 점을 알고 있었기 때문이다. 그가 보인 장애는 플라톤의 통찰을 생각하게 만든다. 플라톤은 앞으로 나아가기 위해서 의지라는 하얀 말뿐만 아니라 열정이라는 검은 말이 필요한 이륜마차에 인간의 이성을 비유한 바 있다(참고: Damasio, 1994; Sacks, 1995, pp. 244-296).

치료를 시작하면서, Freud는 지적 통찰과 정서적 통찰 간에 차이가 있다는 점을 알게 되었다. 즉, 우리는 어떤 것을 지적으로 '인식'하지만 그것을 전혀 알지 못할 수 있다. 달리 말하면, 우리는 때때로 인지적인 것과 반대되는 감정을 느끼게 되는 심리상태가 있음을 알아야 한다. 이러한 인식은 정신역동적, 실존주의적, 인본주의적 치료자들에 의해 반복적으로 확인되었다(예: Appelbaum, 2000; Hammer, 1990; Maroda, 1999). 인지행동적 치료도 더 발전하게 되면 치료자들이 이와 같은 현상을 무시할 수 없기 때문에 자신을 '인지-정서-행동적' 치료자라고 호칭하게 될 것이라고 Drew Westen(개인적 교신, 2002년 5월 10일)은 예견한 바 있다.

자신에 대한 의미 있는 이해와 진정한 변화를 위해서는 우리가 '감정' 이라고 부르는 것을 다루는 것이 필수적이다. 대부분의 사람들은 그들이 성장하면서 영향을 받은 사람, 가족, 사회, 이념에 대한 분노나 증오 감정을 느껴보는 기간을 거치지 않고서는 그러한 과거로부터 벗어나 자유로워지지 못할 뿐만 아니라 과거를 편안하게 수용하지 못하는 것 같다. 모든 사회에서는 사별한 사람이 정상적인 상태로 회복되기 전에 애도 과정을 겪는 것으로 여겨지고 있다. 충격적인 사건을 경험한 사람은 그 사건에 대한 정서적 반응을 충분히 표현한 후에야 그 충격으로부터 벗어나게 된다. 감정은 그 나름의 지혜를 지니고 있다. 감정이 성장과 변화에 있어서 결정적인 역할을 한다는 임상가의 관찰은 정서에 대한 경험적 연구들(예: Pennebaker, 1997)에서도 검증되고 있다. 환자의 정서적 세계를 인식하는 능력이 없다면, 치료자는 엄청나게 많은 정보를 놓치는 셈이며 따라서 치료효과는 현저하게 저하될 것이다.

정신건강의 문제를 강 건너 불 보듯 하는 사람들과는 달리, 치료자들은 감정을 다루지 않을 수 없다. 내담자가 느끼는 고통, 증오, 흥분이 언어적 표현 이상으로 두 사람 사이에 흘러넘치게 된다. 감정은 전염성이 있다. 감정은 우리에게 많은 복합적인 정서적 반응을 유발한다. 오랜 기간 동안 정신분석적 전통에서는 19세기 과학자로서 Freud가 지녔던 편향된 견해에 따라서, 치료자들은 환자의 정서적 폭풍에도 결코 냉철함을 잃어서는 안 될 뿐만 아니라 치료자의 온화한 태도 이외에 어떤 행동도 분석가의 정서적 갈등을 반영하는 것으로 여겨왔다. 그러나 치료자들이 '어려운' 환자를 치료하게 됨에 따라, 이러한 합리주의적 이상을 포기해야만 했다. 물론 우리는 환자의 격앙된 감정표현이 의미하는 바를 깊이 살펴보아야 할 뿐만 아니라 우리의 감정이 행동으로 표출되는 자동적 경향을 조절할 필요가 있다. 물론 우리는 치료실에서 감정을 자유롭게 표현해야 할 사람은 치료자가 아니라 환자라는 점을 잘 알고 있다. 여러 정신분석가들이 최근에 언급하고 있듯이, 우리는 전인적 자기(whole self)가 아니라 '최선의 자기(best self)' 로서 환자를 대하려고 노력한다. 정신분석적 치료자들은 "모든 것을 밖으로 드러내기" 와 같은 일반적인 지혜에는 동의하지 않는다. 그러나 내담자의 감정에 대한 치료자의 주관적 반응에 주의를 기울이고 그렇게 함으로써 우리가 알게 되는 것을 소중하게 여긴다.

감정과 정서적 성향은 Freud의 이론 전반에서 토대를 이루고 있는 본능적 추동보다 인간행동에 훨씬 더 중요한 영향을 미치는 것으로 입증되고 있다. 현대의 여러 정신분석적 이론가들은 원초적인 보편적 본능의 존재에 의문을 제기하고 있으며 대신에 정서적 조직체계를 중요시하고 있다. 많은 저술가들(예: Fosha, 2000; J. Greenberg, 1986; Hedges, 1996; Nathanson, 1996; Spezzano, 1993; Tomkins, 1962, 1963, 1991)은 감정이 더 중요함을 다양한 측면에서 제시해 왔으며, 뇌 생리학과 뇌 화학 분야의 최근 연구를 통해서 우리는 정서적 기능을 더 잘 이해할 수 있게 되었다. 이러한 진전이 이루어지면서, 환자의 감정세계에 치료자가 의도적이든 그렇지 않든 주관적으로 깊이 몰입하는 것은 그 환자에게 정말 '문제'가 되는 것이 무엇이고, 그가 부당한 것을 어떻게 경험하고 있으며, 무엇이 이러한 문제를 유발해 왔고, 어려움에서 벗어나기 위해서 어떤 정서적 변화가 필요한지를 인식할 수 있는 매우 중요한 정보원이 되었다.

정신분석적 기질을 지닌 사람들은 강렬한 감정에 매력이나 쾌감을 느끼거나 강렬한 감정을 잘 누그러뜨리지 못하는 사람들일 것이라고 나는 추측한다. 사람들이 강렬한 정서경험을 추구하고 환영하는 정도 또는 자신의 열정적인 측면을 거부하거나 억압하는 정도에는 뚜렷한 개인차가 있는 듯하다. Rutgers 대학에서 정신분석적 이론을 가르치면서, 이러한 이론을 가장 자연스럽게 잘 받아들이는 대학원생들은 시, 음악, 연극, 춤, 강렬한 감정을 수반하는 취미와 같은 예술 활동에 몰두하는 경향이 있다는 것을 발견하게 되었다. 이러한 학생들 중 한 명은 자신을 "감정중독자"라고 말하기도 했다. 감정을 통제하는 정도에서도 역시 개인차가 있다. 창의적인 유명한 정신분석학자들 중에는 자신이 강렬한 감정에 영향을 많이 받는 "과잉 삼투성(hyperpermeability)" (Doidge, 2001)을 지닌 분열성 성격의 소유자라고 말하는 이들도 있다. 나와 같이 감정이 풍부한 사람들이 정신분석적 이론에 매혹을 느끼게 되는데, 그 이유는 정신분석적 이론이 정서적 색채로 가득 찬 우리의 경험을 표현할 수 있게 할 뿐만 아니라 우리의 강렬하고 활발한 내면세계에 의미를 부여할 수 있게 하기 때문이다. 이런 점에서, 이러한 기질을 지닌 여러 명의 동료들이 자신은 정신분석적 치료 이외의 어떤 것에도

"잘 맞지 않는다."고 말하는 것을 보았다. 정신분석이 의학적 특권의 후광을 누리던 시기에, 많은 분석가들이 지나치게 지적인 성향으로 기울어져 강렬한 감정에는 상대적으로 무감각해졌다. 그러나 최근에는 이러한 유형의 치료자들이 치료 현장에서 거의 사라져 버린 듯하다.

애 착

정신역동적 임상가들은 개인의 심리와 정신병리가 과거 경험, 기질적 특성, 정상적 발달과제 간의 복잡한 상호작용에 의해 결정되는 것으로 생각한다. 또한 치료자라는 새로운 사람이 안전하고 솔직한 분위기 속에서 내담자의 원만한 성장과정이 자연스럽게 이루어지도록 촉진하는 작업이 치료라고 본다. 환자가 과거의 발달적 문제를 겪으면서 생겨난 암초로 인해 난관에 봉착했을 때, 치료자는 환자의 성장과정이 원활하게 이루어질 수 있도록 환자와 협동적으로 노력한다. 나의 동료 한 명이 치료하고 있는 매우 반항적인 내담자는 최근에 상당히 빈정거리는 말투로 "드디어 알게 되었어요. 당신은 나에게 새로운 경험이 필요하다고 생각하고 있지요. 그래서 당신이 그러한 새로운 경험이 되고 있다고 생각하고 있군요!"라고 말했다고 한다.

정신분석적 치료자들은 자신이 환자에게 "새로운 대상"—즉, 내담자가 과거에 상처를 입은 사람의 목소리와는 현저하게 다른 내면적 목소리—으로 내면화되기를 바라지만, 잘 변하지 않는 끈질긴 무의식 때문에 자신이 과거의 대상으로 경험될 수밖에 없다는 사실을 잘 알고 있다. 따라서 치료자는 어린 시절의 고통스러운 경험과 연결된 강렬한 부정적 감정의 대상이 되며, 내담자가 그러한 감정 반응을 이해함으로써 이를 극복하고 무의식적 신념을 변화시킬 수 있는 새로운 경험을 하도록 도와야 한다고 생각한다. Jay Greenberg(1986)는 치료자가 새로운 긍정적인 애정 대상으로 받아들여지지 않는다면 치료가 시작될 수 없는 반면, 치료자가 과거의 부정적인 대상으로 경험되지 않는다면 치료는 종결될 수 없다고 보았다(이러한 치료적 문제에 대한 매력적인 성찰을 담고 있는 Stark(1999)의 책을 참고하라.). 이러한 그의 예리한 지적에 대부분의 정신분석학자들은 공감하고 있다.

모든 치료자들은 환자가 지니고 있는 기존의 개인적 도식에 휘말려들지 않으면서 대화를 나누는 것이 얼마나 어려운지를 시간이 갈수록 점점 더 실감하게 된다. 정신분석적 접근은 치료자와 환자 모두가 서서히 환자의 무의식적 특성을 자각하고 이를 극복하여 세상을 새로운 방식으로 바라보며 행동할 수 있게 하기 위해서, 친밀하고 매우 사적이며 정서적 교류가 많은 관계가 필요하다는 치료적 입장을 지닌다. Young-Breuhl와 Bethelard(2000)는 내담자가 변화될 수 있고 변화하려는 의지를 지니도록 하기 위해서 헌신적인 타인으로부터 정서적이며 사적인 돌봄을 받고 있다는 "사랑받고 있음(cherishment)"의 느낌이 중요하다고 기술한 바 있다. 여기에서 말하는 사랑의 의미는 우리 문화에서 흔히 찬미하는 낭만적 사랑보다는 그리스어 agape나 일본어 amae(참고: Doi, 1989)에 가까운 것이지만, Freud를 필두로 하는 많은 정신분석가들은 사랑이 심리치료에 있어서 주요한 역할을 한다고 보고 있다(예: Bergmann, 1982; Fine, 1971; I. Hoffman, 1998; Kristeva, 1987; Lothane, 1987; Shaw, 2003).

아동의 애착에 관한 선구적인 경험적 연구를 한 John Bowlby와 유아기의 공생적 관계로부터의 분리라는 개념을 발전시킨 Margaret Mahler는 모두 Freud의 이론에서 벗어난 학자라고 당시에는 비판당했지만, 그들의 업적은 그들을 비판한 사람들의 업적보다 실제적인 치료에 더 많은 영향을 미쳤다. 아동-부모의 관찰을 통해 인간관계를 연구한 그들의 업적은 심리치료에 매우 풍부한 시사점을 주었을 뿐만 아니라 연구에도 광범위한 영향을 주었다(예: Fonagy, Gergely, Jurist, & Target, 2002; Greenspan, 1996). 예컨대, Bowlby는 애착이 감정조절기능과 더불어 탐색을 위한 전초기지 기능을 한다는 점에서 진화적인 기반을 지니고 있다고 주장했는데, 이러한 주장은 치료자에 의해 제시된 어떠한 주장보다도 임상가들이 치료적 관계 자체의 소중함을 인식하는 데 영향을 주었다. 정신역동적 치료자들이 대부분의 경험적 연구에는 매우 무관심하지만 유독 애착에 관한 연구에는 깊은 관심을 보이고 있는데, 그 이유는 그들이 매일 관계라는 매개체를 통해 치료하고 있으며 환자의 애착 유형에 자신을 맞추어 가는 일이 항상 어렵기 때문이다.

애착에 관해 많은 것을 알게 되면서, 치료에 있어서 치료자와 환자 간의 친밀한 정서적 관계가 왜 그토록 중요한지를 새롭게 이해하게 되었다(예: Meissner, 1991). 인간은 관계 속에서 성장할 뿐만 아니라 변화를 위해서는 관계가 필요한 사회적 존재라는 사실은 지금까지 연구된 다른 치료적 측면보다도 환자와 치료자 간의 동맹이 치료 효과에 더 강력한 영향을 미친다는 여러 경험적 연구에 의해서 지지되고 있다(참고: Safran & Muran, 2000). 사실 정신분석적 치료는 지금-여기의 치료적 관계에서 얻게 되는 생생한 정서적 경험이 중요하다는 것을 핵심적 전제로 함에도 불구하고, 왜 그토록 많은 사람들이 정신분석적 치료를 아동기 경험에 대한 끝없는 지적인 되새김질이라고 여기는지 모르겠다.

신 앙

나는 정신분석적 치료에서 신앙(faith)이 어떤 역할을 하는지에 관해 언급하는 것을 망설여 왔다. 왜냐하면 종교적이고 신학적인 논의에 뿌리를 두고 있는 용어로 인해 독자에게 거부감을 줄지 모른다는 두려움 때문이었다. 게다가, 정신분석적 이론을 설명하면서 신앙에 관해 언급한 정신분석적 이론가가 드물었기 때문에(Charles, 2003; D. Jones, 1993; Eigen, 1981; Fromm, 1947; Kristeva, 1987과 같은 예외적인 경우도 있다), 다른 주제보다도 심리치료적 신앙에 관해 설명할 학문적 기반이 부족하다고 느꼈다. '믿음(belief)' 이라는 단어로 대체하려고 생각했었으나 이 단어는 너무 인지적이고 능동적인(감성적이고 수용적인 것과 대조되는) 의미를 담고 있어서 내가 전달하고자 하는 현상을 담을 수가 없었다. 정신분석적 저술(예: Mitchell, 1993; S. Cooper, 2000)에서 보다 많이 언급되고 있는 '희망' 도 고려해 보았으나, 이 단어는 정신분석적 감수성에 해당되는 것보다 약한 신념적 요소와 더불어 구체적인 것에 대한 기대를 많이 내포하고 있다.

치료적 신앙을 지닌 정신분석적 치료자의 대다수가 유신론자는 아니지만, '신앙' 이 내가 여기에서 설명하고자 하는 태도를 정확하게 반영하는 유일한 단어로 생각되었다(참고: Fowler, 1981). 종교적 언어는 세속적 언어로 표현하기 어려운 특정한 유형의 경험을 담고 있다. 합리주의적인 무신론자였던 Freud가 심리적 경험에 관해 설명하면서 "mind" 나 "brain" 이라는 단어보다 "영혼(soul)" 으로 번역되는 psyche라는 단어를 사용한 것은 우연이 아니었다(참고: Bettelheim, 1983). 그래서 영적인 것에 익숙하지 않은 독자라 할지라도 우리가 환자에게 권유하는 일종의 신앙이 있으며 정신분석적 치료자로서 우리가 환자에게 꾸준히 나타내 보이는 신앙이 존재한다는 점을 이해할 수 있도록 심사숙고 끝에 이 용어를 선택하여 사용하게 되었다.

여기에서 신앙이 의미하는 것은 치료에 대한 배짱과 같은 자신감으로서 치료과정에서 불가피하게 겪게 되는 회의, 혼란, 의심, 심지어는 절망의 순간을 극복하게 하는 것이다. Lichtenberg(1998)와 그밖에 다른 사람들이 강조했듯이, 분석적 치료는 일종의 자기정당화 기제를 통해서 끊임없이 진실을 향해 나아가게 한다. 분석가들은 치료에 대한 신앙을 지니는데, 그 이유는 그들이 그러한 치료를 직접 경험했기 때문이다. 그들은 퀘이커 교도들이 지니는 "그날이 오기를 기대하는 기다림(expectant waiting)" 과 유사한 태도로 임상적 치료에 임한다. 그들은 환자와 함께하는 치료적 여정을 통해 도달하게 될 구체적인 목적지를 미리 정하려 하지는 않지만, 치료적 여정을 통해서 궁극적으로 환자의 정직성, 주체의식, 숙달감, 자기응집력, 자존감, 정서적 인내력 그리고 관계형성 능력이 향상될 것이라는 믿음을 지닌다. 치료자는 그러한 여정 속에서 환자가 치료받고자 하는 특정한 문제들(예: 불안, 우울, 섭식장애)이 사라지거나 현저하게 약화될 것이라는 것을 알고 있다. 흔히 목표증상들은 매우 빨리 약화되지만, 내담자는 치료가 진행됨에 따라 중요하게 생각되는 좀 더 커다란 목표(미래의 문제에 대한 심리적 예방 등)를 위해서 계속 치료를 받으려 한다.

내담자가 처음에 예상했던 변화와 치료과정에서 실제로 일어나는 변화가 다른 경우가 많은데, 그 이유는 실제로 일어나는 변화가 처음에 내담자가 상상할 수 없었던 것이기 때문이다. 심리적으로 변화하기 위해서 내담자는 치료자의 신앙을 받아들이며 치료에 임해야 한다. 치료자가 성실하게 치료해 나간다면, 내담자는 궁극적으로 치료자를 한 인간으로서 신뢰하게 될 것이다. 그러한 과정 속에서 치료자는 내담자, 치료관계, 치료과정에 대한 신앙을 구체적으로 보여 준다. 치료를 받기 위해 찾아온 한 여성은, 우울한 기분이 어떻게 감소되며 과거에 표현하지 못했던 감정을 이제는 어떻게 표현할 수 있는지, 인간관계를 어떻게 원만하게 해나가는지, 우울한 기분을 느끼게 될 상황을 어떻게 미리 알 수 있는지, 이러한 상황과 그녀의 독특한 과거경험이 어떻게 연결되어 있는지, 그녀가 통제할 수 없는 일에 대해 자신을 비난하는 습관이 올바른 것인지, 그녀가 과거에 어찌 할 수 없었던 일을 어떻게 조절할 수 있는지 그리고 좌절감을 느낄 때 자신을 책망하기보다 어떻게 자신을 위로할 수 있는지를 알고자 했다. 치료가 진행되면서, 그녀가 지녔던 우울증의 모든 신체적, 정서적, 인지적 증상이 점차적으로 사라졌다. 그러나 더 중요한 점은, 그녀가 치료를 받기 전에도 심하게 우울하지 않았던 때가 많았기 때문에 기분이 나아질 수 있다는 것은 알고 있었지만, 그녀가 지금 체험하고 있는 진정한 깊은 감정을 느낄 수 있으리라고는 예상하지 못했다는 점이다.

어떤 관계를 청산하기 위해서 도움을 받으려는 내담자들이 있는데, 이들이 그 관계에서 예상했던 것보다 훨씬 더 큰 만족감을 느낄 수 있는 행동방식을 발견하고는 관계청산을 포기하는 경우가 종종 있다. 그러나 때로는 그 반대의 현상이 일어나는 경우도 있다. 어떤 관계를 유지하거나 개선하기 위해서 치료를 받게 되지만 그렇게 하기 위해서는 너무 큰 희생이 필요하다는 것을 알고서 관계를 청산하는 경우도 있다. 치료자의 신앙은 특정한 치료결과에 대한 것이 아니라 만약 두 사람이 진지하게 노력한다면 환자가 과거에 경험한 부정적 사건에 의해 멈추었던 자연적인 성장과정이 진행되면서 장애가 치유될 것이라는 믿음에 관한 것이다. 이러한 신앙은 진실한 경험을 추구하는 노력 자체가 치유적 기능을 지닌다는 가정에 근거하고 있다.

포스트 모더니즘적인 이론가들은 Freud와 같은 계몽시대의 학자들이 추구했던 '객관성'과 '합리성'에 대한 과학적 입장과 '진실'을 발견하고자 했던 노력을 비판하고 있다. 어떤 문제에 대해 그러한 진실을 발견할 수 있을지는 알 수 없지만, 우리는 그러한 문제에 대해 진실하게 접근하려는 노력을 기울일 수는 있다. Edgar Levenson (1978, p. 16)이 갈파했듯이, "치료의 핵심은 도달하려는 진실보다 진실에 도달하는 방식에 있다." 심리적으로 정직하려는 노력은 정신분석적 치료를 통해 이룰 수 있는 다른 모든 것의 원천이며, 심리치료자의 핵심적 과제는 심리적 정직성이 점진적으로 심화될 수 있는 관계를 발전시키는 것이다. 이러한 과정은 방어분석과 같은 자아심리학의 관점에서, 정확한 공감을 중시하는 자기심리학의 관점에서 또는 주관성의 탐색에 대한 관계적 이론의 관점에서 살펴볼 수도 있다. 성공적인 치료의 이상적 모델로서 Freud는 억압을 극복한 사람을 제시했으며, Jung은 개인화를, Bion은 'O'[2]에서의 삶을, Winnicott은 진실한 자기를, Weiss와 Sampson은 병적인 신념의 포기를, Lacan은 상징초월을 제시한 바 있다. 다양한 정신분석적 이론들은 지향하는 목표에 관해 각기 다른 개념을 제시하고 있지만, 모두 진실하다고 생각되는 것을 추구하기 위해 헌신적인 노력을 기울이고 있다. 정신분석적 치료자들이 지니는 신앙의 초점은 이러한 노력에 있다.

결 어

나는 이 장에서 정신분석적 이론과 치료의 특징일 뿐만 아니라 그 바탕이 되는 감수성을 설명하고자 했다. 심리치료에 대한 정신역동적 입장의 특징이 되는 핵심적 가치, 가정, 신념, 기질적 성향, 설명적 편향 그리고 정서적 경향성에 관해 설명하려고 했다. 아울러 정신역동적 전통의 이러한 특성이 뚜렷하게 부각되지 않았던 이유에 관해서도 몇 가지 설명을 제시했다. 정신분석적인 치료방식의 특징은 치료기법에 있는 것이 아니라 지식체계에 있다는 점을 제시했는데, 이러한 지식체계는 환자에게 몰입하여 경

2) 역자 주: 왜곡과 가식이 없는 개인의 주관적 세계.

청했던 치료자들의 오랜 경험에 의해 축적된 것이며 내가 이 장에서 설명한 마음자세에 기초하여 얻어진 것이다.

정신분석의 교과서에서 이러한 기본적 자세를 설명하는 경우는 드물다. 이 책의 첫 두 장을 쓰면서, 나는 정신분석적 전통의 안팎으로부터 비판자들이 내가 근거 없는 이야기를 했다거나 해석을 잘못 했다거나 나의 개인적 감수성을 이 분야에 잘못 연결시켰다고 비판하는 모습을 가끔 상상하곤 했다. 나는 나에게 진실이라고 생각되는 것을 말하고 있을 뿐이다. 나는 많은 사람들이 알고는 있지만 명료하게 설명하지 않은 생각들을 글로 옮기면서 즐거움을 느끼곤 하는데, 이 장에서는 정신분석적 전통에서 흔히 명시적으로 표현되지는 않지만 그 기저에 항상 강력하고 뜨겁게 흐르고 있는 것을 설명하려고 최선을 다했다.

내가 설명한 태도들, 즉 호기심과 경외심, 복잡성에 대한 존중, 공감적으로 동일시하려는 성향, 주관성과 감정의 중시, 애착의 중요성 인식, 신앙을 지니는 능력은 치료적 감수성의 주된 요소일 뿐만 아니라 현대인의 소외되고 메마른 삶을 교정하는 중요한 수단이라고 나는 깊게 믿고 있다. 그 반대의 태도, 즉 지적인 수동성, 독단적인 환원주의, 정서적 거리 두기, 객관화와 무감동, 개인적 고립, 사회적 혼란 그리고 실존적 불안은 우리의 문화가 산업화되고 소비자 지향적이며 복잡한 기술문명에 의해 잠식됨에 따른 대가로서 여러 학자와 사회비평가들이 자주 개탄해 왔다. 정신분석적 감수성의 바탕이 되는 생동감 있는 태도(참고: Sass, 1992)를 기르는 것은 어떤 심리치료적 입장을 지니든 포스트 모더니즘 시대의 영혼에 유익한 것이다.

제3장

치료자의 준비

나는 타인의 경험을 깊이 있고 유용한 방식으로 이해하기 위해서 자기 자신을 잘 아는 것이 임상가의 핵심적 과제라고 생각한다.

이러한 과정은 '권위적 존재' 로 여겨지는 의자에 앉아 있는 우리 자신의 모습, 즉 잘 이해하지 못하는 어떤 일을 담당하고 있는 사람이 우리의 모습이라는 것을 발견하면서 느끼는 고통으로부터 시작된다.

– Marilyn Charles (in press)

처음 치료자의 위치에서 경험하는 것은 사람마다 상당히 다르겠지만, 불안을 느끼는 것이 일반적이다. 대다수의 수련생들은 정당하지 못한 일을 하고 있다는 혼란스러운 감정, 심지어 사기꾼이 된 듯한 느낌을 보고하는데, 이러한 감정은 첫 출발을 하는 전문가들이 느끼는 주관적 경험에 대한 실증적 연구에서 보고되는 반응이다(예: Clance & Imes, 1978). 이들은 자신이 내담자보다 더 심리적으로 건강하고, 사회적으로 잘 적응하며, 독립적이고, 지적으로 우수하며, 정신적 문제가 없는 것이 아니라는 점이 내담자에게 알려지지 않을까 걱정한다. 하지만 다행스럽게도, 한 사람이 다른 사람을 심리적으로 돕기 위해서 정신건강의 귀감(또는 다른 유형의 귀감)이 되어야 한다는 증거는 없다. 운동선수를 훈련시키기 위해서 코치가 반드시 뛰어난 운동선수일 필요는 없다. 마찬가지로, 내담자를 돕기 위해서 치료자가 내담자보다 더 성숙하고 정상적이거나 만족스러운 삶을 살고 있어야 할 필요는 없다. 사실, Greenson(1967)이 지적한 바 있듯이, 심한 정서적 고통을 경험했던 사람이 더 좋은 치료자가 된다는 점을 음미할 만하다. 심리적 고통을 이해할 수 있는 체험을 해보지 못한 임상가는 내담자를 충분히 공감하지 못할 위험이 있다. 물론, 치료자가 환자와 똑같은 맹점을 지니고 있는 경우는 문제겠지만, 슈퍼비전과 개인적 치료를 통해서 그러한 문제를 극복할 수 있다.

대다수의 신참 치료자들은 자신이 노련한 치료자들처럼 치료자의 역할을 잘 할 수 있을지에 대해 회의를 느끼며 고통스러워한다. 이런 점에 대해서 위안이 될 수 있는 근거들이 있다. 대부분의 노련한 심리치료자들은 시간이 흐름에 따라 자신이 점점 더 숙달되고 유능해진다고 여기고 있지만, 수련경험이나 치료경험이 치료효과와 어떤 관련성이 있는지에 대한 경험적 연구결과들은 일치하지 않거나 복잡한 양상을 나타내고 있다(참고: Bergin & Garfield, 2000; Snyder & Ingram, 1994). 초심자의 열정과 헌신이 경험부족으로 인한 여러 가지 결함을 보완할 수 있다. 아울러 처음 치료를 시작할 때 받게 되는 슈퍼비전과 사례회의를 통해서 신참 치료자는 내담자에게 전문가다운 다양한 도움을 줄 수 있다. Frieda Fromm-Reichmann은 Chestnut Lodge에 재직할 때 가장 '희망 없는 구제불능의' 정신병적 환자를 가장 경험이 적은 치료자에게 배정하곤 했는데, 그러한 치료자들은 환자들이 치료가 불가능한 희망 없는 사람들이라는 것을 모르기 때문에 결과적으로 그들을 성공적으로 치료할 수 있었기 때문이다.

환자에게 도움을 주는 대부분의 치료적 요인은, 적어도 치료자가 그러한 치료적 요인을 최대한 전달하려는 열성을 지니고 있다면, 치료자의 역할 자체에 이미 내재해 있다(이 점에 대해서는 다음 장에서 좀 더 자세하게 설명할 것이다.). 오래전에, 유명한 실존주의 치료자인 James Bugental(1964)은 심리치료 분야에 종사하는 사람들이 경험하는 직업적 위험성의 하나는 치료기술이 점점 더 숙달됨에 따라 과거의 환자들에게 좀 더 숙달된 치료를 해 주지 못했다는 죄책감과 후회감을 느끼며 살게 된다는 점이라고 말한 바 있다. 이러한 직업을 지닌 사람들이 충분히 숙련되지 않았다는 자기비난과 과거에 미숙하게 치료했던 점에 대한 회한을 평생 동안 지니게 된다는 점은 인간이 경험하는 고통스러운 역설적 현상의 하나라고 할 수 있다.

치료자로서 직업적 활동을 시작하는 사람들이 처음부터 충분히 준비된 상태에서 치료자의 역할을 하게 된다고 보기는 어렵다. 도움을 줄 수 있는 충분한 치료적 능력을 지니고 있다고 자신하는 사람이라 할지라도, 어떤 내담자가 치료실에 나타날지는 알 수 없는 일이다. 내담자는 각기 독특한 문제를 지니기 때문에 다음에 만나게 될 새로운 내담자를 위해서 항상 충분히 준비된 상태에 있을 수는 없다. (치료자 역시 그런 상태에 있기를 원하지 않는다; 각 환자가 제시하는 새로운 경험과 치료의 어려움이 없다면 심리치료는 매우 지루한 직업일 것이다.) 그러나 출산 준비를 위한 교육을 할 때 정확하게 예측할 수 없고 출산 전까지는 상상할 수 없는 여러 상황에 대한 준비를 하게 하듯이, 치료자로서의 역할을 편안하게 수행하는 데 도움이 될 수 있는 준비사항들이 있다. 이 장의 전반부에서는, 초심자에게 잘 인식되지 않지만 치료과정을 좀 더 원활하게 돕는 몇 가지 주제를 살펴볼 것이다. 아울러 치료자로서 활동을 시작하는 초기에 신참 치료자들이 공통적으로 경험하게 되는 어려움을 극복하는 데에 도움이 되는 몇 가지 준수사항과 권유사항을 소개할 것이다. 이 장의 후반부에서는, 치료자 자신이 심리치료를 받는 것이 다른 사람에게 심리치료를 하기 위한 가장 좋은 준비라는 점을 설명할 것이다.

출발 시의 고려사항

실수하는 것에 대하여

신참 치료자에게 주어지는 나쁜 소식은 누구나 예외 없이 많은 실수를 한다는 점이다. 좋은 소식은 심리치료자의 실수는 외과 의사, 변호사, 기술자의 실수와 다르다는 점이다. 적어도 실수가 신속하게 인식된다면 치료자로서 범하는 대부분의 실수는 지속적인 해악을 초래하지 않으며 슈퍼바이저로부터 도움을 받을 수 있는 것들이다. 사실, 실수(또는 내담자가 실수라고 여기는 것)는 아무리 숙련된 치료자라 하더라도 불가피한 것이며, 이러한 실수는 '이상적인' 반응(전적으로 가설적인 것임)보다 더 많은 치료적 효과를 나타낼 수 있는 화제로 다루어질 수 있다(참고: Safran, 1993). 인간이라는 존재는 대부분의 중요한 문제에 대해서 갈등적 감정을 지니기 때문에, 치료자가 환자의 바람과 욕구를 조금이라도 좌절시키지 않는 반응을 할 수는 없는 일이다. 설혹 실수를 범하고 있더라도, 내담자를 이해하려는 진지한 노력을 보여 주는 것은 내담자를 이해하고 있다는 생각을 전달하는 것(또는 그러하다고 내담자를 설득하는 것)보다 훨씬 더 치료적이다. Edgar Levenson(1982, p. 5)은 Harry Stack Sullivan이 "신은 내가 치료를 잘 진행하지 못하도록 방해하고 있으며, 내가 지혜로운 치료자가 되는 것을 방해하고 있다."라며 탄식했다고 전하고 있다.

나는 정신분열증 때문에 여러 번 정신병원을 드나들어야 했던 한 친구를 알고 있다. 치료진의 어떤 행동이 도움이 되었는지를 회고하면서, 그는 정신병적인 상태에 있을 때에도 '정직한' 실수와 그를 조종하거나 무시하려는 과정 속에서 일어난 실수의 차이를 알 수 있었다고 한다. 정직한 실수는 상처 받기 쉽고 고통 속에 있는 사람들일지라도 (그러한 실수를 이해하기는 어렵지만) 당혹스럽거나 불쾌하게 느껴지지 않지만, 악의를 지닌 행동이나 치료를 소홀히 하는 태만은 환자들에게 용서되지 않을 것이다. 가슴의 실수는 머리의 실수보다 훨씬 더 파괴적이다. "자신의 이득을 위한 것"으로 여겨지는 이기적 행위는 특히 용서받기 어려운 것이다. 다른 사람의 마음을 이해하고자 할 때 누구나 실수를 범할 수 있다는 사실을 부각시키기 위해서, Patrick Casement (2002)는 심리치료에 관한 그의 최근 저서에 『실수로부터 배우기(*Learning from Our Mistakes*)』라는 제목을 붙였다.

내가 가르치고 있는 대학원 과정은 입학하기 위한 경쟁이 매우 심하다. 합격하는 응시자들은 대부분 지적으로 우수하며, 이들 중 상당수는 자신의 전공분야에서 발군의 성적을 나타내고 있다. 이들은 교수로부터 A학점을 받는 일에 익숙하며 슈퍼바이저의 평가에 극히 예민하다. 또한 완벽주의적인 경향이 있으며 완벽함에 대한 좌절경험도 적다. 그러나 인생이 다 그러하듯이, 서비스 전문직에서 완벽을 추구하는 것은 성경구절을 인용한다면 함정이며 망상이다. 다른 사람을 돕는 일에서는 그 성과에 정도 차이가 있을 뿐이며, 심지어 최선을 다한 일에 대해서도 칭찬과 비판을 받을 수 있으며 상승세와 하락세가 존재한다. 거의 모든 심리치료 기법의 적용은 득실에 대한 절충과 타협의 문제이다. 예컨대, 내담자의 질문에 대답하지 않고 그러한 질문을 하게 된 이유를 탐색하는 것은 내담자의 내면적 상태를 이해하는 데 도움이 될 수 있지만, 질문 자체와 질문하는 내담자의 의식적 동기가 '의심스럽다'는 점을 은연중에 전달할 수 있다. 반면에 그러한 질문에 대답하는 것은 어떤 동기로 질문을 하게 되었는지를 이해할 수 있는 기회를 잃는 것이지만 그 대신 내담자를 존중하는 태도를 보여 줄 수 있다. 정신역동적 치료에는 '올바른' 방식이 존재한다고 여전히 주장하는 교육자들이 있다. 그러나 실증적인 연구결과나 치료자의 다양성을 고려한다면, 환자가 자신에 대해 좀 더 정직해지고, 더 적은 증상을 지니며, 자기파괴적 행동을 덜 하고, 더 주체의식을 지니도록 유도하는 복잡한 과정을 촉진하는 데에는 유사한 효과를 나타내는 여러 가지 다양한 방법이 존재할 수 있다. 한 치료자의 실수는 다른 치료자의 경우에 창의적인 치료행위가 될 수도 있다.

Jonathan Slavin(1994)은 신참 치료자의 경우에 치료자의 성격과 태도에 맞춘 방식보다 고정된 치료방식이 더 매력적으로 느껴진다는 점을 지적한 바 있다. 대학의 클리닉에서 수련하는 인턴에 관해서, 그는 다음과 같이 말하고 있다:

> 이들은 우수하고 호기심이 많은 사람들로서 정신분석의 기법에 관한 문헌을 많이 읽지는 않았지만, 대부분 표준적인 정신분석 치료에 관해서 들은 것……, 특히…… 그들이 정신분석적 태도의 특징이라고 생각하는 거리 두기, 냉철함, 자신을 드러내지 않는 중립적인 태도에 대해서 건강한 회의를 느끼고 있다.
>
> 그러나 이들이 처음 환자와 치료를 시작할 때는, 처음에 상당한 의문과 저항감을 표시했던 바로 그런 행동들을 하게 만드는 치료규칙들과 그러한 신념을 갑자기 따르게 되는 것은 매우 놀라운 일이다(p. 255).

이들이 갑작스럽게 치료규칙을 따르게 되는 내면적 이유는 환자의 감정과 전이가 이들이 예상했던 것보다 훨씬 더 강한 정서적 영향을 주기 때문일 것이라고 그는 추측하고 있다. 달리 말하면, 경직된 방식으로 치료를 하게 되는 것은 내담자의 문제에 의해 건드려지는 치료자 자신의 갈등과 관련된 불안, 특히 그가 내담자에게 충동적인 행동을 할지 모른다는 두려움에 대한 방어일 수 있다. 미묘한 역할재현이 불가피하게 나타난다는 사실, 아무리 치료규칙을 잘 준수한다 하더라도 치료자가 이러한 현상으로부터 벗어날 수 없다는 점 그리고 이러한 현상이 유익한 치료를 위해 좋은 재료가 된다는 점을 알게 되기까지는 시간이 좀 걸린다.

분명한 '정답' 이 있는 연구나 활동을 해 왔던 수련생에게 치료라는 예술을 배우는 과정은 어려운 일이다. 그들이 환자를 얼마나 잘 대하고 있든 간에, 슈퍼바이저는 수련생이 좀 더 환자의 관심사에 맞추어 반응하고, 자존심에 상처를 주지 않도록 좀 더 감정에 관심을 기울이며, 환자와 치료자가 현재 처해 있는 난관을 피할 수 있는 치료방법을 권장할 것이다. 치료를 더 잘 할 수 있었을 것이라는 말을 반복적으로 듣게 되지만 그러한 기술을 배울 수 있는 뾰족한 방법이 없을 때, 수련생들의 자존감은 저하될 수밖에 없다.

신참 치료자들이 수련과정에서 입게 되는 자존심의 상처를 달랠 수 있는 한 가지 방법은 그러한 '최선의' 또는 '올바른' 치료방법이 어떤 것인지 철저하게 체험해 보는 것이다. 신참 치료자는 올바른 또는 잘못된 치료에 대해 나름대로 확신을 지닌 슈퍼바이저의 지도를 전적으로 따라해 보거나, 특정한 치료적 입장에 푹 빠져 보거나, 자신의 치료자가 하는 치료방법을 그대로 답습해 볼 수도 있다. 시간이 흘러 경험이 축적되면서 이러한 경직성을 완화시킬 수만 있다면, 이러한 방법이 그다지 심하게 해로운 것은 아니다. 이러한 방법은 특정한 치료적 입장에 담겨 있는 지혜를 깊이 체험하는 것으로, 자신이 특정한 입장에 깊이 천착했었다는 자신감을 지니게 함으로써 나중에 나름대로의 독자적인 입장을 가질 수 있게 만든다. 신참 치료자들은 자신의 내면적 경험을 통해서 이러한 점을 깨닫게 되고 그러한 방법의 강점과 약점에 대해서 말할 수 있게 된다. 다른 말로 표현하면, 이러한 점은 먼저 기술을 익힌 후에 예술을 배우게 되는 다른 분야와 마찬가지로 심리치료에도 해당되는 것이다. 그러한 현실 때문에 수치스러워할 필요는 없다.

아마도 치료기술을 배우는 더 좋은 방법은, 특히 환자의 역할을 제한적으로나마 해 본 임상가의 경우에, 우선 좀 더 경험적으로 검증되었고 구체적으로 제시된 정신분석적 치료의 한 가지를 어떻게 시행하는지 배워보는 것이다. 나의 동료인 Mark Hilsenroth는 잘 연구되어 있는 핵심적 갈등관계 주제(core conflictual relationship theme)에 관한 Lester Luborsky(1984)와 Howard Book(1997)의 저서를 추천하고 있다. 이러한 책들은 무엇을 해석할 것이며 어떻게 효과적으로 해석하는지를 배우는 데에 유용하다. 신참 치료자들에게 특히 도움이 될 수 있는 정신분석적 치료의 교재 목록과 해설을 부록에 제시하였다.

반항적인 성향과 강한 자존심을 지닌 치료자들은 자신이 치료자로서 여러 가지 단점을 지니고 있다고 자꾸 지적당하는 모욕감에 대해서 좀 독특한 적응방식을 보인다. 즉, 환자에게 필요한 것이 무엇인지에 대해서 슈퍼바이저, 교수, 치료자, 교재에 의해 제시되는 것보다 아마도 자신이 더 잘 알고 있다고 겉으로 말하지는 않지만 마음속으로 그렇게 믿는다. 권위에 대한 회의적 태도는 흔히 창의적 사고능력과 밀접히 연관된 것으로서 바람직한 측면이 있다. 이러한 저항적 태도는 심리치료의 경우에 적어도 두 가지의 장점을 지닌다. 첫째, 신참 치료자는 내담자를 직접 만나고 있기 때문에 임상적 경험이 많은 제3자보다 내담자를 더 잘 알고 있을 수 있다. 재능 있는 신참 치료자는 치료과정에서 일어나는 것에 대해서 간접적으로 자료를 접하는 슈퍼바이저보다 더 정확한 이해를 직관적으로 할 수도 있다. 자신의 판단을 신뢰할 수 있게 되는 것은 치료자로서 성숙하는 데에 매우 중요하다. 둘째, 타인에 의해 주어지는 충고를 따르기보다 자신의 가슴에서 우러나오는 방식으로 치료하는 신참 치료자들은 그러한 치료방식이 자신에게 잘 맞는다는 느낌을 가질 수 있다. 따라서 자신의 치료방식은 타인에 의해 주입되어 자신의 성격에 맞지 않는 어색한 것이 아니라 진실하고 자연스러우며 자발적인 것이 될 수 있다.

그러나 이러한 매력적인 자세에는 적어도 두 가지의 중요한 단점이 있다. 가장 현저한 심리적 문제는 치료자가 지나치게 교만해질 수 있다는 점이다. 내가 치료를 처음 시작했을 때, 나는 내 나름대로 여러 가지 방식을 시도해 보면서 왜 관습적인 치료규칙이 중요한지를 어렵게 알게 되었고 널리 인정되는 치료방식이 현명하다는 것을 계속 깨닫게 되었다. 나는 다음과 같은 Theodor Reik(1948)의 고백에 항상 공감하고 있다.

> 내가 정신분석적 치료와 이론을 배운 지 37년이 지난 지금에야 감히 치료기법에 관한 책을 쓰게 된 것은, 좀 더 일찍 책을 쓰지 못하게 만든 나의 독특한 두 가지 특성 때문이다. 그 첫째는 다른 사람의 실수로부터 배우는 능력이 부족하다는 점이다. 격언, 권고, 경고에서 제시하는 모든 지혜가 나에게는 쓸모없는 것이었다. 내가 실수를 직접 범하고 그런 실수를 극복하지 않고는, 다른 사람의 실수로부터 무언가를 배울 수가 없었다. 다른 특성도 이러한 정신적 완고성이나 지적인 고집과 관련된 것이다. 실수를 여러 번 반복해서 범하지 않으면, 나 자신의 실수로부터 아무것도 배울 수가 없었다(p. xii).

자신이 선배 치료자보다 더 잘 알고 있다는 태도의 다른 결점은, 치료자마다 직업적 윤리와 위험관리 방법을 따르지 않고 자기 나름대로 행동하는 경우가 있는데 이 경우에 환자와 치료자 모두에게 치명적인 피해를 줄 수 있는 특이한 행동을 할 수 있다는 점이다. 예컨대, 치료의 경계 위반으로 생각될 수 있는 행위를 한 경우에, 좋은 의도로 그러한 행위를 했더라도 의도하지 않은 심각한 결과가 초래될 수도 있다. 치료자를 이상화하며 의존하는 내담자는 치료자에게 자신을 포옹해 주지 않으면 고통을 견딜 수 없다고 간절하게 말하는 경우가 있는데, 이러한 내담자는 나중에 치료자에게 화가 나면 치료자가 유혹적 행동을 했다며 윤리적 문제를 제기하는 것으로 알려져 있다. 무엇이 환자에게 도움이 되며 어떤 것이 윤리적 치료인가라는 점에 대해서 깊은 신념을 지니고 있다면, 책에 쓰인 것을 무시하고 자신의 직감을 믿으라고 나는 늘 신참 치료자에게 조언한다. 그러나 선배의 지혜를 존중하지 않는 것은 무모한 일이다. 치료자에게 좀 더 위험한 상황들이 7장에서 소개될 것이다.

진정한 자신이 되는 것에 대하여

심리치료자는 특권을 지니는 역할을 하는 동시에 막중한 책임을 지니는 위치에 있다. 그러나 어떤 역할을 한다는 것이 그러한 역할을 가식적으로 연기하라는 뜻은 아니다. 치료기법에 관한 가장 고전적이고 '정통파적인' 저술가들(예: Eissler, 1953; Fenichel, 1941; Freud, 1914; Sterba, 1934; Strachey, 1934)이 아무리 중립적이고 절제적인 태도를 강조했다고 해서, 이것이 곧 치료자에게 자연스러운 따뜻함을 표현하지 말라거나 로봇 같은 인간의 모습을 보이라는 것은 아니다. 1941년에, Fenichel은 대다수 피분석가들이 그의 자연스럽고 자발적인 행동을 뜻밖이라며 놀라워한다는 고충을 피력한 바 있다. 다른 정통파적 인물인 Glover(1955)도, 편안하고 솔직한 태도가 바람직하다고 주장하면서, 모든 치료계약(예: 시간이나 치료비)은 환자의 이익만을 위해서 이루어져야 한다는 위선적 주장을 하는 동료들을 비난하곤 했다.

가식적이고 부자연스러운 행동은 정신분석적 치료에서 추방되어야 하는데, 이러한 행동은 심리적 정직성을 촉진하려는 노력과 배치되는 것이기 때문이다. 새로운 역할에 불안을 느끼는 것은 자연스러운 일이다. 이러한 불안을 가식적 모습으로 위장하려는 것은 공통적으로 나타나는 방어지만, 이러한 방어는 치료자에게 도움이 되지 않는다. 아마도 이러한 불안을 극복하는 최선의 방법은, 지적으로 탁월하거나 고도의 사회적 기술을 지니거나 치료기법에 관한 문헌을 통달해야만 정신분석적 치료를 할 수 있는 것이 아니라는 점을 깨닫는 것이다. 정신분석적 치료의 가장 중요한 구성요소는 내담자를 돕고자 하는 치료자의 진정한 소망과 비방어적인 호기심이다.

실제로 치료할 때 명심해야 할 매우 중요한 점은 치료자의 역할과 자신의 개성을 어떻게 조화시킬 것인가 하는 점이다. 여러 치료자를 방문해 본 사람은 그들의 치료실이 모두 전문가적 분위기를 지니고 있지만 치료자의 개성이 독특하게 나타나 있는 다양한 모습에 놀라움을 느낄 것이다. 치료자들은 가구나 장식으로 치료실을 꾸미는 방식뿐만 아니라 옷차림새, 환자와 가까이 앉는 정도, 눈 맞춤을 하거나 환자가 탐색당하고 있다는 느낌을 갖지 않도록 신경을 쓰는 정도, 면담 시간에 기록을 하는지의 여부,

첫 면담 시간에 과거경험을 자세히 탐색하는 정도, 면담 취소방침을 설명하는 방식, 치료비 문제를 상의하는 방식, 환자에게 면담 종료를 알리는 방식 등에 있어서 각기 다르다. 이러한 점들에 있어서 올바른 한 가지 방법이 있는 것은 아니며, 치료자의 개성에 잘 맞는 방법이 있을 뿐이다. 슈퍼바이저는 평소에 자신이 사용하는 방법을 제시하겠지만, 그러한 전형적 방식은 그 슈퍼바이저의 성격, 취향, 상황에 잘 맞는 방식일 뿐이다.

초심자들이 치료를 하게 되는 상황은 치료비에 관한 방침이 이미 정해져 있고 관리자에 의해 환자가 배정되는 치료기관에서 두 개의 의자, 탁상시계, 휴지 상자가 달랑 있고 창문도 없는 작은 치료실이 줄지어 있는 곳인 경우가 많다. 그러나 이러한 상황이라 할지라도, 치료자의 개성이 표현될 수 있는 여지는 있다. 심리치료에 있어서 치료적 관계가 중요하다는 점을 잘 인식하고, 치료자가 편안한 상태에서 자신의 독특한 개성을 발휘하여 치료할 때 가장 효과적인 치료를 할 수 있다. 치료자가 심리적으로 솔직할수록, 환자는 수치심을 느끼지 않고 자신을 더 많이 열어 보이게 된다. 시간이 흐름에 따라 자연스럽게 치료를 이끌어 가는 능력이 향상되는데, 그렇게 되기까지 치료자는 자신의 개성에 따라 어려운 상황을 헤쳐 나가야 한다.

진정한 자신의 모습으로 치료한다는 것이 치료자의 개인적 정보를 공개하거나 생각나는 대로 조언하라는 의미는 아니다. 신참 치료자들은 내담자가 놀라울 만큼 자신과 유사한 개인적 문제를 지니고 있어서 공감적 감정이 저절로 솟아나는 경험을 하며 놀라곤 한다('과도한 동일시'에 대해서 자책을 하는 경우도 있다.). 치료자로 활동하던 초기에, 나는 환자가 이야기하는 매우 특별한 인생경험이 나의 과거경험과 같을 때 "당신이 느끼고 있는 바로 그 기분을 잘 알고 있다!"고 불쑥 말하고 싶은 유혹을 억제하기가 매우 어려웠다. 내가 같은 어려움을 경험했고 이를 잘 극복한 경우에는, 나의 극복방법을 말해 주고 싶어서 이를 억제하기가 어려웠다. 또한 환자가 이야기하는 갈등이 현재 나도 해결하지 못한 채 겪고 있는 갈등일 경우에는, 나의 괴로움을 털어놓고 싶어서 이를 참기가 어려웠다. 그러나 비슷한 경험을 한 사람의 조언과 공감만으로 심각한 심리적 문제가 해결될 수 있다면, 아무도 치료자를 찾아오지 않을 것이라는 점을 명심해야 한다. 유익한 조언과 따뜻한 공감을 얻지 못해서 찾아오는 것이 아니다. 치료를 받으러 오는 대부분의 사람들은 이미 그러한 방법을 시도해 보았지만 실패했기 때문에 치료자를 찾아오는 것이다.

슈퍼비전으로부터 많은 것을 얻는 일에 대하여

치료자를 양성하는 기관마다 수련생에게 슈퍼바이저의 선택권을 허용하는 정도가 상당히 다르다. 흔히 대학원의 수련 프로그램에서는 관리자가 학생의 슈퍼비전을 위해 교수진을 배정하거나(학생들은 자신의 학업성적을 평가하는 교수에게 충분히 솔직해지기 어렵기 때문에, 내가 보기에 이러한 배정방식은 문제가 있다.) '주변에서' 발탁된 소수의 치료자를 배정한다. 정신분석적 기관과 일부의 대학원 프로그램에서는 상당한 선택권을 허용하고 있다. 이러한 중요한 문제에 있어서 다행히 선택권을 가진 수련생들에게, 나는 안전감을 느낄 수 있는 슈퍼바이저를 선택하라고 조언하고 싶다. 만약 수련생이 치료시간에 일어난 일과 내담자에 관해 느끼는 바를 솔직하게 이야기할 수 없다면, 슈퍼비전은 형식적인 공허한 일이 될 수 있다. (슈퍼비전 과정의 심리적 측면에 관한 홍미로운 책으로는 Frawley-O' Dea & Sarnat, 2001; Rock, 1997; S. Gill, 2002가 있다.)

특히, 수련 초기에는 자신의 전문분야에서 탁월하거나 유명하거나 영향력이 있는 사람보다 위협적이지 않은 사람에게 슈퍼비전을 받는 것이 바람직하다. 매우 지지적인 슈퍼바이저라 할지라도, 처음 치료를 받는 환자가 치료시간에 자유연상을 하기 어렵듯이, 신참 치료자가 슈퍼비전 시간에 솔직해지기는 어려운 일이다. 만약 신참 치료자가 치료시간에 자신이 실제로 말하고 행한 내용을 그대로 슈퍼바이저에게 편안하게 이야기할 수 없다면, 그렇게 모든 것을 공개하기 어려운 점에 관해서 슈퍼바이저와 상의해야 한다. 이러한 어려움이 지속된다면, 수련생은 슈퍼바이저를 바꾸어야 할 것이다. 심리치료를 공부하는 대부분의 학생들은 자신의 치료행위에 대해 스스로 혹평하는 매우 자기비판적인 경향을 지니고 있으며, 때로는 이러한 경향 때문에 별로 도움이 되지 않는 슈퍼바이저와의 관계를 중단하지 못하는 경우가 있다.

슈퍼바이저는 치료자만큼이나 다양하고 독특하다. 노련한 심리치료 교육자들은 대부분 자신의 성격과 잘 맞는 방식으로 슈퍼비전을 한다. 특정한 슈퍼바이저의 지도방식과 '궁합' (참고: Escalona, 1968)이 잘 맞는다고 느끼는 수련생에게는 슈퍼비전이 지지, 자극, 도전을 균형 있게 받는 성장경험이 될 것이다. 여러 해 동안 수련생들로부터 수련경험을 들어 본 바에 따르면, 슈퍼바이저가 슈퍼비전과 심리치료를 구분하지 못할 경우 신참 치료자들은 슈퍼비전 과정에서 진퇴양난의 곤경에 빠지게 된다. 고급수준의 슈퍼비전에서는 치료자의 역전이 반응을 깊이 있게 다루는 것이 매우 중요하지만, 신참 치료자에게 사적인 경험의 탐색과 공개를 하도록 과도한 부담을 주는 것은 바람직하지 않다. 슈퍼바이저가 치료자의 심리상태에 대해서 자꾸 다루게 되면, 더구나 치료에 관해서는 가르쳐 주지 않으면서 그러할 경우에, 치료자는 치료에 필요한 자신감을 얻기보다 자기회의만 키우게 된다.

슈퍼비전이 어떠해야 하는가에 대한 정신분석적 입장은 치료자에게 나타날 수 있는 무의식적 태도를 끊임없이 탐색하는 것이다("당신은 환자의 증상에 대해서 어떤 느낌을 받았는가? 그러한 증상이 당신의 삶에서 경험한 어떤 사람을 생각나게 하는가?). 신참 치료자에게 내담자를 돕는 기본적인 정보를 주기보다 이러한 질문을 하는 것은, 그가 치료과정에서 경험하는 자신의 심리적 현상을 알게 된다 할지라도, 도움보다 피해를 줄 가능성이 많다. 이처럼 심리치료 같은 슈퍼비전을 받은 수련생들은 지속적인 자기회의를 하게 될 뿐만 아니라 의욕과 사기가 저하된다. 또한 자신의 마음을 살펴보면서 많은 문제를 발견하게 되기 때문에 이러한 스타일의 슈퍼바이저와 관계를 청산하지 못하고 너무 많은 시간을 허비하게 된다. 자신의 심리상태에 대해서 슈퍼바이저로부터 얻게 되는 약간의 지식 때문에 이들은 '치유' 될 때까지 슈퍼비전에서 헤어나지 못하게 된다.

슈퍼비전에 대한 비정신분석적 입장에서도 유사한 문제점이 나타날 수 있다. 나는 수련과정에서 자칭 Rogers 계열의 치료자에게 슈퍼비전을 받은 적이 있는데, 그녀는 유능한 평가자였지만 아주 유능한 슈퍼바이저는 아니었다. 그녀와의 첫 슈퍼비전 시간에 다음과 같은 일이 일어났다.

낸시: 어떻게 해야 이 환자에게 호감을 느낄 수 있을지 모르겠어요.

슈퍼바이저: 당신은 이 여성에 대해서 호감을 느끼지 못하고 있군요.

낸시: 예. 저는 심지어 그녀에 대해서 분노까지 느끼고 있어요.

슈퍼바이저: 당신은 분노를 느끼고 있군요!

낸시: 제가 그녀를 어떻게 이해하고 공감할 수 있는지 도와주세요.

슈퍼바이저: 당신은 도움을 원하고 있군요.

낸시: 당신은 그녀의 과거경험에 대해서 들었습니다. 당신은 그녀의 문제를 어떻게 이해하나요?

슈퍼바이저: 당신은 내가 그녀를 어떻게 이해하는지 알고 싶군요.

낸시: 예. 그녀는 저를 매우 실망시키고 있어요.

슈퍼바이저: 당신은 실망스러워하고 있군요.

낸시: 저는 지금 **당신**에 대해서 실망감을 느끼게 됩니다. 당신은 계속 반영만 하고 있어요. 저는 이미 제가 느끼는 것을 잘 알고 있습니다. 저는 좀 다른 방식으로 느끼는 방법을 알고 싶어요.

슈퍼바이저: 지금 당신은 나에게 분노를 느끼고 있군요!

당연히 나는 이 슈퍼바이저와 결별했으며, 나에게 고통스러운 부정적 역전이를 촉발하는 이런 유형의 환자에 관해서 가르쳐 주는 다른 슈퍼바이저를 찾게 되었다. 이러한 치료자의 반영적인 슈퍼비전 방식은 정서적 반영을 원하는 사람에게 도움이 될 수도 있겠지만, 나는 그녀가 자신의 개인적 한계로 인해서 인본주의적인 내담자-중심적 입장의 슈퍼비전 방식, 즉 Rogers 계열의 공감적인 행동방식을 서툴게 나타내려 했던 것으로 믿고 있다. 어쨌든, 우리는 좋은 궁합이 아니었으며, 만약 그녀에게 계속 슈퍼비전을 받았다면 유익한 것을 배울 수 있었을지 의심스럽다. 내가 도움을 얻기 위해 다음으로 찾은 슈퍼바이저는 정신분석적 수련과정에 있는 사회사업가였는데, 내가 환자에 관해 묘사하자 그가 나타낸 첫 반응은 "정말 구제불능의 환자구만!"이었다. 훨씬 더 진솔하고 동등한 입장에서의 공감반응이었다. 우리는 여러 해 동안 유익하게 슈퍼비전을 계속했는데, 시간이 흐르면서 나는 나의 환자를 매우 좋아할 수 있게 되었으며 그 환자는 결코 '쉽지는' 않았지만 결과적으로 치료를 통해 현저한 호전을 보였다.

슈퍼바이저를 선택하거나 변경하는 것이 허용되지 않는 수련 프로그램에 있는 수련생의 경우, 앞날이 어둡지만 아주 암담한 것은 아니다. 만약 다행히도 '좋은 궁합'이라고 느껴지는 치료자에게 배정된다면, 슈퍼비전은 편안할 뿐만 아니라 매우 유익할 것이다. 만약 문제가 있는 슈퍼바이저에게 배정된 수련생이라면, 좋지 않은 상황이지만 최선을 다해야 할 것이다. 이 경우 즐거운 일은 아니지만, 역경을 통해 성숙하게 된다고 생각하는 것이 바람직하다. 구체적으로 말하면, 의견이 매우 다르고 불쾌하게 느껴지며 존경할 수 없는 사람으로부터도 무언가를 배울 수 있는 것은 매우 소중한 삶의 기술이다. 어떤 슈퍼바이저든 우리는 소중한 것을 배울 수 있다. (내가 만났던 Rogers 계열의 로봇 같은 슈퍼바이저는 그렇게 슈퍼비전을 해서는 안 된다는 점을 가르쳐 주었다.) 슈퍼바이저가 그렇게 해서는 안 된다고 분개하는 것은 정당한 것일 수 있지만, 문제해결에 도움이 되지는 않는다. 주변 사람들의 한계를 받아들이는 것은, 이 세상이 우리가 원하는 지혜로운 이상적인 인물에 의해서 움직여지는 것이 아니라 한계를 지닌 인간에 의해 움직여진다는 사실을 서서히 수용하게 되는 점진적인 성숙과정의 일부이다.

Mark Hilsenroth(개인적 교신, 2003년 8월 19일)에 따르면, 슈퍼바이저가 효과적인 슈퍼비전을 하게 만드는 최선의 방법은 "내가 그 점에 관해서 예를 들어 어떻게 말해야(또는 행동해야) 하나요?"라고 묻는 것이다. 이처럼 구체적인 것을 묻는 것은 "당신은 그때 저항을 해석했어야 했다."거나 "당신은 그녀가 자신의 전능감을 바라보도록 해야 한다."거나 "당신은 그 증상을 자아이질적인 것으로 만들어야 한다."와 같이 모호한 말을 하는 사람에게 슈퍼비전을 받을 때 특히 유용하다. 슈퍼바이저가 자신의 역할을 좀 더 효과적으로 수행하도록 돕는 일은 환자가 나아지도록 돕는 일과 별로 다르지 않다. 즉, 슈퍼바이저의 장점에 대해서는 진솔한 피드백을 주고 단점에 대해서는 적절한 시기에 재치 있게 전달하는 노력이 필요하다.

초심자가 부딪치는 가장 어려운 문제는 치료에 관한 구체적인 결정을 해야 할 때 슈퍼바이저와 현저하게 의견이 다를 경우이다. 미국에서는, 슈퍼바이저가 수련생의 치료에 대한 책임을 져야 한다. 이러한 법적인 책임은 아직 치료하기에 미숙한 수련생의 경우뿐만 아니라 치료자격을 갖춘 치료자가 스스로 슈퍼바이저를 고용하여 도움을 받는 경우에도 마찬가지이다. 따라서 슈퍼바이저의 판단을 따르는 것이 윤리적인 필수 사항이다. 이러한 상황에서 생기는 문제는, 초심자가 어떤 내담자를 직접 접하며 얻은 자료에 근거해 확신하고 있는 사항에 대해서 슈퍼바이저가 잘못된 조언을 하는 경우이다. 이러한 상황에서, 자신의 판단에 확신을 지닌 치료자가 슈퍼바이저의 권고사항을 실행하기는 어려운 일이다. 확신 없이 이루어지는 치료적 개입은 그것이 아무리 이론적으로 적절한 것이라 하더라도 좋은 성과를 거두기 어렵다.

이러한 괴로운 상황에서, 치료자가 대응하는 한 가지 방법은 자신의 염려를 분명히 이야기하고 슈퍼바이저를 설득하거나 그에 의해 자신이 설득되도록 하는 것이다. 그러나 의견의 차이를 말함으로써 두 사람의 관계가 돌이킬 수 없이 악화될 수도 있다. 이러한 점과 관련해서, 특별한 이유 없이 두 번의 면담을 취소한 경계선 성격의 여성 환자에 대해서 내가 슈퍼비전을 받았던 한 심리학자와 겪은 문제가 기억난다. 그는 내가 환자의 면담취소 행동은 치료자를 조종하는 것으로서 받아들일 수 없다는 편지를 그녀에게 써야 한다고 확신하고 있었다. 하지만 나는 그녀가 그러한 편지를 받는다면 면담에 대한 자신의 두려움을 이해하지 못하고 경멸적으로 비난하는 것으로 받아들일 것이라고 확신하고 있었다. 그 슈퍼바이저는 그녀의 행동을 조종적이라고 표현해야 그녀가 치료에 복귀할 것이라고 믿은 반면, 나는 그러한 표현이 작업동맹을 훼손할 것이라고 생각했다. (이처럼 두 전문가가 현저한 의견 차이를 나타내는 것은, 특히 그러한 의견이 각자에게 도덕적으로 옳거나 그릇된 것으로 판단되는 경우, 경계선 정신병리와 관련된 고전적인 역전이 현상이라는 것을 나중에 알게 되었다.) 이 슈퍼바이저는 내가 항상 거부에 대한 두려움을 지녔던 나의 아버지처럼 단호하고 고집이 센 사람이어서, 나는 이러한 갈등을 미숙한 방식으로 처리했다. 즉, 나는 그러한 편지를 써서 슈퍼바이저에게 보여주고 나서 그 편지를 실제로 보내지는 않았다.

이러한 미숙한 행동은 수련생이 나타내기 쉬운 전형적인 퇴행적 행동이다. 수련생의 위치에 있을 때는 자신이 성인이라는 심리적 인식을 유지하기 어려울 때가 많다.

배워야 할 것이 많고, 윗사람으로부터 자신의 잘못을 자주 지적당하며, 애착관계를 두려워하는 내담자로부터 냉소적인 말을 자주 듣게 되고, 자신의 실수나 무지에 대한 수치심을 자주 느끼게 된다. 더구나 개인적 치료를 받고 있는 수련생의 경우에는 자신의 습관적인 방어가 약화되어 있기 때문에 이러한 수치심이 더 고통스럽게 느껴질 수 있다. 치료자의 방에서는 수련생의 퇴행이 권장되기 때문에, 이러한 퇴행이 다른 영역으로 번져가는 경우가 드물지 않다. 이렇게 아이처럼 행동하게 만드는 여러 가지 요인들이 있지만, 수련생의 위치에 있더라도 자율적인 성인이라는 인식을 유지할 수 있을 뿐만 아니라 위계상 아랫사람의 역할을 하는 것과 아동의 심리상태에 '빠져드는 것'을 잘 구분해야 한다는 점을 각별히 강조하고 싶다.

성인이라는 인식을 분명히 지니고, 자신의 행동에 책임감을 느끼며, 윗사람과 자신의 의견이 다르더라도 적대감 없이 의견 차이를 표현하는 수련생에 대해서 대부분의 슈퍼바이저들은 호감을 지닌다. 내가 회피적인 방식으로 대했던 슈퍼바이저를 더 잘 알게 되면서, 내가 전이로 인해서 그에게 미숙한 행동을 했었다는 것을 깨닫게 되었다. 즉, 그는 내가 생각했던 것보다 훨씬 더 사려 깊은 사람이었다. 내가 나중에 용감해져서 그와의 의견 차이에 대해 솔직하고 직설적으로 말했을 때, 그는 다소 예민한 반응을 보이기는 했지만 전반적으로 나의 의견을 존중해 주었으며, 내가 겉으로는 복종하면서 속으로 반발하던 때보다 슈퍼비전이 깊이 있게 진행되었다.

슈퍼바이저의 역할을 하면서, 나는 수련생이 슈퍼바이저와 관계가 나빠지면 서로 해결할 방법이 없는 것처럼 과장된 순종행동을 보이는 경우 슈퍼바이저가 어떤 심리상태를 경험하게 되는지 알게 되었다. 이러한 상황에서, 슈퍼비전은 Benjamin(1995)이 "능동적 행위자/수동적 대상"의 관계라고 지칭했던 분위기로 미묘하게 변화될 수 있다. 슈퍼비전이 진행된 지 몇 달이 지나서야 용기를 낸 수련생이 슈퍼바이저가 불필요하게 어떤 말을 오래 했다거나 수련생은 정서적인 도움을 원하는데 이론적인 이야기를 했다거나 수련생이 동의할 수 없는 조언을 했다고 말했을 때, 나는 그동안 허비한 시간에 대해서 화가 치밀어 올랐다. 이러한 말은 수련생이 인정받고 싶은 욕구를 조심스럽게 표현하는 것이라고 의식적으로는 이해할 수 있었지만, 나 역시 다른 슈퍼바이저들이 종종 그러하듯이 자존심에 깊은 상처를 받았다. 이러한 경우에, 나는 자신의 단점을 수용하는 인내심을 지니고 있을 뿐만 아니라 그러한 인식을 통해 자신을 긍정적으로 변화시킬 수 있다고 생각하면서 어느 정도 자존심을 지킬 수 있었다. 그러나 자신이 이의를 제기하면 내가 그것을 받아들이지 못할 것이라고 생각하면서 한 수련생이 겉으로 동의하는 듯한 모습을 위장해 보였을 때, 나는 내가 병적인 자기애를 지닌 사람이라고 비난받는 듯한 느낌이었다. (사실, 이 경우에 오히려 내가 돌봄을 받는다는 느낌이었으며, 나는 방어적 자세가 되어 그러한 관계를 반전시켜 수련생을 성인으로 대하기보다 아이처럼 대하고 싶은 유혹을 느꼈다.) 치료와 마찬가지로, 정신분석적 슈퍼비전은 서로 솔직해지지 않으면 혼란 속에서 힘들게 진행된다. 슈퍼바이저에 대한 전이가 강력할 수 있기 때문에, 슈퍼바이저에게 문제점을 제기하기 위해서는 상당한 도덕적 용기가 필요하다. 아울러 슈퍼바이저에게는 부정적인 피드백에 품위 있게 반응하는 법을 배우는 좋은 기회가 될 수 있다.

그러나 슈퍼바이저가 '잘못했을' 뿐 아니라 너무 방어적이어서 문제해결적 자세로 의견 차이를 수용하지 못하는 경우도 있다. 나의 동료 한 사람(Thomas Arizmendi, 개인적 교신, 2001년 12월 1일)은 인턴과정을 밟고 있을 때, 한 슈퍼바이저가 그에게 매우 잘못된 조언을 했으며 의견 차이를 말하면 마치 분명한 정신역동적 규범조차 모르고 한 행동으로 취급했던 일을 기억하고 있다. 그는 번잡한 시내에 있는 클리닉에서 공격적이고 충동적인 행동을 나타내는 8세 남자아이를 치료하고 있었는데, 치료면담 중에 그 아이가 화가 나서 치료실을 뛰쳐나가는 일이 발생했다. 나의 동료는 그 아이의 안전이 걱정되어 따라 나갔다. 이러한 사실을 그 슈퍼바이저에게 이야기했을 때, 그는 치료자가 절대로 치료실이라는 '공간'을 떠나서는 안 되며 아이가 치료실로 돌아오는 것은 그 아이에게 맡겨야 한다고 말했다. 그 아이가 차들이 오고가는 길거리로 뛰어나갔다고 그가 이견을 말하자, 그 슈퍼바이저는 치료실에서 환자를 기다리는 것이 '치료 규칙'이라고 더 강력하게 주장을 했다. 그 슈퍼바이저의 자신감 있는 충고에 따라서, 그는 내담자가 뛰어나간 다음 회기에 치료실에 그대로 남아 있었지만 참기 어려울 정도로 불안했다. 마침내 그는 클리닉 소장에게 자문을 구하게 되었는데, 소장은 그 슈퍼바이저의 충고에 경악을 금치 못했으며 그 슈퍼바이저에게 이야기를 하여 문제를 해결해 주었다. 다행히, 치료자가 치료실에 그대로 남아 있던 날 그 아이가 다치지는 않았지만, 그는 그 슈퍼바이저의 말을 따랐던 일에 대해 지금도 몸서리를 치고 있으며 그가 자문을 구할 수 있는 다른 사람이 있었다는 점을 다행으로 여기고 있다.

이와 같은 수많은 이야기를 들어왔기 때문에, 나는 슈퍼바이저의 제안과 다른 방식으로 치료하고자 하는 수련생의 개인적인 선택을 존중하곤 한다. 특히, 급박한 임상적 상황으로 인해 치료자가 다른 시도를 할 수 있는 시간적 여유가 없을 때는 더 그러하다. 더구나 치료진의 교체가 자주 일어나고 재정적 어려움 때문에 많은 월급을 주어야 하는 양질의 치료진을 고용하지 않는 기관의 경우, 신참 치료자는 그 기관의 선임자인 슈퍼바이저보다 더 숙련되고 유능할 수 있다. 그러나 슈퍼바이저의 의견에 반하는 행동을 했을 때 생길 수 있는 문제 상황은 (1) 슈퍼바이저의 판단이 옳은 것으로 밝혀지는 경우나 (2) 슈퍼바이저가 제시한 해결책이 효과적이든 그렇지 않든 간에, 치료자 자신의 해결책이 효과적이지 않을 경우이다. 이러한 경우, 자신의 독립적인 판단으로 인한 문제를 상의할 곳이 없게 된다. 마치 시민 불복종이 부당한 법에 대한 영예로운 행동이듯이, 불순종은 잘못된 슈퍼비전에 대해 정당한 행동이다. 그러나 어떤 경우이든, 자신이 한 행위의 결과에 대해서 책임을 질 준비가 되어 있어야 한다. 법률보다 더 높은 수준의 원칙에 따라서 시민 불복종에 참여한 사람들은 자신의 신념을 위해 구속될 수도 있는 위험을 기꺼이 감수한다. 마찬가지로 불순종적인 수련생은 슈퍼바이저의 제안에 반하는 행동을 한 결과에 대해 기꺼이 책임을 져야 한다. 나는 이 장의 초고 내용을 내가 참여하는 한 토론집단의 과거 구성원들에게 돌려 읽게 했었는데, 이때 세 명의 치료자가 치료경력을 쌓아 가던 초기에 치료기관에서 일하면서 슈퍼바이저의 충고를 자신의 강한 도덕적 신념에 따라 거부했다고 해서 그 기관으로부터 해고되거나 그만두어야 했던 경험이 있었다고 했다.

이러한 상황들이 신참 치료자가 헤쳐 나가야 하는 매우 어려운 환경이다. 경험 많은 동료로부터 도움을 적극적으로 많이 구할수록 바람직하다. 슈퍼바이저의 판단을 신뢰하려는 자연스러운 욕구와 더불어 이 분야에 매력을 느끼는 대부분의 사람들이 지니는 자기회의적인 태도 때문에 신참 치료자들은 나의 동료들처럼 자신의 건전한 판단에 따라 행동하기보다 순종적인 행동을 하기가 쉽다. '오이디푸스적 반항' 이나 '반골기질' 을 심리학적으로 생각하는 사람들은 자신의 행동을 판단할 때 복잡해지는 경향이 있다. 또한 초심자들은 자신의 심리적 독립성이 잘못된 무의식적 역동에 의한 것은 아닌지 걱정하는 경향이 있다. 물론, 성숙하고 건강한 행동이 자신도 모르는 역동에 의해 오염되지 않도록 방지하는 최선의 방법은 치료자가 자기이해를 최대화하는 것이다. 이 점은 다음 절에서 설명되는 주제다.

치료자를 위한 치료

우리가 다른 사람을 잘 알고 있을수록 그 사람에게 더 많은 도움을 줄 수 있다. 이 밖의 여러 가지 이유 때문에 정신분석적 치료자들은 환자가 자신의 가장 고민스러운 비밀을 공개할 수 있도록 안전한 분위기를 조성하는 것이 중요하다고 항상 강조하고 있다. 환자는 자신의 가장 두렵고 혐오스러우며 수치스러운 개인적 경험—내면적 체험이든 과거의 인생경험이든—을 치료자가 잘 이해할 것이라고 느낄수록 치료과정에서 이러한 경험을 공개하게 되며, 바꿀 수 있는 것은 개선하고 바꿀 수 없는 것은 수용하기 위한 노력을 하게 된다. 환자가 결코 발설할 수 없는 것이라고 여기는 경험에 대해서 그것이 어떤 것이라도 치료자는 수용할 수 있다는 점을 내담자에게 전달하기 위해서, 직접 '그러한 경험을 겪어 보는' 것이 바람직하다.

아마도 치료자가 내담자에게 줄 수 있는 가장 해로운 감정은 경멸일 것이다. 무의식적인 경멸은 따뜻하고 수용적인 태도를 보이려는 치료자의 의식적인 노력 속에서 자신도 몰래 노출되는 경향이 있기 때문에 특히 해로우며, 지지적일 것이라고 생각한 사람으로부터 경험하는 것이기 때문에 더 고통스러운 것으로 느껴진다. 정신분석학자들(예: A. P. Morrison, 1989; Nathanson, 1987; Wurmser, 1981)은 경멸적 태도가 수치심에 대한 방어적 기능을 한다고 지적한 바 있다. 우리가 무조건적인 긍정적 존중감을 전달해야 한다고 아무리 마음속으로 명심한다 하더라도, 환자에게서 반영되어 나타나는 우리 자신의 모습을 수치스러워할 때, 우리는 미묘한 방식으로 경멸감을 전달하게 된다. 치료자의 경멸을 쉽게 무시하거나 견딜 수 있는 내담자는 없을 것이다. 또한 우리가 환자의 문제를 우리 자신의 문제와 유사하다고 인식하면서 이러한 불쾌한 인식을 회피하고자 한다면, 불가피하게 경멸적 태도가 나타날 수밖에 없다. 심지어 외견상 치료자와 공통점이 전혀 없는 심한 정신병 환자의 경우에도 무의식적인 동일시를 통해서 방어적인 비하행동이 나타날 수 있다.

심리치료가 은근한 경멸적 분위기 속에서 진행되지 않도록 하는 전통적인 처방은 치료자가 심리치료나 정신분석을 받는 것이다. 이러한 생각은 정신분석학계의 안팎에서 널리 받아들여지고 있기 때문에 길게 설명할 필요는 없을 것 같다. 인본주의적 치료자들은 치료자 자신의 깊은 감정을 편안하게 수용할 수 있을수록 깊이 있는 치료를 할 수 있다고 주장한다. 가족체계 치료자들은 수련과정에서 "자신의 원가족을 치료하라."고 권장하고 있다. 그러나 인지행동적 치료와 생물학적 정신의학이 발달하면서, 이와는 매우 다른 생각이 나타나게 되었다. 즉, 치료자는 일련의 기술을 숙달하는 것이 중요하며, 이러한 기술은 흔히 지침서에 상세히 설명되어 있는 방법을 통해서 단기적인 '실증적' 효과가 확인된 문제에 적용할 수 있다는 것이다. Louis Berger(2002)는 이러한 치료방식을 "기법치료(technotherapy)"라고 명명하면서, 이는 관계의 바탕 위에서 협동적인 이해의 노력을 중시하는 치료와 현저하게 다르다고 언급한 바 있다. 치료자가 되려는 젊은이들은 대학교의 심리학과와 의과대학에서 이러한 기술지향적인 태도를 접하고 치료분야에 입문하는 경향이 있기 때문에, 정신역동적 치료자들이 치료자는 심각한 장애를 지니든 그렇지 않든 치료를 받아야 한다는 전통적 신념을 고수하는 이유에 대해서 설명하는 것이 필요하다.

Irvin Yalom(2002)은 최근에 "새로운 세대의 치료자와 그들의 환자에게 보내는 공개적 편지"라는 형식으로 쓴 책에서 그 이유를 소개한 바 있다. 치료자의 가장 중요한 도구는 치료자 자신이라는 점을 언급하면서, 그는 다음과 같이 요약하고 있다:

> 치료자는 자신의 어두운 면을 잘 알고 있어야 하며 모든 인간의 소망과 충동을 공감할 수 있어야 한다. 개인적인 치료경험은 수련생 치료자들이 환자의 위치에서 치료적 과정의 여러 가지 측면, 즉 치료자를 이상화하는 경향, 의존하고 싶은 바람, 따뜻한 마음으로 주의깊게 들어주는 경청자에 대한 감사한 마음, 치료자에게 주어지는 권력 등을 경험할 수 있게 해 준다. 젊은 치료자들은 자신의 신경증적 문제를 극복하도록 노력해야 한다. 다른 사람의 피드백을 수용할 수 있어야 하고, 자신의 맹점을 자각해야 하며, 다른 사람이 그들을 보듯이 자신을 볼 수 있어야 한다. 젊은 치료자들은 다른 사람들에게 자신이 어떤 영향을 미치고 있는지를 인식해야 하며 정확한 피드백을 주는 방법을 배워야 한다. 마지막으로, 심리치료자는 심리적으로 많은 것을 요구하는 전문적 활동인 심리치료에 내재하는 수많은 직업적 난관에 대처하기 위해서 자각능력과 내면적 강인함을 발달시켜야 한다(pp. 40-41).

나도 같은 의견이지만, 몇 가지 추가적 설명을 덧붙이고자 한다. 나는 개인적 치료를 받지 않고도 매우 효과적인 치료를 하고 있는 여러 명의 치료자를 알고 있는데 이들은 재능이 있고 자연스러운 공감능력을 지니고 있다. 그들은 지지적인 부모와 공감적인 인물 사이에서 성장해 온 경우가 많다. 또한 나는 여러 해 동안 장의자에서 치료를 받았지만 별 도움을 얻지 못한 듯이 보이는—그 이유가 그들과 치료자 간의 궁합이 잘 맞지 않았기 때문이든 또는 그들이 너무 지적인 방식으로 '교육분석' 에 임했기 때문이든, 아니면 그들이 심각한 정신병리로 고통받는 사람과 같은 치료동기를 지니기보다는 치료기관의 규정에 순응하여 치료를 받았기 때문이든 간에— 매우 평범한 치료자들도 알고 있다. 그리고 정신분석가들이 모든 정신분석 수련생들은 분석을 받아야 한다고 주장하는 것은 자신들의 이익을 위한 것이라는 주장에도 일리가 있다(수련교육자의 입장에서 이는 좋은 환자 고객을 확보하는 것이며, 냉소적인 비평가들이 정신분석적 치료를 피라미드 조직이라고 말하는 근거가 된다.). 개인적 분석을 받는 것은 과학적 성향보다 이념적 성향이 강한 특정한 하위문화에 입문하는 의식, 즉 일종의 사회화 과정이라는 주장에도 역시 타당성이 있다.

어떤 치료자가 아무리 '분석을 잘 받았다' 하더라도, 치료회기 동안 치료자에게 집요하게 영향을 미치는 강력한 심리적 요인들로부터 벗어날 수 없다는 점 역시 최근에 상호주관적 및 관계적 이론을 지닌 분석가에 의해 설득력 있게 주장되고 있다. 철저하게 분석을 받은 치료자는 완벽하게 객관적일 것이라는 가정은 최근에 폐기되었다. Freud는 자기분석을 통해서 환자의 질병에 의한 심리적 전염을 예방할 수 있을 것으로 생각했지만, 그가 치료자로서 보인 행동의 기록을 보면 무의식적인 역할재현으로 가득 차 있다. 나는 다행히도 분석의 효과가 있다는 것을 알게 되었지만, (Freud와 같이) 자기분석을 하기보다 타인에 의해 분석을 받은 나 같은 치료자라고 해서 전이-역전이 현상으로부터 더 자유로운 것은 아니다. Freud(1912b, p. 96)는 치료자가 개인적 치료를 받음으로써 '분석적 정화' 를 이루기 바랐지만, 한 세기 동안의 치료경험이 축적되고 '객관성' 및 '중립성' 과 같은 개념의 이해에 중대한 변화(Kuhn, 1962, 1977)가 일어나면서, 관찰된 현상 중에서 관찰자의 욕구에 의해 영향을 받지 않는 것은 없다는 점 그리고 치료과정에서 치료자가 상호주관적인 감정적 충돌에서 벗어날 수 없다는 점이 명확해졌다.

이러한 점들을 인정함에도 불구하고, 나는 정신분석의 전통에 대해서 설명하고자 한다. 왜냐하면 우리는 누구나 인간으로서 약점을 지니고 있지만 타인을 이해하는 능력을 증진시키고 그 결과로서 치료범위를 확대하기 위한 최선의 방법은 우리 자신을 최대한 깊이 알고 수용하는 것이라고 믿기 때문이다. 개인적 치료는 '객관성' 을 보장해 주지 않지만, 치료에 불가피하게 나타나는 역동을 관찰하고 이를 효과적으로 활용하는 능력을 현저하게 향상시킨다. 여러 가지 난관과 한계를 지니고 있지만, 개인적 치료는 성숙하고 공감적인 경청을 배우는 최선의 방법이라고 생각한다. 아마도 이러한 신념이 많은 독자들에게는 자명한 것이겠지만, 현 시대의 경향을 고려하여 나는 Yalom의 주장을 다시 한 번 강조하고 이러한 전통적인 권장사항을 진지하게 생각해야 하는 몇 가지 이유를 제시하고자 한다.

일반적으로, 나는 치료보다는 분석을 권하고 싶다. 이 말은 얼굴을 맞대고 일주일에 한 번씩 만나는 치료보다 더 자주 면담을 하고 장의자에 누워 자유연상과 꿈을 분석하는 것이 바람직하다는 뜻이다. 분석을 받지 않는 것이 오히려 바람직한 개인적인 이유, 즉 피분석자가 심각한 경계선 성격을 지니고 있거나 장의자에 눕는 것이 추행을 당했던 자세와 너무 유사한 외상 경험을 지니고 있거나 또는 돈이 없거나 분석받을 만한 사람을 찾을 수 없는 경우와 같은 현실적인 문제가 없다면 말이다. 이러한 권유를 하는 고전적인 이론적 근거는 잦은 회기와 장의자 사용을 통해서 분석 가능한 전이(analyzable transference)가 발달한다는 점과 관련되어 있다. 분석 가능한 전이란 치료적 관계를 강렬하게 만드는 현상으로서 치료빈도와 상관없이 강렬한 전이반응을 나타내는 환자의 심리상태를 치료자가 이해할 수 있는 경우를 말한다. 이러한 주장의 경험적 근거로서 여러 연구들이 치료회기가 잦을수록 치료적 호전이 더 빠르고 광범위하게 일어난다는 점을 뒷받침하고 있다(Freedman et al., 1999; Roth & Fonagy, 1996; Sandell et al., 2000; Seligman, 1995, 1996). 집중적인 치료가 불가능한 경우, 일주일에 한 번 만나는 치료도 여전히 매우 유익하며, 특히 내담자의 동기가 강할수록 그러하다.

현재, 전통적인 치료를 비판하는 학자들의 지원을 받는 보험회사들은 임상적으로 절박한 상황이 아니라면 일주일에 한 번(또는 그 이하) 만나는 치료를 해야 한다고 요구하고 있다. 이러한 요구의 근거는 실증적이거나 객관적이기보다 분명히 상업적인 것이다. 이러한 상업적 이해관계로 인해서 치료에 있어서 무엇이 중요한 것인지를 잘못 이해하는 일이 없어야 할 것이다. 치료회기의 빈도는 단순한 문제가 아니며 심지어 정신분석의 옹호자 간에도 논란이 많다. 사실, 이 문제는 지난 수십 년간 정신분석의 세력다툼에 있어서 첨예한 주제였다. Freud는 처음에 환자를 일주일에 6번 만났으며, 나중에 현실적인 이유로 5번 그리고 이후에 4번으로 줄여나갔다. 주당 6회 면담을 하던 단계에서 "월요일 갑옷"(이전에 보였던 공개수준에 비해 억압이 약간 증가하는 현상을 의미함)이라고 명명한 바 있듯이, Freud는 치료자와의 면담이 없는 하루 사이에 환자의 방어성이 증가한다는 점을 언급하기는 했지만, 회기를 줄인다고 해서 치료의 동력이 현저하게 위축된다고 불만스러워하지는 않았다. 정신분석가를 양성하는 기관 중에는 주당 최소한 2회를 권장하는 곳도 있고, 4회 이상을 주장하는 곳도 있다. 주당 5회의 면담이 4회나 3회의 면담보다 낫다는 것을 보여 주는 연구결과는 없지만, 일반적으로 주당 3회는 2회보다 더 효과적이며 주당 2회는 1회보다 더 효과적이라는 증거는 있다(Sandall et al., 2000).

어느 정도의 치료기간이 적당하고 효과적인가 하는 점 역시 회기빈도와 마찬가지로 아직 정해진 바가 없다. '평균적인' 환자(그런 환자가 존재한다는 의미는 아니다)가 언제 증상으로부터 호전되는지는 아무도 모르지만, 대다수 환자의 경우 2년 정도의 치료를 받으면 증상이 감소할 뿐만 아니라 생활에 잘 적응할 만큼 현저한 호전이 나타난다는 경험적 자료는 있다(Freedman et al., 1999; Howard, Kopta, Krause, & Olinsky, 1986; Howard, Lueger, Maling, & Martinovich, 1993; Howard, Moras, Brill, Martinovich, & Lutz, 1996; Kandera, Lambert, & Andrews, 1996; Lueger, Lutz, & Howard, 2000; Perry, Banon, & Ianni, 1999; Seligman, 1995, 1996). 분석적 치료자가 되려는 대다수의 수련생들은 치료자와 작업동맹을 잘 형성하고 심리치료의 효과를 경험하게 되면, 치료에 오래도록 머물러 있기를 바란다. 이 경우, 그들은 그동안 어떤 문제를 야기하지는 않았지만 환자를 치료하는 과정에서 촉발되고 동요될 수 있는 자신의 여러 측면을 살펴보게 된다.

Frieda Fromm-Reichmann(1950)은 임상적 저술을 통해서 치료자가 분석을 받아야 한다는 점을 다양한 측면에서 강력하게 주장한 바 있다. 그녀의 책은 발간된 지 다소 오래되었고 정신의학 교육을 받은 사람을 대상으로 쓰인 것이지만, 심리치료를 하기 위해 필요한 자질에 관한 Fromm-Reichmann의 주장은 모든 시대에 해당될 수 있는 것이다. 그녀는 개인적 분석을 받아야 하는 네 가지 근거를 제시하고 있다. 첫째, 치료자가 자신을 잘 이해하게 되면 충동적인 행동을 할 가능성이 줄어들며 자신의 역전이 반응을 잘 인식하게 된다(p. 6). 둘째, 개인적 치료는 치료자가 직업 외적인 생활을 안정되고 만족스럽게 하도록 도움으로써, 경청하는 능력을 향상시킬 뿐 아니라 치료자의 자기애적 욕구, 의존적 욕구, 성적인 소망을 만족시키기 위해 환자를 이용하려는 유혹을 감소시킨다(p. 7). 셋째, 효과적인 치료를 통해서 자기존중과 현실적인 자존감을 향상시키게 되면, 임상가는 공격적이고 비하적인 대화내용을 비방어적으로 이해하게 될 뿐만 아니라 공격받는 상황에서 어떻게 자존감을 보존하는지를 내담자에게 보여 줄 수 있게 된다(p. 16). 넷째, 자기 자신의 역동을 잘 이해하게 되면 타인에게서 나타나는 유사한 과정들을 잘 인식할 수 있게 된다(p. 42).

이들은 모두 타당한 이유들이다. 그러나 나는 Fromm-Reichmann이 언급하지 않았으며 그 책에서 특별히 강조되지 않은 몇 가지 이유가 더 있다고 생각한다. 가장 기본적인 것으로서, 치료자는 **환자의 위치가 어떤 것인지**를 실감나게 인식하는 것이 중요하다. Fromm-Reichmann의 책이 발간된 지 수십 년이 지나서야, 자기심리학자들은 치료과정에서 공감이 얼마나 핵심적인 것인지를 설득력 있게 보여 주었다. 환자의 위치에 있는 사람을 공감하는 가장 쉬운 지름길은 그러한 역할을 스스로 경험해 보는 것이다. 내가 처음 분석가의 방에 들어갔을 때, 치료 받는 일을 수치스러워할 필요가 없다는 나의 의식적인 생각에도 불구하고, 나는 분석가의 방에 들어가는 나의 모습을 아무도 보지 않았으면 하고 바라고 있다는 점을 깨닫고 충격을 받았다. 아무리 지적인 상상력이 풍부한 사람이라 하더라도, 도움을 요청하는 사람의 위치에서 느끼게 되는 나약함과 노출의 느낌을 인식하기는 어렵다. 우리는 내담자의 위치에서 느끼게 되는 의존 심리의 속성을 긍정적이고 부정적인 모든 측면에 있어서 대리적으로 인식할 수는 없다. 환자 역할을 해 보는 것은 우리의 핵심적 갈등이 환자가 제시하는 것과 상당히 다르다 할지라도 환자를 공감할 수 있는 최선의 바탕이 된다. 아울러 경멸을 나타내지 않는 최선의 예방책이기도 하다.

마찬가지로 중요한 것은 심리치료의 경험을 통해서 치료가 진행되는 전형을 알게 되는 것인데, 이는 어떤 책에서도 배울 수 없는 것이다. 분석적 기관의 수련생들은 수련과정에서 받은 개인적 분석을 통해서 치료하는 방법을 가장 구체적으로 알게 되었다고 한결같이 말하고 있다(그들은 대부분 슈퍼비전 경험이 두 번째로 유익했고, 강의는 세 번째였다고 이야기한다.). "어떤 것이 나에게 도움을 주었는지 알기 때문에 동일한 상황에서 내가 어떻게 해야 하는지를 알게 되었다."라는 말은 치료를 통해 도움을 받은 치료자들이 흔히 하는 말이다. 또한 이들은 치료를 통해 도움을 받은 자신의 경험을 되새김으로써 치료하는 것에 대한 불안이 감소되었고, 내담자에게 위선적인 일을 하고 있다는 느낌이 줄게 되었으며, Csikszentmihalyi(1990)가 "무아지경(flow)"이라고 부른 상태에 몰입할 수 있게 되었다고 보고하고 있다. 이러한 현상에 대한 깊이 있는 설명에 관심이 있는 독자는 Tessman(2003)의 흥미로운 질적 연구인 『분석가 내면의 분석가(*The Analyst's Analyst Within*)』를 반드시 보기 바란다.

슈퍼바이저, 치료이론, 치료지침서에 제시된 것을 지적으로 이해하고 시행하는 것은 자연스럽게 촉발된 동일시에 근거하여 매순간마다의 임상적 판단을 하는 것과 심리적으로 매우 다른 과정이며 환자에게도 달리 느껴질 것이라고 생각한다. 치료자가 환자와 유사한 상태에 있었던 경험을 떠올리며 깊은 도움이 되었던 점을 기억하는 것은 환자와의 기본적인 신뢰관계를 유지하게 만드는 자연스러운 과정이 된다. 이러한 과정을 통해서 의식적이고 딱딱해질 수 있는 반응이 좀 더 자연스럽고 생동감 있는 것으로 변형된다. 이러한 경우에, 정신분석적 치료는 치료자와 환자 모두에게 머리가 아닌 가슴으로 나누는 대화처럼 느껴지게 된다.

David Ramirez(개인적 교신, 2002년 8월 24일)는 Swarthmore 대학에서 인턴과 상담자를 교육하면서 정신역동적 치료의 주된 도구는 치료자가 사용하는 형식적인 기법이 아니라 치료자의 성격이라고 강조한 바 있다(물론 이러한 말은 치료기술의 훈련이 중요하지 않다는 것을 뜻하는 것은 아니다.). 어떤 도구를 사용하더라도 치료의 진행과정을 치료자가 잘 알고 있을수록, 이를 개개의 과제에 잘 적용할 수 있게 된다. Ramirez는 수련생들이 자신의 내면적 경험을 통해서 다른 사람을 도울 수 있다는 것을 알게 되면서 기뻐하는 경우도 있지만, 이러한 진정한 정신분석적 방식의 치료에는 개인적 책임감이 막중하게 느껴진다는 점에서 고통스러운 면이 있다고 지적하였다. 만약 치료자가 치료의 곤란과 실패를 외적인 기법의 한계로 돌리거나 기법과 내담자의 잘못된 연결로 돌리게 되면, 자기자신을 치료와 성장의 도구로 생각하는 경우보다 치료자는 자존감의 상처를 덜 받게 된다. 치료자는 개인적 치료를 받은 경험이 많을수록 자신을 더 잘 활용할 수 있으며, 치료가 실패하여 자기애의 상처를 입게 될 경우에도 이로부터 더 잘 회복하여 성장할 수 있게 된다.

원활한 심리치료 과정에서 나타나는 치료자와 내담자의 상호작용 리듬을 체득하지 못했다면, 신참 치료자들이 치료과정에서 개입해야 할 시점과 방법을 어떻게 결정하는지 궁금하다. 나는 환자로서 겪게 되는 내면적 체험 없이 치료한다는 것을 상상하기 어렵다. 비록 치료를 통해서 불필요한 고통과 상처를 입게 되는 경우라 할지라도, 우리는 그러한 경험으로부터 중요한 것, 즉 해서는 안 되는 것을 배우게 된다. Casement (1985)는 우리가 선호하는 이론을 그 적절성에 상관없이 치료에 적용하려는 경향성을 경계하기 위해서 치료자가 항상 스스로 내면적인 슈퍼비전을 하는 것이 중요하다고 역설한 바 있는데, 그렇게 하기 위해서 치료자는 경험을 통해 치료과정을 잘 알고 있어야 한다고 주장하였다. 개인적으로 어떤 이론적 성향이나 이념을 선호한다고 말하든 간에, 대부분의 분석가들이 치료실에서 하는 실제적인 행동은 아마도 자신의 분석가에 대한 동일시와 역동일시가 혼합된 것일 것이다.

경멸적 태도를 감소시키는 것과 마찬가지로 중요한 것은, 효과적인 개인 치료나 분석의 경험을 통해서 치료과정의 영향력과 치료의 효능에 대한 깊은 존중심을 갖게 된다는 점이다. 우리는 심리치료가 효과적임을 알고 있다. 이러한 확신은 암묵적으로 내담자에게 전달되는데, 이러한 희망감은 내담자가 심리적 고통을 이겨나가는 중요한 요소가 된다. Sheldon Roth(1987)는 "치료효과에 대한 신념을 통해서 치료자는 불확실성, 회의, 자기의문이 지속되는 치료과정에서도 확신과 희망을 깊이 지니게 된다."고 기술한 바 있다. 특히, 치료 초기에 치료자는 말해야 하는 것과 말해서는 안 되는 것을 판단하기 어려운 여러 가지 상황에 직면하게 되는데, 이때 치료적 변화와 성장에 관한 개인적 경험을 하지 못한 신참 치료자들은 이러한 난처한 상황을 어떻게 헤쳐 나가는지 상상하기 어렵다.

우리는 자신의 치료경험으로부터 무의식의 영향이 얼마나 광범위하고 강력한지를 '깨닫게' 된다. 변화에 저항하는 자신과의 투쟁, 어린 시절의 인지적 · 정서적 경험으로 인해 새로운 경험을 자꾸 과거의 것과 유사한 것으로 해석하려는 방식과의 직면 그리고 치료자에 대한 자신의 미묘한 반응방식을 지켜봐야 하는 두려움의 체험을 통해서 우리는 의미 있는 내면적 변화를 위해서 얼마나 힘든 노력과 오랜 시간이 필요한지를 깊이 인식하게 된다. 이러한 인식을 통해서 우리의 인내심이 증가될 뿐만 아니라 우리가 도움을 줄 수 있다는 점과 환자가 원하는 치료목표에 도달하기 위해서 오랜 시간이 걸린다는 점을 내담자에게 전달하게 된다. 재능 있는 치료자는 치료를 받은 경험이 없더라도 오래 치료를 하다 보면 심리치료가 효과적이라는 것을 알게 된다. 소수의 환자라도 한두 해의 치료경험을 해 본 치료자는 그들의 노력을 통해서 환자가 현저하게 변화된다는 것을 알게 된다. 그러나 개인적 치료를 받은 경험이 있는 치료자는 이러한 점을 좀 더 빨리 그리고 쉽게 인식하게 된다.

Alice Miller(1975)는 정신분석적 치료자가 되려는 사람들이 흔히 자존감의 문제를 지니고 있는데, 이러한 문제는 자신이 본래 치료자로서의 심리적인 재능을 타고 났을 뿐만 아니라 부모의 기분을 달래주는 상담자나 가족치료자의 역할을 해 왔다는 점과 관련되어 있다고 주장한 바 있다. Miller의 주장이 옳다면, 이들은 다른 사람의 기분을 달래주는 역할만 하기보다 자신의 감정을 잘 이해할 수 있는 기회를 갖는 것이 필요하다. 그녀의 책 『재능 있는 아이의 드라마(*The Drama of the Gifted Child*)』가 심리치료자들에게 급속하게 대단한 인기를 얻고 있는 점을 보면, 치료자가 되려는 사람들의 개인적인 과거사와 관련된 중요한 측면을 그녀가 언급하고 있는 것 같다. 실제로 나의 모든 동료들은 그녀가 이야기하는 것과 같은 경험이 있다고 말했다. 이러한 관찰내용을 치료자의 치료에 관한 문제에 적용한 Miller(1979)의 논문은 그녀의 주장에 자신이 해당된다고 공감하는 치료자에게 흥미로울 것이다.

마지막으로, 치료를 통해서 점점 더 심리적으로 솔직해지고 자유롭게 표현하는 경험을 하게 되면, 거부의 두려움을 지니거나 충동적 표출을 하지 않고 감정상태를 잘 조절하는 능력이 향상된다. 치료적 관계, 즉 어린 시절에 경험한 관계가 아니라 성인으로서 현재 경험하고 있는 관계를 통해서, 인간은 정서적 경험을 느끼고 표현하며 조절할 수 있게 된다는 점이 애착 연구를 통해서 입증되고 있다(Fonagy et al., 2002; Tyson, 1996). 정신건강에 있어서 정서조절능력이 중요하다는 점을 지적하는 임상가와 연구자가 늘어나고 있다(Ablon, Brown, Khantzian, & Mack, 1993; Kantrowitz, Paolitto, Sashin, Solomon, & Katz, 1986; Krystal, 1997). 치료자로서, 우리는 솔직함을 유지하는 동시에 환자의 얼굴표정, 목소리, 신체언어에 의해 촉발되는 "투쟁 또는 회피" 반응—우리의 편도체(amygdala)에 저장된 고통스러운 내현적 기억을 반복적으로 활성화시키는 현상—을 자제하는 한편 강렬하고 해로운 감정들을 지속적으로 접하며 소화해야 한다(참고: Coen, 2002). 치료자를 위한 치료의 문제에 관한 경험적 연구를 살펴보려면, Norcross, Strausser-Kirtland와 Misser(1988)의 논문과 Norcross, Geller와 Kurazawa(2000)의 논문을 참고하기 바란다.

Jung(1916)은 "초월적 기능(transcendent function)," 즉 어떤 행위나 방어를 해야 하는 심리적 압박감을 느낄 때 자신의 주관적 경험을 열린 마음으로 지켜보는 능력에 관해 기술한 바 있다. "가능성의 공간(potential space)"이나 "놀이 공간(play space)"이라는 Winnicott의 개념(Ogden, 1985, 1986; Winnicott, 1971)은 감정이 충동으로 전환되는 것을 억제할 뿐만 아니라 치료 상황에서 투사되고 내면화된 것을 견디면서 창조적인 변환적 경험이 일어날 수 있게 하는 이러한 후천적 능력을 달리 표현한 것이다. Bion은 내담자의 감정을 "담아놓는 그릇(container)"의 역할을 하는 것이 치료자라고 말했다. 감정상태가 잘 정리되지 못한 채로 너무 강렬하거나 해리되어 있는 사람들이 감정을 수용해 담아둘 수 있도록 하는 능력은 성공적인 치료의 주된 요인이라고 할 수 있다. 개인적 치료나 분석은 이러한 역할을 할 수 있는 능력을 키워준다.

교육적이고 직업적인 목표를 위해 분석경험이 필요하다는 의식적인 믿음에서 그러한 경험을 하게 된 많은 사람들과 마찬가지로, 나는 분석경험을 통해서 나의 인생이 놀라울 만큼 현격하게 긍정적으로 변화되었다는 것을 깨닫게 되었다. Julia Kristeva는 『뉴욕 타임즈』(Riding, 2001)와의 인터뷰에서 다음과 같이 비슷한 경험을 이야기한 바 있다: "나는 분석기술을 익히기 위한 직업적인 이유로 정신분석을 받게 되었다……. 그러나 일단 장의자에 눕게 되면, 당신 역시 도움이 필요한 사람이라는 것을 곧 알게 된다. 나는 나 자신에 관한 많은 것을 알게 되었다. 분석경험이 문학, 철학, 심지어 현대 사회의 이해에 관한 나의 활동에 많은 도움이 되었지만, 결과적으로 나는 치유가 반드시 필요했던 사람이라는 것을 깨닫게 되었다."(p. B9) 겸손함을 배우는 동시에 치료과정을 이해하는 이러한 경험은 어떤 다른 방식으로도 얻기 어려운 것이다.

치료를 위한 다른 기초소양들

마지막으로, 나는 Freud(1926)에 의해 처음 제기되었고 이후에 다른 학자들(예: Chessick, 1969; Sharpe, 1930)에 의해 반복적으로 제기된 주장, 즉 치료자는 문학, 신화, 예술, 인문학, 과학 그리고 사회과학을 가능한 한 넓게 섭렵하는 것이 필요하다는 주장을 강조하고자 한다. "세 학문분야"(의학, 학문적 심리학, 사회사업학)의 한 영역에서만 좁게 교육을 받는다면, 위대한 철학자, 신학자, 예술가, 저술가들이 여러 세기 동안 고심해 온 의미, 감정, 의지, 관계, 자유, 정의 및 한계에 관한 심오한 주제를 깊이 공부하기 어려울 것이다. Thomas Ogden(2001)은 인간의 고통을 깊이 이해하고자 할 때 정신분석적 문헌과 마찬가지로 시(詩)를 자주 읽는다고 매우 진지하게 이야기한 바 있다. 다른 분야를 깊이 공부한 후에 이 분야로 옮겨 온 창의적인 심리치료자 중에는 Anna Freud(교육학), Robert Waelder(물리학), Erik Erikson(예술), Hans Sachs(법학), D. W. Winnicott(아동의학), John Bowlby(인류학), Stephen Mitchell(철학)이 있으며, 다른 치료적 입장을 지닌 사람 중에서는 B. F. Skinner(문학)와 Carl Rogers(신학)가 있다. 나의 호주인 동료인 Jan Resnick(개인적 교신, 2002년 12월 30일)은 철학을 공부했던 과거경험이 "성찰의 가치, 진리의 추구, 탐구의 중요성, 독단적 의견의 경계, '상위 관점,' 즉 나의 관점(태도, 성향, 환자를 보는 방식)을 다른 관점에서 바라보려는 정신적 자세"에 도움이 되었다고 말한 바 있다.

치료자가 되려는 사람이 인문학의 핵심이라고 간주되는 무게 있는 주제에 대해서 깊이 생각해 보아야 할 필요를 느끼지 못하더라도, 그러한 주제에 깊이 몰두해 있는 환자를 조만간 만나게 될 것이다. 이러한 내담자들은 치료시간 내내 영화, 책, 음악에 대한 그들의 관심사를 이야기할 것이다. 좋은 치료자가 되기 위해서 만물박사가 될 필요는 없지만, 우리가 이해하려고 하는 내담자에게 열의와 활력을 주고 있는 영역에 대해서 약간의 이해를 하고 있는 것은 도움이 된다. 스포츠, 사업, 투자 그리고 인간이 흔히 열정을 느끼는 영역에 대해 기본적인 지식을 지니는 것도 마찬가지로 필요하다.

치료자에게 있어서 인간이 중요하게 추구하는 것에 대한 지식은 어떤 것이라도 궁극적으로 도움이 된다. 이러한 심리치료 분야에 종사함으로써 얻게 되는 매우 유익한 부수적인 혜택의 하나는 내담자들을 열광시키는 영역에 대한 지식을 접할 수 있다는 것이다.

또한 폭넓은 인생경험뿐만 아니라 나이, 직업, 종교, 인종, 문화, 사회경제적 수준, 성적 욕구에 있어서 다양한 사람들과 만나본 경험도 도움이 된다. 평화봉사단에 참여했던 경험, 여름캠프에서 일해 본 경험, 다른 문화에 대한 깊은 체험은 환자병동에서 일해 본 경험만큼이나 심리치료자가 되기 위한 좋은 준비작업이 될 수 있다. 대부분의 치료자들은 다양하게 표출되는 인간의 본성에 대해서 대단한 호기심을 지니고 있는데, 이러한 호기심은 이 분야를 선택하게 만든 기질적 요인의 하나다. 치료자가 다양하고 이질적인 사람들을 접해 본 경험이 많을수록 특이한 환자를 만났을 때 그들을 더 잘 이해할 수 있을 것이다.

지배적인 다수자의 행동방식과 신념에 대해서 불편한 감정을 느끼며 주변적인 삶을 살아온 사회적 소수자 출신의 치료자들은 이 분야에서 이점을 지니게 된다. 분열성 성향이나 수줍음의 기질을 지닌 사람들도 마찬가지다. 주변 사람들과 다르다는 것은 치료자의 필수적 자질, 즉 근본적인 인간문제에 대해 깊이 성찰하는 습관을 길러 준다. 게다가, 국외자처럼 느껴 본 경험은 많은 환자들이 말하는 "아무 데에도 속할 수 없다."는 만성적인 소외감을 공감할 수 있는 좋은 바탕이 될 수 있다. Abraham Lincoln이 동성애적 감정 때문에 고민했었다는 최근의 증거(Katz, 2001)는 그가 버림받은 사람과 노예들의 경험과 동일시하고 그들을 웅변적으로 대변할 수 있었던 놀라운 능력을 이해할 수 있게 한다.

다른 분야와 마찬가지로 이 분야에서도, 치료자의 개인적 고통은 궁극적으로 그의 치료를 깊이 있게 만든다. 사실, 심리치료는 가장 고통스러운 불행이 직업적 강점으로 활용될 수 있는 몇 안 되는 직업 중의 하나이다. Sheldon Roth(1987, p. 7)가 "1900년대 중반에 보스턴에서 수련을 받았던 치료자 세대에게 모범이 되었던 헌신적이고 공감적인 치료자"라고 지칭한 Elvin Semrad는 "슬픔의 인생, 즉 여러 사람들이 나에게 슬픔을 겪어 보고 이겨내라고 주었던 기회"가 환자의 강렬한 고통스러운 감정을 견뎌 주는 그의 유명한 능력의 원천이었다고 말한 바 있다(Semrad, 1980, p. 206). 다행스럽게도, 치료하는 행위 자체가 치유적일 수 있다. 좋은 교사는 학생들로부터 많은 것을 배운다고 말하듯이, 대부분의 분석적 치료자들은 환자로부터 많은 도움을 받는다고 말한다. 민족적, 종족적, 문화적, 종교적, 성적인 소수자 출신의 심리치료자들은 심리치료를 함으로써 그들이 아동기와 청소년기를 보낸 '비정상적인' 상황에서 접할 수 없었던 어떤 '정상적인' 심리가 있다는 잘못된 생각을 버릴 수 있게 된다. 인간의 다양한 모습이 모두 정상이라는 점을 이해하기 위해서 임상적 치료만큼 효과적인 것은 없다.

Heinz Kohut(1968)은 한 친구의 14살짜리 아들이 정신분석가가 되고자 한다는 것을 알고 그 소년에게 그러한 직업을 위해서 어떤 준비를 해야 하는지 Anna Freud에게 편지를 써서 물어보라고 권유한 적이 있다. 다음은 그 소년이 Anna Freud로부터 받은 회신의 일부인데, 나는 그 내용이 마음에 들 뿐만 아니라 내가 동의하는 내용이라서 인용하고자 한다.

> 만약 네가 진정한 정신분석가가 되고자 한다면, 너는 개인적 진실과 과학적 진실을 포함해서 진실을 지극히 사랑해야 한다. 그리고 네 마음에 들지 않는 사실을 알게 되면서 아무리 괴로움을 느끼게 되더라도 진실을 인정해야 한다. 그러한 진실이 외부세계에 대한 것이든 네 자신의 내면적 세계에 관한 것이든 마찬가지다.
>
> 나아가서, 내 생각에 정신분석가는 사회학, 종교학, 문학과 역사학에 관한 사실들에 관심을 지녀야 한다. 그렇지 않으면 환자를 이해하는 시각이 너무 편협해질 수 있다.
>
> 너는 책을 많이 읽어야 하며, 많은 나라와 문화에 관한 책들을 자주 접해야 한다. 위대한 저술가들 중에는 정신의학자나 심리학자들 못지않게 인간의 본성에 관해 많은 것을 알고 있는 사람들이 있다는 것을 알게 될 것이다(p. 553).[1]

1) 나는 이 편지의 존재를 알게 해 준 Mary Lorton(개인적 교신, 2002년 9월 28일)에게 감사드린다.

결 어

치료자가 다방면의 지식을 겸비하는 것이 중요하다는 점을 논의했지만, 내가 이 장을 시작하면서 언급했던 주제, 즉 치료자가 어떤 한계를 지니고 있든 간에 신참 치료자는 치료를 할 수 있는 체험적 바탕이 있어야 한다는 주제로 다시 돌아가고자 한다. 사람들은 다른 점보다는 같은 점을 훨씬 더 많이 지니고 있다. 환자가 치료자보다 서른 살이나 연상이거나, 초등학교 교육밖에 받지 못했거나, 인종차별주의자나 성차별주의자나 동성애혐오자로부터 상처를 입었거나, 기이한 성적인 행위를 하거나, 특이한 종교집단에 속해 있는 경우, 이러한 환자와 만나는 것은 두려운 일이지만 심리적 고통을 겪고 있다는 점에서 모든 환자는 동일하다. 치료자가 환자를 존중하는 태도로 대하고, 실수를 인정하며, 성실하게 행동하고, 슈퍼비전을 잘 활용한다면 아무리 젊고 경험이 부족한 치료자라 하더라도 대부분의 사람들에게 도움을 줄 수 있다.

치료경험이 많은 치료자이든 적은 치료자이든 일견 공통점이 전혀 없는 듯한 다양한 환자에게 도움을 줄 수 있을 뿐만 아니라, 정신분석적 치료자들은 정신병적 상태, 중독증, 복합적인 외상 후 증후군, 경계선 성격구조, 심한 성격장애와 같이 매우 어렵고 때로는 혐오적인 문제를 지닌 사람들에게도 도움을 줄 수 있다. 이러한 모든 문제에 관한 지혜가 심층적 심리치료의 오랜 전통 속에 축적되어 있다. 어려운 환자들을 치료하며 고전하는 대다수의 치료자들은 슈퍼바이저, 조언자 또는 책을 통해서 그러한 환자들로 인해 겪고 있는 무능감과 불안의 혼란스러움을 한 줄기 빛과 같이 명료하게 정리해 주는 도움을 얻을 수 있었다. 심리치료 수련과정의 응시자들이 "사람을 돕고 싶어서" 치료자가 되려 한다고 말하는 것은 상투적인 표현이지만, 대다수의 상투적 표현이 그러하듯이, 그것은 사실이다. 치료자가 도움을 주고자 하는 진정한 바람을 지니고 있다면, 내담자는 이 점을 느낄 것이고 치료에 성실하게 응할 것이다. 치료자가 항상 도움을 줄 수 있다는 것은 비현실적인 몽상이지만, 심리치료의 필수조건은 도움을 주고자 노력하는 치료자의 태도이다.

제4장

내담자를 준비시키기

> 치료를 통해 할 수 없는 일 중의 하나는 치료과정을 참고 견딜 수 있는 능력을 배양하는 일이다.
>
> – Michael Eigen(1992, p. xiv)

환자와 치료자가 편안하게 협동하는 느낌을 갖는 것이 효과적인 치료를 위해 필수적이라는 점이 심리치료에 관한 실증적인 연구에서 일관성 있게 밝혀졌다(Gaston, Marmar, Gallagher, & Thompson, 1991; Hovarth & Symonds, 1991; Safran & Muran, 2000; Weinberger, 1995). 이러한 연구들이 이루어지기 전에도, 치료경험을 통해 이와 같은 현상을 인식하게 된 정신분석가들은 치료의 이러한 측면에 깊은 관심을 기울여 왔다. 1915년에, Freud는 환자가 다른 권위적 인물과의 긍정적인 경험을 통해서 치료자에 대해 적절한 신뢰감을 지니는 것이 좋은 치료적 성과를 거두기 위한 필수조건이라고 지적한 바 있다. 그는 이러한 현상을 "순종적인 긍정적 전이(unobjectionable positive transference)"라고 명명하면서, 치료에 핵심적인 이러한 협동적 태도가 심리치료 과정에서 흔히 표면적으로 나타나는 다른 전이와 다르다는 점을 암시하고 있다.

전이는 행동주의자들이 자극 일반화라고 부르는 것을 Freud식으로 표현한 용어라고 볼 수 있다. 즉, 우리는 새로운 권위적 인물을 대할 때 과거의 권위적 인물로부터 경험한 것에 근거하여 그가 어떤 사람일지를 예상한다. Freud는 순종적인 긍정적 전이(권위적 인물에 대한 긍정적 경험에 근거한 치료자에 대한 신뢰)를 부정적 전이(고통스러운 경험에 근거하여 치료자로부터 오해를 당하고 피해를 입을 것이라는 기대)나 낭만적 환상과 유아적 이상화와 같이 문제성 있는 긍정적 전이와 구별하였다. 부정적 전이와 비현실적인 긍정적 전이는 모두 치료적 목표를 향해 나아가는 데 방해가 되며 따라서 새로운 변화에 대한 '저항' 으로 간주될 수 있다.

정신분석적 기법에 관해 깊이 있는 글을 쓴 사람들은 대부분 이러한 치료적 관계를 은밀하게 형성하는 일을 강조해 왔다. 즉, 치료과정의 공동운영자라는 인식이 중요하며, 이러한 인식이 없으면 치료자의 능력이 발휘되기 어렵다. 예를 들어, Fenichel(1941)은 '합리적 전이(rational transference)' 의 치료적 중요성을 언급했으며, Nacht(1958)는 환자가 분석가를 지지적 '존재' 로 지각하는 것이 중요하다는 점을 강조했다. 19세기 중반에 '치료동맹' 과 '작업동맹' 이라는 용어가 각각 Zetzel(1956)과 Greenson(1967)에 의해 도입되었는데, 이러한 용어들은 치료자가 협동적 노력의 중요성을 인식하고 필요한 경우에는 이러한 인식을 강화하는 것이 필요함을 강조하기 위한 것이다. '정신병리에 대항하기 위해서 동맹을 맺은 두 전투원' 이라는 의미를 지니고 있는 Greenson의 용어는 정신분석적 상상력을 보여 주고 있다. 1913년에 Freud가 처음 사용한 '라포(rapport)' 는 덜 전투적인 용어지만 역시 심리치료의 이러한 측면을 지칭하기 위한 것이다. 가장 최근에, Meissner(1996)는 이 개념에 관해서 철저한 학술적 연구를 한 바 있다. 그는 치료적 동맹이 전이나 역전이와는 개념적으로 구별되어야 하는 치료적 관계의 한 측면이라고 주장했다. 그러한 주장에 대한 반대의견도 있지만, 나는 그의 주장에 동의하고 있다.

사람들이 도움을 얻기 위해 찾아가는 치료자들은 다양한 태도와 배경을 지니고 있을 뿐만 아니라 그들이 지닌 것과 같은 문제를 치료한—독자적 노력이든 다른 전문가와의 공동노력이든—과거경험도 다양하다. 첫 면담을 할 때, 내담자들은 강렬한 정서상태(굴욕적인 수치심, 마비시킬 듯한 공포, 무서운 적대감, 절박한 심정)에 있거나 자신감이 저하된 침울한 상태에 있을 수 있다. 심리치료에 대해 긍정적인 생각을 지니는 가족과 사회적 집단에 속하는 사람들은 의욕적인 기대를 지니는 경우부터 오만한 특권의식을 지니는 경우까지 다양한 태도를 지니고 온다. 다른 사람들(친구, 친척, 의사, 고용주, 법원)에 의해 치료가 의뢰된 사람들은 방어적이고 경계하는 태도를 지니기도 하고, 겉으로는 순종적인 모습을 보이지만 속으로는 강한 저항감을 느끼고 있을 수도 있다. 대다수의 청소년을 비롯하여 일부 내담자들은 자신에 관해 말을 잘 하지 않을 수도 있다. 따라서 작업동맹을 형성하는 일은 간단한 획일적인 기법으로 이루어지기 어렵다. 치료자는 내담자가 말을 하도록 유도하고 정신역동적 치료에 대한 희망적 기대를 갖도록 하기 위해서 공감, 지적 능력, 직관, 재치를 활용해야 할 뿐만 아니라 다양한 성격과 상황을 이해할 수 있어야 한다. 그러나 구조화된 임상적 훈련을 통해서 작업동맹을 형성하는 능력이 향상된다는 경험적 증거들도 제기되고 있다(Hilsenroth, Ackerman, Clemence, Strassle, & Handler, 2002).

내가 보기에 신참 치료자들이 가장 흔히 범하는 실수는 치료적 동맹을 먼저 확고하게 형성하지 않고 '치료하려는' 것이다. 초심자들은 치료자가 특정한 방식으로 행동하거나 특정한 주제에 초점을 맞추는 이유를 내담자가 이해하고 받아들일 수 있게 해놓지 않은 상태에서 치료기법을 적용하려는 경향이 있다. 초심자들이 그렇게 하는 이유는 내담자가 치료자의 좋은 의도를 직관적으로 이해할 것이라고 생각하거나, 깊이 있는 치료를 하기 위한 지나친 열의로 서두르거나, 내담자에게 치료과정을 어떻게 설명해야 하는지에 관해 슈퍼비전을 받지 않았기 때문일 수 있다. 예를 들어, 정신역동적 치료에서는 내담자가 치료자에 대해 어떻게 느끼고 있으며 치료자의 감정상태를 어떻게 상상하고 있는지 꾸준히 탐색하는 것이 중요하다. 분석적 치료자들이 이러한 측면을 탐색하는 이유는 투사가 인간관계에 얼마나 많은 영향을 미치는지 잘 알고 있으며 어떤 과거경험이나 내면적 상태가 투사되고 있는지를 이해하기 위함이다. 만약 치료자가 내담자에게 "나에 대해서 어떤 느낌을 지니고 있나요?"라거나 "당신이 말한 것에 관해서 내가 어떻게 느낄 거라고 생각하나요?"라는 질문을 할 경우, 그렇게 묻는 이유를 이해하지 못하는 내담자는 치료자가 칭찬받거나 인정받기 위해서 묻는 것이라고 나름대로 생각할 수 있다. 대부분의 사람들은 그러한 자기애적 질문에 잘 대답하지 않는 경향이 있으며 그러한 질문의 정확한 이유를 이해하지 못한다. 그러나 그러한 질문을 하는 이유를 알게 된다면, 대부분의 사람들은 이러한 질문의 중요성을 재빨리 인식하게 된다.

심리치료는 독특한 유형의 대화이다. 심리치료는 사교적인 대화가 아니고, 분명한 조언을 해 주는 전문가를 만나는 것도 아니며, 교사나 조언자나 영적인 지도자와 함께 공부를 하는 것도 아니다. 환자들은 치료가 어떤 것인지를 이해할 수 있는 과거경험을 지니지 않는 경우가 많다. 특히, 그들이 도움을 청하러 올 때 무력감이나 분노를 느끼고 있거나 사생활이 드러난다고 느끼고 있다면, 치료자가 하는 행동을 다양한 방식으로 곡해하기 쉽다. 과거에 치료받은 경험이 있거나 심리치료에 대해 잘 알고 있는 가족과 집단에서 성장한 지적인 내담자들은 자신의 질문에 치료자가 질문으로 응답하거나, 치료자가 자신의 사적인 정보를 말하지 않으려 하거나, 꿈에 관해서 묻거나, 내담자에게 감정을 표현하도록 촉구하거나, 치료자에 대한 환자의 느낌에 관해 묻거나, 내담자가 호소하는 문제와 관련성이 없는 듯한 성생활에 관해 탐색하는 이유를 곧바로 이해하게 된다. 그러나 대다수 내담자의 경우에는 이러한 독특한 치료과정에 대해서 분명한 설명을 해 주거나 이러한 과정에 친숙해지도록 도와줄 필요가 있다.

심리치료에 관한 대다수의 입문서들은 어떻게 치료에 임하는 것이 유익한지를 환자에게 알려주는 문제에 관해서 자세한 설명을 하고 있지 않다. (1967년에 발간된 정신분석에 관한 Ralph Greenson의 책이 꾸준한 인기를 얻고 있는 이유는 이런 점에서 예외이기 때문일 것이다.) 그러나 일부 저자들은 대부분의 환자들이 치료의 협동적 속성에 관해서 이미 잘 알고 있는 상태에서 치료자를 찾아온다고 생각하는 듯하다. 아니면 일단 치료가 진행되면 내담자들이 치료의 협동적 속성과 장점을 저절로 알게 될 것이라고 생각하는 것인지 모르겠다. 아마도 이러한 생각은 정신분석이 유행하던 소위 '전성기' 에는 타당한 기대였을지 모른다. 이 시기에는 Eissler(1953)의 "기본적인 모범적 기법" 이 상당히 표준적인 것이었기 때문에 서구문화, 특히 미국의 경우 대부분의 지식인들은 정신분석적 치료에서 어떤 일이 일어나는지를 잘 알고 있었다. Freud식의 치료방법에 대한 수많은 만화, 농담, 언론매체를 통한 소개, 그 밖의 여러 문헌들은 이러한 인식의 보편성을 잘 보여 주고 있다. 그러나 요즘에는 엄청나게 다양한 치료방법이 공인되어 있으며, 심지어 정신분석적 입장에도 상당히 다양한 치료방식이 존재하고 있다. 내담자들이 정신건강 전문가와의 치료과정에서 어떤 일이 일어나는지를 잘 알고 있을 것이라고 기대할 수 없게 되었다. 그들이 과거에 치료경험이 있다 하더라도(특히, 건강관리기관에서 치료라고 부르는 간단한 도움을 받았다면), 모호하거나 부정확하거나 비현실적인 기대를 지니고 있을 가능성이 높다. 이러한 이유 때문에, 나는 협동적 관계 속에서 환자가 자신의 역할을 잘 수행할 수 있도록 환자를 준비시키는 방법에 관해 한 장을 할애하고 있는 것이다. 나는 안전과 교육이라는 제목으로 이와 관련된 주제들을 설명하고자 한다.

안전감의 구축

Aristotle(번역본, 1997)은 "기본적인 삶"이 "행복한 삶"의 전제조건이라고 말한 바 있다. Sullivan(예: 1953)이 이러한 점을 일찍부터 주목한 바 있듯이, 인간은 다른 욕구보다도 먼저 안전에 대한 욕구가 충족되어야 한다. 기본적인 안전감을 당연한 것으로 여겼던 Freud(Breger, 2000)는 안전의 주제보다 만족의 주제(욕구를 충족시킬 수 있는 적절한 방법을 가로막는 죄의식을 감소시킴으로써 추동 발산의 방법을 발견하는 일)를 훨씬 더 중요시했지만, 심리치료를 받는 대부분의 환자에게 있어서 안전의 문제는 최우선적인 관심사이다. 다음의 절에서 나는 신체적 · 심리적 안전의 문제를 설명할 것이다.

신체적 안전

신체적 안전은 대부분의 내담자에게 있어서 주된 관심사가 아니지만, 이러한 점을 중요하게 생각하는 내담자의 경우에는 시급하고 일차적인 문제가 된다. 신체적 위험 상태에 있거나 기본적인 안전감에 위협을 느끼고 있는 사람에게 최소한의 안전을 확보해 주지 않고는 심리적인 도움을 줄 수 없다. 자신이 분열되고 파괴될지 모른다는 불안에 집착하고 있는 정신병 환자(참고: Atwood, Orange, & Stolorow, 2002; Hurvich, 1989)의 경우, 치료자는 치료자에 의해 해를 입을지 모른다는 그들의 공포를 잘 인식하고 있다는 점을 알려주어야 한다(참고: Fromm-Reichmann, 1952; Karon & VandenBos, 1981). 심지어 약물치료를 잘 받고 있는 정신병 환자들도 그러한 공포를 지니는 경우가 있다. Bertram Karon(개인적 교신, 2002년 8월 23일)은 위축되어 있는 정신분열증 환자에게 "나는 당신을 죽이지 않을 것이며 다른 사람이 당신을 죽이도록 허용하지도 않을 것이라는 점을 당신이 잘 알았으면 합니다."라고 말하면서 면담을 시작한다고 한다. 겁에 질려 있는 내담자의 경우에는, 그가 공격당할지 모른다는 공포를 갖지 않도록 치료자가 어떻게 행동해 주기(멀리 떨어져 앉는 것, 쳐다보지 않는 것, 방문을 열어 두는 것, 기록을 하지 않는 것 등)를 원하는지 묻는 것도 도움이 될 수 있다. 정신병 환자가 안전함을 느끼고 편안하게 말을 할 수 있는 조건이 무엇인지를 배려하기 위해 상의하는 데에는 여러 주, 여러 달, 심지어 여러 해가 걸릴 수도 있다. 이러한 대화는 우리가 소위 치료라고 여기는 협동적인 자기탐색 과정의 준비일 수 있지만, 어떤 점에서는 그러한 대화가 바로 치료다. 치료적 동맹을 위반한 일에 대해 논의하는 것이 그러한 동맹을 강화하듯이(Safran, 1993), 안전에 관해 상의하는 것은 안전한 분위기를 증진시킨다. 환자가 안전감을 느끼게 되는 것은 중요한 치료적 성과이다. 부모나 다른 양육자로부터 그들의 독특함에 대해 제대로 보살핌을 받지 못했던 정신병적인 내담자의 경우, 권위적 인물이 자신의 개인적 욕구를 존중해 주고 있다는 것을 아는 것은 불안에서 벗어나는 뜻밖의 사건이 될 수 있다. 심한 외상을 경험한 환자들은 외상적 기억과 현재 상황을 구분하지 못하는 일시적인 해리상태에 빠져 있을 수 있는데, 이러한 상의를 함으로써 작업동맹을 형성하는 데에 커다란 도움을 받을 수 있다. 결과적으로, 때로는 몇 년이 걸리기도 하지만, 환자들은 치료자의 방을 안전지역으로 경험하게 될 것이다. 매우 심하게 혼란스러운 환자의 경우에도 마찬가지이다. 치료가 난관에 봉착했거나 이상한 방향으로 진행되고 있다고 느껴질 때, 치료자는 안전감을 느끼는 관계를 복구하는 일에 각별한 관심을 가지고 작업동맹을 다시 구축함으로써 치료자와 환자 모두가 올바른 궤도로 복귀할 수 있을 것이다. 안전감은 치료자와 환자 중 한 사람 또는 모두에게 있어서 치료과정이 진전되지 않거나 효과적이지 않다고 느껴질 때 탐색해 보아야 할 중요한 주제이다.

자살시도의 위험을 지닌 심한 우울증 환자의 경우, 그들의 안전을 위해서 권위적 태도로 개입하는 것이 중요하다. 환자가 자살 행동을 할 가능성이 높다면, 치료자는 환자를 입원시키거나 후속조치에 관해 솔직한 논의를 해야 한다. 치료자와 항상 연락할 수 있도록 하는 것만으로는 충분하지 않은데, 여러 가지 이유에서 그러하다. 그 한 가지 이유는 치료자가 연락이 일시적으로 불가능한 상태에 있을 수 있기 때문이다. 자살하고 싶은 마음이 생겼을 때 치료자에게 전화를 하라고 한 경우에, 이러한 상황이 발생하면 환자는 치료자의 약속 불이행에 심하게 실망하고 자살을 할 수 있다. 다른 이유는 치료자가 자신을 전화상의 구원자로서 제시하는 것이 이상화를 유발할 수 있다는 점이다. 이러한 이상화로 인해 환자는 (자신감 있고 관대한 치료자와 비교하여) 자신을 더 무기력하고 결함이 많은 사람으로 느끼게 되어 자살하고 싶은 생각이 증가될 수 있기 때문이다. 마지막으로, 그러한 대처방법은 심리적으로 너무 부담스러운 것이어서 치료자가 분노를 느낄 수 있다. 분노를 느끼게 하는 사람에게 진정한 도움을 주기는 어렵다. 위기상태를 도와주는 봉사기관이 선한 의도를 지닌 치료자보다 훨씬 더 좋은 안전망이 될 수 있다. 치료자가 환자의 입원이 필요하다고 믿는다면, 입원 권유를 주저해서는 안 된다. 만약 환자가 제한적 보험에 가입해 있는데 보험사 직원이 입원치료를 허용하지 않는다면, 치료자는 보험사 직원에게 "당신이, 전문가의 충고를 무시하고, 자살 가능성이 높은 환자의 입원을 거부했다고 나의 환자기록에 남기겠다."고 언성을 높여서라도 환자를 적극적으로 보호해야 한다.

심각한 체중미달 상태인 식욕부진증 환자, 심각한 자해행동을 하는 내담자, 마약을 과잉복용할 위험이 있는 중독자, 술을 마시고 운전을 하는 알코올 중독자, 모르는 사람과 위험한 성행위를 하려는 사람과 같이 생명이 위협받을 수 있는 시급한 문제를 지닌 사람에게도 유사한 조치가 취해져야 한다. 치료자는 심각한 식욕부진증 환자를 체중이 회복될 때까지 입원시키는 일과 같이 치료 외적인 조치를 취해야 하는 경우도 있고, 내담자에게 위험한 성적 행동을 조심하라고 강력하게 요청하는 경우처럼 치료를 계속하면서 자기파괴성을 다루기만 하는 경우도 있다. 위험한 행동을 하는 환자에 대한 치료적 작업의 첫 단계는 그들이 살아있도록 만드는 것이다. 경험이 많은 치료자들은 그러한 환자에게 방문치료를 허락하기 전에 알코올 중독자 자조모임에 참여하고 일정한 기간 술을 마시지 않는 일과 같이 구체적인 노력을 하도록 요구하기도 한다. 자해행동을 하는 환자를 치료하는 경우에는, 환자가 생명을 위협하는 행동을 줄일 수 있을 때까지 다른 주제를 다룰 수 없다는 전제하에 치료를 시작하는 치료자들도 있다(참고: Isaacson, 1991; Levin, 1987; Richards, 1993; Washton, 1995, 2004).

나의 경험에 따르면, "안전을 위한 계약," 즉 자살하려는 환자에게 치료조건으로 자살하지 않겠다는 약속을 하게 하는 것은 그다지 효과적이지 않다. 그러한 계약은 치료기관에서 책임을 면하고 치료자의 불안을 감소시키기 위해 흔히 권장되지만, 실제적인 안전을 확보하는 데는 거의 도움이 되지 않는다. 치료자의 책임을 감소시키는 일이 오늘날과 같이 법이 중요한 시대에는 필요한 조치라고 할 수 있다. 그러나 자살하려는 사람들의 진술에 따르면, 자살하지 않겠다는 동의서에 서명하라는 요구에 따르기는 하지만 여전히 자살할 수도 있다고 생각한다고 한다. 자살하지 않고 살아야겠다는 마음은 심리적 고통이 너무 심할 때 그로부터 벗어날 수 있는 탈출구가 있느냐는 인식에 달려 있다고 한다. 정직함에 바탕을 두고 있는 정신역동적 치료에서 위기관리를 위해 환자에게 거짓된 약속을 요구하기보다, 치료자는 환자가 그러한 약속을 거부하는 것을 인내할 수 있어야 한다. 그럴 수 없다면, 치료자는 환자에게 치료를 받기 위해서 거짓말을 해도 된다는 잘못된 인식을 심어 줌으로써 심리치료에서 가장 중요한 점을 훼손하고 있는 셈이다. 특히, 환자가 자살의도를 포기하겠다고 약속하려 하지 않는다면, 치료자는 현재의 자살위험성을 지속적으로 철저하게 살펴보아야 하며 자살 가능성이 높은 경우에는 입원을 고려해야 한다.

이와 더불어, 내담자를 살리기 위해 치료자가 솔직함을 유지하며 할 수 있는 일들이 많이 있다. 경험 많은 치료자들은 자살위험성이 있는 내담자의 안전을 위해 도울 수 있는 사람이나 기관에 대해 이야기를 나누기도 한다. 내담자들은 강렬한 감정을 느낄 때 전화를 하거나 찾아갈 수 있는 친구들, 자살충동으로부터 주의를 돌리게 하는 활동들, 언제나 도움을 받을 수 있는 위기대처 서비스나 전화상담에 관해서 이야기를 나누는 것에는 잘 응한다. 환자가 위기상담기관의 전화번호를 일종의 전이대상, 즉 지지적 존재인 치료자의 대체물로서 지니고 다니는 경우도 있다(Winnicott, 1953). 자살의 위험성을 진지하게 고려하고 그러한 위험의 예방법에 대해 솔직하고 설득력 있게 이야기하는 것은 작업동맹을 강화할 뿐만 아니라 내담자에게 충분히 이해받는다는 느낌을 주게 된다.

치료자가 환자의 성격과 장애에 대해 어떤 진단적 인상을 갖느냐에 따라 자살위험성의 평가가 크게 달라진다. 양극성 장애나 주요 우울증을 지닌 환자가 자살충동을 이야기할 때는 치료자가 자살위험성을 높게 평가하지만, 경계선 성격을 지닌 환자의 경우에는 주의와 관심을 끌기 위해 자살하겠다고 위협하는 것으로 여겨질 수 있다. 경계선 환자들은 중요한 사람이나 대상과 결별하게 될 때 "유사자살 제스처(parasuicidal gestures)"를 나타내는 경우가 흔하다. 이러한 경우에는 그들이 경험하는 슬픈 상실감을 다루어 주는 것만으로도 자살위험을 제거하는 데 충분할 수 있다. 만약 치료자가 자살을 막기 위한 일반적인 위기개입의 계획과 방법을 너무 빨리 적용한다면, 경계선 환자는 치료자가 자신을 이해하지 못한다고 느낄 것이며(왜냐하면 자살 위협을 통해 전달하고자 하는 외로움과 괴로움을 치료자가 다루고 있지 않기 때문이다.), 이해를 받기 위해 더욱 강력한 자살 위협을 하게 될 것이다. 자살 의도를 말하는 사람 중에는 정말 죽고 싶은 소망을 전달하는 경우도 있지만, 그들이 겪고 있는 내면적 공허감을 비유적으로 표현하는 경우도 있다. 이러한 절박감을 느끼는 환자의 경우에는, 치료자가 '관리' 방법을 일사천리로 시행하기보다 그들의 내면적 경험에 진정한 관심을 보여 주면 고마워한다.

경계선 환자들의 자살 위협이 실제로 죽으려는 의도를 의미하지는 않는다 하더라도, 치료자는 그들의 자살위험성을 가볍게 여겨서는 안 된다. 유사자살 제스처라 할지라도 신중하게 고려해야 한다. 자신을 과장하여 나타내는 경향을 지닌 경계선 환자들은 그들이 생각하기에 약효가 서서히 나타나는 약물(그들이 발견되어 병원에 후송되고 극적으로 소생하기까지 시간이 걸리는 약물)을 다량 복용하지만 갑작스럽게 심장마비가 초래되는 경우처럼, '의도와 달리' 죽음에 이를 수 있는 행동을 하는 것으로 알려져 있다. 시늉으로라도 자살을 하지 않겠다는 약속을 하지 않는 경계선 환자들에게는 그들이 진지하게 치료를 받을 준비가 되어 있지 않다는 점을 직면시킬 필요가 있다. 이러한 내담자를 치료하는 경우, 치료자는 내담자의 자해행동이 구체적으로 어떤 결과를 초래할 수 있는지 말해 주어야 한다(참고: Clarkin, Yeomans, & Kernberg, 1999; Yeomans et al., 2002).

마지막으로, 환자가 자신뿐만 아니라 치료자의 안전을 위협하는 경우도 있다. 환자와 치료자는 모두 그러한 잠재적인 위험으로부터 보호되어야 한다. 폭행을 가장 잘 예측할 수 있는 요인은 과거의 폭행경력이다. 타인을 해친 과거경험을 지닌 내담자의 경우에는 그들이 결코 치료자를 해쳐서는 안 된다는 메시지를 전달해 주어야 한다. 그러한 과거경험을 지닌 내담자들 중에는 해리적인 심리적 특성을 지니거나 분노상태에 빠지는 것을 두려워하는 경우도 있는데, 그러한 상태에서는 평소에 좋아하는 치료자를 공격할 수 있기 때문이다. 다른 경우는 반사회적인 성격을 지닌 사람들로서 파괴적 충동을 느끼면 그러한 행동을 나타낼 수 있는 사람들이다. 또 다른 경우는 정서조절에 극심한 어려움을 지니고 있어서 분노 감정을 느낄 때 공격적 행동을 자제하지 못하는 사람들이다. 치료자의 안전감은 환자의 안전감 못지않게 중요하다. 치료자는 폭행경력이 있는 환자를 외진 곳에 떨어져 있는 치료실이나 다른 직원들이 모두 퇴근한 상황에서 만나서는 안 된다. 매우 혼란되어 있거나 어떤 행동을 할지 예측하기 어려운 환자를 만나는 치료자는 환자가 치료자와 출입문 사이에 앉게 되는 좌석배치를 해서는 안 된다. 매우 심한 분노에 휩싸인 망상형 정신분열증 환자와 치료실에 '갇혀 있다' 고 느껴본 치료자는, 분명한 도피로가 확보되지 않으면 면담시간을 견디기 어렵다는 것을 잘 알고 있다.

나는 혼자 개업하고 있는 치료자들에게 폭력행동을 나타낼 가능성이 있는 환자를 치료하게 되는 경우 환자의 위협적 행동이 나타나면 즉시 도움을 청할 수 있도록 근처의 파출소에 전화를 하거나 책상 밑에 '경보 버튼'을 설치하라고 충고하곤 한다. 이러한 대처방안을 통해서 치료자들은 안심하게 되고 치료자와 환자 모두가 안전감을 갖게 된다고 말한다. 도움을 받을 수 있는 장치를 설치해 놓는 것은 실제로 그러한 장치를 사용하는 일이 발생할 가능성을 감소시킨다. 이러한 준비는 물론 치료의 속성에 따라 달라질 수 있다. 위험하고 가학적이며 범죄경력이 많은 반사회성 성격장애 범죄자를 평가하는 나의 동료 한 사람은 방탄유리로 되어 있는 방에서 면담을 한다. 대다수 치료자의 경우, 이런 정도로 조심할 필요는 없다. 그러나 치료동기가 매우 높아서 자발적으로 찾아온 내담자를 만나는 경우라 하더라도, 치료자는 자신이 매우 위험한 사람과 면담하고 있다는 것을 알게 되는 경우가 있다. 직감적인 정보를 무시하지 말고 신중하게 고려하는 것이 중요하다. 부인(denial)은 치료자에게 있어서 적응적인 방어가 아니다.

나는 변호사인 친구로부터 살인혐의를 받고 있는 한 남자를 면담해 달라는 부탁을 받은 적이 있다. 그 남자는 아내를 살해한 혐의로 구속되어 있었는데, 그의 변호사는 우연한 비극적인 사고에 의한 일이라고 진심으로 믿고 있었다. 피고인에 따르면, 그의 아내가 총으로 그를 죽이겠다고 위협하자 그가 그녀의 손에서 총을 뺏으려고 몸싸움을 하는 과정에서 총이 발사되었다고 했다. 내 친구가 그 남자에 대해 잘못 판단하고 있을 경우를 대비해서, 나는 만일 내가 공격당하는 일이 생길 경우 소리를 쳐서 도움을 청할 수 있도록 내 남편에게 면담하는 동안 대기실에 앉아 있도록 부탁했다. 나의 우려가 입증되었든 그렇지 않든 간에, 보호받을 수 있다는 인식을 통해서 나는 그렇지 못한 경우보다 훨씬 더 편안하게 면담을 잘 할 수 있었다. (결국 나는 이 남자의 결백에 대한 변호사의 믿음을 지지해 주었다. 그 남자의 아내는 심한 경계선 문제를 지니고 있었으며 자살위험성을 지닌 우울증으로 치료받은 적이 있었는데, 그 남자가 자신의 아내를 깊이 사랑했던 것이 분명해 보였다. 그는 이중적인 충격을 받은 것으로 보였는데, 그 첫째는 자신의 손으로 아내를 죽게 만든 일이었으며, 둘째는 적대적인 경찰조사관 때문이었다. 그러나 나는 내 친구가 혹시 교활한 반사회성 성격장애자에 의해 속임을 당하는 것이 아닐까 걱정했었다.)

정서적 안전

정서적 안전이라는 좀 더 미묘한 주제는 아마도 심리치료를 받는 모든 환자에게 해당되는 문제일 것이다. 환자의 개인적 경험에 따라 다르겠지만, 환자는 치료과정에서 고통스러운 경험이 반복되지 않을까 의식적으로든 무의식적으로든 걱정을 하게 된다. 치료자가 지루해하지는 않을까? 비판하지는 않을까? 경멸하지는 않을까? 무관심하지는 않을까? 충격적으로 느끼지는 않을까? 두려워하지는 않을까? 회의적이지는 않을까? 유혹적이지는 않을까? 무능하지는 않을까? Weiss, Sampson 및 Mt. Zion Psychotherapy Group(1986)이 실증적으로 입증한 바 있듯이, 내담자들은 치료를 시작하면서 자신에게 어떤 도움이 필요한지를 인식하고 있을 뿐만 아니라 치료자가 자신을 도울 만한 능력이 있는지를 알아보기 위해 치료자를 '시험' 한다. 내담자들이 치료자와의 관계에 깊게 빠져드는 것을 상당히 두려워하는 경우가 많다. 따라서 치료자는 내담자가 의존적인 치료관계에서 발생할 수 있는 문제점들에 대해 어떤 걱정을 하고 있는지 잘 알고 있다는 것을 보여 줄 뿐만 아니라 그러한 걱정이 현실로 나타나지 않도록 노력할 것이라는 점을 전달하는 것이 중요하다. 작업동맹은 치료자와 환자 간 '궁합(goodness of fit)' 의 문제라고 생각하는 치료자들이 많다(Kohut, 1984; Schafer, 1979). 예를 들어, 나의 동료 한 사람은 새로운 내담자가 오면 치료성과의 50% 이상이 이러한 궁합에 의해 결정된다고 말해 준다. 그러고 나서 그는 몇 회기가 지나면 내담자가 치료자와의 관계를 어떻게 느끼고 있는지 이야기하게 한다.

치료자는 환자가 치료에 대해 어떤 걱정을 하고 있는지 즉시 알게 되는 경우가 있다. "그래서 당신은 얼마나 오랜 치료경력을 지니고 있나요?"와 같은 호전적인 질문을 통해서 내담자가 치료자의 경험미숙에 관해 걱정하고 있다는 것을 알 수 있으며, "에이, 나를 여자에게 배정했네."라는 말에서 성별을 중시한다는 것을 쉽게 알 수 있다. 직접적인 표현을 하지 않는 내담자의 경우에, 작업동맹의 가능성을 평가하는 가장 간단한 방법은 첫 회기가 끝나갈 무렵 내담자에게 "나와의 면담에 대해서 어떻게 느끼시나요?" 또는 "나와 이야기하면서 편안했나요?"라고 묻는 것이다. 만약 내담자가 "나는 남자(또는 백인, 비아시아계, 종교가 없는 치료자, 동성애 치료자, 학생, 나이 많은 사람)와는 편안함을 느끼기 어려운 것 같아요." "내가 독실한 불교신자라는 점이 나에게 얼마나 중요한지를 당신이 이해할 수 있을지 모르겠네요." 또는 신참 치료자에게 가장 위협적이지만 불가피하게 접하게 되는 메시지, 즉 "당신이 너무 어려서(또는 경험이 부족해서) 나를 치료할 수 있을지 걱정이 됩니다."와 같은 부정적인 반응을 보인다면, 이러한 반응에 대해서 탐색을 하게 된다.

만약 내담자가 치료자에 대해서 아주 만족스럽다고 말하지만 치료자가 느끼기에 앞으로 어떤 문제점이 예상된다면, 가능한 한 일찍 그러한 문제점을 말해 주는 것이 바람직하다. 다음과 같은 말들이 그 예라고 할 수 있다: "당신은 어머니로부터 간섭과 통제를 많이 받았다고 이야기하고 있는데, 나 같은 여자에게 이 정도까지 마음을 열어 보일 수 있는 것이 놀랍네요." "당신이 많은 백인남자로부터 괴롭힘을 받아왔기 때문에, 치료가 진행될수록 백인인 나에게 지금처럼 편안함을 느끼기 어려울 수도 있습니다. 만약 그런 느낌이 들기 시작하면 나에게 알려 주십시오." "당신이 이야기한 패턴, 즉 자기중심적인 부모와 비위를 맞추려는 아이의 패턴을 우리가 무의식적으로 반복하고 있지는 않은지 살펴보는 것은 흥미로울 것입니다. 우리가 하는 치료에서 이러한 반복이 나타날 수 있습니다."

이러한 예와 같은 언급으로는 환자를 충분히 안심시킬 수 없다는 점을 독자들은 알고 있을 것이다. 즉, 치료자는 "나는 당신의 어머니가 했던 행위를 절대로 하지 않을 겁니다. 나는 간섭적이고 통제적인 사람이 결코 아닙니다."라고 말하지 않고 있다. 오랜 기간 정신역동적 치료를 해 본 사람들은 환자가 어린 시절에 고통스럽게 경험했던 관계를 반복하는 일에 치료자가 끌려 들어가는 것을 결코 피할 수 없다는 점을 잘 알고 있다. 물론, 치료자가 환자를 육체적으로 공격하거나 성적으로 이용하지 않을 것이라는 점을 보장할 수는 있지만, 이러한 외현적 행동 외에 어떤 것도 치료자는 보장할 수 없다. 관계적 분석가들이 (객관적인 해석을 중시하기보다) '역할재현(enactment)' 과정을 강조하는 이유는 익숙했던 관계패턴이 심리치료에서 매우 미묘한 방식으로 반복되어 나타난다는 정신분석적인 인식 때문이다. 그런 행동을 하지 않을 것이라는 치료자의 전능적 소망에도 불구하고, 아울러 내담자가 아동기에 실망했던 애정대상과는 다른 존재로 치료자를 지각하기도 하지만, 현재의 관계대상을 과거에 경험한 관계에 대한 내면적 작동모델(Bowlby, 1969, 1988; Bretherton, 1990; Main, 1998)과 연결시키는 강력하고 집요한 역동이 항상 존재한다는 것을 정신역동적 치료자들은 잘 알고 있다. 치유 능력은 치료자가 내담자에게 과거의 애착대상과는 다른 권위적 인물로 경험되도록 하는 일뿐만 아니라 치료관계에서 과거의 패턴이 불가피하게 전이되어 반복되는 것을 치료자가 기꺼이 견뎌내고, 명명하고, 논의하고, 탐색하고, 그에 대한 감정을 표현하는 데에 있다.

Wilhelm Reich(1932) 이후로 분석가들은 잘 알고 있듯이, 치료의 초기에 나타나는 부정적 전이를 잘 다루는 것이 특히 중요하다. 그렇지 못할 경우, 환자는 치료자에게 다시 나타나지 않을 수 있다. 적응수준이 높은 환자의 경우에는 다른 상황에서 '점잖지 못하거나 부적절한' 것이라도 면담시간에 말로 표현하는 것은 허용된다는 점을 알려 줄 필요가 있다. 심한 성격장애, 경계선적 특성 또는 정신병적 성향을 지닌 환자의 경우에도, 비록 이러한 환자의 경우에는 치료자가 환자의 건강한 측면과 연결되어 있다는 느낌을 갖기가 어렵겠지만, 안전한 방식이라면 그들의 불신과 적개심을 발산할 수 있다는 점을 느끼도록 해 줄 필요가 있다. 환자가 적개심이나 심지어 경멸적인 비하행동을 나타내더라도 치료자가 보복하려는 마음 없이 잘 인내하는 모습을 보여 줄수록 환자는 안전감을 더 많이 느끼게 된다.

매우 불만이 많은 내담자들은 치료 상황을 시험해 보기 위해서 최악의 모습으로 자신을 나타내는 경우가 많다. 이러한 경우에 언어적 폭력을 피학적으로 받아들여서는 안 되지만, 치료자는 그러한 공격을 견딜 수 있는 자존감을 지니고 있다는 점 그리고 비난받는 것이 즐겁지는 않지만 환자의 적대적 행동으로부터 무언가 의미 있는 것을 함께 찾아낼 수 있을 것이라는 점을 전달해야 한다. "야, 당신은 나의 결점을 찾아내는 데 정말 뛰어나군요!" "당신이 그런 바보로 생각하는 치료자를 만나러 오는 일이 쉽지는 않았겠네요." "그렇게 나를 불신한다면, 당신과 나는 함께 치료를 계속해 나가기가 어렵겠네요."와 같이 말하는 것은 내담자를 비난하거나 반격하지 않으면서 부정적 감정을 수용하는 최선의 방법일 것이다.

이상적인 상황이라면, 치료자는 명백히 환자에 의해 고용된 사람이라고 두 사람 모두 생각한다. 환자는 치료자의 고용자로서, 어느 한 사람에게 피해가 발생하지 않는 경우라면, 면담의 횟수와 치료 기간을 결정하는 최종적인 권리를 지닌다. 이러한 경우, 치료자는 그러한 결정에 대해 자신의 전문적 경험을 제시하면서, 내담자에게 주당 1회 이상의 치료를 하는 장단점(면담을 자주 하는 것은 방어적인 사람의 경우 좀 더 강한 감정을 느낄 수 있고 치료의 연속성에 도움이 되지만, 친밀한 관계에 대한 심각한 갈등을 지닌 사람의 경우에는 부정적인 퇴행을 유발할 수 있다)과 치료중단에 대한 지식(치료를 중단하고 싶은 욕구는 어떤 중요한 문제에 대한 회피일 수도 있고 문제를 스스로 해결하려는 건강한 욕구일 수도 있다)을 전달할 수 있다. 그러한 이상적인 상황이 아니라면, 치료자와 환자는 면담의 횟수와 치료 기간이 모두 제한된 상태에서 의견을 나누어야 한다. 치료 회기가 일방적으로 제한된 경우, 내담자가 안전감을 느낄 수 있도록 자주 그리고 오랜 기간 치료를 계속할 수 없다. 이러한 상황에서 치료자가 할 수 있는 최선의 방법은 환자의 불안감을 이해하고 수용하면서, 불신감과 불안감을 자유롭게 표출하게 하고, 환자의 경계심과 의심을 치료자에 대한 것으로 여기지 않는 것이다.

정신병적인 혼란상태에 있는 환자의 경우, 즉 그들이 치료를 받을 수밖에 없는 경우라 하더라도, 그들과 상의하는 것이 중요하다는 점을 앞에서 이야기한 바 있다. 이러한 노력은 다른 내담자의 경우에도 역시 중요하다. 어떤 내담자들은 안전감을 느끼기 위해 무엇이 필요한지를 치료자에게 다음과 같이 정확하게 말하기도 한다: "너무 불안해지면, 나는 왔다 갔다 하며 걸어야 해요." "만약 내가 말하기 어려워하면, 당신이 먼저 이야기를 해 주었으면 좋겠어요." "나는 좀 더 문 가까이 앉았으면 좋겠어요." 안전감에 대한 관심이 질문의 형태로 나타나는 경우도 있다: "당신은 환자들이 치료 시간 외에 전화하는 것에 대해서 어떻게 생각하세요?" "만약 예측하기 어려운 일이 생긴다면, 우리는 매주 약속을 바꿀 수 있나요?" 등. 이러한 관심에 대해서, 치료자는 간단히 동의할 수도 있고, 때로는 협상을 하는 경우도 있다. 그러한 협상을 하는 경우, 치료자가 환자의 요구를 너무 공감적으로 받아들여서 자신의 사생활과 개인적 욕구를 희생하지 않도록 주의해야 한다. 치료자가 자신의 '노동 조건'(즉, 치료하기에 편안한 상황들)을 보호하는 것은 치료자의 책임이다. 예컨대, "나는 치료 시간이 아닐 때에도 기꺼이 전화를 받습니다만, 저녁 9시 이후에는 곤란합니다. 그리고 특별한 일이 아니라면 1~2분 정도만 이야기를 나눌 수 있습니다."라거나 "당신이 사업차 가는 여행을 마음대로 조정할 수는 없겠지만, 당신의 여행계획을 나에게 미리 알려 주기 바랍니다. 일단 매주 규칙적으로 만나는 면담시간을 정하고, 만약 당신이 약속을 취소해야만 한다면 합의해서 '보충 면담시간'을 재조정해도 되겠지요?"라고 말할 수 있다. 이처럼 치료자가 자기 자신을 존중하는 모습을 보여 주는 것은 그 자체로 치료적인 대화가 된다. 특히, 자신의 요구를 주장하지 못하는 우울한 자기패배적인 내담자의 경우와 세상이 항상 자신의 바람대로 움직이지 않는다는 사실에 적응해야 하는 병적인 특권의식을 지닌 내담자의 경우에 그러하다.

때로는 환자가 치료자에게 "당신은 나에게 도움을 줄 능력이 있나요?"라고 직접적으로 묻는 경우도 있다. 만약 환자의 문제가 치료할 수 없는 경우(예컨대, 심리적 원인에 의한 것이라고 잘못 알고 있는 뇌질환)가 아니라면, 치료자는 이러한 질문에 대해서 "그럴 수 있다고 생각합니다." "최선을 다해 보겠습니다." 또는 "우리가 함께 최선을 다한다면, 치료될 수 있다고 생각합니다."라고 대답하는 것이 바람직하다. 만약 치료과정에 내담자의 성실한 참여가 필요한 경우, 단순히 그렇다고 대답하는 것은 오해될 여지가 있거나 오만한 것일 수 있다. 치료의 대가라 할지라도 혼자의 노력만으로는 변화를 만들어 낼 수 없다. 도움을 줄 수는 있지만 예후가 불확실한 환자의 경우, 예컨대 심한 자기애성 문제나 현저한 반사회적 성격이나 치료에 여러 번 실패한 경력이 있는 환자의 경우 치료자가 할 수 있는 최선의 답변은 "잘 모르겠습니다. 나는 최선을 다하려 합니다만, 상당히 힘든 점들이 있을 것으로 생각합니다. 치료가 도움이 될 수 있을지 그리고 어떤 문제가 있을 것인지에 대해서 당신은 어떤 생각을 하고 있습니까?"라고 말하는 것이다.

최초면접을 하는 나의 방식을 제시한 『정신분석적 사례이해』(McWilliams, 1999)의 2장을 읽은 독자는 알고 있겠지만, 특정한 치료자에게 치료를 받을 것인지 여부를 결정하고자 하는 환자에게는 그러한 결정에 도움이 될 수 있는 정보를 주어야 한다. "당신은 얼마나 많은 치료경험을 가지고 있나요?" "내가 당신의 첫 환자인가요?" "당신이 치료방법에 대해 잘 알고 있는지를 내가 어떻게 알 수 있나요?"와 같은 즐겁지 않은 질문에 직면하게 되는 신참 치료자에게 이러한 나의 의견이 반갑지 않을 수 있다. 이런 경우에 '고전적' 전통에서 사용하는 회피방법이 편하게 느껴질 수 있다(나의 수련경험에 대해서 어떤 상상을 하고 있나요? 아마도 당신은 내가 너무 경험이 없어서 당신을 치료할 수 없다고 걱정하고 있군요? 나의 치료능력을 의심하며 질문하는 것과 관련해서 어떤 것이 마음에 떠오르나요?). 즉, 답을 피하는 탐색적인 반응이 치료과정에서 적절한 경우가 많지만, 최초면담의 경우에 고객은 전문가를 신뢰할 수 있는 정보를 알 권리가 있다.

이러한 상호작용에서 치료자가 할 수 있는 최선의 방법은 솔직하지만 고무적인 응답을 해 주면서 내담자의 걱정내용을 탐색하는 것이다. 예를 들어, 치료자는 "아직 경험이 많지는 않지만, 그 대신에 열성을 다해 치료하려고 합니다." "그렇습니다. 당신은 저의 첫 환자여서 제가 잘 치료하기 위해 가장 많은 노력을 기울이게 될 그런 분입니다." "아마도 제가 치료를 잘 할 수 있는지는 우리가 함께 치료를 해 본 이후에 더 잘 알게 될 것입니다. 그러나 치료하는 동안 저의 치료방식이 도움이 되지 않는다고 생각되면, 저에게 말해 주시기 바랍니다."라고 대답할 수 있다. 이러한 대답을 하고 난 후, 치료자는 환자가 이러한 대답에 대해 어떻게 느끼고 있는지 그리고 경험이 부족한 치료자를 만나는 것이 그에게 어떤 의미를 지니는지를 살펴보는 질문을 해야 한다. 이런 경우 매우 유용한 한 가지 방법은 "저는 그러한 질문에 기꺼이 대답하겠습니다만, 먼저 당신이 그런 질문을 하게 된 생각과 감정이 어떤 것인지 궁금합니다."라고 반응하는 것이다.

내담자 중에는 자신의 고통과 밀접히 관련된 경험을 겪어 보지 않은 치료자는 자신에게 도움을 줄 수 없다고 생각하는 사람들도 있다. 이러한 사람들은 치료자가 성적인 외상경험을 겪어 본 적이 있는지, 종교적 성령체험을 해 본 적이 있는지, 환각물질을 복용해 본 적이 있는지, 심각한 기분장애로 진단되어 본 적이 있는지, 다루기 힘든 자녀를 길러본 적이 있는지, 낙태를 해 본 적이 있는지, 중독증으로 고통받은 적이 있는

지와 같은 질문을 하기도 한다. 치료자는 이들의 마음을 공감해 주면서, 어떤 두 사람이 설혹 유사한 인생경험을 했더라도 정확하게 같은 경험을 할 수는 없다는 점을 말해 줄 수 있다. "저는 아무런 선입견 없이 당신이 경험한 것이 어떤 것인지 당신으로부터 직접 듣고 싶습니다."라고 말하는 것은 유용한 표현이다. 따뜻한 관심을 지닌 치료자라면 자신과 매우 다른 경험을 한 사람에게도 많은 도움을 줄 수 있다는 사실에 나는 자주 놀라곤 한다. 예를 들어, 나의 동료 한 사람은 성적인 문제를 지닌 내담자를 돕는 데 뛰어난 능력을 지니고 있는 정숙한 수녀에 대해서 말하면서 놀라움을 표시한 적이 있다. 물론, 어떤 환자에게는 인종, 성별, 종교, 종족, 성적 취향과 같은 일반적인 공통성이 매우 중요하기 때문에, 최초면접 시에 치료자와 환자가 모두 환자와 유사한 경험을 지닌 다른 치료자에게 치료받는 것이 낫겠다고 생각하는 경우도 있다.

내담자의 질문이 부당하게 사생활을 침범하는 것이라고 느낄 때(어디에 사세요? 과거에 성폭력을 당해 본 적이 있나요? 당신은 얼마나 자주 자위를 하나요? 당신은 예수님을 직접 만나 본 적이 있나요?), 치료자는 "미안합니다. 저의 사생활에 관한 그런 질문에는 잘 대답하지 않습니다. 그러나 그러한 질문이 당신에게 왜 중요한지 매우 궁금합니다."라고 말할 수 있다. 치료자마다 자신에 관해 공개하는 정도가 각기 다르다. 치료자는 자신의 사생활이 노출되거나 침범당한다는 불쾌감을 느끼지 않으면서 환자의 관심사를 존중하며 대응하는 방식을 나름대로 강구해야 한다. 만약 치료자가 사생활에 관한 질문에 대답하지 않아서 내담자가 화를 낸다면, 내담자는 자신의 사적인 관심사에 대해서 다른 사람들이 어떤 범위 이상의 것에는 대답하지 않는다는 사실에 화를 내는 것이며 치료자가 그러한 분노표현을 받아 주는지 살펴보는 것일 수 있다. 어린 아동과 청소년을 자녀로 둔 지혜로운 부모라면 누구나 알고 있듯이, 자녀들이 성장하기 위해서는 어떤 한계에 화를 내지만 그 한계를 수용하는 것이 중요하고 불가피하다. 현대의 내담자들 중에는 관대하거나 방임적이거나 과잉보호적인 부모에 의해 양육되어 이러한 경험을 해 보지 못한 사람들이 많다.

환자에게 치료과정에 관해 교육시키기

앞에서 언급한 바 있듯이, 환자들 중에는 정신역동적 치료를 받으러 올 때 이미 내담자로서 어떤 역할을 해야 하고 어떤 일을 해야 하는지 매우 잘 알고 있는 경우가 있다. 그러나 대부분의 환자들은 치료과정에 관해서 교육을 할 필요가 있다. 환자들은 동의서에 서명하는 내용이 무엇인지 알고 싶어 하지만 실제로 치료자들은 거의 아무런 이야기도 해 주지 않는 경우가 대부분이다. 이러한 사실에도 불구하고, 치료기법에 관한 문헌에는 치료의 이러한 측면이 거의 설명되어 있지 않다. 대부분의 치료자들은 자신을 분석했던 치료자가 그들에게 치료과정을 이해시켜 온 방식을 그대로 따르고 있는 것 같다. 슈퍼비전이나 동료들과의 집단토론에서, 치료자들은 내담자에게 치료과정을 좀 더 분명하게 이해시킬 수 있는 비유들을 교환하곤 한다. 비유는 전전두엽이 아닌 뇌의 다른 부위를 통해 내담자의 마음에 전달되기 때문에, 좋은 비유는 장황한 지적인 설명보다 효과적일 수 있다. 예를 들어, 나는 1장에서 심리치료를 미지의 세계에서 새로운 길을 찾아가는 일에 비유하는 것이 유용하다고 언급한 바 있다.

심리치료 분야에는 다른 비유들이 수없이 많다. 모든 치료자들은 내담자에게 치료에 대해 설명할 때 즐겨 사용하는 몇 개의 비유를 나름대로 지니고 있다. 뛰어난 교육자들이 그러하듯이, Freud는 비유와 우화를 잘 사용하는 점에서 대가였다. 동화, 농담, 암시를 통해 의미를 전달하는 능력은 매우 뛰어나서 그의 저술 『표준판(*Standard Edition*)』에는 그가 사용한 비유를 찾아볼 수 있는 전체 색인이 있을 정도다. 그의 뒤를 이은 정신분석가들은 이러한 교육 방식을 따르고 있다. 그러나 치료자들은 정신역동적 지식이 부족하고 치료관계의 독특성을 쉽게 수용하기 어려운 내담자들에게 치료의 여러 측면을 설명하기 위해서, 각기 자신의 개인적 배경과 성격에 잘 맞는 다양한 방법을 사용하고 있다.

동의서

치료자가 해야 할 교육내용의 일부를 서면으로 알려 주는 것은 좋은 생각일 수도 있다. 현재 활동하고 있는 대다수의 치료자들은 종종 악의적인 환자, 과거의 환자 또는 환자 친척의 선동적 주장에 의해서 전문가 위원회로부터 조사받는 봉변을 당한 경험이 있기 때문에, 내담자에게 정신분석적 치료의 속성과 방법을 소개한 동의서에 서명을 하게 한다. 미국에서는 컴퓨터를 이용하여 기록을 하는 치료자의 경우, 환자의 비밀을 유지하기 위한 치료자의 방침을 알리는 동의서에 내담자가 서명을 하도록 법적으로 규정되어 있다. 환자 중에는 치료자가 잘못 치료하여 심한 정신병적 퇴행상태에 빠져들게 되었다고 소송을 제기하는 사람들도 있다. 심한 해리증상, 심한 아동기 학대 경험, 뚜렷한 경계선 성격특성, 만연된 적개심, 강한 자살의도 또는 상사를 고소한 경력을 지닌 내담자를 치료할 때, 치료자는 반드시 정신역동적 치료를 받는 것에 대한 내담자의 동의서를 받아두는 것이 바람직하다. Bryant Welch는 법적인 소송상태에 있는 수많은 동료들을 대변해 온 경험에 근거해서 다음과 같이 서술하고 있다.

> 심리치료자에 대한 소송이 증가하는 현상에 잘못되거나 부당한 점은 없다. 이러한 현상은 심리치료가 중요하지만 부적절하게 시행될 경우 개인의 인생에 파괴적인 영향을 미칠 수 있다는 인식을 반영하는 것이다……. (그러나) 실제로 과실을 범한 치료자들만이 자격증 재심사 위원회에 불려가거나 소송대상이 된다고 생각하는 것은 환상이다. 선한 의도를 지닌 유능한 치료자라고 해서 위원회나 법정에서 자신의 치료행위를 변론해야 하는 일이 생기지 않는다는 보장은 없다. 이런 일이 생기면 치료자는 치료활동을 계속할 수 없게 되는 경우도 있다. 경계선 성향을 지닌 환자, 가족, 아동, 또는 매우 증상이 심한 환자들을 치료하는 사람은 이러한 위험에 빠질 수 있다. 이러한 사실은 명백하며, 이러한 사실을 부정하는 사람은 치명적인 위험에 빠지게 될 것이다(Hedges, 2000, p. xiv).

치료와 슈퍼비전에 관한 여러 가지 사항을 포함하고 있으며 복사하기에 적절한 크기를 지닌 문건의 예는 Lawrence Hedges(2000)가 위험관리에 관해 쓴 유익한 교재에서 찾아볼 수 있다. 『정신분석적 사례이해』(McWilliams, 1999)에서, 나는 전형적인 동의서 서식을 부록에 제시한 바 있다. Hedges의 책에는 악의를 품은 내담자가 치료자를 곤경에 빠뜨리는 최악의 경우부터 치료자를 보호할 수 있는 훨씬 더 자세한 사항을 담고 있는 계약서의 예들이 제시되어 있다. 미국의 경우, 컴퓨터를 통해 임상적 자료를 주고받는 것에 관한 연방정부의 새로운 규제에 대응하기 위해서, 다양한 전문직 단체와 개인 치료자들은 이러한 종류의 서식을 가지고 있다. 불만을 지닌 내담자나 법적인 기관으로부터 위협을 받는 것 외에도, 실증적으로 검증된 치료를 선호하는 사람들과 약물치료를 권장하는 사람들이 정신분석적 치료를 '비윤리적인 것'으로 간주하고 있다는 불길한 소문을 최근에 들은 바 있기 때문에, 다른 치료적 입장을 지닌 치료자들로부터 우리 자신을 이런 방식으로라도 보호하는 것이 필요하다. (우리의 독선적이었던 정신분석적 선배들이 초기의 행동주의자들을 대했던 것보다 그들이 우리를 더 우호적인 태도로 대할 것이라고 기대할 수는 없는 일이다.)

치료에 대한 충분한 참여를 가로막는 초기 장애물을 설명하기

"분석 가능성(analyzability)"과 "치료 가능성(treatability)"에 관한 임상적 · 경험적 문헌들(Bachrach, 1983; Bachrach & Leaff, 1978; Doidge et al., 2002; Ehrenberg, 1992; Erle, 1979; Erle & Goldberg, 1979; Paolino, 1981)이 많지만, 대부분의 경우 어떠한 환자가 정신역동적 치료에 적합한지 예측할 수 없다고 결론내리고 있다. 문제 유형과 적절한 치료방식의 관계(어떤 치료가 어떤 환자에게 어떤 조건하에서 효과적인지—Roth & Fonagy[1996]를 참고하시오)를 밝히려는 최근의 많은 노력에도 불구하고, 치료자의 성격과 같이 통제할 수 없는 요인들에 의한 수많은 가변성이 존재하기 때문에, 우리는 어떤 사람이 정신역동적 치료에 적합하고 누가 다른 치료방식에 더 적합한지 말할 수 없다. 따라서 대부분의 분석적 치료자들은 어떤 특정한 환자가 정신역동적 치료를 통해 호전되는지를 알아보기 위해서—다른 치료법이 존재하며 여러 치료법이 어떻게 다른지를 환자가 알고 있다면— 일단 치료를 시도해 보는 것이 바람직하다는 믿음 속에서 치료를 해 나간다. 흔히 내담자들은 어떤 유형의 치료가 자신에게 도움이 되는지를 매우 잘 판단한다.

그러나 대부분의 분석적 치료자들은 너무 구체적인 사고방식을 지닌 사람에게는 정신역동적인 치료를 하기가 힘들며, 치료자에게 "해야 할 일을 말해 달라." 거나 "나를 정상적인 사람으로 만들어 달라." 고 줄기차게 요구하는 사람들이 특히 치료하기 어렵다고 말하곤 한다. 그러한 사람들에게는 구체적인 기술훈련을 중시할 뿐만 아니라 치료자가 교사와 같은 역할을 할 수도 있는 인지행동적 치료가 더 적합할지 모른다. 그러나 대부분의 정신역동적 치료자들은 그러한 환자를 인지행동적 치료자에게 의뢰하기 전에, 그 환자가 자신의 마음을 살펴보고 심리적으로 성장할 수 있는 능력을 배양시키기 바라면서 이러한 유형의 환자가 정신역동적 치료에 적합한지를 평가한다.

저항은 정신역동적 치료에서 핵심적인 개념이다. 치료자들 사이에서 이 용어는 환자가 치료자에게 협조하지 않은 것이면 무엇이든 무차별적으로 지칭하기 위해 사용되는 경우가 많다. 그러나 Freud가 원래 의도한 저항의 개념은, 의도적으로 거부하는 저항과는 달리, 물리학자들이 사용하는 저항 개념과 유사한 무의식적인 현상을 의미하고 있다. 물론 다른 사람에게 영향력을 행사하려는 사람에게는 저항이 대인관계 행위로 여겨질 수 있지만, Freud는 이 개념을 대인관계의 과정보다는 심리내적인 과정으로 생각했다. 이 개념은 인간의 심리적 구조가 새로운 경험에 쉽게 변화되지 않으며 오히려 새로운 경험을 과거의 경험으로 재해석하려 한다는 사실을 반영하고 있다. 치료에 있어서 저항이 의식적인 경우가 있으나 항상 거부적 의도를 지닌 것만은 아니다. 더울 때 땀을 흘리지 않으려고 의도적으로 노력하는 것보다 저항적이지 않으려고 의도적으로 노력하는 것이 더 어렵다. 저항은 심리치료자가 이겨내야 할 적일 뿐만 아니라 강력한 보호기능의 발현이라는 점에 주목할 필요가 있다. 만약 인간이 새로운 영향에 대해서 내부적인 저항을 느끼지 못한다면, 세뇌와 선동적 행위와 같은 활동에 매우 쉽게 넘어갈 것이다. 그러나 여러 가지 명백한 이유로 인해서, 치료자는 내담자가 치료에 전념하는 것을 방해할 수 있는 저항에 대해서 가능한 한 일찍 말해 주어야 한다는 것이 전통적인 임상적 원칙이다.

눈에 보이는 분명한 저항을 종종 나타내는 환자는, 고전적인 정신분석적 관점에서 볼 때, 저항하고 있는 것이 아니라(즉, 참여와 변화에 대한 무의식적인 두려움을 느끼는 것이 아니라) 치료자와 환자가 함께 노력해야 하는 치료가 어떤 것인지를 잘 이해하지 못하고 있는 것이다. 이러한 경우에, 치료자가 환자에게 어떻게 상호작용하는 것이 바람직한지를 알려 주면, 환자는 혼란스럽고 저항적인 상태에서 기꺼이 협조하려는 마음을 보이며 급격하게 변화될 수 있다. 윗사람에 대한 순종을 강요하거나, 모호한 것을 배격하거나, 내면적 동기의 탐색을 저열한 자기도취로 간주하는 문화에서 성장한 사람들에게는, 치료자가 협동적인 탐색과정이 필요한 이론적 근거를 분명하게 제시해 줄 뿐만 아니라 그들이 성장해 온 문화에서 배격해 온 행동과 이러한 노력이 어떻게 다른지를 알려 줄 필요가 있다. 환자의 역할에 익숙해지도록 만들기 위해서, 치료자는 치료에 방해가 되고 있는 그러한 두려움과 예상을 촉발시킬(전통적인 저항 분석) 뿐만 아니라 그러한 내면적 상태에 지적으로 도전할 수 있는 정보를 환자에게 제공할 필요가 있다. 그러한 정보를 제공한다고 해서 갈등이 해소되지는 않겠지만 그러한 저항을 바람직하지 않은 것으로 느끼게 할 수는 있다. 어떤 뿌리 깊은 태도를 의도적으로 변화시키려면, 그러한 태도가 바람직하지 않다는 것을 인식해야 한다.

예를 들어, 예술가, 학자, 열정적인 사회운동가들은 자신들을 그러한 직업에 몰두하게 만든 심리적 갈등을 예리하게 직감적으로 인식하고 있는데, 만약 이러한 신경증적인 특성을 잃는다면 그들을 분발시키는 힘을 잃게 될지 모른다는 두려움을 마음속에 지니고 있다. Rilke 같은 시인은 정신분석을 통해 그의 내면적 갈등뿐만 아니라 시적인 영감이 파괴될지 모른다고 느꼈기 때문에 정신분석을 받는 것을 거부했다. 이러한 망설임을 지닌 내담자의 경우에, 그들이 걱정하는 것을 표현하도록 격려하는 것이 바람직하지만, 정서적 표현을 한다고 해서 두려움이 감소되는 것은 아니다. 이러한 사람들에게는 그 반대되는 견해를 알려 주는 것이 필요하다. 창의적이고 열정적인 사람이 심리적 평정을 얻기 위한 치료를 주저할 때, 치료자는 일반적인 정신분석 경험에 따르면 치료를 통해 한 사람의 갈등이 해소됨에 따라 오히려 그의 창조적 에너지가 증가한다는 점을 적절하게 말해 줄 수 있다. Gordon Allport(1961)는 무의식적 갈등에 의해 유발되고 유지되었던 행동패턴이 그러한 갈등과 무관하게 자율적으로 기능할 수 있다는 점을 잘 인식하고 있었던 것 같다.

물론, 신참 치료자들은 다양한 유형의 사람들이 치료받는 것에 대해 주저하는 점들을 모두 어떻게 다루어야 하는지 잘 알지 못할 것이다. 그러나 면담시간에 내담자로 하여금 그들이 우려하는 바를 표현하게 하고, 슈퍼바이저와 논의한 후에 다음 면담시간에 환자가 걱정하는 핵심적 내용을 다룰 수 있다. 치료자는 내담자에게 다음과 같이 말할 수 있다. "당신이 정신분석적 치료를 받는 것에 대해서 지난 시간에 걱정하며 말했던 점들을 생각해 보았습니다. 그리고 그 점에 대해서 선배 치료자와 이야기를 나누어 보았는데, 그 선배 치료자는 내담자들이 흔히 그러한 걱정을 하지만 그의 경험에 따르면 그렇게 걱정한 일들이 실제로 일어나지는 않는다고 하더군요. 심리치료를 받아 본 창의적인 사람들은 치료를 통해 그들이 지니고 있던 강점이 오히려 향상되었다고 말하곤 한답니다." 신참 치료자는 자신이 더 숙련된 다른 치료자의 경험에 의존하고 있다는 사실을 당연히 부각시키고 싶지 않겠지만, 환자들은 치료자가 치료시간 외에도 자신의 걱정에 대해 생각하고 있을 뿐만 아니라 그들의 걱정을 진지하게 고려하여 그에 대한 대답을 해 주기 위해 노력하고 있다는 점에 대해서 대부분 감동하게 된다.

그러한 교육적인 개입을 통해서 오랜 기간 뿌리 깊게 지속되어 온 환자의 갈등이 해소될 수 있다고 말하는 것은 아니라는 점을 다시 강조하고자 한다. (사실, 나는 내담자가 지니고 있는 생각에 도전하며 이를 변화시키려는 치료자의 노력에 대한 저항을 과소평가하는 것이 인지치료의 주된 한계라고 생각한다.) 하지만 치료자는 치료받는 것을 주저하거나 불안해하는 내담자에게 일단 치료를 받아보겠다는 마음이 들도록 노력해야 한다는 점을 제시하고 있는 것이다.

자발적이고 솔직한 정서적 표현을 장려하기

다른 책(McWilliams, 1999)에서 언급한 바 있듯이, 나는 새로운 환자를 만나 첫 면담을 할 때 환자가 제시하는 문제(성장과정과 문제를 해결하기 위한 과거의 노력을 포함하여)를 탐색하는 동시에 내가 치료자로서 도움을 줄 수 있다는 점을 전달하려고 노력한다. 두 번째 면담에서는 성장과정을 자세하게 탐색한다. 그 후에, 나는 다음과 같은 말을 해 준다.

> "당신이 치료받고자 하는 문제와 관련된 정보를 충분히 얻었다고 생각합니다. 지금부터 나는 당신이 이끄는 대로 따라갈 것입니다. 당신은 치료실에 와서 당신의 문제와 관련된 것이나 마음속에 떠오르는 것을 어떤 것이든지 자유롭게 말하면 됩니다. 그러면 나는 당신이 말하는 것의 정서적인 측면에 귀를 기울이면서 당신에게 도움이 될 수 있는 점을 말해 주려 할 것입니다. 한동안, 나는 아마도 조용히 경청하면서 당신의 문제에 대해서 당신이 생각하고 있는 바를 따라가려 할 것입니다. 당신이 유념해야 할 가장 중요한 점은 당신이 최대한 개방적이고 솔직해지는 것입니다. 당신이 치료의 진행과정뿐만 아니라 내가 도움이 되고 있는지에 관해 느끼는 점을 언제든지 자유롭게 말씀하셔도 좋습니다."

어떤 사람을 분석할 때, 나는 자유연상을 하도록 분명하게 장려하는데, 이때 Freud(1913, p. 135: "당신의 마음속에 떠오른 것은 어느 것이나 말하세요……. 그리고 그것을 말하는 것이 불쾌하거나 어떤 다른 이유가 있다고 해서, 말하지 않은 채 넘겨버리지 마십시오.")가 했던 방식을 거의 그대로 따른다. 일주일에 3회 이하로 내담자를 만나게 되는 경우에는 내담자가 제시하는 문제에 좀 더 한정하여 초점을 맞추게 되지만, 마찬가지로 솔직하게 말하도록 격려한다. 어떤 사람들은 자유롭게 말하도록 상당히 강하게 격려해 줄 필요가 있는데, 이들은 지속적으로 "이렇게 하는 것이 어떤 도움이 되나요?"라고 묻곤 한다. 이런 경우에 나는 "문제를 잘 이해하기 전에는 문제를 해결하기가 어렵습니다. 당신이 이번에 이러한 우울증(불안, 자기파괴적인 행동을 하는 강박행위, 해리

반응, 강박사고, 공포증, 배우자와의 문제 등)을 겪게 된 이유에 대해서 우리는 아직 충분히 알고 있다고 생각하지 않습니다."라는 식으로 대답하곤 한다. 달리 말하면, 나는 다양한 원인이 있을 수 있다는 나의 가정을 암묵적으로 전달한다. 때로는 "우리는 우선 이 문제를 이해하도록 노력해야 합니다."라고 간단하게 말하기도 한다. 어떤 경우이든, 나는 내담자가 우려하는 내용을 다루어 준 후에, 그러한 질문을 하게 만든 좌절감, 분노, 초조감, 두려움과 같은 환자의 감정에 주의를 기울인다.

내담자가 자신의 경험을 이해하기 위해 열심히 노력하고 있으며 자신의 문제를 초래한 원인들을 잘 알고 있는 듯한 경우에도, 나는 이러한 지적인 이해와 정서적 조절이 별개의 문제라는 점을 말해 준다. 내가 해야 할 주요한 일은 내담자가 자신의 지적인 이해와 감정을 연결하도록 돕는 것이라고 설명해 준다. 이런 이유 때문에 그가 말하는 것에 관해서 어떻게 느끼는지를 계속 묻는 것이며, 그가 이번 주에 고통스러워했던 것뿐만 아니라 지금 느끼고 있는 정서적 경험에 관해서 이야기하도록 하는 것이라고 덧붙이기도 한다. 치료자가 내담자의 지적인 능력이나 심한 우울증에도 불구하고 일상생활을 잘 해 나가고 있는 점과 같이 유능한 측면을 인정해 주면 대부분의 내담자들은 안도감을 갖게 된다. 왜냐하면 그렇게 인정받음으로 인해서 내담자는 치료자가 자신을 병적인 문제투성이로만 여기지 않는다는 점을 알게 되기 때문이다.

대부분의 내담자들은 분석가(그리고 일반적으로 인본주의적 치료자들)가 그들에게 감정을 표현하라고 요구한다는 점을 알고는 있지만, 그 이유에 대해서는 잘 모르는 경우가 종종 있다. 치료자들이 그렇게 하는 이유를, 흔히 비유를 통해 알려 줌으로써 작업동맹을 강화할 수 있다. Babette Rothschild(참고: Rothschild, 2000)는 고통스러운 감정에 압도되어 괴로워하는 외상경험의 희생자들을 치료할 때, 탄산음료를 흔들고 난 후 뚜껑을 비틀어서 공기가 약간 빠져나가게 함으로써 캔 안의 압력이 안전하게 감소될 수 있음을 보여 준다. 나의 동료 Michael Andronico는 부모에게 자녀의 감정을 반영해 주는 것이 얼마나 중요한지를 설명할 때 수영장의 물을 빼내는 일에 비유하곤 한다. 나는 매우 지적인 내담자를 치료할 때, 감정에 관한 경험적 연구(예: Frey, 1985; Pennebaker, 1997)를 즐겨 인용한다. 왜냐하면 지적인 방어를 지닌 환자들은 그렇게 하는 '좋은 이유' 를 알게 될 때 그들의 감정을 기꺼이 인식하고 표현하려 하기 때문이다. 치료가 진행되면서, 감정에 관해 치료자가 하는 주된 일은 환자가 감정을 명명하고 이해하도록 돕는 일(참고: D. B. Stern, 1997; McDougall, 1989), 강렬한 각성 상태를 인내하며 담아두도록 돕는 일(Maroda, 1999), 그들이 전에 수치스럽게 여겼던 정서반응을 인정하고 받아들이며 심지어 즐길 수 있도록 돕는 일(Silverman, 1984)이다. 그러나 그에 앞서, 내담자들은 치료자가 감정과 관련된 주제에 그렇게 초점을 맞추는 이유를 당연히 알고 싶어 할 것이다.

치료자가 가끔 내담자에게 "당신은 이런 치료에 대해서 어떻게 느끼나요?"라고 묻는 것은 결코 문제될 것이 없다. 내담자가 "좋아요."라고 간단히 대답하는 경우도 있고, 때로는 치료자가 치료에 대한 내담자의 느낌에 관해서 결코 생각해 보지 않았던 점을 깨닫게 되는 경우도 있다. 때로는 환자가 상당한 호전으로 느껴지는 것에 대해 매우 기뻐하고 있다는 것을 알게 되기도 하는데, 치료자 자신은 치료가 얼마나 잘 진행되고 있는지 모르고 있었다는 점에 놀라기도 한다. 또한 내담자가 말하기 어려워하는 것이 있는지 치료과정에서 종종 물어보는 것이 바람직하다. 치료자가 내담자의 이야기에서 부자연스러운 점을 느끼게 될 경우에는 특히 그러하다. "내가 어떻게 하면 당신이 좀 더 자유롭게 말할 수 있을까요?"라는 질문은, 환자가 치료자에 대해 어떤 전이를 나타내고 있든 간에 자기탐색의 과정을 돕는 것이 치료자의 목표라는 점을 환자의 마음속에서 확실하게 심어 주게 된다.

장의자 사용을 권유하기

이 절은 신참 치료자와는 직접적인 관련성이 많지 않겠지만, 심리치료분야에 입문한 사람들은 '장의자' 에 관해 많은 호기심을 지니고 있는 것 같다. 그들의 치료자가 그들에게 장의자에 눕기를 권유했다면 특히 그러할 것이다. 초기 Freud식 치료의 이러한 별난 관습에 관해서 신비스럽게 생각하는 경향이 남아 있기 때문에, 분석에서의 장의자 사용을 탈신비화하면서 환자에게 그것의 역할을 교육하는 원칙을 설명하고자 한다.

현대의 분석가들은 장의자의 사용여부에 있어서 각기 다른 입장을 취하고 있다. 어떤 이들은 내담자의 시선 밖에 있게 되어 마음을 집중하기 어렵다는 점 때문에 장의자 사용을 좋아하지 않는다. 다른 이들은 자신이 분석 받을 때 장의자에 눕는 것을 싫어했기 때문에 이를 추천하지 않는다. 또 치료적 관계에서 내담자가 '열등한' 위치에 있다는 인상을 준다고 여기는 사람들도 있다. 부모와 아동의 눈 맞춤과 정서적 교류에 관한 연구에 근거하여, 어린 시절에 정서적 반영을 받지 못한 점을 교정하기 위해서는 얼굴을 마주 보면서 심리치료가 진행되어야 한다고 믿는 이들도 있다. 나는 장의자 사용을 선호하는데, 환자 뒤에 앉는 전통적인 방식(더 정확히 말하면, 나도 거의 수평으로 누울 수 있는 기대는 의자에 눕는다)을 취한다. 이러한 배치는 매시간 얼굴표정을 관찰당하는 피곤한 활동으로부터 나를 편안하게 해 준다. 또한 편안한 상태에서 눈을 감고 자유연상에 빠져드는 황홀경 상태, 즉 Freud가 "고르게 떠 있는 주의"라고 부르고 Ogden(1997)이 "몽상상태(reverie)"라고 말한 명상적인 마음 상태에서 환자와 만날 수 있게 해 준다. 눈 맞춤을 하지 않은 채 내담자를 치료하게 되면, 내가 감동받을 때 눈물을 흘릴 수도 있고 어떤 것이 재미있게 느껴질 때 내담자의 주의를 분산시키지 않으면서 웃을 수도 있다. (Freud는 원래 이와 유사한 이유로 장의자를 도입했다. 그는 자신이 응시되는 것이 힘들었다고 말한 바 있다.) 앞을 향해 앉는 대신 내가 내담자와 함께 눕게 되면 오래 앉아 있음으로 인해 생길 수 있는 척추 손상을 예방할 수도 있다(12장을 참고하기 바란다.).

내가 환자에게 장의자 사용을 권할 때는 다음과 같은 세 가지 점을 설명해 준다: (1) 장의자에 눕는 것이 덜 피곤하기 때문에, 나는 이러한 방식으로 치료하기를 좋아한다는 점, (2) 환자도 눕는 자세를 통해서 긴장이 이완되고 평소와는 약간 다른, 좀 더 자유스럽고, 그래서 덜 지적인 의식상태에 들어갈 수 있다는 점을 알게 될 것이라는 점, (3) 환자가 나의 얼굴을 쉽게 볼 수 없으면, 치료자가 어떤 생각을 하고 어떤 감정을 느끼고 있는지 그들이 상상하거나 두려워하는 것에 대해서 좀 더 생생한 이미지를 지닐 수 있다는 것을 알게 될 것이라는 점. 나의 태도에 관한 이러한 상상을 통해서 환자가 평소에 지니고 있지만 잘 인식하지 못하는 독특한 예상(expectations)의 내용을 알 수 있다는 점을 덧붙이곤 한다. 이러한 예상은 평소에 그들이 타인의 얼굴표정과 몸동작을 바라보면서 즉각 부정하기 때문에 잘 인식되지 않는 것이다. 마지막으로, 만약 환자들이 장의자 사용을 좋아하지 않는다면 의자에 깊숙하게 등을 대고 앉아도 좋다고 말해 준다. 나의 경험에 따르면, 대부분의 환자들이 처음에는 상당한 불안을 느끼며 장의자에 눕게 되지만, 일단 그렇게 누워 보면 대부분 이런 방식으로 치료받는 것을 좋아하게 된다.

전이 작업을 소개하기

앞에서 언급했듯이, 만약 치료자가 그 이유에 대한 설명도 하지 않은 채 내담자에게 자신이 생각하고 느끼고 있는 것에 대한 상상을 말해 보라고 한다면, 내담자는 치료자가 지지나 인정 또는 칭찬을 받고자 하는 신경증적 욕구 때문에 이러한 요구를 하는 것이라고 생각할 수도 있다. 우리 대부분의 경험에 따르면, 자신이 어떻게 지각되고 있는지를 자꾸 묻는 사람들은, 예컨대 축구 선수가 최근에 자신이 뛴 경기를 한 시간 동안 자세히 검토한 후에 "나는 내 경기에 만족합니다. 당신은 내가 한 경기를 어떻게 생각하십니까?"라고 묻는 우스꽝스러운 경우처럼, 인정받는 것에 너무 집착한 나머지 다른 사람의 입장을 고려할 여유가 없는 매우 자기애적인 사람들이다.

치료자가 자기애적인 욕구를 지니고 있다고 생각하는 것은 그 자체가 일종의 전이이며, 해석("마치 당신이 내 질문을 내가 매우 자기중심적이라는 증거로 여기는 것 같군요.")을 해 줄 수 있는 것이다. 그러나 전이해석이 유익한 것이 되려면, 그러한 해석이 어떤 사건의 객관적인 상태를 반드시 반영하지는 않는 것으로 받아들여져야 한다. 달리 말하면, 환자가 그러한 질문이 치료자의 자기애를 반영하는 것이라고 이상하게 생각하기 전에, 치료자는 그러한 특이한 질문을 하게 된 이유를 설명해 주어야 한다. 현대의 관계적 치료자들(Aron, 1991; Hoffman, 1983)은 환자가 치료자의 무의식적 동기를 매우 정확하게 지각할 수 있다는 점을 강조하고 있다. 또한 R. D. Laing(1960)이 지적했듯이, 환자의 투사에는 항상 진실이 부분적으로 담겨 있다(어떤 치료자가 자신이 하고 있는 일에 관해서 자기애적인 불안이 없겠는가?). 그러나 전이를 환자의 과거경험과 욕구에 의한 투사와 왜곡으로 생각하는 전통적인 방식(Chodorow, 1999; Jordan, 1992 참고) 역시 매우 소중한 것이다. 신참 치료자들은 투사의 왜곡적 측면에 대해 더 깊은 관심을 지니는 경향이 있는데, 그 이유는 그들이 지지적인 태도를 나타내려고 노력함에도 불구하고 비판적이거나 심지어 가학적이라고 환자에게 여겨지는 경우처럼 투사가 그들에게 강렬한 영향을 주고 있기 때문이다. 환자가 평소에 다른 사람을 이해하는 자신의 습관적인 방식에 대해서 다시 생각해 볼 수 있으려면, 환자는 먼저 그러한 방식이 자신의 독특한 과거경험에 의해 생겨난 것이라고 생각할 수 있어야 한다.

치료자에 관해 어떻게 느끼는지를 물었을 때 내담자가 놀라움을 표시하거나 짜증을 내는 듯이 보이면, 나는 다음과 같이 설명을 해 준다.

> "당신이 나에 대해서 어떻게 느끼는지를 물으니까 좀 놀라시는 것 같군요. 그러한 느낌 중에는 만약 우리가 다른 사교적 모임에서 만났다면 말하기 어려웠을 부정적인 내용도 있을 테니까요. 그러나 치료는 당신이 다른 사람에게 갖는 생각과 감정이 이러한 치료관계에서도 나타날 수 있다는 생각에 근거하고 있습니다. 그런 일이 일어날 때, 우리는 치료실의 안전한 분위기 속에서 그러한 일들을 자세하게 살펴볼 수 있게 됩니다. 그러니 당신은 내가 말하는 것이나 그밖에 나에 관한 어떤 반응도 억제하지 마십시오. 당신이 다른 일상적 관계에서는 그러한 반응을 억제할지 모르지만 말입니다."

내가 관찰한 바에 따르면, 이렇게 설명하면 대부분의 환자들은 이해하게 된다. 물론 경계선 성격을 지닌 환자들의 경우에는, 이러한 말을 통해서 그들이 나에게 투사하고 있는 이미지와 내가 기본적으로 비슷하다는 그들의 강한 믿음을 막을 수 없다. 따라서 내가 이미 지니고 있다고 그들이 확신하는 감정을 내가 정확하게 그대로 느끼게 되는 일을 막기 어렵다. 달리 말하면, 이러한 방식을 주요한 의사소통 방식으로 사용하는 환자의 경우에는 치료과정에 대한 이러한 교육을 통해서 그들이 치료관계에서 나타내는 강렬한 투사적 동일시와 내사적 동일시를 방지하기 어렵다. 그러나 매우 공격적인 경계선 환자라 하더라도 치료자는 자신의 행동에 대해서 의식적인 치료적 이유를 알려 줄 필요가 있다. 내가 그렇게 행동하는 이유를 설명했을 때 강렬하게 반발했던 환자들로부터 사실은 그때 그들이 내가 말한 이유를 부분적으로 받아들이고 있었다는 이야기를 몇 년이 지난 후에 들었다.

최근에 Elio Frattaroli(2001)가 심리치료의 가치에 관해 말한 내용으로부터 이러한 개입방법의 또 다른 좋은 예를 찾아볼 수 있다. 그의 환자인 Mary는 권위적인 남자에 대해서 과거에 느꼈던 감정과 동일한 강렬한 감정을 치료자에게 느끼고 있다는 것을 깨닫게 되었다. 그녀는 이것이 의미하는 바를 치료자에게 물었고, 치료자는 다음과 같이 대답해 주었다.

> "자, 우리는 그것이 무엇을 의미하는지 아직은 잘 모릅니다. 그러나 당신의 삶에서 중요했던 다른 남자와 경험했던 것과 동일한 문제를 조만간 나와의 관계에서도 경험하게 될 것이라는 의미일 수 있습니다. 이것이 전이라고 부르는 것입니다. 사람들이 분석을 받으려 하는 문제가 어떤 것이든 간에, 그들은 분석가와의 관계에서 그러한 문제를 반복하게 됩니다. 그리고 그것은 사실 좋은 일입니다. 왜냐하면 우리가 그러한 문제를 함께 경험하게 될 때, 과거에 당신이 경험한 것을 단지 말로만 다루는 경우보다 그러한 문제를 더 잘 이해할 수 있는 유리한 위치에 있게 되기 때문입니다." (p. 188)

여기에서 치료자가 분석가에 대한 환자의 감정을 전이라고 간단히 해석해 주고 있지 않다는 점을 유의해야 한다. 즉, 그는 그녀가 행동한 방식에 대해 수치심을 느끼지 않고 오히려 그녀의 혼란스러운 감정이 나타나는 것을 기쁘게 여길 수 있도록 전이에 대해 가르치고 있다. 이처럼 수치심을 적극적이고 교육적인 방식으로 전환시키는 것은 그 자체가 치유이며 내담자가 반복하는 자신의 대인관계에 관해서 배울 수 있는 다른 교훈과 마찬가지로 중요한 것이다. 이것은 치료적 예술의 핵심적인 요소로서 많은 숙련된 치료자들이 시행하고 있는 것이지만 책에는 잘 소개되어 있지 않는 것이다.

결 어

나는 이 장에서 환자, 특히 새로운 환자와 관계를 맺는 몇 가지 측면을 설명하고자 했다. 이러한 측면은 치료기법에 관한 문헌에 자세히 소개되어 있지 않지만 치료과정의 기본적인 측면들이다. 일부 저자들(예: Adler, 1980; Dewald, 1976; Greenson, 1971; Paolino, 1981)은 "진정한 관계"라는 제목으로 이러한 주제를 논의한 바 있고, 이러한 주제를 치료적 동맹의 일부로 다룬 저자들도 있다. 아마도 심리치료에 대한 교과서를 쓴 저자들은 슈퍼바이저들이 환자에게 자신의 행동을 설명하는 방식을 신참 치료자에게 알려 주었을 것이라고 생각한 모양이다. 그러나 나는 슈퍼바이저들이 수련생에게 표준적인 치료기법을 가르치는 데 너무 치중한 나머지 치료적 관계형성에 중요한 상호작용적인 세부적 사항들을 간과하고 있다는 사실을 알게 되었다.

나의 내담자들이 다른 치료자에 관해서 들려준 이야기뿐만 아니라 환자가 치료에서 경험한 바를 기술하고 있는 책(예: Kassan, 1999)을 통해서, 많은 내담자들이 그 이유를 이해하지도 못한 채 치료자가 하는 대로 순종하고 있을 뿐이라는 사실을 알게 되면서 놀라곤 했다. 예컨대, 많은 환자들은 과거의 치료자가 침묵하거나 수동적인 자세를 취하는 것이 불편했다고 이야기하고 있다. 그러나 그들은 이러한 방식이 치료의 당연한 부분이라고 생각하고 불평하지 않았다는 것이다. 아마도 그들의 치료자들은 자신의 침묵 때문에 내담자가 불편감을 느꼈다는 것을 알지 못했을 것이다. 만약 치료자들이 환자에게 그가 스스로 문제를 발견할 수 있게 하기 위해서 그랬던 것이라고 약간이라도 설명을 해 주었더라면, 또한 환자에게 치료관계에서 불편한 점을 솔직하게 이야기하도록 했더라면, 일부 환자들은 치료과정에서 침묵이 지속되는 동안 불편감을 덜 느꼈을 것이며, 다른 환자들은 좀 더 많은 이야기를 나누고 싶은 바람을 말하여 치료자가 좀 더 적극적으로 반응하게 할 수 있었을 것이다.

나의 분석가로부터 가장 큰 도움을 받았던 말 중에 하나는 치료과정에서 예상되는 것에 관해 나에게 설명해 주었던 말이었다. 그러한 설명은 내가 좀 더 자유롭게 자신을 열어 보일 수 있게 해 주었으며 또한 아무리 신경증적인 문제를 지니고 있을지라도 나는 예측할 수 있는 속성을 지닌 치료과정을 통과하고 있는 사람이라는 감정을 지지해 주었다. 예를 들어, 나의 치료자가 휴가를 가면 내가 퇴행하는 경향이 있다는 것을 처음 깨닫게 되었을 때, 나는 이러한 패턴을 나만이 독특하게 나타내는 수치스러운 일로 여겼다. 치료자는 그가 없을 때마다 나를 예민하게 만드는 과거의 상실경험에 주목하게 했지만, 그는 또한 나의 자존심을 배려하여 환자의 위치에 있게 되면, 특히 치료에 전념하게 되면, 치료자와의 분리에 대해서 그러한 퇴행적 반응이 불가피하게 나타난다는 말을 해 주었다.

내가 보기에, 치료자가 자신의 행동에 대한 이유를 내담자가 이해할 수 있도록 설명해 주는 가장 중요한 이유는 이러한 이해를 통해서 내담자들이 조정당한다는 느낌을 불식하고 좀 더 솔직해질 수 있다는 점이다. 이해할 수 없는 이유로 치료자가 신비로운 의식 뒤에 숨어 있다고 환자들이 느낄수록, 그들은 치료과정에 몰입하기 어렵게 된다. 반대로, 치료자가 어떤 작업을 진행하고 있으며 그 이유는 무엇인지를 솔직하게 알려 준다고 내담자들이 느끼게 될수록, 그들은 기꺼이 솔직해지려 할 것이며 내면적인 동기를 더 많이 공개하게 될 것이다. Freud는 일부 환자들이 그에게 정보를 털어놓지 않는다고 느꼈기 때문에, 환자에게 자유연상의 '기본적 규칙'을 따르게 함으로써 궁극적으로 진실한 대화가 이루어지도록 노력했던 것이다. 규칙을 설정하여 따르게 함으로써 내담자가 과연 자신을 솔직하게 공개하는 것에 대한 저항을 줄일 것인지에 대해서 나는 회의적이다. 특히, 내담자가 권위와 규칙에 대해 부정적인 경험을 가지고 있는 경우에는 더욱 그러하다. 그러나 치료자가 먼저 방어를 풀고 개방적으로 말한다면, 이는 환자 역시 그러한 태도를 나타내도록 자연스럽게 권유하고 설득하는 일이 될 것이다.

제5장

치료의 경계 I: 구조적 측면

> 나는 분석가와 환자 간의 치료적 관계에서 발생하는 모든 현상들을 정신분석적 상황(psychoanalytic situation)이라고 칭하고자 한다. 이러한 상황은 어떤 특정한 과정 속에서 일어나는 현상인 동시에 탐색되어 분석되고 해석되어야 할 현상들로 이루어진다. 또한 정신분석적 상황은 분석과정이 진행되는 범위를 일정하게 제한한다는 점에서 '비과정적인' 구조를 지닌다.
>
> –Jose Bleger(1967, p. 518).

모든 심리치료자들은 자신이 가장 잘 치료할 수 있는 조건과 더불어 자신이 원하는 상황배치와 합의사항을 결정해야 한다. 치료에는 필수적인 측면들(예: 치료자는 내담자의 말을 들어주어야 하고, 면담내용의 비밀을 보장해 주어야 하는 일)이 있지만, 치료자나 환자의 특별한 필요에 의해 선택될 수 있는 매우 가변적인 측면들(예: 치료자가 주말에는 면담을 하지 않거나, 내담자의 사정으로 취소된 회기에도 치료비를 받거나, 내담자에게 전자우편 교신을 허용하는 것 등)이 있다. Freud는 (다소 망설임 속에서) 치료기법에 관한 글을 쓰면서, 자신이 장기간의 시행착오를 경험하며 사용해 왔던 여러 가지 '선택적인' 방법들과 그 이론적 근거를 제시하였다. Freud가 자신의 치료법을 개발하게 되었던 신경증 집단과는 상당히 이질적인 환자들을 치료해 온 그 이후의 다른 심리치료자들 역시 그들이 사용하는 치료방법과 더불어 치료기법과 최적의 치료조건에 대한 추천사항을 제시하였다. 예를 들어, Fromm-Reichmann(1950)은 정신분석적 치료를 정신병 환자들에게 적용하는 방법을 자세하게 제시하였고, Kohut(1971)은 심한 자기애적 역동을 지닌 사람들에 대한 치료방법을 주창하였다. 또한 Davies와 Frawley(1994)는 아동기에 성적 학대를 받은 적이 있는 성인들을 위한 치료 방식을 제시하였다.

1장에서 설명했듯이, 특히 정신분석의 명성이 절정에 달했던 시기에 미국에서는 많은 정신건강 전문가들이 Freud의 개인적인 치료방법을 감히 도전할 수 없는 '규칙' 으로 여길 수밖에 없었다. 이러한 현상은 이해할 만한 것인데, 왜냐하면 정신분석가들은 Freud를 이상화했을 뿐만 아니라, 특히 신경증 환자의 경우, Freud의 치료법은 적절했고 일반적인 치료규칙으로 잘 기능해 왔기 때문이다. 그러나 Freud는 이를 심리치료의 법칙이 아니라 권장사항으로 제안했을 뿐이다. Lohser와 Newton(1996)은 권장사항(recommendations)이라고 영어로 번역된 독일어의 가장 적절한 해석은 '단편적 조각들,' 즉 두서없는 생각들임을 지적한 바 있다. 심리치료의 기법과 조건을 잠정적인 것으로 여겼던 Freud의 자세는 현명한 것이었다. 다시 말해서, 정신분석적 치료는 새로이 등장하여 발전하는 과정에 있었고, Freud는 자신이 특정한 사회적 · 문화적 · 역사적 맥락에서 치료하고 있음을 인식하고 있었으며, 자신의 치료방식이 자신만의 독특성을 반영하는 것이라는 사실을 잘 알고 있었다. Ferenczi에게 보낸 서한에서 Freud는 다음과 같이 쓰고 있다.

> 나는 치료자가 해서는 안 되는 일들을 강조하는 것이 가장 중요하다고 생각했습니다……. 치료자가 해야 하는 긍정적인 일들은 대부분 그들 나름대로 '재치' 있게 하기를 바랐지요……. 그 결과, 순진한 분석가들은 내가 제시한 규칙의 융통성을 깨닫지 못하고 마치 금기사항처럼 그것에 종속되어 버렸습니다. 언젠가 그 모든 것들은 …… 내가 말했던 기본적인 의무사항만 남기고 …… 반드시 개정되어야 할 겁니다. (Lohser & Newton, 1996, p.15)

Freud가 치료기법에 관한 글에서 설명하고자 했던 것의 많은 부분은 나중에 치료적 구조(therapeutic frame)라고 불리게 될 측면들(Bleger, 1967; Chasseguet-Smirgel,

1992), 즉 기본적인 규칙들로서 치료가 원활하게 시행될 수 있는 상황적 측면을 다루고 있다. Freud는 그 나름대로의 개성을 지닌 치료자로서 그가 환자를 가장 잘 치료할 수 있는 상황을 구성했던 것이다. 예를 들어, 현대의 대다수 치료자들과는 달리, Freud는 자신이 즐기는 흡연을 그만둘 수 없었기 때문에 면담 중 금연을 결코 규칙에 포함시키지 않았던 것이다. 이 장에서 나는 세월과 경험을 통해서 모든 환자들에게 보편적으로 적용되어야 한다고 밝혀진 것들보다는 치료자들이 각자 개성을 지닌 치료자로서 개인적 특성과 취향을 나타낼 수 있는 치료의 구조적 측면을 강조하고자 한다. 좀 더 일반적인 측면을 지적으로 이해하는 일은 대부분의 교과서나 슈퍼바이저를 통해서 가능할 것이다.

일부의 정신분석적 저술가들은 심리치료에는 단지 하나의 기본적인 구조가 있을 뿐이며 그것을 구체적으로 제시할 수 있다고 주장하고 있다(예: Langs, 1975, 1979). 그러나 자신 있게 그러한 주장을 하기에는 치료자들 간에 너무 다양한 차이가 있다. 나는 나의 치료적 경계들이 어떤 것인지를 잘 알고 있지만, 많은 유능한 심리치료자들이 나와는 다른 규칙과 절차를 따른다는 것도 알고 있다(참고: S. Pizer, 1996, Shane, 2003). 이러한 차이는 그들의 치료 상황, 주로 만나는 내담자 집단의 특성, 치료자 자신의 상황과 성격적 기질, 그들 자신의 치료자나 슈퍼바이저와의 동일시나 역동일시 또는 이러한 것들의 복합적 요인에 기인하는 듯하다. 세월이 흐름에 따라 치료자의 성향도 변하기 마련이다. 영국의 분석가들 중에는 치료회기 중에 뜨개질을 하곤 했던 사람들도 있었는데, 오늘날의 치료적 장면에서는 이러한 행동이 내담자에 대한 결례로 여겨질 것이다. Gabbard(1998; Gabbard & Lester, 1995; Guthiel & Gabbard, 1993, 1998)는 경계의 월경과 경계의 위반이라는 두 가지 유용한 구분을 한 바 있다. 그에 따르면, "경계의 월경(boundary crossings)"은 치료를 촉진시킬 수 있는 것으로서 치료자가 신중하게 숙고하여 행하는 것인 반면, "경계의 위반(boundary violations)"은 환자에게 심각한 위해를 끼칠 수 있는 것으로서 대개 부주의로 인해 생겨난다. 치료자가 내담자에게 책을 한 권 빌려 주는 것은 일상적인 경계의 월경이 되겠지만, 환자에게 자신의 고통을 토로하거나 위스키를 한 잔 권하거나 어떤 성적인 유혹을 하는 것은 경계를 위반하는 것이다. 대부분의 사람들은 이 차이에 대해서 상당히 현명한 직관력을 지니고 있다.

신참 치료자들은 자신의 취향에 따라서 이러한 경계를 선택할 수 있는 범위가 제한되어 있는 경우가 많다. 대개의 경우 이들은 클리닉, 상담센터, 학교, 병원과 같이 규칙이 이미 정해져 있는 상황에서 일하게 된다. 기관에서 일하는 임상가들은 기관에서 정한 규칙에 따라서 치료비를 정하고, 이를 청구하며, 업무시간을 정하고, 응급상황에 대처하며, 환자의 전화를 처리하는 일을 하게 된다. 그러나 매우 많은 중요한 정신역동적 문제들이 이러한 현실적인 치료 상황을 둘러싸고 발생하고, 다루어지며, 역할재현이 일어나기 때문에, 이러한 현실적인 상황에 대해 깊이 생각해 보고 그 이론적 근거를 이해하는 것은 매우 중요한 일이다.

아직 독자적인 개업을 생각해 보지 못한 초보자라 할지라도, 치료적 경계에 대한 자신의 개인적 선호를 생각해 보는 것은 매우 중요하다. 여러 해 동안 기관에서 일하던 치료자들이 대표적인 경우인데, 만약 개업을 할 경우 여러 가지 중요한 새로운 문제들에 봉착하게 될 것이다. 나는 그러한 경계가 어떠한 것이냐는 것보다 치료자가 얼마나 안정적인 경계를 지니고 있느냐가 더 중요하고 생각한다. 환자와 치료자는 모두 납득할 수 있는 치료 상황 속에서 안전감을 느끼며 치료에 임해야 하며, 미리 예측할 수 있는 불안의 요소는 사전에 예방해야 한다. 윤리적으로 평등한 정신분석의 미래상을 제시하기 위해 평생을 바쳤던 Edgar Levenson(1992)은 환자뿐만 아니라 치료자 자신에게도 치료의 구조가 필요하다고 역설하였다. 나는 이에 동의하며, Levenson과 마찬가지로, 치료자가 내담자에 비해 심리적으로 더 건강하다거나 또는 반드시 더 건강해야 한다거나, 치료적 관계를 협의할 때 내담자 측의 불안만을 고려해야 한다고 생각하지 않는다. 경계를 설정하는 것은 우리가 매우 힘든 심리치료를 해 나갈 수 있도록 충분히 편안한 상황을 조성하기 위한 정당한 노력을 의미한다.

치료자와 경계에 대한 일반적 현상들

지나치게 완고한 탓에 치료 자체를 망치게 된 치료자들의 이야기(경직된 치료 방침에 반발하는 환자들을 잃게 되거나, 내담자들을 유아적으로 순응하게 만들거나, 내담자가 비공감적이고 완고한 양육자와 과거에 겪은 병리적인 경험을 강화하는 경우 등)를 종종 듣게 된다. 그러나 그동안 내가 관찰한 바에 의하면, 대다수의 치료자들이 더 자주 공통적으로 나타내는 문제는 적절한 치료 규칙에 대해서 자신의 입장을 확고하게 견지하지 못한다는 점이다. 이 분야에 종사하는 사람들은 온유한 성품을 지니는 경향이 있어서, 고통을 겪고 있는 사람을 좌절시켜야 하는 경우와 치료 경계를 무시하고 온정과 공감을 전달해야 하는 경우를 선택해야 하는 상황에서, 이들은 보통 후자를 선택하게 될 것이다. 이러한 결정이 올바른 경우도 있다. 특히, 내담자가 매우 권위주의적인 부모를 두었으며 치료자가 자신을 잘 돌보아 줄 것인지를 시험하고자 하는 신경증적 수준의 환자인 경우에는 더욱 그러하다. 그러나 때로는 이러한 결정이 문제의 소지를 지니고 있거나 심지어 위험한 경우도 있는데, 두 가지 경우의 차이를 구별하기는 어려운 일이다.

치료의 구조와 그로부터의 일탈

대부분의 내담자들은 치료 초기에, 흔히 첫 회기부터, 치료자를 시험하려 든다. 의식적으로 시험하는 경우도 있지만, 무의식적 수준에서 그러한 일이 벌어지는 경우가 많다(Weiss, 1933, Weiss et al., 1986). 치료자에게 찾아오는 대부분의 사람들은 당연히 "이 사람이 다른 사람들처럼 나에게 상처를 주지 않을 믿을 만한 사람인가?" 라는 물음을 스스로 해보게 되고, 은밀하게 이 질문에 대한 해답을 모색할 것이다. 치료자가 자신이 시험받고 있다는 사실조차 인식하지도 못한 채 내담자에게 매우 친절하고 사려 깊은 행동을 함으로써 이러한 시험을 쉽게 통과하는 경우도 있다. 나의 환자 한 명은 그가 춥다고 말했을 때 내가 에어컨을 약하게 조절하는 것에 감동을 받고 나에게 치료받기를 결정하기도 했다. 자신의 어머니라면 실내 온도에 대해 다른 의견을 지니기만 해도 모질게 굴었을 것이라고 그 환자는 나중에 말했다. 치료자가 실수를 통해서 내담자의 시험을 통과하는 경우도 있다. 한 남자 환자는 내가 첫 면담을 마치고 치료비 받는 일을 깜빡 잊어버린 것을 보고 나를 믿을 만한 사람이라고 느꼈는데, 돈에 대해 무관심한 나의 모습이 돈에 집착했던 부모의 태도와 사뭇 다르다고 느꼈기 때문이다.

어린 시절에 양육자와 겪었던 좌절 경험을 미리 방지하기 위해 치료자의 능력을 처음부터 시험하려는 경우는 흔히 치료의 경계 문제와 관련되어 나타난다. 치료자들이 이러한 시험을 통과하는 한 가지 방법은 과거에 그들의 부모가 지녔던 문제점들이 어떤 종류의 것이었는지를 주의 깊게 경청하는 것이다. 대개의 경우 이러한 대부분의 시험은 일상적인 친절이나 관심 및 온정을 통해서 충분히 통과할 수 있는 것이다. 또한 치료자들은 충동적으로 행동했던 부모에 대해 강조하는 내담자를 대할 때는 보다 일관성 있고 절제된 방식으로 대해야 하며, 지나치게 엄격한 부모에 대해 토로하는 내담자를 대할 때는 상황에 따라 유연하게 행동해야 한다는 것을 배우게 된다.

치료자는 초기부터 자신이 시험받고 있다는 것을 감지하게 되지만, 이러한 시험을 통과하기 위해서 필요한 것이 치료적 경계의 유연성인지 아니면 철저함인지를 파악하기 어려울 때가 있다. 예를 들어, 근친상간과 같은 개인적 경험을 지닌 여성이 고통스러운 성적 학대의 기억을 떠올리며 슬픔에 잠겨서 치료시간을 몇 분 정도 연장해 줄 것을 호소한다고 가정해 보자. 지금 그녀에게는 그러한 근친상간을 방치했던 무관심한 부모와 달리 정서적 고통에 관심을 보여 주는 치료자가 필요한가? 아니면 성적인 한계와 규범을 어겼던 부모와 달리, 정해진 치료시간이라는 경계를 명확히 지키는 치료자가 필요한가? 어떻게 말하고 반응해야 할 것인지를 신속하게 결정하는 것이 매우 어려운 경우가 많다. 때로는 '정답' 이 존재하지 않는 경우도 있다. 많은 사람들, 특히 경계선적 성격 특성을 지닌 사람들은 치료자가 어떤 말을 하더라도 그에 대해서 화를 내거나 상처를 받게 되어 치료자를 곤혹스럽게 만드는 남다른 '재주' 를 지닌다.

치료의 경계는 간단한 문제가 아니다. 일단 치료의 구조가 치료자와 환자 두 사람에게 분명해지면, 치료 관계의 안정성은 그러한 경계를 일관성 있게 지키는지 여부에 달려 있다. 그러나 역설적이게도, 가장 감동적이고 치유적인 순간은 치료자가 그러한 구조에서 벗어나 환자에게 자연스럽게 행동하며 무언가 예외적인 일을 했을 때 찾아오는 경우가 많다(Winnicott, 1960). 환자들에게 치료과정 중에서 그들이 경험했던 가장 중요한 순간이 어떤 때였느냐고 물었을 때, 그들은 치료자가 정해진 틀을 벗어나서 자신을 놀라게 했던 순간이라고 이야기하는 경우가 많다.

우울과 해리증상을 겪고 있는 나의 여성 친구 한 명이 해리성 환자를 유능하게 잘 다루는 남성 치료자에게 분석을 받고 있었는데, 이 치료자는 해리성 환자에게는 명확한 경계가 필요하다는 사실을 잘 인식하고 있었다. 평소에, 그는 그녀의 말을 가로막지도 않았고 신체적인 접촉도 전혀 하지 않았다(이것이 그의 일상적인 치료 스타일은 아니었지만 그녀가 성적인 학대를 받았던 과거 경험이 있기 때문에 이렇게 하는 것이 필요했다.). 그런데 그녀가 한 번은 몹시 심한 자기 혐오감에 사로잡혀 자해를 한 적이 있었다. 그 치료자는 그녀의 손을 움켜잡고 "내 환자에게 상처를 입히지 말아요!"라고 버럭 소리를 질렀다. 그녀는 이것이 분석과정의 전환점이었다고 기억하고 있는데, 치료자가 자신의 부모와는 달리 그녀 자신을 매우 적극적으로 보호해 주고 있다는 것을 갑작스럽게 깨닫게 해 준 것이다. 이 사건 이후 그녀는 자신을 놀라울 만큼 보호해 주는 치료자의 태도를 동일시하기 시작했고, 자신을 스스로 더욱 존중하게 되었음을 알게 되었다. 다른 한 친구는 수년 동안 매우 엄격한 훈련을 받았던 분석가에게 치료를 받았다. 그 분석가는 그에게 질문, 명료화 또는 해석의 경우를 제외하고는 좀처럼 말을 하지 않았다. 매우 부담스러운 전문가 시험을 앞둔 자신에게 치료회기가 끝나갈 무렵 치료자가 행운을 빌어주었을 때 그는 매우 깊은 감동을 받았다.

이러한 순간들이 영향력을 갖기 위해서는 진정한 마음으로 자연스럽게 이루어져야 하며 이미 정해진 치료 방식에 비추어 예외적이어야 한다. 이것은 치료에 반드시 어떤 패턴이 존재해야 함을 의미한다. Irwin Hoffman(예: 1992)은 사람들이 어떤 책을 매우 잘 이해하게 되어 더 이상 필요하지 않을 때까지는 그 책을 버릴 수 없다는 것을 매우 명쾌하게 제시한 바 있다. 따라서 나는 예외적인 치료 행위의 강력한 효과를 인정하지만, 일관성이 중요하다는 점을 강조하고자 한다. 다시 말해서, 모호한 상황이라면 보수적인 입장을 취하는 것이 낫다. 현대의 정신분석적인 관계적 이론가들은 치료자가 어떤 행동을 하더라도 그 의도가 진실한 것이라면 결국 아무런 문제가 되지 않을 것이라고 설득력 있게 주장하고 있다(참고: J. Greenberg, 2001). 그러나 규범으로부터의 이탈이 비록 환자에 대한 진정한 애정에서 비롯되었다 할지라도 내담자들은 이를 그렇게 느끼지 않는 경우가 있다. 그리고 정신분석의 관계적 운동을 주도하는 사람들은 정신분석과 집중적인 분석적 심리치료를 하는 숙련된 분석가들이다. 그들이 감동적으로 묘사하고 있는 즉흥적인 이탈은 대부분 수개월 혹은 수년간 일관성 있게 관례적인 치료적 작업을 한 후에야 일어나는 예외적인 경우를 말한다. 자연스러운 치료적 반응을 나타내는 순간이 환자에게 예외적인 것으로 느껴지지 않는다면, 그들이 이러한 반응에 담겨 있는 특별한 의미를 깨닫지 못할 것이다.

보수적인 행동을 중시하는 경향은 기관 운영자들에 의해서 치료 규칙이 설정되는 기관에 고용되어 일하는 치료자들에 있어서도 마찬가지이다. 기관에서 정한 규범을 잘 지켜야 하는 상황이라 하더라도, 내담자들이 치료자로 하여금 기관의 규칙을 위배하도록 압력을 가하는 경우가 종종 있다. 자신이 아니라 다른 사람에 의해 정해진 규칙을 대변해야 하는 일은 심리적으로 힘든 일일 수 있다. 특히, 자신의 입장이 소속된 기관의 입장과 다른 경우에는 더욱 그러할 것이다. 자신이 일하는 기관에 대해 비판적인 입장을 지닌 치료자는 환자와 함께 기관에 반발하는 행위를 하고 싶은 유혹을 느낄 수도 있다. 특히, 환자에게 동조하지 않을 경우 환자가 자신에게 반항적인 행동을 할지 모른다고 우려하는 치료자는 그러한 유혹을 더 강하게 느낄 것이다. 피고용자의 입장에서 기관에 대해 상당한 불만을 느끼고 있을 수 있지만, 치료자가 정해진 절차를 이탈하는 것이 환자에게 도움이 되는 경우는 드물다. 이러한 경우에는 정중하게 기관의 규칙을 다시 한 번 주지시키면서 이에 따라줄 것을 요청하는 것이 바람직하다.

내담자와 치료자 간의 심리적 괴리

치료자와 환자의 성격적 차이에서 기인하는 문제들을 살펴보고자 한다. 좀 더 구체적으로 말하면, 정신건강 분야의 전문가들에게서 흔히 발견되는 우울성 성격양식(depressive personality style)으로 인해서 치료자가 상당히 이질적인 심리적 성향을 지닌 내담자들에게 (특히 그들이 제시하는 문제가 우울증이어서 치료자가 즉각적인 동일시를 하게 될 경우) 적절한 치료적 반응을 하지 못하게 되는 과정을 살펴보고자 한다.[1] 나의 일상적인 관찰에 의하면, 심리치료자가 된 대부분의 사람들은 친밀한 관계를 좋아하고, 분리(separation)를 싫어하며, 거절에 대한 두려움을 지니고 있고, 쉽게 죄책감을 느끼는 경향이 있다. 이들은 자기비판적이고, 과도한 책임감을 느끼며, 자신보다 타인의 욕구를 중시하는 경향이 있다. 어떤 특권의식을 갖기보다는 스스로 자격미달이라고 여기는 경향이 있다. 탐욕, 분노, 이기심을 회피하려고 하며 자신에게서 경쟁심이나 적대감의 흔적을 발견할 경우 몹시 속상해한다. 이들은 내담자 내면에 있는 유아적 측면을 보살핌으로써 자신의 유아적 측면을 대리적으로 보살피려는 반전(reversal)의 자기방어를 선호한다. 이들은 자신을 부모보다는 아동, 가해자보다는 피해자와 동일시한다. 일례로, 나의 동료 한 사람은 "게으르고 무능한 부모를 둔 어린이를 위한 Bill Taylor Home"[2]을 세우겠다는 의향을 밝히기도 했다.

심리치료자들은 다른 사람에게 베푸는 일을 통해 즐거움을 얻지만, 다른 사람으로

1) 나의 친구 Kerry Gordon은 이러한 일반화가 지나친 것이며 우울성 성격구조를 지니지 않은 치료자에게는 적용되지 않을 것이라고 보고 있다. 1장에서 언급했듯이, 소수이지만 상당한 수의 치료자들이 분열성 성격 양식(schizoid personality style)을 지니고 있으며, 이들은 경계의 문제에 대해서 상반된 태도를 나타낼 수도 있다. 물론, 치료자라는 집단은 다른 커다란 조직과 마찬가지로 다양한 기질적 감수성과 성격양식을 지닌 사람들로 구성되어 있으며, 심리치료자를 배출하는 다양한 학문분야(정신의학, 심리학, 사회사업학, 간호학, 교육학, 종교분야 등)에는 각기 다른 감수성을 지닌 사람들이 모여들고 이러한 학문을 통해서 그러한 감수성이 강화될 것이다. 나의 동료인 정신과 의사들 중에는 내가 묘사한 우울성 심리역동에 대해서 동의할 수 없다고 하는 사람들도 있다. 그들 중 한 명은 나에게 "의사로서 배워야 할 것 중의 하나는 죄책감을 느끼지 않고 고통을 가하는 것이다."라고 말하기도 했다. 내가 연사로 초빙되었던 목회상담자들의 학회에 참석했던 한 사람은 내가 상세하게 설명한 분열성 정신역동이 청중의 약 80%에 해당한다고 말한 바 있다. 나는 여전히 치료자 중에는 우울한 성향을 지닌 사람들이 가장 많다고 생각하지만, 이 부분에서 소개되는 내용의 적절성은 독자들이 각자 판단할 수 있을 것이다.

2) 역자 주: 자신의 이름을 붙인 아동보호시설.

부터의 베풂은 잘 받지 않으려는 경향이 있으며 자신의 부족함 때문에 미움을 받게 되는 것을 두려워한다. 다른 사람이 이들에게 일상적인 수준을 넘는 어떤 것을 베풀어 주면 이들은 매우 감격스러워하는데, 왜냐하면 자신이 그것을 받을 만한 자격이 없다고 생각하기 때문이다. 환자가 호전되는 경우에 치료자는 이를 환자의 치료동기와 성장 잠재력으로 돌리지만, 환자가 호전되지 않는 경우에 치료자는 자신을 비난하곤 한다. 3장에서 언급한 바 있듯이, Alice Miller(1975)가 쓴 『재능 있는 아이(*Gifted Child*)』가 심리치료자들 사이에게 매우 큰 인기를 얻었다는 사실은 정신건강분야에 종사하는 사람들이 Miller가 묘사한 공감적인 어린 주인공에게 자신을 깊이 동일시했었다는 것을 보여 주는데, 이 책의 어린 주인공은 부모의 자존감을 지탱하기 위해서 또는 가족의 잘못된 믿음을 유지시키기 위해서 자신의 진정한 모습을 희생하고 있었다. 치료자들은 진정함과 정직함을 매우 소중하게 여기지만, 때로는 지나칠 정도로 양심적이고 고결한 사람처럼 행동하려고 애쓰기도 한다.

나의 동료인 Pat Miller는 도무지 믿기지 않는 일이지만 사실이라고 맹세하며 다음과 같은 이야기를 들려주었다. 그녀가 해외여행을 마치고 미국으로 돌아왔을 때, 세관을 통과하면서 유럽에서 구입한 팔찌를 미처 신고하지 못한 채 착용하고 있음을 알게 되었다. 그녀는 세관 공무원에게 돌아가서 "미안합니다. 이 팔찌를 신고하지 않았다는 사실을 뒤늦게 알게 됐습니다. 아마 이 팔찌로 인해 구입 한도액을 초과하여 관세를 물어야 할지도 모르겠습니다."라고 말했다. 그 공무원은 못 믿겠다는 듯이 짜증스럽게 그녀를 응시한 후 "혹시 당신은 심리치료자가 아닌가요?"라고 물었다. 이 엄청난 직관력에 말문이 막힌 그녀는 그저 고개만 끄덕였다. 다시 정신을 가다듬고 어떻게 그런 추측이 가능했는지 물어보았다. 그는 이같이 응답했다. "이런 행동을 할 사람은 심리치료자들밖에 없기 때문이죠!"

환자가 자신은 충분한 치료를 받지 못하고 있다며 여러 가지 방식으로 불평을 하게 되면, 우울한 성격구조를 지닌 치료자들은 더 많은 것을 제공하려고 애쓰는 기질을 지니고 있다. 치료자는 친밀함에 대한 자신의 소망이나 돌봄을 요청하는 것에 대한 억제 경향을 환자에게 투사하기 쉬우며, 이러한 투사로 인해서 환자가 애정을 갈구하고, 외로워하며, 스스로 사랑을 받을 자격이 없다고 생각하는 사람처럼 느껴진다. 투사를 통해서 환자를 이같이 지각하게 되면 그에게 필요한 것을 제공하기 위해 치료자가 최선을 다하게 되는 것은 당연한 결과이다. 이러한 심리적 역동은 흔히 치료적 경계와 관련된 문제들, 즉 치료비, 치료일정, 종결, 면담취소, 전화 상의 면담, 전자우편을 통한 연락, 응급 시의 절차, 선물, 초대 또는 특수한 요구와 같은 문제들과 관련되어 촉발된다. 환자는 치료비를 좀 더 싸게 해 달라거나, 치료비를 오래도록 내지 않거나, 추가적 면담이나 치료시간을 요구하거나, 의료보험에 관련된 유별난 요구를 할 수도 있다. 속상한 일이 생길 때마다 치료자의 휴대폰으로 전화를 걸어 올 수도 있다. 이처럼 특별한 요청을 하는 것이 환자의 성격에 비추어 예외적인 것일 경우(예: 면담시간이 아닌 시간에 처음으로 치료자에게 전화를 걸어 온 우울증 환자의 경우 또는 결코 다른 사람에게 의존하지 않으려는 환자가 마침내 치료자에게 무언가를 요청하는 경우), 이는 중요한 치료적 성장을 의미할 수도 있다. 이러한 경우라면, 치료자는 예외적인 요청을 새롭게 육성된 자기존중적 행동으로 높이 평가할 수 있을 것이다.

그러나 예외적인 요구를 지나치게 자주, 특히 치료 초기에 하는 사람들의 경우, 이러한 행동은 과도한 특권의식의 발로이거나, 치료자를 조종할 수 있는지 시험해 보거나, 정당한 이유를 만들어 분노를 표출할 기회를 찾고 있거나, 치료자의 경계가 너무 느슨하지는 않은지 우려하면서 이를 시험해 보려 하거나, 혹은 이와 유사한 동기들이 복합적으로 작용한 것일 때가 많다. 이러한 상황에서 치료자는 우울 성향으로 인해서 환자의 메시지를 오해할 수가 있다. 내담자가 실제로는 애정을 갈구하고 있지만, 특권의식을 지니고 있거나 분노나 적의를 지니고 있어서 치료자와 싸움을 하려고 하는 경우가 있는데, 이러한 내담자의 감정을 불편하게 느낄 뿐만 아니라 공감하려는 자세 때문에 내담자를 미워하기보다 그의 욕구에 초점을 맞추려는 치료자들에게는 이러한 특성들이 잘 포착되지 않을 것이다. 다른 경우에 내담자는 치료자가 자신을 보살펴 주고 있다는 믿음을 얻고자 하지만, 어린 시절에 돌봄을 받는 것이 늘 매우 부담스러운 정서적 대가를 치러야 했기 때문에, 이러한 갈망을 두려워할지도 모른다. 만약 환자가 보호받고 있다는 느낌을 원하고 있으며 치료자가 과연 자신을 위해 각별한 노력을 기울이는지 시험하고 있다고 생각한다면, 치료자는 이러한 욕구를 만족시켜 주려고 노력하게 될 것이다. 특권의식에 사로잡혀 있는 사람들, 반사회적 성향을 지닌 사람들, 강렬한 분노를 죄책감 없이 발산하고 싶어 하는 사람들 또는 치료의 경계가 잘 유지될 것인지를 확인하고 싶어 하는 사람들에게 치료자의 이러한 반응은 신뢰감을 심어 주기보다 오히려 해로운 퇴행을 조장할 수 있다.

치료자는 자신이 호의적이고 자상하며 열성적인 전문가라는 것을 보여 주려고 노력하고 있는데, 내담자가 그저 치료경계의 실제적인 범위를 알아내기 위해서 여러 가지 부당한 요구를 늘어놓는다면, 치료자는 이에 대해서 매우 혼란스러움을 느끼게 되고 결국에는 화가 날 것이다. 어떤 내담자들은 치료자의 융통성뿐만 아니라 완고성을 시험하고자 하며, 치료자가 자신의 건강을 잘 돌봐 줄 만한 능력을 지니고 있는지 알고 싶어 한다. 또한 적절한 경계를 설정하는 것이 때로는 치료자가 내담자를 감히 "아니요."라고 말하지 못할 만큼 불쌍하고 절박한 사람으로 여기지 않는다는 의미로 전달될 수도 있다.

나의 큰딸이 두 살이 되었을 때, 내가 설정한 경계에 대해 화를 내며 난리를 피운 적이 있다. 딸이 화를 내는 것에 격분했지만, 나는 이에 잘 대응하려고 "수잔, 나는 네가 왜 화가 났는지 이해할 수 있어. 하지만……."이라고 말했다. 그때 수잔은 "이해하지 마!"라고 소리를 질렀다. 나는 이 아이가 대항하며 싸울 상대가 필요했으며, 나의 "공감적인" 태도는 단지 이 아이에게 자신의 솔직한 심정을 포기하게 만들거나 사랑하는 사람을 괴롭히는 자신을 미워하게 만들 뿐이라는 것을 그 즉시 알게 되었다. 나의 딸은 단지 두 살이었지만, 그녀가 나를 힘들게 만들었을 때 내가 합리적이고 지지적인 태도를 유지하며 나타내는 '반동형성'을 감지했을 뿐만 아니라 내가 좀 더 솔직해야 한다는 것을 원초적인 방식으로 주장했던 것이다.

특수한 경계들과 그 파생물

심리치료가 탐색적이어야 하는가 아니면 지지적이어야 하는가에 따라서 치료의 경계가 달라질 수 있다. 경계의 기본적 요소들도 환자에 따라 달라질 수 있는데, 이는 치료자가 실제적으로 얼마나 융통성을 보일 수 있으며 내담자의 독특한 심리상태를 얼마나 잘 이해하고 있느냐에 따라 달라질 수 있는 것이다. 예를 들어, 갑작스러운 경제적 어려움을 겪고 있는 매우 양심적인 환자에게는 치료비의 인하나 외상을 허용할 수 있지만, 치료비를 둘러싸고 문제 행동을 일으키는 경향이 있거나 경계선 성격특성이 있거나 혹은 가학적 행동을 나타낸 과거력을 지닌 사람들에게는 이와 같은 배려를 삼가야 할 것이다(경계선 성격을 지니고 있거나 자기패배적인 내담자에게 경계를 굳게 지켜야 하는 이론적 근거에 대해서는 McWilliams(1994)의 『정신분석적 진단』을 참고하기 바란다.). 어떤 치료자는 모든 내담자들에게 규칙을 일관성 있게 적용하는 것을 보다 편안하게 여기는데, 기본적인 규칙을 바꾸지 않을 것이라면 이러한 규칙들을 상기하면서 설명해 주는 것이 분명히 더 쉬운 일일 것이다. 다시 강조하지만, 치료의 경계는 환자뿐만 아니라 치료자를 위해서도 중요하며, 내담자의 관점에서는 아무리 타당해 보이는 것이라 하더라도 치료자가 염려하는 문제를 적당히 타협해 버리는 것은 결코 바람직하지 않다.

사생활과 불가침성

환자는 심리치료가 이루어지는 면담시간 동안 치료자로부터 집중적인 관심을 받을 권리가 있다. 또한 환자는 약속된 면담시간 중에 어떤 방해도 받지 않아야 한다. 면담시간 중에 치료자가 전화를 받는 것이 별 문제가 되지 않던 때도 있었으나, 요즘처럼 자동응답기, 음성녹음, 진동모드와 같은 여러 가지 대안적인 방법이 있는 시대에는 면담시간 중에 걸려오는 전화를 받음으로써 치료가 중단되는 일을 거의 완벽하게 피할 수 있게 되었다. 비밀 보장과 관련하여 환자에게 보장되어야 하는 권리 중의 하나는 방음시설을 갖추거나 최소한 누군가가 면담을 엿듣지 않도록 치료자가 최선의 노력을 해야 한다는 점이다. 같은 건물 안에 있는 다른 사람들이 면담 중에 노크를 하거나—이 경우 가장 쉬운 방법은 "방해하지 마시오!"와 같은 팻말을 문에 붙여 놓는 것이다—치료에 방해가 될 정도로 옆방에서 소음을 내는 일도 방지해야 한다. 대기실에 있는 통화시설도 기본적인 사생활을 보호할 수 있도록 해야 한다. 치료자의 일반전화와 휴대폰은 반드시 착신음을 꺼 두어야 하며, 걸려오는 전화는 음성사서함으로 연결되도록 해야 한다. 환자 측의 경우 휴대폰으로 걸려오는 전화를 받을 것인지의 여부는 그 자신의 선택에 달린 일이지만, 많은 치료자들은 치료가 중단되지 않도록 미리 휴대폰을 꺼달라고 요청한다.

치료자가 면담 중에 잠시 중단해야 할 만큼 매우 긴급한 직업적 혹은 개인적 문제를 다뤄야 하는 예외적인 경우에는, 회기를 시작하기 전에 환자에게 양해를 구하고 매우 예외적인 상황으로 인해서 전화나 호출기를 켜 놓고 대기해야 함을 미리 설명한다. 응급상황으로 인해 줄어든 면담시간은 가능한 한 신속하게 보충되어야 한다. 치료자가 이처럼 규범의 일시적 이탈에 관해 양해를 구하는 것에 대해 내담자가 자신의 사생활도 그만큼 잘 보장되고 있을 것이라고 여긴다면, 내담자들은 그러한 예외적인 상황에 대해 매우 관대할 것이다(사실, 그들은 이처럼 사소한 방식으로 치료자에게 배려해 주는 것을 일종의 역할 전환으로 여기며 좋아한다.).

치료자마다 면담시간 중에 주의가 산만해지지 않도록 다양한 노력을 기울이고 있다. 어떤 치료자는 주의집중을 위해 메모를 하기도 한다. 반면, 면담 중에 메모하는 것이 오히려 주의를 분산시키므로 면담 중에 내담자 앞에서 직접 기록을 하기보다는 면담이 끝난 후에 면담내용을 정리하는 치료자도 있다(Freud는 면담 중에 기록하는 것이 분석가의 일차과정적 사고와 감각적 수용성을 저해한다며 이에 반대하였다.). 어떤 치료자들은 면담 중에 커피를 마시거나 담배를 피우는 경우도 있으나, 일부 치료자들은 면담 중에 어떠한 것도 입으로 섭취하는 일을 하지 말아야 한다고 생각한다. 나는 하루 종일 차를 마시고 면담 사이에 다시 찻잔을 채운다. 현재까지 나의 환자 중에는 내가 차를 마시는 것이 나의 경청 능력을 저해한다고 느꼈던 사람은 없으며, 나 역시 그렇게 생각한다.

가끔 사생활에 관한 문제로 인해 곤혹스러운 갈등 상황이 생겨나기도 한다. 예컨대, 한 남자가 치료를 받기 위해 찾아왔는데 초기 면담 과정에서 치료자는 이 사람이 형제간 경쟁(sibling rivalry)으로 인해 어려움을 겪고 있는 다른 환자와 친구 사이이며 복잡한 경쟁적 관계에 있음을 알게 되었다. 두 환자는 가끔 일상적으로 만나기는 하지만, 이제 막 치료를 시작하게 된 이 환자는 자신의 친구가 치료를 받고 있으며 그것도 같은 치료자로부터 치료를 받고 있는지는 전혀 알지 못하고 있었다. 치료자는 새로운 환자와 치료를 시작하는 것이 바람직하지 않다고 판단했는데, 왜냐하면 기존의 환자가 이러한 사실을 알게 되면 배신감을 느낄 것이기 때문이었다. 정직하면서도 동시에 사생활을 보호해야 하는 의무를 고려할 때, 비밀로 해야 할 사항에 근거하여 내린 이러한 판단을 과연 어떻게 설명해야 할 것인가? 이에 대한 설명을 해 주지 않는다면, 이 새로운 환자는 자신이 거절당했다고 느낄 것이다. 아마도 이 경우에 취할 수 있는 최선의 방법은 "갑작스럽게 복잡한 상황에 관해 이야기하게 되어 매우 죄송합니다. 대화를 나누는 과정에서 제가 밝힐 수 없는 어떤 개인적인 이유로 인해서 ○○씨와 치료를 시작하는 것이 바람직하지 않다는 것을 알게 되었습니다. 만일 치료를 시작한다면 좋은 경험이 될 것 같기는 합니다만…… 정말 죄송합니다. 이러한 문제 없이 ○○씨를 잘 치료할 수 있는 좋은 치료자를 고려해 보겠습니다."와 같이 말하는 것이다.

치료 상황에서 사생활 보호와 불가침의 원칙이 위협받게 되는 특수한 경우는 치료와 관계없는 제3자가 정보를 요청할 때이다. 나는 보험회사, 장애판정 평가자, 양자입양 기관, 경찰이나 변호사들이 환자의 개인적 정보를 요청하는 이유를 이해할 수 있지만, 치료자는 법이 허용하는 범위 내에서 최대한 양심적으로 내담자의 사생활을 보호해야 할 뿐만 아니라 이러한 전문가들이 자신의 목적을 성취하기 위해 동원하는 '방식'이 치료에 방해가 될 수 있다고 주장해야 한다.[3] 가능하다면 치료자는, 설혹 내담

3) 나는 비밀보장에 관해서 개인적으로 극단적인 입장을 지니고 있다. 1976년의 Tarasoff 판결, 즉 캘리포니아의 한 법정에서 치료자는 자신의 환자가 위해를 가할 가능성이 있는 피해자에게 이러한 위험을

자가 그들에게 협조해 주라고 권유하더라도 그러한 요청을 거절해야 한다. 심리치료의 입문서에는 모두 다루기 어려울 만큼 사생활을 침해하는 다양한 상황이 존재하지만, 나는 한 가지 중요한 조언을 하고자 한다. 자격증 발급위원회나 전문가 협회를 비롯한 외부인사가 비밀로 해야 할 정보를 요청할 때는, 어떤 행동을 하기 전에 점점 더 복잡해지는 정신건강관련 법규에 능통한 변호사에게 자문을 구하라는 것이다(12장을 참고하기 바란다.). 다양한 전문직종의 연합회는 각 주마다 그들의 전문분야를 담당하는 변호사의 명단을 가지고 있다. 치료자와 환자가 위험한 상황에 처하게 될 때까지는 알기 어렵지만 두 사람 모두를 보호할 수 있는 합법적인 방법이 있기 때문에, 법률적 자문을 구하는 것은 비용을 투자할 만한 가치가 있는 일이다.

그러나 변호사들이 공통적으로 치료자에게 요구하는 점들에 관해서 몇 가지 이야기

미리 경고했어야 한다고 판결한 이후(사실 그 심리학자는 그 환자를 입원시키려고 했으나, 그를 감독하던 정신과 의사가 그가 위험한 상태라는 것에 대해 반대하며 이를 좌절시켰다), 환자가 생각하고 느끼는 모든 것을 치료자에게 말할 수 있는 안전장치에 우려할 만한 문제가 발생했다. 이러한 비밀보장의 자유가 보장되지 않으면, 많은 내담자들의 경우 치료가 현실적으로 불가능하다(Bollas & Sundelson, 1995를 참조하기 바란다). 충동 조절의 문제가 없는 사람의 경우에는 치료의 비밀보장에 대한 법적인 제한으로 인해 별다른 문제가 생겨나지 않지만, 전문적인 도움이 가장 필요한 다른 환자의 경우에는 "통고 의무(duty of warn)"의 법률 때문에 치료를 받거나 계속하는 것을 단념하게 만든다.

나는 치료자가 의무 때문에 자신의 환자가 다른 사람을 학대했거나 의도적으로 위해를 가했다고 보고하는 것이 아무에게도 도움이 되지 못했으며 결과적으로 도움을 줄 수 있는 가능성마저 잃게 된 많은 사례들을 들어 알고 있다. 치료과정에서 이야기한 자신의 가해적 행위나 의도가 다른 사람에게 통지된 것을 알게 된 환자는, 비록 처음에 비밀보장의 한계를 명시한 동의서에 서명을 했다 할지라도, 배신감을 느끼고 격분하며 치료를 중단해 버릴 것이다. 역설적이게도, 주 당국은 임상가의 보고 내용을 조사한 후에 그 부모나 가족에게 치료가 필요하다는 결론을 알려 주지만, 그들은 이미 치료에 심한 환멸을 느꼈기 때문에 그때는 치료를 받는 일이 근본적으로 불가능해진다. 나는 일반적으로 시민들이 의무적으로 아동 학대를 고발하는 법률이 필요하다고 믿지만, 사적인 치료 관계에서 환자가 언급한 내용을 치료자가 보고해야 하는 것은 문제를 해결하기보다 더 많은 문제를 야기한다고 생각한다. 내담자가 가해적 행위나 의도를 고백할 때, 우리는 그가 자신의 행동을 통제하도록 하기 위해 치료 관계의 모든 영향력을 동원할 수 있다. 여기에는 내담자가 그러한 의도를 실행에 옮길 경우 치료를 중단하겠다는 위협도 포함된다. 그러나 우리가 주 정부에 의해 통제를 받을 경우, 치료적 관계의 근간이 되는 신뢰가 손상된다. 현재의 통고 법률(reporting laws)을 준수해야 함에도 불구하고, 나는 그 논리적 근거가 피상적이며 그 법률을 실행하는 데에는 많은 문제가 있다고 생각한다.

를 해야겠다. 변호사는 치료자와 마찬가지로 법적으로 가능한 일이라면 자기 의뢰인의 이익을 무엇보다 중요시한다. 따라서 그들은 자신의 의뢰인을 위해 임상가에게 장애에 관한 소송이나 다른 법적인 평가에서 증언해 주도록 요구한다. 변호사에게 있어서 이것은 단순한 문제이다. 치료자보다 그 환자를 잘 알고 있고 공감적으로 이해할 수 있는 사람이 누가 있겠는가? 법적인 자문의 측면에서 보면, 의뢰인의 치료자를 관여시키는 것은 다른 전문가를 고용하는 것에 비해서 시간과 비용을 절감하는 일이다. 그러나 치료자가 환자를 위해 증언하는 것은 치료에 많은 문제를 야기한다. 치료자가 옹호자나 구원자의 역할을 수행하기 위해서 환자를 이해하고 이러한 이해를 증언하는 역할을 하게 될 때, 여러 가지 뜻하지 않았던 심각한 결과들을 초래할 수 있다. 이렇게 강요해 오는 변호사들에게는 유감스럽지만 미국심리학회의 윤리강령에 치료자와 증인의 이중적 역할을 맡지 말도록 규정되어 있음을 주지시켜 주는 것이 효과적인 방법일 것이다.

앞에서 언급한 바 있듯이, 치료자가 자신에 대해서 나중에 증언하게 될 것을 알게 된 환자는 진정으로 자유롭게 이야기하기 어려울 것이다. 그들은 의식적으로든 무의식적으로든 자신의 가장 좋은 측면만을 보이려 할 것이며 치료자와 처음에 치료를 통해 다루려고 했던 문제들은 축소하려 할 것이다.[4] 대부분의 치료자들은 직관적으로 이러한 점들을 인식하고 자신의 내담자를 위해서 진술하거나 법정에 서는 상황을 피하려고 하지만, 변호사의 요청을 거절하기 매우 어려운 경우가 종종 있다. 이러한 경우에, 경험이 많은 치료자들은 법정에서는 비밀보장이 불가능하다는 점을 이용하여 거절하는 방법을 배우게 된다. 즉, 비밀보장의 권리를 포기하게 되면 치료자는 솔직한

4) 지금은 잊혀져 버린 유사한 방침 중에는, 한때 많은 정신분석 기관들이 수료조건으로 수련생의 분석가에게 과연 그 수련생이 정신분석가로서 치료를 하는 데에 얼마나 심리적인 적합성을 지니고 있는지를 보고하도록 요구했었다. 독자들은 그러한 보고가 얼마나 효용성이 있었는지를 상상할 수 있을 것이다. 여러 가지 명백한 이유로 인해서 그러한 방침들은 사라졌으나, 그러한 방침이 강요되던 당시에 그러한 기관들에 퍼져 있던 통념은 "교육 분석(didactic analysis)"을 마치고 나서 선택한 분석가와 비로소 '진정한' 혹은 '치료적인' 분석을 할 수 있다는 것이었다.

보고서를 작성해야 하고 판사와 반대편 변호사가 제기하는 '모든' 질문에 솔직하게 응답해야 하는 의무를 지게 된다. 집요한 변호사라 할지라도 대부분 다음과 같은 말을 통해서 단념시킬 수 있다.

> "당신은 내가 이렇게 하는 것을 원치 않을 겁니다. 나는 이 내담자에 관해서 긍정적이고 도움이 되는 많은 점들을 알고 있지만, 그를 매우 적나라하게 드러낼 수 있는 여러 가지 불리한 임상적 정보도 가지고 있습니다. 내가 증언을 하거나 진술서를 작성해야 한다면, 진심으로 말하건대, 당신이 기록으로 남기고 싶지 않은 내용까지도 언급해야 할 겁니다. 법정 심리학자나 정신과 의사를 고용하여 독립적인 평가를 실시하기를 권유합니다. 법정에서는 개인의 심리치료자가 증언하는 내용을 편파적인 것으로 간주하여 신뢰하지 않을 것입니다."

증언을 하는 것이 심리치료에 많은 문제를 야기할 것이라는 점은 사실 변호사에게 있어서 그다지 중요한 관심사가 아니며, 대부분의 심리치료 전문가들이 따라야 하는 윤리 강령에 치료자가 공식적인 훈련 없이 법정 활동에 관여하는 것이 금지되어 있다는 점 역시 마찬가지이다. 그러나 심리치료자가 관여함으로써 유리한 판결을 얻을 확률이 감소될 수 있다는 점은 그들에게 중요한 관심사일 것이다.

심리치료자에게 법정증언을 통해서 자신을 도와달라고 간청하는 내담자에게는, 심리학적인 입장에서 이해하고 돕는 노력 이외의 다른 방식으로 관여하는 것은 심리치료를 훼손할 수 있다는 점을 강조해 주어야 한다. 판정을 하는 기관에서는 개인적으로 고용되어 돕고 있는 전문가의 의견을 공정한 것으로 여기지 않는 경향이 있기 때문에 치료자의 증언을 평가절하하거나 의심할 것이며 따라서 좀 더 중립적인 전문가보다 판정에 영향을 주기 어렵다는 사실 역시 내담자에게 주지시켜 주어야 한다(이것은 '이상화 전이'를 통해 치료자에게 무제한의 권능이 있다고 믿었던 환자에게는 놀라운 사실일 것이다.). 이러한 입장을 표명하면서 치료자는 환자가 법적인 목적을 위해 낯선 사람으로부터 심리학적 평가를 받는 것에 대한 감정과 상상에 관해서 자유롭게 도울 수 있다. 나의 경험에 따르면, 내담자들은 구원받고 싶다는 당연한 소망이 좌절된 것에 대해서 분노를 표출하게 되는데, 그 이후에는 대조적으로 치료자가 심리치료의 경계를 잘 보호하고 있다는 점에 대해서 안도감과 고마움을 느끼곤 한다.

마지막으로 한 가지 조언을 하고자 한다. 내담자에 관한 사적인 정보를 공개해 달라거나 법적인 문제에 관여해 달라는 요청을 받게 될 경우, 심리치료자는 이러한 요청기관이 선의를 지닌 것으로 대하면서 미온적인 태도를 취하는 것이 현명하다. 또한 그러한 요청에 협조하지 않는 이유를 제3자에게 돌림으로써 내담자와 치료과정을 모두 보호할 수 있다. Bryant Welch(2003)는 따뜻하고 진정한 태도를 취하면서 "정말 도와드리고 싶습니다만 우리 주(state)의 법률과 전문가 윤리강령을 먼저 확인해 봐야겠습니다. 제 입장에서는 아마도 이해관계의 갈등이 있을 것 같습니다." 와 같은 취지의 메시지를 전달하라고 조언하고 있다. 자신이 속한 전문가 협회로부터 법률적인 상담과 조언을 구하기 위해 시간을 버는 것이 이러한 상황에서는 매우 중요한 일이다.

시 간

정신분석적 심리치료에서 '한 시간' 의 치료는 45분에서 50분의 면담을 의미하는 것이 관례이며, 치료자는 10분 내지 15분 동안에 기록을 하고 긴장을 풀면서 화장실을 가거나 회신 전화를 걸고 이전 환자로부터 다음 환자로의 정서적인 전환을 취하게 된다(참고: Greeson, 1974). 또한 면담시간 사이의 적절한 간격은 내담자들이 서로 드나들며 마주치게 되어 아주 어색하고 불편한 경험을 하게 될 가능성을 줄여 준다. 45분 내지 50분의 면담이 적당하지만 고정불변의 것은 아니다. 어떤 경험 많은 치료자들(예: Hammer, 1990)은 강박적인 방어를 사용하는 내담자의 경우에는 보다 긴 시간의 면담(60분 또는 75분 정도)이 바람직하다고 제안했는데, 이들은 자신의 감정에 접근하는 데에 시간이 오래 걸리기 때문이다. 다른 치료자들(예: Putnam, 1989)은 해리나 심리적 외상의 문제를 지닌 환자들이 감정발산을 하는 회기의 경우 한 시간 반이나 그 이상의 시간을 할애하여 외상적 기억을 되살리고, 감정을 경험하며, 과거의 사건을 살펴보는 과정이 잘 이루어지도록 해야 한다고 제안하고 있다. 부부치료를 하는 일부 치료자들은 남편과 부인이 각자 자신을 위해 충분한 시간이 주어졌다고 느낄 뿐만 아니라 치료자가 개인의 심리적 기능과 더불어 두 사람 간의 역학관계를 감지할 수 있는 충분한 기회를 얻을 수 있도록 치료시간의 길이를 두 배로 늘이고자 한다.

나는 개인 심리치료의 경우 보통 45분의 면담을 한다. 일부 환자의 경우, 특히 치료를 받기 위해서 먼 곳으로부터 온 경우, 두 배의 면담시간(한 시간 반)을 할애하곤 한다. 이러한 방식을 내담자들은 만족스러워한다. 그러나 나는 심리치료에도 어느 정도 파킨슨의 법칙(Parkinson' s Law: 주어진 시간이 많을수록 작업이 길어진다)이 적용된다는 사실에 주목하게 되었다. 한 시간이 주어질 경우, 정말 중요한 이야기는 마지막 10분 사이에 나타나는 경향이 있으며, 두 시간이 주어진다 하더라도 중요한 이야기는 역시 마지막 10분 사이에 나타난다는 것이다. 국제 정신분석학회는 러시아에 정신분석가가 턱없이 부족한 현실 속에서 정신분석 훈련을 받고자 하는 전문가들에게 주변 지역의 분석가를 주 4회씩 만나는 대신 매월 한 번씩 외국의 도시로 비행기를 타고 와서 주말을 이용해 3~4일 동안 연속적으로 매 회기마다 3~4시간씩의 분석을 받는 '왕복분석(shuttle analysis)' 을 받도록 허용했다.

흥미롭게도, 어떤 환자들은 면담시간마다 매번 5분, 10분 혹은 20분씩 늦는 경우가 있는데, 이들은 면담시간이 언제이든, 면담의 길이가 어느 정도이든, 자신이 계속 지각하는 것을 치료자가 얼마나 진지하고 정확하게 인식하고 있는지에 상관없이 지각을 하곤 한다. 이는 마치 치료자에게 자신이 노출되는 수준을 스스로 조절하면서 가능하다면 최대한 축소하려고 애쓰는 것 같아 보이기도 한다. 나는 그들이 지각하는 것에 대한 해석을 받아들인다 해도 결과적으로는 별 도움이 되지 않는다는 것을 알게 되었다. 이러한 행동을 변화시킬 수 있는 유일한 방법은 치료자가 믿을 만한 사람이라는 것을 서서히 오랜 시간에 걸쳐 경험해 가는 것이다.

이러한 관찰들을 통해 얻게 되는 교훈은 치료동기가 매우 높은 사람들은 다양한 시간 약속을 스스로 잘 맞추게 되지만, 치료에 대한 두려움을 지닌 사람들은 치료자가 아무리 편의를 봐주려고 해도 저항할 방법을 찾아낸다는 점이다. 따라서 면담시간을 조절할 수 있는 치료자가 자신에게 편리한 시간에 면담시간을 정해야 한다. 나의 아이들이 젖먹이었던 시절에, 나는 15분의 휴식시간 없이 45분씩 세 회기를 연속으로 진행한 후에 최소한 한 시간의 휴식시간을 갖곤 했다. 이런 방식을 통해서 나는 내 아이들과 떨어져 있는 시간을 세 시간에서 두 시간 15분으로 줄일 수 있었다(세 시간은 아이들이 젖을 먹지 않고 견디기에는 너무 긴 시간이다.).

내담자에게 많은 예외를 허용하는 치료자의 관대함은 시간약속에도 영향을 미치게 된다. 많은 치료자들이 지나치게 내담자의 편의를 봐주는 나머지, 주말이나 너무 이른 아침 시간에 또는 너무 늦은 저녁 시간에 면담을 하게 된다. 내담자가 추가적인 면담을 요청하면, 치료자들은 무리를 해서라도 시간을 내는 경우가 흔하다. 내가 보기에, 남성보다는 여성 치료자들에게 이러한 경향이 흔하다(아마도 낮은 보수에도 불구하고 더 많은 일을 하고 싶어 하는 여성의 성향과 관련된 심리적 역동이 이런 점에서도 나타나는 것 같다. 이 점에 관해서는 Liss-Levinson(1990)을 참고하기 바란다.). 나의 동료인 Elinor Bashe(1989)는 치료자의 임신에 관한 박사학위 연구를 수행한 바 있는데, 이 연구에서 그녀는 환자를 치료하는 동안 적어도 한 번 이상 임신을 했던 경험이 있는 10명의 여성 치료자들을 면담했다. 우연하게 발견된 사실 중 하나는, 연구에 참여한 대부분의 치료자들이 자신의 '이기적인' 목적보다는 뱃속의 아기를 염두에 두었을 때 환자와의 면담시간을 제한하는 것이 훨씬 쉬웠다는 것이다. 보다 중요한 사실은, 그들의 환자들도 이러한 제한을 쉽게 수긍했다는 점이다. "이러한 사실을 10년 전에 미리 알았더라면……" 하는 것이 그들이 공통적으로 한 말이었다. 시간을 자유롭게 조절할 수 있다는 것이 치료자로서 누릴 수 있는 매력적인 요인의 하나임을 고려한다면, 환자의 선호에 따라서 필요 이상으로 우리 자신의 시간을 할애하는 것은 부적절한 일이다. 이는 치료자에게도 도움이 되지 않을 뿐만 아니라 궁극적으로 내담자에게도 도움이 되지 않는다.

또한 치료자들은 면담시간을 어느 정도로 해야 하는지에 대해서도 다양한 의견을 지니고 있다. 어떤 치료자는 면담 사이의 휴식시간이 중요하다고 절실하게 느껴서 가능하면 면담시간을 초과하지 않으며 정확한 시간에 면담을 끝낸다. 나는 면담시간을 그토록 엄격하게 지키는 것에 대해서 불편한 마음을 느끼곤 했다. 사실 내가 50분보다

45분의 면담을 선호하는 이유는 면담내용을 정리하면서 어느 정도의 여유를 지닐 수 있기 때문이다. 치료를 받고자 하는 사람과 첫 면담을 할 때, 나는 면담시간이 45분이며 대개의 경우 정해진 시간의 정각에 면담을 마치게 된다고 설명해 준다. 그러나 매우 중요한 문제를 다루게 되는 경우에는 2~3분 정도의 시간을 초과할 수도 있다고 덧붙인다. 환자들은 이 점에 대해서 고맙게 여기며, 나는 면담을 이런 식으로 끝내는 것이 더 편안하다. 그러나 특정한 환자와 매번 시간을 초과하게 될 경우에는 이를 숙고해 보아야 한다. 이러한 경우에는 이야기를 하여 직접적으로 다루어야 할 어떤 흥미로운 심리적 역동이 나와 환자 사이에 재현되고 있는 경우가 많다.

나는 면담 중에 시간을 계속 확인하다가 내가 면담이 끝났다고 말하기 전에 먼저 면담을 마치고자 하는 내담자들을 종종 보게 된다. 어떤 내담자는 시계가 시야에 있는 것을 원하는 반면에, 어떤 내담자는 시간에 대한 고려 없이 자유연상에 빠져들기 위해서 의도적으로 시계를 쳐다보지 않는다. 면담시간에 관한 규칙에 대해서 내담자가 어떤 반응을 보이든 간에, 그들이 나타내는 반응의 의미를 잘 음미해 보는 것은 항상 유익한 일이다. 반드시 따라야만 하는 기관의 규칙이 존재하지 않는 상황이라면 전문가적인 판단과 치료자 개인의 선호에 따라서 면담시간에 대한 규칙을 정하는 것이 좋다. 왜냐하면 대부분의 내담자들은 어떤 규칙이 주어지더라도 그들 각자의 방식대로 정중하게 잘 받아들이든 아니면 아무리 너그러운 규칙이라도 불쾌하게 받아들이든, 이에 적응하게 될 것이기 때문이다.

내담자를 치료실에서 떠나보내는 점에 대해서 몇 마디 언급하고자 한다. 이것은 하나의 기술이지만 일반적으로 수련과정에서 다루지 않는 문제이다. 모든 치료자들은 면담시간의 끝부분에 적어도 다른 사람이 먼저 면담을 끝내자고 말하는 경우가 아니라면 헤어지기 아쉬워하는 환자들을 만나게 된다. 어떤 내담자는 면담의 마지막 5분 동안에 중요한 정보를 홍수처럼 쏟아내는가 하면, 어떤 내담자는 갑자기 매우 강렬한 감정상태에 빠져들어 치료자로 하여금 이러한 감정표출을 중단시키는 것은 매몰찬 행위라고 느끼게 만들기도 한다. 어떤 환자는 치료자가 면담을 마친 후에야 시간약속과 관련해서 이야기할 것이 있다고 말하거나 치료를 받아야 할 친구가 한 명 있다며 말을 이어나가곤 한다. 어떤 환자는 치료자가 빨리 치료비를 받고 화장실에 가려고 어정쩡하게 옆에 서 있을 때, 한참 동안 수표책을 찾다가 여기 저기 펜을 찾고 오늘의 날짜를 기억해내려고 애쓴 후에야 천천히 수표를 쓰기도 한다.

지연행동의 패턴이 분명해지면, 치료자는 바로 시간과 관련된 치료적 경계를 실행에 옮겨야 한다. 이를 상당히 자연스럽게 실행할 수 있는 방법들이 있다. 감정 해소가 충분히 되지 못한 환자에게는, "강렬한 감정을 느끼는 중에 면담을 마치게 되어 정말 미안합니다만, 이제 면담시간이 다 되었습니다. 만약 마음을 진정시키기 위해서 대기실에 앉아 있고 싶으시면, 얼마든지 앉았다 가셔도 좋습니다."라고 말하는 것이 좋다. 내가 어정쩡하게 이리저리 발을 옮기며 기다리는 동안 매우 천천히 수표를 쓰는 환자에게는, "수표를 작성하는 데 시간이 더 필요하신 것 같군요. 저는 면담 사이에 몇 가지 일들을 하곤 한답니다. 수표를 작성하는 시간을 마련하기 위해서 우리의 면담시간을 일찍 끝내고 싶지는 않네요. 그러니 다음부터는 오시기 전에 미리 수표를 써두시는 것이 어떨까요?"라고 자연스럽게 말하곤 한다. 면담을 마칠 때 매달리는 환자에게는 직접 문을 열어주며 따뜻한 목소리로 다음 회기에 관해서 "오늘 면담에서는 매우 중요한 이야기가 이루어진 것 같네요. 다음 주 화요일에 이에 관해서 좀 더 이야기할 수 있기를 기대하겠습니다."와 같이 말하는 것이 바람직하다.

이처럼 재치 있는 신중한 노력에도 불구하고 만약 내담자가 막무가내로 치료자에게 좀 더 이야기를 나누자고 요구한다면, 아마도 그에게는 과거에 이처럼 막무가내식의 윗사람이 있었을 것이며 그러한 내담자의 개인적 성장을 위해서 치료자는 그러한 윗사람을 대신하는 존재의 역할을 해야 할 것이다. 달리 말하면, 이 경우 발생할 수 있는 최악의 상황에도 내담자는 치료자를 비난하는 치료적 기회를 갖게 될 것이라는 것이다. 어느 한계 내에서 분노를 표출하는 것은 매우 치료적인 경험으로서, 특히 그들의 부모가 비난을 받으면 반격을 하거나 아니면 위축되어 버렸던 내담자의 경우에는 그러하다. 긍정적인 측면으로는, 이 경우에 대부분의 환자들이 친절하지만 자기존중적인 자세로 업무를 처리하는 사람에게 동일시를 할 수 있는 기회를 갖게 된 것에 대해서 고마워한다. 수년간 분석을 받은 후에 한 내담자는 나에게 "제가 선생님에게 배운 것이 있는데, 선생님은 일을 잘 처리하면서도 자신을 잘 돌봅니다. 나도 그렇게 되기 위해서 노력하고 있습니다."라고 말했다.

치료의 경계를 설정하는 일에 있어서, 환자들은 치료자의 바람에 잘 따르는 경우가 많으며 때로는 이전에 볼 수 없었던 중요한 심리적 역동을 나타내기도 한다. 어떤 환자들은 상당히 단순한 이유 때문에 시간과 같은 치료의 경계에 대해서 무감각한 경우가 있다. 예를 들어, 그러한 이유로는 과거에 누구도 그들에게 시간적 제약을 지키도록 요청한 적이 없기 때문이거나, 과거의 치료자가 시간에 관해서 무관심하게 대했기 때문이거나, 아니면 그들이 속한 집단에서는 꾸물거리거나 헤어지기 아쉬워하는 모습을 보이는 것이 예의였기 때문이다. 어떤 사람들은 강렬한 감정경험을 한 면담을 마치는 것에 대해서 저항을 보이는데, 이는 의존적 감정에 대한 수치심, 다른 사람의 권위에 순응해야 하는 것에 대한 분노, 시간의 흐름을 망각한 해리성 환자의 경우 면담이 종료된 것에 대한 놀라움에 기인하는 경우가 있다. 대개의 경우, 이러한 시간적 제약을 가해야 하는 행동이 발생하기 전에 미리 그러한 제약을 분명히 해 두는 것이 좋다. 신참 치료자들이 범하는 일반적인 실수는 분명한 한계를 설정하지 않은 채 약간의 해석을 해 주면 환자가 협조적인 태도를 나타낼 것이라고 기대하는 것이다. 나의 임상적 경험에 따르면, 사람들은 기억할 수도 없고 스스로 허용하지도 않는 것들을 충동적으로 행동화한다는 Freud의 기본적인 생각이 옳은 것 같다. 사람들이 어떤 심리적 역동(이 경우에 가장 흔한 것은 부인된 의존욕구나 통제에 대한 강박성향)을 반복적으로 재현하고 있는 한, 그들은 자신이 왜 지속적으로 특정한 행동을 하게 되는지에 대해서 생각해 보려 하지 않는다. 그들의 행동에 대해서 부정적인 결과가 따르지 않는다면, 해석은 헛된 것이 될 뿐이다.

돈

치료기관에 고용되어 일을 하다가 상황이 변화되어 직접 치료비를 정하고 받아야 하는 치료자들은 돈을 둘러싸고 그들 자신과 환자에게서 발생하는 다양한 문제들에 잘 대응하지 못하는 경우가 종종 있다. 매우 변태적인 성행위에 대해서는 태연하게 이야기할 수 있는 사람들도 금전적 문제에 관해서 협상해야 하는 순간에는 말문이 막혀 버리는 경우가 흔히 있다. Freud가 매우 예리하게 파악한 것 중의 하나는, 치료자가 돈을 더럽고 비밀스러운 것으로 여기기보다 삶의 현실적인 사안으로 다루는 것이 환자에게 도움이 된다는 것이다(참고: Dimen, 1994). 다시 말하건대, 많은 치료자들은 그들이 특징적으로 지니는 우울 성향으로 인해서 치료비를 청구하는 일에 있어서 현실적인 태도를 취하기 어렵다. 특히, 신참 치료자들의 경우에는 자신이 치료비를 청구할 자격이 부족하다고 느끼기도 하는데, 왜냐하면 치료비를 받는 것은 자신이 치료에 숙달되어 있다는 잘못된 인상을 줄 수 있다는 생각 때문이다. 신참 치료자들이 치료비와 관련하여 가장 우선적으로 명심해야 할 점은 심리치료가 그들에게 생계수단일 뿐만 아니라 나아가서 생계를 유지하는 자랑스럽고 매우 전문적인 방법이라는 점, 철저한 훈련을 받아야 한다는 점 그리고 초기에는 "그저 가만히 앉아서 이해하려고 노력하는 것"처럼 느껴질지 모르지만 음식을 제공하는 일보다 훨씬 가치 있는 소중한 일이라는 점이다. 현대의 서양사회에서, 존중적인 태도로 경청하는 일은 매우 드문 일이어서 적절한 보수를 받는 것은 정당하다. 우리는 무언가 행위를 하고, 생산하고, 제작하고, 이루어내는 일에 비해서 이해하며 수용하는 활동의 가치를 평가절하하는 경향이 있다.

많은 치료자들이 지적해 왔듯이, 돈은 치료에 있어서 매우 중요한 한 측면이다. 이는 당사자 두 사람이 심리적 평등함 속에서 서로 간의 진솔한 교류를 하도록 만드는 수단이다. 치료자는 환자를 심리적으로 보살펴 주는 대신, 환자는 치료자에게 금전적인 대가를 제공한다. 치료자는 환자로부터 돈을 받기 때문에, 환자는 다른 어떤 방식으로 치료자에게 보상할 필요가 없다. 치료자가 소정의 치료비를 받는다면, 이것은 이런 액수의 치료비가 치료자에 의해 제공되는 전문적 서비스에 대한 적절한 대가라는 것을 의미한다. 치료비를 받지 않는 것은 이처럼 매우 솔직한 평등성을 저해하게 되며, 양자관계에 불균형을 초래하게 되는데 이 경우에 환자는 기본적으로 착취하는 사람의 입장에 놓이게 된다. 만일 치료자가 치료비에 더해서 무언가(예를 들어, 주식에 대한 정보, 값비싼 선물 혹은 특별한 서비스)를 받는다면, 이것은 양자관계의 균형이 반대방향으로 기울게 된다는 것, 즉 치료자가 착취하는 사람의 입장에 놓이게 된다는 것을 암시한다. 치료비 대신 물건이나 서비스를 받게 되면, 단순한 금전적 거래에서는 발생하지 않는 여러 가지 문제가 초래되는 것으로 알려져 있다. 따라서 미국심리학회는 이렇게 물건을 받는 것이 윤리적인 문제의 소지가 있는 것으로 간주하고 있다.

여러 해 전에 나는 의사들의 치료비가 그들의 연공서열, 기술수준 또는 전문가로서의 명성과 무관하다는 것을 밝힌 연구결과를 읽은 적이 있다. 나는 심리치료자의 치료비도 이와 마찬가지라고 생각한다. 이제 막 훈련을 마친 치료자들이 나보다 두 배나 많은 치료비를 받는가 하면, 나보다 경험이 많은 치료자들이 더 적은 치료비를 받기도 한다. Kernberg(1987)는 이에 관해서 다음과 같이 사려 깊은 권고를 하고 있다. 심리치료자는 치료비를 허용범위 내의 최고수준으로 받아서는 안 되는데, 그 이유는 그러한 오만과 탐욕에 대해서 환자들이 마치 치료자가 기적을 행할 수 있는 사람이라고 잘못 믿게 되기 때문이다. 반대로 치료비를 최저수준으로 받는 것도 바람직하지 않은데, 이것은 치료자가 스스로 자신이 제공하는 치료를 무가치한 것으로 여기기 때문이라고 환자들이 생각하는 경우가 많기 때문이다. 사실, 일반적인 시장 가격보다 훨씬 비싼 치료비를 받는 치료자에 대해서 그 주변의 동료들은 분노를 느끼게 되는데, 왜냐하면 다른 사람들이 마치 그처럼 과도한 치료비가 자신에게 합당한 듯이 행동할 때 모욕감을 느끼게 되기 때문이다. 마찬가지로, 일반적인 치료비보다 훨씬 낮은 치료비를 받는 치료자에 대해서도 분노를 느끼게 되는데, 이런 행위로 인해서 심리치료가 전반적으로 평가절하될 수 있을 뿐만 아니라 의료보험회사들이 쉽게 치료비를 낮추게 되는 결과를 초래할 수 있기 때문이다.

또한 현실적으로, 치료자는 치료비를 통해서 가족을 부양할 수 있어야 하고 지출되는 비용을 충당할 수 있어야 한다. 자신의 집에 치료실을 차린 개인 치료자의 경우에는 실제로 소요되는 경상비가 없는 셈이지만, 비싼 임대료를 지불해야 하는 도심지의 치료실의 경우에는, 특히 비서를 두고 일해야 하는 경우에는, 매우 많은 비용이 들게 된다. 파크 에비뉴(Park Avenue)[5]에서 개업하고 있는 치료자를 만나게 되는 환자들은 그러한 특권에 걸맞은 치료비를 지불해야 할 것이다. 자녀부양의 부담이 없는 치료자는 세 자녀를 대학에 보내야 하는 치료자들에 비해서 치료비에 관해서 보다 융통성을 지닐 수 있을 것이다. 대개의 경우 치료자들은 보수교육, 슈퍼비전, 개인분석을 받으면서 상당한 비용을 지출하고 있는 경우가 많다. 또한 그들은 치료내용을 기록하고 보고서를 작성하는 일과 같이 그 대가를 지급받지 못하는 많은 시간에 대해서 치료수입을 통해 보상받을 수 있어야 한다.

적당한 치료비를 받는 것이 바람직하다고 생각하지만, 또한 나는 상대적으로 낮은 치료비로 내담자에게 치료를 제공하는 것의 소중함을 인정한다. 많은 치료자들이 가난하고 소외된 계층에게 도움의 손길을 뻗고자 하는 소망을 지니고 있는데, 이러한 소망은 정신건강 전문가로서의 정체감을 구성하는 중요한 부분이다. 통탄스럽게도 정신건강 서비스를 제공하는 기관들의 진료비가 높아진 요즘에는, 경제적으로 소외된 사람들이 실제적으로 심리치료를 받을 수 있는 유일한 방법은 저렴한 치료비를 받는 개업 심리치료자를 만나는 것이다. 이타주의적 이상을 실현하는 일과 생계비를 벌어야 하는 일 사이에서 균형을 이루는 방법 중의 하나는, 한 가지 역할에서 고수익을 얻어 다른 역할에서 발생하는 경제적 비용을 충당하는 것이다. 이러한 방법은 적절한 경제적 수입원을 제공하고 다른 사람들이 분개할 만할 이유를 감소시킬 뿐 아니라, 가난한 내담자들이 치료자에게 다른 수입원이 있다는 사실을 알고 불필요한 죄책감을 느끼지 않게 할 수 있다. 나의 과거 지도학생 중 한 명은 몹시 궁핍한 가정에서 성장한 남미계 출신인데, 그는 거액의 비용을 받고 기업의 내부적 갈등을 자문해 주고 나머지 시간에는 도시의 저소득층 내담자들을 거의 무료로 치료해 주고 있다.

많은 숙련된 치료자들에 따르면, 치료자가 개인적으로 내담자를 무료로 치료해 주는 것은 여러 가지 점에서 현명하지 못하며 내담자에게 무의식적으로 멸시감을 느끼게 할 수 있다고 한다. 한때 나는 이러한 주장을 탐욕에 대한 합리화라고 간주했었고

5) 역자 주: 고급 아파트가 즐비하고 상류사회의 상징적 존재인 뉴욕시 맨해튼 지역.

실제로 그러한 경우도 있었지만, 점차 그러한 주장이 타당하다는 것을 인정하게 되었다. 등록금에 의해 운영되는 대학의 상담센터와 같은 기관에서는 '무료로' 치료를 해 주면서 별 부작용을 나타내지 않는다. 물론 그와 같은 상황에서도, 치료진들은 내담자들이 특권의식적인 태도를 지녀서 효과적인 심리치료를 하는 데에 어려움을 겪게 된다고 불평하기도 한다. 봉사적 서비스의 혜택을 받는 사람은 매우 적은 액수일지라도 무언가 기여를 함으로써 그들의 자존감을 지킬 수 있다. 매우 적은 치료비를 받고 내담자들을 치료했을 경우에는, '무료로' 치료를 해 주었을 때에 비하여, 나 자신이 적지만 과외수입을 얻는 것이 좋았고 치료과정의 힘겨운 순간이 덜 짜증스러워진다는 것을 알게 되었다. 또한 치료비를 둘러싸고 매우 많은 일들이 발생하기 때문에, 금전적 거래가 이루어지게 되면 다양한 내용을 치료에서 다룰 수 있게 된다. 이와 관련해서 기억나는 한 가지 사례가 있다. 나의 동료인 한 남성 치료자는 랩 댄서로 근근이 살아가는 한 여성 내담자를 치료하고 있었는데, 그 내담자가 커다란 지폐뭉치에서 축축하게 젖은 구겨진 1불짜리 지폐를 한 번에 한 장씩 빼내면서 치료비를 지불하기 시작했을 때 치료에서 다루어야 할 많은 소재를 얻게 되었다고 한다.

고려해야 할 또 다른 점은, 분석기관에서 훈련받은 대부분의 치료자들이 특히 선호하듯이, 가능하면 언제든지 분석을 하거나 매주 1회 이상의 치료회기를 갖고자 하는 치료자들에 관한 것이다. Joan Erle(1993)은 만약 환자들이 치료자가 일반적인 것보다 적은 치료비를 받는다고 생각할 경우 자신이 '특별하다'는 환자의 웅대한 환상이 어떻게 강화될 수 있는지를 기술한 바 있다. 하지만 정신역동적 치료자들은 보다 심층적인 치료에 전념하고 싶어 하는데, 이러한 성향은 정신역동적 치료자들의 특성이자 자존감의 중요한 일부이다. 이러한 이유로 그들은 종종 일주일에 여러 회기를 갖는 내담자들에게 보다 저렴한 치료비를 기꺼이 받곤 한다. Erle은 그러한 치료자들의 경우 자신의 치료비 범위를 말해 주면서 자신이 보다 심층적 치료 작업을 선호하며 주 1회 이상의 치료를 원하는 사람들이나 보다 심층적인 탐색적 치료에 적합한 사람들에게는 저렴한 치료비를 받는다고 설명해 주는 것이 바람직하다고 권유하고 있다. 이미 1955년에 Glover는 분석가들이 심리치료보다 좀 더 집중적인 정신분석을 실시하고자 하는 바람 때문에 정당하게 받을 수 있는 금전적 혜택을 희생한다고 언급한 바 있다. 그는 정신분석을 받으려 하는 잠재적 피분석자에 대한 '안내 지침'으로 "환자에게 부담이 될 수 있는 치료비를 요구해서는 안 된다."고 권고한 바 있다(p. 22).

그러나 경험이 많은 치료자들은 현재 치료 중인 환자가 치료회기의 횟수를 늘리고자 하는 경우 치료비를 조정할 때 세심한 주의를 기울여야 한다고 말한다. 환자가 직접 자신의 돈을 내고 있거나 제3자에 의해 치료비가 지급되는 경우라면, 현재 진행하고 있는 회기에 대해서는 정상적인 치료비를 받으면서 추가되는 회기에 대해서 보다 저렴한 치료비를 받는 것이 바람직하다. 특히, 경계선 성격이나 자기애성 성격 패턴을 지닌 환자들의 경우에는 이렇게 해야 한다. 많은 내담자들은 좀 더 심층적인 치료를 받는 것에 대해 무의식적으로 상당히 양가적인 감정을 지니고 있으며, 애착관계가 깊어지는 것을 두려워하는 그들의 성격특성으로 인해서 갑작스럽게 마음을 바꾸거나 극적인 행동을 취할 가능성이 있다. 정기적인 추가 회기를 갖게 되어 일괄적으로 적은 치료비를 지급하게 되었던 환자가 다시 치료의 횟수를 줄이기로 하고 인하된 치료비를 계속 내려고 하는 경우가 흔히 발생하는데, 이러한 경우에 치료자는 기만당했다는 느낌을 갖게 되지만 그렇다고 이러한 문제를 이야기하는 것도 어색하기 때문에 무척 난감해진다. 만일 보험과 관련하여 회기에 따라 다른 액수의 치료비를 받는 것이 허용되지 않을 경우에 취할 수 있는 최선의 방법은, 내담자가 더 많은 치료회기를 갖고 싶으니 치료비를 인하해 달라고 하는 경우, 치료자는 주 1회 이상의 회기를 갖게 되는 내담자에 대해서 더 자주 만나는 것이 더 만족스럽고 생산적이기 때문에 회기당 치료비를 기꺼이 낮추어 받을 의향이 있다고 설명해 주는 것이다. 그러나 어떤 이유이든지 내담자가 이전에 진행되던 빈도의 회기로 돌아가고자 하거나 추가적인 회기에 불참하게 되면 치료비는 본래의 가격으로 환원될 것이라는 점을 설명해 주어야 한다.

내담자가 치료비를 제대로 지불하지 않으면서 이에 관해 아무런 언급도 하지 않을 때, 치료자는 마음이 불편해지고 좌절감을 느낄 수 있다. 내가 처음 치료를 시작했을 때, 치료비를 지불하지 않는 환자의 연상 내용에서 이와 관련해서 해석 가능한 소재를 찾아내려고 하였다. 해석을 통해서 왜 그런 일이 벌어지고 있는지를 다루고 환자에게 자신의 금전적 의무를 이행하도록 촉구하려는 바람에서였다. 그러나 내가 생각하기에 매우 적절한 연결고리를 찾아냈고 환자 역시 그 해석이 정확하다고 인정했음에도 불구하고, 행동상의 변화는 거의 나타나지 않았다. 여기에서 다시 Freud의 통찰이 적용된다. 어떤 것이 행동으로 나타나고 있을 때는, 그것을 분석할 필요가 없다. 그 의미에 대해서 이야기한다고 해서 통찰이나 성장이 촉진되지 않는다. 학습 이론가들이 지적하듯이, 한 행동이 강화되고 있거나 그에 대한 아무런 희생이 수반되지 않을 경우, 다른 행동을 해야 할 아무런 이유가 없는 것이다. 내가 치료비를 내지 않는 내담자들과 씨름해야 했을 때, 나의 슈퍼바이저였던 Stanley Moldawsky는 나에게 내가 허용할 수 있는 한계(치료비를 요청하고 나서 기다릴 수 있는 기간의 정도 또는 치료비를 외상으로 해 줄 수 있는 액수의 한도)를 생각해 보고 이를 내담자에게 말하라고 조언하였다. 내가 그렇게 했을 때, 그 환자가 아무 말 없이 순순히 치료비를 납부하여 무척 놀랐었다. 수 개월이 지난 후에야 우리는 그 당시에 있었던 일에 대해서 건설적인 대화를 나누게 되었다(만약 그가 치료비를 내야 하는 것에 대한 실망감과 이에 관해 이야기하는 것에 대한 굴욕감을 그 당시에 다루었다면, 그는 자존감의 상처를 입었을 것이다.). 그 이후로, 나는 웃으면서 "이런, 요즘 치료비를 지급하지 않았네요. 내가 돈이 필요한데, 언제쯤 지급할 수 있나요?" 라고 말하는 것에 익숙해졌다.

관대한 태도를 취하게 만드는 우울성 역동으로 인해서 많은 치료자들이 금전적인 측면에서 손해를 볼 수 있다. 내 동료 중 한 명은 언제나 치료비 전액을 미리 청구하는데, "언제나 자신이 치료비를 인하해 주게 되기 때문에 처음에 이렇게 하는 것이 낫다." 는 것이다. 다른 사람의 불행에 대해 듣게 되면 거의 자동적으로 그를 믿고 동정하게 되는 경향 때문에, 이러한 치료자들은 아주 인색한 환자들로부터 피해를 받을 수도 있다. 매우 궁핍한 사정을 호소하는 환자들에게 금전적인 양보를 했는데 그들이 이후에 재규어[6]를 타고 나타나거나 타히티로 휴가를 가려는 것을 알게 되면서 자신이 양

6) 역자 주: 매우 고가의 승용차.

보한 것을 후회했던 치료자들이 나의 주변에 셀 수 없이 많다. 금전관리에 문제가 있는 사람들은—최근에는 모든 사회경제적 계층에 걸쳐서 큰 부채를 안고 있는 사람들을 더 많이 접하게 된다—치료자가 그들의 자기패배적인 습관을 이해하여 기꺼이 치료비를 인하해 주거나 외상으로 해 주려는 성향을 이용하려 할 수도 있다. 이러한 편의를 봐주는 것은 치료자에게 이롭지 못할 뿐만 아니라 내담자에게도 유익하지 못하다.

치료비를 인상하는 문제는 어떻게 할 것인가? 수개월 또는 수년 간 치료를 진행해 오다가, 치료자는 자신이 받는 회기당 치료비가 주변에서 일반적으로 받는 것보다 낮다는 것을 알게 될 수 있다. 또는 내담자가 치료 초기에 경제적 곤란을 토로하여 낮은 치료비를 책정했는데, 장기간의 치료를 통해서 내담자의 경제적 상황을 잘 알 수 있게 되면서, 치료자는 내담자의 말이 거짓이라는 것을 알고 자신이 분개하고 있다는 것을 자각하게 된다. 또는 성공적인 치료 덕택에 환자의 수입과 금전관리가 정상적인 치료비를 지불할 수 있는 수준으로 향상되었을 수도 있다. 치료비를 인상했을 때, 나는 내담자로부터 "욕심이 많으시군요."로부터 "좋습니다." "당연히 그래야지죠." "절대로 그런 말씀은 하지 않으실 것으로 생각했습니다." 또는 "너무 적게 내는 것에 대해서 죄송하게 느껴왔습니다."에 이르기까지 온갖 종류의 반응을 겪었다. 치료적 관계의 이러한 예민한 측면에 대해서 환자가 어떻게 느끼는지를 탐색하게 되면 항상 중요한 정보를 얻을 수 있다.

치료비 인상을 다루는 방식은 치료자마다 각기 다르다. 어떤 치료자는 치료비 인상을 통보할 뿐 그 결과에 대해서 개의치 않는다. 어떤 치료자는 애초에 합의된 치료비가 얼마이든지 치료기간 내내 일정하게 유지되어야 한다고 생각한다(경기 중간에 규칙을 변경할 수 없듯이, 이것은 이들에게 일종의 원칙과 같은 것이다.). 어떤 치료자들은 내담자가 자신의 고용인이라는 사실을 중요하게 생각하면서 치료비 인상에 대한 근거를 명확히 설명하고 자신의 '보스'에게 치료비 인상을 요청한다. 물론, 이러한 방법을 취하는 치료자들은 거부 반응을 얻을 수도 있다는 점을 감수해야 한다. 그러나 만일 치료자가 거부당할 수도 있다는 것을 진심으로 기꺼이 받아들일 준비가 되어 있다면, 아마도 이 방법이 정신분석에서 추구하는 목표인 상호의존성과 상호호혜성에 가장 일치하는 방법일 것이다. Ann Appelbaum(개인적 교신, 2002년 1월 3일)은 나에게 말하기를, 그녀는 환자에게 "내가 터무니없이 낮은 치료비를 받는 것으로 인해서 내 동료들로부터 창피를 당하지 않도록 치료비 인상을 고려해 주셨으면 좋겠습니다. 이에 관해서 생각해 보시고 치료비를 인상해 줄 수 있는지를 알려주시면 고맙겠습니다."라고 말한 적이 있다고 한다. 놀랍게도, 그 환자는 다음 회기에 와서 그 요청을 받아들일 수 없으며 자신의 피고용인인 치료자가 치료비를 인상해 줄 만하지 못하다고 생각한다고 말했다. Appelbaum은 "사실, 그때 나는 기뻤다. 왜냐하면 그녀가 나를 비판하고 그렇게 자기주장을 할 수 있는 것은 정말 놀라운 발전을 의미했기 때문이다."라고 나에게 말했다.

나도 치료내용을 책으로 쓰는 것에 대한 허락을 거절했던 한 환자와 비슷한 경험을 한 적이 있다. 그녀의 거절로 인한 실망보다 그녀가 그토록 성장했다는 것에 대한 기쁨이 훨씬 더 컸다. 그녀는 언제나 아버지의 자기애적 욕구에 따르며 자신의 욕구를 희생시켜 왔었다. 그러나 이제 그녀는 자신의 바람이 권위적 인물의 자기애적 관심사보다 더 중요하다고 주장하고 있는 것이다. 사실 나는 그녀와의 치료내용을 활용하고 싶었지만, 그녀가 타인과 협상하는 방식에 있어서 의미 있는 변화를 나타냈다는 증거를 확인하는 것이 더 기뻤다. 이러한 일화들은 치료적 경계에 관한 상호협상에 있어서 또 다른 흥미로운 측면을 보여 준다. 그러한 경계 설정이 반대 방향으로 진행되는 경우도 종종 있다. 환자가 치료자에게 합리적인 한계를 제시할 때, 두 사람은 모두 그동안 얼마나 많은 진전이 이루어졌는지를 알게 된다. 치료자가 무엇이 허용될 수 있고 무엇이 허용될 수 없는지를 편안한 마음으로 분명하게 말한다는 점을 내담자가 깨닫고 행동으로 나타낼 때, 치료자는 치료비 인상이나 매혹적인 사례보고와 같은 만족감을 능가하는 강렬한 감동을 느끼게 된다.

마지막으로, 개인보험에 들어 있는 내담자를 상대하는 미국의 치료자들을 위해서 한 가지 조언할 것이 있다. 가능하면 어떤 곳에서든지, 내담자로 하여금 치료자에게 직접 치료비를 지불하고, 보험회사에 보험금 청구서를 제출하여 보험금을 받아내게 해야 한다. 경제적 곤란을 호소하며 피보험자 부담금만 먼저 받고 의료보험금은 나중에 받으면 안 되겠냐고 부탁하는 사람들의 경우에는, 다른 방법으로 대처할 수 있다(예: 일단 첫 두 달의 치료비에 해당하는 돈을 모으게 되면 치료를 시작할 수 있으며, 그 이후부터는 의료보험금을 정기적으로 받을 수 있다는 점을 알려준다.). 피보험자 부담금만 먼저 받고 보험금을 나중에 받기로 하는 것은 매우 심각한 결과를 초래할 수 있다. 예를 들어, 주머니에 있는 적은 액수의 돈만으로도 치료를 받을 수 있다는 태도를 유발하여 치료비에 대한 비현실적인 생각을 갖게 할 수 있다. 치료자가 겪을 수 있는 문제로는, 환자가 보험금 청구를 해야 하는데 이를 소홀히 하는 경우, 특히 무의식적인 적개심을 품고 이렇게 하는 경우, 치료자는 자꾸 잔소리를 해야 하는 난처한 입장에 처하게 된다. 더 나쁜 경우는, 보험금을 나중에 받기로 수락한 치료자들은 대부분 의료보험금을 타서 개인적으로 사용해 버리는 환자를 한 번쯤은 겪게 된다. 이러한 환자들은 이런 행위가 보험사기라는 법적인 문제인 동시에 치료자의 돈을 가로채는 인간관계 문제를 초래한다는 점을 알지 못하고 이런 일을 하게 된다.

만일 치료자가 보험금을 직접 청구해야 한다면, 치료자는 보험회사가 전형적으로 나타내는 실수와 지연에 대응하기 위해서 귀중한 많은 시간을 허비하는 상황에 빠지게 된다. 보험회사는 일을 지연시키고 발뺌하면서 그동안 자본금에서 수익이 생기는 금전상의 이득을 챙길 뿐만 아니라 보험금 청구서를 분실하고 관련기록을 엉뚱한 곳에 보관하며 청구내역의 세세한 사항에 대해서 억지를 부리는 데에 매우 비상한 '재능'을 지니고 있다. 치료자에게 자유로운 시간은 면담시간 사이의 짧은 시간인데, 보험회사 직원이 통화를 하면서 15분이나 기다리게 한다면 보험금 청구와 지급에 관한 문제는 해결하기가 불가능해진다. 조언하건대, 치료자는 직접 보험회사의 관료적 직원들과 씨름하느라 치료시간을 허비할 수 없으므로 내담자가 직접 보험회사를 상대해야 한다고 분명히 말해 주어야 한다. 나는 나의 환자들에게 "당신이 나보다 유리한 입장에 있습니다!"라고 말해 준다.

회기 취소

시간은 소중하다. 시간은 우리가 가진 것 중에 재생이 불가능한 유일한 자원이다. 정신역동적 치료자들은 전통적으로 자기 시간의 소중함을 강조하면서 환자들에게 시간에 관해 책임감 있는 행동을 해 주도록 요구한다. 시간의 유한성을 중시하는 것은 정신분석이 생명의 유한성, 갈등의 만연, 개인적 능력의 한계, 불완전성과 같은 고통스러운 현실에 관심을 지니는 것과 일맥상통하는 것이다. 아마도 심리적으로 보다 문제가 되는 것은 시간 낭비, 즉 생산적인 시간의 손실 때문에 치료자가 내담자에게 분노를 느껴 치료에 몰입하지 못할 수 있다는 것이다. 치료시간의 손실에 대해서 내담자가 책임지게 하는 방침을 어떤 이유로 정당화하든지 간에, 치료 상황을 잘 설정하여 치료자가 분노라는 심리적 부담을 느끼지 않도록 방지하는 것이 중요하다. 회기에 불참하는 행위로 인한 부정적 결과를 경험해 보는 것은 회기결석을 통해 표출하는 저항을 억제하는 효과를 지닐 수도 있다.

Freud(1913)는, 마치 학교에서 수업시간에 불참하는 것과 상관없이 수업료를 모두 지불해야 하듯이 환자가 치료회기에 나타나든 나타나지 않든지 간에 치료비를 지불해야 한다는 점을 강조하면서, 환자가 치료자의 특정한 시간을 '임대' 하여 사용하고 있음을 환자에게 설명해 주어야 한다고 기술한 바 있다. 이 점은 '분석' 이 몇 주 이상 일 년 이내에 걸쳐 이루어지는 경우에 특히 해당된다. 요즘의 대다수 치료자들은 Freud의 방침이 너무 엄격하다고 여기고 있으며, 내담자가 회기에 참석할 수 없는 상황이 되면 최소한 24시간 전에 연락을 취해야 한다는 방침을 택하고 있다. 최소한 하루 전에 통고를 해 주면 치료자는 그 자유시간을 생산적으로 사용할 계획을 세울 수 있다. 어떤 치료자들은 취소된 회기의 일정을 재조정할 수 없을 경우에만 치료비를 부과하는 방침을 적용하기도 한다. 나의 일부 동료들은 내담자가 회기에 불참했을 경우 치료비의 절반을 부과하기도 한다. 반대로, 일부 치료자들은, 심지어 Freud보다도 더 엄격하게, 내담자가 휴가를 가려 할 경우 치료회기 이외의 시간을 택해야 하며 그렇지 않을 경우에는 불참한 회기에 대해서 치료비를 지불해야 한다고 요구한다. 이러한 상황설정은 정신분석 본연의 입장을 옹호하는 것인데, 왜냐하면 일주일에 4~5시간씩 분석을 받던 환자가 불참하게 될 경우 분석가 수입의 상당한 부분이 감소되기 때문이다.[7)]

치료기관은 대부분 불참한 회기에 대해서 치료비를 청구하지는 않는데, 이로 인해서 상담센터와 진료소에는 내담자가 회기를 취소하거나 통고도 없이 불참하는 일이 상당히 많으며, 또한 환자로 하여금 자신의 회피행동을 진지하게 살펴보게 하는 치료자의 역량을 현저하게 저하시키고 있다. 많은 치료기관에서 회기취소 시에도 치료비를 지불하는 방침이 실행되지 않는 이유는 의료보험회사가 실제로 시행되지 않은 서비스에 대해서 지원하지 않으려 하기 때문이다. 그러나 대부분의 개인 치료자들은 회기취소에 대해서 명확한 벌칙을 적용하는데, 특히 갑작스럽게 회기 직전에 취소하는 경우에는 더욱 그러하다(이런 경우 내담자에게 보험회사에 제출할 보험금 청구서와 취소된 회기에 대한 또 다른 치료비 청구서를 주어야 할 것이다.). 보험회사가 시행되지 않은 치료 회기에 대해서 보험금을 지급하지 않으려 하기 때문에, 내담자는 과거와 같은 저항을 포기하고 치료실로 오게 될 것이다.

다시 말하지만, 이러한 방침의 세부 사항은 치료자의 특수한 상황에 따라 달라질 수 있다. 집에서 치료를 하는 나의 경우, 회기취소가 그다지 부담스러운 일은 아니다. 나는 언제든지 시간을 생산적으로 사용할 수 있다. 나는 적당한 수준의 치료비를 받고 있으며 운영경비도 적기 때문에 취소된 회기에 대해서 융통성 있게 대응할 수 있다. 따라서 나는 취소된 회기에 대해서 가능하면 시간을 재조정하려고 하지만 대개의 경우 이에 대한 치료비를 부과하지 않는 방침을 가지고 있다. 반면에 환자가 아무런 연

7) 그럼에도 불구하고 나는 여전히 이러한 방침을 권하지 않는다. 내담자들은 이를 탐욕에 대한 뻔뻔스러운 정당화라고 여기기도 한다. 불규칙한 일정에 따라 일해야 하는 직업에 종사하는 내담자에게 있어서 이러한 방침은 특히 많은 문제가 있다. 일류 배우였던 한 여성 내담자는 나에게 다음과 같은 경험담을 말해 주었다: 그녀는 LA에서 주 3회씩 몇 달 간 열심히 치료를 받아오다가 치료자에게 7, 8월을 다른 주에서 보내게 될지도 모르겠다고 말했더니, 치료자는 그녀가 자신의 "자리를 확보해 두기 위해서" 여름 내내 매주 3회기 분량의 치료비를 내지 않으면 가을에 돌아왔을 때 다시 치료를 받을 수 있는지 장담할 수 없다고 말했다고 한다. 당연히 그녀는 그 제안을 거절하고 치료를 그만두었다. 나는 이와 같은 이야기를 많이 들어 왔다.

락 없이 불참하는 경우에는 치료실에 앉아 그 환자에 대해 생각하며 기다리는 것 외에는 시간을 달리 활용할 수 없기 때문에 치료비를 청구한다. 내가 좀 더 강력하게 치료비 요구를 하는 일부 내담자들이 있다. 현저하게 반사회적인 성향을 보이는 사람들의 경우, 나는 치료를 시작할 때 처음부터 회기참석의 여부와 무관하게 모든 회기에 대해 치료비를 부과할 것임을 강조한다(그 이유에 대해서는 McWilliams(1994)의 『정신분석적 진단』을 참고하기 바란다.). 잦은 회기취소로 인해서 치료가 잘 진행되지 않는다고 느낄 경우, 나는 내담자의 개인적 성향과 무관하게 이에 관한 논의를 통해 문제해결을 유도하고 내담자가 치료에 잘 참여할 수 있는 구체적인 방안을 함께 모색한다.

나는 적절한 통보 없이 회기에 불참하는 경우 '참작할 만한 상황' 이 있든 없든 무조건 치료비를 청구하는 일반적인 관습적 방침을 따르지 않고 있다. 그 한 이유는, 내가 그러한 방침을 적용하고 있었을 때, 나의 마음이 이러한 방침을 진정으로 수용하고 있는지 깊이 생각하지도 않은 채 그저 나의 슈퍼바이저들이 했던 대로 '따르고' 있다는 것을 서서히 깨닫게 되었기 때문이다. 이러한 방침이 나의 슈퍼바이저들에게는 그들의 개인적 욕구를 충족시켰기 때문에 잘 적용되었는지 모르지만, 나에게는 잘 맞지 않았다. 이러한 방침이 공정한가에 대해서 많은 환자들과 입씨름을 벌였지만 이러한 방침이 결코 치료과정을 진전시키지 못한다는 것을 알게 되었다. 우리 문화에서는 많은 사람들이 이러한 규칙을 자기중심적이고 권위주위적인 것으로 여긴다.[8] 또한 갑작스

8) 흥미롭게도, Bader(1977)는 의료관리 체계가 사회적으로 잘 정착되고 개인의 의도를 부정적으로 생각하는 경향이 적은 노르웨이의 경우, 그러한 방침이 이기주의적인 것이기보다는 합리적이고 현실적인 것으로 여겨진다고 보고하였다. 따라서 노르웨이의 내담자들은 불참한 회기에 대해 지불하는 것을 수치스럽고 굴욕적인 행위라고 간주하지 않는다. Jan Resnick은 이와 다른 문화적 맥락에서 다음과 같은 관찰을 이야기하고 있다(개인적 교신, 2003년 3월 11일):

> 호주 서부의 매우 스스럼없고, 느긋하고, 격식을 차리지 않는 문화에서는 그러한 규칙들이 가학적인 공격 혹은 직업적으로 묵인된 (아무것도 안 하고 돈만 가로채는) 탐욕의 표현이라고 여겨진다. 그래서 이러한 회기취소 방침은 치료자가 자신의 이익만을 챙기고 내담자를 진정으로 돌보지 않는 증거로 받아들여진다. (나는 양쪽을 모두 겪어봤다).
>
> 그래서 나는 치료 시작부터 그러한 방침을 명확히 하여 일반대중이 자신을 위해 예약되어 있는 시간의 소중함을 깨닫도록 하면서 이러한 방침을 융통성 있게 성공적으로 적용하고 있다.

럽게 몸이 아프거나 혹은 예측할 수 없는 교통체증 때문에 회기에 참석하지 못했음에도 불구하고 치료비를 청구한 과거의 치료자에 대해서 노골적으로 또는 마음속으로 거부감을 느끼게 되었다고 말하는 여러 사람들을 보았다. 이들은 그러한 방침을 적용하는 것이 불신, 즉 그 정도로 아팠을 리가 없다거나 교통체증을 과장하고 있다는 암묵적인 의심 때문이라고 여겼다. 나는 작업동맹을 해쳐 가면서 어떠한 방침을 고수하는 것은 무가치한 일이라고 느꼈다. 그래서 나는 나의 현재 방침에 편안함을 느끼며 아무런 갈등 없이 이를 적용하고 있다.

이와 유사하게 변형된 다른 전문적 방침을 살펴보기 위해서, 나름대로 독특한 회기취소 방침을 사용하고 있는 Kim Chernin(1995)의 이야기를 들어보기로 하자.

> "내담자과 함께 협의하여 나는 회기취소에 관해 다음과 같은 융통성 있는 방침을 만들어냈다. 일정한 횟수(보통 1년에 3회) 내에서는 회기취소를 해도 치료비를 받지 않고, 편리한 시간으로(가능하면 같은 주의 시간으로) 대체하며, (회기취소를 했지만 시간을 재조정할 수 없을 경우가 1년에 3회 이상일 때) 회기취소 시에 치료비를 부과한다는 것이다. 이러한 방침에는 물론 예외적인 경우(응급상황, 질병, 교통사고)가 있다. 나는 내담자에게 취소된 회기가 어떤 경우에 속하는지 직접 결정하도록 했다……. 이렇게 융통성 있는 방침을 적용해 온 이후로 수년 동안 이러한 방침을 활용한 사람이 한 명도 없는데, 아마도 참석할 수 없었던 회기에 대해서는 지불하기를 원치 않는 내담자의 바람과 생계를 위해 일정한 수익을 올려야 하는 나의 바람을 분명하게 자각하도록 했기 때문에 이러한 방침이 효력을 발생했던 것 같다(p. 158).

내가 사용하는 방침에 대해서 자세하게 소개한 것은 다른 사람들에게 나의 방법을 권장하기 위해서가 아니라 치료자들이 업무를 처리하는 방식이 다양함을 보여 주기 위한 것이다. 앞에서 기술한 부분을 읽은 나의 동료 한 사람은 내가 시간보다 돈에 대해서 훨씬 더 여유 있는 태도를 지녔음을 지적해 주었는데 그것은 사실 아주 정확한 관찰이었다. 나는 우리 가족의 유일한 수입원이 아니며 나는 치료수입뿐만 아니라 강의수당을 통해 추가적인 수입을 올리고 있는데, 이러한 두 가지 요인이 나의 회기취소

방침에 영향을 주었다. 따라서 나는 예상했던 수입이 예상치 못하게 감소할 경우 사람들이 화를 내며 분개하는 것은 자연스러운 반응이라는 점을 강조하며, 이러한 이유 때문에 적절한 통고 없이 불참한 회기에 대해서 치료비를 부과하는 것은 타당하다. 특히, 누군가가 자신의 직업적인 일로 인해서 약속된 회기에 참석할 수 없게 된다면, 치료자와 내담자 중 한 명은 손해를 볼 수밖에 없는데, 치료자가 정규적으로 하는 일에서 약속을 어기는 경우는 거의 없다.

접촉 허용성

돈과 시간에 관한 문제들과 마찬가지로, 치료자가 한 내담자와 만날 수 있는 정도는 그 내담자의 특수한 바람과 개인적인 선호 그리고 치료자의 상황에 따라 달라진다. 치료기관의 경우에는 정상적인 치료시간 이외에 치료자가 환자를 만나는 것을 방지하기 위한 규정을 정해 놓기도 한다. 예를 들어, 어떤 치료기관에 고용된 치료자가 자신의 전화번호를 환자에게 알려주는 것은 규정위반이다. 응급상황 시라도 내담자는 지정된 서비스 기관에 전화를 해야만 한다. 따라서 금전문제와 마찬가지로 대다수 치료자들은 독자적인 치료활동을 하지 않는 한 접촉 허용성이라는 경계 문제에 부딪히지 않는다.

일부 내담자들의 경우에는, 치료자에 대한 접촉 허용성이 자연스럽게 제한되기 때문에 이를 분명하게 밝힐 필요가 없다. 이들은 전문가의 사생활과 사적인 공간의 필요성을 잘 알고 존중하기 때문에 회기시간을 약속하는 일과 관련해서만 전화를 하거나 이메일을 보낸다. 그러나 다른 일부의 내담자들은 여러 가지 요구가 많아서 언제든지 기분이 상하면 전화를 걸고 조언을 구하며 치료자로부터 끝없이 정서적 지지를 받고자 한다. 이러한 환자들의 경우, 특히 그들이 분명하게 고통을 받고 있어서 이러한 경계설정을 일종의 공격으로 받아들이는 경우에는 치료적 경계를 설정하는 일이 어려워진다. 그럼에도 불구하고 경계를 설정하는 것은 매우 중요하다. 치료자가 사생활을 침범 당하고 싶지 않다면 그러한 의사를 분명히 밝혀야 한다. 아울러 치료시간 이외의 시간에 환자가 감당하기 어려운 정서적 경험을 했을 경우 어떤 사람이 도울 수 있는지를 상의해야 한다. 예를 들어, "미안하지만 나는 개인적인 시간이 필요합니다. 집에서는 치료와 관련된 전화를 받지 않습니다. 하지만 나는 당신에게 도움이 필요하다는 것을 충분히 이해합니다. 그러나 어떤 다른 방법이 있는지 같이 이야기해 봅시다." 이러한 대안 중에는 긴급 전화상담이나 응급서비스 기관에 전화를 거는 것, 이와 관련하여 다음 치료시간에 다룰 내용을 적어 두는 것, 친구와 이야기하는 것, 명상이나 이완훈련을 하는 것 또는 치료자의 전화음성 사서함에 메시지를 남기는 것 등이 있다. 여러 내담자들에 따르면, 녹음된 나의 목소리를 듣게 되면 이야기를 할 수는 없지만 매우 깊은 안정감을 느끼게 된다고 한다(이처럼 널리 보고되고 있는 임상적 현상은 아마도 유아가 엄마의 목소리를 변별해내고 안정감을 느끼며 이러한 일이 심지어 모태 속에서도 일어난다는 발견(DeCasper & Fifer, 1980; DeCasper & Spence, 1986)과 관련되어 있는 것 같다.).

만약 치료자가 이러한 문제에 대해서 개인적으로 융통성 있게 대응할 수 있다면 협상을 할 수 있을 것이다. 예를 들어, "우리가 전화상으로 이야기하며 매우 많은 시간을 보내고 있다는 것을 깨닫게 되었습니다. 이러한 시간을 줄이기 위해서 어떤 방법을 찾아야 할 것 같습니다. 나는 여유로운 시간이 많지 않지 않으며, 언제든지 전화를 받을 수 있는 상황도 아닙니다. 게다가, 내가 할애할 수 있는 시간이 보통 2~3분인데, 이 시간 동안에는 많은 이야기를 할 수 없습니다. 치료시간이 아닌 때에 겪게 되는 힘든 순간을 잘 이겨 나갈 수 있는 다른 방법을 찾아봅시다."라고 말할 수 있다. 나의 동료들 중에는 환자들이 음성 사서함에 긴 메시지를 남기도록 허용하는 사람도 있고, 매주 몇 회 이내에 정해진 몇 분 동안만 전화할 수 있도록 제한하는 사람도 있으며, 전화시간에 대해서 비용을 청구하여 자신이 착취당하고 있다는 느낌을 받지 않으려 하는 사람도 있다. 어떤 사람은 무제한의 이메일 접촉을 허용하는데, 이 방법이 전화에 비해 사생활 침해를 덜 하기 때문이다. 나는 나의 이메일 주소를 일종의 전이 대상(transitional object; Winnicott, 1953)으로 이용하는 환자들을 치료한 적이 있다. 이러한 환자들은 내가 옆에 당장 있어 주기를 요구하지는 않았지만, 내가 메시지를 수신한다는 것을 알기 때문에 나와 직접 만날 수 없을 때에도 나에게 "이야기할 수 있다."는 느낌을 갖고 싶어 했다. 물론, 온라인에 접속하는 것이 두려울 정도로 내담자가 많은 '스팸 메일' 을 보내왔다면, 나는 치료회기 사이에 보낼 수 있는 이메일 횟수의 제한에 대해서 논의했을 것이다. 대다수 치료자들의 경우, 이메일을 보내는 것은 흔쾌히 허용하되 답신을 보내지는 않을 것이라고 한계를 설정한다. 어떤 치료자들은 아주 짧은 회신을 보내기도 한다.

치료에서 설정된 한계를 잘 지키지 않지만 한계준수를 통해서 성장경험을 해야만 하는 내담자들이 많은데—나의 견해로는 지난 수십 년 동안 이러한 내담자들이 증가해 왔다—이 경우에 치료자들이 관대한 태도를 취함으로써 이러한 문제가 해결되지 않는다는 점을 재차 강조하고 싶다. 그러한 환자들에게 지나치게 자유로움을 허용하게 되면, 그들은 점점 더 많은 요구를 하게 되어 마침내 치료의 한계를 넘어서게 되고 발달적 투쟁(developmental struggle)이 일어나게 된다. 만약 이런 일이 치료자가 분노와 자기비판에 휩싸여 있는 상태에서 일어난다면 문제는 심각해진다. 매우 노골적으로 치료자에게 매달리는 의존적인 환자들도 내면적으로는 그만큼 강렬한 분노와 반감을 표현하고 싶은 욕구를 지니고 있다. 따라서 치료자에 대한 접근 가능성에 대해서 적절한 경계를 설정해 놓는 것이 지나치게 보호적인 행동으로 그들을 어린아이 취급하는 것보다 훨씬 바람직하다. 경계를 설정하는 것은 그러한 환자들이 치료자에게 분노를 느낄 수 있는 '즐거움' 을 선사하는 셈이며 또한 그러한 분노 에너지를 사용하여 자신의 욕구를 스스로 충족시키는 방법을 배우게 되는 결과를 초래할 수 있다. 이 경우에 청소년이 화를 내며 부모에게 반항을 하더라도 변함없이 헌신적인 부모들처럼, 치료자는 내담자들이 격렬한 분노를 표출하더라도 변함없이 그들을 붙잡아 주는 것이 중요하다는 것은 두말 할 필요가 없다.

거절을 하는 기술

경계를 설정하는 것은, 특히 타인을 행복하게 해 주려고 하는 치료자들에게 있어서 대부분의 경우 즐거운 일이 아니다. 또한 정신분석적 치료의 규칙에 대한 '기본 방침'

이 존재했던 과거에 비해서, 요즘은 경계를 설정하는 일이 더 어려울 수 있다. 융통성과 개인의 독특성을 중시하고 각기 다른 환자에 대해서 상이한 치료법을 정교하게 적용하는 최근의 경향으로 인해서 비롯하는 가장 난처한 문제 중의 하나는, 치료자들이 치료의 경계를 환자에게 설명할 때 "이것이 바로 정신분석적 치료가 이루어지는 방식입니다."라고 정당화하기가 어려워졌다는 것이다. 우리는 우리 자신의 행위에 대한 정당한 근거가 필요하며, 대부분의 경우 이에 대해서 내담자들에게 설명을 해 주어야 한다. 이러한 과정에서 기계적으로 정통성을 주장하기보다 좀 더 심사숙고하여 설명하는 것이 필요하지만, 나는 치료자와 환자 모두가 치료경계에 대해서 논쟁을 하게 되더라도 솔직하게 이야기하는 것이 바람직하다고 생각한다.

경계를 논의할 때는 이것이 내담자에게 어떤 도움이 되는지를 장황하게 설명하기보다 치료자 자신의 바람에 관한 것으로 말해 주게 되면, 환자들이 이러한 규칙에 기꺼이 협조한다는 것을 알게 되었다. 우리 대부분은 부모님이 "이게 다 너를 위한 거야." 혹은 "이건 너보다 나를 더 힘들게 한다."고 말할 때 그것이 사실일지라도 그러한 설명이 얼마나 듣기에 불편했는지 잘 알고 있다. 치료자의 경계를 명확히 설명해 주어야 하는 내담자들은 진정으로 그들을 위해서 최선의 배려를 해 주는 부모를 지니지 못한 사람들이 대부분이다. 따라서 그들은 권위적인 인물이, 도움을 받기 위해서 그 사람을 직접 고용한 경우라 할지라도, 다른 사람의 행복을 위해 진정으로 무언가를 해 줄 것이라는 점에 대해서 상당한 의심을 지닌다. 그들은 경계에 대한 '치료적인' 이론적 근거를 이기적인 합리화라고 여기게 되는데, 이 점은 그러한 요소가 치료자의 위치에 있는 사람에게 흔히 실재한다는 점에서 옳을 수 있다.

이러한 의심을 고려한다면, 치료경계에 저항하는 내담자들에게 치료자는 그러한 경계가 치료자 자신에게 어떻게 도움이 되는지를 말해 주는 것이 더 설득력을 지니게 된다. 따라서 치료자가 "치료비를 낮추고 싶지 않은데, 왜냐하면 치료비의 인하로 인해서 당신이 무가치하다는 느낌을 강화할 수 있기 때문입니다."라고 말해 주는 것은 그것이 경계를 설정하는 실제적인 치료적 이유라 하더라도 바람직하지 않다. 그보다 "나는 내가 그동안 받아왔던 것보다 낮은 치료비를 받고 치료하는 것을 원하지 않습니다.

만일 그렇게 된다면, 내가 당신에게 섭섭함을 느끼게 될 수 있으며, 그런 기분상태에서는 치료를 잘 해나가기 어렵습니다."라고 말해 주는 것이 훨씬 낫다. 또는 "미안합니다만, 나는 치료자협회에서 치료활동을 지원하기 위해 정해 놓은 치료비 체계를 어기는 치료자로 알려지고 싶지 않습니다." 또는 "내가 아무리 HMO[9]를 속이려는 마음이 있고, 그래서 당신에게 도움이 된다 하더라도, 나는 보험사기를 저지르고 싶지는 않습니다. 나의 면허가 취소될 수도 있는 일입니다."라고 말해 줄 수 있다. 자신에게 어떤 도움이 되는지를 분명하게 밝히는 것이 이타주의적인 설명을 해 주는 것보다 훨씬 더 믿음을 줄 수 있다.

규칙을 설명해 주면서 그 부정적인 측면에 대해 양해를 구하는 일은 문제될 것이 없다. 예컨대, "나는 당신이 치료시간 이외의 시간에 이처럼 괴로운 심리상태에 빠져들면 정말 견디기 힘들 것이라는 점을 잘 알고 있습니다. 이런 경우에 내가 함께 이야기를 나누어 줄 수 있다면 아마도 도움이 될 것이라고 생각합니다. 그러나 그렇게 해드리는 것이 현실적으로 매우 어렵습니다. 만일 그렇게 해드린다고 하더라도, 그것이 나에게 심리적 부담으로 느껴진다면 당신과 나의 관계에 문제가 될 수 있습니다. 좀 더 도와드리지 못해서 정말 미안합니다만, 나는 이러한 현실을 무시하고 싶지 않습니다." 또는 "치료비를 좀 더 낮추어 주지 못해 정말 미안합니다. 당신의 금전적 상황이 얼마나 어려운지를 잘 이해하고 있으며 또한 더 이상 힘들게 해드리고 싶지도 않습니다. 하지만 나는 내 자신의 경제적 현실 역시 무시할 수가 없습니다." 나의 환자 중 한 명이 예상하지 못한 도로공사로 인해서 정해진 치료시간에 도착할 수 없게 되자 치료시간의 일부를 전화로 이야기하자고 요청한 적이 있었다. 내가 이를 정중하게 거절했을 때(교통사고와 휴대폰 사용에 대한 통계자료에 근거했을 때, 내가 이러한 요청을 수락하는 것은 그녀가 지니고 있는 자기파괴적 성향에 암묵적으로 동조하는 것이라는 느낌이 들었다) 그녀는 흥미로운 점을 지적해 주었다. 그녀는 나에게 말하기를, "선생님이 거절했을

9) 역자 주: Health Maintenance Organization의 축약어로서 현재 미국인의 30%가 가입해 있는 가장 큰 규모의 의료보험 조직.

때 저는 화가 났어요. 그러나 저는 선생님이 이런 요청에 화를 내야 하는지 자신에게 물으며 결정하느라 선생님의 마음속에서 톱니들이 철컥거리며 분주하게 돌아가는 소리를 들을 수 있었어요. 그리고 우리 엄마와 달리, 선생님은 이렇게 하면서 자신의 불쾌감을 스스로 잘 해결할 수 있을 것이라는 점에서 저는 안도감을 느꼈습니다. 화가 난 사람으로부터 돌봄을 받는 것은 매우 수치스러운 일입니다."

마지막으로, 치료자들은 경계를 설정한 이후에 나타날 수 있는 내담자의 부정적인 반응에 주의를 기울여야 한다. 긍정적인 반응이 나타날 수도 있겠지만, 자신의 바람이 좌절되었는데도 "고맙습니다. 그래야만 합니다!"라고 말하는 굴욕적인 모습을 나타내려는 사람은 없을 것이다. 어떤 치료경계가 긍정적인 효력을 나타내고 있다고 치료자가 반복적으로 이야기하며 내담자를 자극하지 않는다면, 내담자는 이후에 그러한 경계가 유익했다고 자발적으로 말하게 될 것이다. 치료자가 자신의 권위적 입장에서 그러한 결과를 제시하는 것은 자신의 요청이 좌절되었던 내담자로부터 그러한 이야기를 듣는 것과는 완전히 다른 경험이다. 치료경계의 설정으로 인해 뒤따르게 되는 결과를 통해서 심리치료의 소중한 소재를 얻게 되는데, 만약 치료자가 무엇이 수용될 수 있고 무엇이 그럴 수 없는지를 명확히 하지 않고 그저 내담자를 달래려고만 했더라면 이러한 치료적 소재를 얻지 못했을 것이다.

어떤 한계를 설정하고 난 이후에 환자가 치료시간에 늦게 나타나거나, 치료받으러 오고 싶지 않았다고 이야기하거나 혹은 치료 중에 이야기를 잘 하지 않는 일이 매우 자주 일어난다. 이러한 경우에 치료자는 내담자가 상처를 입었거나 그에 대해서 분노를 느끼고 있는지를 다루어 주어야 한다. 예컨대, "매우 고통스러운 기억을 떠올리고 있던 중인데 회기를 끝내게 되어 기분이 상하지는 않았는지 모르겠습니다. 이런 경우에 기분이 상하는 것은 당연한 일입니다." 치료자가 이러한 추측성 발언을 했을 때 내담자가 특별한 반응을 나타내지 않더라도 중요한 점이 전달되는 것이다. 즉, 치료에서 내담자는 어떤 특정한 방식으로 협력해야 하지만, 억지로 협력하는 척 가장할 필요는 없다는 것이다. 행동과 감정은 별개의 것이다. 즉, 행동에는 허용될 수 없는 것이 있지만 감정에는 허용될 수 없는 것이 없다.

결 어

경계의 문제들은 치료자의 임상적 창의성을 통해서 해결될 수 있다. 이러한 경계문제는 정신역동적 입장을 지닌 치료자뿐만 아니라 모든 치료자에게 있어서 공통적인 관심사이다. 사실, 사생활 보호, 시간, 돈, 회기취소, 치료자의 접촉 허용성에 대해 협의하는 것은 대부분의 치료적 관계에서 필수적인 것이기 때문에, 나는 이 장의 내용이 다양한 상황, 입장, 전문분야에 걸쳐 신참 치료자와 상담자들에게 도움이 되기를 바란다. 그러나 경계에 대한 문제들이 정신분석의 전통을 따르려는 치료자들에게는 매우 난처한 과제가 될 수 있다. 첫째, 정신분석적 태도(동기의 복잡성을 인정하고, 공감을 이상적인 것으로 여기며, 주관성의 현저한 차이를 인정하는 것을 포함하여)로 인해서 편안하게 자기주장을 하지 못할 뿐만 아니라 자신의 개인적 선호를 반영하는 규칙들의 합리성에 대해서 확신을 갖기 어렵다. 둘째, 정신역동적 치료자는 강렬하게 나타나고 있는 애착을 장려하면서 퇴행적 욕구를 촉발하게 되는데 이러한 퇴행적 욕구로 인해서 치료경계의 침범과 위반이 나타날 수 있다. 이러한 퇴행적 욕구의 촉발은 발달적인 목적과 가치를 지닐 수 있으나 치료의 균형을 위협하게 된다. 셋째, 정신분석적 사유와 치료방식에 매력을 느끼게 하는 성격적 특성들은 치료경계를 쉽게 설정하고 그 과정에서 필연적으로 발생하는 부정적 반응을 잘 견디는 능력과 상반될 수 있다.

이 장에서 나는 치료적 구조의 중요성을 강조하고 그 구체적인 측면들을 가능한 한 객관적으로 설명하고자 했다. 주로 치료 초기에 내담자와 치료자 사이에서 이루어지는 협약 내용들을 살펴보았다. 사생활 보호, 시간, 돈, 회기취소 그리고 접촉 허용성의 문제들은 첫 면담에서 또는 가능한 한 빨리 분명하게 다루어져야 한다. 내담자에 따라서 이러한 문제들은 전문적 관계에서 예상되는 현실적인 당연한 요구사항으로, 또는 굴욕감을 느끼게 만들거나 저항을 유발하거나 반항심을 자극하는 괴로운 공격행위로 받아들여질 수 있다. 내담자가 어떠한 반응을 나타내든 모든 치료에 있어서 이러한 경계설정은 반드시 이루어져야 한다. 이 책의 대부분에서 나는 무엇이 치료에 유익한지를 파악하는 치료자의 육감과 직관이 상당히 믿을 만하다는 것을 입증하고 있지만, 치료의 경계를 설정하는 일에는 우리들의 직관과 상반되는 것들이 있다. 그래서 나는 이러한 과정에 각별한 관심을 기울였다. 7장에서는 내담자에게 해당되는 경계 문제들, 특히 치료가 점차 깊은 영역으로 들어감에 따라 환자의 자기공개가 심화되고 그에 대한 치료자의 정서적 반응이 나타나면서 생겨나는 문제들을 논의할 것이다.

제 6 장

기본적인 치료과정

> [심리치료자들은] 자신의 심성이 남달리 훌륭하다는 어떠한 근거도 지니고 있지 않다—그들은 자신의 능력을 넘어서는 일을 하는 극소수의 사람들에 속한다—그러나 그들은 인간에 의해 생성되는 인간의 고통을 덜어 준다. 그들은 옆에 서서 동행한다. 미움을 받더라도 견디면서 떠나가지 않는다. 사랑을 받기도 하지만, 그들은 유혹에 빠지지 않는다. 그들은 경청을 많이 하지만, 분명한 의도를 지니고 경청한다. 그들의 침묵은 차갑지 않다.
>
> –Allen Wheelis(1958, p. 246)

정신분석적 치료에서 한 사람은 자유롭게 이야기하고 다른 사람은 이를 수용적으로 경청해야 하는데, 이 두 가지 일 중의 어느 것도 쉬운 일이 아니다. 정신분석적 치료에는 내담자, 치료자 그리고 맥락에 따라서 다양한 기법적인 접근방법이 있는데, 어떤 경우이든 치료자와 환자는 모두 환자의 자기표현에 담겨 있는 주제와 의미를 이해하려는 공동의 노력이 필요하다. 심리치료를 받은 경험에 흡족해하는 사람들의 경우, 의미 있는 변화를 가져온 것이 치료자의 현란한 언어적 개입 때문이라고 말하는 경우는 거의 없다. 그보다, 우리의 치료에 만족스러워하는 내담자들은 우리가 보여 준 행동의 속성과 우리가 그들을 보살펴 주고 있다는 느낌을 이야기한다. 치료기법에 관한 많은 문헌들은 대부분 치료자가 어떻게 자기 이해와 심리적 성숙의 자연적인 과정을 촉진할 수 있는지를 구체적으로 설명하기 위한 저자 나름대로의 노력을 담고 있다.

소아과 의사로서 정신분석가가 된 Winnicott(1958)은 유아에게 있어서 "엄마의 곁에 홀로 존재한다(being alone in the presence of the mother)."는 느낌을 경험하는 것이 정체감과 주체감을 발달시키는 데에 얼마나 중요한 것인지를 강조하였다. 심리치료를 받는 내담자의 경우, 이상적으로는 이와 마찬가지로, 그들이 치료자의 곁에 단독적으로 존재한다는 느낌을 지닌다. 자신을 진지하게 받아들이고 자신의 내면적 소리에 존중적인 태도로 귀 기울이는 것은 내담자의 위치에 있는 사람에게는 새로운 성취인데, 이러한 경험을 하기 위해서 그들에게는 상당한 지지가 필요하다. 사람들로 하여금 자신의 삶을 살펴보는 목표를 흔쾌히 수용하도록 돕기 위해서는 상당한 기술과 인내 그리고 기법적인 융통성이 필요하다.

심리치료는 대화, 즉 치료관계 속에 있는 두 사람이 교대로 듣고 이야기하며 진행되는 협동적인 과정이다. 이 장에서는 심리치료가 경청하기와 말하기로 각각 인위적으로 분리되어 마치 이러한 과정들이 별개의 것처럼 다른 절에서 소개되고 있지만, 체계적인 설명을 하기 위해서 이러한 제목하에 치료적 대화의 측면들을 제시하고자 한다. 그런 다음, 치료 방식에 영향을 미치는 다양한 요인들을 살펴보고, 정신분석적 치료를 다른 치료방법과 조합하여 사용하는 것에 대해서 간략히 언급하고자 한다. 마지막으로, 심리치료 과정에서 권력과 사랑이 미치는 역할을 각각 살펴볼 것이다.

경청하기

심리치료의 기술은 어떻게 말하는가보다 어떻게 경청하는가와 깊은 관련성을 지니고 있다. "말하는 사람은 경청하는 사람에게 친근감을 느낀다."와 같은 일상적 대화의 기본가정들은 정신역동적 치료자가 멀리하려고 부단히 애쓰는 것들이다. 사교적 대화에서는 대화자 두 사람 모두가 자신을 표현하고 상대방으로부터 인정받으려는 욕구를 지니기 때문에 핵심에서 벗어난 말들을 많이 하게 된다. 친구 사이에서는 상대방이 말하는 중에 끼어들고, 서로를 설득하려 하며, 수시로 화제를 바꾸기도 한다. 이와 달리,

심리치료자들의 경청은 잘 조절된, 명상적인, 정서적 수용 행위로서, 이때 치료자는 자기표현과 인정에 대한 자신의 욕구보다 내담자의 심리적 욕구를 우선시한다.

치료적 수용성을 지니기 위해서는 최면 상태와 같이 긴장을 이완하는 동시에 주의를 집중하는 고도의 능력이 필요하다(Casement, 1985; Freud, 1912b; Ogden, 1997). 이러한 경청은 치료자를 소진시키는 매우 힘든 행위이기도 하다(11장을 참고하기 바란다.).

정신분석적 치료자들은 "그저 가만히 앉아 있기만 하면서 돈을 받는 사람들"이라고 이야기하는 사람들을 종종 접하게 된다. 그러나 그런 사람들은 그저 가만히 앉아 있는 것이 얼마나 힘든 일인지를 알아야 한다! 이러한 일이 잘 이루질 경우에 '그저' 가만히 앉아 있음으로 인해서 내담자들은 고통스러운 경험을 털어놓을 용기를 얻게 되고, 스스로 해결책을 찾아내게 되며, 또한 자신이 자신감을 얻고 유능해지는 것을 기뻐하는 사람 앞에서 주체감(sense of agency)을 얻게 된다. 치료자들은 그러한 변화가 일어난 것을 자신이 내담자를 지혜롭게 잘 파악했기 때문이라고 착각해서는 안 되는데, 이러한 생각을 포기하기까지는 상당한 훈련과 좌절을 겪어야 한다. 치료자는 아무런 반응도 하지 않으면서도 내담자들이 어려움 속에서 버둥거리도록 내버려두지도 않지만, 또한 내담자를 잘 이해한다거나 해결책을 잘 알고 있다며 성급히 말하지도 않는다. 치료자는 한 사람의 심리를 완전히 이해하는 것이 불가능하며 자신의 대처방법이 타인에게는 파괴적일 수도 있다는 점을 잘 인식하고 있다.

정신역동적 치료자들은 내담자의 개인적 욕구에 따라서 언어적인 상호작용을 하는 정도를 달리한다. 어떤 내담자를 만날 때는 수다스러워질 수도 있지만, 치료자는 치료적 목표를 늘 염두에 두고서 그렇게 하는 것이다. Bertram Karon(개인적 교신, 2003년 1월 25일)은 젊고 약간 단순한 한 여자에 관해서 나에게 말해 주었는데, 그 여자는 11세 이후부터 약물치료와 단기적인 인지행동치료를 간헐적으로 받아오다 그의 권유로 정신역동적 치료를 받게 되었다. 그녀는 매우 성공적인 치료적 경험을 한 후에 그에게 찾아와 감사하면서, "이제 나는 어떤 치료자가 정신분석적 치료자인지 아닌지를 구별할 수 있게 되었어요. 그들은 당신이 이야기할 때 잘 경청하는 사람들이더군요." 라고 말했다고 한다.

기초적인 고려사항

심리치료에서는 경청하는 것이 말하는 것보다 중요하다. 사실, 치료자들이 치료시간 중에 말하는 것은 대부분 그들이 잘 경청하고 있음을 나타내기 위한 것이다. 우리는 가만히 있기보다는 무언가 하는 것을 더 중시하는 시대와 문화 속에서 살고 있다. 이러한 문화에서, 과학에 대한 지배적인 생각은 현상을 있는 그대로 잘 훈련된 방식으로 관찰하기보다 무언가를 예측하고 통제하는 것이 더 중요하다는 것이며, 또한 대중적인 전문가들은 사람들에게 어떻게 하면 다른 사람들이 자신의 모습에 대해 편안하게 느끼도록 해 주는가를 가르치기보다 어떻게 하면 다른 사람에게 여러 가지 영향력을 미칠 수 있는가를 가르친다. 말하는 것보다 경청하는 것이 더 중요하다는 생각은 이처럼 강력한 서구적인 문화적 편견과 반대되는 것이다. 하지만, 우리 대부분은 다른 사람이 사려 깊은 관심을 보여 준다고 느꼈을 때 또는 다른 사람이 우리를 잘 이해해 주어 감동을 느꼈을 때 또는 휴식하고 있는 동안 우리의 의식에 어떤 깨달음이 충격적으로 찾아들었을 때 우리 자신의 깊은 변화를 체험한 기억이 있을 것이다.

Bion(1970, p. 57)은 치료자들에게 "어떤 기억이나 욕구 없이" 매 치료시간마다 경청하라고 조언한 바 있다. 이러한 불가능한 조언에 대해서 나는 생각을 비우고 선입견 없이 환자의 생각과 감정을 받아들이라는 의미로 이해하고 있다. 그는 환자들이 견뎌내기에 너무나 고통스러운 심상과 감정의 '그릇(container)'과 같은 역할을 치료자가 해 주어야 한다고 강조한다.

Winnicott(1955)은 심리치료자의 "버텨주기(holding)" 기능을 중시했고, 그(1971)와 Ogden(1985, 1986)은 "가능성의 공간(potential space)"을 강조했는데, 모두 유사한 의미이다. 치료자는 환자가 자기 경험의 진실을 이야기할 수 있는 공간을 만들어 주어야 한다. 이것은 생각보다 훨씬 힘든 일이다. Charles(2004)는 깊은 불행감 속에서 분노하며 요구가 많은 한 내담자를 위한 '그릇'이 되려고 노력했던 과정을 설명하면서 다음과 같이 말하고 있다. "무척 힘들었던 치료 첫 해 동안 내가 한 일은 Ruth가 계속해서 자신의 이야기를 할 수 있는 환경을 만들기 위해서 나 자신의 고통을 충분히

수용하는 것이었다." (p. 32)

주의 깊은 경청의 치료적 효과는 강력하다. 특히, 우울하거나 산만하거나 또는 매우 바쁜 부모를 둔 가정에서 성장한 대다수의 환자들은 자신이 했던 이야기를 치료자가 잘 기억한다는 사실에 무척 놀라워한다. 나중에 이들은 이러한 경험이 그들에게 얼마나 의미 있는 일이었는지를 말하곤 한다. 나는 치료과정이 시작될 즈음에 다음과 같이 말해 주곤 한다. "한동안 나는 아무 말 없이 조용히 경청하면서, 당신을 잘 이해하고 또한 당신이 다루고 싶어 하는 문제들을 잘 이해하려고 노력할 겁니다. 내가 무언가를 이해한다고 느끼게 되면, 내 생각을 말해 드리겠습니다. 그러면 당신은 내 생각이 맞는지 아니면 어떤 점에서 잘못되었는지를 말해 주실 수 있습니다." 과거에 정신분석치료를 받은 경험이 있는 사람처럼 내면적 성찰에 익숙한 내담자들의 경우에, 나는 그들이 자신에 대해서 지금은 나보다 더 잘 알고 있기 때문에 그들이 이미 알고 있는 것을 내가 파악할 때까지 잘 견디어 주면 좋겠다고 말한다. 이러한 말에 대해서 신경질을 내거나 조급해하는 사람들은 드물다. 오히려 내담자들은 내가 어떤 선입견이나 고루한 조언을 강권하지 않을 것이라는 점에 안도감을 느끼기도 한다.

치료 초기에 침묵이 길어지거나 반복되는 것은 바람직하지 않다. 침묵은 환자에게 매우 깊은 중요한 의미를 지닐 수 있다. 예컨대, 환자들은 자신이 침묵 속에서 깊이 이해받고 있다고 느끼거나, 치료자가 그들을 재촉하지 않으면서 진정으로 존중해 주고 있다고 느끼거나 또는 깊은 생각에 잠길 수 있도록 침묵해 주는 것을 고맙게 느끼기도 한다. 그러나 치료 초기의 침묵은 내담자를 쓸데없이 불안하게 만들 뿐이다. 만약 내담자들이 말하기를 어려워한다면, 그러한 문제를 다루어서 잠정적인 해결책을 찾아야 한다. 한 가지 방법은 치료자가 어떻게 말하고 행동하는 것이 그들로 하여금 편하게 말할 수 있게 하는 것인지를 직접 물어보는 것이다. 또 다른 방법은 치료자가 그들의 반응을 이끌어내려고 하는 경우와 그냥 조용히 기다리는 경우를 비교하는 등의 방법을 통해서 치료자의 행동에 따른 내담자의 반응을 탐색하면서 상호적인 문제해결을 시도하는 것이다. 환자가 침묵을 자신에 대한 존중의 의미로 이해하고 대화를 서둘지 않기로 합의할 경우, 침묵을 훨씬 더 편안한 것으로 여기게 된다.

정신분석적 치료자의 일차적 목표는 내담자가 자유롭게 표현하도록 격려하는 것이다. 그렇게 하는 이유는 환자로 하여금 솔직해질 수 있는 관계를 경험하도록 하기 위한 것이다. 어떠한 치료법이나 치료적 자세라 하더라도 그 적절성은 환자가 속마음을 털어놓을 수 있고, 고통스러운 자기-상태를 깊이 탐색하며, 매우 강렬하거나 외면하고 있는 감정경험에 접근할 수 있는 능력, 다시 말해서 자기(the self)를 자세하게 이해할 수 있는 능력을 증진시키느냐의 기준에 의해 판단되어야 한다. 정통파 분석가의 중립적 태도는 이러한 목표를 위한 것이지만(Greenson, 1967), 자기심리학자들의 공감적인 반영(empathic mirroring), 클라인 학파의 환자-중심적 해석과 분석가-중심적 해석(Steiner, 1993), 전이-초점적 치료자가 경계선 성격장애 환자를 치료할 때 사용하는 지금-여기/너와 나(you-and-me)의 직면(Clarkian et al., 1999) 그리고 관계적 치료자들의 역전이 공개(Aron, 1996)도 마찬가지이다. 모든 정신분석적 치료기법은 이러한 자기탐색과 자기표현을 지속하게 하고 심화시킴으로써 궁극적으로 자가치료적인 과정을 촉진하기 위한 것이다. 이러한 기법들이 적용되는 정도는 환자, 치료단계, 치료자의 성격에 따라 달라진다.

나는 4장에서 Joseph Weiss와 Harold Sampson 그리고 그 동료들의 실증적인 연구를 소개한 바 있다(Weiss, 1999; Weiss et al., 1986). 이들에 따르면, 환자들은 자신이 치료에서 원하는 것이 무엇인지를 상당히 잘 알고 있으며 치료에 대한 무의식적 '계획'을 가지고 있다. 따라서 환자들은 치료자가 자신의 계획에 협동할 수 있는지를 파악하기 위해서 시험한다. 이러한 지적은 나의 임상적 경험과도 일치한다. 대부분의 내담자들이 분석 치료자들에 의해서 저항이라고 간주되는 변화에 대한 불안을 지니고 있지만, 새로운 경험을 받아들이고 성장하려는 강렬한 소망을 지니고 있다는 점에서 나는 깊은 감동을 느끼곤 한다. 우리가 신중하게 경청한다면 그들은 우리에게 바라는 것이 무엇인지를 (보통 첫 번째 회기에서) 말하려 할 것이다. 그들이 나중에는 우리에게 바라던 것과는 정반대되는 반응을 유발하는 행동을 할 수도 있지만, 그러한 행동 역시 시험을 하는 것이며 우리의 치료적 역할은 내담자가 지닌 본래의 계획을 지지해 주는 것이라는 Sampson과 Weiss의 견해가 옳다고 생각한다.

예를 들어, 어떤 내담자들은 치료자에게 — 말로 또는 행동으로 — 과도한 온정을 받아들일 수 없고, 자신은 도전받고 직면될 필요가 있으며, 모성적 관심에는 거부감을 느낀다고 말한다. 그들은 돌봄을 매우 위협적인 유혹으로 느끼거나, 어린 시절에 결핍되었던 것을 갈망하는 것은 해로운 퇴행에 빠지게 할 것이라고 걱정한다. 또한 의존욕구가 분출되면 그들의 자존감이 산산조각이 나는 상처를 입게 될 것이라고 생각한다. 온정적인 태도가 대부분의 내담자에게는 치료적 효과를 지니지만, 이러한 사람들의 경우에게는 치료자의 공감적 반응이 그들을 괴롭게 만들고, 함정에 빠지게 하며, 불필요한 것, 즉 그들의 독립적 존재감에 대한 위협으로 여겨질 것이다. 이러한 심리적 역동은 외상적 사건을 겪은 경험이 있어서 우리가 자연히 동정심을 표현하게 되는 사람들에게서 흔히 나타난다. 이들은 치료자가 어느 정도의 거리를 유지해 주기를 바라면서 나름대로 이러한 의도를 전달하지만, 나중에는 무의식적으로 치료자를 시험하기 위해서 치료자에게 애정을 가지고 자신을 구원해 달라는 식으로 행동하기도 한다. 신중하게 경청하면서 독특한 존재인 각 내담자의 정신역동을 파악하게 되는 치료자들(참고: McWilliams, 1999; Peebles-Kleiger, 2002)은 자신의 치료이론을 모든 사람에게 적용하는 치료자들에 비해서 그러한 스트레스를 훨씬 잘 견딜 수 있을 것이다.

경청의 방식

치료자에게 있어서 각 환자는 어떤 방식의 경청과 반응이 가장 유용한지를 알려주는 조언자이다(Casement, 1985, 2002; Charles, 2004). 치료자는 어떤 치료에서든, 특히 초기에 상당히 많은 실수를 하게 된다. 이러한 실수를 하는 과정에서 치료자가 명심해야 할 점은 내담자가 편안하게 이야기하면서 자신의 내면세계를 가능한 한 많이 드러낼 수 있도록 돕는 것이 중요하다는 점이다. 간헐적으로 "나와 이야기하는 것이 편안합니까? 당신이 마음속에 있는 것을 솔직하고 자유롭게 이야기하도록 내가 도울 수 있는 방법이 있을까요?"라고 묻는 것은 내담자와 치료자 모두가 서로에게 적응하도록 도울 수 있다. 구조화된 단기적 정신역동치료의 경우라 할지라도, 처음 두어 회기 정도는 내담자가 억제나 간섭 없이 자신의 이야기를 하도록 최대한 편안함을 느끼게 해 주어야 한다.

따라서 치료자는 치료에서 노출되는 어떠한 것에 대해서도 내담자가 수치심과 모멸감을 느끼지 않거나 줄여 줄 수 있는 태도를 보여 주어야 한다. 치료의 전 과정을 통해서, 특히 초기 단계에서, 내담자가 수치심을 느끼게 될 경우에는 이를 다루고 감소시키는 것이 우선적인 과제이다. 나는 많은 사람들이 심리치료를 통해 자신의 역동에 대해 많은 것을 알게 되지만 이에 대해서 몹시 수치스러워하는 것을 보아왔다. 자기이해는 정신분석적 치료에서 추구하는 목표이지만, 보다 더 중요한 목표는 자기수용이다. 수치스럽게 느껴졌던 자신의 모습을 좀 더 수용하게 될수록, 그로부터 그만큼 자유로워지게 된다. 학문 분야로서의 정신분석은 일곱 가지의 치명적인 죄악을 포함하여 인간의 속성을 하나씩 밝혀 왔는데, 그 바탕에는 이러한 인간적 속성을 인식함으로써 이를 좀 더 잘 다룰 수 있는 방법을 찾게 될 것이라는 가정이 깔려 있다.

수용을 해 주면서 수치심을 해소시켜 주는 한 가지 방법은 "그렇군요 …… 그래서 어떻다는 거죠?" 하는 반응(the "Yeah …… so?" response)을 언어적으로나 비언어적으로 보여 주는 것이다. 다시 말하면, 환자가 고백하는 어떤 것도 전혀 놀랍지 않다는 음성과 표정을 나타내면서, 왜 이것이 그렇게 큰 문제인지 알 수 없다는 의사를 전달하는 것이다. 치료자는 내담자가 공개한 사실이, 그가 자신의 원가족에 관해 말한 것에 비추어 보면, 전혀 놀랍지 않다는 뜻으로 평범한 일상적인 반응을 보여 주며 지나칠 때도 있다. 또는 환자가 깊이 숨겨 두었던 어떤 부끄러운 일을 공개하며 수치심에 빠져들 때, 우리는 "글쎄요, 당연한 것이 아닌가요."라고 나지막하게 중얼거리거나 의아하다는 투로 "그래서 무엇이 그렇게 고통스러운 거죠?"라고 물을 수도 있다. 사람이라면 누구나 느낄 수밖에 없는 것을 털어놓은 것에 대해서 왜 그렇게 심한 굴욕감을 느끼는지 알 수 없다는 점을 전달하기 위해서 "이것이 당신에게 그렇게 강한 수치심을 느끼게 하는 이유를 알고 있나요?"라고 묻는 것이 때로는 도움이 될 수 있다.

자기과시를 하고 싶은 유혹을 지속적으로 통제하는 것 역시 치료의 전 과정을 통해서 중요하다. 내가 말하고자 하는 것은, 치료자가 환자에게 제공할 무언가를 가지고 있다는 것을 보여 주기 위해서 자연히 자신의 능력을 과시하고자 한다는 것이다. 이러한 성향은 내담자가 스스로 새로운 사실을 발견하고 인생의 문제에 대한 해결책을 모색하도록 유도하기 위해서 치료자가 충분히 절제하는 것을 어렵게 만든다. 치료자는 내담자보다 한 단계 앞서 가지 않도록 주의해야만 한다. 이를 위해서 "내가 이미 알고 있는 것을 마침내 당신이 깨닫게 되었군요."와 같은 말투는 바람직하지 않다. 특히, 치료자를 평가절하하거나 도전적인 환자들을 치료할 때 이와 같은 강한 유혹을 느끼게 된다. 이런 경우에, 탁월한 치료능력을 보여 주는 것보다는 오히려 쓴 웃음을 지으며 "나 같이 둔한 사람이 어떻게 도움을 줄 수 있을지 의심스럽다는 것처럼 들리는군요." 라고 말하는 것이 더 바람직하다.

익살스럽게 표현하자면 분석적 치료자의 음성 틱("음" 또는 "음-흠")은 내담자의 말을 중단시키지 않고 치료자가 그를 따라가고 있음을 전달하기 위한 노력이다. Greenson(1954)은 "음(mm)"이라는 소리가 다양한 언어에서 흔히 "엄마"를 지칭하는 단어에 나타나고 있으며, 무언가가 아주 맛있다는 감탄을 나타내기 위해서 사용되기도 한다는 점을 지적한 바 있다. 아마도 이러한 말투를 통해서 치료자는 비언어적으로 내담자에게 치료자가 마치 잘 보살펴 주는 엄마와 같이 그들의 허기와 공격성을 받아들일 준비가 되어 있음을 보여 주는 것인지 모른다. 나 역시 치료 중에 "지금 잘 듣고 있습니다." "계속 이야기하세요." "그거 흥미롭네요." "오…… 놀라운 이야기군요." "몹시 고통스러웠겠군요." "무슨 말씀인지 잘 모르겠는데요." "무슨 말인지 알겠습니다."와 같은 의사를 전달하기 위해서 음성이나 고개 끄덕임을 수없이 사용하고 있는 나 자신을 발견하게 된다.

Lawrence Hedges(1983)는 신경증적 성격구조, 자기애적 성격구조, 경계선 성격구조 그리고 '현재 형성중인' 성격구조(organizing personality)를 지닌 환자들 각각에 대해서 각기 다른 네 가지 경청 태도를 설명하고 있다. 그가 말하는 마지막 범주는 다른 임상가들이 원초적이고, 덜 구조화되어 있으며, 정신병적인 수준이라고 부르는 내담자들을 지칭하며, 아마도 경험적 문헌(참고: Coates & Moore, 1997; Fonagy et al., 1996; Main & Solomon, 1991)에서 혼란스러운 애착양식(disorganized attachment style)이라고 기술되는 것과 깊은 관련성을 지니고 있다. 그는 신경증 수준의 환자의 경우에는 Freud가 중시한 주제들(추동, 구조적 갈등, 방어)에 관심을 지니고 경청하고, 자기애적 성격구조를 지닌 환자들의 경우에는 자기심리학의 주제들[자기대상(selfobject)과 관련된 자기-응집성과 파편화]에 대해서 경청하며, 경계선 성격구조를 지닌 내담자들의 경우에는 대상관계의 주제들[융합이나 버림받음, 정서적 분화, 분리 및 개별화]에 대해서 그리고 현재 형성중인 성격의 내담자인 경우에는 Klein이 중시한 주제들[탐욕, 시기, 증오, 편집-분열성 태도(paranoid-schizoid position)]에 대해서 경청하라고 조언하고 있다. 철학과 정신분석의 관련 문헌을 널리 탐구한 Hedges가 제안하는 내용은 내가 『정신분석적 진단』(McWilliams, 1994)에서 다양한 성격구조를 지닌 환자들을 대하는 방식에 관해 요약해 놓은 것과 대체로 일치한다. 이것은 Kernberg(1984)의 "구조적 면접"에 깔려 있는 기저가정과도 일치하는 것이다.

말하기

치료자로서 말을 하는 방식은 치료자의 이론적 입장, 내담자의 심리상태에 대한 이해 그리고 치료자의 성격과 대화방식이 독특하게 조합되어 나타난다. 어떤 숙련된 치료자가 만들어 놓은 규칙에 따라 자신이 할 말들을 머릿속에서 구성하려고 하는 것은 치료과정에서의 수용적 감수성을 심각하게 저해할 수 있다. 정신분석의 역사에서 분석적 치료자들이 '부정확한' 해석에 반대되는 것으로서 '정확한' 해석을 이상화했던(Glover, 1931) 상당히 완벽주의적인 시기(미국의 분석가들이 정신분석을 전문적인 의학적 도구로 규정하려고 했던 시기와 대체로 일치한다)가 있기는 했지만, 현재의 정신역동적 치료자들은 치료자의 언어행위를 환자의 경험에 대한 상호적 이해의 발달을 촉진시키기 위한 노력의 일환으로 간주한다는 점에서 Spence(1982)와 Schafer(1983)[1)]의 견해

1) Spence와 Schafer가 매우 다른 방향에서 주장을 하고 있지만, 이들은 모두 임상적 담화(clinical

를 따르는 경향이 있다.

현재의 정신분석학계는, 과거의 완벽주의적 전통을 거부할 뿐만 아니라 고고학자가 유적을 발굴하고 탐정이 사건을 해결하듯이 치료자가 한 사람의 과거력에서 진실을 '발견해내는' 능력을 중시하는 맹목적인 믿음으로부터 벗어났다. 그 대신 우리는 심리치료라는 작업을 한 사람의 주관적인 경험과 사적인 문제들을 이해할 수 있는 대화를 발전시키는 공동의 노력으로 간주한다. 우리는 대부분 진실이라는 주장(특히 매우 확고한 믿음 속에서 제기되는 주장)에 대해서 회의하는데, 그 이유는 임상적 가설을 확증하거나 과거를 재구성하는 것이 실제적으로 불가능할 뿐만 아니라 치료자와 환자 모두는 그들에게 불안을 느끼게 하는 현상을 무시하거나 왜곡하려는 무의식적인 동기를 지니고 있기 때문이다. 불확실성을 받아들이는 이러한 변화추세로 인해 얻게 되는 이점은 신참 치료자들이 해석의 정확성을 추구하는 엄격한 모델에 따라 치료해야 한다는 압박감을 덜 느끼게 된다는 점이다.

치료적 과정의 촉진

앞의 두 장에서 논의했듯이, 치료자가 치료 초기에 하는 말들은 확고한 안전을 보장하고, 이해하려는 마음을 전달하며, 치료과정의 여러 측면을 설명하고, 치료의 구조를 분명하게 하며, 내담자의 협동적 의지나 치료자의 치료 활동을 저해하는 요인들을 포착하는 데에 초점이 맞춰져야 한다. 다음으로, 나는 치료자가 전반적인 개인력을 탐색하는 데에 한 회기 전체를 할당할 것을 권장한다. 이러한 탐색과정에서 치료자는 내담자의 문제에 대해서 잠정적인 역동적 사례개념화를 하게 되며 이를 내담자와 함

narrations)가 역사적인 사실로 여겨져서는 안 된다는 점을 지적했다. Schafer는 근래에 언급하기를 "공인된 경험주의자인 Donald Spence는 …… 엄격한 실험주의자들을 만족시킬 만한 과학적 연구를 통해서 확고한 역사적 사실들을 축적해 오지 않은 점에 대해서 정신분석을 비판하고 있다. 나는 Spence가 나와 정반대의 극단에 서 있다고 생각한다. 나에게 있어서 임상적 담화는 한 인생에 대한 해석으로서 분석을 통해 좀 더 진실되게 다가가려는 노력이다." (1999, pp. 348-349)

께 나눌 수 있는 방법을 강구하게 된다.[2)] 그 이후에 치료자는 내담자가 자신의 감정에 충분히 몰입하여 자유롭게 이야기할 수 있는 능력을 증진시키는 데에 집중해야 한다. 이를 위해서 보통 "그 점에 대해서 좀 더 이야기해 보시겠어요?" "그 부분에 상당히 많은 감정들이 얽혀 있는 것처럼 들리네요." "그건 정말 힘들었겠네요." "그 점에 대해서 생각하면 어떤 마음이 드시나요?" "이 점과 관련해서 달리 연상되는 것이 있나요?" 또는 "나에게 이런 이야기를 하면서 어떤 감정이 들었나요?"와 같은 말을 할 수 있다.

치료자는 각자 그러한 상황에서 진실하게 전달될 수 있는 말들을 찾아내야 한다. 그렇지 않을 경우, 치료자의 말은 기계적이고 성의 없는 것으로 들릴 수 있다. Schafer (1974)는 정신역동적 치료에서 특징적으로 나타나는 어법에 관해 언급하면서, 치료자가 전문적 용어를 사용함으로써 치료적 대화에서 권위적인 자세를 취해서는 안 된다고 강조하였다. 그 대신, 그는 심리치료가 "나와 너(I-Thou)의 관계에서 이루어지는 탐색적인 대화"라는 점을 상기시키고 있다. 그는 고압적인 말투와는 달리 자연스럽고 평등한 대화 방식을 다음과 같이 예시하고 있다.

> 무언가 생각에 잠겨 계속 침묵할 경우에는 "무엇에 관해 생각하고 있는지 궁금합니다."라고 말한다. "당신은 자신에 대해 무척 자랑스럽겠습니다."라고 하기보다는 "축하합니다!"라고 말하고, "지금 나를 불편하게 만들려고 애쓰고 있군요."라고 말하기보다는 "나는 지금 약간의 불쾌감을 느낍니다. 혹시 당신이 나로 하여금 그렇게 느끼도록 하고 있지는 않은지 모르겠습니다."라고 말하며, "당신의 삶이 매우 만족스럽거나 편안해 보이지 않네요."라고 하기보다는 "아주 힘든 상태에 처해 있군요."라고 말한다. 그리고 "그건 충분히 예상할 수 있었던 일입니다."라고 하기보다는 "나에게는 놀랍지 않은데요."라고 말하는 것이 바람직하다(pp. 512-513).

2) 나는 『정신분석적 진단』(McWilliams, 1994)의 1장에서 정규적으로 전반적 개인력을 조사하는 것이 중요하다고 설명한 바 있다. 『정신분석적 사례이해』(McWilliams, 1999)의 2장에는 정신역동적인 사례개념화를 하고 이를 내담자와 함께 나누는 과정이 설명되어 있다.

환자가 하는 말의 이면에 표현되지 않은 감정이 가득 담겨 있는 듯한 경우에, 치료자는 그러한 감정을 이끌어내기 위해서 환자가 한 말을 천천히 부드러운 어조로 반복할 수도 있다. 나를 포함해서 많은 정신분석적 치료자들은 치료과정에서 다루는 화제의 범위가 확대될 수 있다는 점을 내담자에게 인식시키기 위해서 치료 초기에 꿈에 관한 주제를 제시하면서 반복되는 꿈, 잊혀지지 않는 아동기의 꿈 또는 최근의 꿈에 관해서 질문을 한다. 공상에 대해서 질문하거나 내담자의 공상적 활동에 대해서 생각해 보는 것이 유익하다는 점을 설명해 주는 것 역시 도움이 된다.

만약 치료자의 촉진적인 말이나 교육적인 질문 없이도 환자가 자유롭게 이야기를 잘 한다면 치료자는 특별히 말을 할 필요가 없다. 그러나 치료시간을 마칠 때가 되면 내담자는 당연히 치료자의 언어적 반응을 기대하게 된다. 이런 경우에는 내담자가 자세하게 말한 사건들을 어떻게 해석하고 있는지를 물을 수도 있고(즉, 명료화를 위한 요청), 치료자와 내담자 모두 좀 더 잘 이해할 수 있도록 이야기 주제에 관해 좀 더 말해 보도록 권유하는 말을 할 수도 있으며(작업 동맹의 강화), 치료자에게 이러한 내용을 공개한 것에 대해서 어떤 감정을 느끼는지 탐색할 수도 있고(전이 반응에 대한 예비적 탐색), 내담자가 말하는 내용에 대해서 감정을 개입시키지 않으려는 모습에 대해서 말해 줄 수도 있으며(방어에 대한 분석), 치료자가 내담자의 말 이면에서 파악한 주제를 요약해 줄 수도 있다(잠정적인 해석). 다시 말하건대, 치료 초기의 치료적 활동에 있어서 가장 중요한 점은 치료자가 잘 경청하고 있다는 것을 전달하는 것이다.

자기표현에 대한 저항 다루기

치료자는 환자들이 진실한 이야기를 하기 원하기 때문에, 그러한 이야기 과정을 방해하거나 억제하는 언어적 방어성을 줄이도록 부드러운 태도로 노력한다. 치료자는 환자들이 자신의 경험에 대해 거리를 두고 이야기하는 듯이 보이면 재치 있는 방식으로 이에 대한 주의를 환기시킨다. 솔직한 이야기를 하지 않으려는 방어적 태도는 다음과 같은 상투적 행동들에서 나타난다. 2인칭의 관점으로 이야기하는 것(예컨대, "당신은 어떻게 느꼈나요?"라는 물음에 대해서 "글쎄요…… 알다시피, 그런 일이 일어난다면 당신도 기분이 나쁘겠죠."라고 응답하는 것), 3인칭의 관점으로 이야기하는 것("아마도 그런 상황에서 사람들은 당연히 기분이 나빠지겠죠."), 간단하게 말할 수 있는 것을 극화하거나 과장하는 것(과장되게 눈동자를 굴리면서 말하고자 하는 감정을 다소 장난스럽게 "나는 너~무 너~무 화가 났어요."라고 말하는 것), 그 경험에 치료자를 끌어들이는 것("선생님은 그 나쁜 놈이 나한테 이렇게 했다는 것을 믿을 수 있으세요?"), 감정을 분명하게 지칭하지 않고 모호한 용어로 말하는 것("어떻게 느꼈나요?"라는 물음에 "글쎄 뭐랄까…… 좀 이상한 기분이라고 할까요."), 감정에 가까이 다다르면 화제를 바꾸는 것, 중요한 주제에 대해서 아기같이 말하거나 가장된 말투로 이야기하는 것, 이 밖에도 고통과 수치심을 회피하기 위한 많은 무의식적인 방법들이 존재한다.

내담자가 자신의 감정을 잘 인식하고 이를 편안하게 표현할 수 있도록 돕는 방법에 대해서는 정신분석뿐만 아니라 게슈탈트 치료, 내담자-중심 치료, 실존적 치료와 같은 인본주의적 치료에도 매우 많은 임상적 문헌들이 존재한다. 부부치료를 하는 치료자들에 따르면, 부부 두 사람 모두에게 다음과 같은 직접적인 지시를 해 주는 것이 유익할 때가 많다고 한다. "서로에게 '나'로 시작한 문장으로 이야기하고 당신이 직접 느끼는 것을 말해 보세요." (그러고 나서 "나는 당신이 둔감하다고 느껴요."와 같은 말투는 치료자가 의도하는 것이 아니라는 점을 지적해 주기도 한다.). 부부가 상대방의 단점을 지적하기보다 자신에게 느껴지는 것("당신이 나를 무시할 때 내 마음이 아파요.")을 말하게 될 때 부부관계가 개선될 수 있는 진일보를 내딛게 되는 것이다. 개인 치료자들은 보통 두 사람 간의 의사소통 기술을 향상시키는 전문가들에 비해서 덜 지시적인 태도를 취하지만, 내담자들이 자신의 정서적 경험에 대해서 덜 방어적이고 일인칭의 목소리로 이야기하도록 권장한다는 점에서는 유사한 목표를 지닌다.

치료과정의 대화에서 치료적 효과를 증진하는 방법에 대한 글을 쓴 여러 분석가들(예: Fine, 1971; Greenson, 1967)은 치료자들에게 직선적이고 일상적인 언어를 사용하라고 권장하고 있다. 섹스와 같은 은밀한 경험에 대해서도 마찬가지이다(예컨대, "구강성교를 했군요."보다 "당신이 그 사람의 아랫도리로 갔었군요."[3]). Greenson(1950)은 다른 문화권에서 성장한 내담자를 치료하는 경우, 만약 치료자가 내담자가 어린 시절에 사용한 언어를 잘 알고 있다면 이것은 치료를 위한 커다란 자산이라고 지적한 바 있다. Schafer(1976)는 치료자가 행위 언어(action language)를 사용하면서 이를 내담자에게도 권장하는 것이 바람직하고 말했다. 즉, 명사보다는 동사를 사용하는 것이 중요한데, 특히 추상 명사의 경우에 그러하다("양심의 가책을 경험하고 있군요." 또는 "초자아가 당신을 공격하고 있군요."라고 말하기보다 "죄책감을 많이 느끼고 있군요."라고 말한다.). Levenson(1988)은 "구체적인 것을 탐색하라."고 권장하고 있는데, 이는 내담자가 모호한 이야기를 할 경우 경험의 구체적인 내용을 이야기하도록 요청하라는 것이다("당신이 '자기주장을 했다.'는 것은 구체적으로 어떻게 말했다는 거죠?"). 내담자가 사용하는 개인적인 은유적 용어들을 배우고 내담자와 함께 생생한 은유적 표현을 만들어가는 것도 자기표현을 증진시키는 데에 도움이 된다.[4)]

모든 치료자-내담자 두 사람 간에는 대화와 침묵, 명료화와 반영, 말하기와 경청하기에 있어서 독특한 리듬이 생겨난다. 어떤 환자는 치료자가 끼어들어 말할 기회를 주지 않는 반면, 어떤 환자는 무기력하게 앉아서 치료자가 대화를 이끌어 가기를 기다린다. 치료를 받고 있는 성인이 유아기의 고착 단계로 돌아갈 수 없다는 사실을 잘 인식하고 있음에도 불구하고, 정신분석적 치료자들이 유아-양육자 관계에 관한 문헌을 그토록 좋아하는 이유 중의 하나는 자신을 환자의 독특한 스타일에 맞추어 가는 과정이 부모가 어린아이의 독특한 기질과 리듬에 맞추려고 노력하는 과정과 매우 유사하기 때문이다(Brazelton & Als, 1979; Escalona & Corman, 1974; D. N. Stern, 1995).

3) 역자 주: 구강성교를 뜻하는 속어적 표현임.

4) 고전적인 정신분석적 치료에서 이러한 원칙이 흥미롭게 적용되는 것을 보려면, Volkan(1984)을 참고하기 바란다. 환자들이 감정을 담아 이야기할 수 있도록 치료자가 돕는 것에 대해서 좀 더 최근에 쓰인 정신분석적 저술 중에서는, 자신의 독특한 해석 스타일에 대한 Martha Stark(1994)의 설명, "감정유발성(evocativeness)"에 대한 Stephen Appelbaum(2000)의 저서, 관계적 관점에서 치료기법을 소개하고 있는 Karen Maroda의 저서가 진실한 표현을 촉진하는 다양한 방식들을 소개하고 있다.

치료방식에 영향을 미치는 것들

치료자가 특정한 치료시간에 적용하는 치료방식과 분위기에는 여러 가지 다양한 요인들이 영향을 미친다. 이러한 요인으로는 환자의 특징, 치료의 단계 그리고 치료자의 성격 등이 있다. 이 밖에도, 치료자의 이론적 입장 또는 치료 상황에 맞추기 위해 선택하는 특수한 역동적 치료의 유형(예컨대, 특정한 문제에 초점을 맞추기 위해 Mann(1973) 또는 Luborsky와 Crits-Christoph(1990)가 제시한 단기치료 모델)이 영향을 미친다. 다양한 정신분석적 모델을 상세하게 설명하는 것은 내가 의도하는 범위를 넘어서는 것이므로, 여기에서는 첫 번째로 제시된 요인들에 대해서만 논의하고자 한다.

환자의 특징

우리가 내담자와 이야기를 풀어가는 방식은 내담자가 우리를 찾아왔을 당시에 처해 있는 상황과 그의 성격 구조를 우리가 이해한 바에 따라 달라진다. 위기상황에 처해 있는 내담자에게는 즉각적인 도움이 되는 문제해결적인 관심이 필요하다. 그러나 만성적이거나 일반적인 문제를 지닌 내담자의 경우에는 그러한 문제들을 자세하게 살피고 깊이 있게 논의할 수 있는 치료 관계를 발전시키는 것이 필요하다. 자아강도가 강한 내담자들은 치료자와 우호적인 관계를 쉽게 발전시킬 뿐만 아니라 상당한 수준의 자기관찰 능력을 지니고 있기 때문에, 이러한 내담자에게는 개입을 적게 할수록 좋다. 즉, 그들로 하여금 말을 많이 하게 하고 무언가를 말하는 데에 어려움을 겪을 때에만 개입하는 것이 좋다. 신참 치료자들이 적응수준이 높은 성숙한 내담자를 치료할 때 저지르는 가장 전형적인 실수는 말을 지나치게 많이 하거나 자주 하는 것이다. 그러나 안타깝게도 신참 치료자들은 그러한 환자들보다 훨씬 심한 장애를 지닌 어려운 환자들을 더 자주 만나게 된다.

감정조절 능력을 상실하고 정신병적인 불안을 느끼며 공포에 질려 있는 환자들의 경우, 치료자가 대화를 나누며 해야 할 주된 역할은 감정을 마음속에 담아 두는 일(containment)이다. 치료의 경계를 명확히 해 주고 이에 대해서 그들이 나타내는 강렬한 부정적인 반응을 견뎌내는 일도 매우 중요하다. 친밀감을 나타내는 것이 이러한 내담자들에게는 버림받는 것보다 훨씬 더 위협적인 것으로 느껴질 수도 있지만, 이들은 또한 이별에 대해서 매우 민감한 반응을 보여서 치료자가 치료시간을 끝내는 것에 대해 죄책감을 느끼게 만들기도 한다. 세상을 완전한 선과 악의 양극단으로 바라보기 때문에 감정조절에 심각한 어려움을 나타내는 경계선 성격의 환자들의 경우에는 치료경계를 분명하게 하는 것이 중요하다. 또한 경계선적인 심리적 역동을 지닌 환자들은 전문적이고 중립적이어야 한다는 명분 아래 자신의 감정반응을 숨기기보다 솔직하게 표현하는 치료자들의 경우에 더 좋은 치료적 진전을 보인다(Holmqvist, 2000; Maroda, 1999).

(모든 치료가 지지적이긴 하지만, 기법적인 측면에서) 전적으로 지지적인 치료에서부터 전적으로 탐색적인 심리치료에 이르는 연속선이 존재한다(Rockland, 1992). 치료자가 특정한 내담자를 이러한 연속선상의 어떤 지점에서 치료하느냐 하는 문제는 Kernberg가 제시한 정신병리의 심각성 수준과 상당히 일치한다. 즉, 신경증 수준의 환자에게는 치료자가 계속 질문을 던지며 스스로 탐색을 하도록 유도한다. 경계선 수준의 환자인 경우에는, 치료자가 두 사람 간의 갈등을 예상하면서 능동적인 태도를 지니고, 경계를 설정하고, 원초적인 심리적 역동을 해석하며, 지금-여기의 관계에 초점을 맞추어야 한다. 정신병 수준의 환자인 경우에는 치료자가 교육적 태도를 취하고, 정상적인 상태로 유도하며, 환자의 역량에 대해서 분명하게 지지를 해 주어야 한다. 또한 환자의 성격유형에 따라 치료자의 어조도 달라진다. 즉, 우울증상의 심각성이나 성격구조 수준에 상관없이, 우울한 내담자에게는 동정적인 태도가 편안하게 느껴지는 반면, 편집적인 내담자에게는 다부진 음성이 편안하게 느껴진다(McWilliam, 1994). 얼마나 잘 받아들여지는가는 별개의 문제지만, 치료자 대부분은 직관과 경험에 근거하여 자신의 어조를 각 환자에게 맞추곤 한다.

1991년에 발표한 논문에서 나는 좋은 어머니와 아버지에게서 나타나는 특출한 속성인 헌신성(devotion)과 성실성(integrity)이 심리치료에서도 나타나야 한다고 주장한 바 있다. 유아는 부드럽게 달래 주면서 자극을 해 주는 것에 대한 욕구를 지니며(예: Brazelton, 1982; Yogman, 1981) 양육자의 성격이나 역할에 상관없이 영아와 어린 아동들은 엄마를 달래 주는 사람으로 여기고 아빠는 자극을 주는 사람으로 여기는 보편적인 경향이 있다는 경험적 연구(Belsky, 1979; Clarke-Stewart, 1978; Lamb, 1977)로부터 나는 깊은 영향을 받았다. 나는 여러 정신분석적 이론가들이 달래 주는 모성적 치료방식과 자극을 주는 부성적 치료방식 중 한 가지를 강조하는 경향이 있다는 것을 깨닫게 되었다. 예를 들어, Freud는 치료방식과 어조에서 있어서 부성적인 성향이 강한 반면에, 그의 동료인 Ferenczi는 모성적인 감수성을 강조했다. 정신분석의 역사를 돌이켜 보면, 부성적 성향을 지닌 이론가나 학파와 이에 대조되는 모성적 성향을 지닌 이들 간에 많은 열띤 논쟁이 있었으며, 양측 모두 폭넓은 지지를 얻기 위해 경쟁해 왔다(예: Fenichel 대 Reik, Melanie Klein 대 Anna Freud, Brenner 대 Stone, Kernberg 대 Kohut, 고전적 정신분석가들 대 관계적 분석가들).

대부분의 치료자들(예: Pine, 1988)처럼, 나는 그러한 논쟁이 무익하다고 생각한다. 많은 치료자들이 주장했듯이, 환자마다 다른 종류의 치료적 개입이 필요하다. 모성적 성향과 부성적 성향을 적절히 배합하는 것은 환자에 따라 각기 다를 것이며, 치료자들은 어떤 것이 더 유익한지를 시행착오 속에서 알게 된다. 예를 들어, 대다수 치료자들은 공허감과 애정결핍을 느끼는 자기애적 성격의 내담자를 치료할 때 Kohut의 방식대로 모성적 치료방식을 취하는데(McWilliams, 1994), 이러한 내담자들은 치료적 해석을 공격적인 것으로 받아들이는 경향이 있기 때문이다. 그러나 거만하고 특권의식을 지닌 자기애적 성격을 지닌 내담자의 경우에는 Kernberg의 부성적이고 직면적인 태도로 해석을 해 주는데, 이러한 환자들은 대담하게 직면시키지 못하는 사람들을 존중하지 않는 경향이 있기 때문이다. 대부분의 환자들에게는 이러한 두 가지 태도가 모두 필요하며, 이러한 태도들을 자연스럽게 바꾸어 가며 치료하는 능력은 심리치료라는 예술에 있어서 매우 중요하다.

애착에 관한 연구에 따르면, 치료자는 각 환자의 애착양식에 따라 치료방식을 조절하는 것이 필요하다(참고: Cassidy & Shaver, 2002; Cortina & Marrone, 2003; Fonagy,

2000). 안정적 애착양식을 보이는 내담자들에게는 내면적인 갈등을 해석해 주는 것이 바람직하지만, 불안한 애착양식을 지닌 내담자에게는 부드럽게 달래 주는 것이 더 중요하다. 양가적인 애착양식을 지닌 내담자의 경우, 치료자는 함입(engulfment)에 대한 두려움과 버림받음에 대한 두려움이 교차하여 나타나는 것을 잘 견뎌야 한다(참고: Masterson, 1976). 애착양상이 혼란스럽고 뒤죽박죽되어 있는 환자들을 치료하면서 발생하는 여러 가지 문제점들은 이미 앞에서 언급한 바 있다.

어떤 내담자들은 직설적이고 사실지향적인 치료방법을 선호하는 반면, 어떤 내담자들은 치료자의 매우 부드러운 질문조차 충격적인 상처로 받아들이는데, 이러한 개인차를 유발하는 뇌의 차이에 대해서 언젠가는 좀 더 많은 것을 알게 될 것이다. Mark Solms, Joseph Ledoux, Allen Schore, Antonio Damasio와 Bessel van der Kolk와 같은 신경정신분석적 학자들(neuropsychoanalytic scholars)은 심리치료를 비롯하여 대인관계 경험의 미묘한 차이를 설명하기 위해서 전혀 다른 언어를 사용하고 있다. 그러나 이러한 훌륭한 과학적인 설명을 비롯하여 어떠한 새로운 패러다임이 출현하더라도, 치료자들이 자신의 우뇌에 의지하여 때로는 고통스러운 시행착오를 겪기도 하지만 직관적인 판단에 따라 각각의 내담자를 치료해 나가려는 욕구를 막지는 못할 것이다.

치료의 단계

내담자가 치료자로부터 도움을 받고자 하는 것은 치료의 단계에 따라 변한다. 나는 내가 처음으로 장기치료를 했던 여성 내담자로부터 이러한 사실을 알게 되었는데, 그녀는 자기애적인 문제로 매우 혼란스러운 상태에 빠져 있었다. 그 당시에, 나는 나 자신에게 큰 도움이 되었던 고전적인 정신분석적 치료를 시행해 보고 싶은 마음이 강했는데, 이 내담자 역시 매주 3회씩 치료를 받고 싶어 했다. 나는 그녀가 너무 퇴행되어 있어서 장의자에 누워서 하는 치료가 적절치 않다는 것을 알았지만, 이 점 이외에는 가능한 한 정통적인 방식으로 치료를 하고 싶었다. 그녀가 어떤 관련된 주제를 이야기할 의도로 나에게 어떤 특정한 영화나 소설을 본 적이 있느냐고 묻곤 해서, 나는 "그것이 지금 당신 마음에 떠오르게 된 이유가 궁금하군요."라고 반응했다. 이러한 반응은 그녀의 분노를 촉발시켰고 두세 차례의 분노 반응을 겪은 후에야, 나는 그저 "예." 또는 "아니요."라고 대답하고 그녀가 계속 말을 이어 나가기를 기다리는 것이 그녀의 자기 탐색을 촉진하는 데에 더 효과적이라는 것을 알게 되었다. 치료를 시작한 지 3년째가 되던 어느 날, 그녀는 그러한 질문을 다시 해서 나는 대답을 하려고 입을 열었다. 그때 그녀가 "대답하지 마세요!"라고 외쳤다. "그 대답이 무엇일까 공상하는 나의 능력을 선생님이 대답할 때마다 잘라버린다는 것을 아직도 모르세요?!" 이처럼, 내가 Heinz Kohut처럼 치료하는 것을 겨우 터득하게 되었을 때, 이 환자는 기대가 바뀌어 내가 Charles Brenner처럼 치료해 주기를 원했다.

항상 치료자들은 매우 수동적인 개입과 매우 능동적인 개입(예컨대, 공감과 해석, 버텨 주며 수용하기와 직면시키기, 체험하게 하기와 이해 증진시키기) 사이의 균형을 맞추려고 노력해야 한다. 이러한 두 가지 활동은 아마도 치료과정에 항상 나타나는 것이지만, 특정한 환자를 치료할 때나 특정한 치료단계에서는 한 가지가 더 우세하게 나타나는 것이 일반적이다. 여러 이론가들(예: Josephs, 1995; Seinfeld, 1993; Stark, 1999)은 이러한 두 가지 치료적 과정의 공존과 변화에 관한 연구를 한 바 있다. Seinfeld (1993)는 (독자적으로) 모성적 · 부성적 치료방식에 관한 연구를 하기도 했는데, 발달적 구속이나 결핍과 관련된 심리적 문제에는 모성적 태도가 더 적절한 반면, 무의식적 갈등에 의해 야기된 문제를 치료할 때는 해석적이고 부성적인 태도가 더 적합하다고 주장하고 있다. 많은 저술가들과 마찬가지로, 그는 이러한 두 가지 태도가 마치 상호 배타적이거나 심지어 질적으로 다른 것처럼 대비시키는 것은 지나치게 인위적이라는 점을 지적하고 있다(참고: Moses, 1988; D. B. Stern, 1984, 1988). 즉, 좋은 해석은 매우 공감적인 것으로 받아들여질 수 있으며, 치료자의 공감적인 태도(예컨대, "수치심을 느끼고는 있지만, 당신은 있는 그대로의 자신을 수용할 수도 있습니다."라는 의미를 비언어적으로 나타내는 치료자의 공감적인 태도)는 일종의 해석으로 받아들여질 수도 있다.

더 나아가서, Seinfeld는 우리 대부분이 마음속에 결핍과 갈등의 문제를 모두 지니고 있다고 말한다. 치료과정의 각기 다른 시점마다 내담자는 두 가지 중의 하나가 우세한 상태에서 치료적 노력을 하게 된다. 따라서 심각한 결핍의 문제를 지닌 대다수 환자들은 매우 오랜 기간 동안 치료자를 수용적이고 따뜻하며 지지적인 존재로 경험한 후에야 비로소 자신의 구체적인 내면적 갈등에 관심을 집중할 수 있는 힘을 갖게 된다. 이들은 치료관계의 모성적 측면을 받아들여서 자신이 충분히 '지지받고' 있다고 느낄 수 있어야 비로소 전에는 취약한 안정감과 자존감을 뒤흔들어 놓았을 수도 있는 해석적 치료를 심리적으로 감당할 수 있게 된다. 일부의 다른 내담자들(예컨대, 반사회적 성향을 지닌 대부분의 사람들, 분열성 역동을 지닌 사람들, 편집증적인 심리를 지닌 대부분의 사람들, 특권의식을 지닌 자기애적인 사람들, 또는 경조증적인 사람들)은 치료자의 모성적 수용을 매우 의심하거나 두려워하기 때문에, 치료자가 그들이 세상을 바라보는 방식을 이해하고 그들의 파괴성을 충분히 견딜 만큼 독립적이고 강인한 존재라고 확신할 때까지 치료자의 모성적 태도를 지지적인 것으로 받아들이지 않는다.

좀 더 위협적인 내용을 받아들일 수 있기까지 오랜 기간 수용적인 모성적 치료를 필요로 하는 내담자의 경우, 결핍에서 갈등으로의 변화는 치료자가 경험하는 역전이의 변화를 통해서 감지될 수 있다. 이런 일이 나에게 처음 일어났을 때, 나는 내가 공감능력을 잃어 가고 있다고 생각했다. 내가 여러 달 동안 인내심 있게 지지적인 치료를 해 왔던 한 남자 환자가 바보 같은 행동을 나타내기 시작했는데, 이러한 행동은 여섯 명의 형제 속에서 성장한 경험과 관련된 것으로 생각되었다. 많은 자녀들에 둘러싸여 있는 어머니로부터 그가 관심을 받을 수 있는 유일한 방법은 형편없는 바보짓을 하는 것이었다. 그런데 어느 날 치료시간에 갑자기, "가엾은 사람, 그의 살아온 환경에 비추어 볼 때 이러한 피학적인 행동을 할 수밖에 없었을 거야."라는 생각 대신에, 그를 때려 주고 싶은 마음이 들었다. 나는 몹시 짜증이 나서 참을 수 없었으며, 해석과정에서 나의 적개심을 쏟아내고 싶은 충동을 자제하기가 어려웠다.

그래서 나는 이러한 역전이 감정을 수치스럽게 생각하면서 슈퍼비전을 받으러 달려갔다(이러한 현상은 내담자의 자기혐오적 태도와 병행되는 흥미로운 과정이다[Ekstein & Wallerstein, 1958]). 슈퍼바이저와 나는 이 내담자가 치료과정을 통해서 점진적으로 자기주장 능력을 키워 가고 있다는 것을 알게 되었다. 이제 그는 자신을 낮출 때, 타인과 관계를 맺기 위해서 그가 유일하게 의존해 왔던 과거의 방식대로 행동하지 않았다(치료과정에서, 그는 점진적으로 다른 방식으로 타인들과 관계 맺는 방법을 배웠었다.). 대신에, 그는 자기주장적 행동을 할 때마다 경험하곤 했던 두려움에 대해서 방어적인 태도를 나타내고 있었다. 이 시점에서 그는 더 이상 결핍의 상태에 갇혀 있지 않았다. 그보다 그는 자신의 행동을 변화시켜야 하는지 여부에 대한 갈등을 지니고 있었으며, 변화가 두려운 나머지 퇴행적인 행동을 나타내고 있었던 것이다. 그의 이러한 퇴행적 행동이 이전과는 다르게 나를 짜증나게 만들었는데, 왜냐하면 나는 그가 더 현명하게 행동할 수 있다고 생각했기 때문이다. 아직은 변화가 일어날 때가 아니라고 생각했다면 나는 그의 퇴행적 행동을 진심으로 수용할 수 있었을 것이다. 그러나 그가 자신의 역량을 폄하하고 있다고 느끼게 되었을 때 나는 화가 치밀어 올랐던 것이다. 이러한 점을 이해하게 되면서, 나는 공격적이지 않으면서 그에게 자신의 행동을 직면시키는 방법을 찾아냈다. 흥미롭게도, 화가 났던 나의 역전이 반응은 자기혐오에 대해서 그를 위로하는 것보다 그의 심리상태, 즉 그가 지닌 능력과 그가 변화에 대해 두려워하는 마음 모두에 대해서 보다 더 진정한 공감반응이었던 것이다.

치료자의 성격

여러 해 전에, 치료방식에 있어서 현격한 대조를 나타내는 두 명의 탁월한 슈퍼바이저로부터 집중적인 지도를 받으면서, 나는 치료자의 성격, 치료양식 그리고 치료이론 사이에 일어나는 상호작용에 대해서 매료되었었다. 한 슈퍼바이저는 자신을 분열성(schizoid) 성격의 소유자라고 말하는 수줍고 사교적인 면에서 다소 서툰 분이었는데, 치료자가 자발적이고 따뜻하며 진실되고 생동감 있으며 융통성 있게 행동해야 한다는 점을 상당히 강조했다. 다른 슈퍼바이저는 자신의 연극적이고 과시적인 성향에 대해서 농담을 하곤 했던 다정하고 표현적이며 사교적인 분이었는데, 치료에서의 경계, 규범, 절제 그리고 '기본적인 치료방법' 을 지혜롭게 적용하는 방법에 대해서 길게 이야기하곤 했다. 나는 이분들이 각각 전달하고자 했던 것은 자신의 성격적 단점을 보완하기 위한 것이라는 점을 서서히 깨닫게 되었다. 그것은 또한 만약 자신이 환자였다면 가장 치료적이었을 것이라고 추정하는 태도이기도 했다.

비슷한 시기에, 나는 일부 이론가들이 내담자로서의 자신에게 도움이 되었을 것이라고 믿을 뿐만 아니라 자신의 심리적 역동을 기준으로 삼아 일반화한 특정한 치료적 태도를 권장하고 있다는 점을 깨닫기 시작했다. Heinz Kohut은 이러한 경향이 뚜렷하게 나타나는 경우이다. 그에 대한 전기에서, Strozier(2001)는 다른 사람들로부터 이상적인 인물로 여겨지는 경험을 통해서 성장해 온 한 남자를 묘사하고 있다. Kohut이 정신분석학계에 이상화 전이(idealizing transferences)를 해석으로 제거하려 하지 말고 (치료자를) 이상화하는 환자의 이상화를 수용하라고 촉구한 것은 그 자신의 개인적 생활방식과 일치하는 것이었다. 또한 이러한 점은 그의 매우 유명한 사례들이 자전적인 속성을 지니고 있다는 점을 고려할 때(Kohut, 1979: 이 책의 11장 391쪽에 소개된 각주를 참고하기 바란다), 방어에 대한 표준적인 정신분석적 해석에 비해서 그 자신에게 더 치료적이었을 것이라고 확신했던 태도이기도 했다. 또 다른 확실한 사례는 다른 사람들에 의해서 종종 강압적이고 독단적인 사람으로 비춰졌던 Melanie Klein이다(Grosskurth, 1986). Klein은 분석가들에게 아동에게서 추정되는 심리적 역동을 자신감 있게 명명하고 권위적으로 해석하라고 권장했는데, 이것은 그녀 자신의 대인관계 양식을 반영하는 치료방식이다.

나는 지난 수년간에 걸쳐서 만약 치료자들이 치유과정의 '근간' 또는 '핵심'이 되는 태도나 과정을 매우 열정적으로 강조할 경우, 그들이 자신의 성향을 기준으로 삼거나 자신의 성격적 단점을 보완하려는 자세를 제시하는 것이라고 결론지었다. 두 가지 경우 모두, 그들은 자신을 치료하려고 시도하는 것처럼 생각된다. 자신의 심리에 근거하여 어떤 것이 가장 치료적인지를 일반화하는 것은 흔히 유용한데, 왜냐하면 우리 인간들은 다른 점보다 서로 유사한 점이 더 많기 때문이다. 그러나 특정한 환자에게 있어서 좋은 치료자가 되기 위해서 치료자는 자신의 구체적인 성격적 특성을 잘 알고 활용해야 하는 경우가 있는데, 만약 이러한 성격적 특성이 우리의 치료자에게 있었다면 우리 자신의 치료에는 도움이 되지 않았겠지만 말이다. 예를 들어, 뚜렷하게 반사회적인 성향을 지닌 내담자를 치료하는 사람이 자신의 성격 중에서 좀 더 무례하고 권력지향적인 측면과 연결해서 정말 냉소적이고 냉혹하며 거친 남성적 태도를 나타낼 수 없다면, 그 치료자는 내담자와 작업동맹을 발전시키기 어려울 것이다.

앞 장에서 지적했듯이, 많은 치료자들은 우울성 역동을 지니고 있으며 그 결과로 치료자의 접근성, 버텨주는 환경, 무비판적인 수용 또는 이런 심리적 역동을 지닌 치료자 자신에게 도움이 되었을 유사한 태도들을 강조하게 된다. 강한 우울 성향을 분명하게 지녔던 Donald Winnicott의 저서들은 흔히 우울한 성향을 지닌 치료자들이 인용한다. 내가 심리치료에 대해서 지니고 있는 비유적 모습은 "언제나 접촉할 수 있는 모성적인 치유적 만남"이라고 할 수 있는데, 당연히 Winnicott의 글들이 항상 나에게 감동적이었다. 그러나 치료자로서 Winnicott은 자신의 공격성을 참는 데에 어려움이 있어서 치료경계의 설정에도 어려움을 겪었다고 한다. 그런 어려움을 겪었기 때문에 그는 매우 심각한 환자들의 경우 원초적인 의존상태로 퇴행할 필요가 있다고 자신을 합리화하는 신념을 지녔는지도 모른다(참고: Rodman, 2003). 그가 참담하게 치료에서 실패한 것으로 널리 알려진 Masud Khan의 사례[5)]와 Margaret Little과의 관계에서

5) 역자 주: M. Masud R. Khan은 Winnicott에게 15년 이상 분석을 받았던 정신분석가이자 저술가였다. 명석한 두뇌와 카리스마적인 성격, 훌륭한 교육, 유복한 환경 등을 배경으로 그는 정신분석가로서 엄청난 성공을 거두고 세계적인 명성을 쌓게 되었다. 하지만 Khan은 알코올 중독과 지나친 흡연 및 성추문 등의 난잡한 사생활로 결국 자신의 삶과 경력을 모두 파괴하고 1989년에 아무도 지켜보는 사람이 없는 가운데 매우 쓸쓸하게 참담한 죽음을 맞이했다. Winnicott은 당시 매우 존경받는 임상가였으나 Khan이 이러한 병리를 극복하도록 돕는 데에 실패했다. Hopkins(1998)의 논문에 따르면, Winnicott은 치료과정에서 생겨나는 '분노'를 잘 버텨내는 일에 대해서 매우 깊이 있고 창의적인 저술을 했지만, 정작 그 자신은 이러한 이론을 Khan과의 치료에 적용하지 못했다고 한다.

정신병적 전이(psychotic transference)라는 용어를 만들어내기도 한 Margaret Little 역시 Winnicott의 피분석자였다. 그녀는 자신이 심한 질병에 걸렸을 때 분석작업을 계속하고자 했는데, Winnicott은 이를 허용했을 뿐만 아니라 여러 가지 분석상황의 경계를 무시하였다. 많은 사람들은 Margaret Little과 Winnicott이 적절한 치료적 경계를 벗어나는 관계에 있었던 것으로 추정하고 있다. 이후에 Margaret Little은 자신과 Winnicott과의 치료적 작업에 대해 분석한 논문에서 자신이 Winnicott에게 형성한 전이관계가 망상적이었다고 기술하기도 했다.

그가 범했을 실수들은 이러한 한계를 보여 주는 증거로 널리 여겨지고 있다(Flournoy, 1992; Hopkins, 1998; Rodman, 2003).

다시 말하건대, 우리 치료자들이 개인 치료를 받는 여러 가지 이유 중의 하나는 우리와는 매우 다른 심리적 역동을 지닌 내담자를 치료할 때 활용할 수 있는 우리 자신의 성격적 특성을 인식할 필요가 있기 때문이다. 우리 영혼의 숨겨진 부분에 대한 이러한 탐색을 통해서 치료자로서의 능력이 증진될 수 있다. 하지만 누구에게나 유연성의 한계가 있기 때문에, 어떤 환자들은 어떤 한 치료자의 진정한 치료방식에 잘 맞지 않을 수도 있다. 나는 신참 치료자이든 그렇지 않든 치료자가 자신의 기질적인 성향에 비추어 거짓되거나 너무 이질적인 것으로 느껴지는 태도를 취하려 하는 것은 권장하고 싶지 않다.

정신분석적 치료와 다른 치료의 통합

자신의 이론을 순수하게 유지하고자 하는 이론가나 연구자와는 달리, 대부분의 치료자들은 환자를 가장 잘 신속하게 도울 수 있는 것이라면 어떤 방법이든 사용하려 한다. 환자의 고통을 감소시키기 위해서 치료자들은 기꺼이 정신분석적 치료와 비정신분석적인 치료법을 혼합하여 사용하는데, 이러한 치료법에는 인지행동치료, 12단계 프로그램, 안구운동 둔감화 및 재처리법, 최면술, 이완훈련, 지지집단, 게슈탈트 치료, 명상 등과 같은 것들이 있다. Wachtel, Messer와 Arkowitz와 같은 저술가들의 선구자적 노력(예: Arkowitz & Messer, 1984; Wachtel, 1997)으로부터 시작하여, 현재는 여러 심리치료 모델을 통합하는 데에 관심을 지닌 국제적인 학술단체, 즉 심리치료 통합 탐구학회(the Society for the Exploration of Psychotherapy Integration)가 구성되어 있다. 이 학회는 급속히 성장하면서 치료자들의 뜨거운 관심을 끌고 있다.

최근에 정신분석적 학술지에 발표된 논문들(예: Conners, 2001; Frank, 1992)에는 분석가들이 인지행동치료를 통해서 분석치료를 보완해야 한다는 주장이 제기되고 있다. 어떤 치료자들은 직접 인지행동치료를 병행하며 치료하기도 하지만, 어떤 치료자들은 환자를 다른 치료자에게 의뢰하기도 하는데 그 이유는 다른 치료자들이 특정한 치료기법에 대해서 보다 전문적인 훈련을 받았기 때문이며 다른 방식의 두 가지 치료를 하게 되면 불필요하게 복잡한 전이가 생겨날 수 있기 때문이다. 우리에게는 이러한 점들이 큰 문제는 아니다. 현장에서 활동하는 치료자들이 정신분석만을 고집하는 경우는 드문데, 이러한 사실이 정신분석적 치료자들을 이념 고수자라고 생각하는 사람들에게는 놀라운 일일 것이다. 흥미로운 점은, 관습적인 해석적 자세에서 벗어나 '적극적인' 문제해결적 자세를 취하라고 주장한 첫 번째 치료자가 Freud였다는 점이다. 1919년에 그는 표준적인 분석치료 기법이 히스테리의 치료에서 발전된 것이며 다른 장애를 치료할 때는 이를 융통성 있게 적용해야 한다고 지적하면서, 초기 형태의 노출치료를 다음과 같이 권장한 바 있다.

> 정신분석을 통해서 환자가 증상을 포기할 때까지 치료자가 기다리기만 한다면 공포증을 치료하기는 어려울 것이다. 이런 경우 치료자는 증상해소에 반드시 필요한 경험을 분석시간에 도입하지 않을 것이다……. 치료자는 분석을 하면서 [광장공포증을 지닌 사람들을] 거리에 나가게 하고 그들이 거리에서 경험하는 불안을 이겨내도록 해야만 성공적인 치료를 할 수 있다(p. 166).

권력과 사랑

정신분석적 치료의 장점과 위험성은 모두 치료자가 상당한 정서적 권력을 지니는 위치에 있다는 사실에서 비롯된다. 권력은 도덕적으로 중립적인 것이어서 선하거나 악한 목적 모두를 위해서 사용될 수 있다. 이러한 권력으로 인해서 치료자가 무심결에 나타낸 일상적인 배려가 결정적인 치료적 효과를 이끌어 낼 수도 있는 반면, 치료자의 사소한 실수는 전면적인 파국을 초래할 수도 있다. 자신이 지닌 권력의 정도를 잘 인식하는 것은 성실한 치료자가 최대한의 도움을 주면서 피해를 최소화하기 위해 지속적으로 노력하는 데에 있어서 매우 중요한 것이다. 또한 정신분석적 치료에서는 치료자와 내담자 사이에 애정이 생겨나게 된다. 사실, 나는 치료자가 치료를 해나가는 정서적 권력을 부여해 주는 것이 바로 사랑이며, 환자가 치료를 지속해 나갈 수 있는 용기를 주는 것 역시 사랑이라고 믿는다. 이것이 유일한 치료적 요인은 아니지만, 사랑은 다른 치료적 활동이 효과를 나타낼 수 있게 해 주는 치료적 요인이다.

치료자가 지니는 권력

어떤 종류의 심리치료이든 권력의 대부분은 치료자라는 '위치' 에 있게 됨으로써 생겨난다. 조직 내에서 동등한 지위에 있다가 높은 지위로 진급하게 된 사람들은 누구나 이전에 편한 관계에 있던 동료들이 갑자기 각별히 조심스러워하며 순종하거나 또는 적대감을 지니고 행동하기 시작한다는 놀라운 심리적인 사실을 깨닫게 된다. 역할과 지위는 무시할 수 없는 현실이다. 특히, 서구사회에서 치료자라는 위치는 심리적으로 다른 문화권에서 스승, 종교적 지도자, 교사, 치유자, 예언자, 주술사, 장로, 선지자, 부족의 권위자에게 부여하는 신성한 지위에 비견될 수 있는 것이다(참고: Frank & Frank, 1991). 치료자가 어떤 이론적 입장을 지니든 상관없이, 도움을 청하는 사람과 이에 응하는 치료자의 관계에 있어서 권력의 중심은 현저하게 치료자에게 기울어지게 된다. 정신분석적 저술에 있어서, Phyllis Greenacre(1959)는 치료적 협력관계의 이러한 '편향성' 에 관해서 최초로 깊은 성찰을 했던 사람인 것 같다. 치료자가 평등주의적인 태도를 취한다 하더라도 치료적 현실은 그러하지 않다(이러한 주제에 관한 보다 최근의 연구를 보려면 Hoffman(1988)을 참고하기 바란다.).

심리치료라는 특수한 상황에서 치료자에게 권력이 주어지는 또 다른 원천은, 치료자는 자신에 관한 공개를 거의 하지 않는 반면 내담자는 사적인 정보를 공개할 수밖에 없다는 사실에 있다. 이러한 불균형적 관계는 모든 종류의 치료에 있어서 마찬가지이다. 정신분석적 치료에 있어서 이러한 권력의 불균형은 더욱 커지게 되는데, 그 이유는 치료자가 내담자에게 꿈, 공상, 성생활, 이밖에 매우 사적인 생활에 관해 묻게 되기 때문이다. 매우 자신만만하고 수치심을 느끼지 않는 내담자들조차도 정신분석적 치료의 불균형성을 느끼게 되며, 대부분의 사람들이 이러한 상황으로 인해서 상당한 좌절감을 겪게 되는 것은 당연하다. 환자들은 이러한 권력의 불균형을 시정하기 위해서 다양한 방식으로 노력한다. 예를 들어, 치료자의 사소한 성격적 특징을 알아내어 이러한 점을 이야기하거나, 치료자가 쓴 글을 읽거나, 인터넷에서 정보를 찾아내거나, 사적인 질문을 던지거나, 유혹적인 행동을 하거나, 내담자 자신도 치료자에게 무언가를 해줄 수 있다는 메시지를 전달하기 위해서 선물을 주거나 조언을 하려 한다. 장의자에 누워서 치료를 받는 장면을 생생하게 그려내려는 소설가나 저술가들은 환자들이 뒤에서 기록을 하는 치료자의 필기 소리에 주의를 기울이면서 어떤 주제를 이야기할 때 치료자가 필기를 하는지에 따라 치료자의 관심사를 알아내려고 노력하는지를 묘사하곤 한다(나의 피분석자 한 명은 "낙서만 하는군요."라며 농담을 하기도 했다.).

일단 자신이 권력을 지닌 위치에 있다는 것을 알게 되면, 누구나 자발적으로 그러한 위치와 인식에 반하는 행동을 하기가 매우 어렵다. 나는 학교의 교육위원회에 참여한 적이 있는데, 그 위원회의 구성원들은 그들이 "위원회의 위원이 아니라 단지 학부모"로서 무언가를 교사에게 말하려고 하면 교사들은 방어적인 태도로 대답하기만 하는 것에 대해서 불만을 느끼곤 했다. 그러나 위원들이 어떤 신분으로 이야기하든 교사에게 있어서 그들은 고용자인 것이다. 보도된 바에 따르면, Bill Clinton(Renshon, 1998)은 사람들이 왜 자신의 부주의한 성적 행위에 대해서 관심을 갖는지 그리고 Monica Lewinsky가 대통령과 구강성교를 했다는 사실을 친구들에게 감출 수 없었는지 이해하지 못했다고 한다. 그는 그가 자신을 '성적인 정절을 지키기 어려워하는 다소 과체중인 불안정한 사내' 로 여기듯이 일반인들과 그의 여자친구도 자신을 그렇게 여길 것이라고 생각했던 듯하다. 어떤 점에서 그는 자신이 여기는 그런 사람일 수 있지만, 그의 '지위' 때문에 다른 사람들이 그를 그렇게 여길 수 없었던 것이다.

이처럼, 권위적 위치에 있는 치료자가 지니지 못하는 한 가지 권력은 그러한 권력을 일시적으로 정지시킬 수 없다는 것이다. 우리는 환자들이 자신보다 높은 지위에 있는 치료자에게 의존적인 태도를 나타내는 보편적인 경험을 유발하는(즉, 전이를 유발하는)

상황을 어떻게 바꿀 수가 없다. Freud가 초기에 치료했던 환자들이 그들의 부모 속성을 자신에게 투사하지 않도록 노력하면서 깨닫게 되었던 것처럼, 전이는 한쪽의 노력만으로 중지시킬 수 없는 것이다. 이와 같은 맥락에서, Freud를 비롯한 초기의 분석가들은 단기간 내에 전이가 상당부분 '해소' 될 수 있을 것으로 생각했다. 그러나 이후에 저술된 전이에 관한 정신분석적 문헌(예: Bergmann, 1988)에 따르면, 일단 권력을 지닌 위치에 서게 된 사람들은, 특히 분석가들의 경우, 더 이상 삶의 문제로 이전투구하는 평범한 일상적인 사람으로 상대방의 눈에 비춰지지 않는다고 한다. 심리치료자의 윤리적 지침에서 치료가 끝난 후에도 상당한 기간 동안 치료자와 내담자 간의 성적인 접촉을 금지하게 된 것은, 치료 이후에도 쉽게 해소되지 않는 권력의 불균형으로 인해 어려움을 겪게 된 사람들이 상당수 있었기 때문이다.

정신분석적 경청과 치료적 권력

정신분석과 정신분석적 치료에는 또 다른 권력의 문제가 있는데, 이것은 치료자라는 역할을 넘어서는 것이다. 이 문제는 윤리적인 논란의 소지가 있는 것으로서, 정신분석적 치료의 효과를 설명해 주는 것이기도 하지만 정신분석적 전통에 대해서 많은 사람들이 적대감을 갖게 하는 것이기도 하다. 즉, 정신분석적 치료를 하면서 치료자들은 권력의 주도권을 쥐려고 한다. 내담자가 치료자에게 나타내는 반응에 지속적으로 주의를 기울이면서, 치료자는 환자가 치료관계에 관심을 지니고 집중하도록 선별적으로 강화한다. 전통적인 분석치료에서 치료자가 내담자의 전이를 조성하는 이유는, 만약 치료자가 내담자를 괴롭히는 매우 강력하고 무의식적이며 병적인 내면적 소리를 수정하려면, 치료자가 내담자의 마음속에 내면화되어 있는 초기대상이 지닌 권력만큼이나 강력한 권력을 지녀야 하기 때문이라고 나는 이해하고 있다.

만일 그러한 변화가 쉽게 일어난다면, 심리치료자들은 할 일이 없어질 것이다. 만약 현재의 삶에 대한 통제감이나 조절능력을 충분히 지니고 있어서 자신의 문제를 해결할 수 있는 사람이라면 치료를 받으러 오지 않을 것이다. 내담자가 지니고 있는 치료

외적인 자원이 상당히 풍부한 경우가 있다. 예컨대, 친구나 주변 사람들에 의한 현명한 조언, 정서적 지지, 심지어 내담자가 부인하는 동기에 대한 예리한 해석은 건강한 행동을 촉발시킬 수 있다. Spielberg가 만든 영화 "Catch Me If You Can"에 나오는 FBI 요원 Carl Hanratty가 화폐 위조범 Frank Abnagale에게 미친 긍정적 영향은 내가 말하고자 하는 바를 잘 보여 주고 있다. 이 영화에서, Hanratty의 영향으로 Abnagale의 파괴적인 반사회성이 감소하게 된다. 그러나 사람들은 이러한 일상적 자원이 부족해서 적응에 어려움을 겪게 될 때 심리치료자를 찾게 된다. 치료를 받으러 오는 내담자들은 어려운 심리적 문제를 해결하기 위해서 이미 친구, 친척, 교사, 의사, 영적인 지도자들로 하여금 두 손을 들게 만든 경우가 많다. 또한 이러한 사람들은 탁월한 지적 능력과 관심을 지니고 도움을 주려고 하지만 내담자가 변화에 저항하는 이해할 수 없는 모습에 직면하면서 결과적으로 분노를 느끼게 되는 경우도 있다. Schlesinger (2003)가 예리하게 비교한 바에 따르면, 한 사람의 성격 구조를 현격하게 변화시키는 일은 깊이 뿌리 내린 관료체제를 현격하게 개혁하는 일과 유사하다.

치료자를 비롯하여 매우 강력한 권력을 지닌 사람이라 하더라도 '자신의 지위만으로는' 아동기에서 유래한 많은 내면적 소리를 적절하게 통제할 수 없는데, 이러한 소리들은 뇌의 후미진 구석을 맴돌며 영향을 미친다. 나의 친구 한 명은 보스턴의 엄격한 아일랜드계 가톨릭 문화의 금욕적인 부모 밑에서 성장했는데, 자신의 억압된 성적 감수성을 발달시키기 위해 노력했다. 특히, 그녀는 자위행위에 대해서 두려워하는 내면적 억제가 강했다. 성인인 그녀는 지적으로는 그러한 억제가 불합리하다는 것을 잘 알고 있었다. 그녀는 자신의 육체에서 쾌락을 느끼고 싶었지만, 성기에 손을 댈 때마다 매우 불안해지거나 신체적으로 무감각해지곤 했다. 그녀가 자신의 문제를 고백했을 때, 신부님은 그녀에게 현대의 교회 지도자들이 자위행위를 더 이상 죄악시하지 않으며 타인을 이용하고 학대하는 성적 행위보다는 자위행위가 더 바람직하다고 설명해 주었다. 그 신부님은 그녀에게 스스로 쾌락을 즐길 수 있도록 신이 부여한 능력을 즐기라고 권유하였다. 그녀는 이러한 권위적 승인이 그녀를 자유롭게 하리라고 기대하며 무척 고무되어 집으로 돌아왔다. 그러나 그녀가 다시 자위행위를 시도했을 때, 여전히 죄책감에 압도되었고 신체적 흥분 역시 완전히 냉각되고 말았다. 이후에 그녀는 성치료자(sex therapist)를 찾아갔으나, 단계적으로 실행해야 하는 과제를 해낼 자신이 없어서 치료를 중단하고 말았다.

이러한 경험과는 달리, 그녀가 나중에 정신분석을 받으면서 그녀의 전이가 어떻게 서서히 극단적인 상태까지 도달하게 되었는지를 이야기했다. 분석가가 제공하는 안전한 분위기 속에서 자신의 심리적 세계를 탐색하게 되었을 때, 그녀는 자신이 고상한 척하는 무서운 엄마 앞에 서 있는 어린아이처럼 느껴지기 시작했다. 분석가의 일반적인 경계들이 그녀의 자유를 구속하는 제멋대로의 짜증스러운 제약처럼 느껴지기 시작했을 때, 그녀는 서서히 자신의 분노와 원망을 검열 없이 표현할 수 있는 용기를 갖게 되었다. 그녀가 억압적인 '규범' 으로 느껴지는 것에 대해서 여러 주 동안 치료자를 공격한 후에, 그녀는 자신이 성행위를 즐기는 것에 대해서 치료자가 정말로 지지하고 있다는 사실을 받아들이게 되었다. 이 시점부터 자위행위에 대한 억제가 사라지기 시작했다. 분석가가 그녀의 내면적 세계 속에서 아동기에 억압적이었던 어머니처럼 심리적으로 강력한 존재가 되었을 때, 그러한 치료자의 '승인' 은 자상한 신부님이나 유능한 성치료자의 승인보다 더 강력한 영향을 미치게 된 것이다.

이러한 이야기는 예시를 위한 것이지만 주의를 요하는 것이기도 하다. 그 분석가가 전이를 유발하고 억압으로부터 해방된 감정의 격랑을 잘 견뎌냈으며 자신의 치료적 경계에 대한 공격에도 불구하고 그 경계를 잘 지켜냈기 때문에 좋은 결과가 초래된 것이다. 그는 자신이 지닌 권력을 잘 인식했지만 이를 남용하지 않았다. 만약 그 분석가가 그녀로 하여금 억압이나 그러한 억압을 해소하며 떠오르는 강렬한 감정에 대해서 수치심을 느끼게 행동했거나, 너무 일찍 그녀를 '설득하려고' 했거나 또는 억압되어 있던 분노가 치료자에 대한 것이 아니라 그녀의 어머니에게 대한 것이라고 방어적인 설명을 하면서 분노를 회피했다면(이것은 '전이를 해석하는 것' 으로 쉽게 합리화될 수 있다), 아마도 상당히 다른 불행한 결과가 초래되었을 것이다. 만약 그 분석가가 매우 자기애적이어서 환자에게 도와주어야 하는 것이 정서적 수용과 전문가적 규율이 아니라 성적인 자극이라고 생각했다면, 말할 것도 없이 매우 재난적인 결과가 초래되었을 것이다.

25년여 전에, Hans Strupp과 그의 동료들은 심리치료가 효과가 없다는 주장에 대응하기 위한 일환으로 『호전 또는 악화를 위한 심리치료』(Strupp, Hadley, & Gomez-Schwartz, 1977)라는 적절한 제목의 책을 발간했다. 당시에 일부 심리학자들은 치료효과에 관한 연구결과에 근거하여 심리치료(아마도 당시에 주류를 이루었던 정신역동적 치료)는 그저 대기상태에서 같은 기간 동안 기다리는 것에 비해서 더 나을 바가 없다는 결론을 내렸다. 그러한 연구자료를 세심하게 검토한 Strupp과 동료들은 연구의 대상이 되었던 환자들에게 있어서 치료는 유익하거나 유해한 결과 중의 하나로 나타났다고 지적했다. 이러한 지적에 따르면, 치료 자체가 문제인 것이 아니라 치료가 환자를 호전시키느냐 아니면 악화시키느냐가 중요한 문제인 것이다. 이러한 사실은 치료자들이 마음 편하게 받아들일 수 있는 것도 아니지만, 심리치료를 직업으로 삼으며 우리와 동료들이 시행한 치료의 긍정적 · 부정적인 결과를 늘 보아 온 우리 치료자들에게는 그다지 놀라운 일도 아니다. '부정적 효과' 의 문제는 여전히 심리치료 분야가 해결해야 할 문제이며 치료자의 권력과 관련된 어두운 한 현상이다.

치료자로서 자신의 권력을 인지하는 것에 대한 저항

처음 정신역동적 치료를 시작했을 때, 나름대로 충분한 수련을 받았음에도 불구하고 나는 환자들이 나의 치료를 진지하게 받아들이고, 나에게 강력한 전이를 나타내며, 호전을 보인다는 사실에 나 스스로 무척 놀랐다. "나도 나의 치료자에게 이런 식으로 반응했을 거야. 무엇보다도, 치료자는 매우 강력한 능력을 지닌 사람이잖아. 하지만 나는 무능한 사람인데." 라고 생각했던 것이 기억난다. 우리는 누구나 일차적인 자기 정체감으로 어린 아동, 다른 사람의 권력에 의존하는 사람 또는 심지어 갓 태어난 어린애 같다는 느낌을 갖고 있다. 상당한 권력을 지니는 대다수 사람들은 다른 사람들로부터 존중을 받는 것에 대해서 항상 조금씩은 놀라게 된다. 권력을 지닌 대다수의 사람들은, 내면에 존재하는 나약한 아동을 방어적인 야망으로 억압하지 못한다면, 자신이 평범한 한 인간임이 밝혀지는 것에 대한 두려움을 지닌다. 자신이 지닌 권력의 범위를 잘 인식하지 못하는 것은 드문 일이 아니다.

나는 대부분의 치료자들이 자신이 지닌 권력의 속성과 정도를 충분히 인식하고 있다고 생각하지 않는다. 기질과 소명의식 때문에 대부분의 치료자들은 자신을 나약하고 힘없는 사람들과 자동적으로 동일시한다. 우리 모두는 정말 중요한 권한을 지닌 사람은 내가 아닌 다른 사람이라는 아동기적 믿음의 잔재를 지니고 있을 뿐만 아니라, 우리가 하는 치료적 작업이 얼마나 더디고 조금씩 영향을 미치는지를 상기시키는 반복적인 경험을 지니고 있다. 특히, 우리로 하여금 이러한 직업을 갖게 한 아동기의 보상적 공상과는 달리, 우리가 한번쯤은 상상해 보았을 극적인 구원을 해내기에 우리 자신의 능력이 얼마나 보잘 것 없는지를 지속적으로 인식하게 된다. 따라서 무심코 던진 말이든 아니면 신중한 공감적인 말이든 그로 인해서 내담자에게 부정적인 영향을 미치게 될 때마다 우리 능력의 한계를 자각하게 된다. 치료자들이 임상적 장면 밖에서도 말을 신중하게 한다는 세인의 평판은 놀라운 일이 아니다. 이러한 습관은 바꾸기 어려운 것이다.

다른 한편, 치료자는 치료적 상황의 특성으로 인해서 부지불식간에 자신의 웅대성을 강화하고, 자신의 위치나 행위 때문이 아니라 자신의 말은 '내재적으로' 강력한 권능을 지닌다는 매력적인 생각을 지니게 된다. 전지전능함의 무의식적인 공상에 대한 지지를 받으려 하는 심리치료자는 치료적으로 유능하거나 해석을 탁월하게 잘 하거나 심지어 유능한 사람일 필요도 없다. 치료자는 매번 내담자를 한 명씩 만나며 특정한 치료절차나 역할로 인해서 내담자 개인의 인생에 있어서 매우 중요한 존재가 된다. 내담자가 적대감을 표출하고 치료자를 비하하더라도, 민감한 치료자는 그러한 감정 속에 얼마나 강한 애착과 정서적 에너지가 담겨 있는지를 느낄 수 있다. 내담자들은 우리를 그들의 정서적 경험의 중심에 두게 되고, 우리가 지도하는 수련생들은 우리를 이상화하는 대상으로 삼으려 하며, 매우 용감한 학생이 아니라면 자신의 경력을 쥐고 흔들 수 있는 영향력을 지닌 스승에게 쉽게 이견을 제시하지 못한다. 약간의 치료경험을 하게 되면, 임상적 능력과 자기애적 성향을 지닌 치료자들은 자신이 매우 특별한 존재라고 쉽게 믿게 된다.

이러한 심리적 역동이 나타난 최악의 사례를 알고 싶은 독자는 한 인간으로서뿐만 아니라 치료자로서 운명적인 기복이 심했던 Masud Khan의 삶에 대한 Linda Hopkins(1998)의 냉철한 분석을 읽어 보기 바란다. Masud Khan은 매우 명석한 두뇌를 지녔지만 성격적인 결함으로 인해서 매우 경솔한 행동을 일삼았던 분석가로서 20세기 중반에 영국 정신분석계에서 활동했던 인물이다. 정신분석의 역사에서 가장 끔찍한 사례들을 전해 주곤 하는 나의 친구 Arnold Lazarus는 근래에 Khan에 대한 논문을 하나 보내 주었는데, 이 논문은 Freud로 시작하여 모든 분석가들이 보인 이와 유사한 전지전능적인 파행적 행위로 인해서 정신분석이 구제불능 상태에 빠져버렸다고 결론내리고 있다. 그러나 나는 고결한 분석가들도 많이 보았으며 다른 치료자 집단의 부정행위도 많이 보아 왔기 때문에, 이러한 문제가 정신분석에만 해당되는 것이 아니라 인간의 본성과 권력의 유혹적 속성에 있는 것이라고 생각한다. 그러나 정신분석적 치료에 치료자가 자신의 지위를 남용할 수 있는 여지가 많다는 점에 대해서는 이의가 없다.

환자의 권력을 증대시키기

심리치료가 적절하게 잘 진행되는 경우 내담자들은 현실적인 유능감을 서서히 키워나가면서 치료자에 대한 의존심이 감소하며, 그들의 지위에 대한 심리적인 평등의식이 증대되고 열등의식은 감소한다. 정신분석적 치료의 표준적인 기법들은 환자들이 자신의 권력을 발견하고 수용하며 확장하도록 돕기 위한 노력이라고 할 수 있다. 예를 들어, 충고나 명백한 개입을 자제함으로써 치료자는 환자가 자기자신을 더 잘 이해하게 되면 스스로 해답을 발견할 수 있을 것이라는 믿음을 은연중에 전달한다. 치료시간에는 내담자가 이야기 주제를 스스로 정할 수 있도록 기다려줌으로써 치료자는 내담자가 문제 영역을 스스로 포착하는 능력을 지니고 있다는 신뢰감을 전달한다. 또한 내담자가 표출하는 강렬한 감정을 참고 견뎌 줌으로써 치료자는 내담자의 권력이 반드시 파괴적인 것은 아니라는 사실을 입증해 보인다. 치료자에게 보다 적극적인 조언을 해달라고 요청하는 내담자들을 치료할 때도, 치료자는 가능하면 그들의 잠재적인 자율성을 존중하려고 노력한다.

앞 문단에서 내가 "현실적인 유능감"이라는 용어를 사용한 것은 (가끔 정신병적일 정도로) 전지전능감을 지닌 상태에서 치료를 받게 되며 자신이 나약하다는 점을 전혀 인식하지 못하는 내담자들이 있다는 점을 말하기 위함이다. 이러한 내담자 중 일부는 자신의 힘이 사악하고 위험하다고 느끼기 때문에 비참하게 느끼기도 하고, 일부 내담자들은 자신이 명백한 능력을 지니고 있음에도 불구하고 삶을 즐기는 능력에 무언가 문제가 있는 것 같다며 불만스러워하기도 한다. 그러한 내담자들에게 있어서 유능감은 방어적인 것이다. 즉, 그들의 웅대성은 공포, 분노, 질투, 굴욕감 또는 견딜 수 없는 슬픔으로부터 자신을 보호하기 위한 것이다. 그러나 이것은 궁극적으로 착각에 불과하다. 이것은 진정한 자신감, 해결방안을 인식하고 선택하는 능력, 위험을 감수하려는 의지, 문제를 해결하는 자신의 능력에 대한 신뢰감이 성장하면서 나타나는 현실적인 유능감과는 현저하게 다른 것이다. 달리 말하면, 현실적인 유능감을 구성하는 능력들은 자기표현을 해도 처벌되지 않는다는 반복적인 경험과 자기패배적인 습관을 수정하기 위해서 협동적으로 검토하는 노력을 통해 치료과정에서 생겨나는 것들이다.

이상적인 경우, 환자는 치료가 성공적으로 끝나갈 무렵에 치료자의 전문적 능력에 대해 감사함을 느끼기는 하지만, 치료자의 지혜, 선함 또는 능력에 대해서 경외심을 느끼지는 않는다. 어느 정도의 이상화는 치료에 유익할 수 있으나, 성공적으로 수행된 치료라면 치료의 종결이 가까워짐에 따라 치료자와 환자 두 사람 모두의 이상화 감정은 정상적인 감사함 정도로 축소되어야 한다. 환자는 자신의 의지대로 치료에서 떠나갈 수 있으며 차후에 문제가 생기면 언제든지 다시 돌아올 수 있다는 권력을 인식하게 된다. 이러한 시점에 이르게 되면, 내담자와 치료자 사이에는 서로 평등하다는 따뜻한 감정이 느껴지게 된다. (치료자들은 자신들끼리 이러한 직업이 피학적 성애자(masochist)의 천국이라고 농담하기도 한다. 즉, 환자와 편안하게 함께 있을 수 있고 경청하는 것이 즐겁게 느껴질 무렵이 되면, 치료자는 이처럼 친구 같은 사람을 떠나보내고, 다른 불만이 가득한 새로운 사람을 맞이해야 한다.)

앞에서 설명한 내용은 심한 정신병리를 지닌 환자에게는 해당되지 않을 수 있다. 이러한 환자들 중 일부는 여러 명의 치료자를 고용하고 해고하고 나서야 비로소 그들이 신뢰할 수 있는 치료자와 안정된 치료를 하게 된다. 또한 이러한 내용은 치료기간을 환자가 조절할 수 없는 치료상황에서 일하는 치료자들에게는 잘 해당되지 않을 것이다. 강제적으로 치료를 종결해야 하는 상황에서 치료자가 할 수 있는 최선의 방법은 치료의 주요한 부분이 진행될 때는 자신의 역량을 최대한 발휘하되 종결이 가까워지면 권력을 환자에게 '되돌려' 주려고 노력하는 것이다. 치료가 성공적으로 잘 이루어졌을 경우에는 환자의 호전을 축하하면서 이러한 호전이 치료자의 기술보다는 환자의 재능과 노력에 의한 것임을 분명하게 말해 주는 것이 일반적인 방법이다. 치료가 끝난 후에도 치료자를 이상화하는 일은 아마도 장기치료보다 단기치료에서 더 흔하게 나타날 것이다.

사 랑

심리치료 상황에서 내담자들은 자연스럽게 치료자에 대해서 애정을 느끼게 된다. 이러한 현상은 대부분의 경우 사실인데, Martin Bergmann(1987, p. 213)은 다음과 같이 말한 바 있다. "수백 년 동안 남자와 여자들은 사랑의 약을 만들 수 있는 식물의 뿌리나 그밖의 다른 물질들을 찾고자 했다. 그리고 마침내 …… 비엔나의 한 유태인 의사가 사랑의 비밀을 발견해냈다." 이 비밀은 주의 깊게 경청하고, 다른 사람에게 진정한 관심을 보이며, 자기공개에 수치심을 느끼지 않도록 수용적으로 반응하면서, 다른 사람에게 자신의 정서적 욕구를 충족시켜 달라고 요구하지 않는 것이다. 이것은 정신분석적 치료의 핵심적인 측면들이다.

대다수 환자들이 자신의 치료자와 사랑에 빠지거나 치료자에게 애정을 품게 된다는 것은 오래전부터 알려져 왔다. 심리치료를 소재로 한 영화에서 이러한 점에 관한 공상적 내용들이 많이 알려져 있지만, 치료자가 자신의 환자를 사랑하게 된다는 점은 상대적으로 덜 알려져 있다. 정신분석적 문헌에서 치료자가 내담자를 사랑하게 된다는 점을 사실로 인정한 경우는 드물며, 주요한 치료적 원동력이 바로 치료자의 사랑이라는 점을 주장한 경우는 더욱 드물다(그러나 Ferenczi, 1932; Gitelson, 1962; Hirsch, 1994; I. Hoffman, 1998; Lear, 1990; Little, 1951; Loewald, 1960; Nacht, 1962; Pine, 1985; Searles, 1959; Steingart, 1993을 참고하기 바란다.). 사실, 일부 정신분석가들은 사랑으로 치유한다는 생각에 대해서 상당한 경멸감을 표시해 왔다. Kohut의 이론은 분석가의 사랑을 통해 환자를 치료하려는 것으로 여겨질 수 있다는 이유로 여러 차례 비판을 받았으며 그래서 신뢰할 수 없는 이론으로 여겨지기도 했다.

그러나 사랑을 공식적으로 논의하려는 징후들이 나타나고 있다. 내가 이 책을 출판하려고 준비하고 있을 즈음에, 사랑이 치료에 미치는 기능에 관한 매우 혁신적인 두 편의 논문이 발표되었는데, 두 논문 모두 심리치료 과정의 상호주관성과 상호성에 바탕을 둔 분석가들이 쓴 것이다. Joseph Natterson(2003)은 치료자가 심리치료를 "서로 사랑하는 과정"으로 보아야 한다고 주장했는데, 이러한 과정에서 치료자는 '보조적 주관성(subordinated subjectivity)'을 통해서 욕구, 신념과 희망을 자연스럽게 발달시키면서 환자가 자기를 실현시킬 수 있도록 사랑을 펼치는 일을 촉진시킨다. 환자에 대한 애정의 문제를 다룬 정신분석적 저술가들의 피상성을 지적하면서 Daniel Shaw (2003)는 낭만적이고 성적이며 역전이적인 사랑과는 구별되는 "분석적 사랑(analytic love)"이 치유의 핵심적 요소라고 결론지었다. Shaw는 다음과 같은 흥미로운 물음을 제기하고 있다.

> 정신분석은 형식화된 상황을 통해서 피분석자가 자기 자신에 대해 깊이 인식하도록 촉진한다. 이러한 과정에서 분석가와 피분석자는 필연적으로 지적이고 정서적인 측면에서 서로 깊은 관계를 맺게 된다. 이러한 노력의 핵심에는 …… 사랑에 대한 추구, 사랑받고 있다는 느낌에 대한 추구 그리고 사랑을 주고받는 위축된 능력을 다시 가동시키는 것에 대한 추구가 있다. 이는 분석가보다 피분석자에게 보다 잘 부합하는 말처럼 보이지만, 우리가 이 직업을 선택한 이유를 잘 생각해 보라. 적어도 부분적으로는 우리가 피분석자에게 매우 중요한 존재가 되려는, 즉 특별히 사랑을 받고 가치 있는 존재로 여겨지려는 목표를 달성하는 수단이 되기 때문에 이 직업을 선택한 것은 아닐까? (pp. 252-253)

나는 심리치료자가 됨으로써 우리 자신이 누군가에 대한 '사랑,' 즉 그 자체로 만족스럽고 자존감에도 도움이 되는 심리적 상태를 경험하게 된다는 점을 추가하고 싶다. Racker(1968)가 언급했듯이, 심리치료를 시행하면서 수반되는 사랑의 태도는 우리가 무의식적으로 손상시켰다고 믿는 초기 애정대상(early love objects)을 상징적으로 복구함으로써 죄책감을 완화시키는 것이기도 하다.

심리치료에 대한 실증적 연구를 통해서, 치유를 하는 것은 바로 이러한 관계라는 점이 점점 더 분명해지고 있다. 그러나 '치료적 관계' 라는 것은 상당히 추상적인 개념이다. 두 사람의 관계에서 한 사람은 고통을 지니고 이러한 관계에 들어와서 증상이 완화되는 것을 느끼고, 생기를 되찾으며, 자율감을 회복하고, 좀 더 진실한 사람이 되어 떠나가는데, 과연 두 사람 사이에서 어떠한 일이 벌어지는 것일까? 신경심리학적 연구들은 우리가 타인과 깊은 정서적 접촉을 하게 되면 객관적으로 각자의 뇌에 여러 가지 변화가 일어난다는 사실을 입증하고 있다(11장을 참고하기 바란다.). 그러나 주관적으로는 두 사람 사이에서 사랑이 생겨나고 그 사랑이 내담자에게 흡수되어 치료효과를 나타나는 것이 확실한 듯하다. Bergmann(1987)은 치료 초기에 내담자가 치료자에 대해서 애정을 느끼게 되는 이유는 치료자가 내담자의 아동기 양육자와 유사한 면(치료자는 양육하는 위치에 있기 때문이다)과 다른 면을 모두 지니고 있다고 인식하기 때문이라고 보았는데, 나는 그의 견해에 동의한다(Freud가 Jung에게 보낸 서한에서 정신분석은 사랑을 통한 치유라고 말한 것의 의미가 바로 이런 것이라고 생각한다.). 이러한 작업동맹이 형성된 후에, 내담자가 매우 강렬한 감동을 느끼는 것은 치료자가 그들의 부모와는 다른 방식으로 행동한다는 점이다.

그러나 치료과정의 어떤 시기에(경계선적이고 정신병적인 사람들은 좀 더 이른 시기에, 신경증적인 사람들은 좀 더 늦은 시기에), 내담자는 치료자를 초기 애정대상으로 지각하게 된다. 나는 새로운 환자를 대할 때마다 전이와 더불어 전이적 역할재현(transferential reenactment)이 나타나는 것에 대해서 새삼 경외감을 느끼곤 한다. 내담자가 과거경험에서 느껴 온 주요한 정서적 양상이 치료관계 속에서 재현되는 것은 경이로운 현상이다. 이러한 현상이 특히 매혹적인 이유는, 치료에 임하는 두 사람 모두가 내담자의 어린 시절에 일어났던 일이 이번에는 다시 일어나지 않도록 하자는 진지한 다짐 속에서 치료를 시작한다는 점 때문이다. 환자는 과거에 당한 상처가 반복되지 않기를 바라면서 아동기에 내면화한 대상과는 현저하게 다른 치료자를 선택하고자 한다. 치료자 역시 초기 양육자처럼 환자를 실망시키지 않으려고 노력한다. 하지만 놀랍게도 두 사람은 모두 불가피하게 이러한 반복 속에 빠져들게 된다. 권위적인 인물은 모두 비판적인 태도를 지닌다고 믿는 환자들은 치료자의 비판적인 측면을 촉발시키고, 남자는 모두 자기도취적이라고 생각하는 사람들은 어떠한 방식으로든 남성 치료자의 자기도취성을 부추긴다. 만약 이해심과 선의를 지니고 내담자를 사랑하며 건강한 상태로 이끌려는 치료자의 소망이 무너지려 한다면, 또한 치료자가 내담자에게 과거의 고통을 다시 안겨주고 있다면, 과연 그 치료적 사랑은 어디에 존재하는 것인가?

나는 이러한 반복적 경험을 해결하는 과정에서 치료자의 사랑이 체험된다고 생각한다. 내담자는 자신의 아동기 경험과 매우 놀라울 만큼 유사한 방식으로 고통을 느끼게 된다. 그러나 치료자는 초기 애정대상과는 달리 내담자의 이러한 고통을 잘 견뎌주고, 이러한 상호작용이 무서울 만큼 반복적으로 일어난다는 것을 잘 알고 있으며, 공감과 해석을 통해서 내담자로 하여금 현재 일어나고 있는 일이 과거에 일어났던 일과는 다르다는 것을 인식할 수 있도록 돕는다. 그러한 상황을 재현하면서 환자가 나타내는 행동들을 비판단적으로 검토하게 되면, 환자는 점차적으로 자신의 행동에 대한 통제감을 증대시키게 된다. 그러한 반복행위에 수반되는 감정들은 수용되면서 초기 경험과는 다른 방식으로 처리된다. 그리고 고통스러운 초기 경험이 재현되는 과정에 휘말리게 된 점에 대해서 치료자가 느끼는 자책감을 내담자가 분명하게 인식하는 경우가 흔히 있는데, 이러한 경우 내담자는 그러한 후회에 내포되어 있는 사랑의 회복을 느끼게 된다. 치료자가 자신을 완벽하고 결점이 없는 존재로 나타내려는 자기도취적인 욕구를 어렵게 이겨내면서 솔직함 속에서 치료적 관계의 회복을 소망한다는 것을 인식하게 되면, 환자는 깊은 감동을 느끼게 된다.

치료관계에 있어서 사랑과 마찬가지로 미움도 불가피한 중요한 요소이며, 또한 많은 환자들이 치료자로 하여금 진정한 미움을 느끼도록 촉발한 후에야 치료자의 사랑을 받아들일 수 있다는 Winnicott(1947)의 주장은 의심할 여지가 없는 옳은 말이다. 치료자가 환자를 사랑하기로 단지 작정한다고 해서 그렇게 되는 것이 아니라는 사실을 지적하면서 Ferenczi(1932, Shaw(2003)에 의해 인용됨)가 애석해한 것은 현실을 정확하게 본 것이라고 할 수 있다. 즉, 감정은 진실해야만 치료적 기능을 할 수 있다. 사랑하는 능력이 현저하게 손상되어 있는 환자 집단, 즉 반사회적 성격이나 자기애적 성격구조를 지닌 환자들은 치료하기가 가장 어려운 사람들로 널리 알려져 있다. 그 이유는 그들의 사랑하는 능력이 손상되어 있어서 치료자가 그들에게 진정한 사랑을 느끼기가 어렵기 때문이 아닐까?

나는 사랑하게 되기까지 그야말로 수년이라는 시간이 필요한 사람들을 치료해 왔다. 내가 이들에게서 여러 겹으로 쌓여 있는 자기보호막 속에 가려져 있는 상처받은 사랑스러운 모습을 발견하게 되기까지, 나를 매우 당혹스럽게 만드는 적대적이고 방어적인 모습을 수없이 견뎌내야만 했다. 나에게 도움을 청하며 찾아온 내담자에게서 사랑할 만한 무언가를 발견할 수 없을 때 곤혹스러움을 느끼게 되는데, 아마도 이러한 기분을 치료자들은 드물지 않게 경험할 것이다. 3장에서 언급한 바 있는 환자, 즉 그녀의 수동 공격성으로 인해서 내가 자칭 Rogers식 치료를 하는 슈퍼바이저로부터 불쾌한 경험을 하게 만들었던 그 환자를 치료하면서, 나는 내가 장염에 걸려 우연한 발견을 하기 전까지 그녀에게 진정한 동정심을 전혀 느낄 수 없었다. 나의 위장 증상은 그녀가 계속 호소했던 심인성인 듯한 신체적 증상과 놀라울 만큼 유사했으며, 매우 고통스러웠다. 내가 겪은 고통은 하루 이틀 정도 계속되었을 뿐이었지만, 그녀가 매일 겪어야 했던 고통과 구역질을 내가 몸소 '느끼게' 되면서 마침내 나는 가슴으로 그녀를 이해하게 되었다. 이와 유사한 이야기인데, 미 공군에서 일하는 정신과 의사인 나의 동료 Nicole Moore는 다음과 같은 이야기를 털어놓은 바 있다(개인적 교신, 2003년 8월 20일).

> 환자에게서 사랑할 만한 어떠한 것도 찾을 수 없을 때 나는 그러한 나 자신을 받아들이지 못한다. 그래서 나는 그러한 것을 찾아 헤맨다. 나는 종종 그 사람의 과거경험에서 내가 진정한 연민을 느낄 수 있는 무언가를 찾아내곤 한다. 즉, 나는 그러한 고

통스러운 일을 겪은 아이를 사랑할 수 있게 되며, 그 아이의 이미지를 마음속에 담아 둔다. 환자들이 치료자로부터 반향되어 전해지는 사랑을 느끼게 될 때, 그들은 자신이 사랑받을 수 있는 존재라고 믿기 시작하면서 점차 호전되기 시작한다.

정신분석적 사랑은 존중하는 마음을 포함하며 내담자를 어린아이 취급하는 것과는 다르다는 점을 분명히 하고 싶다. 그러한 사랑은 치료과정에서 환자에게 느끼게 되는 온갖 종류의 부정적인 감정들과 공존할 수 없는 것이 아니다. 또한 그러한 사랑은 치료적 경계를 설정하고, 방어를 해석하며, 자기파괴성을 직면시키고, 불가피한 고통(정확한 관찰을 통해서 환자의 자존감을 위협하거나 부정확한 관찰로 인해 치료자가 잘못을 범하여 실망시키는 일)을 겪게 하는 것과 공존할 수 없는 것도 아니다. 어떠한 종류의 사랑도 그 이름에 해당하는 가치를 지니고 있듯이, 치료적인 사랑은 현실의 왜곡에 근거하지 않는다. 즉, 치료자는 내담자에 대한 사랑을 느끼기 위해서 내담자를 이상화하지 않는다. 우리는 있는 그대로의 내담자를 사랑하려고 노력하며, 그가 성장하려는 모습으로 성장할 수 있다는 믿음을 지니고 있다.

사람은 누구나 자신이 긍정적 모습과 부정적 모습 또는 선한 모습과 악한 모습 모두를 지닌 존재로 타인에게 진실되게 인식되지 않으면 자신이 진정으로 사랑받는다는 느낌을 갖기 어렵다고 생각한다. 이런 점에서 나는 다시 정직함의 주제로 돌아오고자 한다. 아무리 혐오스러운 것이라 하더라도 진실한 것이라고 느껴지는 것을 찾아내어 표현하는 노력을 지원하면서, 치료자는 내담자가 그러한 자신의 실제 모습으로 인해서 사랑을 받는다고 느낄 수 있도록 해 준다. 이러한 사랑의 맥락 속에서 내담자는 서서히 자신에 대한 탐색을 확대하고, 새로운 행동을 실험하며, 미래에 대한 희망을 품고, 변화하게 되는 것이다. Shaw(2003)는 다음과 같이 결론을 내리고 있다.

> 분석적 사랑은 사실 매우 복잡하고 위험한 것이며, 모든 사랑이 그러하듯이 매우 고통스러운 실망감을 초래할 수도 있다. 이러한 인식을 통해서 사랑을 폄하하고 배척하고 철회하지 말고, 우리는 가능한 한 진실하고 깊이 있고 존중하고 책임감 있게 사랑을 계속해 나가야 할 것이다(p. 275).

제 7 장

치료의 경계 II: 난처한 문제들

> 이 세상에 어떤 직업이 이처럼 그 종사자들로 하여금 타인으로부터 혹독하게 비난을 받고 위협을 당하며 거부당하게 할 것이며, "나를 더듬어 보세요."라고 간청하지만 결코 손을 대서는 안 되는 애타는 유혹을 느끼게 할 것인가? 이처럼 무력감과 어리석음과 패배감을 느끼며 좌절하는 경험을 그 필수적인 요건으로 하는 직업이 세상에 또 있을까? 과연 어떤 직업이 그 종사자들로 하여금 다른 사람이 자신의 운명을 펼쳐 가도록 산파 역할을 하면서 그들의 삶을 지켜보는 위치에 서게 하는가?
>
> – Emmanuel Ghent(1990, p. 133)

이 장에서 소개되는 대부분의 내용은 "수련을 받을 때 선생님들이 나에게 가르쳐 주지 않은 것들"이라고 할 수 있는 주제들에 관한 것이다. 최근에 심리치료자들의 한 학술회의에서 이러한 주제로 이야기해야 하는 강연을 준비하면서, 나는 내가 참여하는 토론집단의 구성원들에게 그들이 공식적인 수련과정에서 배우지 못했지만 치료 상황에서 흔히 경험하게 되는 난처한 문제들을 자유롭게 떠올리며 솔직하게 이야기해 달라고 부탁한 바 있다. 이때 우리는 서로 맞장구를 치며 박장대소하기도 하고 서로를 위로하는 잔잔한 눈빛을 교환하면서 매우 유익한 시간을 가졌다. 또한 우리는 이러한 대화를 나누면서 심리치료에 관한 책에서 다루고 있지 않는 점들, 매우 흔한 일이지만 학문적 심리학과 기술적 정신의학에서 적절한 해답을 주고 있지 못한 점들 그리고 어쩔 수 없이 겪게 되는 일이지만 치료자의 윤리강령에서 자세하게 다루고 있지 않는 점들에 대해서 진지한 문제제기를 하기도 했다.

흔히 치료자들은 내담자를 있는 그대로 수용해야 하며, 환자가 어떤 행동을 하더라도 공감적 이해를 하기 위해서 자신의 욕구와 감정을 희생해야 한다는 가르침을 받은 상태에서 (또는 그렇게 추측한 상태에서) 치료자로 활동을 시작하게 된다. 이러한 태도는 좋은 의도를 지닌 것이긴 하지만 지나친 것이라고 할 수 있다. 나의 동료 한 명은 정신병원에서 인턴과정을 밟고 있을 때, 강박적인 자위행위의 문제를 지닌 남성 환자에게 심리검사를 실시하며 곤욕을 치른 적이 있다고 이야기했다. 그 환자는 목욕가운을 입은 채로 검사실로 들어왔는데, 검사를 시작하자 가운을 벌리고 자신의 성기를 만지작거리기 시작했다. 자신의 치료적 경계를 설정할 권리가 있다는 점을 아무도 가르쳐 주지 않았기 때문에, 그녀는 그 환자에게 평상복을 입어야 하며 검사하는 동안 그러한 행동을 자제해야 한다고 당당하게 주장하지 못했다. 검사하는 두어 시간 동안, 그녀는 몹시 당혹스러움을 견딜 수밖에 없었던 것이다.

나는 이 장에서 다룰 주제를 우발적이거나 예방할 수 없는 경계 문제와 무의식적으로 연출되는 역할재현의 문제로 나누어 설명하고자 한다. 치료자와 내담자가 상호작용하면서 겪게 되는 매우 난처한 문제들은 의식적으로 결백하지만 무의식적으로는 어떤 의도를 지니고 있는 경우가 대부분이다. 게다가, 겉보기에는 비슷한 일들도 매우 다른 심리적 역동이 배후에 깔려 있거나 당사자들에게는 매우 다른 의미를 지닐 수 있다. 하지만 이러한 난처한 상황이 치료자와 내담자 모두의 의도와 무관하게 우연히 발생한 것인지 아니면 치료자의 무의식적 동조 속에서 내담자가 어떤 내면적 갈등을 무대에 올려 다루려는 것인지를 구별하는 것이 중요하다.

치료자의 자기공개에 관한 문제는 별개의 절에서 다루게 될 것이다. 지난 20년 동안 이 주제는 방대한 문헌에서 다루어져 왔으며, 특히 관계적 입장을 지닌 분석가들이 많이 다루었다. 사례회의와 워크숍뿐만 아니라 그러한 문헌을 통해서 정신분석적 치료자들은 자신이 내담자에게 하는 행동들이 그들 대다수가 처음에 교육받았던 이상화된 '고전적' 모델, 즉 Freud가 분석가는 "환자에게 모호한 존재여야 하며, 거울처럼 …… 치료자 자신에게 비추어진 것 이외에 아무 것도 보여 주어서는 안 된다."

(1912b, p. 118)고 권고한 사항을 그대로 따를 수 없을 때가 많다고 이야기하고 있다. 제한된 지면에서 자기공개와 관련된 미묘한 문제들을 모두 다룰 수는 없지만, 이 장에서는 그 전반적인 내용과 주요한 측면들을 설명하고자 한다.

마지막으로, 심리치료에서 일어나는 신체적 접촉에 관한 다양한 문제들을 다룰 것이다. 이 주제는 매우 복잡한 문제로서 깊은 정서적 기억을 떠올리게 하고, 맥락에 따라 그 의미가 매우 다를 뿐만 아니라 그 표현방식도 문화에 따라 다르기 때문에 각각의 경우마다 그에 대한 적절한 대응이 필요하다. 내가 알고 있는 노련한 정신분석적 치료자들은 대부분 내담자들이 포옹을 간청하거나 강하게 요구하거나 아니면 치료자를 갑자기 끌어안는 경우를 경험한 적이 있다. 그러나 아무도 심리치료의 수련과정에서 이러한 상황에서 어떻게 대처해야 하는지는 배운 적이 없다고 한다. 내담자와 성적인 접촉을 하지 말라는 슈퍼바이저의 권고 사항 외에도, 신참 치료자들이 어찌해야 할지를 몰라서 막막해하는 문제들이 매우 많다. 이 장의 내용이 이러한 문제들을 헤쳐 나가는 데에 도움이 되기를 바란다.

의도하지 않은 우발적인 사건들

우연한 만남

치료자로 살아가면서 가장 부담스러운 일 중의 하나는, 예상하지 못한 곳에서 환자와 마주쳤을 때 다양한 문제들이 발생한다는 점이다. 이러한 일은 심리적 권력을 지닌 전문가들이면 누구나 어느 정도 겪게 되는 일이다. 대다수의 사람들은 자신의 산부인과 의사나 자녀의 교사 또는 어떤 유명 인사와 뜻밖의 상황에서 만나게 되면 부자연스러움을 느끼며 예민해진다. 그러나 이러한 예기치 못한 마주침에 어떻게 대응할 것인가 하는 문제는 정신분석적 치료자와 환자들의 경우 특히 중요한 문제이다. 맨해튼에서 개업하고 있는 치료자들에 따르면, 이처럼 커다란 도시에서도 내담자와 우연히 마주치는 일이 빈번하다고 한다. 작은 지역에서 일하는 치료자의 경우에는 치료실 밖에서 환자와 접촉하게 되는 일이 늘상 일어나는 생활의 일부가 된다. 목회상담자들의 경우는 자신이 속한 신앙공동체 안에서 내담자들과 접촉하는 일이 매우 흔하다. 대학에서 일하는 치료자의 경우도 내담자들과 마주치는 일은 사실 불가피하다. 내가 가르치는 대학원의 임상심리학 전공생 한 명은 자신의 삶을 좀 더 다채롭게 하기 위해서 심리치료 수련과는 전혀 관계가 없는 다른 일을 하려고 마음먹고 몸에 딱 달라붙는 댄서 복장으로 소규모의 댄스 교실에 처음 참가했다가 자신의 내담자와 그곳에서 마주치게 되었다고 한다. 또한 나의 동료 한명은 불교에 관심이 있는 사람들이 네 명 단위로 만나는 모임에서 내담자를 만나게 되었다고 한다.

자유로운 사적인 장소라고 생각한 곳에서 환자들과 마주치는 것은 잘 알려져 있지는 않지만 치료자에게 상당한 스트레스를 주는 요인이다. 치료실 안에서 늘 절제를 하며 긴장하는 일은 치료자로서의 역할을 수행하는 데 필요한 일이지만, 자유로운 시간에도 이러한 절제와 긴장을 해야 한다는 것은 고통스러운 일이다. 게다가, 대다수 치료자들은 매우 피해의식적인 내담자들이 경험하는 악몽처럼 자신이 노출됨으로써 겪게 될 위험성에 대해서 여러 가지 공상을 하게 된다. 최근에 정신분석가들을 대상으로 한 강연에서, Jonathan Slavin(2002)은 치료자들이 매우 곤혹스러운 상태에서 환자와 마주치는 것을 두려워하는 심리상태에 대해서 서로 자세하게 이야기하지 않는 경향이 있다는 점을 지적하면서, 환자와 뜻밖의 상황에서 마주치게 되면 '임사체험(near-death experience)' 에 해당하는 기분을 느끼게 된다고 농담을 한 적이 있다.

치료자의 신경증적인 이유 때문에 예상치 못한 마주침을 불편해하는 경우가 아니더라도, 이러한 만남으로 인해 전문가로서 매우 현실적인 문제들에 봉착할 수 있는데, 왜냐하면 그와 관련된 심리적인 맥락이 복잡하기 때문이다. 내담자들은 치료실 외에서 치료자와 갑작스럽게 마주치는 경우 어떻게 행동해야 하는지 갈등을 느끼게 되며, 내담자마다 경험하는 갈등이 각기 다르다. 한편으로는, 정신분석적인 치료관계의 불균형적인 속성 (치료자는 내담자의 삶을 세밀하게 깊이 알고 있는 반면, 내담자는 치료자의 사생활에 대해서 아는 바가 상대적으로 훨씬 적다는 사실) 때문에 실생활에서 치료자를 만나게 되면 내담자들은 강렬한 호기심을 느끼게 된다. 다른 한편으로, 어떤 내담자들은 치료자가 자신의 매우 수치스러운 비밀을 알고 있기 때문에 치료실 밖에서 치료자와 결코 마주치지 않기를 절실하게 바라기도 한다. 어떤 내담자들은 자신이 공개한 내용과는 상관없이 치료를 받고 있다는 사실 자체를 비밀로 유지하고 싶어 하기 때문에 치료자가 그들을 모르는 척해 주기를 바라는 반면, 다른 내담자들은 치료자가 사교적인 모임에서 못 본 척하게 되면 매우 상처를 받기도 한다. 어떤 내담자들은 치료자의 '전혀 다른 측면'을 발견하고 흥미로워하는 반면, 다른 내담자들은 이상화했던 치료자의 이미지가 퇴색되었다며 괴로워하기도 한다. 대부분의 다른 활동에서처럼, 이런 경우에 치료자는 환자가 행동하는 대로 따라가는 것이 중요하지만, 환자가 어떤 갈등을 느끼는지 파악하는 것은 쉽지 않은 일이다.

이러한 '치료실 밖에서의' 만남에 있어서 적절한 치료적 경계는 어떤 것일까? 이러한 문제에 대해서 치료자가 통제할 수 있는 것이 상당히 적다는 점에서 치료비나 치료시간에 대한 경계보다 훨씬 복잡한 문제이다. 게다가 치료가 시작되는 시점에서, 치료실 밖에서의 마주침에 대한 방침을 이야기하는 것은 적절하지 않다. 왜냐하면 내담자가 사전에 심리치료 경험을 지니고 있는 경우가 아니라면, 밖에서 치료자와 마주치는 것이 큰 문제라고 생각할 만한 실제적인 경험이 없기 때문이다. 그러나 만약 두 사람이 마주칠 가능성이 있다면, 적어도 서로 인사를 나눌 것인지 아니면 환자가 서로 모르는 사람처럼 행동하기를 원하는지에 대해서 이야기해야 한다. 만약 두 사람이 다른 사회적 관계로 자주 만나야 되고 다른 치료자에게 치료를 받을 수도 있는 상황이라면, 함께 치료적 작업을 해나가는 것이 치료자와 환자 모두를 위해 바람직한 것인지 재고해 보아야 한다. 도움을 받을 수 있는 치료자가 제한되어 있는 작은 지역사회의 경우에는 치료자와 환자가 자주 마주치게 될 것이라는 점을 잘 인식하고도 치료를 시작할 수밖에 없을 것이다. 이러한 현실적인 문제들을 치료 초기에 논의하는 것은 치료의 성공을 위해서 매우 중요한 일이다.

치료와 관련된 의사결정은, 대부분의 경우에 그러하듯이, 어떤 환자와 어떤 치료적 계약이 이루어진 상황이냐에 따라 달라진다. 우연히 마주쳤을 때 치료자가 어떻게 행동해 주기를 환자가 원하는지(예컨대, 치료자가 내담자를 아는 척해야 하는지, 내담자가 치료자를 가족이나 친구들에게 소개하고 싶어 하는지, 내담자가 치료자의 접근을 원하지 않을 때 어떤 신호를 보낼 것인지) 알아내고 그들의 개인적인 바람을 존중하는 것은 적응수준이 높은 환자들의 경우에 비교적 쉬운 일이다. 또한 치료자가 자신의 문제로 치료를 받는 특수한 경우나 두 사람이 동일한 종교적 또는 정치적 집단에 속해 있는 불가피한 경우에는, 치료자와 내담자는 그들이 회의, 학회, 사회적 행사 등에서 서로를 만나게 될 것이라는 점을 예상할 수 있다. 이러한 경우 치료자와 내담자는 서로 가벼운 대화를 나누고 서로를 배려하여 적당한 거리를 유지하는 것이 일반적이다.

신경증 수준 이상의 건강한 내담자인 경우에도, 일단 강한 전이감정이 발달하게 되면, 치료실 밖에서 마주치는 일이 두 사람 모두에게 매우 부담스러운 일일 수 있다. 강렬한 전이관계에 빠져 있는 환자들이 치료실 밖의 상황에서 치료자와 만나는 것을 '진정한 모습의' 치료자와 만나는 것으로 여긴다는 점도 정신역동적 치료자에게는 괴로운 일이다. 달리 말하면, 치료실 밖에서 만난 경험을 근거로 환자들은 자신의 전이적 생각을 강화할 수 있는데, 왜냐하면 이러한 만남에서 치료자가 치료실에서 하듯이 잘 절제된 유보적인 태도로 행동하지 않기 때문이다. 뿐만 아니라 이들은 자신이 두려워하거나 소망하는 것들이 모두 사실이라는 증거로 생각할 수도 있다.

내가 분석을 했던 한 여성 내담자의 경우, 그녀의 어머니는 그녀가 아들이기를 바랐었는데, 내가 여자보다 남자를 더 좋아한다고 생각하고 있었다. 어느 날 그녀가 슬픔에 잠긴 모습으로 치료시간에 나타났는데, 왜냐하면 내가 어떤 학회에서 한 남자의 옆에 앉아 있는 것을 보았기 때문이었다. 나는 그 모임에서 나의 다른 쪽 옆에 여자가 앉아 있었음을 기억해내고 그녀에게 이러한 사실을 주목하도록 하였다. 그녀는 자신이 이렇게 선택적인 지각을 한다는 사실을 인식하고는, 내가 자신의 어머니처럼 여성을 경멸한다는 생각을 바꾸게 되었다. 그러나 불행하게도 이러한 분명한 증거가 늘 존재하는 것은 아니다. 내가 우연히 두 남자 사이에 앉아 있었을 수도 있으며 아니면 두 여자 사이에 앉아서 지루해하는 것처럼 비쳤을 수도 있다. 또는 실제로 내가 남자에게만 이야기하고 있는 것을 우연히 내담자가 목격했을 수도 있다. 치료실 밖에서 목격한 것에 의해서 갖게 된 생각에 내담자의 편견이 어느 정도 포함되어 있는지를 분별하는 것은 훨씬 더 어려운 일이다. 만약 그러한 목격을 고통스러운 초기 신념의 지지근거로 해석하는 경우, 치료자와 환자는 모두 고통스러운 상황에 빠지게 된다.

좀 더 심각한 심리적 문제를 지닌 환자들의 경우, 치료실 밖에서 마주치는 일은 흔히 매우 난처한 문제를 야기하게 된다. 자기애적인 환자들은 평소에 고상한 모습을 보이던 치료자가 그들이 가기 싫어하는 쇼핑몰에서 청바지를 입은 채 성급하게 어린아이들을 몰아대는 모습을 목격하게 되었을 때 치료자의 이상화된 모습이 무너져 내리는 것을 매우 고통스러워한다. 편집증적인 성향을 지닌 내담자들은 치료자의 차에 정치적으로 용납할 수 없는 스티커가 붙어 있는 것을 보게 될 경우 치료를 중단해 버리는 것으로 알려져 있다. 과거에 성적 학대를 받았던 사람들은 사교적인 상황에서 치료자가 성적이거나 유혹적인 모습을 나타내는 것으로 보고 두려움을 느낄 수도 있다. 물론, 이러한 일이 발생했을 경우에는 그 후에 즉시 환자와 이야기를 나누며 그들의 반응을 다루어 주어야 한다. 그러나 이러한 환자들 중에는 이야기를 나누는 것조차 너무 괴로워서 성급하게 치료를 중단해 버리는 사람이 있기 때문에, 치료자는 잘못한 것도 없이 심한 죄책감을 느끼게 되는 경우도 있다. 과거에 나는 2년 동안이나 성공적으로 잘 치료해 오던 편집증 환자를 잃은 경험이 있는데, 그 이유는 그가 경멸하는 어떤 사람이 나와 함께 점심식사를 하는 모습을 우연히 보았기 때문이었다. 예기치 못한 마주침을 피할 수 없다는 점과 치료자가 치료실 밖에서의 생활을 만족스럽게 영위하는 것 역시 중요하다는 점을 고려할 때, 나는 "불행한 일들이 일어나기 마련이다."라는 철학적인 태도를 갖는 것 외에 이토록 치료에 파괴적인 영향을 미치는 심각한 반응들을 어떻게 다루어야 할지 모르겠다.

일부의 환자들은, 특히 강렬한 전이상태에 있을 때, 치료자를 치료 외적인 상황에서 접촉하려고 적극적으로 노력한다. 치료자에 대한 정보를 알아내기 위해서 어떤 일이든 마다하지 않는 경우도 있다. 예컨대, 인터넷은 치료자에게 접근할 수 있는 다양한 방법을 제공한다. 심한 정신병리를 지닌 내담자들은, 특히 색정광(erotomania) 성향을 보이는 경계선 환자들의 경우, 치료자의 '실제' 모습을 알아내기 위해서 매우 강렬한 집착을 보일 수도 있다. 나의 동료가 치료하는 한 환자는 치료자가 다니는 체육관에 등록을 했는데, 치료자의 벗은 모습을 보기 위해서였다고 한다. 내가 아는 대다수의 치료자들은 경계선 환자들에 의해 스토킹을 당한 경험을 지니고 있다. 그러한 환자들에게는 어떤 행동이 용납될 수 없는지 그리고 치료자의 경계를 침범했을 때 어떤 결과가 초래되는지(예컨대, 며칠 혹은 몇 주 동안 치료를 중단하는 것) 분명하게 말해 주어야 한다. 치료자의 사생활을 침범하는 환자들의 경우, 치료자는 자기보호를 위한 적절한 경계를 설정하고 이를 준수하도록 요구해야 하며, 심지어 내담자의 침범행위에 대해서 법적인 고발을 할 수도 있다는 점을 알려 주어야 한다. 매우 일관성 있는 경계를 설정하지 않은 상태에서 내담자의 충동적 행동을 해석하며, 그 의미를 전달하는 것은 오히려 그들의 도발적 행동과 원초적인 공상을 강화하기만 할 뿐이다(참고: Blum, 1973; Meloy, 1998).

앞장에서 강조했듯이, 정신분석적 치료자는 자신의 모든 행위가 환자의 입장에서 보면 "치료자라는 역할과 연관될 수밖에 없다."는 점을 잘 알아야 한다. 치료자의 역할에서 갖게 되는 영향력은 내담자에게 매우 강력한 것이기 때문에, 치료자는 내담자의 심리적 세계 속에 존재하는 자신의 역할로부터 스스로 벗어날 수가 없는 것이다. 여러 가지 명분으로 치료자라는 역할에 의한 경계를 허물거나 무시하고 "그저 한 인간으로서 다른 한 인간을" 대하듯이 행동하려는 것이 매력적으로 들릴 수는 있으나, 그렇게 행동하는 것이 의도대로 받아들여지는 경우는 드물다. 내가 사는 지역사회에서, 지역구 의원이었던 한 남자가 이웃집 사람에게 원색적인 말로 선출직 공무원을 비난하여 지역사회의 정치적 사건으로 비화된 적이 있었다. 그는 "내가 그저 그 사람의 친구로서 말한 것이지 지역구 의원으로서 말한 것은 아니다."라고 항변했지만, 자신이 한 말이 다른 사람들에게 자신의 의도와 전혀 다르게 받아들여질 수 있다는 사실을 잘 모르고 있었던 것이다. 이와 마찬가지로, 치료자는 좌절감을 느낄 만큼 자신의 의도와는 전혀 다르게 자체적으로 굴러가는 어떤 일에 휘말릴 수도 있다는 사실을 잘 알아야 한다.

순진한 초대

내담자들은 치료자-내담자 관계가 치료실 밖에서 일어나는 일로 인해 훼손되지 않도록 해야 한다는 것을 처음 치료를 받으러 올 때부터 잘 알고 있는 경우가 많다. 그러나 일부 내담자들은 치료자가 다른 전문직 종사자들(예: 교사, 치과의사, 수의사, 변호사, 회계사, 목사, 의사)과 마찬가지로 전문적인 도움을 받으면서 동시에 사교적인 상황에서 만나 교제를 할 수 있는 사람이라고 생각하는데, 이는 지극히 타당한 생각이다. 이러한 내담자들은 다른 전문직의 종사자들에게 하듯이 치료자를 저녁식사, 파티 또는 기금마련 행사에 초대할 수 있다. 이러한 초대의 이면에는 무의식적인 욕구와 환상이 깔려 있는 경우가 있는데, 이들은 그러한 초대로 인해 발생할 수 있는 문제점들을 전혀 알지 못한 채 초대를 하게 된다. 전이현상이 의미하는 바를 충분히 이해하지 못했던 정신분석의 발달 초기에는 분석가들도 마찬가지로 순진했었다. 그들은 어떤 사람의 주치의인 경우와 마찬가지로 환자를 위해 여러 가지 역할을 해 주는 것이 자연스러운 일이라고 생각했다. Freud는 피분석자를 자신의 아내와 자녀들에게 소개하곤 하였고, 또한 자신의 친구들, 동료들, 심지어는 그의 딸을 치료하기도 했으며, 환자의 애정생활에까지 관여하기도 했다. 때로는 같은 전문가 집단에 속해 있는 분석가와 피분석자가 함께 휴가를 떠나서 분석을 계속하기도 했다. 요즘이라면 경계의 위반으로 여겨질 일들이 별 문제없이 진행되기도 했지만, 부정적이고 심지어는 재난적인 결과를 초래하는 어처구니없는 일들이 점점 더 늘어나게 되었다(Gabbard, 1995).

환자는 전이가 점차 고조되면서 치료적 관계와 사교적 교제를 병행하는 것이 좋지 않다는 것을 자연스럽게 깨닫게 되지만, 치료 초기에는 불순한 의도 없이 치료실 밖의 장소로 치료자를 초대하는 경우가 종종 있다. 이렇게 초대를 받을 경우 치료자는 다음과 같이 대응하는 것이 좋다. "정말 고맙습니다. 초대해 주셔서 감사합니다만, 나의 경험에 따르면 심리치료를 할 때는 치료실 밖에서 만나지 않는 것이 좋습니다. 치료를 받으면서 당신은 온갖 종류의 생각과 깊은 감정을 털어놓게 되는데, 이러한 과정에서 우리가 사교적으로 만나게 되면 서로 불편하고 곤란한 상황에 처하게 될 겁니다. 이 경우 무언가 잘못되었다는 어색한 기분을 느끼게 될 것입니다. 당신의 초대에 응하지 못해서 유감스럽습니다만, 우리의 치료적 관계가 치료실 밖에서의 만남을 통해 뒤얽히지 않도록 하는 것이 당신과 나를 위해서 바람직하다고 생각하기 때문에, 초대를 사양하겠습니다."

만약 내담자가 고집을 부리거나 실망한 듯한 모습을 보일 경우, 치료자는 도와주려는 사람을 실망시켜야 하는 난처한 상황에서 당연히 느끼게 되는 곤혹스러움을 잘 조절하면서, 사양 의사를 분명히 밝히며 강력하게 전달해야 한다. 예를 들어, "너무 고지식해서 그런지는 모르겠습니다만, 내가 치료하는 사람을 두 가지의 다른 역할로 대하는 것이 어렵다고 생각합니다. 이것은 우리가 서로 인정해야 하는 한계 중의 하나입니다."라고 말할 수 있다. 그리고 그 다음 치료시간에는, 거절당한 것에 대한 고통스러움, 초대를 한 환자에 대해서 치료자가 비판적인 태도를 지닐 것이라는 생각, 거절한 '진정한' 이유는 치료자가 환자를 싫어하기 때문이라는 상상 등과 같이 다양하게 나타날 수 있는 내담자의 반응에 세심한 주의를 기울여야 한다. 때로는 치료의 경계를 어기고 싶을 만큼 매력적인 초대를 하더라도 치료자가 경계를 잘 지키는 모습을 보면서 내담자가 안도감을 느끼는 경우도 있다.

문화적 · 집단적 규범이 이러한 문제를 복잡하게 만들 수도 있다(Foster, Moskowitz, & Javier, 1996; Sue & Sue, 1990). 어떤 민족의 경우에는 치료를 시작하기 전에 내담자의 부모, 조부모 또는 다른 중요한 가족이 치료자를 만나봐야 한다고 주장하는 경우도 있다. 독특한 문화를 지닌 지역사회에서 일하는 치료자들을 몇 명 알고 있는데, 이들은 그러한 문화에서는 가족들이 치료자를 승인하지 않으면 심리치료가 이루어질 수 없다는 것을 잘 알기 때문에, 예비 내담자의 가족들이 제안한 저녁식사 초대에 응하곤 한다. 뉴질랜드에서 강의를 하면서, 나는 마오리 부족의 경우 그 부족원의 치료를 시작할 때 치료자가 상징적으로 그 가족의 일원이 되는 의식을 거행한다는 것을 알게 되었다. 치료를 종결할 때에는 그 가족과 작별을 고하는 의식이 거행된다. 때로는 치료자가 환자를 치료에 참여시켜 정신역동적 치료에서 해야 하는 역할에 익숙해지도록 만들려면, 그 이전에 치료실 밖에서 자신을 '사실적인 사람' 으로 어느 정도 보여 주어야 하는 경우도 있다.

역할재현

분석적 치료자들은 지난 수십 년에 걸쳐 그들에게 도움을 청하며 찾아오는 내담자의 유형이 변화해 왔다는 점에 주목해 왔다. Freud가 살았던 시대에는 경직되고 도덕주의적인 억제된 환자들이 많았지만, 요즘은 충동적이고 매우 파괴적이며 특권 의식에 사로잡혀 있는 또는 자해적인 행동을 반복적으로 나타내는 내담자가 더 흔하다. 자살, 물질남용, 무모한 성행위, 자해행동, 섭식장애, 다양한 중독행동이 우리 시대에 특징적으로 나타나는 주요한 문제인 듯하다. 요즘의 치료자들은 경계선적이고, 성격장애의 문제를 지니며, 외상 후 증상을 지닌 것으로 진단되는 내담자들을 많이 만나게 된다. (많은 치료자들이 믿고 있듯이) 사회적 변화가 정신병리에 중대한 변화를 초래했든 그렇지 않든 간에, 자신의 행동을 조절하는 데 심각한 문제를 지닌 환자들이 증가하고 있다. 이러한 환자들은 언어를 통해 소통하기보다 역할재현(enactment)을 통해 치료자와 의사소통하는 경우가 많다.

관계적 분석가들은 말을 유창하게 잘하고 협조적인 내담자를 치료하는 경우라 할지라도 자유연상에 대해 냉철한 해석을 하기보다 상호적인 역할재현(mutual enactments)을 서서히 명료화하며 탐색하는 것이 내담자를 이해하는 데 더 도움이 된다고 주장하고 있다(참고: Hirsch, 1998). 환자가 지니는 심리적 세계의 골격을 이루는 드라마 속으로 휘말려 들어가는 것이 불가피하다는 점(참고: Levenson, 1972)에 동의하는 사람들이 점점 더 늘어나고 있다(Hoffman, 1996; J. Greenberg, 1991; Jacobs, 1986; Mitchell, 1988; Renik, 1996; Slavin & Kriegman, 1998; Stolorow & Atwood, 1997). 그러나 적응수준이 높은 내담자들이 분석과정에서 어떤 갈등을 미묘한 방식으로 반복해서 나타내는 것은, 더 심각한 증상을 지닌 환자들이 어떤 특권적 행동을 강력하게 표출하는 것과는 분명히 구별되어야 한다. 이 절에서는 주로 이처럼 자기관찰능력이 부족하고, 퇴행되어 있으며, 매우 요구적인 내담자들이 나타내는 문제들을 설명하고자 한다. 이러한 내담자들은 치료를 자꾸 위기 속으로 몰아넣으면서 다른 한편으로는 치료적 도움을 절실하게 원하는 경향이 있다. 아울러 치료자가 대처해야 하는 도발적인 행동과 잠재적인 경계위반에 관해 설명할 것이다.

전문성에 대한 공격

어떤 내담자들은 치료자의 전문성을 무시하는 방식으로 치료자에게 행동한다. 이러한 내담자들 중에는 겉으로 협조적이고 우호적인 행동을 나타내지만 마음속으로는 치료자를 폄하하는 경우가 종종 있다. 특히, 외모가 어려 보이는 치료자들이나 수련을 받고 있는 중이라는 것을 내담자가 알고 있는 치료자들은 이처럼 우회적이지만 명백히 적대적인 폄하를 당하기 쉽다. 예컨대, 치료자의 이름(first name)을 마치 십대의 친구를 부르듯이 처음부터 사용하는 환자, "예쁜 귀걸이네요! 어디서 샀어요?"라고 경탄하며 심각한 문제에 대한 논의를 방해하는 환자, 막역한 친구 사이인 것처럼 치료자의 팔과 어깨를 반복적으로 건드리는 환자, 남자의 배신행위나 짜증나게 만드는 장모의 습관적 행동에 대해서 같이 험담하는 것이 치료자의 역할인 것처럼 이성이나 제3자를 비난하는 일에 치료자를 끌어들이려고 잡담이나 농담을 하는 환자들이 있다.

이러한 도발적 행위에 대해서 치료적인 방식으로 대응하는 것은 매우 어려운 일이다. 내담자의 이러한 행동은 스스럼없는 관계를 만들자는 것이지만, 만약 치료자가 이를 액면 그대로 받아들인다면, 치료에 대한 진정한 참여를 방해하는 중요한 저항을 간과하는 셈이 될 것이다. 반면에, 이러한 폄하행동에 직접적으로 대응하는 치료자는, 마치 침묵의 규칙을 강요하는 고등학교 도서실의 직원처럼, 깐깐하고 처벌적인 사람으로 비춰질 수 있으며 이로 인해서 치료자의 전문적 지위를 인정하지 않고 치료적 관계형성을 회피하려는 내담자의 노력을 더욱 강화시킬 수 있다. 이러한 난처한 상황을 벗어날 수 있는 최선의 방법은 유머를 사용하는 것이다. 이상적으로는, 치료자가 내담자의 도발적 행위에서 장난스러운 요소(마치 엄마의 이름을 불러대며 장난스러운 행동을 하는 세 살짜리 어린 아이처럼 행동하는 측면)를 찾아내어 약간 장난스럽게 빈정거리는 듯한 말을 가볍게 던질 수 있는데, 이 경우에 내담자의 진지한 대답을 기대하는 것은 아니다. 예를 들어, "이름을 가지고 장난치는 것을 좋아하는군요." "당신이 겪는 문제보다 내 귀걸이에 관해서 이야기하고 싶은가 보군요." "당신이 괴로워서 치료를 받으러 왔다는 것을 모르는 사람은 당신이 나랑 사귀려고 온 걸로 생각하겠네요." 또는 "남자들의 모든 잘못에 대해서 의견일치를 해야만, 우리는 어떤 남자가 당신을 힘들게 했는지 이야기할 수 있겠군요."와 같이 말할 수 있다.

이러한 이야기를 할 때, 치료자는 친절하면서도 침착한 태도로 말하는 것이 바람직하다. 만약 치료자가 너무 짜증스러운 듯한 모습을 보이면, 내담자는 자신이 (적대적인 도발행위를 한) 형편없는 사람으로 매도당한다고 느끼거나 (권위적 인물의 평정심을 잃게 만드는 데 성공했다는 점에서) 은밀한 승리감을 느낄 수도 있는데, 어떤 경우든 치료에 필요한 자기공개가 심화되는 데에 도움이 되지 않는다. 치료자의 분노가 노출되어 환자가 눈치를 채게 되는 경우, 치료자는 자신이 공격받는다고 느낄 때 수용적인 태도를 유지하기 어렵다는 점을 솔직하게 인정할 수도 있다. 이 경우, 치료자는 자신이 여전히 유머를 하고 있다는 것을 보여 주는 몇 마디 말을 덧붙일 수 있다. 치료자의 대응행동이 아무리 공감적이고 요령 있게 한 것이라 할지라도, 환자는 굴욕감을 느끼기 쉽다. 따라서 그러한 상호작용을 잘 다루어 줄 필요가 있다.

신참 치료자들은 내담자가 노골적으로 도발적인 행동을 해 오는 경우에 당황하게 된다. 애증을 지닌 불안정한 환자가 치료자를 무자비하게 폄하할 경우 치료자는 대응방법을 생각하지 못한 채 심한 분노에 빠져들 수 있다. 은밀한 공격을 받았을 경우에도 치료자가 무기력하게 자기폄하를 하거나 방어적인 고압적 행동을 하게 되면 치료에 심각한 악영향을 미치게 되므로, 치료자는 잠시 생각할 시간을 가진 후에 비처벌적이면서도 자기존중적인 태도를 취하는 것이 바람직하다. "그러니까 내가 완전히 초짜라서 당신을 어떻게 도와야 할지 전혀 모를 것이라는 점을 걱정하고 있군요." 또는 "나 같은 어린 치료자는 아는 것이 없어서 당신에게 도움이 될 만한 말을 해 주지 못할 것이라는 점을 말하고 있는 것 같군요."와 같이 솔직하되 약간은 자신을 웃음거리로 만드는 방식으로 말해 주는 것이 바람직하다. 다행스럽게도, 시간이 흐르게 되면 그러한 도발행동에 대해서 재빨리 노련하게 대응하는 기술이 늘어난다.

숨은 의도를 지닌 초대

내담자의 초대에는 순수하지 않은 의도를 지닌 경우가 종종 있다. 즉, 치료자가 이러한 초대에 응하는 것은 관례적인 치료적 규범을 어기는 것이라는 점을 내담자가 적어도 어느 정도 알고 있으면서 초대를 하는 경우이다. 그러한 초대는 내담자가 어떤 식으로든 자신이 치료자에게 '특별한 존재' 라는 것을 확인하려는 자연스러운 소망을 나타내는 경우가 많다. 그러한 초대의 이면에 흐르는 지배적인 감정은 감사함이다. 나를 자신의 결혼식에 초대한 내담자가 여러 명 있었는데, 한 내담자는 나를 이처럼 중요한 의식에 마땅히 참석해야 할 애정 어린 부모상으로 여긴다고 설명한 바 있다. 때로는 내담자가 의식적이든 무의식적이든 치료과정을 훼손시키거나 치료자로 하여금 '치료규칙을 위배하도록' 유인하는 것처럼, 공격적 의도를 담아서 치료자를 초대하는 경우가 있다. 내 경험에 따르면, 대다수의 치료과정에서 환자가 두 사람 간의 강렬한 애착을 기념하기 위한 의도로 치료자를 특별한 모임에 초대하여 치료자를 난처하게 만드는 경우가 적어도 한 번 정도는 일어난다. 이러한 초대에 어떻게 치료적으로 대응해야 하는지, 심지어는 이러한 초대를 어떻게 해석해야 하는지 판단하는 것은 어려운 일이다. 치료자는 이를 수락하는 것이 적절한 일인지, 만약 거절한다면 어떻게 환자에게 상처를 주지 않고 거절할 수 있는지를 고민해야 한다.

내담자에게 초대를 받았을 경우, 즉답을 피하며 시간을 버는 것이 현명한 방법이다. 즉, 치료자는 환자에게 초대에 대해서 함께 생각해 볼 시간을 가져보자고 제안할 수 있다. 두 사람은 수락과 거절 각각의 경우에 초대가 어떤 의미를 지니는지 생각해 보면서 그러한 초대의 이면에 항상 존재하는 복잡한 동기를 탐색해 볼 필요가 있다. 환자의 초대에 응하는 것이 치료적인 면에서 바람직한 경우도 가끔 있는데, 환자의 연주회, 연극이나 경기에 참석함으로써 치료자는 음악가, 연기자나 운동선수의 세계를 이해하는 데에 도움이 될 수도 있다. 설사 치료자가 내담자의 공연에 참석함으로써 그러한 세계를 이해하는 데에 도움이 되지 않을지라도, 환자는 자신이 정신적 문제를 지니고 있지만 치료실 밖에서는 잘 기능하는 성인이라는 점을 치료자에게 인정받고자 하는 동기를 지니기 때문에 치료자의 참석은 중요한 의미를 지닐 수 있다.

만약 초대에 응해도 될 정당한 사유가 있다고 판단되는 경우라면, 치료자는 사교적인 교제를 최소화하는 범위 내에서 응할 수 있다. 하지만 그러한 상황에서 치료자가 편안함을 느끼기는 쉽지 않다. 환자가 치료받고 있다는 것을 자랑스럽게 여기는 경우일지라도, 누군가의 "정신치료자"로 소개되는 것은 상당히 난처한 일이다. 이로 인해서 사람들을 불편하게 만들고, 치료자는 마치 정장을 입고 소풍 나온 사람처럼 무언가 부적절한 느낌을 느끼게 된다. 이와 달리, 환자의 '친구'나 '동료'로 소개되는 것은 분석적 심리치료의 기반이 되는 정직함의 원칙을 위배하는 것으로 느껴지게 된다. 비밀보장에 대한 미묘한 문제가 생겨날 수도 있다. 따라서 공연에 참석하더라도 무대 뒤에서 내담자의 지인들과 만나는 것은 사양하거나, 결혼식에 참석하더라도 피로연에는 가지 않음으로써, 내담자의 바람을 존중해 주는 동시에 불필요한 문제로 치료가 훼손되지 않도록 할 수 있다.

치료자는 초대에 응하는 것이 치료에 도움이 되지 않는다고 느끼거나 개인적인 이유로 단지 응하고 싶지 않은 경우가 있다. 사실 이러한 경우가 더 많은데, 이런 경우에는 내담자의 기분을 상하게 하지 않을 수가 없다. 적응수준이 높은 내담자들의 경우에는 거절당했다는 감정이 치료에 있어서 다루어야 할 유용한 재료가 될 수 있지만, 상당히 취약한 내담자들의 경우에는 매우 심한 상처를 입게 되어 치료가 중단될 수도 있다. 사실, 현명하게 판단한다면 마땅히 거절해야 할 초대를 치료자가 수락하는 경우는 대부분 내담자의 취약한 자존감을 배려하기 위해서이다. 보다 순수한 초대를 거절해야 하는 경우, 치료자가 "이건 다 당신을 위해서입니다."라고 말하기보다는 자신의 개인적인 욕구와 감정에 근거하여 부드럽게 거절한다면 그다지 큰 상처를 주지 않을 수 있다. "미안합니다만 그 상황에 가면 내가 상당히 불편할 것 같네요." "초대해주셔서 정말 고맙습니다만, 나는 내가 치료하는 사람들과 사교적인 모임에 함께 가는 것을 좋아하지 않습니다. 이처럼 매우 친밀한 치료자의 위치에 있으면서 그저 가볍게 알고 지내는 사람처럼 행동하는 것은 너무 어색하고 다른 사람들을 속이는 것으로 느껴지거든요." 또는 심지어 "정말 참석하고 싶지만, 치료자가 자신의 위치를 잘 지켜야 한다는 직업상의 엄격한 윤리적 규정을 위반하는 것으로 여겨져서 난처한 상황에 처하고 싶지 않습니다."라고 말할 수도 있다. 치료자가 차분하면서도 확고하게, 즉 죄책감이나 모호함 없이 이야기한다면, 내담자는 거절당하는 것에 대해 어떤 감정 반응을 느끼더라도 그러한 한계를 수용하고 더 이상 요구하지 않을 것이다.

그러나 치료자가 편안함을 느끼는지의 여부에 상관없이, 환자의 '유익함'을 위해서 치료적 경계를 지켜야 하는 경우가 있다. 무척 마음이 끌리는 초대에 수락하고 싶을 때가 종종 있지만, 그렇게 하는 것이 바람직하지 않다고 조용히 주장하는 마음 한구석의 목소리에 귀를 기울여야 할 때가 있다. 초대하는 내담자의 의도가 의심스러워 썩 내키지 않는 경우에도, 나는 그저 내담자의 마음을 상하게 하지 않거나 나의 자상함을 보여 주기 위해서 그러한 집요한 요청을 받아들이고 싶은 유혹을 느낄 때가 많았다. 그러한 경우, 특히 내담자가 예외적인 경우도 있지 않느냐고 애교스럽게 치료자에게 간청하거나 치료자의 거절에 대해서 실망하거나 화를 낼 경우, 최선의 방법은 "내가 잘못 생각할 수도 있지만, 지금 당신이 원하는 것이 결코 당신에게 도움이 되지 않는다고 생각합니다. 치료자로서 나는 올바른 것이라고 여겨지는 것을 지켜야만 합니다."라고 말해 준다.

초대에 무의식적인 공격적 의미가 많이 포함되어 있을수록, 이러한 상황을 해결하는 것은 두 사람 모두에게 더 힘든 문제가 된다. 이러한 초대를 치료자가 거절하게 되면, 무의식적인 죄책감을 지닌 내담자는 치료자가 "그럴 줄 알았어!"라고 생각하면서 자신의 은밀한 공격적 행위를 비난하는 것으로 받아들일 수 있다. 불순한 의도가 내포된 초대에 대해서 치료자가 내담자에게 그러한 초대는 부적절한 것이라는 뜻을 전하게 되면, 내담자는 자신이 치료자에게 넘겨주려는 꽃다발 속에 가시가 숨겨져 있었다는 것을 알게 되면서 자괴감을 느끼게 될 것이다. 치료과정에서 일어나는 가장 고통스러운 상호작용의 대다수는 초대와 관련된 역할재현의 문제뿐만 아니라 선물과 관련된 문제를 견뎌내는 일이다.

선 물

초대와 마찬가지로, 선물은 상당히 순수한 의미를 지니는 경우도 있지만 어떤 의미가 담겨진 경우도 있다. 어떤 내담자들은 크리스마스에 자신의 삶에 있어서 의미가 있는 모든 전문가들에게 과일 바구니를 보내면서, 자신의 치료자에게도 선물을 보낼 수 있다. 이러한 종류의 순수한 선물은 그다지 큰 문제가 되지 않는다. 치료자는 그저 고맙다고 인사를 하기만 하면 된다. 만약 이러한 평범한 대화 이후에 환자가 하는 말 속에서 선물을 주는 것에 어떤 무의식적인 문제가 있다는 점이 암시될 경우 치료자나 환자는 이러한 주제를 거론할 수 있다. 나의 내담자 중 한 명은 나를 살해하는 공상을 할 때 꽃을 사들고 오게 된다고 기억에 남는 말을 한 적이 있다. 환자의 다소 적대적인 동기에 관해서 치료자가 먼저 이야기를 꺼내는 경우, 선물에 담긴 무의식적인 동기로 인해 긍정적인 의식적 동기가 무시된다는 인상을 주어서는 안 되며 그 대신 대부분의 교환에는 어느 정도의 양가적이고 이중적인 감정이 담겨 있다는 사실적인 태도를 보여주는 것이 중요하다. 어떤 치료적 개입을 하든지, 치료자가 하는 말이 마치 "당신은 X의 감정을 느꼈다고 생각했을지 모르지만, 실제로 당신이 느낀 것은 Y의 감정이다!"라는 식으로 매도하거나 수치스럽게 만드는 것으로 내담자가 느끼지 않도록 하는 것이 중요하다. 그 대신, 치료자의 말은 "당신이 X의 감정을 지녔던 것으로 우리는 알고 있었지만, 이제 보니 Y의 감정도 있었다는 것을 알 수 있다."라는 의미로 전달되어야 한다.

환자를 착취하는 것으로 해석될 수 없는 작은 선물(예: 과자 한 상자, 한 편의 시, 내담자에게 어떤 의미를 지닌 저렴한 책이나 CD)의 경우에는 치료자가 이를 받아들이기도 하는데, 왜냐하면 이러한 선물을 거절함으로써 불필요하게 환자의 감정을 상하게 할 필요가 없기 때문이다. 내담자가 주는 선물은 아무리 작은 것이라 하더라도 받아들이지 않아야 한다는 정신분석적인 본래의 이유(예: Eissler, 1953)는 선물을 주는 행위가 행동화되기보다 이해되어야 하는 어떤 것의 표현이기 때문이라는 것이다. 대다수 자아심리학자들은 치료자가 선물을 받아들임으로써 언어를 배제한 의사소통에 휘말려들어 중요한 역동을 살펴볼 수 있는 기회를 차단하게 된다고 주장했다. 그러나 요즘의 치료자들은, 특히 치료적 의사소통에 있어서 어떤 다른 측면보다도 공감이 중요하다는 Heinz Kohut(예: 1977)의 주장에 따라서, 선물을 거절하는 것이 오히려 중요한 심리적 주제를 부각시키지 못할 뿐만 아니라 그렇게 될 가능성마저 감소시킨다고 지적하고 있다. 최근에 많은 치료자들은 환자의 작은 선물을 받아들이는 것이 교환적 행위의 의미를 이해할 수 있는 가능성을 감소시키기보다 오히려 증가시킬 수 있다고 말하고 있다. 즉, 자신의 선물이 고맙게 받아들여졌다고 느끼는 환자는 방어적인 태도를 누그러뜨리면서 솔직하게 그러한 행동의 심층적인 의미에 관심을 갖게 될 수 있다.

그러나 선물을 주는 행위에 (비록 양가적이라 하더라도) 진정한 호의가 거의 담겨져 있지 않은 경우가 있다. 나의 동료 중 한 명은 어떤 작은 선물도 받지 않으려 했음에도 불구하고 과도한 선물을 자꾸 쏟아 부으려고 하는 환자를 치료한 적이 있었다. 이 여자 환자에게는 선물을 제공하는 것이 일상적인 삶에서 강박적으로 나타나는 특성이었을 뿐만 아니라 권력과 우월함을 나타내는 것이었을 뿐 따뜻한 호의는 거의 담겨져 있지 않았다. 그 내담자는 그녀의 무차별적인 선물 공세에 숨겨진 비판적 의도(예를 들어, 그녀는 며느리의 헤어스타일을 싫어하는데 머리를 곱슬하게 만드는 비싼 기구(curling iron)를 선물했다.) 때문에 친구나 친척들이 비판당하고 조종당하는 것 같다며 불평한다는 점을 인정했다. 환자가 들고 오는 선물을 치료자가 계속 거절하자, 최근에는 인터넷으로 선물을 주문하여 익명으로 보내기 시작했다. 치료자는 배달되어 온 선물을 받아들이는 서명을 하지 않았으며 내담자가 이러한 행동을 중단할 때까지 치료를 재개하지 않기로 했다. 이러한 태도를 취하는 치료적 이유는, 만약 어떠한 변화의 가능성을 찾아내려 한다면, 이처럼 선물제공자의 위치에 있으려는 집요함이 행동으로 나타나기보다 면담시간에 언어적으로 논의되어야 한다는 것이다. 이러한 태도에는 위험관리라는 의미도 담겨 있는데, 비싼 선물을 받아들임으로써 환자를 착취했다는 혐의를 받을 수도 있기 때문이다. 이와 같이 권력 다툼에 몰두하는 환자들은 자신이 (의식적으로) 원하는 것을 얻지 못할 경우 윗사람에게 불만을 토로하는 독특한 경향이 있다.

다른 치료에 대한 요청

내담자들이 심리치료를 인내심 있게 잘 견디지 못하거나 치료자에 대해서 비판적인 태도를 지니게 되면, 약물치료, 최면술 또는 안구운동 둔감화 및 재처리법(EMDR)과 같이 구체적이고 지시적인 치료를 받을 수 있는지 질문하는 경우가 매우 흔하다. 또는 특정한 장애에 대한 인터넷 사이트를 통해서 자신의 문제에 대한 유일한 효과적인 치료법은 인지행동치료라는 생각을 지니고 치료실에 와서 그러한 치료를 요청할 수도 있다. 이러한 요청은 다른 방법을 시도해 보고 싶은 현실적이고 자기-존중적인 관심의 표현일 수 있으나, 치료자와 치료에 대한 부정적인 감정을 간접적으로 표현하는 방법일 수도 있다. 치료자들은 대개 역전이 반응을 통해서 그러한 질문이 다른 치료를 받고자 하는 진정한 관심에서 비롯된 것인지 아니면 치료자에 대한 적대감을 전달하는 것인지 구별해낼 수 있다. 만일 그러한 요청이 상당히 적대적인 것이라면, 치료자는 불쾌감을 느끼고 방어적인 태도를 취하게 될 것이다. 그러나 요청의 본의가 무엇이든 간에, 내담자들은 그들이 던진 질문에 대한 응답(예를 들어, 치료자가 EMDR의 훈련을 받지 않았다고 인정하거나, 그러한 치료법이 환자의 문제에 부적합하다고 판단하거나, 잘 통제된 연구 결과에 따르면 최면술은 어린 시절의 기억을 잘 떠오르게 할 수 있는 신뢰로운 방법이 아니라고 말하거나, 치료자는 환자가 EMDR, 인지행동치료나 약물치료를 받을 수 있도록 기꺼이 의뢰해 줄 수 있다는 응답)을 받을 권리가 있다.

만일 그러한 질문이 적개심을 전달하고 있다면, 내담자로 하여금 부정적인 의사를 좀 더 편안하게 직접적으로 표현할 수 있도록 돕는 것이 중요하다. 치료를 통해 마술처럼 빨리 호전되지 않는 것에 대한 분노감을 자각함으로써 환자는 지지적인 관계 속에서 정상적이고 자연스러우며 생생하게 체험되는 적대 감정을 인정하게 되는 첫 번째 기회, 즉 동일한 사람에게 동시에 느끼는 미움과 애정을 견디어내는 첫 번째 기회가 될 수 있다. 분노하며 무언가를 요구하는 자신의 모습을 체험하고 심지어 즐김으로써, 긍정적인 것이든 부정적인 것이든, 다양한 다른 감정들을 자유롭게 풀어놓을 수 있다. 나의 내담자 한 명은 그녀가 분노의 결과에 대해서 지녔던 두려움은 마치 병마개와 같았는데, 일단 병마개를 열어 보니 그 안에는 온통 온화하고 사랑스러운 감정들이 담겨있었다고 말한 적이 있다. 유머감각을 지니면서 내담자의 도발적 행동을 담담하게 받아들일 수 있는 것은 이러한 상호작용을 잘 다룰 수 있는 치료자의 강점이 된다. 예컨대, "내가 보기에, 당신은 내가 빨리 당신의 증상을 호전시키지 못한다고 정중하게 말하려 하는 것 같은데요." 혹은 "'마음속에 어떤 생각이 떠오르는지' 하는 게임은 충분히 했으니, 이제 내가 당신의 증상을 호전시키고 기분이 좋아지는 방법을 제시해 주기를 원하는 거죠. 그렇죠?"라고 말할 수 있다.

강렬한 부정적 감정과 역할재현이 치료자와 환자 모두에게 밀려들 때에는 그저 견디는 수밖에 다른 방도가 없다. Winnicott(1955)이 처음으로 관찰했듯이, 환자가 맹렬하게 반복적으로 가해 오는 정서적 공격을 분석가가 견디어내는 것이 치유의 핵심적인 요인이다. 여러 세대를 통해 지금까지 여러 분석적 저술가들(예: Brunswick, 1928; Fiscalini, 1988; Grotjahn, 1954; Lipin, 1963; Searl, 1936; Shane & Shane, 1996)은 내담자가 펼쳐서 내보이는 관계 문제를 다루어 가는 '훈습과정(working through)' 이라는 Freud 학파의 이상적 목표에 더해서, 치료자들이 내담자와 함께 그저 '동행과정(living through)' 을 나타내는 경우가 많다고 지적해 왔다. 명백히 얼토당토않은 요청들은 심리치료라는 공감적인 분위기에서 쉽게 해석될 수 없지만 나름대로의 논리를 지니고 있다.

Otto Kernberg는 한 여자 내담자에 대해서 언급하면서, 그 여자는 그가 그녀를 죽이려 해야만 그가 그녀를 진정으로 보살피고 있다는 것을 믿을 수 있다고 주장했다고 이야기한 바 있다. 그녀의 논리는, 만약 치료자가 그녀를 살해하려 한다면, 그것은 그녀의 고통이 너무 참을 수 없는 것이가 때문에 유일한 인간적인 선택은 이러한 비참함으로부터 그녀를 구출하려는 것이고, 또한 더 깊은 애정의 의미에 있어서, 그러한 살해 행위는 치료자가 그러한 행위에 대한 비난을 피하거나 감옥에 가지 않으려는 자신의 욕구보다 그녀의 소망을 더 중요하게 여긴다는 것을 증명한다는 것이다. 그가 이러한 이야기를 했을 때, 치료자로 이루어진 청중들은 그가 처했던 치료적 상황에 대해서 동정하는 어조로 소곤거렸다. 그러나 그들이 그가 다음과 같이 말했을 때 더 깊은 감동을 받았다. "그런데 말이죠. 한동안, 나는 그녀의 주장에 뭐가 잘못됐는지 알아낼 수가 없었습니다!" 우리는 환자가 치료실에 몰고 온 폭풍에 휩쓸려 흠뻑 젖게 되는 경우가 종종 있다. 이 경우 우리는 그러한 격랑에 다른 의미를 부여하며 새로운 해결방법을 찾을 때까지, 안전을 위한 주의사항을 잘 지키면서 그러한 상황이 지나가기만을 기다리는 수밖에 없다.

경계해야 할 상황

몇 년 전에 한 환자의 친척이 불만을 느끼고 나에게 윤리적 문제의 혐의를 뒤집어씌운 적이 있었다. 내가 비윤리적인 행동을 하지 않았고 별다른 죄책감이나 수치심을 느끼지 않았기 때문에, 나는 이 일에 관해서 다른 치료자들에게 거리낌 없이 이야기를 했었다. 다행히, 나는 나중에 그 혐의를 벗게 되었다. 나에게 이런 일이 있었던 것을 알고 난 후에는, 여러 동료들이 조사를 받게 되거나 내담자로부터 스토킹이나 위협을 받게 되는 법적인 문제 상황에 처하게 되면 나에게 전화를 걸어왔다. 유능하고 양심적이며 매우 도덕적인 치료자들이 얼마나 많이 이러한 상황을 겪게 되는지 알게 되면 매우 놀랄 것이다. 지난 수년간 나의 동료들이 겪었던 비밀스러운 다양한 경험을 듣게 되면서, 나는 직업적으로 난처한 상황에 빠지게 만드는 공통적인 시나리오가 어떤 것인지 알게 되었다.

미국의 정신보건법을 잘 아는 모든 법정소송인들은 치료자에게 가장 위험한 상황이 아동 양육의 문제와 관련되는 것이라는 점을 잘 알고 있다. 따라서 이러한 지뢰밭을 어떻게 피해 갈 것인가 하는 위험 관리에 도움이 되는 많은 문헌들(예: Haas & Malouf, 2002; Hedges, 2000; Koocher & Keith-Spiegel, 1998)이 출간되었다. 그러나 아동 문제와는 관련이 없지만 나의 관심을 자꾸 끄는 다른 시나리오가 있다. 이 이야기는 퇴행하기 시작해서 치료자에게 과도한 요구를 하는 한 환자에 관한 것이다. 치료자는 (그 내담자의 적대적이고 특권의식적이며 공격적인 측면은 보지 못한 채) 그 내담자가 애정에 굶주려 사랑이 필요하다는 점을 인식하고 좀 더 많은 것을 주려고 노력한다. 곧 이어서 치료자는 (실제로도 그러하지만) 자신이 진정으로 보살펴 주려는 의도가 있다는 점을 환자에게 전달하기 위해서 추가 면담도 하고 특별한 만남을 갖는 등 치료적 관례에 벗어난 일들을 하게 된다. 그러나 결국 내담자는 견딜 수 없을 정도로 억제되었던 부정적 감정을 발산할 수밖에 없게 되면서 정신병적 전이를 발전시키게 되어 치료자를 나쁜 대상(bad object)으로 여기게 된다.

이렇게 오해받는 것을 견딜 수 없는 치료자는 자신의 선의를 분명하게 보여 주려는 노력을 한층 더 강화하게 된다. 자신이 박해자로 여겨지고 있지만 사실은 보살핌을 주는 사람이라는 것을 보여 주려는 절실한 마음에서, 치료자는 밤늦게 그 환자를 만나기도 하고 포옹을 해 주기도 하며 환자의 집을 방문하기도 하고 사적인 이야기를 나누기도 한다. 그러나 이러한 노력은 환자를 더욱 악화시키기만 해서 급기야 환자는 치료자가 그동안 정상적인 치료에서 벗어났던 모든 비행의 증거를 제시하면서 윤리위원회에 제소를 한다. 조사위원들은 치료자가 일상적인 직업적 경계를 무시한 증거를 찾게 되고, 환자를 퇴행시킨 것에 대해서 치료자가 죄책감을 느낀다는 것을 알게 되면서, (치료자가 악의를 지녔다고 확신하면서 치료자와의 관계 이외에는 멀쩡해 보이는) 환자의 입장을 옹호하는 판단을 하게 된다.

치료자에게 다음과 같은 사항을 권한다. 이러한 일이 당신에게 발생하지 않도록 해야 한다. 당신 자신의 역동을 잘 파악하고 환자의 역동과 구별하기 위해서 충분한 치료를 받아야 한다. 당신 자신에게 느껴지는 미세한 짜증스러움과 불안함에 주목해야 하는데, 이러한 반응을 통해서 내담자가 어떤 특별한 대우를 요구할 때 그 기저에 있는 절박함과 애정욕구뿐만 아니라 적개심과 공포감을 포착할 수 있기 때문이다. 합리적인 조건하에서 일을 하려 하면서 생계비를 벌고 자신의 시간을 소중히 여기며 존중에 근거한 행동방침을 지니는 사람의 본보기를 보여 주어야 한다. 이것은 당신이 내담자로 하여금 그들의 삶을 어떻게 영위해야 하는지 보여 주어야 할 모습이다. 내담자가 화를 낼 때, 방어적인 태도를 취해서는 안 되지만 순순히 동의해서도 안 된다. 정서적으로 친밀해지는 것에 대한 심한 두려움 때문에 거리를 유지할 수 있는 그럴듯한 사유를 만들기 위해서 위기를 자꾸 만들어내는 환자들이 많다(참고: Hedges, 2000). 이러한 환자들은 치료자의 자비로움을 나타내는 증거들을 보면서 견디기 힘들어 할 것이다. 즉, 자신에게는 이러한 자비로움이 없기 때문에, 이들은 치료자의 이런 측면을 시기하면서 훼손하려 하거나 그 위선적 측면을 밝혀 내려고 애를 쓰기도 한다(참고: Klein, 1957). 이러한 환자들을 관대하게 대하면서 계속 고통스럽게 만드는 것은 아무런 도움이 되지 않는다. 그 대신, 치료자는 내담자들이 경계를 시험하고 화나도록 자극하며 자신의 분노를 정당화하려고 애쓰는 고통스러운 일들이 벌어지게 되는 장기적인 과정에 대비하고 있어야 한다. 손님이 포도주를 가지고 왔을 때 과자와 치즈를 내놓는 것은 적절하지만, 독극물을 가지고 왔을 때는 달리 대처해야 할 것이다.

이런 모든 경고에도 불구하고, 그럴듯한 치료적인 이유 때문에 관례에 어긋난 일을 하게 되는 경우가 종종 있다. 일반적인 경계를 벗어나는 것이 치료적으로 정당하다고 생각되더라도, 치료자는 경험이 많은 선배의 의견을 구하는 것이 바람직하다. 이 경우 그 선배가 같은 의견을 나타낸다면, 이러한 자문 내용과 치료적 판단의 근거를 잘 기록해 두고 그에 따라 치료를 계속 진행하면 된다. 그러나 치료자에게는 그렇게 할 수 있는 시간적 여유가 없는 경우가 많다. 내담자들은 (무의식적인 경우도 있지만) 의도적으로 도발을 하거나 일반적인 치료방침을 잘 몰라서 치료자를 난처한 상황에 빠뜨리곤 한다. 예를 들면, 나의 환자 중 한 명은 크리스마스에 꽃꽂이를 보내오곤 했으며, 다른 환자는 나를 위해서 특별히 만든 빵을 가져오곤 했다. 두 경우 모두 내가 선물을 거절하면서 그 동기를 탐색하려고 한다면 그들의 자존심에 상처가 될 것이라고 느꼈다(앞에서 언급한 바 있듯이, 내가 선물을 받아들였을 때 그 사람은 비판받는다고 느끼거나 방어적인 태도를 취하지 않았기 때문에 선물을 가져온 복잡한 동기를 탐색하는 것이 훨씬 수월했다.). 그러나 원칙주의적인 냉정한 제3자가 보면 비판의 대상이 될 수 있는 행동에 대해서 매우 짧은 순간에 결정해야 할 경우, 치료자는 자신이 그렇게 행동한 임상적 근거를 잘 기록해 두는 것이 좋다.

자기공개

자기공개가 필요하다는 점을 지적해 온 문헌들이 지난 20년 간 증가한 것은 정통적 치료에 질식감을 느껴왔던 치료자들에게 신선한 공기와 같은 것이었다. 관계적 이론가들은 강렬한 감정이 개입되는 치료적 면담과정에서 치료자가 자신을 솔직하게 드러내는 것이 마치 자신을 아무런 감정도 느끼지 않는 투사대상인 것처럼 가장하는 것보다 바람직할 수 있다는 주장을 해 왔다(예: Maroda, 1999; Renik, 1995). 자신의 개인적 감정과 태도를 숨기려고 아무리 노력하더라도 실제로는 그럴 수 없다는 것을 알고 있는 치료자들에게 이러한 주장은 안도감을 느끼게 해 주었다. 이 절에서는, 어쩔 수 없이 불가피하게 자신을 공개하는 일, 환자를 위해 제시할 필요가 있는 사적인 정보를 공개하는 일, 의식적인 역전이 반응을 공개하는 일 그리고 치료자의 과거경험을 공개하는 일이 논의될 것이다. 이와 관련된 모든 경우를 소개할 수는 없지만, 신참 치료자들이 겪게 될 주요한 상황을 살펴보려고 한다.

불가피한 자기공개

많은 저술가들(예: Aron, 1991; Greenson, 1967; Levenson, 1996)이 지적한 바 있듯이, 치료자는 옷 입는 스타일, 사무실의 장식, 외모와 행동을 통해서 자신에 관한 많은 것들을 내보이고 있다. 대부분의 환자들은 치료자가 결혼반지를 끼고 있는지 살펴본다. 치료자가 어떤 종류의 차를 타며 그 차가 어떤 모양인지에 관심을 갖는다. 집에 있는 치료실에서 면담을 하는 경우, 치료실 밖에서 치료자가 어떻게 살아가는지를 알 수 있는 치료자의 가족이나 고용인 등에 대해서 눈길을 주게 된다. 치료자가 책을 썼다면, 내담자는 그러한 책들을 읽을 수도 있다. 또는 치료자의 주변 사람들을 알게 되면 그들에게 치료자에 관한 질문을 할 수도 있다. 약간의 호기심만 있다면 최근에는 인터넷 검색을 통해서 치료자에 관한 여러 가지 정보를 얻을 수 있다. 그리고 시간이 지나

감에 따라 환자들은 치료자의 '진짜' 성격뿐만 아니라 이론적으로 노출되지 않아야 하는 치료자의 개인적 모습도 알게 될 수밖에 없다(Crastnopol, 1997; Thompson, 1956).

환자들은 치료자의 사생활에 대한 정보를 우연하게 접할 수도 있다. 몇 년 전에 나의 동료인 Albert Shire는 희한한 사고의 희생자가 되었다. 그는 아내와 함께 금요일 밤에 인근의 극장으로 걸어가던 중에 그들 위로 건물이 붕괴되는 사고를 당했다. 다행히 그는 가벼운 부상만 당했지만, 그의 아내는 목숨을 잃고 말았다. 뉴욕 타임즈에 이러한 기사가 실렸고 하루도 되기 전에 그의 모든 환자들이 이 사실을 알게 되었다. 두어 주 후에 치료를 재개하게 되었을 때, 그는 자신의 슬픔을 달래는 일 뿐만 아니라 그에게 정서적인 부담을 주는 것에 대해서 죄책감을 느끼는 내담자들과도 씨름을 해야 했다. 내담자들이 치료자의 심정을 배려하고 고통을 달래 주려 한 것은 충분히 이해할 수 있는 일이지만, 그 결과 자신의 문제를 이야기하지 않으려 함으로써 치료적 작업을 저해하게 되었던 것이다. 마침내, 그는 아무런 말도 하지 않으려 하는 환자들에게 "나를 배려해 주고 싶으신가요? 그렇다면 내가 일을 할 수 있게 해 주세요."라고 말하게 되었다.

내담자들은 치료자의 몸동작, 얼굴 표정, 치료방식에 근거하여 의식적 또는 무의식적 추측을 통해서 치료자의 성격, 갈등, 자기애적 욕구 등에 관한 많은 것을 알게 된다. Greenson(1967)은 자신의 정치적 성향을 간파해낸 한 환자에 관해 이야기를 한 적이 있는데, "그가 공화당 정치인에 대해 호의적인 이야기를 할 때 나는 늘 자유연상을 요청했던 반면, 그가 공화당에 대해 적대적인 이야기를 할 때 나는 동의하듯이 침묵을 지키고 있었기"(p. 273) 때문에 그가 치료자의 정치적 성향을 알 수 있었다고 한다. Greenson은 이러한 패턴을 전혀 인식하지 못하고 있었다. Jennifer Melfi(정신역동적 치료자의 모습을 묘사하고 있는 몇 안 되는 방송물로서 신뢰성의 주제를 다루고 있음.[1])

1) 역자 주: Dr. Jennifer Melfi는 미국의 TV 드라마 "The Sopranos"에 등장하는 정신과 의사이며, Tony Soprano는 공황장애로 인해 그녀에게 치료를 받게 되는 악명 높은 마피아 두목이다. 그녀는 이러한 환자를 치료하면서 심한 고통과 더불어 치료 관계에 대한 양가적인 갈등을 겪게 된다.

Gabbard, 2002를 참고하기 바란다)는 환자들로부터 멀찍이 떨어져 앉되 짧은 치마를 입고 매력적으로 다리를 꼬고 앉아서 "거리를 유지하되 가까이 다가오라."는 갈등을 보여 주고 있으며, Tony Soprano도 그러한 갈등을 인식했던 것이 분명하다. (나는 다리를 많이 노출하지 않은 상태로 가까이 앉기를 권장한다.). 환자들은 치료자의 목소리, 자동응답기의 메시지, 치료시간, 치료비, 접근 가능성 및 면담 취소에 대한 방침, 치료자가 직업인으로서 개인적 특징을 나타내는 여러 가지 표현들을 통해서 치료자의 심리적 특성을 읽을 수 있다. 어떤 치료자에게 2년 동안 치료를 받으면서 불만을 느꼈던 한 남자는 "그 치료자와의 치료를 진작 그만 두었어야 했어요. 나는 그의 치료실에 있었던 어항 속의 이상한 고기가 피라니아(piranhia)[2]라는 것을 알고서야 치료를 그만 두었어요."라고 말했다.

신참 치료자는 자신이 자세히 관찰되고 있다는 점을 의식하면서 고통스러움을 느끼게 되지만, 점차 시간이 지나면서 익숙해진다. 관찰 당한다는 사실을 인정하고 이러한 점에 대해서 느긋한 자세를 취하게 될수록, 내담자의 말을 잘 경청하면서 치료하는 일이 더 수월하게 이루어질 수 있다. 만일 치료자가 자신의 실제 모습을 내보이지 않으려고 한다면, 경직된 행동을 통해 환자를 불편하게 만들거나 자신의 모습을 내보이지 않을 수 없다는 사실을 외면할 수밖에 없을 것이다. 간단히 말해서, 우리는 우리 자신이 노출되는 것에 대해서 충분한 통제력을 지니고 있지 못하다. 환자와 치료자 모두와 관련해서, Theodor Reik는 Freud가 "인간은 비밀을 유지하도록 창조되지 않았으며 모든 숨구멍을 통해서 자기-공개가 이루어지는 존재"(1948, p. 23)라고 생각했던 사람이라고 말한 바 있다. 이러한 생각을 지지하는 근거들은 많다. 따라서 불가피한 자기공개에 대해서 내가 해 줄 수 있는 조언은 치료자가 그것에 익숙해지도록 노력하는 것뿐이다. 치료효과에 대한 경험적 연구에 따르면, 치료성과는 어떤 특수한 기법을 적용하는 것보다 내담자와 맺게 되는 정서적 유대와 더 밀접한 관계를 지닌다(Luborsky

2) 역자 주: 사람도 해치는 사나운 남미산 민물고기.

et al., 2002). 이러한 사실을 떠올린다면 좀 더 편안해질 수 있을 것이다.

환자에게 매우 중요한 정보의 공개

환자는 우리가 제공하는 서비스의 소비자로서 그들 자신과 그들이 받는 치료에 중대한 영향을 미칠 수 있는 점들에 대해서 알 권리가 있다. 이러한 점들의 일부는 치료 초기에 반드시 전달되어야 한다. 예를 들어, 치료를 시작하는 단계에서 비밀보장에는 법적인 한계가 있다는 점을 반드시 내담자에게 알려 주어야 한다. 법적인 소송이 매우 흔한 미국에서는 환자에게 그러한 사항을 명시한 치료 동의서에 서명을 받는 일이 일반적인 관례가 되었다. Karen Maroda(개인적 교신, 2000년 1월 4일)는 치료를 시작할 때 물가 인상률에 따라서 매년 치료비가 인상된다는 것을 내담자에게 말해 준다고 한다. 다른 지역에서 인턴이나 레지던트 교육을 받기 위해 치료를 중단할지 모르는 수련의나 심리학 및 상담 분야의 대학원생들은, 이러한 일이 3년 후에 생기게 되거나 내담자가 단기치료를 요구할 경우(내담자들이 편안함을 느끼게 되면 이러한 마음을 바꾸는 경우가 종종 있다)라 하더라도 치료를 시작할 때 이러한 계획을 내담자에게 알려 주어야 한다. 은퇴하거나 다른 지역으로 이사할 생각을 하고 있는 치료자는, 이러한 일이 2~3년 후에 일어난다 하더라도, 새로 치료를 시작하는 내담자에게 이러한 계획을 알려 주어야 한다. 치료를 얼마나 오래 계속 받을 수 있는지는 자신이 결정할 수 있는 사항이라고 생각하는 내담자들이 나중에 그렇지 않다는 것을 알고 충격을 받아 배신감을 느끼지 않도록, 치료기간에 영향을 미칠 수 있는 요인들을 내담자에게 미리 알려 주어야 한다.

치료자가 휴가를 계획하고 있다면, (내담자들도 이러한 일정에 따라 자신의 일정과 치료비를 조정할 수 있는) 실제적인 이유와 더불어 (그들이 치료 중단에 대한 자신의 반응을 처리할 수 있는 충분한 기회를 가질 수 있는) 치료적인 이유를 위해서, 휴가로 인해 치료가 중단되기 훨씬 전에 그 일정을 내담자에게 미리 알려 주어야 한다. 만일 치료자가 임신을 한다면, 이 사실이 확실해진 시점에서 내담자에게 일시적으로 치료를 중단해야 하는 계획을 알려 주어야 한다. 아울러 임신과 관련된 의학적인 문제나 조산과 같은 상황이 발생할 경우, 어떻게 치료를 진행해 나갈 것인지에 대해서도 논의해야 한다. 만일 치료자가 질병이나 응급상황으로 인해서 한두 회기를 갑자기 취소해야 한다면, 그 자세한 내용을 환자에게 설명해 주지 않아도 된다. 그 대신 "미안해요. 좀 일이 생겨서 내일 면담은 취소해야 할 것 같습니다." 또는 "미안합니다. 예기치 못하게 긴급한 개인적 사정이 생겼습니다."라고 말해 줄 수 있을 것이다. 이러한 경우, 어떤 일이 발생했는지에 대해서 내담자가 어떤 공상을 하는지 살펴보는 것은 중요하지만, 하루 이틀 일을 할 수 없는 불행한 일이 이따금 발생하는 것은 대부분의 사람들에게 있어서 일상적인 일로 이해될 수 있으므로 공개를 할 필요가 없다. 그러나 요즘의 치료자들은 그러한 사유를 구체적으로 밝히는 경우("나의 애완견을 재워야 했습니다." 또는 "허리를 다쳤습니다.")가 많은데, 여러 가지 이유 때문이다. 즉, 이러한 치료자들은 환자들이 지속적인 치료가 단절되는 것에 대한 이유를 알 권리가 있다고 생각하고, 불충분한 정보를 주는 경우보다는 구체적인 정보를 주었을 경우에 환자들이 더 치료적으로 유익하고 풍부한 반응을 나타낼 것이라고 예상하기 때문이다.

환자가 동성애자, 양성애자, 성전환자인 경우는 대부분 자신의 성적인 취향이나 이와 관련된 자신의 정치적 입장에 대해서 치료자가 어떤 태도를 지니는지 알고 싶어 한다. 이처럼 성적인 소수 집단에 속하는 환자들은 치료자의 성적 취향이나 이에 대한 정치적 성향을 알아야 치료를 받겠다고 주장할 수도 있다. 치료자들은 자신의 성적 취향을 환자에게 공개하지 않을 권리가 있지만 이에 관해서 말해 주지 않으면 이러한 환자들을 치료할 때 극복하기 어려운 장벽에 봉착할 수 있다는 점을 알아야 한다. 어떤 사람들은 자신과 같은 성적 취향을 지닌 치료자에게 치료를 받고 싶어 한다. 그러한 환자들을 치료하고 싶은 치료자들은 이들과 유사한 자신의 성적 취향을 공개하거나 환자가 제시한 조건을 충족시키지 못할 경우 이러한 점에 관해서 솔직하게 이야기해야 한다. 이러한 조건을 중시하는 내담자의 마음을 바꿔보려고 노력하는 것은 그들이 성적 소수자로서 그동안 당한 상처에 모욕을 더할 뿐이다. (그러나 성적인 취향을 환자에게 밝히는 일의 복합적인 의미에 관해서는 '개인적인 과거경험의 공개'에 관한 부분을 참고하기 바란다). 성적 취향 이외에도 자신과 같은 소수 집단(인종, 문화, 종교)에 속하는 치료자를 원하는 환자들의 경우에도 이와 마찬가지로 대응해야 한다.

어떤 환자들은 치료자의 종교적 입장에 대해서 알고자 하거나 적어도 치료자가 자신의 종교적 입장을 경멸하지 않는다는 점을 알고 싶어 한다. 직업이나 사회적 활동으로 어떤 정치적인 지위에 있거나 활동을 하는 사람들(노조의 조직책이나 신문의 칼럼 기고자)은 치료자가 자신의 정치적 입장을 업신여기지 않는다는 것을 확인하고 싶어 할 수도 있다. 치료자가 (이에 관해서 분명한 대답을 하지 않거나 그 이유를 탐색하려 하기보다) 직접적인 대답을 해 주는 것이 더 유익하다는 것을 보여 주는 다양한 사례들이 있는데, 이러한 사례는 대다수 환자에게 있어서 치료자가 어떤 사람인지 이해하는 것이 작업동맹을 형성하는 데 중요하다는 사실을 보여 주고 있다(더 자세한 설명을 위해서는 McWilliams, 1999의 제2장을 참고하기 바란다.).

더 문제가 되는 경우는 치료자가 몹시 심각한 질환이나 말기의 질병을 앓고 있는 경우인데, 환자들은 어떤 치료 단계에서든 치료자가 이러한 질병을 지니고 있는지 알아야 할 권리가 있다고 생각한다. (이 주제에 대한 다른 견해를 살펴보려면 Abend, 1982; Dewald, 1982; A. L. Morrison, 1997; Phillip, 1993; B. Pizer, 1997를 참고하기 바란다.) 치료자에게 애착관계를 형성한 내담자에게 곧 다가올 상실에 대해서 아무런 이야기도 하지 않은 채 치료자가 갑자기 사망해 버리는 것은 결코 옳지 못한 일이다. 치료자가 자신의 임박한 죽음에 대한 질문에 어떻게 대응하는지를 살펴본 연구(예: Fieldsteel, 1989)에 따르면, 질병을 앓고 있는 치료자들이 가장 선호하는 방어는 부인(denial)이라는 것이다. 내가 알고 있는 몇몇 치료자들은 눈에 띄게 야위어 가고 있음에도 불구하고 그저 치료의 중립성(neutrality)을 내세우며 이미 내담자가 자신의 나쁜 건강상태를 잘 알고 있는 것처럼 여기고 치료를 계속하고자 했다. 자기 자신에 대해 정직해야 한다는 정신분석의 필수적 요건은 환자에게 적용될 뿐만 아니라 치료자 자신에게도 엄격하게 적용되어야 하며, 임박한 죽음을 인정하는 것은 그것이 아무리 고통스러울지라도 치료자의 직업적인 의무인 것이다. 치료자가 사망할 경우, 내담자가 도움을 받을 수 있는 치료자들의 명단을 가지고 있어서 어디로 찾아가야 하는지 확실히 알 수 있게 해 주는 것이 중요하다.

환자가 직선적인 질문을 해서 자기공개를 할 수밖에 없는 경우도 있는데, 왜냐하면 다른 방법(그 질문의 의미를 탐색하는 것)은 그 사람의 현실 인식에 비해 너무 부적절하기 때문이다. 2~3년 전에 나는 유방암 진단을 받은 적이 있었다. 조직검사 중에 그 종양이 제거되었기 때문에 나는 한동안 추가적인 치료를 받지 않고 연기할 수 있었다. 그때 내가 선택해야 하는 것은 유방절제수술을 받거나 아니면 적출수술과 방사선 치료를 같이 받는 것이었다. 나는 유방절제수술을 받기로 결정하고, 3개월 후에 공휴일이 낀 주말 직전의 금요일에 수술일정을 잡았다. 왜냐하면 주말에 하루를 더 쉴 수 있기 때문인데, 그렇지 않으면 평상시처럼 일을 해야 했다. 병리학자가 절단된 유방 조직의 검사를 마칠 때까지 유선조영술로 확인되지 않은 다른 종양이 없다고 확신할 수 없었기 때문에, 나는 상당한 불안감을 품고 지내야 했다. 하지만 신체적으로는 별 지장이 없어서 쉬지 않고 계속해서 내담자를 보았다.

나의 심리 상태를 예리하게 포착하는 능력을 자랑으로 여기던 두 명의 치료자를 포함하여 그 당시 내가 만나던 내담자들 중에서, 오직 여자 환자 한 명만이 내가 무언가 때문에 힘들어하고 있다는 것을 눈치 챘는데, 그 환자는 심리치료 수련을 전혀 받아본 적이 없는 수줍고 예민한 사람이었다. 그 환자는 성장하면서 엄마로부터 늘 "과민하다." "과잉 반응적이다." 또는 "작은 일을 너무 크게 생각한다."며 핀잔을 받아왔다. 면담이 끝나 갈 즈음에 그녀가 조심스럽게 물었다. "선생님의 사생활을 침해하고 싶지는 않습니다만 혹시 뭔가 잘못된 일이 있으신가요? 근래에 뭔가 딴 생각에 골몰해 계신 듯이 보여서요." 나는 그녀의 직감력에 대해서 그녀의 엄마가 보였던 방어적 반응을 재현하고 싶지 않았기 때문에 다음과 같이 응답했다. "네. 사실 나에게 좀 힘든 문제가 있습니다. 의학적인 문제인데, 내가 아는 한 별 문제는 없을 겁니다. 하지만 검사결과가 보다 심각한 것으로 나오면 당신에게 알려드리겠습니다. 결과는 아마 몇 주 이내에 알게 될 것입니다." 나는 이 일을 통해서 그녀가 자신 있어 하는 자신의 예리한 직감력에 대한 증거를 얻을 수 있다고 생각했기 때문에, 그녀가 나의 내담자 중에서 이러한 문제를 알아차린 유일한 사람이라는 사실을 알려 주며 찬사를 보내주었다.[3] 이러한 유형의 자기공개는 치료의 진행을 촉진시킬 수 있으며 오히려 이러한 공개를 하지 않는 것이 치료를 지연시킨다고 생각한다.

역전이 반응의 공개

치료자가 내담자에게 느끼는 감정을 내담자에게 공개해야 하는지 그리고 공개한다면 어떤 상황에서 해야 하는지에 대한 진지한 논란과 더불어 방대한 문헌들이 있다. 역전이 반응을 알리는 것은 강력한 의사전달 방식으로서 내담자에게 강렬하고 복잡한 반응을 촉발하게 된다. 이러한 물음은 어떠한 마음 상태라도 그 상당 부분은 의식될 수 없기 때문에 충분한 공개가 불가능하다는 점에서 한계를 지닐 수밖에 없다(참고: Aron, 1997). 논란이 많은 이러한 문제에 대해서 내가 나 자신을 위해 만들어 낸 방침은 다음과 같다. 즉, 어떤 식으로든 내담자에게 분명하게 드러나는 감정은 인정하며, 나의 감정을 묻는 직접적인 질문에는 그 감정이 겉으로 드러났든 그렇지 않든 솔직하게

3) 다행히 최종 검사 결과, 추가적인 악성 종양은 없었으며 그 이후 나는 건강하게 지내왔다. 나의 심리상태를 예리하게 포착해 왔다고 믿었던 그 두 명의 내담자들은 수개월 후에 입소문을 통해 자신들이 전혀 모른 채 내가 이러한 위기를 겪었다는 사실을 알고는 원통해 했다. 그 두 사람은 나의 심리상태에 대한 자신들의 생각이 전이가 아니라 나의 심리상태를 정확하게 읽은 것이라고 강력하게 주장했었기 때문에, 이 일로 그들의 전지전능적 환상이 깨지게 되어 나는 은근히 흐뭇함을 느꼈다.

치료자의 모든 것들이 어떤 수준에서든 환자에게 드러난다고 생각하는 분석가들이 있다. 나는 내담자들이 치료자에 대해서 많은 것을 알고 있고 치료자의 기분을 잘 감지한다고 생각하지만, 그들이 어느 정도까지 감지할 수 있는지에 대해 확신 있게 말하는 것은 마치 치료자가 편견 없는 객관적 존재일 수 있다는 이전의 허구와 같이 믿을 수 없는 것이다. 나의 유방암 일화를 다른 치료자에게 말해 주었을 때, 어떤 것도 내담자에게 감춰질 수 없다고 믿는 사람들은 나의 환자들이 나의 진단이나 적어도 나의 걱정에 대해서 '틀림없이 알고 있었을' 뿐만 아니라 환자들은 내가 그 이야기를 꺼내는 것을 원하지 않는다는 것도 알고 있었을 것이라고 말했다. 자신이 미처 알지 못했던 것에 대해 몹시 부끄러워하는 환자들을 여러 번 겪어 보지 않았다면, 나는 아마 이와 같은 생각을 믿었을지 모른다. 우리의 숨구멍마다 우리 자신을 드러내고 있음에도 불구하고, 깊은 관계를 맺고 있는 두 사람은 상대방에 대해서 많은 것을 알아차리기도 하지만 또한 많은 것을 알아차리지 못하기도 한다. 인간에게는 늘 맹점이 존재한다는 점에서, 치료자도 환자의 내면에서 일어나는 일을 알아채지 못한다고 주장하면서 환자가 항상 치료자를 정확히 인식한다고 주장할 수는 없는 일이다.

대답하고, 내담자와의 치료를 혼란스럽게 하기보다 촉진시킬 것이라는 확신이 든다면 나의 감정을 공개하며, 나의 감정을 알릴 때는 이러한 반응으로 인해서 환자가 비난당한다고 느끼거나 치료자 자신을 방어한다고 느끼지 않도록 해야 한다는 것이다.

어떤 감정을 잔뜩 지니고 있으면서 마치 아무런 감정도 느끼지 않는 척하는 것은 정직하지 못한 일이며, 중립성이라 여겨지는 것보다 솔직한 반응이 치료를 심화시키는 것 같다. 예를 들어, 만성적인 자기-파괴적 문제를 지닌 여성을 여러 주 동안 공들여 그러한 행동을 하게 된 동기를 살펴보는 치료적 작업을 했음에도 불구하고 그녀가 다시 자해 행동을 했다고 보고한다면, 나는 아마도 분노를 느낄 것이며 아무리 감추려 해도 이러한 감정을 충분히 숨길 수 없을 것이다. 이러한 상황에서 그녀가 나에게 화가 났는지 물었을 때, "나의 감정에 대해 어떤 공상을 하고 있나요?" "그 질문에 대해서 어떤 생각이 드나요?"라는 식의 반응을 하는 것은 회피적인 것으로 느껴질 것이다. 그 대신 나는 "글쎄요, 감염예방을 위한 준비도 하지 않은 상태에서 또 다시 낯선 사람과 성관계를 맺었다는 말을 들으니 내 가슴이 철렁 내려앉네요. 치료자를 화나게 하고 싶다면, 가장 좋은 방법은 당신이 자기-파괴적인 행동을 덜 하도록 하려는 치료자의 노력이 헛되다는 것을 계속 보여 주는 것입니다. 이런 말을 들으니 어떤가요?"라고 말하겠다. 그러고 나서 그녀가 다른 사람으로부터 화내는 반응을 받아본 적이 있는지, 나에게서 어떤 반응을 예상했는지, 그녀의 말속에 무언가 시험해 보려는 의도가 있었는지, 내가 화나면 어떤 결과가 나타날 것이라고 상상하는지 등에 대해 탐색을 할 것이다. 또한 나는 그녀가 나에게 어떤 분노감을 느끼고 있는지 아니면 그러한 감정을 직접 표현하지 않고 자기-파괴적 행동을 통해 나타내고 있는 것은 아닌지 살펴볼 것이다. 대다수 사람들은 부정적인 감정을 표현하면 처벌이나 거절을 당할 것으로 생각하기 때문에, 치료자가 아무런 처벌 없이 분노를 받아들이는 것은 치료적인 가치가 있는 일이다. 즉, 분노는 다른 감정과 다르지 않으며 안전하게 느끼면서 안전하게 표현할 수 있는 것이라는 점을 가르치는 것이다.

치료자의 강렬한 감정은 대부분 환자가 느끼는 것과 동일한 감정(일치적 역전이: concordant countertransference)이거나 그 환자에 대해서 다른 중요한 사람들이 느꼈던 감정(보완적 역전이: complementary countertransference)을 보여 준다고 Racker(1988)가 주장한 이래, 분석가들은 덜 지적인 능력을 통해서 얻은 정보도 유용하게 활용될 수 있다고 생각하게 되었다. 치료자가 정서적으로 분명하게 느껴지는 것을 인식함으로써 치료가 진전될 때도 있다. 예를 들어, "내가 어떤 노력을 하더라도 왠지 당신이 그것을 옳은 것으로 받아들이지 않을 것이라는 느낌이 강하게 드네요. 당신의 속마음이 정말 그런 것은 아닌가요?" "왠지 몹시 혼란스러운 느낌이 드네요. 다른 사람들도 이러한 반응을 보이던가요? 당신도 혼란스러운 느낌이 드나요?" 또는 "당신이 이야기할 때 몹시 슬픈 느낌이 들었습니다. 당신도 이러한 감정을 느끼고 있나요?"

치료 장면에서 아마도 가장 다루기 어려운 역전이는 내담자에게 성적인 매력을 느끼는 것이다. Benjamin(1997), Gabbard(1998), Maroda(2002), 그리고 여러 다른 사람들과 마찬가지로, 나는 환자에게 느끼는 성적인 매력을 고백하는 것은 치료적으로 전혀 도움이 되지 않는다고 확신한다. 즉, 이러한 고백은 실제로 내담자를 유혹하는 것과 거의 같은 것이다. 나의 동료인 Seth Warren은 "섹스에 대해서 이야기하는 것 자체가 섹스다."라고 말한 바 있다. "지금 우리 사이에 연애하는 듯한 행동이 계속되고 있다는 것을 느끼시나요? 이러한 분위기에서 나는 약간 성적인 흥분을 느끼게 되네요."와 같이 말하는 것은 치료과정을 크게 훼손하지 않을 듯하다. 그러나 치료자가 강력한 심리적 권력을 지니고 있는 상황에서 성적인 욕구를 발설하는 것은 매우 파괴적일 수 있다. 만약 치료자의 성적인 감정이 어떤 식으로든 노출된다면(내가 매력적인 남자 환자에게 치료비를 청구하면서 서류에 'six' 대신 'sex'라고 적었던 경우와 같이), "이런, 나의 무의식으로부터 나온 이러한 반응에 대해서 당신은 어떻게 느끼시나요?"와 같은 질문을 통해서 환자의 반응을 탐색할 수 있다. 이러한 주제에 대한 정신분석적 논의에 관심이 있는 독자들은 Davies(1994)가 한 환자에게 성적인 매력을 느꼈던 한 면담시간에 관해서 *Psychoanalytic Dialogues*에 기고한 논문들을 흥미롭게 읽을 수 있을 것이다.

개인적인 과거경험의 공개

환자의 적응에 직접적인 관련성이 없는 치료자의 개인적 정보를 과연 환자에게 알려도 되는지, 만약 알린다면 언제 알려야 되는지에 대해서는 정신분석적 문헌에서 별로 언급하고 있지 않다. 그러나 내가 보기로는, 고전적인 정통파로 자처하는 치료자들조차도 자신이 환자의 경험을 잘 이해할 수 있다는 것을 보여 주기 위해서 환자에게 자신에 대한 개인적인 정보를 다양한 경로로 알려 준다는 것이다. 예를 들어, 음악을 좋아하는 환자를 치료할 때, 치료자는 환자가 이야기하고 있는 음악 작품을 잘 알고 있다는 것을 다양한 방법으로 전달할 수 있다. 환자와 같은 정치적 견해를 지닌 치료자는 자신이 싫어하는 어떤 정치인을 환자가 비판할 때 그 사람을 잘 알고 있다는 의미의 미소를 지을 수 있다. 부모 역할을 제대로 하지 못해 어려움을 겪고 있는 사람들을 치료할 때, 치료자는 자신도 자녀를 둔 부모로서 그러한 역할의 어려움을 잘 알고 있다는 것을 보여 주고자 한다. 좀 더 정상적인 경험을 하도록 유도해야 하는 정신병 환자나 서너 회기만에 치료를 끝내야 하는 내담자의 경우에는, 이러한 유형의 자기공개가 매우 흔하게 일어날 뿐만 아니라 가치 있는 일이기도 하다. 지지적인 치료를 하는 유능한 치료자들은 이미 지난 수십 년 전부터 잘 절제된 방식으로 내담자에게 자신에 관한 공개를 해 왔다.

치료자들은 대부분 자신과 환자의 유사점에 관해서 말하고 싶어 한다. 아마도 작업동맹을 강화하기 위해서 그러한 말을 하는 것으로 생각된다. 내가 지도하는 학생인 Craig Callan은 이 주제에 대해서 박사학위 논문을 쓰고 있는데, 그가 면담했던 대다수 분석가들은 치료과정에서 자신의 과거경험을 공개했던 경우가 많았다고 한다. 치료자의 자기공개가 치료의 전환점이 되었다는 이야기를 매우 많은 동료들로부터 들었으며, 나 역시 분석적 치료에서 이러한 잊지 못할 순간을 몇 번 경험한 적이 있다. 우리는 환자에게 무언가를 공개하고 싶지만 자기공개를 해서는 안 된다는 내면화된 억제로 인해 고민하면서, 이러한 정보를 무의식적으로 흘리게 된다. 정직성이라는 정신분석적 이념에 따르면, 무의식적이고 수동적인 자기공개보다는 자신의 행위와 이유를 충분히 인식하고 좀 더 의식적인 수준에서 자기공개를 하는 것이 바람직하다.

치료자의 성적인 취향을 공개해도 되는지에 대해서는 현재 상당히 많은 문헌이 있다(예를 들어, 매우 혁신적인 주장을 하는 Isay(1991)의 논문을 보기 바란다.). 이성애 치료자들의 경우에는 이것이 별로 문제가 되지 않는다. 동성애자, 양성애자, 성전환자들을 위한 치료 기관에서는 자기공개가 그다지 큰 문제가 되지 않는데, 그러한 기관을 찾는 내담자들은 치료자들이 성적인 다양성을 잘 받아들일 것이라고 생각하기 때문이다. 그러나 성적인 면에서 소수 집단에 속하는 치료자가 보통 내담자를 치료할 경우, 자신의 성적 취향을 밝힐 것인가의 여부는 몹시 난감한 문제이다. 묻지도 않은 점을 공개하여 내담자를 부담스럽게 할 필요는 없지만, 이러한 점을 밝히지 않는다면 정직하지 못하다는 찝찝함에 시달리게 될 것이다. 특히, 이성애자이거나 성적인 문제를 지닌 내담자가 당연히 치료자도 이성애자일 것이라고 생각하고 섹스에 관해 이야기하는 경우, 매우 난감한 상황이 된다. 성적인 문제를 겪고 있는 환자들을 치료할 때, 성적으로 소수 집단에 속하는 치료자는 특히 고통스러운 갈등상황에 봉착하게 된다. 즉, 그 환자가 소수 집단에 속한 사람을 편안하게 받아들이도록 하는 것이 필요할지 모르지만, 막상 치료자가 자기공개를 한다면 성적인 문제를 유발한 무의식적인 동성애 공포증(homophobia)[4] 때문에 환자는 몹시 당혹스러워할 것이고 치료자를 거부할 수도 있다. 이러한 문제를 지닌 치료자들에게는 관련된 문헌을 잘 읽어보고, 세심한 슈퍼바이저에게 자문을 구하며, 내담자의 심리를 잘 파악하여 최선의 판단을 하라는 것 외에는 별 다른 뾰족한 해결책을 제시할 수 없다.

신참 치료자들에게 해 주고 싶은 말은 치료 초기에 내담자가 치료자와 계속 치료를 할 것인지 판단할 수 있도록 치료자에 관한 정보를 공개해야 하는 상황이 아니면, 가능한 한 치료자의 과거경험을 공개할 때는 매우 신중해야 한다는 것이다. 중립성과 익명성을 유지하는 것이 불가능하다는 관계적 이론가의 주장을 받아들인다 하더라도,

4) 역자 주: 동성애자들이나 그들의 문화 및 생활양식에 대한 혐오.

치료자의 개인적 정보를 공개할 때 신중해야 하는 데는 여러 가지 이유가 있다. 첫째, 치약은 한 번 짜내면 다시 집어넣을 수가 없다. 관계를 증진시키기 위해서 한 자기공개가 역효과를 나타낼 때, 이것을 원상태로 되돌릴 수가 없다. 과거에 나는 한 내담자에게 나도 비슷한 고통을 겪어 봤기 때문에 그녀가 어떤 어려움을 겪고 있는지 잘 알 수 있다고 이야기한 적이 있는데, 그때 그녀는 깜짝 놀라면서 당황해했다. 그녀는 내가 객관적이지 못해서 그녀를 잘 돕지 못할 것이라고 느꼈으며, 치료를 중단하지는 않았지만 내가 어떤 주제에 대해서 말을 하면 편향된 것이라며 잘 받아들이려 하지 않았다. 거부적인 전이는 어떤 사례에서든 나타날 수 있는 것이지만, 내가 자기공개를 했다는 그 '현실'이 그녀로 하여금 나의 열린 마음을 받아들이지 못하게 하는 데 일조를 했기 때문에, 그녀가 나타내는 태도가 전이와 관련된 것인지를 알아내기가 어려웠다.

둘째, 환자들은 치료자의 자기공개를 마치 치료자가 위로받고 싶어서 그들에게 그러한 비밀을 털어놓기라도 하는 것처럼 생각하고, 매우 부담스러운 역할 전환으로 여기기도 한다. 상당히 우울한 부모 밑에서 자랐거나 어린 시절부터 '부모의 역할을 맡아야 했던' 사람들은, 자기애적 성향이 강한 사람들과 마찬가지로, 특히 이러한 반응을 나타내기 쉽다. 치료자가 좋은 의도로 한 자기공개의 결과는 이해받았다는 감사함이 아니라 평가절하인 것이다. 치료자가 "자신의 문제를 이야기하기 시작했기" 때문에 치료를 중단해 버렸다고 말하는 내담자들이 여러 명 있다. 도움을 주고 위로해 주기 위해서 행한 치료적 개입이 매우 다른 의도로 왜곡되어 받아들여질 때 매우 고통스러운데, 자기공개는 그러한 오해가 매우 잘 생길 수 있는 영역 중 하나이다.

마지막이자 아마도 가장 중요한 이유는, 치료자가 자신을 잘 이해하지 못할 것이라고 환자가 오랜 기간 믿어 온 경우가 아니라면, 그러한 자기공개가 치료적 효과를 거두지 못한다는 점이다. 즉, 자기공개가 너무 일찍 이루어지면 그 치료적 효과가 나타나지 않을 수 있다. 1960년대 말에 내담자로 분석을 받으면서, 나는 (사회학을 전공하고 뉴욕의 동부지역에서 사회복지관을 운영하던) 나의 분석가가 나의 아버지처럼 우파적인 이념을 지니고 있는 것이 아닐까 걱정했었다. 그럴 가능성이 매우 적다는 것을 머리로는 알았지만, 나의 좌파적인 입장에 대해 이야기할 때마다 심한 불안감을 느꼈다.

그 치료자의 완고한 보수성에 대한 나의 직감적 믿음을 여러 달 동안 다각적으로 검토하고 나서 더 이상 나의 활동에 대해서 이야기하기 어려운 지경에 이르러서야, 그는 자신이 정치적인 면에서 자유스러운 편이라고 말해 주었다. 이러한 자기공개는 지적이기보다 정서적인 측면에서 나의 정곡을 찌른 것으로서 나에게 깊은 감동을 주었고 나의 저항을 허물어 버렸을 뿐만 아니라 나의 신념을 이상한 것으로 여기지 않는 권위적인 남성에게 정치에 관한 이야기를 할 수 있는 교정적인 경험을 하게 해 주었다. 그러나 그가 치료 초기에 자신에 관한 이야기를 해 주었다면, 나는 전이에 의한 공포가 얼마나 강력한 것인지 결코 이해하지 못했을 것이다. 이것은 치료 방침을 어기는 것이 강력한 치료적 효과를 지니려면 그러한 방침이 신뢰할 수 있게 잘 구축된 이후에 일어나야 한다는 일반적인 원리(Hoffman, 1998)를 보여 주는 좋은 사례이기도 하다.

신체적 접촉

안아주는 것(holding)은 심리적인 의미에 있어서 심리치료의 필수적인 요건이다(Slochower, 1997; Winnicott, 1963). 대다수 내담자들은 자신을 보살펴 주는 치료자로부터 좀 더 구체적인 방식으로 자신이 지지받고 있다는 것을 느끼고 싶어 하는데, 이것은 놀라운 일이 아니다. 마찬가지로, 심리치료를 받는다는 것은 치료자가 정서적으로 어루만져 주도록 자신을 내맡기는 일이다. 치료자가 내담자를 신체적으로 안아주거나 어루만져도 되는지는 상당한 논란의 대상이 되어 왔다(참고: Casement, 1985; Toronto, 2001). 최근에 *Psychoanalytic Inquiry*에서 이 주제(Shane & Shane, 2000)를 집중적으로 다룬 바 있지만, 어떤 합의된 의견을 도출해내지 못했다.

신체적으로 안아주기

내가 아는 모든 정신분석 치료자들은 환자로부터 안아달라는 간청을 받아 본 적이 있다. 나의 경험에 따르면, 경계선 특성을 지닌 사람들, 외상(특히 성적인 외상)을 당한 과거 경험이 있는 대부분의 사람들 그리고 강렬한 정신분석 과정에서 자신을 퇴행하도록 내버려 두는 내담자들이 안아달라는 간청이나 요구를 하는 경우가 많다. 치료자의 평정심을 위해서는 불행한 일이지만, 이러한 사람들은 이성적이고 가상적인 방식으로 안아줄 것을 요구하는 것이 아니라 깊은 슬픔에 잠겨 있거나 고통스러운 기억에 압도되었을 때 또는 자신이 거부당하지 않을 것이라는 특권의식적인 확신을 지니게 되었을 때 갑자기 그러한 요구를 하게 된다. 치료자는 이러한 요청을 거절할 경우 내담자가 와해되거나 다시 외상을 입게 되거나 치료를 중단해 버릴 것이라는 두려움을 느끼게 된다. 이 장의 도입부에서 언급했듯이, 환자가 간절한 이유로 신체적 접촉을 원하는 경우 이를 받아들이는 것이 우리의 치료 장면에서 매우 흔한 일이지만, 치료자가 이러한 환자의 소망을 충족시켜서는 안 된다는 것 이상으로 이 주제를 심도 있게 다룬 교재는 거의 없다. 간단한 지침만으로 그러한 치료적 문제를 섬세하게 잘 다룰 수 있으면 좋으련만 현실은 그렇지 못하다.

고전적인 방식을 따른다면, 치료자는 그 요구를 좌절시키고, 그 소망을 치료적으로 탐색하며, 환자가 수치감을 느끼지 않도록 노력해야 할 것이다. 그러나 막상 그러한 상황에 처하게 되면, 나는 첫 번째 것만 할 수 있고, 운이 좋아야 마지막 것도 할 수 있다는 것을 알게 되었다. 그러한 소망이나 요구가 지니는 의미를 분석하는 것은 흔히 한참 후에나 일어나게 되는데, 이러한 작업은 환자에 의해 주도되는 것이 바람직하다. 즉, 5장에서 강조한 바 있듯이, 신체적 접촉에 대한 문제는 치료자가 제기하기보다 환자 자신이 제기했을 때 수치심을 덜 느끼게 된다. 내담자가 치료자에게 안기고 싶은 강렬한 욕구를 느끼는 경우, 그러한 갈망은 진정한 것일 수 있으나 부정적인 감정을 회피하기 위한 시도인 경우도 많다. 마치 신체적인 격려가 치료의 진전을 위해 필수적인 것처럼 환자를 안아 줄 필요가 있는 사람으로 잘못 이해하게 되면, 치료자는 갈등을 지닌 어른이기보다 애정 결핍적인 아이로 여겨지고자 하는 환자의 바람을 은연중에 받아들이는 셈이 될 것이다. 우리 대다수, 특히 여자들은 적개심, 시기심, 증오심과 같은 감정에 비해서 의존적인 소망을 좀 더 편안하게 여기며, 이러한 부정적인 감정들이 치료관계에서 표면적으로 부각될 경우 우리는 공격성을 지니고 있음에도 불구하고 우리가 받아들여지고 있다는 것을 확신하고 싶어 한다.

치료자는 환자를 안아주면서 이러한 행위를 통해 문제를 해결할 수 있는 전능한 부모처럼 여겨지는 것을 은밀히 즐길 수도 있다. 그러나 우리는 부모도 아니고 전능하지도 않다. 그리고 어떤 사람을 안아주는 것은 편안함의 원천이 환자 자신이 아니라 치료자라는 잘못된 생각을 키워줄 수 있다. 이것은 내담자가 자신을 어떤 측면에서 작은 아이 같기도 하다고 느끼는 것이 아니라 신체적인 어루만짐이 필요한 작은 아이로 여기는 것을 무비판적으로 수용하면서 내담자를 유아로 여기는 것이다. 게다가, 이러한 유형의 신체적 접촉은 치료적 과정을 밟아오면서 조심스럽게 구축해 온 두 사람 사이의 '공간,' 즉 상징적 표현, 연극적 행위 또는 가상적 관계가 이루어지는 공간을 무너뜨린다(Ogden, 1985; Winnitcott, 1971). 이러한 공간의 와해는 안아달라는 소망에 담겨 있는 복잡한 은유적 의미를 구체적인 신체적 행위로 축소시켜 버리는 것일 뿐만 아니라 (신체적인 공격을 하거나 성적인 희롱을 하려는 욕구처럼) 내키지 않는 다른 욕구들이 행동으로 표출될 수도 있다는 무의식적인 불안을 만들어 내기도 한다.

이러한 경우에 치료자들은 다음과 같이 이야기해 줄 수 있다.

> "나는 당신이 얼마나 절실하게 포옹을 받고 싶어 하는지 느낄 수 있고, 어렸을 적에 충분한 포옹경험을 받지 못했다는 것도 잘 알고 있습니다. 하지만 당신이 원하는 바를 내가 흔쾌히 행동으로 응해드릴 수는 없습니다. 과거에 경험하지 못한 것에 대해서 슬퍼하는 당신을 내가 옆에서 위로해 줄 수는 있지만, 내가 당신을 안아주는 것은 옳지 않다고 생각합니다."

> "나는 치료를 하면서 내담자에게 신체적인 접촉을 하지 않습니다. 신체적인 접촉은 내가 치료자로서 자연스럽게 할 수 있는 행동이 아닙니다. 내가 치료자로서 적절하지 못하다고 생각하는 행동을 한다면, 그것은 당신이 원하는 포옹도 아닐 겁니다."

> "당신이 원하는 것을 나에게 솔직하게 말해 주어서 깊은 감동을 느끼고 있고, 내가

그렇게 해 줄 수 있다면 좋겠습니다. 그러나 치료자로서 내가 해 줄 수 있는 모든 것은 우리의 만남 속에서 당신이 원하는 것이 무엇인지를 살펴보고 그러한 것을 얻지 못했을 때 느끼게 되는 분노와 슬픔을 잘 해결하는 것입니다."

"미안합니다. 치료자의 위치에서 내가 내담자를 안아줄 수는 없습니다."

이러한 예는 내가 앞에서 제시했던 원칙, 즉 "당신에게 도움이 되는 것" 이라는 이유보다는 치료자로서 할 수 없는 한계라는 점에서 치료의 경계를 설정하는 것이 더 바람직하다는 원칙을 적용하려는 것이다.

치료자가 환자를 포옹해야 하는 상황은 많이 있다. 포옹은 미국 문화에서 일상적인 인사법이 되고 있기 때문에, 가벼운 포옹으로 면담을 마치는 것은 드문 일이 아니다. 대부분의 치료자들은 환자가 자연스럽게 해 오는 포옹을 받아본 적이 있을 것이다. 이러한 순간에 우리가 '치료지침' 을 생각하면서 경직된 태도를 취할 필요는 없지만, 환자의 이러한 행동이 어떤 의미를 지니는지 다음 면담시간에 부드럽게 물어볼 수는 있다. 내가 치료하던 한 남자 환자는 우락부락한 남성적 모습을 보이려고 노력해 왔는데, 심각한 질병의 말기상태라는 진단을 받게 된 것에 대해 이야기하며 울음을 터뜨렸고 면담을 마치면서 나를 끌어 앉고 포옹을 했다. 나는 그를 나에게서 밀어내려 하지 않았다. 나는 슬픔에 잠긴 내담자가 면담을 마치고 떠나갈 때 어깨나 팔을 만지며 "잘 이겨내세요." 또는 "이 모든 어려움을 잘 극복하기 바랍니다. 행운을 빌어요." 와 같은 말을 해 주곤 한다.

그러나 위로하는 마음을 자연스럽게 신체적 접촉을 통해서 표현하는 것은 강렬한 전이가 나타나는 상황에서 안아달라고 직접 요구하는 환자를 대하는 경우와 전혀 다르다고 생각한다. 흥미로운 일인데, 내담자가 신체적인 위로를 요구하지 않을 때 나는 그들을 어루만지거나 안아주는 공상을 자주 하게 되지만, 내담자가 안아달라고 요청을 할 경우 나는 역전이 반응으로서 그들을 즉각 안아주고 싶었던 적은 한 번도 없었다. 그 대신, 나는 순수한 애정 이상의 어떤 감정이 있다는 것을 어렴풋이 인식하게 되고, 난처한 상황에 처하게 되어 부담스러움을 느끼며, 환자가 잘 의식하지 못하는 내면적 경험이 어떤 것일지 궁금해진다. 이미 설정된 치료적 방침을 자발적으로 벗어던지는 것이 감동적이고 치료적일 수 있다는 점을 강조했었지만, 환자가 치료자에게 그러한 방침을 어기도록 애원할 때는 그렇게 할 때가 아니라는 것이 나의 경험을 통해 깨달은 점이다. 그러한 상황에서는 환자들이 분노를 느끼고 그런 다음에 좌절에 대해 애도하는 과정이 필요하다.

나의 환자 중에는 아동기에 전혀 신체적 어루만짐을 받아보지 못한 여자 환자가 있었는데, 분석과정의 한 시점에서 자신을 안아달라고 요청해 왔다. 이 시점은 그녀가 자신에게 힘이 있음을 느끼기 시작하면서 자신의 욕구를 가족이나 친구들에게 분명히 표현하면 그들이 잘 들어준다는 것을 인식해 가던 때였다. 그녀는 신체적 접촉이 허용되지 않는다고 생각했기 때문에 한 번도 나에게 안아달라는 요청을 감히 해 본 적이 없었다. 이러한 사실을 잘 알면서도, 그녀는 요청을 하면 원하는 것을 얻을 수도 있다는 것을 깨닫게 된 기쁨과 자신감 속에서 이러한 요청을 한 것이었다. 이러한 상황에서 안 된다고 말하면서 거절하는 것은 나에게도 매우 고통스러운 일이었으며, 자신의 요청이 거절당한 그녀에게는 더욱 고통스러운 일이었다. 그러나 내가 이처럼 난처한 상황에서 분명하게 경계를 지켜나가는 모습을 보고 나서, 그녀는 오랫동안 자신을 착취해 오던 식구들에게 늦은 감은 있지만 매우 효과적인 경계를 설정할 수 있었다.

문화와 상황에 따라서 신체적 접촉에 대한 결정이 달라질 수 있다. 남아프리카에서는 치료자가 볼에 키스하며 내담자를 맞아들이는 것이 매우 일상적이다. Freud는 면담의 시작과 끝에 매번 따뜻하게 악수를 하곤 했다. 내가 지도하는 학생 중 한 명은 HIV 양성 반응자인 남자 내담자가 깊은 치료적 경험을 했던 면담시간에 대해서 이야기를 해 주었는데, 그 내담자는 자신을 맞이하면서 따뜻하게 손을 잡아 악수해 주는 치료자로부터 자신을 열등한 사람이나 감염시킬 수 있는 사람으로 여기지 않는 치료자의 마음을 느끼고 깊은 감동을 받았다고 한다. 대부분의 치료자들은 언제 신체적 접촉이 상황적으로 정당화될 수 있는지, 즉 언제 그러한 접촉이 치료적 관계를 증진시켜 목표를 달성하는 데 도움이 되는지, 그리고 어떤 경우에 신체적 접촉이 함께 살펴보아야 할 치료적 주제를 회피하기 위한 저항 수단으로 사용되고 있는지 직감적으로 파악하는 것을 배우게 된다.

성관계

내가 아는 한, 현재의 환자이든 과거의 환자이든 치료자가 환자와 성관계를 맺어도 좋다는 것을 일반화할 수 있는 신뢰할 수 있는 근거는 없다.[5] 모든 관례적 치료지침에 대해서 대대적인 논란이 이루어지던 1970년대에는, 특별한 환자의 경우 치료자가 그들과 성관계를 갖는 것이 "유익할 수도 있다."는 주장이 제기되기도 했었다. (이러한 대부분의 경우, 환자는 여성이었으며 그러한 행위로 낙인을 당하지 않는 치료자는 남자였다.) 드물긴 하지만 그러한 처방이 적용된 경우들이 있었는데, 이 경우에 이러한 처방이 "유익하다."고 여겨지는 환자들은 주로 특정한 치료자의 젊고 매력적인 환자들이었다. 만약 그 치료자가 매력적이지 않은 늙은 내담자들에게도 이러한 성적인 치료를 했다면, 그가 주장하는 치료적 의지를 좀 더 신뢰할 수 있었을 것이다. 성적인 역할재현(sexual enactments)이 해롭지 않은 것인지 그리고 심지어 유익한 것인지에 관해서는 성적인 관계를 맺었던 내담자와 치료자 모두가 이후에 겪었던 경험에 대한 일화적 사례, 임상적 관찰 그리고 실증적 자료(Gabbard, 1989; Pope, 1986)에 근거하면, 그러한

5) 만약 어떤 치료자가 한 아동에 대해서 간략한 평가를 시행하고 나서 여러 해가 지난 후에 그 아동의 부모를 사교적인 상황에서 만난다면, 그것은 윤리적으로 다른 상황이라고 할 수 있다. Lazarus와 Zur(2002)는 정신분석적 치료가 아닌 다른 유형의 치료에서는 치료가 종결된 이후에 상당한 시간이 흐르면 성적인 접촉에 대해서 그토록 엄격해야 할 이유가 없다고 주장한 바 있다. 정신분석적이지 않은 치료자들의 경우 의도적으로 강력한 전이를 발달시키지 않는다는 점에서 이러한 주장은 타당한 것이다.
다양한 상황을 고려하고 무차별적인 도덕주의를 지양하기 위해서, 과거에 치료자-환자 관계였던 두 사람이 성적인 관계를 맺었지만 파국적인 상황에 이르지 않은 경우도 있으며 이들 중 일부는 치료가 끝난 후에 결혼을 하여 수십 년간 부부관계를 유지한 경우도 있다는 점을 지적하고 싶다. 예외 없는 규칙은 드물지만, 성적인 면에서 회색 지대를 인정하는 것은 성적인 욕구와 자기애적 갈망에 기인한 합리화로 연결될 수 있다는 점에서 문제의 소지가 있다는 것이 요즘 대다수 분석가들의 공통적 견해라고 생각한다.

행위는 금지되어야 한다는 결론에 도달하게 된다. 현재의 치료자이든 과거의 치료자이든 그들과 성적인 관계를 맺었던 환자들의 이야기는 대부분 비극적이며, 성적인 관계를 맺었던 치료자들은 심한 반사회적 성향을 지닌 경우를 제외하면 대부분 자신의 행위에 대해 후회하며 괴로워한다(Gabbard, Peltz, & COPE Study Group, 2002). 따라서 적어도 미국에서는 명백한 법적 · 전문가적 지침이 정해지게 되었다. Welch(1999, p. 4)가 치료자를 위한 위험관리 회보에 명료하게 제시한 바 있듯이, "가장 안전한 방법은 그러한 행위를 '하지 말라' 는 것이며 그것도 '절대로' 하지 말라는 것이다."

그러나 치료자가 자신을 보호하고, 또한 환자를 보호하며, 내담자의 성장을 위한 것으로 자신의 성적인 실험을 합리화하는 기만적 행위를 배척해야 한다는 현실적인 문제를 넘어서서, 치료의 기저에 강력한 성적인 기류가 흐르고 있을 때 어떤 일이 벌어지는지를 잘 이해해야 한다. 나는 Freud가 성적인 욕구를 정신분석이론의 중심에 둔 것이 잘한 일인지에 대해서 회의적이지만, 우리가 성의 영향력과 에너지로부터 벗어나기는 어렵다. 우리가 성적인 욕구를 충동적인 행위로 표출하지 않을 자신감을 지닐수록 우리는 자주 경험하는 성적인 감정을 좀 더 안전하게 느끼게 된다. 성애적인 심상과 공상은 심리치료에서 흔히 나타나는 것으로서 치료과정을 활기차고 풍성하게 만든다. 그러나 치료자와 내담자 중 한 사람이 속으로든 겉으로든 성적인 욕구에 집착하게 될 때 문제가 발생한다. 이러한 어려움을 해결하는 데에 명료한 윤리적 기준이 도움이 되지만 그것만으로는 충분하지 않다.

유혹적이고 성적인 추파를 던지는 환자를 만났을 때, 치료자가 이러한 문제를 단지 성적인 욕구의 표현이라고 해석해 버린다면, 그러한 행위에 내재된 심리적 역동을 심하게 왜곡하는 것일 수 있다. 성적인 행동으로 나타나는 전이-역전이 상황은 매우 다양한 의미를 지니지만(Gabbard, 1994), 내담자의 유혹적 행동은 애정적이거나 성적인 욕구를 표현하는 것이라기보다 어떤 원초적 두려움이나 치료자와의 관계에서 권력을 회복하기 위한 소망의 표현인 경우가 더 많다. 이처럼 치료자와 일종의 권력투쟁을 하면서 권력을 얻으려는 내담자의 소망은 권위적 인물이 모두 착취적이거나 유혹에 쉽게 타락하는 존재가 아니라는 것을 배울 수 있도록 좌절될 필요가 있다. 성적인 유혹의 심리적 역동을 탐색하기 전에, 우선 치료적 경계를 명확히 지켜야 한다.

성관계를 금지해야 한다는 입장이 확고해질수록 치료자는 집요하게 유혹해 오는 내담자에게 "안 된다."고 단호하게 거절하는 방법을 찾아야 하는 어려움에 처하게 되었다. 이러한 어려움은 치료자가 어떤 성적인 욕구를 느끼거나 내담자가 자신을 성적으로 원한다는 일종의 아첨을 거부하지 못하기 때문에 생기는 그런 것이 아니다. 강렬한 성적인 유혹을 느끼지 않는 치료자들도 이처럼 민감한 상황을 어떻게 치료적으로 다루어야 할지 고심하게 된다. 대부분의 치료자들은 다른 사람을 유혹하는 능력이 내담자의 자존심과 밀접하게 연관되어 있기 때문에 성적인 유혹을 거절하게 되면 상당한 굴욕감을 주게 될 것이라는 점을 직감적으로 잘 알게 된다. 한 인격체로서 거부를 당한다는 느낌을 내담자가 갖지 않도록 성적인 유혹을 거절하는 것은 쉬운 일이 아니다. 과거에 이러한 일을 했어야만 했던 사람들은 누구나 잘 알 것이다. 내가 아는 일부 여자 내담자들에 따르면, 그들의 치료자가 성적인 유혹을 부드럽게 '거절' 하기 위해서 그들이 매력적이며 만약 치료 상황이 아니었다면 성적인 관계를 맺을 수도 있었을 것이라고 말했다고 한다. 나는 이러한 표현 역시 너무 유혹적인 것이라고 생각한다. 이러한 말은 환자에게 치료를 빨리 종결하고 두 사람이 '다른 상황' 에서 만날 수 있도록 하자는 암시를 줄 수 있다. 그보다는 "미안합니다. 나는 그런 관계를 맺지 않습니다." 또는 "미안합니다. 나는 내담자와 섹스를 하지 않습니다."라고 말하는 것이 훨씬 더 분명하고 정직한 표현일 것이다. 만약 성관계를 요구하는 내담자가 반사회적인 성향을 지니고 있어서 치료자가 개인적인 윤리적 규범 때문에 "안 된다."고 거절한다는 점을 이해하지 못할 경우(이러한 경우가 드물지 않다)에는, "미안합니다. 당신이 아무리 설득하려 해도, 나는 자격증이 취소될 수 있는 일을 해서 내 경력에 심각한 문제를 초래하고 싶지 않습니다. 더 이상 이 이야기는 하지 않기로 하지요."라고 단호하게 말하는 것이 좋다.

만약 치료에 집중이 되지 않을 정도로 환자에게 성적인 매력을 느낀다면, 이러한 매력을 서로 느끼든 그렇지 않든, 최선의 대처방법은 신뢰할 수 있는 동료에게 자문을 구하여 치료에 반영하는 것이다. 나는 치료자를 위한 자문집단에서 한 사람이 강한 성적인 역전이를 이야기하자 다른 동료들이 이러한 역전이에 흔히 내재되어 있는 자기애, 이상화, 권력 및 애도 등의 모든 심리적 역동들을 잘 집어내는 모습을 본 적이 있다. 역할재현이 될 수 있다는 이유만으로 성적인 반응을 무시하는 것은 바람직하지 않다. 이는 환자를 살해하는 것이 치료에서 바람직한 일이 아니므로 내담자를 죽이고 싶은 역전이 감정을 느끼더라도 그것을 무시해야 한다고 주장하는 것과 다르지 않다. Freud와 그 밖의 다른 분석가들이 설득력 있게 잘 보여 주고 있듯이, 우리의 좋은 의도를 훼손시키는 것은 우리가 의식하고 있는 것이기보다 우리가 억압하거나 부정하는 것일 때가 더 많다.

결 어

이 장에서는 치료자들이 흔히 직면하게 되는 난처한 경계 문제들, 특히 공식적인 수련과정에서 충분히 다루지 못하는 문제들에 대해서 살펴보았다. 내담자가 특별한 의도 없이 또는 어떤 의도를 지니고 치료방침을 어기려 할 경우, 치료자는 신중하게 대응을 해야 한다. 경계 문제를 비롯하여 치료과정에서 겪게 되는 난처한 문제들은 내담자의 특성에 따라 다양하고 복잡한 의미를 지닐 수 있기 때문에, 이 장에서 소개한 내용은 치료자들이 겪게 되는 다양한 문제 상황의 일부만을 다룬 셈이다. 나는 치료관계에서 나타나는 역할재현이 지니는 무의식적인 의미, 대인관계적 배경 그리고 그로 인해 발생할 수 있는 결과들을 잘 이해하는 것이 중요하다는 점을 강조했다. 또한 치료자에게 자명하고 보편적인 방침들이라고 해서 심리치료 과정에서 그러한 방침들을 일방적으로 경직되게 적용해서는 안 된다는 점도 제시하였다. 그러한 규칙보다는 치료과정을 훼손하지 않고 동시에 내담자의 인격을 존중하면서 치료자의 존엄성과 치료의 원활한 진행을 보호하기 위해서 경계를 잘 지킬 수 있는 방법들을 소개하였다. 또한 어떤 확고한 치료적 이유 때문에 전통적인 치료적 경계들을 무시하거나 어길 수밖에 없는 경우들을 소개했으며, 관습적인 치료 방침들이 치료자와 내담자 모두가 지닌 개인적 특성과 문화적 배경에 따라 어떻게 달라져야 하는지를 제시하고자 하였다.

제 8 장

몰리(Molly)의 사례

> 그녀는 …… 세상에 커다란 흔적을 남기지 않는 조용한 삶을 살다 갔다. 그러나 그녀가 주변사람들에게 미친 영향은 헤아릴 수 없을 만큼 컸다. 역사에 기록되지 않은 작은 일들이 세상을 조금씩 선하게 만들어 가듯이 말이다. 당신과 내가 살고 있는 지금의 세상이 과거보다 좋아진 것은, 자신의 신념에 따르면서 드러나지 않는 조용한 삶을 살았던, 그리고 지금은 아무도 찾아오지 않는 무덤에서 영면하고 있는 많은 이들의 덕분이다.
>
> – George Eliot, Middlemarch

이 장과 다음 장에서는 두 사례가 자세히 소개될 것이다. 이를 통해서 내가 앞에서 제기했던 주제들이 구체적인 모습을 드러낼 것으로 기대한다. 어떤 것을 배우게 될 경우에, 추상적인 개념의 형태로 배워야 많은 것을 습득할 수 있다. 그러나 이를 온전히 이해하기 위해서는 구체적인 사례를 통해서 이들이 어떻게 나타나는지를 살펴볼 필요가 있다. 이 장에서 소개되는 사례의 여성 내담자는 대부분의 정신건강 전문가들이 보기에 전통적인 정신분석이나 탐색적인 정신분석적 치료에 적합한 사례라고 할 수 있다. 그녀는 자아 강도가 상당히 높고, 치료적 동맹을 형성할 수 있는 능력을 지니고 있으며, 치료에 대한 동기도 강하다. 또한 그녀는 부적응적인 심리적 문제들을 지니고 있었는데, 이러한 문제의 대부분은 인생을 살아오면서 고착되어 버린 성격적 역동과 얽혀 있었다. 그러나 그녀의 성격구조는 성격장애로 진단되는 많은 사람들과는 달리,

신경증적 수준의 문제를 지니고 있었다.

9장에서는, 이와 반대로 충동성과 경계선적-정신증적 구조를 지닌 대조적인 사례가 소개될 것이다. 이런 유형의 내담자는 일반적으로 정신분석적 치료에 적합하지 않은 것으로 간주되지만, 이 사례의 경우에는 정신분석적 문헌에서 기술하는 것과는 다른 관계 위에서 치료가 진행되었다. 이처럼, 나는 정신분석적 임상이론이 어떤 범위까지 적용될 수 있고, 여러 분석방식들을 어떻게 달리 적용할 수 있으며, 다양한 내담자의 치료 욕구를 충족시키기 위해서 치료자가 자기 성격의 다양한 측면을 어떻게 활용할 수 있는지 제시하고자 한다. 이러한 두 치료 사례를 통해서 이 책의 1장과 2장에서 설명한 바 있는 가치와 감수성이 구체적으로 잘 드러나기를 바란다. 이 두 사례는 내가 치료를 처음 배울 때 시행한 것이어서 초심자들이 흔히 저지르는 여러 가지 실수들로 가득 차 있다. 그러나 두 사례는 모두, 만약 우리가 좋은 의도를 지니고 환자의 행복을 위해 전념한다면, 그러한 실수들을 극복할 수 있다는 임상적인 교훈 내지는 경험적 증거를 보여 주고 있다고 생각한다.

이 두 가지 치료사례를 통해서 알 수 있는 한 가지 현상은 신경증적 수준의 환자에 대한 치료와 경계선적-정신증적 수준의 환자에 대한 치료가 대조적인 경과를 나타내고 있다는 점이다. 치료자와 동맹을 형성할 수 있는 능력을 지니고 있는 동시에 비교적 건강한 원초아(id)와 자아(ego)가 초자아(superego)와 잘 통합되어 있는 성격구조를 지닌 환자들의 경우에는, 대부분 충분한 신뢰가 형성되면 점진적으로 절제된 형태의 퇴행을 나타낸다. 이러한 제한적인 퇴행은 그동안 방어과정에 의해 억압되었고 성장하면서 다른 형태의 감정과 사고로 위장되었던 원초적인 감정과 인지를 자각하게 만들어 치료에 도움을 준다. 따라서 신경증 수준의 환자를 치료할 때는 원초적인 강렬함을 보이며 전이가 나타나기 시작하는 중반단계가 치료자나 환자 모두에게 가장 어려운 시기인 경우가 많다. 반면에, 자기 통합성, 정서 조절, 현실 검증력, 신뢰할 수 있는 관계형성 능력에 문제가 있는 심각한 환자들의 경우에는, 치료의 초기 과정이 가장 어렵고 점차적으로 수월해지는 경향이 있다. 이런 환자들에게서는 퇴행을 촉진시킬 필요가 없는데, 왜냐하면 원초적인 정서와 인지가 이미 이들을 압도하고 있기 때문이다. 그 대신, 혼란스러운 감정과 생각을 마음속에 담아 두려고 노력함으로써(아울러 내담자가 그러한 감정과 생각을 마음속에 담아 두도록 도움으로써) 내담자가 점차적으로 성장하게 되어 치료자와 내담자 모두가 편안해지게 된다.

"몰리의 사례"를 살펴보기로 하자. 많은 분석가가 언급했듯이, 어떤 치료이든 "기본적인 치료적 방침(parameter)"이나 지지적인 요소가 있기 마련인데, 몰리의 사례도 예외는 아니다. 그러나 전반적으로, 나는 전통적인 방식으로 치료를 해나갔다. 즉, 자유 연상을 강조했고, 장의자의 사용을 권유했으며, 일주일에 여러 번 회기를 갖자고 제안했고, 중립적이면서 절제적인 모습을 보이려고 노력했다. 내가 만났던 환자 중에서 비교적 건강한 상태를 지닌 최초의 환자였던 몰리를 통해서, 내담자가 높은 치료동기와 기본적인 내성능력을 지니고 있어서 치료자가 촉진자의 역할을 하면서 지켜보기만 해도 되는 경우에는 고전적인 정신분석이 매우 효과적이라는 것을 알게 되었다. 몰리의 경우, 내가 해야 할 일은 의자에 뒤로 깊게 앉아서 그녀가 자기 자신을 찾아가는 모습을 지켜보는 것뿐이라는 것을 알게 되었다(중반단계에서는 그렇지 않았지만 말이다.).

최초의 임상적 양상

치료의 시작

내가 정신분석적 치료를 하기 위해서 1973년에 몰리를 처음 면담했을 때, 그녀는 27세로 명석한 법대생과 결혼한 지 3년째였으며, 한 지역병원의 중환자실 간호부에서 간호사 겸 교사로 일하면서 가족을 부양하고 있었다. 자녀는 없었으며, 뉴저지의 작은 도시에 살고 있는 노동자 계층의 아일랜드계 가톨릭 집안인 친정 식구들과 소원한 관계에 있었다. 남편과 직장 동료들 외에 의미 있는 관계를 맺고 있는 사람은 없었다.

몰리는 매우 똑똑했으며(그녀의 지능지수가 160점대라는 것을 나중에 알게 되었다), 말을 정확하게 했고, 자신을 잘 절제하고 있었다. 자신의 모든 것을 솔직하게 내보이는 것이 미덕으로 여겨졌던 1970년대 초반의 사회적 분위기를 고려할 때, 그녀는 다소 부자연스러운 모습이 있기는 했지만 매우 매력적인 여성이었다. 간호사 모자를 쓴 머리는 단정하게 정돈되어 있었고, 손톱에는 매니큐어가 깔끔하게 칠해져 있었으며, 얼룩 한 점 없는 간호복을 입고 있었고, 화장도 완벽했다. 감정을 지나치게 절제하고 있어서 차갑게 느껴졌으며, 신체의 움직임은 경직되어 있었고, 우울하고 불안한 모습을 나타내고 있었다. 내 앞에서 새침하게 앉아 줄담배를 피우고 있는 그녀의 모습을 보면서(이때는 치료실에서의 흡연이 허용되던 시절이었다), 나는 그녀가 절망스러워하는 모습이긴 하지만 도자기 인형처럼 느껴졌다.

몰리는 정신분석적 치료를 받고 현저하게 변화된 남편의 모습을 보면서 심리치료를 받기로 결심했다고 말했다. 남편이 몰리에게 "분석 받기"를 강력하게 권유했으며, 그녀도 분석을 통해서 자신이 남편처럼 변화되기를 원했다. 하지만 그녀는 남편인 톰(Tom)으로부터 신체적 · 정서적 학대를 받았다는 점을 은연중에 내비쳤다(그녀에 따르면, 톰이 치료를 받는 이유는 특히 감정을 자주 폭발시키는 경향 때문이었다.). 몰리는 남편의 학대를 견디기 힘들어했으며 이 기회에 자신의 결혼생활을 다시 평가해 보고자 했다. 몰리는 첫 면담에서 이러한 문제를 솔직하게 말하지는 못했지만(아마도 이러한 문제를 잘 자각하고 있지 못했던 것 같다), 몇 번의 초기 면담에서 이러한 주제가 반복되어 나타났다. 몰리는 남편의 명백한 정신적 문제로 인해서 자신이 괴로움을 받고 있다고 생각했으며, 혹시 자신 때문에 남편의 문제가 생긴 것은 아닌지 혼란스러워했다. 그녀는 남편과의 관계가 개선되기를 절실하게 원했는데, 왜냐하면 남편과의 관계는 그녀의 모든 것이었기 때문이었다.

치료에서 다루고 싶은 다른 어려움이 있는지 묻자, 몰리는 다음과 같은 점들을 이야기했다. 첫째, 그녀는 자신이 성적으로 억제되어 있다고 느끼고 있었다. 자위를 하면 절정에 도달할 수 있지만, 톰이든 과거 애인이든 삽입성교를 통해서는 오르가슴을 경험한 적이 없었다. 또한 그녀는 자신이 섹스를 일종의 무기나 다른 감정을 표현하는 수단으로 사용하는 경향이 있는 듯하다고 했다. 최근에 남편이 집을 비웠을 때 그녀는 거의 낯선 사람과 충동적으로 침실에서 성행위를 했고, 이러한 행위에 대해서 심한 죄책감을 느끼고 있었다. 둘째, 좀 더 일반적인 의미에 있어서 자신이 억제되어 있다고 생각했다. 즉, 자신의 감정을 잘 느끼지 못하는 경우가 많으며 감정을 적절하게 표현하기가 어렵다고 했다. 특히, 분노나 슬픔에 대해서 그러한 감정을 느끼거나 표출하기가 어렵다고 했다. 셋째, 몰리는 자신의 욕구와 상관없이 다른 사람의 기분을 좋게 해주려고 애쓰며 그들이 바라는 대로 따라주는 경향이 있다고 했다. 그녀는 어머니로부터 사랑을 받으려는 소망을 늘 지니고 있으며 이러한 사랑을 거의 모든 사람들로부터 얻으려고 노력하는 것 같다고 말했다. 이러한 이유 때문에 거짓말을 자주 하게 되었는데, 왜냐하면 "사람들이 듣고 싶어 하는 것을 말해 줌" 으로써 상대방이 자신을 거부하지 못하게 하고 자신의 상처입기 쉬운 자존감도 높일 수 있기 때문이라고 말했다.

이러한 이야기를 하면서 몰리는 과거에 편두통을 겪은 적이 있는데, 심리적인 스트레스를 받을 때면 이러한 두통이 나타나는 듯했다. 그녀는 갑작스럽게 엄습하는 두통이 줄어들기를 바라고 있었다. 또한 약물에 대한 의존성도 이겨내고 싶어 했다. 간호사이기 때문에 신경안정제를 쉽게 구할 수 있었으며 그 당시에 소량의 발륨(Valium)을 복용하고 있었다. 대학교 재학시절 스트레스가 많았던 시기에는 리브리움(Librium)을 하루에 80mg까지 사용한 적이 있는데, 이때 매우 두려웠고 이 시기에 처음이자 마지막으로 심리치료를 받은 적이 있었다. 그녀는 매우 심한 우울증에서 벗어나기 위해 대학교의 남자 상담자와 수개월 동안 일주일에 한 번씩 만났었는데, 이것은 악성 유전병으로 인해 가족이 겪었던 고통을 자세히 소개한 몰리의 보고서를 보고 담당 교수가 권유해서 심리치료를 받게 된 것이었다. 몰리는 이러한 상담경험 덕분에 인생의 위기에서 구출될 수 있었다고 말했는데, 그 이유는 가족으로부터 자신을 어느 정도 분리할 수 있었고 대학교육도 무사히 마칠 수 있었기 때문이라고 했다. 하지만 그 당시에 받은 치료는 주로 지지적인 것("나를 붙잡아 주는 접착제 같은 것")이어서, 자신이 지닌 근본적인 성격적 문제를 해결할 만큼 철저한 것은 아니었다고 했다.

나중에 알게 된 사실이지만, 그 상담자가 그녀를 점심식사에 초대하면서, 그녀의 추측으로는, 성적인 관심을 보이기 시작할 즈음에 몰리 쪽에서 상담을 갑자기 중단해 버렸던 것이다. 그 당시는 경계 문제에 대한 논란이 많던 시기였는데, 그녀가 상담을 중단한 것은 잘한 일이라고 생각한다. 몰리가 특히 여성 치료자를 원했던 것도 다시는 이러한 유혹을 받고 싶지 않았기 때문이었다. 이러한 이야기를 하면서 몰리는 구제불능인 미친 사람들이나 심리치료를 받는다고 생각하는 부모님들이 그녀가 깊은 마음과 가족의 비밀을 '외부인' 에게 털어놓았다는 것을 알게 된 이후로 그녀를 어떻게 왕따시켰는지에 대해서도 이야기했다(아일랜드 가족의 특징에 관해서 McGoldrick이 1996년에 쓴 글을 참고하기 바란다.).

초기의 임상적 소견

몰리가 해결하고 싶어 하는 대부분의 문제들은 '항상' 그래왔던 것이라고 이야기했기 때문에 이러한 문제들의 근원을 찾기가 어려웠다. 주변 사람들은 그녀를 성공한 사람의 본보기로 여기고 있었지만(그녀는 유능한 전문 직업인과 결혼도 했고, 경력도 급성장했으며, 동료들로부터는 리더로 여겨지고 있었다), 이러한 모든 성취를 이루는 동안 그녀는 우울감을 지속적으로 느끼고 있었다. 그녀에게 진정한 친구는 멀리 떨어진 다른 주에 살고 있는 친구 한 명뿐이었으며, 기분전환을 할 수 있는 취미나 여가활동도 없었다. 몰리는 다른 사람들이 감탄할 만큼 양심적으로 행동하고자 했으며, 다른 사람의 이익을 우선시하면서 자신을 희생하려는 강박적인 욕구를 지니고 있었다. 몰리는 여러 가지 강박적인 성향(예: 감정 억제와 일중독적인 경향), 약간의 히스테리적인 특성(성적인 억제와 더불어 만족감을 느끼지 못하는 성적인 충동성), 다른 사람에게 의지하기보다 그들이 의지하도록 만드는 상당히 역의존적인(counterdependent) 경향 그리고 뚜렷한 우울증적인 역동을 지니고 있었다. 그녀는 치료해야 할 목표 증상으로 불안과 우울 그리고 행동적 · 신체적 문제들을 들고 있었지만, 전반적으로 그녀는 Theodor Reik (1941)가 말한 바 있는 "도덕적인 피학증자(moral masochist)" 에 놀라울 정도로 잘 들어맞는 사람이었다. Reik는 성적 의미뿐만 아니라 일반적인 의미에 있어서 피학증적인 사람들의 특성을 설명한 바 있다. 그에 따르면, 이러한 사람들은 상당한 고통과 모멸감 그리고 학대를 감수하면서 다른 사람을 위해 자신의 욕구를 철저하게 희생함으로써 자기가치감을 느끼게 된다.

몰리가 치료를 받게 된 구체적인 이유는 부부관계의 악화로 인한 괴로움 때문이었다. 남편의 행동은 참을 수 없을 정도로 심해지고 있었지만(그녀가 오랫동안 자각했던 것보다 더 견디기 어려운 것이었다), 그녀는 그것을 견딜 수도, 그를 떠날 수도, 그를 설득하거나 강력히 요구하여 변화시킬 수도 없었다. 그녀는 남편이 "문제가 있는 사람"이므로 그에게 이러한 문제를 직면시키기보다 동정과 지지를 해 주어야 한다고 생각했다. 그녀는 자신을 위해서 기분전환이나 여가활동을 할 수 있는 시간을 갖지 않았으며, 설거지에서부터 지붕 수리까지 거의 모든 집안일을 혼자 도맡아 하는 것을 당연하게 생각하고 있었다. 그녀의 결혼생활은 자기패배적 성격구조에서 생겨나는 문제들을 잘 보여 주고 있었다.

몰리는 자신의 문제를 해결하고자 하는 강한 동기를 지니고 있었지만, 치료를 통해서 얼마나 도움을 받을 수 있을지에 대해서는 약간의 불안감을 지니고 있는 듯했다. 하지만 내가 몇 가지 치료목표와 절차들을 설명하자 그녀는 고개를 끄덕이며 진지한 표정을 지었다. 남편으로부터 정신분석이 고통스럽긴 하지만 많은 도움을 받을 수 있는 방법이라는 말을 들은 바 있어서인지 그녀는 궁극적인 성장을 위해서 고통을 감내할 준비가 되어 있었으며 '좋은 환자'가 되고 싶어 했다. 그러나 남편의 압력 때문에 치료를 받으러 오게 된 과정에서 그녀가 나타내고 있는 한 가지 흥미로운 특징은 그녀가 치료를 통해 변화시키고자 하는 패턴, 즉 순종적이고 타인을 즐겁게 하려는 신경증적 욕구의 패턴을 반복하고 있다는 점이었다. 그래서 나는 첫 면담시간에 이러한 특징에 관해 언급하면서 그녀의 내면적 동기를 강화하고 치료로부터 도망치려는 경향을 미연에 방지하려고 노력했다.

(영국 국교회로부터) 개종한 열렬한 가톨릭 신자였던 어머니는 몰리가 가톨릭 교회를 통해서만 구원을 받을 수 있다는 것을 믿게 하려고 평생 동안 노력했다. 몰리는 이러한 설교에 겉으로는 복종하는 듯한 모습을 보였지만 속으로는 반항해 왔다(표면상으로는 착한 가톨릭 소녀였지만 내면으로는 반항적인 불가지론자였다.). 그러한 상황에서, 그녀의 남편은 교황 대신 프로이트를 성스럽게 받드는 새로운 신앙으로 정신분석을 소개

한 셈이었고, 몰리는 구원을 위한 각본에 순종하는 듯하지만 속으로는 모든 정신분석적 의식이 무의미하다고 의심하면서 다시 한 번 그녀의 패턴을 나타내고 있었다. 이러한 점을 지적하자 그녀는 이러한 연관성을 부인하면서도 내가 무언가 중요한 것을 집어냈다는 듯이 의미심장한 미소를 지었다.

나는 몰리가 억압(repression)과 감정의 격리(isolation of affect)라는 방어기제를 사용한다고 이미 언급한 바 있다. 그녀가 사용하는 또 다른 중요한 방어기제는 역전(reversal)이였는데, 이것은 보살핌을 받고자 하는 자신의 욕구를 다른 사람에게 투사하여 그들을 보살핌으로써 자신의 욕구를 충족시키려는 노력을 말한다. 아픈 사람, 가난한 사람, 사망한 사람의 유족들을 보살피려는 그녀의 열정은 특별했다. 자신의 약하고 의존적이며 괴로워하는 부분들은 자각하지도 그리고 표현하지도 못하면서, 그녀는 남편, 학생들 그리고 환자들을 최대한 열심히 보살핌으로써 이러한 욕구를 대리적으로 만족시켰다. 그녀의 방어기제는 여러 측면에서 매우 적응적인 것이었다. 몰리는 죽어 가는 환자를 간호할 때에도 감정적인 동요 없이 자신의 역할을 잘 수행할 수 있었고, 방대한 정보를 순식간에 통합하여 체계적인 치료계획을 세울 수 있었으며, 필요할 경우에는 수면과 휴식 시간 그리고 대화 없이도 업무를 계속할 수 있었다. 그러나 이러한 방어기제를 중지시킬 수 없었기 때문에 그녀는 자신의 삶 속에서 고통을 받고 있었다.

몰리의 성장과정

몰리의 부모는 제2차 세계대전 중에 어머니가 살고 있던 영국에서 만나 교제를 하다가 어린 나이(어머니는 18세, 아버지는 21세)에 첫 아이인 몰리를 낳았다. 몰리의 어머니는 스코틀랜드-아일랜드 계통의 영국 중상층 출신인 반면, 아버지는 아일랜드 계통의 미국 이민 1세대 노동자 집안 출신이었는데, 이런 점에서 그들은 서로 잘 어울리는 편이 아니었다. 어머니는 12년의 교육을 받은 데 비해 아버지는 8년밖에 교육을 받지 못했다. 하지만 어머니는 자신보다 '신분이 낮은' 사람과 결혼하는 것에 개의치 않았다. 유럽에서 전쟁이 끝나자, 몰리의 어머니는 미국으로 건너와서 남편의 종교로 개종했으며 결혼하여 전업주부가 되었다. 어머니는 집 밖에서 일을 해 본 적이 없기도 했지만, 조금 후에 밝혀지겠지만, 집에서 해야 할 일이 무척 많았기 때문에 전업주부가 될 수밖에 없었다. 몰리의 어머니는 자신이 기대하던 귀엽고 순한 아이 대신 활동적이고 배앓이를 자주 하는 아이가 태어나 실망했으며, 이러한 이야기를 몰리가 성장하는 동안 자주 했다. 사실상, 몰리의 초기 기억은 대부분 어머니의 비난, 빈정거림, 질책, 모욕과 관련되어 있었다. 분석을 시작한 지 3년 정도 되었을 때, 몰리는 부모가 결혼하게 된 것은 어머니가 자신을 임신했기 때문이라는 사실을 알게 되었다. 어머니가 몰리를 구박한 점에 대해서 우리는 무언가 이유가 있을 것이라고 의심했으며, 몰리는 부모가 잘 알려주려 하지 않았지만 은밀하게 조사를 하여 이러한 사실을 알아냈다.

7명의 아이들이 몰리의 뒤를 이어 줄줄이 태어났다. 그런데 몰리가 유치원에 들어가면서부터 문제가 생겨나기 시작했다. 동생들이 연달아 전반적인 신체적 · 정신적 장애를 나타내기 시작한 것이다. 몰리가 10대였을 때, 네 명의 동생이 모두 각기 다른 장애로 한 명씩 사망했으며, 동생 한 명은 나아질 가망이 전혀 없는 정신지체아가 되었다. 처음에 부모는 이러한 문제들을 누구에게나 우연하게 일어날 수 있는 시련으로 생각했었다. 그러나 몰리가 대학생이 되었을 때 비로소 그녀의 가족은 부모가 모두 뇌수막염과 관련된 매우 희귀한 선천적인 질병을 유발하는 유전자를 지니고 있다는 것을 알게 되었는데, 이 질병에 걸리면 뇌의 중심부가 파괴되어 버린다고 한다. 이론적으로는 이러한 질병이 열성 유전자에 의해 발현되기 때문에 멘델의 법칙에 따라 나타나야 하는데(즉, 통계적으로 네 아이 중 한 명만 이러한 질병에 걸리는 것으로 예상할 수 있는데), 실제로는 8명의 아이 중 5명에게 나타났다. 따라서 몰리는 성장하는 과정에서 동생들이 겪는 고통과 죽음을 그 이유도 모른 채 목격해야만 했다. 몰리가 스물두 살이 되던 해에 다섯 살짜리 막내 여동생이 사망했는데, 이때 그녀는 특히 심한 상실의 아픔을 느꼈다. 그녀는 속으로 자신을 이 동생의 '실질적인' 양육자로 여기고 있었으며 자신이 잘 돌보아 주면 동생의 죽음을 막을 수 있을 것으로 기대했었다. 이 여동생에 대한 기억은 몰리의 치료에서 중요한 역할을 하게 된다.

이처럼 힘든 상황에서 부모가 장녀의 여러 가지 요구를 잘 들어주지 못하게 된 것은 당연한 일이었다. 어머니는 몰리에게 따뜻한 심리적인 지지를 전혀 해 주지 않는 채로 잔소리는 많이 하면서 동생들을 돌보게 했다. 아버지는 몰리가 어머니의 말에 복종하도록 훈계하는 것 외에는 아무것도 보살펴 주지 않았다. 트럭 운전사였던 아버지는 침울하고 비사교적인 알코올 중독자였는데, 몰리가 보기에는 이러한 음주 때문에 태어나는 동생들마다 죽게 되는 일이 더 생기는 것 같았다. 몰리는 어머니보다 아버지를 더 가깝게 느꼈지만, 아버지는 나약하고 어머니에게 눌려 사는 것처럼 보였다. 이러한 아버지를 보면서 몰리는 이처럼 쉽게 휘둘리는 남자와는 결혼하지 않겠다고 굳게 다짐했다고 한다.

이러한 점 이외에 몰리의 발달과정은 대체로 평범한 편이었다. 먹는 일, 제시간에 잠자리에 드는 일, 집안의 허드렛일 등으로 부모와 싸우면서 어린 시절부터 반항적인 성향이 생겨났는데, 이후에도 계속되었다. 그녀는 어려서부터 뛰어난 지능을 보였으며 강박적이고 지적인 방어기제를 발달시켰다. 세 살 때 이미 동화책들을 주제별로 정리하곤 했다. 학교성적도 항상 좋았다. 상당히 말랐으며 발육이 느리긴 했지만 대체로 건강한 편이었다. 다만, 청소년기에 심한 간염을 앓은 적이 있었는데 이때 어머니는 그녀가 꾀병을 부린다고 우겨서 늦게야 진찰을 받고 입원치료를 받게 되었다. 잠재기와 초기 청소년기 동안, 몰리는 경미한 학교 공포증을 지니고 있었다. 일요일 오후가 되면 점차 불안이 증가하고 배가 아프기 시작했으며, 월요일에 집을 나서서 학교에 가는 것을 두려워했다.

간염과 관련된 일화에서 알 수 있듯이, 몰리가 어린 시절에 주로 지녔던 갈등의 주제는 어머니가 비난만 하고 공감을 해 주지 못한 일과 관련되어 있었다. 초반의 한 면담시간에 몰리는 어머니가 딸을 위로해 주는 내용의 TV 드라마를 보았다고 말하면서, 자신은 결코 경험해 본 적이 없는 일이라며 매우 슬퍼했다. 그녀는 어머니가 자신을 따뜻하게 대했던 적이 딱 두 번뿐이었다고 기억하고 있었다. 두 번 모두 그녀가 어떤 실수를 했을 때였는데(한 번은 케이크를 만들 때였고, 다른 한 번은 드레스의 단을 기울 때였다), 이때 어머니는 야단을 치지 않으면서 잘못을 바로잡아 주었다고 한다. 어머니가 그녀에게 거부적인 태도를 보인 주된 이유에 대해서 그녀와 나는 아마도 어머니가 늘 심한 스트레스를 받고 있었기 때문일 것이라고 추측했다. 그 스트레스는 매력적인 딸에 대한 질투심(어머니가 전쟁으로 인해서 청소년기를 정상적으로 보내지 못했다는 점을 고려하면 몰리가 십대 소녀였을 때 특히 질투심을 느꼈던 것 같다)과 투사 방어기제를 과도하게 사용하는 성격적인 성향과 관련되어 있는 것 같았다. 어머니는 몰리의 행동을 몰리의 입장에서 이해하지 않고 자신의 감정과 욕망을 투사하여 적대적인 방식으로 '해석' 하곤 했다.

어머니가 투사를 많이 했다는 증거는 상당히 불행했던 청소년기에 대해서 몰리가 기억하는 내용에서 찾아볼 수 있다. 몰리는 발육이 늦은 편이었으며 억제적이고 도덕주의적인 소녀였는데도, 어머니는 몰리가 데이트를 시작하기 전에도 방정치 못하다고 계속 야단을 쳤다. 남자 친구들이 집에 찾아오기 시작했을 때, 그녀의 어머니는 야하게 옷을 입고 그 아이들의 무릎에 앉기도 하면서 마치 또래 여학생처럼 장난을 치곤했다. 또한 몰리는 애매모호한 주의나 이해할 수 없는 농담을 들은 것 외에는 부모로부터 성교육을 받은 적이 없었으며, 1950년대에 종교계 학교를 다니면서는 성(sexuality)이 위험하고 알 수 없는 것이라는 생각을 더욱 굳히게 되었다.

이러한 성장경험으로는 그녀가 어떻게 피학증적인 성격구조를 갖게 되었는지 충분히 이해하기 어려웠다. 자신을 희생하려는 그녀의 성향은 부모로부터 학습된 것이기도 했다. 그녀의 부모는 어떠한 경우에도 다른 사람을 먼저 배려하라고 끊임없이 강조했다. 이러한 지시에는 불평하지 말고 항상 어머니를 도우라는 요구뿐만 아니라 그러한 역할을 '즐겨하라' 는 요구가 담겨 있었다. 몰리는 교회도 이기심을 버리라는, 특히 여성은 그래야 한다는 피학적인 메시지를 주입시켰다고 여기고 있었다. 나중에는 간호사 교육과정에서, "의사가 항상 옳다." "환자의 요구가 항상 최우선이다."라는 생각을 반복해서 주입받았다. 그러나 이러한 외부적인 요인들 외에, 몰리는 '착한 사람' 이 된다면 동생들이 태어나기 전에 그녀가 한때 받았던 어머니의 사랑과 관심을 조금이라도 되찾을지도 모른다는 병적인 신념을 발달시켜 온 것 같았다.

몰리와 어머니 사이의 이처럼 불만족스러운 관계는 결국 치료과정에서 중요한 문제로 부각될 수밖에 없었다. 그렇게 되리라는 것은 치료 초기부터 분명하게 드러났다. 첫 면담시간에, 나는 치료과정에서 나타날 수 있는 전이 반응들(그리고 내 자신이 지닌 불안과 공포회피적 소망으로 인해 앞으로 느끼게 될 불쾌감을 이겨내기 위해 나타낼지도 모르는 표출행동)에 대해서 그녀가 미리 대비하도록, 정신분석에서 환자가 부모에게 지녔던 강렬한 감정을 치료자에게 느끼는 일이 자주 일어난다고 말해 주었다. 그때 그녀는 "만약 그게 사실이라면, 당신이 많이 힘들겠네요!"라고 대답했었다.

몰리가 어머니(그리고 가족 전체)에게 지니고 있는 감정을 해소하지 못하게 만드는 한 가지 방해적인 요인은 자녀를 차례로 잃은 어머니의 처지에 대해서 다른 사람들이 동정심을 느낀다는 것이었는데, 몰리 자신도 어느 정도는 그렇게 느끼고 있었다. 어머니에게 분노를 느끼거나 상처를 입었을 때마다, 심지어는 사소한 문제로 의견이 충돌될 때에도, 그녀는 어머니나 아버지로부터 그녀가 그토록 심한 고통을 받은 사람을 비난해서는 안 된다는 말을 듣곤 했다. 분리와 개별화를 촉진하는 이러한 감정들에 대한 지지를 받지 못한 몰리는, 더구나 복종 아니면 반항이라고 받아들이는 가족적 역동 속에서 더욱 이러한 지지를 받을 수 없었는데, Hobson의 선택(Hobson' s choice)[1)]을 할 수밖에 없었다. 즉, 자신의 자율성을 희생하고 언젠가는 자신에게 따뜻한 관심을 보여 줄 것이라는 기대를 지니며 가족과 함께 살아가거나 아니면 독립적인 존재가 되기 위해서 친밀한 관계에 대한 기대를 버리고 모든 인연을 끊는 것 중에 하나를 선택할 수밖에 없었다. 그녀는 후자를 선택했는데, 이것은 그녀의 자아 강도가 강하다는 것을 보여 주는 것이었다. 하지만 이러한 선택으로 인해서 그녀가 지불해야 하는 대가는 컸다. 그녀의 결혼생활에서도 역시 개별화의 위기가 재현되고 있었다. 즉, 어떻게 하면

1) 역자 주: 대안이 없기 때문에 어쩔 수 없이 주어진 것을 선택하지 않으면 아무것도 얻을 수 없게 되는 상황을 뜻한다. 이는 영국 케임브리지의 Thomas Hobson(1544-1631)의 이름에서 기원한 것으로 그는 말 보관소를 운영하면서 손님이 오면 마구간 문에서 가장 가까운 말을 가져가거나 그냥 돌아가는 것 중에 하나를 선택하라고 했다고 한다.

그녀가 상실감이나 죄책감에 압도되지 않으면서 고통스러운 상황으로부터 벗어날 수 있을 것인가?

몰리의 치료과정

초기 단계: 작업동맹의 강화

처음에 나는 몰리와 일주일에 두 번씩 만나기로 계약을 맺었는데, 왜냐하면 그녀가 자신의 월급으로는 그 이상을 감당할 수 없다고 했기 때문이었다. 나는 그녀에게 장의자에 누워서 이야기를 하도록 권했다. (이러한 방법을 사용하지 못할 분명한 이유도 없었지만, 내가 처음부터 이렇게 권유한 것은 그녀가 이런 방식의 치료에 잘 적응할 것이라는 판단과 더불어 '정석적인' 정신분석을 해 보려는 나의 열망이 더 중요하게 작용했기 때문이었다.)

몰리는 역동적 치료의 속성을 지적으로 잘 이해하고 있었으며 치료가 수개월 또는 수년이 지속될 수 있다는 것을 알고 있었다. 우리가 함께해야 할 주요한 과제는, 몰리가 자신의 결핍감과 의존적 욕구를 자각해 나가면서 친밀한 관계에 대한 갈망을 자신이 생각하는 것처럼 성격적인 결함으로 보지 않고 정상적인 열망이자 애정결핍적인 양육으로 인한 필연적인 산물로 받아들이도록 돕는 것이라고 나는 생각했다. (지금 돌이켜 생각해도 이러한 사례 이해는 그다지 잘못된 것 같지 않다. 그러나 이러한 생각은 내가 쉽게 동일시할 수 있는 그녀의 심리적 특성에 주목한 나머지 나와 매우 다른 특성을 간과한 것이기도 했다.) 나는 이러한 자기수용이 이루어지기만 하면 그녀가 자신의 삶을 좀 더 현실적으로 평가하면서 편안함과 자유로움 모두를 바라는 자신의 욕구를 잘 충족시킬 방법을 찾을 수 있을 것이라고 생각했다. 첫 면담이 끝나갈 즈음에, 나는 우리가 작업동맹을 잘 맺어 가기 시작한 것으로 느꼈다.

나는 몰리가 좀 더 자주 면담을 할 수 있게 되기를 바랐는데, 몰리도 의식적이지는 않았지만 그러한 바람을 지니고 있었던 것으로 드러났다. 두 번째 면담을 마칠 무렵에 그녀는 다음과 같은 꿈을 보고했다. "내가 어떤 호텔이나 휴양시설에서 체크인을 하고 있는 것 같았어요. 거기에 오래 머물고 싶었지만 이틀 동안만 머물겠다고 숙박부에 기재를 했어요……." 장의자에 누워서 하는 것 이외에, 어떤 상황이 그녀에게 도움이 될지 불분명할 때는 치료이론에 근거해서 어떤 것을 권유하기보다 그녀가 원하는 대로 따라주었다. 왜냐하면 특별한 이유가 없다면 그녀의 주체의식과 판단능력을 존중하고 증진시켜 주는 것이 무엇보다 중요하다고 생각했기 때문이었다.

치료적 작업을 함께한 3년 6개월 동안, 몰리는 항상 성실하고 매우 열성적인 내담자였다. 그녀는 다른 일에서처럼 자신의 분석에 열심히 임했으며 빠른 속도로 성장했다. 몰리는 6개월이 되어서야 처음에 낯설어하던 분석적 치료에 대해서 익숙해졌다. 그녀가 가장 어려워했던 점은 무엇을 말해야 할지 잘 모른다는 것이었는데, 사실 가끔 일어난 일이기도 하지만, 면담 중에 이야기할 거리가 "고갈" 되어 버리지 않을까 (자유연상을 할 수 없게 되지 않을까) 걱정하곤 했다. 이러한 경우에 나는 그녀가 최대한 많이 그리고 가능한 한 자발적으로 이야기하도록 격려하려고 노력했다. 그녀는 장의자에 누워 자신의 생각이 자유롭게 떠오르도록 노력하면서 재떨이를 배 가운데에 올려놓고 음료수 병을 옆에 놓아두곤 했다. 그녀는 항상 나에게서 어떤 지침이나 규칙을 듣고 싶어 했으며, 이럴 때마다 어떤 느낌을 지니고 있는지 물어보면 항상 '긴장감' 이라고 대답하곤 했다. 나는 그녀가 이야기를 계속하도록 독려하고 싶은 충동을 억누르면서 "아무런 생각도 없는" 또는 "텅 빈" 상태라고 말하는 그녀의 주관적 느낌을 탐색하려는 시도를 자제하려고 노력했다. 치료를 받기 위해 운전하며 오는 일이 그녀에게는 괴로운 일이었는데, 왜냐하면 장의자에 누운 다음에 할 말이 없으면 어떡하나 하는 걱정 때문이었다. 그러나 대부분의 경우 우리는 면담을 마칠 때까지 무언가에 대해 이야기를 할 수 있었기 때문에, 그녀는 자발적으로 말을 계속하는 것에 대한 저항을 극복하고 면담시간을 무사히 넘겼다는 사실에 즐거워하면서 기분이 좋아져서 치료실을 나가곤 했다.

그녀는 어떤 꿈이든 기억할 수 있으면 기록해 주는 습관을 곧 갖게 되었는데, 왜냐하면 이렇게 함으로써 다음 면담에 "준비되어 있다."는 느낌을 가질 수 있었기 때문이었다. (하지만 그녀가 꿈에 대해서 자유롭게 연상하고 그 중요한 의미를 이해했다고 만족하게 되기까지는 2년여의 시간이 걸렸다.) 그녀는 자신이 외계인이 되는 꿈, 즉 글자 그대로 다른 행성에서 온 방문객이 되는 꿈을 자주 꾼다고 말했다. 우리는 이러한 꿈을 그녀가 원가족에 대해서 소속감을 느끼지 못하는 것과 심리치료 상황에서 느끼는 낯선 감정과 연결을 지었다. 어린 시절부터 그녀는 (공포 영화인 "사이코(psycho)"에 나오는 것과 같은) 낡고 무시무시한 빈집과 자신을 없애버리려는 듯 위협하는 거대한 파도에 대한 꿈을 반복적으로 꾸곤 했었다. 그러한 파도가 그녀를 덮쳐서 익사시키려 할 때 그녀는 꿈에서 깨어나곤 했다.

나는 반복적인 꿈이 특히 중요할 뿐만 아니라 해석하기도 매우 어렵다고 배웠기 때문에, 집이나 파도에 관한 그녀의 꿈에 대해서 어떤 해석도 하려고 하지 않았다. 하지만 내 나름대로, 그 집은 일종의 자기표상으로서 그녀의 내면세계가 공허하고 위험하다는 느낌을 표현하고 있으며, 그 파도는 그녀를 압도하며 파괴할 수 있는 감정을 상징한다고 생각했다. 내가 이 점에 대해서 많은 말을 하지 않았던 이유는 그럴 경우 통합된 정서적 이해보다는 주지화를 초래할 것이라고 생각했기 때문이었다. 이 당시 치료과정에서 내가 어떤 언급을 하면 몰리는 대부분 "일리가 있네요." 또는 "그럴 듯하네요."라고 응답하곤 했다. 어떤 특별한 감정을 느끼고 있는지 물을 때마다 그녀는 항상 '이성적인' 태도를 나타내곤 했다. 예를 들어, "질투심은 아무런 도움이 되지 않지요. 그래서 저는 질투하지 않아요."라고 대답하곤 했다.

이러한 초기 단계에서 나는 기본적으로 매우 반영적인 방식으로 치료를 해나갔다. 즉, 환자를 잘 지지해 나가면서, 그의 태도를 수용하고 그가 어떤 생각을 이야기하면 그러한 생각의 감정적 측면을 좀 더 자세하게 탐색하며 반영해 주었다(Kohut, 1971). 이러한 단계에서는 내가 어떤 것(즉, 그녀의 남편과 어머니가 자주 했다고 보고한 것들–판단, 개입, 설명, 충고, 비판, 심지어 해석을 포함해서)을 하기보다 하지 않은 것이 더 촉진적인 효과를 나타냈다. 서서히 몰리는 치료실 밖에서 있었던 여러 가지 상황에 대한 감정 반응들을 묘사하기 시작했다.

어떤 감정이 일어났을 때 그 감정을 생생하게 느꼈다고 그녀가 처음으로 보고한 것은, 어떤 동료가 자신의 뒤에서 몰래 험담을 했다는 것을 알고 화가 났던 일이었다. 나는 이러한 보고에 전이와 관련한 주제가 담겨 있는 것이 아닐까 생각했다. 왜냐하면 남편의 치료자가 바로 내 방 옆에 있으므로 내가 그 사람과 얼마나 많은 이야기를 나누는지 그녀가 궁금했을 것이 분명했기 때문이었다. 하지만 나는 이러한 생각을 다루지 않았는데, 그렇게 하면 오히려 주지화만 될 뿐이라고 생각했기 때문이었다. 그 대신, 나는 그녀가 어떻게 느끼는지에 주목하면서 그녀가 진전되고 있음을 인정해 주었다. 치료를 시작한 지 4개월이 지난 후에야, 그녀는 생기 있는 목소리로 "이제 사람들이 왜 이런 것들을 느낌이라고 부르는지 알겠어요. 당신도 이런 것들을 느끼지요. 이것은 마치 몸으로 느끼는 감각 같아요!"라고 외쳤다. 며칠 후에 그녀는 아래에 소개된 시를 가지고 왔다. 그녀의 말로는 한 잡지에서 오려낸 것인데 치료에 대한 그녀의 희망을 잘 나타내고 있다고 했다. (이 시를 쓴 작가를 어떻게 찾아내어 적절한 사례를 해야 할지 모르겠다.)

외로움이 작은 헝겊 인형이라면
단추로 만든 그 눈을 통해 세상을 바라본다면
나는 나의 고독을 받아들이겠네.
너덜너덜한 작은 머리처럼
나는 아이같이 웃음 짓겠네.
하지만 내 머릿속을 채우고 있는 생각들은 목화솜이 아니라네.
나의 진실한 모습은
이 살갗 속에 존재한다네.
나는 흥분되는 두려움과 기쁨을 느끼고 있다네.
그 흔들리는 희망들이, 그 오랜 잊혀진 생각들이
크리스탈 같이 투명한 눈을 통해서 보인다네.
이제 목석이 아니라네.
이제는 바보가 아니라네.
내가 이르러 붙잡으려 했던 그 높은 곳으로 나아가고 있네.
모든 과거에는 의미가 있음을 깨닫고 기뻐하고 있다네.

이제는 혼자서도
커다란 두려움이나 공포감 없이 편안하게 지낼 수 있다네.
온 세상이 함께 누리자고 했던 그 자유를
이제는 내 자신에게 허락할 수 있다네.
눈 뒤 깊은 곳에서 들려오던 성가신 소리도 없다네.
이성을 무한히 믿으며 이성적으로 생각했던
그 무거운 짐도 벗어 버렸다네.
이제는 모든 생각과 모든 행위들이
아무런 망설임 없이 이루어진다네.
나는 자유롭게 성장해 가고 있다네.

그럼에도 불구하고, 몰리는 자신의 감정을 열어 보이는 것에 대해서 몹시 두려워했다. 곧 울 것처럼 감정이 올라왔다가도, 갑자기 이성적이고 비판적인 태도를 취하며 불쾌한 감정을 인식하는 것이 무슨 소용이 있냐고 물으면서 그러한 감정이 차단되는 경우가 여러 번 있었다. 일단 슬픈 감정을 느끼게 되면, 치료시간에만 그렇게 느끼는 것이 아니라 그러한 감정들이 '흘러 넘쳐서' 치료실 밖에서도 그런 기분을 느끼게 될 것 같다며 걱정했다. 그녀는 울고 나서 결코 후련해하지 않았다. 울고 나면 항상 기분이 더 나빠졌는데, 슬픔의 감정에 더해서 창피하고 나약하다는 느낌을 받기 때문이었다.

그녀의 감정을 가로막고 있던 댐에 균열이 생기기 시작한 것은 약 6개월 후였는데, 동생인 수잔의 죽음에 대한 슬픔을 처음으로 표현하면서였다. 그녀는 그 이야기를 하면서 슬프게 울었다. 그 다음 면담시간에, 통제력을 상실할지 모른다는 두려움을 나타내면서, 그녀는 나의 얼굴 표정을 통해서 '피드백'을 얻을 수 없는 상태로 말하는 것이 힘들게 느껴진다며 앉아서 이야기하겠다고 했다. 왜 나의 얼굴을 보려 하는지 좀 더 이야기해 보게 하고는 더 다른 언급 없이 그녀의 요청을 수락했다. 앉아서 이야기하고 싶다는 그녀의 요청을 일종의 저항으로 이해할 수도 있었다. 그러한 요청은 고통스러운 감정상태로 빠져드는 것에 대해서 갑작스럽게 저항하려는 노력이었기 때문이었다. 하지만 나는 이러한 요청에 방어적인 것 이상의 무언가가 일어나고 있다는 것을 느꼈다. '정석적인' 분석을 하고 싶다는 나의 바람이 좌절되었음에도 불구하고, 나는 그녀의 요청이 기뻤다. 왜냐하면 처음으로 몰리가 이러한 '규칙'에 순순히 복종하지 않으면서, 정신분석적 관례를 받아들이기보다 자신의 욕구와 판단을 더 중요한 것으로 주장했기 때문이다.

이때부터 1년여 동안 몰리와 나는 얼굴을 마주보는 자세로 분석을 했다. 그녀는 치료적 상황에 좀 더 편안하게 적응해 갔으며 면담시간에 대한 두려움을 극복해 가고 있었다. 감정에 대해서 그리고 감정을 나타내면서 이야기하는 경우가 증가했으며 자신의 결혼생활에 대한 불만을 조금씩 조심스럽게 표현하기 시작했다. 이러한 경우 처음에는 남편의 생각, 주로 몰리에 대한 남편의 생각을 들려주면서 내가 이러한 생각을 긍정하는지 부정하는지 물었다. 예를 들어, "톰은 내가 분석에 대한 심한 적대감을 지니고 있어서 꿈을 잘 잊어버린대요. 정말 그럴 수 있는 건가요?"라는 식이었다. 이러한 질문에 대해서 나는 지키기 어려운 원칙을 지키며 응답해야 했다. 나는 그 주제에 대해서 자세히 이야기하면서 톰의 의견을 긍정하거나 부정하고 싶은 유혹을 자주 느꼈으며, 한 번 이상 그러한 유혹에 넘어간 적도 있었다. 그러나 몰리의 주체의식을 증진시켜야 한다는 목표를 염두에 두면서, 남편이 말한 것에 대해서 그녀가 어떤 생각을 하고 어떤 느낌을 지니는지 물어보곤 했다. 그녀의 행동이 '해석되는' 것에 대해서 자유연상을 하게 하면, 그녀는 항상 어머니가 이와 유사한 행동을 해서 화가 났던 기억을 떠올렸다. 그녀가 '진정으로' 어떻게 느끼는지를 판단할 수 있는 유일한 사람은 그녀 자신이라는 믿음을 그녀가 갖도록 격려하고 나 자신도 그렇게 생각하려고 노력했다.

자신의 결혼생활에서 어머니와의 고통스러운 관계가 반복되고 있다는 점을 자각하게 되면서 몰리는 우울해지기 시작했다. 몰리는 아직 자기주장을 강하게 하지는 못했지만, 톰의 통제적 행동에 자동적으로 순종만 하던 행동을 중단했다. 그리고 구타당하는 아내가 구타하는 남편으로부터 심리적으로 분리되기 시작할 때 위험성이 증가한다고 나중에 Lenore Walker(1980)가 지적했듯이, 몰리의 자율성이 증가하면서 남편은 더 화를 많이 낸다고 했다. 이 시기에 몰리가 시퍼렇게 멍들어 오는 경우가 두 배나 늘어났으며, 남편으로부터 죽음의 위협을 받았다고 말한 적이 한 번 이상 있었다. 그녀는 톰의 전처가 생명에 위협을 느껴서 떠나갔다는 사실도 알게 되었다. 나는 매우 불안했지만, 몰리는 결혼생활에서 벗어날 마음의 준비가 아직 되어 있지 않은 상태였다. 당시에는 학대받는 여성이 도움을 받을 수 있는 시설이 많지 않았으며, 설사 그러한 곳이 있다 하더라도, 그녀가 창피함을 무릅쓰고 이러한 곳을 이용할 것인지도 알 수 없었다. 나는 우리 두 사람의 불안을 마음속에 담고 있어야 했으며, 며칠 간 잠을 이루지 못했던 것이 기억난다.

이러한 상황에 대처할 수 있는 마땅한 방법을 찾을 수 없게 되자, 그녀는 더욱 우울해져 갔다. 그녀 스스로 의사를 찾아가 삼환계 항우울제인 엘라빌(Elavil)을 처방 받아 수개월간 복용했으며 최악의 우울증 증상은 어느 정도 감소되었다. 그와 동시에 성장의 징후들이 나타나기 시작했다. 몰리는 이전보다 월급이 더 많은 직장으로 이직하게 되었고 이러한 여분의 돈으로 주당 세 번, 결국에는 네 번의 치료 면담을 하게 되었다. 그녀가 이야기했던 주제로는 덫에 걸린 듯한 느낌, 어머니의 거절에 대한 기억, 가톨릭 교회의 사회화 과정 그리고 우리가 사람들을, 특히 여성들을 "군소리 없이, 자기희생을 하며, 성충동을 적대시하는 로봇"으로 세뇌시키는 교회의 파괴적인 행위라고 생각했던 것들이 있었다.

첫 해와 그 다음 6개월 동안에 주로 나타난 전이는 호의적인 이상화(idealizing)였는데, 이러한 전이는 Kohut(1971)이 자기애성 성격에서 전형적으로 나타나는 것이라고 말한 바 있다. 그러나 나는 몰리가 기본적으로 자기애성 성격의 소유자라고 생각하지 않았다. 몰리는 내가 남편, 교회의 목회자 그리고 부모와 유사한 점이 있는지 자주 시험하는 듯했다. 나는 그녀가 나를 자신의 자기이해 능력을 폄하하는 또 다른 사람으로 느끼지 않도록 가능한 한 해석을 하지 않았다. 면담 중에 우리가 매우 수다스러워 지는 경우도 자주 있었다. 우리는 그녀가 하는 일, 자신의 혈통에 대한 생각, 중환자실에서 경험한 일들 또는 그 밖에 흥미로운 주제라고 생각되면 어떤 것에 대해서든 이야기를 나누었다. 시각적으로 "나를 흡수하기" 위해서 나를 쳐다보며 이야기하겠다던 그녀의 생각은 옳았던 것 같았다.

나는 우리 둘이 거의 숨을 쉴 수 없을 정도로 심하게 웃었던 두어 번의 면담시간을 생생하게 기억하고 있다. 그녀는 어린 시절 가톨릭 학교에서 수녀들로부터 받은 교육이 얼마나 유별났는지 이야기해 주었다. 수녀들은 여학생들에게 검은색 에나멜 구두를 신지 말라고 했는데, 남학생들이 구두에 속옷이 비치는 것을 볼 수 있다는 것이 그 이유였다. 또한 수녀들은 학생들이 의자에 앉을 때 반 만 걸터앉도록 했는데, 왜냐하면 그 나머지 반에는 수호천사가 앉아야 하기 때문이라는 것이었다. 한 번은 몰리의 가족이 일요일 미사에서 영성체를 받았는데, 그때 감기에 걸린 여동생이 변기에 그것을 토해버렸다. 그녀의 어머니는 빵과 포도주가 예수의 몸과 피로 변화된다는 교리를 글자 그대로 믿었기 때문에 "예수님이 변기 속에 빠졌다!"며 심한 두려움에 휩싸였고, 신부님을 집에 오시게 해서 화장실 배수구를 성스러운 것으로 축복하게 해야 한다고 주장했다.

그러나 내가 공감적인 반영(empathic mirroring)과 지지적인 잡담(supportive chatting)만 했던 것은 아니었다. 나는 몰리의 습관적인 방어기제에 부드럽게 도전했을 뿐만 아니라 때때로 가톨릭 교회, 즉 적어도 몰리가 내면화한 가톨릭의 가르침, 특히 고난을 미덕으로 동일시하는 가르침과 그녀가 전에는 의문을 품지 않았던 간호사 수련과 관련된 신념에 대해서 '건드려' 보곤 했다. 우리는 피학증이란 그녀처럼 자신의 욕구를 희생하면서 다른 사람을 돌보려 하는 것이라고 정의를 내리면서, 그녀가 스트레스 상황에서 '자동적으로 따르게 되는' 방식을 비롯해서 그녀의 과도한 피학증적 패턴을 좀 더 분명하게 밝혀냈다. 이런 식으로 우리는 그녀가 전에는 전혀 의문을 품지 않았던 많은 행동들을 점차 자아 이질적인(ego alien) 것으로 만들 수 있었다.

이렇게 얼굴을 맞대고 치료를 해 온 지 약 1년이 지났을 무렵에, 나는 치료실 책상 위에서 급하게 휘갈겨 놓은 메모를 발견하게 되었다. 거기에는 몰리가 톰의 학대를 더 이상 참기 어려워졌다고 쓰여 있었다. 그래서 그녀는 갑작스럽게 집을 떠나 오하이오 주에서 가장 친한 친구와 함께 며칠을 보냈다. 이 일은 그녀가 처음으로 남편을 '버린' 것이었다. 나중에 그녀는 심한 죄책감을 느꼈다고 이야기했지만, 실제로는 자신을 위해서 행동했다는 기쁨이 이러한 죄책감보다 더 큰 것이었다. 이러한 사건이 있었던 직후부터, 그녀는 이제 '더 깊이 들어갈' 준비가 된 것 같다며 다시 장의자에 누워 이야기하겠다고 요청했다.

치료의 중반 단계

다시 장의자에 누워 이야기하자, 몰리는 더욱 강렬한 감정들을 경험하기 시작했는데, 이러한 감정들은 우리 두 사람 모두를 상당히 당혹스럽게 하는 부정적인 것들이었다. 전이가 새로운 방향으로 나타나는 것이었는데, 그녀는 내가 자신을 잘 돌보거나 돕지도 못하면서 자신의 바람과는 별 관계가 없는 정통적 정신분석을 하고 있다며 비난하기 시작했다. 나는 마침내 거부적인 부모의 모습이 투사되고 있다는 것을 알 수 있었지만, 그러한 공격을 받아내는 것은 어려운 일이었다. 이 시기에 그녀는 빈정거리며 비난하는 말투를 나타냈다. "내가 왜 어린 시절의 감정들을 다시 체험해야 하는 거지요?"라고 강하게 이의를 제기하곤 했다. "그러한 감정들은 너무 불쾌해서 다시 생각하기도 싫어요!"라고 말하는 등 자신을 냉정하게 바라볼 수 있는 자아기능이 극도로 저하된 듯이 보였다.

나 자신을 그다지 방어하지 않으면서 이처럼 격렬한 감정들을 경감시키려고 노력했지만, 신랄한 비난을 받는 것이 매우 고통스러웠기 때문에 나는 그녀가 오랜 기간 지녀온 주지화 습관을 장려하기도 하고 그녀의 감정이 '사실은' 어머니나 아버지 또는 남편에 대한 것이라고 설명해 주곤 했다. 지금-여기에서 경험하는 이러한 분노는 표출될 필요가 있는 것이며 내가 해야 할 일은 이러한 분노를 잘 수용하는 것이라는 점을 잘 알고 있었지만, 그녀가 치료를 그만 둘지도 모르며 그렇게 되면 나는 치료자로서 실패하게 되는 것이라는 역전이적 걱정을 억누를 수 없었다. 그녀가 정신분석을 공격하는 것은 나로 하여금 "그러한 신념을 방어하도록" 압박하는 것 같다고 해석을 해 주었더니, 그러한 맹렬한 공격이 상당히 감소되었다. 이러한 해석을 통해서 그녀는 자신이 어머니에게 대항하는 몇 개 안 되는 무기 중의 하나가 어머니의 신념을 공격하여 어머니가 수세적인 태도를 취할 때 자신이 도덕적으로나 지적으로 우월하다고 느끼는 것이었다는 것을 깨닫게 되었다. 이러한 과정을 통해서, 우리는 그녀가 빈정거리며 언어적인 공격을 하는 것이 자율성을 추구하고 자존심을 지키기 위한 몸부림을 보여 주는 것이라고 결론을 내리게 되었다. 이 시점부터 언어적 공격이 감소했는데, 우리 두 사람 모두를 위해 다행스러운 일이었다.

그러면서 그녀는 성적인 문제에 대해서 진지하게 이야기하기 시작했다. 전에도 우리는 이러한 문제와 관련된 이야기들(가톨릭 교회에서 어떤 것을 공표했으며 이에 대해서 그녀의 어머니가 어떻게 반응했다는 등)을 많아 나누었었다. 그러나 이제 그녀는 자신의 성적인 욕구와 행위들을 약간 주저하기는 했지만 말로 표현하기 시작한 것이다. 이러한 것 중에는 자위행위를 하면서 지니는 공상들이 있었는데, 이러한 공상에는 다양한 유형의 피학증적인 복종행동이 포함되어 있었으며 그녀는 이러한 이야기를 하면서 매우 창피해했다. 그러나 이러한 공상들은 흔한 것이며 실제로 피학증적인 행동을 하는 것과는 별개라는 점을 말해 주자, 그녀는 다소 안심하는 듯했다. 몰리는 다른 일에서도 그러했듯이 성관계에서도 매우 유능했으며 상대방을 기분 좋게 해 주었지만, 정작 본인은 거의 감흥을 느끼지 못했다. 그녀는 자신이 근본적인 의미에 있어서 '정말' 성적인 피학증을 지닌 것으로 밝혀지게 되지 않을까 몹시 두려워했다. 그녀가 스스로 깨닫게 된 중요한 통찰 중의 하나는, 성적인 흥분을 억압하는 이유가 통제력을 상실할지 모른다는 두려움 때문이며 통제력을 상실하게 될 경우 잠복해 있던 수동성이 나타나지 않을까 하는 두려움을 지니고 있다는 점이었다. 그녀는 시체 애호증(necrophilia)[2]으로 재판을 받던 한 남자가 변론을 하면서 "그녀가 죽었는지 내가 어떻게 알겠소? 나는 그저 착한 가톨릭 소녀라고 생각했다구요!"라고 말했다는 농담이 있다며 씁쓸해했다.

이러한 단계의 중반부터, 몰리는 부부의 성생활을 바꿔나가기 시작했다. 그녀와 톰은 한 팀이 되어 그들이 지니는 성적인 욕구나 선호의 차이로 인한 문제들을 해결해 나가기 시작했다. 그들은 에로틱한 영화를 보러 가기도 하고, *The Joy of Sex*(Comfort, 1972)[3]를 사서 보기도 했으며, 새로운 체위를 실험해 보기도 했다. 이때부터 몰리는 성적인 흥분을 경험하기 시작했으며, 성교하는 동안 두 번이나 오르가슴을 경험하기

2) 역자 주: 죽은 시체와 성관계를 맺으려 하는 성도착증의 한 유형.
3) 역자 주: 1972년에 발간된 Alex Comfort의 베스트셀러. 성(sex)으로부터 해방되려면 어떻게 해야 하는지에 대한 비결을 에로틱한 그림과 함께 표현한 책.

도 했다. 이와 동시에, 그녀는 결혼생활의 모든 영역에서 자기주장을 하기 시작했다. 그녀와 톰은 더 좋은 친구가 되어 갔으며, 그녀의 생활은 상당히 안정되어 갔다. 몰리는 남편에게 만약 그녀를 다시 신체적으로 학대하면 그를 떠나겠노라는 최후통첩을 하기도 했다. 이러한 선언을 하고 나서, 우리는 덫에 걸린 것 같은 그녀의 답답한 느낌과 그러한 느낌의 객관적 증거에 대해서 치료시간에 많은 이야기를 나누었다.

몰리가 깨닫기 시작한 것 중에 하나는, 이것도 새로운 성적인 실험을 하면서 알게 된 것인데, 모든 것이 그녀 자신의 문제 때문만은 아니라는 것이었다. 톰은 성관계를 맺을 때 부드럽게 시작하기보다 성급하게 덤벼드는 경향이 있었는데, 그녀가 전희나 포옹을 좀 더 해달라고 하면 짜증을 내는 것 같았다. 톰은 성적으로 문제가 없는 반면 자신이 '불감증'을 지니고 있다는 오랫동안 지녀온 생각에 대해서도 그녀는 다시 생각해 보게 되었다. 그녀는 상대방이 좀 더 이해심 있고 덜 방어적인 태도를 보인다면 성적인 쾌감을 많이 느끼게 될지 모른다는 생각을 하기 시작했다. 가톨릭의 가치관에 의해 주입된 초자아에 최대한 저항하면서, 그녀는 자신도 혼외정사를 해보겠다고 마음을 먹었으며, 그 대상으로 한동안 그녀를 유혹해 오던 병원의 한 동료를 선택했다.

'나약한' 남자와는 결코 사귀지 않겠다는 맹세를 지키기 위해서, 몰리는 항상 거칠고 권위주의적인 상대를 선택해 왔으며 그녀의 남편도 그렇게 선택한 것이었다. 그러나 이제 그녀는 자신에게 부드럽고 평등한 관계에 대한 바람이 있다는 것을 깨달았기 때문에 따뜻하고 조용한 남자를 선택했는데, 그 사람은 그녀가 이전에 사귀었던 지나치게 남성적 성향의 애인들보다 내면적인 강점을 더 많이 지니고 있었다. 그녀가 일하는 중환자실에 근무하는 남자 간호사이며 최근에 이혼을 한 스티브(Steve)는 감정을 잘 표현하고 상대방을 잘 배려해 주는 사람이었다. 몰리가 잘 설계한 계획에 따라서 실행하게 된 이성적인 실험은 예상치 못한 문제를 야기했다. 그녀의 인생에서 처음으로 사랑에 빠지게 된 것이다.

공교롭게도, 몰리가 남편이 아닌 남자로부터 성적인 사랑과 정서적 지지를 얻으려고 계획하던 시기에 그녀는 내가 임신했다는 사실을 알게 되었다. 나는 그녀가 동생과 잘 지내다가 고통스럽게 경험해야 했던 것과 유사한 상실감을 방지하기 위해서 그동안 나에게 지녔던 의존적인 감정의 상당 부분을 스티브에게로 옮기고 있는 것이라고 생각했다. 내가 곧 아이를 낳게 된다는 점에 대해서 어떻게 느끼는지 물었을 때, 그녀는 아무런 감정도 없다고 재삼 주장했다. 나는 내가 이러한 해석을 들이대면 그녀가 주지화하여 받아들이게 될 뿐이라고 느꼈다. 그녀는 내가 아이를 낳기 위해 6주간의 휴가를 갖기 직전의 면담시간에 나를 꼭 껴안아 주고 싶은 마음이 갑자기 들었었다고 나중에야 고백했다. 이것은 그녀가 나에 대한 긍정적인 감정을 처음으로 솔직하게 직접적으로 표현한 것이었다.

스티브와 매우 조심스럽게 연애를 하던 첫 몇 달 동안, 몰리는 이러한 관계를 남편과의 관계가 좋아지면 청산해야 할 일시적인 관계로 생각했었다. 그러나 이 기간 동안 톰은 언어적인 폭력을 휘두르고, 그녀를 때리겠다고 위협하기도 했으며, 그녀를 처벌하는 의미로(어쩌면 그녀를 보호하기 위해서) 2주 동안 집을 떠나 있었다. 그 후에 그가 화해를 하고 다시 집에 돌아오려고 했을 때, 몰리는 거절을 했다. 그녀는 남편에게 돌아오더라도 그의 침대에서만 자라고 말했다. 즉, 몰리는 남편 없이도 잘 지낼 수 있다는 것을 알게 된 것이다. 그녀는 법적인 별거절차를 밟기 시작했다.

이러한 일들이 벌어지고 있는 동안, 몰리는 어린 시절에 겪었던 어려움과 현재 되풀이 되고 있는 문제들 간의 관련성을 이해하려고 열심히 노력했다. 동생들의 죽음에 대한 그녀의 복잡한 감정들이 점차 표면으로 떠오르게 되었는데, 여동생 수잔이 죽은 기일을 전후하여 이러한 감정이 갑자기 강렬해졌다. 그녀가 새로 태어난 내 딸의 이름을 물어서 수잔이라고 대답하자, 몰리는 강렬한 애도반응을 보이기 시작했는데, 이러한 애도반응은 내가 딸의 이름을 수잔이라고 지은 것에 대해서 화가 난다는 것을 자각하면서 시작된 것이었다. 몰리는 여러 가지 이상한 이유를 근거로 하여 수잔이 정말로 죽었다는 것을 믿지 않으려 했기 때문에 수잔이라는 그 이름을 동생의 것으로 '남겨두려' 했다는 것을 깨닫게 되었다. 텅 빈 무덤 위에 서 있는 내용의 황량한 꿈들이 이러한 생각들을 반영하고 있었다.

우리는 몰리가 어린 시절에 경험해 보지 못한 어머니-아이의 애정 어린 애착관계를 어떻게 어린 동생 수잔과의 애착을 통해서 보상하려 했는지 천천히 되짚어 보았다.

몰리는 현재 자신이 맺고 있는 뜨거운 연애관계를 경험하면서 그동안 사랑받는 느낌을 얼마나 그리워했으며 이러한 관계를 얼마나 마음속 깊이 갈망해 왔는지 깨닫게 되었다. 그녀는 어린 시절에 어머니로부터 적절한 양육(good-enough mothering)을 받지 못한 대신 수잔에게 느꼈던 유대감이 얼마나 깊은 것이었으며 이제 그 상실로 인한 슬픔이 또한 얼마나 깊은 것인지를 이해하기 시작했다. 그리고 마침내 몰리는 자신이 수잔을 떨어뜨려 팔이 부러지게 한 후에 지금까지 이루 말할 수 없는 죄책감을 느껴 왔던 일들을 포함해서 수잔에 관한 일련의 기억들을 떠올렸다. 그녀는 자신이 사랑스럽다고 여겨왔던 이 아이에게 복합적인 감정을 지녔었다는 것을 처음으로 깨닫게 되었다. 즉, 그녀의 마음 깊숙한 곳에서는 이 아이를 해치거나 없애 버리고 싶은 마음도 있었던 것이다. 나는 자매 대치(sibling displacement)에 대한 이러한 정상적인 반응에 대해서 그녀가 자괴감을 덜 느끼게 하려고 노력했다. 그녀가 이러한 부정적인 감정을 인식하게 된 것은 자신의 내면에 있는 적대적이고 경쟁적이며 파괴적인 욕망들을 수용하기 시작했다는 것을 상징하는 것으로 여겼다. 전에는 몰리가 이러한 부정적 감정들을 억압해 왔으며 그 무의식적인 존재로 인해서 어두운 자기감(sense of self)을 느껴왔었다.

여러 달 후에, 몰리는 치료과정에서 '매우 중요한 순간'을 맞이하게 되었다. 이 시기에 몰리는 수잔에 대한 부정적 감정을 깨달았던 순간처럼, 모든 경험을 통해서 자기정체감과 자율성을 점점 더 견고하게 만들고 그로 인한 즐거운 경험을 확대시켜 나갔다. 이러한 모든 경험들을 수치감이나 질투감처럼 그와 연관된 감정들과 함께 자유롭게 표현하고 편안하게 수용하게 되면서, 몰리는 그녀가 그동안 채택해 왔던 항상 유익한 페르소나(Jung, 1945)와는 매우 다른 자신의 모습을 받아들일 수 있게 되었다. 그리고 그동안 두려워해 왔던 것처럼 자신이 그렇게 사악하지 않다는 결론을 내렸다. 그녀의 부모나 가톨릭 교회와는 달리, 나는 누군가를 해치거나 죽이려는 소망이 인간으로 살아가면서 불가피하게 경험할 수밖에 없는 것이라고 여겼으며, 몰리는 나의 이러한 태도를 내면화하면서 인류가 공통적으로 경험하는 감정들을 보고하기 시작했다.

종결 단계

몰리가 자신을 가치 있는 존재로 여기고 탐욕과 증오와 같은 감정까지도 자기 성격의 일부로 받아들이게 되자, 그녀의 영혼은 점차 밝아지게 되었다. 전반적인 기분의 변화는 외현적 행동과 내면적 체험 모두에서 뚜렷하게 나타났다. 행동 영역에서 몰리는 이제 더 이상 다른 사람을 어떻게든 기쁘게 하려고 애쓰지 않으며 그 대신 자신이 느끼는 바를 편안하게 표현할 수 있게 되었다고 보고하기 시작했다. 그녀는 다른 사람들이 적절하다거나 멋있다고 여기는 것에 연연하지 않고 자기 자신의 취향을 만들어 나가기 시작했다. 그동안 친구를 사귀기 어려웠던 것은 대부분 그녀가 다른 사람들에게 좋은 인상을 주려고 지나치게 노력함으로써 그들을 부담스럽게 만들고 그 결과 그들로부터 거부당할 수밖에 없었기 때문이라는 것을 깨닫게 되었다. 그녀는 머리카락이 원래의 색깔대로 자라도록 내버려 두었으며, 정장을 입거나 하이힐을 신기보다 청바지나 편안한 옷들을 입기 시작했고, 강박적으로 손톱정리를 하거나 매니큐어를 바르던 일들을 중단했다. 나는 그 당시에 화장을 거의 하지 않고 편안한 일상복을 입고 다녔기 때문에 몰리가 나를 모방하려는 측면이 상당히 있다고 추측했으나, 의식적 수준에서 몰리는 그녀 자신답게 살아가려 한다고 여겼다. 그녀의 목소리는 더욱 부드러워졌으며 행동방식도 더욱 느긋해졌다. 그녀는 유머감각을 발달시켰으며, 어린 시절의 구강기 욕구와 같은 주제에 대해서 이야기를 나눈 적이 없었는데도 "누군가가 날 먹여 주고 있다는 느낌을 느끼고 있었어요. 하지만 제가 이제 더 이상 우유병을 가지고 오지 않는다는 것을 선생님은 눈치 채셨나요?"라고 말하며 농담을 하기 시작했다.

성생활에 있어서 몰리는 스티브와의 관계에서 자주 오르가슴을 경험했으며, 더 중요한 것은 자신의 성생활에 대해서 전반적으로 즐겁다는 느낌을 지니고 있었다는 점이다. 성생활은 더 이상 노동이 아니었다. 신체적인 면에서는 과거에 만성적으로 느끼던 피로감이 사라졌다. 이러한 피로감은 몰리가 초기 면담에서 언급하지 않았던 것인데, 왜냐하면 피로감과 반대가 되는 생동감을 느껴본 적이 없어서 이러한 피로감이 없어진 후에야 비로소 과거의 상태가 어떠했는지 설명할 수 있었기 때문이었다. 그녀가 치료의 종결에 대해서 이야기하기 2년 전부터, 편두통 증상은 사라지고 없었다. 우리가 그녀의 편두통에 대해서 '분석'을 하지도 않았는데 치료과정 중에 자연스럽게 사라져 버렸다(참고: Mumford, Schlesinger, Glass, Patrick, & Curedon, 1984). 이렇게 변화된 상태가 지속될 수 있을 것이라고 생각하게 되자, 몰리는 면담시간을 일주일에 세 번으로, 그 다음에는 두 번으로 줄였다. 이러한 결정을 일종의 저항으로 간주할 수도 있었지만, 나는 그녀가 나를 덜 자주 만나고, 치료에서 얻은 소득을 더 주체적으로 유지시켜 나가며, 치료를 그만 둘 준비가 된 시기를 스스로 선택하게 하는 것이 그녀의 성장을 위해서 바람직하다고 느꼈다.

심리내적인 영역에서는 그러한 변화가 그녀의 꿈에 반영되어 나타났다. 파도에 대한 악몽은 그녀가 감정에 압도되는 것에 대한 두려움을 오랫동안 이야기한 후에 그 빈도가 줄기 시작했으며, 수잔의 죽음에 대해서 매우 강렬한 슬픔을 표출하기 전날 밤에 나타난 것이 마지막이었다. 어둡고 텅 빈 집들에 대한 꿈들은 더 환하고 새로 지어진 구조들로 대체되었으며 나중에는 식물들로 가득 차게 되었다. 몰리는 꿈속에서 부모를 책망하기 시작했으며, 이렇게 야간에 부모를 공격하는 꿈을 꾸게 되면서 주간에는 가족과 연락을 취해서 서로의 생활방식을 잘 맞추어 나갈 수 있는지 알아보려는 관심을 나타내기 시작했다.

몰리는 여러 명의 동료들과도 따뜻한 친구관계를 형성하기 시작했다. 스티브와의 관계는 점점 깊어져 갔으며, "이건 너무 과분하게 좋다. 무언가 나쁜 일이 일어나고 말 것이다!"라는 그녀의 미신적인 생각도 물리치기 시작했다. 두 연인은 다른 주에서 더 좋은 직장을 찾아보는 일에 대해 논의하기 시작했으며, 그들의 능력을 더 잘 발휘할 수 있고 더 많은 보수를 받을 수 있는 매우 유명한 병원에 함께 지원했다. 철저한 면접 후에 그들은 고용되었다. 몰리는 당시에 근무하던 고용주에게 퇴직 통보를 하였으며 나와도 3주 후에 치료를 종결하기로 결정했다.

마지막 면담에서 몰리는 자신의 진전과정을 되돌아보았으며 남아 있는 문제들을 앞으로 어떻게 해결해 갈 것인지에 대해서 살펴보았다. 그녀는 내가 만족할 때까지 치료를 계속 받도록 자신을 설득하려 할지 모른다는 두려움을 느꼈지만, 내가 자신의 어머니처럼 그녀의 개인적인 판단과 경험을 무시할 것이라고 예상했던 경우와 마찬가지로, 이것이 전이적인 두려움이라는 것을 금방 자각했다. 그녀는 도움을 더 받아야 할 경우를 위해서 이사 가는 지역에서 활동하고 있는 분석가를 추천해 달라고 요청했다. 나는 그 지역에 사는 지인을 통해 알아본 뒤, 의사인 두 명의 분석가 이름을 알려주었다. 나는 그녀가 의료인이기 때문에 의사인 분석가를 좋아할 것이라고 생각했는데, 그 이름을 받고 나서 그녀는 뜻밖에 실망스럽고 미심쩍은 표정을 나타냈다. 그 표정이 무슨 의미냐고 묻자, "나는 정신과 의사에게 가고 싶지 않아요. 그들은 모두 프로이트 추종자들이잖아요."라고 대답했다. (그 당시 나의 슈퍼바이저는 그녀에 대한 치료가 매우 '프로이트 식' 이었다는 점에서 이러한 반응을 매우 흥미로워했다.) 이처럼 몰리는 정통적인 것에 대한 거부감을 여전히 지니고 있었지만, 이러한 것에 강박적으로 순종하려는 경향은 사라졌다.

마지막 면담을 마치고 한 달이 지났을 때, 나는 그녀로부터 다음과 같은 편지를 받았다.

> [스티브와 나는] 아주 잘 지내고 있어요. …… 나는 그 사람을 사랑하고 사랑의 감정을 항상 느끼고 있어요. 하지만 물론 나 자신을 먼저 생각하고 있구요. …… 내가 분노를 느끼거나 화난 행동을 하고 있다는 것을 알게 되면, 바로 마음을 집중하여 그러한 분노를 바라보려고 노력하고 있어요. 이제 나는 [감정을] '쌓아' 두면 다루기가 더 어려워진다는 것을 알아요. 나는 이상한 꿈들을 많이 꾸고 있지만 모두 아주 길고 얽혀 있는 꿈들이라서 그 의미를 잘 이해하지는 못하겠어요. 나는 자유연상을 해서 분석하는 일을 잘하지 못하거든요. …… 금방 연상이 멈춰지고 흐름을 잃어버리게 돼요. 언젠가는 잘 해 보아야겠지만, 지금은 그냥 편안하게 놔두고 있어요. 나는 사랑을 많이 받고 또 사랑을 많이 주고 있다고 느껴요. 우리는 거의 매일 함께 앉아서 그날 느꼈던 감정들에 대해 얘기를 나눠요. 언제나 대화를 나눌 수 있고 우리는 둘 다 이야기하기를 좋아해요. 우리는 모두 힘든 결혼생활을 한 경험이 있기 때문에 요즘 우리가 누리고 있는 것들에 대해서 매우 감사하는 마음을 지니고 있어요. 이러한 관계가 지속되려면 스티브를 믿고 의지하는 것이 중요하다는 것을 받아들이게 되었고, 스티브는 좋은 사람이기 때문에 그에게 의지하면서도 내 마음이 편해요.

내가 스티브의 딸을 계모로서 어떻게 느끼게 될지에 대해서 우리는 함께 이야기해 나가고 있어요. 내가 다섯 살 난 작은 여자 아이를 만나게 된다니 기분이 약간 이상해요. 내가 그 아이의 어머니라는 느낌을 갖게 되겠지만, 7년이라는 세월이 흐른 후에 수잔을 다시 만나는 듯한 느낌을 어떻게 다루어야 할지 모르겠어요…….

나의 부모님들은 스티브에 대한 이야기를 듣고 편지를 보내셨어요. 사랑이 담긴 편지였어요. 하지만, 당분간은 부모님과 서신왕래만 하면서 지내려고 생각하고 있어요. 선생님이 보고 싶어요. 건강하게 잘 계시기를 빌게요.

치료를 종결하면서, 몰리와 나는 상황이 변하지 않았더라면 우리가 치료를 좀 더 오래 계속하고자 했을 것이라는 데 의견을 같이했다. 그러나 치료를 받은 3년 반 동안, 그녀는 괄목할 만한 성장과 변화를 보였으며, 또한 나는 Freud가 『시한부 분석과 무제한의 분석(*Analysis Terminable and Interminable*)』(1937)이라는 책에서 한 주장이 몰리에게 해당된다고 여겼다. Freud는 치료자의 눈에는 나중에 내담자에게 어려움을 줄지도 모르는 문제들이 해결되지 않은 채 남아 있는 것으로 보이겠지만, 일단 내담자가 원하는 만큼 치료를 하고 종료하면서, 앞으로 어려운 문제를 겪게 되어 심리적으로 힘들어지면 언제든지 다시 돌아와서 치료를 받을 수 있다고 권장하는 것이 최선이라고 여겼다. 나는 몰리가 사람과의 관계에서 먼저 이별을 제안할 수 있고 너무 극단적이지 않은 방식으로 이별을 해 나가는 경험이 필요하다고 생각하기도 했는데, 왜냐하면 그녀가 가족과의 관계나 톰과의 결혼생활에서 그럴 수 없었기 때문이다. 그녀가 충분히 해소되지 않은 갈망을 치료자로부터 스티브에게 옮긴 것이라고 생각할 수도 있었지만, 나는 그녀가 떠날 준비가 되었을 뿐만 아니라 그녀가 원하는 것을 치료실 밖의 세상에서 얻는 것이 바람직하다고 느꼈다.

종결 이후의 관찰

나는 몰리가 이사를 간 후에도 주기적으로 그녀의 소식을 들을 수 있었다. 그녀는 자신이 어떻게 살고 있는지에 대한 짧은 편지와 함께 크리스마스 카드를 보내오곤 했다. 그녀와 스티브는 얼마간의 힘든 시간을 보냈지만 자신들의 문제를 함께 잘 헤쳐 나갔으며, 화재로 집을 잃는 등 몇 차례의 심한 시련이 있었지만 사랑을 유지하면서 잘 극복해 나갔다. 한 번은 그들이 우리 집 근처에 살고 있는 스티브의 친척을 방문하러 왔다가 나를 만나러 와서 우리는 커피를 마시며 그들과 스티브의 딸, 직장일, 키우고 있는 애완동물들에 대한 이야기를 나누기도 했다. 치료를 종결한 후 10년 정도는 모든 일이 잘 풀려 가는 듯이 보였다. 그러나 10년 정도가 지난 어느 날, 몰리는 전화를 해서 매우 고통스러운 목소리로 자신에게 가족의 유전병 증세라고 진단을 받은 신체적인 문제들이 나타나고 있다고 말했다. 생존해 있던 그녀의 두 동생에게도 그러한 증상이 나타나고 있었다. 이러한 재앙은 멘델의 법칙을 따르지 않고 그녀의 부모가 낳은 모든 자녀에게 나타나고 있는 것이었다.

치료과정에서 나는 몰리에게 이러한 질병에 걸리게 될 것에 대해 걱정하고 있는지 물어본 적이 있었다. 그때 그녀는 자신에게도 이러한 질병과 연관성이 있는 골상학적 특징들이 있기는 하지만 자신이 질병을 지니고 있다면 벌써 증상이 나타났을 것이라며 자신 있게 말했었다. 지금 생각해 보면, 그녀와 나는 그러한 주제를 더 이상 자세하게 살펴보지 않기로 무의식적인 결정을 했던 것 같다. 왜냐하면 그녀가 힘들게 노력하여 인생을 좀 더 행복하게 만들고 난 후에 그러한 질병에 걸려 젊은 나이에 고통스럽게 죽게 된다고 상상하는 것은 너무나 곤혹스러운 일이었기 때문이었다. 치료를 하는 과정에서 몰리는 아이를 갖지 않겠다는 결정을 내리기까지 상당한 시간을 보냈으며 이러한 결정에 대해서 슬퍼했다. 그녀는 그러한 유전적인 저주를 자식에게 물려주는 것을 원치 않았었다. 지금 그녀는 공포감에 휩싸여 완전히 절망하고 있었으며, 나 또한 괴로운 심정이었다.

그 후 짧은 기간 동안 몰리와 나는 그녀가 받은 진단으로 인해 파생될 문제들에 대해서 자주 통화를 하며 이야기를 나누었다. 그녀가 직면한 문제 중의 하나는 자신이 인식했던 것보다 더 심하게 사람들을 두렵게 만드는 과거의 성향이 새로운 모습으로 나타나고 있다는 점이었다. 그래서 우리는 이처럼 매우 희귀한 질병에 대해서 의사보다 환자가 더 잘 알고 있다는 사실(몰리는 이 질병에 대해서 철저한 탐구를 한 바 있다)을 알고도 위협감을 느끼지 않을 의학적 전문가를 어떻게 찾아낼 것인지에 대해서 머리를 맞대어 상의하기도 했다. 마침내 그녀는 저명한 대학병원을 방문하여 전문가들과 면담을 해 보기로 결정했다. 그러한 과정에서, 그녀는 자신으로부터 이 질병에 대한 지식을 기꺼이 배우려는 태도를 지니는 동시에 긴밀한 관계 속에 이 질병에 대한 최신 정보를 함께 조사하며 그녀가 생존할 수 있는 모든 노력을 기울여 줄 의사를 만나게 되었다. 그 의사의 도움을 받으며, 그녀는 여러 해 동안 다양한 의학적 위기들을 넘길 수 있었다. 이 시기에 우리는 정기적으로 연락을 주고받았다.

1987년에 그녀가 보내온 편지에는 이렇게 적혀 있었다:

> 모든 것이 아주 힘들지만 그래도 견딜 만해요. 내가 어떤 사람이라는 것을 잘 아시잖아요. 나는 살아남기 위한 강인함을 잘 갖추고 있답니다. …… 가족 중에 아무도, 금방은 아니지만, 조만간 내가 죽게 될 것이라는 것을 받아들이려 하지 않아요. 하지만 나는 내가 어떻게 죽게 될 것인지 잘 알고 있답니다(물론, 버스에 치여 죽을 수도 있지만 말입니다.) …… 낸시, 당신은 내가 죽게 될 것이라는 것을 예견하고 있었을 겁니다. 나도 그러했습니다. 나에게는 남은 인생을 어떻게 살아야 하는지 알려 준 여러 사람들이 있었습니다. 나는 현대 약리학의 발전으로 이전에 죽은 동생들보다 더 오래 살아가고 있어요. 나는 이러한 시간을 소중하게 여길 겁니다. 이렇게 살아가는 사람들이 얼마나 많다는 것을 당신도 잘 알잖아요?

그리고 그녀는 이렇게 여러 해를 더 살 수 있었다. 나는 그녀의 용기와 재치를 보여주는 감동적인 편지들을 많이 가지고 있다. 이러한 편지에서 그녀는 치료를 받으며 경험했던 일들, 특히 그녀가 가톨릭 학교를 다니면서 경험했던 우스꽝스러운 일들에 대해서 우리가 함께 깔깔대고 웃었던 일들을 자주 회고하고 있다. 그러나 1991년 봄에, 몰리는 갑작스러운 호흡기 이상으로 결국 사망하였다. 그녀는 심리치료를 통해서 15년 이상 정직함의 즐거움, 삶에 대한 주인의식, 깊은 감정의 체험, 애정 어린 평등한 관계의 형성, 자기이해감와 자기조절감을 경험하며 살아갈 수 있었다. 나는 그녀가 좀 더 오래 살 수 있기를 기원했으며, 그녀의 마지막 몇 년 동안은 그녀의 생명을 구할 수 없다는 무력감을 견디기가 힘들었다. 나는 지금도 그녀를 그리워하고 있다. 그러나 내가 이 책에서 그녀의 이야기를 하면서 그녀가 치료를 통해 배웠던 것을 다음 세대의 치료자들에게 전하고 있다는 것에 대해서 그녀는 기뻐할 것이다.

제 9 장

도나(Donna)의 사례[1]

> 심리치료를 하는 방법과 수단은 많다. 어떤 것이든 장애를 회복시키는 것이라면 좋은 치료라고 할 수 있다.
>
> – Sigmund Freud(1905, p. 259)

정신분석적 문헌에서 경계선 및 정신병 범주에 속하는 환자들에 대한 치료방법을 자세하게 소개하고는 있지만(예: H. Green, 1964; Sechehaye, 1960; Stoller, 1997), 정신분석적 치료의 구체적인 예를 보여 주기 위해서 현재 학생들에게 소개되고 있는 사례들은 몰리의 경우처럼 치료자와 협동적인 관계 속에서 치료를 해 나갈 수 있는 내담자들에 관한 것이 대부분이다. 그러나 신참 치료자들이 접하게 되는 환자들 중 상당수는, 이 장에서 소개될 여성처럼, 우호적인 협조적 태도를 보이기보다 치료자에게 적대적이고 비하적인 태도를 나타내는 경향이 있다.

1) 이 장은 McWilliams(1986)가 발표한 바 있는 도나에 관한 논문을 보완한 것이다. 이 논문을 보완하여 출간할 수 있도록 허락해 준 Haworth Press에 감사한다.

'도나'는 내가 치료를 처음 시작하던 시기에 만났던 환자였기 때문에, 내가 도대체 무엇을 하고 있는지 모르겠다는 지속적인 걱정을 하면서 한 젊은 치료자로서 누군가에게 깊이 있는 도움을 주려고 암중모색을 했던 모습을 잘 보여 주고 있다. 또한 그녀에 대한 이야기는 내가 이 책에서 어떤 주제들을 그토록 강조했던 이유를 잘 보여 줄 것이다. 치료를 시작하는 초기에 만나게 되는 환자들은 우리가 심리치료에서 어떤 요인들이 가장 중요한지를 개인적으로 인식하는 데에 중요한 역할을 한다. 이런 점에서 나는 내가 치료했던 어떤 환자보다도 도나에게서 더 많은 것을 배웠다고 생각한다. 나는 도나에 대한 사례를 내가 전반적으로 치료를 잘 한 모범적인 사례로 여기지는 않지만, 내가 범한 실수들을 잘 보여 주는 유익한 사례라고 생각하여 제시하는 것이다. 특히, 치료에 중대한 영향을 미치는 감수성을 잘 보여 주는 치료자의 태도가 어떤 특정한 기법을 잘 적용하는 것보다 더 효과적이라는 점을 각별히 강조하고 있는 이 책의 맥락에서도 이 사례는 유익할 것이다.

이 사례를 제시하는 또 다른 이유는, 내가 이 환자를 30년 이상 지켜보아 왔으며 그러한 오랜 추후관찰을 통해서 어떤 치료효과가 지속되고 있고 어떤 문제가 여전히 남아 있는지를 살펴볼 수 있었기 때문이다. 또한 나는 한 가지 분명한 의도도 지니고 있다. 즉, "우디 앨런 증후군(Woody Allen syndrome)"이라고 불리는 것—끝도 없이 계속되는 정신분석적 치료—에 대해 요즘 많은 사람들이 비웃고 있지만, 어떤 환자들의 경우에는 평생 동안은 아니더라도 아주 긴 기간 동안 헌신적인 보살핌이 필요하다고 믿는다. 내가 알고 있는 대부분의 치료자들은, 그들이 정신분석가가 아니더라도, 이러한 유형의 내담자를 치료한 적이 있거나 치료하고 있을 것이다. 예를 들어, 내가 럿거스에서 열린 한 작은 모임에서 도나의 사례를 발표한 후에, 유명한 인지행동 치료자이자 나의 동료인 Donald Peterson은 자신도 수십 년에 걸쳐 여러 번의 치료회기를 반복적으로 가져야 했던 환자들이 있다고 나에게 말해 주었다. 나는 이러한 헌신적 노력이 결국은 사회적 차원에서 비용에 비해 효과가 더 크다고 생각한다. 특히, 문제가 심각한 환자의 경우, 외래진료를 통해 오랜 기간 치료자에게 도움을 받는 것이 반복적인 입원, 정신과적인 응급치료, 위기 개입, 때로는 치료를 받지 않을 경우 발생할 수 있는 교도소 수감보다 훨씬 더 경제적이다.

다음의 글에서는 이 환자의 이름과 신상내용의 일부를 바꾸어 소개했다. 그러나 도나의 허락하에, 나는 우리의 면담시간에 있었던 일들을 최대한 정확하고 솔직하게 기록하려고 노력했다.

최초의 임상적 양상

치료의 시작

1972년 가을에 내가 근무하고 있던 정신건강센터로 도나가 처음 방문했을 때, 그녀는 23세로 대학교에서 노사관계학을 전공하는 2학년 학생이었다. 그녀는 16세 때부터 여러 치료자와 치료기관에서 치료를 받아왔는데, 두 차례의 단기 입원과 상당한 양의 약물치료(Navane, Mellaril, Thorazine 그리고 Valium 계통의 항불안제)를 받은 경력도 있었다. 그 당시에 그녀는 나중에 정신분열증으로 입원하게 된 한 소녀와 강렬한 융합적인 성적 관계를 맺으면서, 유명한 록 가수들에 대해서 망상에 가까운 구체적인 공상을 그 소녀와 함께 나누고 있었는데, 죽음에 대한 공포로 괴로워하고 있었으며 자살할 생각을 이야기하기도 했다. 그녀는 심한 과체중 상태였고, 손을 반복해서 씻는 강박행동을 지니고 있었으며, 약물(마리화나, 대마초, 메탐페타민, LSD)을 많이 사용하고 있었고, 집에서는 가족들과 심한 갈등을 나타내고 있었다.

청소년기에 처음으로 문제행동을 나타낸 이후 정신건강센터에서 나와 접수면접을 하기까지 7년 동안 약물치료, 입원치료, 보호시설에서의 생활 그리고 그녀의 심한 적개심으로 인해 실패했었던 여러 번의 단기 심리치료 경험에도 불구하고, 그녀의 문제는 대부분 점점 더 악화되었다. 그녀는 심각한 자기파괴적 충동을 성적인 행동으로 표출하고 있었고, 손목과 팔에 여러 번의 자해행동을 했으며(한 번은 아버지에 대한 분노를 이기지 못해서 자신의 다리에 칼로 "DAD"라는 글자를 새긴 적도 있다), 자신을 화나게 만든 사람을 죽이겠다고 협박하거나 신체적으로 공격하기도 하였다. 그 당시에 나는 모든 환자들에게 섭식장애가 있는지 물어보지 않았기 때문에 잘 몰랐었지만, 5년 후에 그녀가 치료과정에서 우연하게 "어쨌든 요즘은 먹은 것을 토하지는 않아요."라는 말을 했을 때야 비로소 나는 그녀가 폭식과 구토를 반복해 왔음을 알게 되었다.

도나는 정서장애라는 공식적인 판정을 받은 상태에서 주정부의 재활지원기관으로부터 대학 수업료를 지원받는 대가로 치료를 받아야만 하는 상황에 있었다. 그러했기 때문에 그녀는 비협조적이고 도전적이며 자포자기적인 태도를 나타내는 환자였다. 현재 겪고 있는 문제를 이야기해 보라고 하자, "나는 예민한 사람이에요. 불안하죠. LSD를 복용하고 환각을 보고 나면 우울해지지요. 학교에서는 공부하고 싶은 의욕이 없어요."라고 말했다. 그녀는 줄담배를 피워댔고, 손톱을 물어뜯었으며, 마지못해 이야기를 했고, 사탕을 좋아했으며, 알코올 중독자나 약물 중독자가 될까 봐 걱정했다. 그녀는 질병에 대한 공포를 지니고 있었는데, 유방암에 대한 공포는 신체 망상에 가까운 수준이었다. 도나가 존경하는 한 선생님이 치료를 받아보도록 권유해서 클리닉에 오게 되었지만, 그녀는 정신건강기관에서 어떤 도움을 받을 수 있을지 깊은 의구심을 가지고 있었다. 또한 그녀는 여자와 유태인에 대해서 깊은 불신감을 지니고 있었는데, 그녀를 면담했던 이스라엘 출신의 한 여성 치료자를 모욕해서 화나게 한 적이 있었다.

초기의 임상적 소견

도나는 뚱뚱한 편이었지만 매력적이었고 또래의 대학생들과 같은 옷차림을 하고 있었다. 외모에는 불쾌감을 줄 만한 것이 없었으나, 그녀는 적대감과 무서운 절망감이 뒤섞인 강렬한 감정을 다른 사람에게 투사하고 있어서 상대방으로 하여금 위협감을 느끼게 만드는 경향이 있었다. 그녀는 상당히 편집증적인 모습을 나타냈고, 속담의 의미를 추상적인 의미로 이해하지 못하고 글자 그대로 해석했으며, 말에 조리가 없고 정서적인 반응도 부적절했다. 또한 그녀에게 "나는 ________한 사람이다."와 같은 빈칸 채워 넣기 식의 질문지에 응답해 보라고 하자 심하게 화를 냈다. 첫 면담에서 보인 이러한 행동들로 인해서 그녀는 정신분열증(만성적인 미분화형)으로 진단되었다. 하지만 돌이켜 보건대, 도나가 매우 체계적인 망상이나 환각을 한 번도 나타낸 적이 없었다는 점을 고려하면, 경계선 수준의 성격구조(Kernberg, 1975)를 지닌 편집증적-피학적 성격(Nydes, 1963)으로 진단하는 것이 더 적절했을 듯싶다. 그러나 내가 그녀를 치료했던 처음 몇 년 동안과 그 이전에는, 그녀를 진료했던 여러 명의 정신과 의사들이 한결같이 좀 더 심각한 진단(편집형, 해체형, 미분화형, 활동형 또는 유사신경증적 정신분열증)을 내리곤 했다. 아마도 그 이유는 면담 상황에서 그녀가 심한 불안으로 혼란감을 느끼며 횡설수설해서 명백한 정신증 상태처럼 보였기 때문일 것이다. 내가 처음 그녀를 만났을 때 도나의 자아 기능은 신경증에 가깝다기보다 분명히 정신증 상태(Grinker, Weble, & Drye, 1968)에 더 가까웠던 것 같다.

도나의 성장과정

도나는 중상 계층에 속하는 이탈리아인 부모의 세 자녀 중 장녀로 태어났다. 그녀의 가족력을 살펴보면서 최근에야 친가와 외가 쪽 모두에 심한 정신질환을 앓은 사람들이 있었다는 사실을 알게 되었다. 그중에 한 사람은 자살을 하였고 한 사람은 수십 년간 선택적 함구증(elective mutism)을 지니고 있었다. 도나의 아버지는 범죄 조직과 연계된 건설업을 하면서 돈을 많이 벌었고, 도나의 욕구를 물질적으로 채워 주면서 부를 과시했던 사람이었다. 그녀는 식구들이 캐딜락을 몰고 다니면서 이웃 사람들을 자극하고 그들로부터 부러움을 받는 것을 즐겼다고 기억했다. 그녀의 부모는 자신들이 매우 부유하며 우월한 존재라는 허황한 믿음을 지니고 있었으나, 그러한 환경 속에서 실제로는 정서적인 애정을 받지 못했던 것이 도나에게는 매우 치명적인 악영향을 미쳤다.

그녀의 어머니는 아직 생존하고 있는데, 도나를 임신했을 당시에 19세였으며 아이를 돌볼 마음의 준비가 되어 있지 못한 상태였다. 그녀의 어머니는 딸을 걱정하면서 나에게 몇 차례 전화를 한 적이 있었는데, 나는 그때 그녀가 도나를 얼마나 깊이 사랑하는지 느낄 수 있었다. 하지만 그녀의 어머니는 도나가 태어나고 난 후 2년 동안 심한 산후 우울증을 앓았다. 때때로 도나의 외할머니가 도움을 주긴 했지만(도나는 외할머니의 보살핌에 대해서 깊이 감사하고 있었다), 도나의 어머니는 어린 도나에게 아주 기본적인 관심밖에는 기울여 줄 수가 없었다. 우울증이 밀려오면, 그녀는 잠옷을 입은 채로 누워지내야 했다. 그녀는 늘 무기력한 상태에 있었기 때문에, 도나의 기저귀가 젖거나 도나가 계속 울어대도 몇 시간 동안 요람에 그냥 방치해 두곤 했다. 가끔 도나의 외할머니가 이러한 방치 상태에서 그녀를 구출해 주기는 했지만, 외할머니가 항상 그녀 곁에서 돌보아 주지는 못했다.

지금은 어머니의 우울증과 유아의 정신병리 간에 관계가 있다는 것을 잘 보여 주는 실증적인 연구(Cohn, Campbell, Matias, & Hopkins, 1990; Field, Goldstein, & Guthertz, 1990; Tronick, 1989)가 많지만 그 당시에는 그러한 연구 자료가 없었다. 하지만 직관적으로 나는 어머니의 우울증과 그로 인한 정서적 방치로부터 도나가 심각한 정서적 손상을 입을 수밖에 없었을 것이라고 느꼈다. 그 이후로, Beatrice Beebe와 그의 동료들(Beebe, Lachmann, & Jaffe, 1997)은, 어머니가 모성적 반응을 해 주지 못하면 어린아이가 원초적인 자기조절 상태에 머물게 된다고 지적하면서, 어머니가 심한 우울증 상태일 때는 어머니와 아이의 상호작용을 통한 복구 작업이 불가능하다는 것을 강조한 바 있다. 이러한 연구결과는 어머니의 우울증이 아이의 생후 첫해에 지속되면 정신병리의 주요한 원천이 될 수 있음을 시사하고 있다.

여러 해 동안 치료를 받는 과정에서, 도나는 어머니로부터 자신의 유아기에 있었던 일들에 대해서 솔직한 이야기를 들을 수 있었다. 도나는 어머니가 심한 분노로 인한 해리상태에서 어린 도나에게 상처를 입힌 적이 있다는 사실을 알게 되었다. 도나는 자신의 어머니를 불안하고 유아적이며 두려움이 많은 사람으로 묘사했는데, 심한 광장공포증을 지니고 있었던 듯하다. 내가 도나를 만나기 1년 전에, 그녀의 어머니는 남편과 별거를 하기 시작했으며 한 여자와 숙식을 같이하면서 안정된 관계를 맺고 살아갔다. 도나는 이 여자를 처음에는 경멸하였으나 시간이 지나면서 점차 받아들이게 되었다. 도나의 어머니는 남편과 결별하면서 경제적인 어려움을 겪게 되었다. 내가 치료를 시작했을 때 도나는 여러 곳을 전전하며 상점의 점원으로 일하고 있었는데, 수시로 상점에서 물건이나 적은 액수의 돈을 훔치면서 수입을 보충하곤 했다.

도나가 7세 때 어머니는 둘째 딸을 낳았으며, 12세 때는 아들을 낳았다. 이 두 경우 모두, 그녀의 어머니는 정신증적인 증세를 일부 나타내는 심각한 산후 우울증이 재발되어 오랜 기간 헤어나지 못했다. 그녀는 자녀 양육의 많은 부분을 도나에게 떠맡겼는데, 도나는 이러한 역할을 매우 싫어했으며 동생들에게 화풀이를 하곤 했다. 이러한 두 동생들도 도나와 마찬가지로 매우 자기파괴적이고 다른 사람과 친밀한 관계를 맺는 데 어려움을 지니고 있었다.

도나의 아버지는 가정적이지 못한 사람이었으며 도나와 내가 치료를 시작한 지 3년 후에 심장마비로 사망했다. 그는 일과 외도를 하는 데에 몰두했던 사람인 듯했다. 몸집이 크고 고집이 센 권위주의적 인물이었던 아버지는 자녀들에게 두려움의 대상이었다. 도나는 자신이 아들이 아니었기 때문에 태어날 때부터 아버지를 실망시켰다고 여기고 있었다. 그녀는 아버지가 항상 자신의 생각이 옳다고 주장했었다고 기억하고 있었다. 그는 도나에게 처벌적인 행동과 유혹적인 행동을 번갈아 나타냈던 것 같다. 도나가 청소년이었을 때 아버지는 그녀에게 샤워를 같이하자고 말하기도 했으며, 키스를 하면서 혀를 그녀의 입 속으로 집어넣는 행동을 하기도 했다고 한다(도나는 이러한 이야기를 하면서 혐오스러워했다.). 그녀는 두려웠으며 아버지가 접근해 올 때마다 자신의 방으로 도망가서 문을 잠가버리곤 했다. 아버지의 행동에 대해서 불평을 하면, 어머니는 오히려 도나를 "거짓말쟁이에 성도착자"로 매도하며 야단을 치곤 했다고 한다.

이처럼 도나의 아동기는 혼돈 그 자체였다. 걷거나 말하는 행동은 빨리 발달했지만, 그녀는 먹는 일에서의 갈등, 버림받거나 관심받지 못하는 것에 대한 심한 두려움 그리고 마차에서 떨어지는 악몽과 계속 싸워야 했다. 도나의 기억으로는, 그녀가 좋아했던 외할머니를 제외하면 아무도 그녀의 감정을 배려해 주거나 심지어 그러한 감정을 어떤 말로 표현하는지조차 한 번도 알려 주지 않았다고 한다. 잠재기(latency)에 겪었던 고통스러운 기억은 외할머니의 죽음과 관련되어 있었다. 부모는 그녀가 외할머니의 장례식에 참석하는 것을 허락하지 않았으며 "네 방에 가서 곰 인형이나 다른 좋은 일에 대한 생각이나 하라."고 말했다. 그녀는 학교에 가기 전부터 동물들을 학대했으며 그것은 학교를 다니는 동안 계속되었다. 유치원에 가게 되면서 부모와 헤어져야 했던 경험도 큰 충격을 주었다. 학교에 다니면서 심한 주의집중 문제가 있었지만, 머리가 좋았기 때문에 B학점 정도의 성적은 쉽게 유지했다. 10대 초반에는 자신을 '반항아'로 여기며 호전적인 자기정체감을 형성하여 문제학생들과 어울리곤 했다. 12세경에는 그녀가 걸스카우트 리더 한 명에게 의지하면서 그녀를 이상화하고 정서적인 지지를 받고자 했었다. 그러나 그 걸스카우트 리더는 전기 칼로 자신의 목을 자르는 아주 끔찍한 방법으로 갑작스럽게 자살해 버렸다. 이 일은 도나에게 특히나 감수성이 예민하던 시기에 재난적인 상실경험이 되었으며, 그 일에 관해서 아무도 그녀를 위로해 주지 않았다.

도나의 부모는 늘상 격렬하게 부부싸움을 하곤 했는데, 그녀가 10대 중반이 되었을 때 마침내 별거를 하다가 이혼했다. 가정이 깨어지게 되자, 그녀는 곧바로 한 여자친구와 공생적이고 성적인 관계를 맺게 되었으며, 이 친구와의 관계에서 처음으로 자기통제력을 상실하고 자살을 시도하였다. 이러한 관계는 어머니가 한 여자를 파트너로 선택했던 것에 도나가 동일시를 한 것일 수도 있고, 매우 열정적인 '단짝' 관계(Sullivan, 1953)일 수도 있으며, 이 두 가지가 모두 해당되는 것일 수도 있다. 그녀가 지니고 있는 폭식증상, 자해행동, 약물남용 그리고 과격한 공격적 행동들은 모두 가정이 깨지고 청소년기로 넘어가는 시기, 즉 내가 그녀를 만나기 7년 전에 시작된 것 같았다.

도나의 치료과정

도나를 처음 만나게 된 것은 1973년 4월이었는데, 내가 정신건강센터의 업무로서 정신분열증을 지닌 여자들을 대상으로 집단치료를 하게 되면서였다. 그녀는 많은 에너지를 지니고 있다는 점에서, 비록 그 에너지가 대부분 적대적인 형태로 표출되었지만, '다른' 정신분열증 환자들과 달랐다. 그 당시에 그녀는 첫 면담을 했던 이스라엘 출신의 사회복지사에게 일주일에 두 번씩 치료를 받고 있었다. 몇 주 후에 이 직장을 옮겨야 했던 그 사회복지사는 나에게 도나의 치료를 부탁했다. 나는 심각한 문제를 지닌 환자를 치료해 보고 싶었고, 정신분열증 환자집단에서 보이는 도나의 활기찬 모습이 나의 관심을 끌었기 때문에 이러한 요청을 수락했다. 집단치료와 더불어 일주일에 두 번씩 개인치료를 하게 되었는데, 이때는 서로 얼굴을 보며 이야기를 나누었다. (여러 해가 지난 뒤에 한 번은 그녀가 장의자에 누워서 치료를 받아보고 싶다고 했지만, 그러자마자 그녀는 자신이 살인자라는 정신증적인 생각에 휩싸이게 되어 곧 그만 두었다.)

초기 단계: 작업동맹의 강화

우리가 치료를 시작한 첫 두 해의 치료관계는 토네이도(tornado)와 같은 강렬한 폭풍상태였다고 표현하는 것이 좋을 듯하다. 도나는 처음부터 나에게 분노를 나타내기 시작했는데, 그 이유는 집단치료에 참가하는 다른 환자들과의 경쟁심 때문이기도 했고 그때 막 협조적으로 치료에 임하려고 했던 치료자로부터 버림받은 것에 대해 화가 나 있었기 때문이기도 했다. 나는 그녀가 여자와 유태인을 싫어했는데도 이전의 치료자와 긍정적인 애착관계를 형성할 수 있었다는 점에서 예후가 좋을 것으로 예상했다. 당시에 그녀는 할돌(Haldol)이라는 치료약물을 복용하고 있었는데, 아주 심한 알레르기 반응을 나타내고 있었지만 그녀의 치료자는 심리적인 요인 때문에 이러한 반응을 나타내는 것이라고 잘못 생각하고 있었다. 이러한 경험으로 인해 그녀는 정신건강센터와 정신건강 전문가들에 대한 반감을 더욱 강하게 갖게 되었다. 나와의 관계에서 그녀는 의존감과 절망감을 나타내기도 했지만, 대부분의 경우 나의 외모나 의상, 나의 설명, 나의 수련경험 등에 대해서 통렬하게 비판하면서 공격해댔다. 그러나 나는 그녀의 마음속에 존재하는 악령이 얼마나 강력한 것인지 잘 알고 있었기 때문에 이러한 적대감을 견뎌낼 수 있었다.

첫 2년 동안 도나는 나에 관해서 많은 질문을 했는데, 그러한 질문의 대부분은 "모든 사람들이 나를 실망시켰는데, 당신이 나에게 도움이 될 것이라는 것을 어떻게 기대할 수 있다는 거죠?"라는 내용이었다. 이러한 질문에는 나의 정치적 성향, 가족상황,

전문가 수련, 이론적인 입장 등과 같은 구체적인 것도 포함되어 있었다. 수련을 받으면서 편집증적인 환자들에게는 치료자가 매우 솔직한 태도를 보여야 한다고 배웠기 때문에, 나는 이러한 모든 질문에 솔직하게 대답해 주었다. 이러한 태도를 권장하는 이유는, 편집증적인 사람들은 투사를 많이 하기 때문에 그들이 생각한 것 중에서 어떠한 것들이 정확한 것이고 (그래서 자신이 미치지 않았다는 것을 느끼게 되고) 어떤 것이 잘못된 해석인지 (그래서 자신이 그 현상은 제대로 파악했지만 그 해석이 잘못되었다는 것을 깨닫도록) 알려 줄 필요가 있기 때문이다. 또한 치료자가 질문에 솔직하게 대답하면 편집증적인 환자들은 그것을 치료자의 강함으로 여기게 되지만, 질문에 답하지 않고 그 의도를 탐색하기만 하면 나약하거나 악의적인 치료자가 대답을 회피하는 것으로 여길 수 있기 때문이다. 이러한 점에서, 도나와 내가 나누었던 전형적인 대화는 다음과 같은 식이었다: "왜 항상 머리를 그런 식으로 길러요? 좀 더 세련되게 하면 너무 매력적으로 보일까 봐 걱정되나 봐요?" "실은, 내가 이런 머리 스타일을 좋아하거든요. 나의 60년대식 감각으로 보면, 이런 것이 멋있거든요. 하지만 당신은 그렇게 생각하지 않은 것 같네요[웃음]." 그러고 나서 "그런데 오늘 왜 나의 외모에 대해서 관심을 갖게 되었는지 그 이유를 말해 줄 수 있나요?"라고 묻곤 했다.

치료 초기에 그녀가 협조적인 태도를 지니게 된 계기는 아마도 정신분열증 집단치료가 자신에게 잘 맞지 않는다는 것에 대해서 내가 동의해 주었던 일인 것 같다. 그녀는 "내가 미쳤다는 것은 알아요. 하지만 그 사람들처럼 그렇게 미친 것은 아닌 것 같아요."라고 주장했다. 다행히도 그 당시에 나는 정신분석 수련을 받고 있었으며, 정신분열증을 지닌 사람과 스트레스로 인한 불안 때문에 정신증적인 증세를 보이는 사람을 구별하는 것을 배우고 있었다. 그녀의 사례에 대해서 물어보았더니, 나의 슈퍼바이저는 "이 사람은 정신분열증이 아니에요."라고 분명하게 대답해 주었다. 정신건강센터의 선배 치료자들에 도전하거나 그들이 모두 동의하는 정신증이라는 진단에 이의를 제기하지는 않았지만, 나는 도나가 정신분열증 집단치료에 잘 맞지 않기 때문에 그녀를 위해서나 다른 구성원들을 위해서 그 집단에서 나와야 한다고 센터장을 설득할 수 있었다. 이러한 일에 대해서 도나는 놀라워했으며, 집단치료를 그만 두고자 했던 자신의 판단이 옳았다는 지지를 받게 되어 만족스러워했다.

도나가 무자비하게 그리고 때로는 터무니없이 공격을 해댔지만, 어쨌든 나는 그녀를 좋아했다. 그녀는 마구 공격을 해 왔으며, 나는 그녀의 분노를 존중해 주었다. 나는 그녀가 정신분열증 환자들이 나타내는 공허하면서도 혼란스러운 특징들을 지니고 있지 않다는 것 그리고 적대적인 공격을 하는 것은 다른 사람이 자신의 심리상태를 받아줄 수 있는지 시험하는 것이라는 것을 알 수 있었다. 그녀는 여러 주 또는 여러 달에 걸쳐서 자신의 가장 나쁜 증상이라고 생각하는 것들을 차례로 보여 주면서, 내가 (자신의 어머니처럼) 두려워하면서 무기력해지는지 아니면 (자신의 아버지처럼) 화를 내면서 권위주의적인 태도를 보이는지 알아보려고 했다. 그녀는 불법 약물을 마구 복용했고, 알고 지내는 여러 명의 남자나 여자와 성관계를 맺었으며, 자해행동을 자주 나타냈다. 그녀는 두 번이나 임신을 해서 낙태를 했다. 마치 그녀는 "최악의 상태인 나를 견뎌낼 수 있겠어요?"라고 반복해서 묻고 있는 것 같았다.

도나가 처음으로 나의 해석내용을 회의하거나 무시하지 않고 받아들이게 된 것은 치료를 시작한 지 1년이 지났을 즈음이었다. 나는 그녀가 친밀감과 거리감이라는 핵심적인 갈등을 지니고 있다고 말해 주었는데, 그녀는 이러한 해석에 공감을 표시했다. 내가 한 말을 그녀가 순순히 받아들여서 나는 상당히 놀랐으며, 처음으로 내가 거부당하지 않을 해석을 해 주었다고 느꼈다. (그 당시에 나는 경계선적 자아상태에 대해서 유용한 설명을 하고 있는 Masterson[예: 1976]의 책을 읽지 못했지만, 어떤 사람에게 친밀감을 느끼게 되면 그에게 융합되어 지배당할 것이라는 두려움을 갖게 되고, 거리감을 느끼게 되면 무참하게 버림받을지 모른다는 두려움을 갖는 것이 도나에게 핵심적인 갈등임을 알 수 있었다.) 그러나 도나는 그 다음 면담시간에 나타나지 않았다. 면담시간에 오지 않은 것은 그녀가 잘 하지 않던 일이었다. 왜냐하면 치료 초기에는 불성실했었지만, 그녀는 약속시간을 잘 맞춰 오는 모범적인 환자였기 때문이다. 그녀는 정시에 도착하여, 30분 동안은 적대적인 격앙된 태도로 두서없이 이야기를 하다가, 한 가지 주제에 집중하게 되면서 좀 안정되는데, 곧 다시 불안해져서는 예정된 시간보다 2~3분 일찍 휙 뛰쳐나가는 것으로 45분의 면담을 마치곤 했다. 내가 마침내 그녀의 마음에 접근하게 되었다고 생각하자마자, 그녀가 면담시간에 오지 않아서 나는 당황스러웠다. 그러나 나의 슈퍼바이저는 그녀가 나를 너무 가까이 다가오게 한 후에 한 번쯤은 뒤로 물러나는 것이 필요할 것이라고 말했으며, 그러한 설명은 옳았던 것 같다.

(나는 도나가 예정시간보다 빨리 나가버리는 행동패턴을 직면시키지는 않았다. 왜냐하면 나에게 자신을 내보이는 정도와 우리의 관계에서 느끼게 되는 감정을 조절하는 권한이 도나 자신에게 있다는 인식을 지지해 주고 싶었기 때문이었다. 2년이 지난 후에 그녀가 면담시간 끝까지 앉아서 내가 면담을 마무리하는 것을 견딜 수 있게 되었을 때, 나는 내가 치료적 경계를 잘 지킬 것이라는 믿음을 그녀가 갖게 된 것 같다고 해석해 주었다. 나에 대한 그녀의 행동에 자기보호적이고 건강한 측면이 있어 보일 때는 해석을 미룬 채 그러한 행동의 의미를 이해하는 데 집중하다가, 무언가 변화가 일어났을 때 그 중요성을 높이 사면서 해석해 주는 것이 내가 해석을 하는 전형적인 방식이다. Fred Pine(1985)은 이러한 방식을 "쇠가 식었을 때 두드려라."[2]라는 말로 표현한 바 있다. 나는 내가 저항의 단서들을 모두 해석하려고 하면, 그녀가 비난받고 통제당한다는 느낌을 가질 것이라고 생각했다. 그래서 나는 해석적인 말을 대부분 미루어 두었다가 나중에야 그 의미를 살펴보는 회고적인 언급을 한다.)

도나가 나에게서 배운 것을 내면화하게 된 두 번째 일은 내가 치료한계를 설정했던 일과 관련된 것이었다. 이 일은 내가 직장을 바꾸게 되면서 그녀가 원한다면 할인된 치료비로 계속 치료를 할 용의가 있음을 설명해 주면서 발생했다. (나는 그 센터의 적극적 지원 속에서 이러한 제안을 하게 되었다. 왜냐하면 도나가 할돌(Haldol) 사건과 관련하여 센터를 고소하겠다며 위협을 하고 있어서 센터장의 입장에서는 도나의 치료를 다른 곳으로 넘겨 버리고 싶었기 때문이었다.). 이러한 제안에 대해서 그녀는 즉각 "내가 돈을 내지 않으면 어떡하실 건가요?"라고 응수했다. 나는 "그러면 나는 더 이상 당신을 만나지 않겠지요."라고 대답했다. 그러자 그녀는 내가 꼬치꼬치 따지고 욕심이 많으며 인정머리 없는 사람이라고 비난했다. 그러나 여러 해가 지난 후, 그녀는 그 당시에 자신이 치

2) 역자 주: "Striking while the iron is hot."이라는 속담에서 hot을 cold로 바꾼 말.

료비를 감당할 수 있는 사람으로 여겨지는 것 같아서 속으로는 기뻤다고 자진해서 이야기했다. 그녀의 가족은 그녀가 위기상황에 처할 때까지 전혀 관심을 보이지 않다가, 어떤 위기상황에 처하면 그때서야 급히 달려들어 관심을 보이면서 그녀를 무기력한 희생자 취급을 하곤 했던 것이다.

그 당시에, 나는 내가 어떻게 치료해야 하는지 머리로는 잘 알고 있었지만, 대부분의 경우 아슬아슬한 기분을 느끼면서 슈퍼바이저의 말에 따라서 내가 돌이킬 수 없는 실수를 저지르지 않기만을 바라고 있었다. 작업동맹이 아직 불안정하던 치료 초기에 느꼈던 것으로 주로 기억되는 감정은, 도나가 극소수의 좋은 사람과 대다수의 나쁜 사람으로 세상을 이분법적으로 분리하는 경향과 관련되어 있었다. 항상 그녀의 어머니는 좋은 사람이었으며, 나는 정신건강센터의 다른 사람들과 마찬가지로 사악하고 이기적이며 변덕스럽고 무관심한 사람이었다. 어머니가 실제로는 그녀를 잘 양육하지 못했다는 점을 감안할 때, 도나가 어머니를 좋은 애정대상(good love object)으로 확고하게 여기는 것을 보면서 나는 경외감마저 느꼈다. 나는 어린아이들이 자신에게 심한 고통을 주는 양육자에게 강렬하게 매달린다는 것(참고: Main & Hesse, 1990)이 사실임을 어떤 환자보다도 도나를 통해서 배우게 되었다.

치료한계 설정과 관련된 비슷한 문제는 그 다음 해에도 발생했다. 이 사건은 내가 다가올 휴가에 대해서 언급한 것과 무의식적인 관련성이 있는 것으로 추측되는데, 도나는 피를 흘리며 자해를 하면서 자살하겠다고 위협을 하여 정신건강센터의 응급실을 통해 폐쇄병동에 입원하게 되었다. 병원에 입원한 지 몇 시간 뒤에, 그녀는 나에게 전화를 걸어 의무적인 관찰기간인 72시간이 되기 전에 퇴원할 수 있도록 도와달라고 간청했다. (세상이 급격하게 변해서 지금은 달라졌지만, 그 당시에는 환자가 입원치료에 동의하는 서명을 하게 되면, 퇴원하기 전에 적어도 병원의 관찰하에 3일간 입원해 있겠다고 동의를 한 것으로 받아들여졌다.) 병동의 치료진들은 내가 퇴원에 동의하기만 하면 일찍 퇴원시켜 주겠노라고 그녀에게 말했다. 그들은 나를 알고 있었으며, 아마도 적대감으로 가득 찬 이 여성을 내보내고 싶어 했을 것이다. 그러나 나는 도나와의 면담을 요청해서 다음과 같은 요지의 말을 해 주었다. "당신은 여기서 3일을 보내야 한다는 것을 알면서 스스로 입원을 신청했어요. 그러니까 예정대로 여기에 머무르다가 모레가 되면 나갈 수 있을 거예요. 그 후에 언제든지 당신이 원하면 나와 치료를 계속할 수 있어요." 그녀는 내가 자신을 구출하지 않은 것에 대해 분노했으며, 그 후 수개월 동안 이 일을 두고 나를 성토했다. 그러나 (나중에 실토한 것이지만) 속으로는 자신이 취한 행동의 결과에 대해서 책임을 지는 성인으로 인정받았다는 느낌을 받았다고 한다.

나와 함께 치료를 시작한 지 2년이 되어 가는 무렵에, 그녀는 나에게 말하고 싶은 것이 있다고 했다. 나를 신뢰한다는 것이었다. 그토록 편집증적인 사람으로부터 이러한 말을 듣는 것은 매우 감동적이었다. 그러나 이것은 나는 무조건 좋은 사람이고 다른 치료자들은 모두 나쁜 사람으로 여겨지는 시기로 진입하고 있음을 의미하는 것이기도 했다. 내가 보기에, 이러한 변화는 단지 약간의 호전에 불과한 것이다. 그녀는 어떤 상실 경험을 하게 되면 일시적인 퇴행을 나타냈는데, 이러한 기간에는 정신건강센터를 찾아와서 즉각적인 응급처치를 요구했으며 그날 근무를 하는 불운한 치료자는 나처럼 잘 치료해 주지 않는다며 혹평을 당하곤 했다(예: "이 한심한 머저리야. 내 치료자 낸시 맥윌리암스는 절대로 이렇게 엿같이 나를 치료하지 않을 거야. 그녀는 정신분석학자라구. 너 같이 무턱대고 약만 믿고 처방전이나 쓰는 멍청이가 아니라구!"). 이러한 행동으로 인해서 나는 여러 명의 친구들을 잃게 되었다. 한동안, 나는 피해의식에 사로잡혀 있었다. 즉, 그녀로 인해 나의 동료들이 화가 나서 나를 항상 미워할 것이라고 확신했다. 약 1년 동안 이러한 두려움은 전혀 근거가 없는 것이 아니었다. 사실, 여러 명의 동료들이 '더 좋은 치료' 가 필요한 심한 증상의 여성을 잘못된 방향으로 치료하고 있다는 선의의 충고를 하기도 했다.

그러나 도나는 이 시기에 현저한 진전을 보이기 시작했다. 유연한 태도를 지닌 의사들의 지시에 따라, 그녀는 소라진(Thorazine)[3)]을 서서히 감량하고, 마약을 거의 복용하지 않았으며, 어머니와 문제 있는 친구들 모두로부터 심리적으로 분리하기 시작했

3) 역자 주: 정신분열증 치료제인 Chlorpromazine의 상표명.

다. 그녀는 학교를 그만 두었지만, 규칙적인 일상생활을 안정되게 하고 있었다. 자해행동도 줄어들었으며, 자기파괴적인 방식으로 성적인 행동을 나타내던 경향도 완화되었고 그 빈도도 줄어들었다. 그녀의 체중도 점차적으로 줄어들었다. 나와 면담하면서 두서없이 말하던 경향이 현저하게 감소되었고, 가끔은 자신의 모습에 대해 웃을 수 있는 여유를 갖게 되었으며, 장광설로 면담시간을 허비하는 일도 줄어들었다. 우리는 우리 두 사람 사이에서 과도기적(transitional) 또는 '유희적 공간(play space)' [4](Winnicott, 1971)을 느끼기 시작했다.

치료의 긴 중반 단계

도나의 상태가 호전되면서, 그녀는 나와 보내는 시간을 더 잘 인내하게 되었고 나에 대해 어떤 감정을 느끼는지에 더 많은 관심을 갖기 시작했다. 그녀는 면담 횟수를 일주일에 세 번으로 늘렸다. 그녀는 이때부터 나를 이상화하다가 경멸하는 행동을 번갈아 나타내기 시작했으며, 때로는 이러한 태도의 근원을 살펴보고 논의할 수도 있게 되었다. 그녀가 자신의 즉각적인 욕구를 만족시키거나 좌절시키는 사람으로 나를 대하기보다, 우리의 치료적 작업 자체에 더 많은 관심을 갖게 되어 기뻤다. 그녀는 자신의 감정을 행동으로 표출하지 않고 참았다가 치료실에서 그러한 감정을 논의하고 내가 그러한 문제를 이해하는 데 도움을 줄 수 있다고 신뢰하는 듯했다. 그녀는 지능이 우수했기 때문에 무의식적으로 발생하는 것들을 알아내는 과정에 흥미를 느끼기 시작했으며, 자기 자신에 대한 호기심을 나타내기 시작했다. 그녀는 변화될 수 있다는 믿음을 갖기 시작하는 듯했다.

이러한 기간 동안에 그녀의 아버지가 사망했으며, 그녀는 그 후 4개월 만에 갑자기 결혼을 해 버렸다. 몇 번 만나지도 않은 사람과 결혼을 하겠다고 선언했을 때, 나는 그

4) 역자 주: 외부 현실과 아동의 주관적 세계 사이에 존재하는 중간 영역을 의미하는 용어로서 Winnicott에 따르면 예술이나 창조적 활동이 이러한 영역의 경험에서 유래한다고 한다.

녀가 반항적인 성향을 지니고 있어서 내가 반대를 하면 할수록 결혼하겠다는 의지를 더욱 강하게 할 뿐이라고 생각했지만, 그렇다고 내가 아무런 말도 하지 않는다면 그것은 나의 역할을 제대로 수행하지 않는 것이라고 생각했다. 그래서 나는 이러한 딜레마를 다음과 같은 말로 표현했다. "추측하건대, 나에게는 좀 충동적인 것이라고 느껴지는 이러한 결정에 대해서 내가 치료자로서 이의를 제기하면서 재고해 보라고 하리라는 것을 당신은 잘 알고 있을 겁니다. 하지만 그렇게 하는 것이 당신에게 그다지 도움이 될 것 같지 않다는 느낌이 드네요." 그러자 그녀는 "정확하게 보셨어요."라고 대답하면서 "한 마디도 하지 마세요."라고 했다. 만약 내가 이 결혼에 대해서 반대를 했는데 나중에 그 관계가 나빠진다면, 그녀는 너무 자존심이 상해서 이러한 사실을 인정하고 나에게 도움을 받지 못하게 될 것이라고 설명했다. 그녀는 "선생님이 뭐라고 하시든 나는 이 일을 밀고 나갈 거예요."라고 선언하면서, "그보다는 내가 귀 기울여 들을 만한 이야기를 하시는 것이 좋을 겁니다."라고 말했다. 나는 그녀의 말대로 더 이상 언급하지 않았는데, 흥미롭게도 그 결혼생활은 여러 해 동안 계속되었고, 문제가 있기는 했지만 아주 부적응적이지는 않았다. 그녀는 약한 남자를 선택해서 가끔 언어적으로나 신체적으로 학대를 하곤 했지만, 과거에 경험해 보지 못한 지속적인 관계를 그 남자와 경험하게 되었다.

아버지의 기일을 전후하여, 그녀는 지금도 몸서리치면서 "암담한 우울증(Black Depression)"으로 부르고 있는 심한 우울증 상태에 빠져들었다. 그녀에게는 정말 참기 어려운 것이었지만, 나는 이러한 우울증이 피해의식적인 편집증 성향에서 벗어나 Klein(1935)이 말하는 우울증적 입장(depressive position)이나 나중에 Winnicott(1954)이 지칭한 "근심의 단계(stage of concern)"로 나아가는 발달적 변화이기를 바랐다. 도나는 태어나서 처음으로 애도경험을 하고 있는 듯했다. 그녀는 소라진(Thorazine)을 끊으면서 대신 처방을 받은 발륨(Valium) 이외에는 어떤 약물도 복용하지 않은 채로 이 시기를 견뎌 나갔다. 오랫동안 지연되었지만 갑자기 찾아온 고통스러운 애도과정을 항우울제 약물의 도움 없이 이겨내려는 결연한 모습은 감동적이었다. 만약 그녀를 지금 치료하고 있다면, 아마도 최근에 개발된 항우울제를 복용해 보라고 권유했겠지만, 그 당시에 시판되던 약물들은 그녀에게 위험할 수 있다고 생각했으며 정신과의사인 내 친구도 같은 의견이었다. 대부분의 항우울제는 부작용으로 체중을 증가시켰는데, 이것은 도나의 건강과 자존감을 저해할 것으로 여겨졌다. 뿐만 아니라 MAO 억제제(monoamine oxidase inhibitor)를 복용할 경우에는 특정한 음식을 철저하게 피해야 했는데 내 생각에는 도나가 그렇게 하기 힘들 것 같았으며, 삼환계 약물(tricyclics)은 약물을 과용하는 충동적인 환자들의 경우 위험한 것이었다. 그녀가 어떻게 약물의 도움 없이 치료를 포기하지 않은 채 그 힘든 시기를 견뎌 냈는지 아직도 나는 경탄하고 있다.

그녀가 아버지에 대해서 애도하던 기간은 내가 출산을 했던 시기였는데, 6주 만에 다시 그녀를 만났을 때 그녀는 최악의 우울증 상태에서 회복되어 있었다. 그녀는 아버지의 재산(모든 것은 아버지의 새 아내에게 귀속되어 있었다)에 대한 권리를 요구하는 법적인 투쟁을 해서 그녀의 어머니, 남동생, 여동생 그리고 자신을 위해서 상당히 많은 액수의 돈을 받아 낼 수 있었다. 이것은 그녀가 처음으로 자신의 저항적인 성향을 합법적인 방법으로 적절하고 효과적으로 사용한 사건이었다. (흥미롭게도, 이렇게 받은 유산 중에서 실제로 도나에게 돌아온 것은 전혀 없었다. 그녀는 어떤 성공 경험을 즐기거나 그로부터 이익을 취하지 못하게 하는 엄청난 무의식적인 죄책감을 지니고 있었는데, 이러한 죄책감과 어머니의 궁핍함이 복합되어 결국 그녀는 아무것도 얻을 수 없게 되었다. 이것은 그녀가 어린 시절에 받았던 애정결핍을 재현하는 것이었다.)

치료를 시작하고 처음 2년 동안, 그녀는 장애인을 위한 생활지원금과 어머니로부터 부정기적으로 받는 돈으로 생활했다. 그러나 남편이 적은 액수지만 정기적으로 월급을 받게 되자 그녀는 나에게 치료비를 올려주겠다고 제안했다. 이러한 유형의 후덕함이 그녀가 지닌 매력 중의 하나였다. 그녀는 집에서 만든 빵이나 꽃으로 만든 부케 또는 자신이 그린 그림을 가끔 나에게 가져다주곤 했다. 그리고 견디기 힘든 퇴행을 하는 시기에도, 그녀는 면담시간 이외의 시간에는 나에게 전화를 걸지 않았다. 치료비를 올려주겠다는 제안에는 약간의 피학적인 요소와 무기력한 정신장애 환자라는 자기정체감에서 벗어나려는 건강한 노력이 섞여 있는 것으로 생각되었다. 나는 그 제안을 받아들였으며(사실 그동안의 치료비는 나의 피학성이 연관되어 있다고 생각될 정도로 아주 적은 액수였다), 그녀는 보통 수준에 가까운 치료비를 냄으로써 좀 더 높은 자존감을 느끼는 것 같았다. 처음 한두 해 동안 나는 그녀가 가끔씩 가져오는 선물을 특별히 해석하려 하지 않으면서 받아들였다(나중에 우리는 그녀가 나에 대한 부정적인 감정을 상쇄시키거나 없애려고 할 때 나에게 선물을 가지고 왔었다는 것을 알게 되었다.). 자기파괴적인 수준의 과도한 선물을 주려 했다면 내가 그 어떤 것도 받지 않았겠지만, 도나의 후덕한 행위에는 전혀 그러한 요소가 없었다. 그러나 불행하게도 도나는 여전히 심한 피해의식을 지니고 있는 상태여서 직장생활을 하기에는 무리였다. 한 번은 몇 주 동안 은행의 금전출납원으로 일을 하기도 했지만, 승진이 되자마자 심한 혼란 상태를 나타내서 결국 해고되고 말았다.

치료를 시작한 지 4년째 되던 해에 도나는 충동적인 행동을 잇달아 나타냈는데, 이러한 행동들은 그 의미를 좀 더 잘 이해할 수 있는 특수한 것이었다. 한 번은 칼로 자신의 목에 길쭉한 상처를 살짝 낸 적이 있었는데, 이것은 사망한 걸스카우트 리더와의 무의식적인 동일시를 나타내는 것으로 해석될 수 있었다. 그녀는 강력한 힘을 지녔다고 느낀 폭주족 한 명과 가학적인 동시에 피학적인 성관계를 맺기 시작했다(그녀의 전이가 어머니에 대한 집착에서 아버지에 대한 집착으로 옮겨졌다.). 그녀는 그 남자와 함께 자신의 유두를 불로 지지거나 손발을 묶거나 날카로운 물건으로 찌르는 등의 행위를 했다. 그녀는 이러한 행위에 대해서 자세하게 이야기하지는 않았지만, 자신을 칼로 자해하는 행동은 훨씬 줄어들고 있었다. 나는 그녀의 자기파괴성이 마침내 대상과 관련되어 나타나는 것이라고 생각하며 위안을 삼았다. (만약 지금 그녀를 치료한다면, Kernberg와 그의 동료들[예: Clarkin 등, 1999]이 추천하는 바대로, 그녀의 행동에 대해서 좀 더 공격적으로 직면시켰을 것이다. 그 당시에 나는 너무 두려웠기 때문에 내가 어떻게 말해 주더라도 그녀의 행동을 변화시킬 수 없을 것 같았다. 또한 나는 내가 그녀의 행동을 중단시키려다가 오히려 나의 무능함만 입증하기보다는 그저 경청을 하면서 이해하려 하는 것이 더 나을 것이라고 느꼈다. 내가 치료자로서 얼마나 많은 영향력을 가지고 있으며 자기파괴적 행동에 대한 구체적인 약속을 통해서 그러한 영향력을 행사하는 것이 얼마나 효과적인 것인지 깨닫게 된 것은 그로부터 여러 해가 지나서였다.)

우리는 그녀가 나타내는 자해행동 패턴의 여러 가지 측면을 분석했었다. 이러한 행동에는 부모의 잔인성에 대한 동일시, 유아기에 어머니가 칼로 자신에게 입힌 상해를 반복함으로써 어머니가 자신의 곁에 있다고 여기는 마술적 사고, 자신을 학대하던 사람들과의 동일시, 상징적인 자기 거세, 가족 중에서 제일 심한 환자의 역할을 하기 위한 동생들과의 경쟁, 도움의 요청, 신체적 자아에 대한 확인(그녀는 나중에 "몸의 부분 부분에 상처를 입히면서 내 몸에 관해 배워야 했어요."라고 말했다) 그리고 가장 핵심적인 것으로는 자신이 살아 있고 존재한다는 것을 스스로 확인하려는 노력의 의미가 담겨 있었다. 그러나 고전적인 정신분석적 방식으로 보면, 이러한 증상은 전이과정에서 나타나 다루어져야만 현저하게 감소될 수 있는 것이었다. 한 번은 그녀가 나로부터 제대로 이해받지 못했다고 느끼고는(내가 어떤 말을 했고 어떤 말을 해 주지 않았는지는 기억나지 않는다.) 화가 나서 아무런 말도 하지 않았다. 그리고는 화장실로 들어가더니 손목을 그어 피를 카펫에 떨어뜨리면서 팔을 움켜잡은 채로 나왔다. 나는 그녀에게 감정을 말로 표현하려고 노력해야 한다고 충고를 했지만 아무런 효과가 없었으며 그녀는 아무 말 없이 나를 째려보다가 매우 화가 나 있는 상태로 치료실을 떠났다. 그리고는 그날 밤에 전화를 하여 두려움에 떨면서 이제는 나에 대한 좋은 감정이 다 사라져버렸다고 말했다. 그래서 나는 평소처럼 다음 면담시간에 그녀를 기다리겠노라고 말하면서 안심시켰다. 우리는 다음 면담시간에 만나 이 사건에 대해 함께 생각해 보았으며, 그녀는 손목을 긋는 행위에 보복적인 면이 있다는 것을 자각할 수 있었는데, 이러한 측면이 그녀의 과격한 행동을 유발하는 중요한 무의식적인 요인임에는 틀림없었다. 그 후로는 손목을 긋는 행위가 나타나지 않았다.

그 면담시간 이후로 도나는 몸에 문신을 하곤 했는데, 1970년대 당시에는 미국의 중산층 여성이 문신을 하는 것은 드문 일이었다. 나는 이러한 행동을 원초적인 자해 욕구의 승화라고 여겼다. 그녀는 이러한 행동을 통해서 자신의 예술적인 심미적 능력을 표현하는 것이라고 여겼으며, 이러한 예술적 표현으로 그녀의 뛰어난 재능을 나타내고 있었다. 그러나 그 후 3년 동안에 걸쳐서 이러한 문신과 가학적이며 피학적인 성관계가 서서히 사라졌다. 도나는 증세가 점차 호전되면서 자신의 팔을 뒤덮고 있는 문신에 대해 부끄러워하며 긴소매가 있는 셔츠를 입곤 했다. 그러나 이후에, 그녀는 문신이 한때 자신이 제정신이 아니었다는 것을 보여 주는 구체적인 증거이긴 하지만 자신이 그러한 상태에 있었다는 것과 그로부터 회복된 것을 부끄러워하지 않게 되었다. 그녀는 "만약 어떤 사람이 내가 정신병자였다는 이러한 모습을 보고 나를 무시한다면, 그런 사람과는 친해지고 싶지 않아요."라고 나에게 말했다.

1979년에, 도나는 모든 약물에 대한 의존성을 줄이려고 무척 애를 썼으며 마침내 성공하게 되었다. 그녀는 발륨(Valium)에 심하게 중독되어 있었다. 내가 둘째 아이를 낳기 위해 출산휴가를 가졌던 6주간의 기간을 활용하여, 그녀는 나의 동료 한 명을 찾아가 발륨 복용을 서서히 끊을 수 있도록 도와달라고 요청했다. 그러나 이 시기에 그녀는 갑작스럽게 폭력적이고 충동적인 행동을 나타냈다. 약물 복용량을 줄이면서 심한 불안감을 느끼게 되자 정신건강센터로 달려가 빨리 치료를 해달라고 요구했다. 응급환자를 담당하고 있던 사회복지사가 의사를 만나려면 기다려야 한다고 말했더니, 그녀는 날카로운 금속 팔찌를 찬 채로 그 사회복지사에게 달려들었다. 마침 도나와 함께 왔던 이전의 폭주족 남자친구가 재빨리 막아서 다행이었지만 하마터면 그 사회복지사는 턱이 부러지는 사고를 당할 뻔했다. 그 당시에 도나는 가라데를 배우고 있었기 때문에 심각한 신체적 상해를 줄 수 있었다.

그 후 면담시간에 이 사건을 다루면서, 나는 그 사회복지사가 나의 친한 친구라는 것을 그녀에게 말해 주었다. (이것은 사실이었으며 나는 세상을 흑백논리로 보려는 그녀의 성향을 약화시키기 위해서 그 사회복지사에 대한 나의 애정을 드러내 보였던 것이다. 도나가 보기에는 내 친구가 불친절하게 행동했을지 모르지만, 그녀가 반드시 나쁜 사람은 아니라는 점을 알려 주려고 했다.) 도나는 자신의 폭력성을 '저런' 못된 사람들이나 나타내는 것으로 억제하지 못했다는 점에서 후회와 자괴감을 느꼈다. 이것은 전이관계 속에서 어떤 증상을 경험해야만 그 증상이 변화될 수 있는 것을 보여 주는 다른 예라고 할 수 있다. 이 시기를 전후해서, 세상을 흑백논리로 보려는 그녀의 분리(splitting) 성향은 좀 더 일상적인 유형의 양가감정(ambivalence)으로 변화되었다. 그녀는 면담시간에 나에 대해서 증오와 사랑을 함께 느낄 수 있었으며, 좀 더 깊이 있고 미묘한 감정을 느끼는 다른 사람들에 대해서도 이야기하게 되었다.

매우 길었던 치료과정을 요약하는 것만으로는 호전과 악화가 반복되면서 점진적인 개선을 보였던 도나의 사례를 충분히 소개하기가 어렵다. 다른 어떤 내담자들보다도, 그녀는 상당한 호전을 보이다가 심한 퇴행상태로 빠져들곤 했다. 그래서 나는 그녀가 어떤 호전을 보이면 주체할 수 없을 정도로 기뻤지만 그 다음 면담시간에 그녀를 만나는 것이 두려워지곤 했다. 그러나 이러한 모든 굴곡을 겪으면서, 나는 그녀가 어떤 심리상태에 있더라도 항상 지니고 있었던 장점들에 대해서 감탄하고 있었다. 예를 들어, 그녀는 대다수의 편집증 환자들처럼 나의 감정을 매우 예리하게 포착하였으며 작은 것 하나라도 놓치지 않았다. 나의 동료가 "코로 하는 하품"이라고 부르고 있듯이 내담자가 전혀 알 수 없도록 몰래 하품을 하는 것은 내가 매우 소중하게 여기는 전문적 기술이었는데, 이렇게 속으로 삼키며 하는 하품이 그녀에게는 항상 발각되곤 했다.

도나의 비상한 직감력을 잘 보여 주는 예는 "시트 맨(Sheet Man)"이라고 우리 지역에 널리 알려져 있는 기이한 사람에 대해서 그녀가 보인 남다른 반응이었다. 그 남자는 하얀 침대 시트와 같은 옷을 치렁치렁 입고 내가 일하는 지역을 배회하던 사람인데, 겉으로 보기에도 심한 편집성 정신분열증 환자인듯 싶었다. 어느 날, 도나는 늘 그렇듯이 정신건강센터 직원들의 무관심에 대해 비난하면서, 시트 맨의 상태에 대해서 매우 흥분하며 이야기했다. "그 남자가 전에 몸은 건강해 보였었는데, 요즘은 얼굴이 잿빛으로 변하고 야위었어요. 발에서는 피도 나고요. 그 사람이 좀 달라졌어요. 요즘 상태가 좋지 않은 것 같은데 아무도 도와주는 사람이 없어요!"라고 주장했다. 당시에 나는 그녀가 충분히 도움을 받고 있지 못하다는 자신의 감정을 대치(displacement)하고 있는 것이라고 생각했다. 그래서 이러한 주장을 전이의 문제로 여기고, 그녀가 힘들어하는 어떤 부분을 잘 파악하지 못하는 나에 대한 분노를 대치하는 것으로 해석했다. 그녀가 어린 시절에 자신의 욕구를 잘 충족시켜 주지 못했던 우울한 어머니에 대한 감정을 상당 부분 나에게서 느끼고 있다고 추측했다. 도나는 시트 맨에 대한 자신의 걱정이 그런 의미로 해석되는 것을 불만스러워했지만 마지못해 받아들였다. 그러나 그 다음 날, 시트 맨이 자신의 어머니를 칼로 찔러 죽이는 일이 발생했다. 도나는 다음 면담시간에 매우 의기양양한 모습을 보였으며, 나는 대치 그 이상으로 그녀의 직감력이 예리했음을 인정해야 했다.

1982년인지 1983년인지는 잘 모르겠지만 그 즈음해서, 나는 도나가 치료의 자기 관찰적 측면을 내면화하고 있다는 것을 보여 주는 이야기를 듣게 되었는데, 나는 이러한 상태가 오기를 바라며 혼자 분투해 왔었다. 이러한 점을 내가 처음 알게 된 것은 그녀가 파티에서 만난 한 여성에 대해서 자세하게 이야기할 때였다. 그 여자가 자신이 착용하고 있는 보석들의 가격과 품질에 대해 자랑하는 모습을 보면서, 도나는 그 여자에 대해서 혐오감을 느끼게 되었다. 다른 여성이 자신에게 경쟁적인 모습을 보일 때마다 도나가 나타내는 자동적인 반응은 상대방을 모욕하면서 굴욕감을 느끼게 하는 것이었다. 그러나 이번에는 평소처럼 신랄한 말을 퍼부으려는 순간에 이러한 행동을 자제하고, 그 여자가 왜 그렇게 자기과시를 하는지 생각해 보았다. 도나는 몇 가지 질문을 통해서 그 여자가 13세일 때 아버지가 가족을 버렸으며 아버지에 대한 유일한 기억은 아버지가 준 팔찌 하나뿐이라는 것을 알아내었다. "그래서 그 여자가 왜 그렇게 보석에 집착했는지를 이해하게 되었죠."라고 자랑스럽게 말했다. 이러한 말을 한 다음에 그 여자에 대한 동정심을 나타낼 것이라고 예상하면서 기쁜 마음으로 기다리고 있었는데, 그녀는 "그래서 내가 굳이 다른 사람들 앞에서 그녀에게 창피를 줄 필요까지는 없다고 생각했지요. 그냥 내 마음속으로 그 여자를 뭉개 버렸지요."라고 말했다. 이 정도의 변화라도 상당히 의미 있는 심리적 발전이었다.

이러한 내면적인 발전과 더불어 여러 가지 긍정적인 행동적 변화도 나타났다. 도나는 친정 식구에게 점진적으로 덜 의존하게 되었으며 친척들과도 좀 더 솔직하고 친밀하게 지내게 되었다. 폭식증상은 우리가 그것을 목표로 삼아 집중적으로 다루지 않았음에도 사라져 버렸다. 자살을 하거나 다른 사람을 죽이려는 생각에 대한 집착도 사라졌다. 그녀는 더 이상 어떤 위기 상태나 응급 상황 그리고 심한 퇴행 증상을 보이지 않았다. 비록 그녀의 남편이 학대를 받았다고 주장하며 도나와 이혼을 하게 되었지만, 그들은 서로 교류를 하며 친한 친구로 지냈다. 이혼을 한 후에 그녀는 혼자서도 잘 살아갔는데, 이것은 그녀의 인생에서 처음 있는 일이었으며 치료를 시작했을 때는 상상도 할 수 없는 일이었다.

1982년에 도나는 한 남자를 만나 훨씬 더 평온하고 애정이 깊은 관계를 형성하였다. 1년 정도 데이트를 하고 난 후에, 그들은 성당에서 결혼식을 올렸다. 이 일은 그녀가 여러 해 동안 적대감을 느끼며 멀리해 왔던 어린 시절의 종교생활과 다시 화해를 한 것이라고 볼 수 있다. 결혼생활은 10여 년 동안 잘 유지되었으나 남편이 일을 하다가 사고를 당하면서 변하기 시작했다. 남편이 진통제를 습관적으로 복용하더니 심한 중독자가 되어 무책임하고 착취적인 행동을 나타내기 시작했다. 그때는 나와 치료를 중단한 지 한참이 지난 후였는데, 그녀는 자기 보호를 위해 남편에게 권한을 제한하는 태도를 취하게 되었고, 남편이 이러한 권한 제한을 진지하게 받아들이지 않고 끝까지 거부하자 이혼을 했다. 그들의 관계가 좋았던 여러 해 동안, 그들은 아주 뜨겁지는 않아도 따뜻한 성적인 관계를 맺었으며, 과거에 도나가 충동적인 행동을 했던 피학적인 면도 나타나지 않았다. 사실, 그녀에게 있어서 이 시기의 삶은 믿기 어려운 것이었다.

1980년대 초반에 도나는 강아지를 한 마리 사서 길렀다. 처음에는 그 강아지를 학대했지만, 그럼에도 불구하고 강아지가 자신을 좋아하며 잘 따르자 점차적으로 강아지를 잘 보살피게 되었다. 그러한 일들이 있고 나서 한동안, 도나는 자신이 앞으로 아기를 낳게 될 가망이 없다는 것에 대한 애도과정을 거쳤다. 그녀는 자신의 출산 능력이 사라지기 전에 아기를 낳아 기를 수 있는 심리적인 상태에 이르지 못할 것이라고 생각했다. 그러나 1986년에 도나는 임신을 했다. 어머니만큼 심각한 산후 우울증을 경험하게 될까 봐 우리는 함께 걱정을 했었지만, 도나는 아이를 낳기로 결정했다. 임신기간 동안에는 별다른 합병증이 없었으며, 마침내 딸을 낳아서 놀라우리만큼 아기를 잘 보살피는 어머니가 되었다. 그녀가 산후 몸조리를 하고 있던 몇 주 동안 서너 차례 그녀의 집을 방문했었는데, 나는 그때 그녀가 딸에게 보이는 애정을 보고 매우 커다란 감동을 받았다. 심한 우울증의 징후는 나타나지 않았다. 그녀와 남편은 모두 부모가 되었다는 사실에 매우 기뻐했다. 남편이 사고를 당하기 전의 일이었는데, 그들은 마침내 다른 젊은 가족들이 살고 있는 안전한 동네에 집을 한 채 마련할 수 있었다.

도나의 딸은 지금 10대 후반이다. 그녀는 초등학교 시절, 수줍음이 많고 다소 위축된 소녀였으며, 약간의 학습장애가 있는 것으로 진단받았다. 청소년기에 접어들면서 딸이 힘들어하자, 도나는 치료자를 만날 수 있도록 주선해 주었다. 마침내 도나의 딸은 인지적 · 정서적 문제가 있는 학생들을 위한 특수학교에 들어가게 되었고, 그곳의 치료진으로부터 따뜻한 보살핌을 받게 되었다. 이러한 환경에서 그녀는 자신의 능력을 꽃피울 수 있었다. 그녀는 이제 남자친구도 있으며, 자신의 어머니가 성인기 초기에 보였던 현저한 자기파괴적 행동도 전혀 보이지 않으면서 잘 성장하고 있는 것 같다. 그녀가 성인이 되었을 때 이 모녀가 헤어져야 하는 분리과정을 어떻게 해결해 갈지는 두고 볼 일이다. 그러나 지금까지 도나는 딸을 잃을 것에 대해 불안과 더불어 변덕스러운 청소년기 딸에 대한 짜증을 겪고 있으면서도 정상범위 내에서 잘 살아가고 있다.

직장은 도나에게 있어서 가장 적응하기 어려운 곳이었다. 우리가 함께한 기간 동안, 그녀는 직장을 얻기 위해서 여러 가지 기발한 아이디어를 착안해 내곤 했다. 어떤 것은 과대망상적인 것도 있었지만 어떤 것은 꽤나 그럴듯한 것도 있었다. 도나가 잠시 동안 직장을 가졌던 적도 있었지만, 그녀의 편집증 때문에 결국에는 직장생활을 계속할 수 없었는데, 그러한 편집증 증세는 특히 그녀가 고용주로부터 인정을 받거나 승진을 하게 될 때 나타났다. 그녀가 가장 성공적으로 직장생활을 했던 것은, 딸이 태어나기 몇 년 전에 남학생 클럽 하우스에서 대부분의 시간을 혼자 일하며 파트타임 요리사로 근무할 때였다. 거의 아무 일도 못하게 할 정도로 심한 불안과 퇴행상태를 서너 주 동안 나타내기도 했지만, 그녀는 그곳에서 오랫동안 직장생활을 그럭저럭 유지해 나갔다. 임금은 상당히 적었지만 학생들은 그녀를 좋아했으며, 그녀는 그 일을 하면서 잠재해 있던 창의성을 발휘하기도 했다. 뛰어난 요리사였던 그녀는 요리사라는 직업을 과거 한때 두려워했던 구순기적 속성을 잘 승화시키는 일로 여겼다.

종결 단계

1980년대 초반에 도나가 나타냈던 진전은 면담횟수를 점진적으로 줄이는 과정 속에서 일어났다. 1981년에 그녀와 나는 일주일에 세 번 만나던 것을 두 번으로 줄였고, 1983년에는 일주일에 한 번으로 줄였다. 이렇게 면담횟수가 줄게 된 것은 나의 사정 때문이기도 했지만(나는 그녀의 집에서 상당히 멀리 떨어진 다른 지역으로 치료실을 옮겼다), 면담횟수를 줄여도 될 만큼 그녀의 증세가 호전되었기 때문이기도 했다. 1984년에 접어들면서, 그녀는 만약 심한 불안상태에 빠지게 될 경우 (실제로 그러한 일은 일어나지 않았다) 중간에 면담을 한 번 더 갖는다는 전제하에 2주일에 한 번씩 면담을 하고 싶다고 말했다. 그로부터 1년 후에, 그녀는 '필요하면' 나를 찾아오기로 결정했다. 그녀는 종종 전화를 걸어 간단한 질문을 하거나 전화 응답기에 녹음되어 있는 내 음성을 듣기 위해서 전화를 하기도 했지만, 면담이 거의 필요하지 않은 상태였다. 그녀는 이처럼 나와의 만남을 스스로 조금씩 줄여 가는 과정을 젖떼기(weaning)라고 불렀다.

10년간의 치료가 끝나갈 즈음에, 나는 도나가 상당히 호전되었다고 확신하게 되었다. 그녀가 면담횟수를 서서히 줄여 가는 것은 스스로 분리과정을 자연스럽게 진행하는 것으로 느껴졌다. 그녀가 지녔던 모든 문제들, 즉 자해, 살해 충동, 자살 충동, 폭식증, 위험한 성행위, 약물 중독, 극심한 편집증 그리고 강박적 증상들은 사라지거나 현저하게 개선되었다. 그러나 정신분석학적 관점에서 더 의미가 있었던 것은, 그녀가 그 당시 면담시간에 이야기했던 꿈이었다.

> "나는 정신병원에 있었어요. 하지만 정신병 환자들은 잠겨 있는 문의 반대쪽에 있었어요. 나는 정신병 환자가 아니라는 것을 알게 되었어요. 왜냐하면 그 방의 바깥쪽에 있었기 때문이죠. 배가 아주 고파서 먹을 것을 사러 병원 매점으로 갔어요. 먹을 것을 집어 계산대로 갔더니, 점원이 그것을 살 수 없다고 말했어요. 거기 있는 환자들만 그 음식을 먹을 수 있다는 거예요. 나는 그 자리를 떠나려고 했지만, 그것은 부당하다는 생각이 들었어요. 그래서 그 점원에게 돌아서서, 아프지 않은 사람도 먹을 권리가 있다며 강하게 주장을 했지요. 그 점원은 내 주장을 받아들였고, 나는 그 음식을 가지고 병원을 떠났어요."

종결 이후의 관찰

앞에서 소개한 꿈이 분명하게 보여 주고 있듯이, 도나는 심리치료를 통해서 자신이 정신장애를 지니고 있든 그렇지 않든 간에 보살핌을 받을 자격이 있는 사람이며, 적절한 방법으로 문제를 해결하며 자신을 위해 싸울 수 있는 사람이라는 좀 더 긍정적인 자기인식을 발달시켰다. 그녀의 대상 항상성(object constancy)과 자기 항상성(self-constancy)도 개선되었다. 자신의 감정을 조절하는 능력이 현저히 증대되면서, 충동적인 행동을 나타내는 경향도 함께 줄어들었다. 그녀는 다른 사람과 자신 모두를 부정적인 면과 긍정적인 면을 함께 지니고 있는 전체적인 인간으로 인식할 수 있게 되었으며, 양가감정을 경험하면서도 이것을 마음속에 담아 둘 수 있게 되었다. 그녀는 어려운 가족 문제를 능숙하게 잘 다루었으며, 부모가 자신에게 해 주었던 것보다 딸을 훨씬 더 잘 키우는 훌륭한 부모가 되었다. 어린 시절부터 오랫동안 그녀의 가족을 괴롭혀 왔던 반복적인 외상경험의 악순환을 성공적으로 잘 끊었다고 그녀와 나는 느꼈다.

내가 그녀를 치료하는 동안 도나에게 나타난 가장 즐거운 성격적인 변화는 유머 감각이 나타났다는 점이다. 전에는 편집증적인 굳은 표정이었으며 신랄하게 빈정거릴 때에만 가끔씩 표정이 풀리곤 했었는데, 요즘 그녀는 자신의 성격적인 약점에 대해서 재치 있는 논평을 하기도 하고 나의 성격적 단점을 놀려대기도 한다. 종종 나에게 전화를 하게 되는 심한 불안상태를 제외하면, 그녀는 내가 알고 있는 가장 재미있는 사람 중 한 명이다. 그러나 그녀가 심한 불안상태에 빠져 있을 때에도 유머감각이 완전히 사라지는 것은 아니다. 몇 년 전에 그녀는 두려움에 떨며 나에게 전화를 해서는 자신의 딸을 함부로 대한 남자 아이에게 심하게 야단을 쳤는데 그 아이의 아버지가 끔찍한 방법으로 복수하려 한다고 말했다. 그녀는 예전처럼 무기력하게 "내가 어떻게 해야 하죠?"라고 애원하듯 물었다. 그래서 나는 "글쎄요, 사과를 하는 방법도 있을 것 같은데요."라고 제안했다. 그러자 그녀는 금방 기분이 밝아지면서, "그 방법을 미처 생각하지 못했네요!"라고 소리쳤다. "그렇게 하면 일이 잘 풀릴 것 같네요. 내가 왜 선생님과 계속 연락하려 하는지 아세요? 선생님은 아주 쓸모가 있거든요." (이렇게 성급하게 충고를 해 주는 것은 나의 치료 스타일이 아니었다. 그러나 지금은 치료를 종결한 지 여러 해가 지났기 때문에 도나와 나는 좀 더 편안하게 이야기를 나누며 지내고 있다.)

지난 10년 동안 나는 매년 평균적으로 네댓 번 정도 도나와 이야기를 나누었다. 어떤 경우는 무언가로 그녀가 흥분했을 때였으며, 어떤 경우는 단지 나를 생각하면서 내가 어떻게 지내는지 알고 싶어 하거나 자신에게 어떤 일이 일어났는지 알려 주고 싶거나 또는 그녀가 나에 대해 느끼는 애정과 고마움을 표현하고 싶을 때였는데, 이 경우 그녀는 직선적인 표현으로 나를 감동시켰다. 전화기에서 그녀의 목소리를 듣게 될 때면 나는 항상 즐거웠다. 심지어 치료 초반에 우리 사이가 얼마나 힘들었는지를 기억해 내기가 어려울 정도였다.

1980년대 후반에 나와의 분리가 서서히 일어나면서, 도나는 다른 치료자들과 몇 차례의 면담을 했다. 그녀가 이렇게 한 이유는 내가 지리적으로 먼 곳에 있다는 점, 그녀가 운전 공포증을 약간 지니고 있다는 점 그리고 다른 사람과도 치료적 작업을 잘 할 수 있을지 호기심을 지니고 있었던 점들이 복합적으로 작용했기 때문이었다. 이러한 치료자들 중 일부와의 치료 경험은 끔찍한 것이었지만, 두 명의 치료자와는 궁합이 잘 맞았다. 자신을 지지해 주는 자원으로 다른 사람을 활용할 수 있는 능력을 지니게 된 것은 치료를 통해 얻은 주요한 성과 중의 하나였다. 그녀의 딸이 청소년기에 접어 들면서 부모로부터 독립하려 하고 부모의 이혼에 대해서 반발을 나타내게 되자, 도나는 당연히 괴로워했으며 적절한 치료자에게 도움을 요청했던 것이다. 그녀는 따뜻하고 유능한 나의 제자 한 명에게 수개월 동안 치료를 받았으며, 그의 추천으로 변증법적 행동치료 집단(Linehan, 1993)에 참가하여 도움을 받았다. 그녀는 자신이 이룬 것에 대해서 기뻐했고, 자신의 딸에 대해서 자랑스러워했으며, 그토록 이루기 힘든 변화를 싸워서 얻어낸 것에 대해 고마워했다.

나는 도나가 나와의 오랜 치료를 통해서 지속적인 상당한 변화를 성취해냈다고 믿고 있다. 그녀는 여전히 여러 가지 불안과 간헐적인 피해의식적 생각으로 괴로워하고 있으며, 때로는 암에 대한 공포증이 재발하기도 한다. 그녀는 딸의 청소년기를 견뎌내기가 힘들다고 생각하고 있지만, 이러한 부모의 반응은 그다지 병적인 것은 아니다. 아무도 도나를 정신적으로 건강한 사람의 본보기로 여기지는 않겠지만, 도나를 처음 만나는 사람은 그녀에게 심각한 문제가 있거나 과거에 그러한 문제가 있었다고 쉽게 알아차리지 못할 것이다. 몇 달 전에 우연히 그녀를 만나게 된 내 동료 한 명은 그녀를 "조금 특이하지만 호감이 가는 사람"이라고 묘사했다. 몇 년 전에는, 도나의 친구 한 명이 나에게 치료를 받을 수 있는지 물어왔는데, 그 이유는 그녀가 도나를 좋아할 뿐만 아니라 그녀가 겪고 있는 문제를 해결하기 위해서 심리치료를 받아보라는 도나의 조언을 받았기 때문이었다.

도나가 이 장의 내용을 읽고 자신에 대한 구체적인 정보를 그대로 출판해도 좋다며 적극적으로 찬성했다는 사실이 나에게는 그녀의 자기 수용, 자신의 성장에 대한 자부심 그리고 다른 사람을 위한 성숙한 이타심을 입증하는 것으로 보인다. 그녀는 자신의 이야기를 통해서 치료자들을 매우 힘들게 하는 심각한 내담자들에 대해서도 믿음을 버리지 않고, 치료자가 지독하게 고통스럽고 두려우며 혼란스러운 감정들을 이해하고 마음에 담아 두려고 인내심 있게 노력하면 결국에는 성장을 위한 자연적인 욕구가 나타나게 될 것이라는 믿음을 지니기를 바라고 있다. 그녀는 자신의 이야기를 직접 써서 책을 낼 생각을 하기도 했는데, 내가 우리의 치료과정을 책으로 썼다고 말하기 전에 그녀는 이러한 생각을 이야기했었다.

도나 외에도 나에게는 지금까지 연락을 취하고 있는 아주 오래된 내담자들이 몇 명 있다. 이들에게 있어서 분리(separation)는 매우 혼란스러운 것이기 때문에, 가능하다면 그러한 심한 고통을 받지 않도록 하는 것이 바람직하다. ("첫째, 해를 입히지 말라."는 히포크라테스의 제1 원칙을 적용한다면 상실, 방치나 분리에 대해서 심한 퇴행 반응을 보이는 사람들에게는 단기치료가 적절하지 않다고 나는 생각한다.) 내가 이미 언급했듯이 나의 동료 대부분은 이러한 오래된 환자들을 몇 명씩 지니고 있는데, 이들은 상당수가 치료자로 일하기 시작하던 시기에 만났던 사람들이며, 양심상 이들을 포기할 만한 좋은 이유를 찾을 수 없었던 사람들이다. 수십 년간 나와 연락의 끈을 놓지 않았던 사람들은 대부분 치료 초기에는 최소한 일주일에 두 번 면담을 하다가 그 횟수를 일주일에 한 번 또는 그보다 더 적은 빈도로 점차 줄여나갔다. 성숙해 가는 그들의 모습을 지켜보면서 느끼는 기쁨을 넘어서서, 이들과의 치료과정에서 느끼는 가장 큰 만족감은 외상적 경험이 다음 세대로 대물림되는 것을 예방하고 있다는 기쁨이다(Main, Kaplan, & Cassidy, 1985).

도나에 대한 글을 쓰면서 느끼는 뿌듯함 중의 하나는 어려운 환자를 성공적으로 치료했다는 것을 보여 줄 수 있다는 점이다. 그러나 나는 나의 경험이 유별난 것이 아니라는 점을 강조하고 싶다. 대부분의 정신역동적 치료자들은 인내심과 도전의식을 지니고 정신분석적 이론의 위안을 받으며 각기 자신들의 도나를 치료하고 있다. 치료자에게 있어서 이러한 환자들은 치료자 교육의 전체과정을 제공하는 셈이다. 그러나 불행하게도, 우리의 치료적 전문성이 정신건강에 관한 공식적인 통계수치로 환산되지 못하고 있는데, 그 이유는 비밀을 유지해야 하는 개인 치료의 특성 때문이기도 하고 이처럼 심각한 환자에 대한 치료가 대부분 예방적인 성격을 띠고 있기 때문이기도 하다. 즉, 치료자가 방지한 자살의 횟수, 정신병 발병을 예방한 횟수, 병원 입원을 불필요하게 만든 횟수, 아동 학대를 예방한 횟수를 정확하게 계산하는 것은 어려운 일이다.

정신건강기관에서 일한 경험이 있는 우리 같은 사람들은 도나와 같은 환자들이 왔다 갔다 하는 모습을 많이 보게 된다. 이러한 환자들은 위기상황을 만들어 내고, 그들과 관계를 맺으려는 치료진을 자극하여 소진시키며, 기관의 방침을 악용하거나 거부함으로써 자신에게도 장기적으로 도움이 되지 못할 뿐만 아니라 기관의 역전이(institutional countertransference)를 촉발하고, 결국에는 치료자에 대한 실망감과 적개심만 더욱 강화하게 된다. 처음에 이들은 장애를 지닌 청소년으로 나타났다가, 나중에는 공생적 관계를 통해 치유될 수 있다는 강렬한 공상을 실현하기 위해서 자녀를 갖게 되는 성인 환자가 된다. 이들은 자녀를 학대하고 친구와 친척이 다 떠나가게 만든다. 이들은 이 의사에서 저 의사로 옮겨 다니면서 그러한 의사들이 선호하는 약물들을 소비해 준다. 이들은 '회전문' 같은 환자가 되어 발달과정의 어려움을 겪을 때마다 응급치료와 입원치료를 받으면서 수만 달러의 돈(대부분 세금으로 거둔 국가예산이다)을 집어삼킨다. 이들의 치료기록은 전화부만큼이나 두꺼워진다. 그러나 일단 심리치료를 받기 시작하여 안정된 관계에 들어가게 되면, 정신병적으로 혼란스러운 상태에 있는 사람일지라도 헌신적인 치료자에 의해서 병원입원을 예방할 수 있다. 만약 우리가 우리의 치료적 이상을 잘 수행하고 정신장애의 끝없이 반복되는 악순환을 예방하려면, 우리의 정신보건정책은 도나와 같은 사람들이 도움을 받을 수 있는 기회를 확대해야 할 것이다.

제 10 장

정신분석적 치료를 통해 얻는 부수적 교훈[1)]

> 마음속에 있는 어떤 것을 인식하는 것은 타인으로부터 그것에 관한 이야기를 듣는 것과 같지 않다……. 인생의 난관에 처할 때마다, 우리는 사랑을 통해서 많은 것을 배우게 된다. 불완전한 인간이 자신의 숙명을 받아들이게 되는 것은 가장 가까이 있는 사람들의 사랑에 의해서다.
>
> – Sigmund Freud (1916, p. 312)

이 책을 통해서 나는 정직성이라는 정신분석적 이상이 매우 중요하다는 점과 더불어 환자가 깊은 애정을 느끼고 존경하는 타인에게 자신의 가장 은밀한 생각과 감정을 많이 공개할수록 더 많은 도움을 얻게 된다는 점을 강조해 왔다. 가슴 속에서 우러나는 이야기를 하고 이것이 진지하게 받아들여지는 경험을 통해서, 환자는 인생의 어려움을 견딜 수 있는 심리적 구조를 형성하게 된다. 이러한 내면적인 심리적 구조의 발달과 더불어, 대부분의 내담자들은 치료경험을 통해서 도움이 되는 수많은 정보를 얻게 된다. 이러한 몇 가지를 이 장에서 소개하고자 한다.

---

1) 이 장의 많은 부분은 이미 McWilliams(2003)의 논문에 실려 있는 것이다. 그 부분을 이 책에 인용하도록 허락해 준 APA 출판사에 감사드린다.

우리가 내담자에게 자신의 감정을 느껴보라고 권유하거나, 내담자 스스로 자신의 해답을 찾도록 돕거나, 내담자로 하여금 자신의 고통을 잘 이해하고 인간의 숙명적 한계로 받아들이게 할 때, 우리는 다음과 같은 가정에 근거한다. 우리는 어떤 존재이며 우리가 추구하는 것은 무엇인지, 어떤 것이 얻을 수 있는 것이고 어떤 것이 불가능한 것인지, 어떤 것이 바꿀 수 있는 것이며 어떤 것이 슬프지만 포기해야 하는 것인지에 관해서, 즉 인생에 관해서 지혜를 얻을 수 있는 능력을 우리 모두가 지니고 있다는 가정에 근거하고 있다. 심리치료에서 치료자가 교육자의 역할을 의도적으로 피하려 하더라도, 내담자는 자신의 과거경험과 갈등을 자세하게 이해하는 것 이상의 것들을 지속적으로 배우게 된다.

물론, 내담자가 심리치료에서 배우게 되는 것은 그 사람의 가족이나 소속집단에서 접촉할 수 없었거나 금기시했던 지식이 어떤 유형의 것이었느냐에 따라 다를 것이다. 예컨대, 한 사람은 분노표현을 억제하는 새로운 기술을 배우는 반면, 다른 사람은 분노표현이 목표달성을 위한 효과적인 수단이라는 것을 깨닫게 된다. 나의 내담자 한 명은 자녀에 대해서 공격적인 상상을 하는 것이 정상적이라는 것을 처음 알게 되었다며 놀라워했는데, 이처럼 환자가 심리치료에서 배우게 되는 것은 그에게 매우 새로운 정보이거나 생각일 수 있다. 그러한 것들 중에는 지적인 수준에서 '알고는' 있었지만 정서적으로 받아들이지 못했던 정보들도 있다. 한 내담자는 이렇게 말하기도 했다. "나는 거부당하는 것이 두렵다고 치료 초기에도 당신에게 말할 수 있었지만, 그러한 두려움이 나의 행동에 어느 정도 영향을 미치는지 알지 못했다. 그러나 지금 나는 그러한 두려움을 느낀다. 그리고 그러한 감정의 자각은 내가 그러한 두려움을 조절하는 데 도움을 주고 있다."

정신분석적 지식에 관하여

정신분석적 전통의 '지혜'는 시대에 뒤떨어진 것이고 일부의 문화에만 해당되는 것이며 Freud의 독특한 구시대적 편견이 뒤섞여 있는 것이라고 믿는 사람들이 많다. 이러한 비판적 관점에는 옳은 점이 있다고 말하면서, Drew Westen(1998)은 그럼에도 불구하고 "Freud는 Elvis처럼 오래전에 사망했지만 꾸준히 인용되고 있다……. 대다수의 임상가들은 정신역동적 원리에 어느 정도 의존하고 있다고 말하고 있다." (p. 333) 고 지적한 바 있다. 정신분석적 통찰들은 서양문화에 널리 확산되면서 일종의 삼투과정을 통해 상식처럼 되어 버렸으며 긍정적인 영향과 더불어 부정적인 영향을 미치기도 했다. 정신분석적인 개념들은 병원의 소아과 진료, 법원의 아동 보호관리방침, 편견의 심리적 후유증과 같이 다양한 문제에 있어서 일반인에게 도움을 주고 있다. '정체감의 위기' '방어성' '부인' '애착' '내향성' '승화' 'Freud식의 실수' 와 같은 용어들은 한때 분석가들만이 사용하는 신비스러운 전문적 용어였지만 이제는 일상적인 용어가 되었다. 다른 한편, 이러한 개념들이 정신분석적 용어이기보다는 일반적 상식으로 여겨지게 되면서, 일반인들은 (죽음 본능의 존재, 여성의 음경 선망에 대한 보편적 중요성과 같이) 논란이 되거나 직관적인 생각과 다르거나 매우 의문시되는 개념들을 정신분석적인 것이라고 생각하게 되었다. 이 책에서, 나는 Freud 시대 이후에 상식적인 것이 되어 버린 정신분석적 개념들의 위상을 바로잡고자 노력했다.

이러한 확산과정에서, 현대의 심리학자, 정신과의사, 다른 정신건강 전문가들 대다수가 정신분석학의 중요한 원전을 접하지 못함으로써 이러한 이상한 현상이 생겨나게 되었다. 한때 정신분석의 영역에 속했던 지식이 전혀 정신분석적 배경이 없는 사람들에 의해서 간헐적으로 재발견되고 있다. 초기의 행동치료자들(예: Wolpe, 1964)은 매우 학문적인 실험주의자의 견해에 따라서 인지의 역할을 경시했다. 그러나 행동치료가 발전하면서, 상당수의 행동치료자들이 수십 년 동안 분석적 치료자를 매혹시켰던 것과 동일한 인지적 현상에 관심을 갖게 되었다. 특히, 고통스러운 생각이 핵심적인 역할을 하는 우울증과 같은 장애(예: Beck, 1976)를 연구하면서 인지에 대한 관심이 증가하게 되었다.

인간의 본성에 대해서 행동주의적, 정신분석적, 인본주의적 그리고 체계-지향적 입장을 지닌 연구자들이라 할지라도, 인간이라는 동일한 동물을 깊이 있게 이해한다면 유사한 결론에 도달할 뿐만 아니라 유사한 치료법을 제안하게 될 것이다. 그러나 이러한 과정은 수레바퀴를 새롭게 발명했다고 주장하는 것과 비슷한 면이 있다. 임상 심리학 분야의 행동치료자들은, 본래의 이론에 '인지적' 요소를 가미하게 되면서, 정신분석적 치료자들이 잘 알고 있다고 주장해 오던 영역에 대한 권리를 주장하게 되었다. 즉, 매우 비(非)정신분석적이거나 반(反)정신분석적인 교육배경을 지닌 전문가들이 의식적·무의식적 사고과정에 대해서 더 잘 알고 있다며 전문성을 주장하게 되었다. 현재 학술적인 심리학자들 중에는 치료자들과 상담자들이 이미 수십 년 동안 알고 있었던 것을 발굴하여 다른 용어로 명명하면서 과학적 방법을 통해 새로운 통찰을 얻게 되었다고 발표하는 경우가 있다. 화성에서 온 사람은, 약물치료의 효과에 비견될 만큼 우울증에 대한 효과가 실증적으로 지지되고 있다고 주장하는 Klerman의 "대인관계적 치료"(Klerman, Weissman, Rounsaville, & Chevron, 1984)가 단기적인 역동적 치료와 어떻게 다른지 구분하기 어려울 것이다.

생물학적 정신의학이 뜨거운 호응을 받고 있는 현재의 상황 속에서, '대화치료'와 약물치료의 잘못된 대립구조가 생겨나고 있다. 사실은, 심리치료와 정신약물학이 상호의존적일 수밖에 없다. 가장 구체적이고 실제적인 수준에서, 환자에게 약물을 복용하게 하려는 의사는 동맹형성, 공감표현, 저항극복과 같은 기본적인 정신분석적 원칙에 근거해야 한다. 몸과 마음, 심지어 인지와 정서의 이분법(17세기 철학자인 Rene Descartes의 이원론에 의한 이분법)에 대한 오래된 생각이 현대의 신경과학적 연구에 의해 지지될 수 없는 것으로 밝혀졌다는 점에서, 심리치료와 약물치료는 상호의존적이기도 하다. 뇌의 화학적 작용이 우리 자신과 세계를 경험하는 데 영향을 미친다는 것을 잘 알고 있듯이, 우리는 심리치료를 위시한 특정한 경험들이 뇌의 화학적 작용에 영향을 미친다는 것을 알고 있다(Goldstein & Thau, 2003; Schore, 1994; Solms & Turnbull, 2002; Vaughan, 1997).

치료자가 전문가로서 환자에게 분명하게 어떤 정보를 전해 주든 그렇지 않든, 심리치료자들은 항상 그리고 불가피하게 일종의 교육을 하고 있다. 대부분의 고전적 해석(예: "당신은 적대적 감정 때문에 어머니에게 피해를 주었다고 느꼈듯이, 그러한 감정이 치료자에게 피해를 주지 않을까 두려워하고 있군요.")은 은밀하게 교육적인 메시지("당신이 어떤 생각을 했든, 적대적 감정은 그렇게 위험한 것이 아니다.")를 전달하고 있다. 정보수집을 위한 것으로 보이는 질문을 통해서도 교육적 메시지가 전달될 수 있다(예: "그러니까 당신은 20대가 되기까지 자위하는 것을 몰랐군요?"라는 질문은 "대부분의 사람들은 그보다 일찍 자위를 합니다. 이런 점을 고려해 보십시오."라는 메시지를 담고 있다). 그리고 이러한 방식으로 정보를 전달할 뿐만 아니라, 만약 정신분석학계에서 잘 알려져 있는 어떤 사실을 환자가 잘못 알고 있다면, 대부분의 치료자는 치료기법의 적용에만 몰두하기보다 직접적 교육을 통해서 이를 바로잡아 주게 될 것이다. "무의식적인 기념일 반응은 매우 흔한 현상입니다." "가족에게 문제가 생기면 아이들은 자신을 책망하는 경우가 종종 있습니다." 또는 "완전히 양가적이지 않은 반응은 없습니다."와 같은 말은 정신분석적 취향을 지닌 치료자에게 상식적인 것이지만 환자에게는 새로운 지식이 될 수 있는 메시지의 예라고 할 수 있다.

나는 4장에서 분석적 치료자들이 환자에게 심리치료라는 복잡한 인간관계에서 그들이 어떤 역할을 해야 하는지 이해하도록 돕는 방법을 소개한 바 있다. 대부분의 내담자에게 있어서, 심지어 치료에 관해 매우 잘 알고 있는 내담자라 할지라도, 치료과정에 관해서 어느 정도 직접적인 교육을 하는 것이 성공적인 치료를 위해서 필요하다. 정신분석적 치료자들은 이러한 방향제시적 기능을 하는 것이 아니라면 노골적인 교육적 태도를 나타내지 않으려는 경향이 있는데, 그 이유는 환자가 자신의 해답을 스스로 찾을 수 있도록 돕기 위함이다. 그러나 이러한 해답 중에는 보편적인 속성을 지니는 것들이 있다. 즉, 이러한 해답은 자신과 세상을 깊이 이해하기 위해서 치료자의 도움을 받으며 지속적인 체계적 노력을 기울인 사람에 의해서 발견될 수 있는 것이다. 이 장에서 나는 심리치료의 일반적 과정에서 전달될 수 있는 지식들을 영역별로 소개하고자 한다. 이러한 통찰을 정서, 발달, 외상과 스트레스, 친밀감과 성 그리고 자존감의 범주로 나누어 소개할 것이다. 마지막으로, 수용하고 용서하는 진정한 자세를 갖게 되는 것, 즉 심리적 평정을 얻게 되는 것에 관해서 간략하게 언급할 것이다.

정 서

심리치료에 관한 가장 기본적인 신념 중의 하나는 말하는 것이 치료에 도움이 된다는 것이다. 그러한 믿음을 확신할 만한 개인적 경험이나 임상적 경험이 없는 사람은 경험적 연구결과를 통해서 그에 대한 상당한 근거를 발견할 수 있다(예: Pennebaker, 1997; Smith, Glass, & Miller, 1980). 대다수의 내담자들은 이러한 점을 잘 모르고 치료자를 찾아온다. 이러한 점은, 치료자가 자기표현의 가치에 관해서 가르쳐 주든 그렇지 않든, 내담자가 치료자로부터 배우게 되는 것 중의 하나이다. "말하는 것이 어떻게 도움이 되지요?"라는 물음은 분석적 치료자들에게 주어지는 가장 흔한 질문 중의 하나이다(이러한 물음에 대한 대답을 사례별로 잘 기술한 Luepnitz(2002)의 책을 참고하기 바란다.). 대부분의 치료자들은 이러한 물음에 대해서 나름대로 어떻게든 대답한다. "말하는 것이 당신을 더 고통스럽게 만들 뿐이라고 우려하시는 것 같군요"라고만 대답하면서, 말하는 것이 결국에는 도움이 될 수 있다는 점을 공감적인 방식으로 전달하는 경우도 있다. 그리고 내담자는 말하는 것, 특히 그들이 전에 말해 본 적이 없는 것들에 관해서 말하는 것이 도움이 된다는 점을 점차 시간이 흐름에 따라 알게 된다.

이와 관련하여 치료에서 많은 내담자들이 배우게 되는 한 가지 교훈은 모호하고 혼란스러운 감정상태가 명명되면서 서서히 자각 속으로 통합될 수 있다는 점이다. 치료자들은 자신이 방어에 의해 숨겨져 있던 감정을 '발굴하는' 일을 하고 있다고 생각할 때가 종종 있는데, 사실 그들은 내담자의 기억 속에 묻혀 있는 감정을 처음으로 찾아내어 이름을 붙여 주고 있는 것이다. 임상가가 반영(mirroring)이라고 생각하는 것이 환자에게는 새로운 지식으로 받아들여질 수 있다. 즉, 치료자는 내담자가 표현한 것을 단지 정서적 측면을 강조하여 다시 말해 주고 있다고 생각할지 모르지만, 내담자는 과거에 잘 알지 못했던 것에 형태와 색깔이 주어지는 것으로 인식하게 된다(D. B. Stern, 1997). 한 사람의 경험은 그렇게 쉽게 '자각되는' 것이 아니라 혼돈상태에서 명료한 형태를 갖게 하는 언어의 힘에 의해서 '인식되는' 것이다. Bollas(1987)가 "생각되지 않은 인식(unthought known)"이라고 부른 것이 비로소 인식되고 언어화되며 정서적으로 통합되는 것이다. 심리신체적 문제로 어려움을 겪고 있는 '감정표현 불능증'(감정을 표현하는 어휘가 부족한 증상) 환자(Krystal, 1988; McDougall, 1989; Sifneos, 1973)는 치료적 호전이 매우 느리게 나타나는데, 이러한 환자의 경우에도 감정이 언어화될 수 있을 뿐만 아니라 명칭을 지니고 있어 타인과 소통할 수 있다는 점을 서서히 배우게 된다. 정신분석적 치료의 성과에 대해서 광범위한 장기적 연구를 한 Judith Kantrowitz와 동료들(Kantrowitz et al., 1986)은 치료를 통해서 정서에 대한 접근성, 인내력, 복잡성 그리고 조절능력에 상당한 지속적인 변화가 있었음을 보고하였다.

정신분석가들이 흥미를 느낄 연구라고 생각되는데, Shedler, Mayman 및 Manis(1993)는 자기보고형 질문지에서 매우 건강한 것으로 나타난 사람들을 모은 다음에 숙련된 임상가들로 하여금 정말 건강한 사람들과 방어적 부인으로 인해 내면적 취약성을 겉으로 위장하거나 잘 적응하고 있다는 환상을 지닌 사람들을 변별하게 했다. 연구자들은 '정신적으로 건강하다는 환상'을 지닌 것으로 평가된 집단이 현저한 정신건강 문제의 소지를 지니고 있음을 발견하였다. 이 연구에서 숙련된 임상가들이 매우 방어적이고 치료-저항적이라고 평가한 사람들은 임상장면에서 익히 잘 알려져 있는 집단으로서 McDougall(1985)은 "정상병질자(normopaths)"와 "반항적 피분석자(anti-analysands)"라고 지칭한 바 있고 Bollas(1987)는 "정상성 질병(normotic illness)"을 앓고 있다고 기술한 바 있는 사람들이다. 이들은 상상력이 부족하고, 구체적이고 실용적으로 생각하며, 우반구 영역에 속하는 기능에서 결함을 보인다. 이러한 환자들은 치료를 통해서 감정 표현을 배우는 데 매우 오랜 시간이 걸린다. 그러나 이들은 자신의 감정에 관해 잘 알고 있는 상태에서 치료를 시작하는 내담자보다 치료경험을 통해서 더 많은 도움을 받을 수 있다.

나는 만성적인 신체적 증상이 전혀 '분석되지' 않고서도 장기적인 심리치료를 통해서 서서히 사라지는 현상을 목격하면서 종종 놀라곤 한다. 이러한 증상소멸은 Cardinal(1983)이 "표현적 언어"라고 부른 것을 알게 됨에 따라 나타나는 내면적인 호전의 결과로 추측된다. 마음이 감당할 수 있는 것을 더 이상 몸이 표현할 필요가 없어진 것이다. 다른 치료자들도 이러한 현상을 보고하고 있으며 이를 입증하는 경험적 연구도 상당수 있다. 1965년에 Duehrssen과 Jorswick은 정신분석적 치료를 받은 사람들이 통제집단보다 5년의 조사기간 동안 병원을 덜 방문했다고 보고하였다. 이러한 결과는 그 이후 20년 동안 심리치료와 의료기관 방문 및 비용의 관계에 대해 이루어진 58개의 경험적 연구를 개관한 결과(Mumford et al., 1984)에서도 입증된 확고한 사실이다. 최근에 독일에서 시행된 한 연구(Leuzinger-Bohleber, Stuhr, Ruger, & Beutel, 2003)에서, 연구자들은 정신분석적 치료를 받고 난 후에 의료기관의 방문과 의료비 지출이 현저하게 감소했다는 것을 밝혔으며 이러한 현상은 치료가 종료된 후에도 계속 되었다고 언급했다.

8장에서 소개한 바 있듯이, 몰리(Molly)는 나와 치료를 시작한 첫해에 감정이 "마치 신체적인 것 같다!"는 점을 깨닫게 되었으며 3년 반 동안의 치료 후에 그녀의 두통이 사라져 버렸다는 사실을 어느 날 갑자기 알게 되었다. 감정표현 성향이라는 연속선의 다른 극단에는, 강렬한 감정을 행동으로 표출하거나 해리시키지 못할 뿐만 아니라 깊은 분열성 상태로 철수하지도 못하면서 그러한 감정을 견뎌 내는 데에 어려움을 지니는 내담자들이 있다. 이러한 내담자들은 치료가 끝나 갈 무렵에 자신의 감정상태를 편안하게 느끼게 될 뿐만 아니라 그들이 과거에는 놀랍고 이상한 것으로 받아들였던 감정을 견딜 수 있고 조절할 수 있음을 알게 된다. 분노조절에 대한 인지행동적 대처법이 개발되기 오래전에, 사람들이 자신의 감정을 견디고 담아 두는 것을 알게 되는 과정에 관한 정신분석적 문헌들이 있었다(Krystal, 1978; Russell, 1998; Spezzano, 1993; Zetzel, 1970).

연극성 및 경조증적 성향과 감정표현이 활발한 경계선 성격구조를 지닌 사람들을 위시해서 정서적 변화가 심한 내담자들은 자신의 감정을 조절하고 마음 상태 간의 연관성을 인식하는 것을 배우게 된다. 이처럼, 앞장에서 소개한 도나(Donna)는 자해, 중독행동, 폭식증, 난잡한 성행위를 통해 행동화하지 않으면서 자신의 감정을 견딜 수 있게 되었고 그러한 마음상태를 살펴보고 다음 치료시간에 그 내용을 말할 수 있을 만큼 현저하게 호전되었다. 강렬한 감정을 유발할 수 있는 생각을 머릿속에 지니면서도 행동화하지 않을 수 있다는 것을 그녀가 깨닫게 된 것이, 속도가 느리기는 했지만 그녀가 뚜렷한 호전을 나타내게 된 핵심적 요인이었다.

감정과 행동이 서로 다른 것이라는 점을 마음속 깊이 알게 된 것은 그녀만이 아니다. 훨씬 더 자기통제를 잘 하는 사람들도 이러한 차이를 모른 채 치료에 오게 된다. 그들은 자신을 극악무도한 생각을 지닌 범죄자로 여기고 그러한 부정적 감정을 지니게 된 것은 그들의 사악함 때문이라고 생각하며 우리의 치료실에 찾아온다. 성적이거나 적대적인 환상과 유혹적이거나 공격적인 행동이 다르다는 점을 치료자가 내담자에게 분명하게 가르쳐 주어야 하는 경우는 드물지만, 사실 치료자는 모든 행위를 통해서 감정과 행동의 차이를 보여 주고 있는 것이다. Silverman(1984)은 치료자가 감정이나 충동을 해석하는 것 이상을 해 줄 수 있어야 내담자들이 더 많은 도움을 받게 되며 수용적인 자세로 쾌락을 받아들일 수 있게 된다고 주장한 바 있다. 그의 주장에 따라서, 나는 "당신이 나를 미워하고 있다는 것을 인정하게 된 것은 진전입니다만, 나는 당신이 그러한 감정을 즐길 수 있기를 바랍니다."와 같은 말을 환자에게 해 주곤 한다. 누구나 경험하는 것이며 만약 파괴적 행동으로 나타나지만 않는다면 해롭지 않을 뿐만 아니라 깊은 생동감과 심지어 기쁨을 느끼게 하는 그러한 감정에 대해서, 내담자가 불행감을 덜 느끼도록 요즘의 치료자들은 대부분 이와 비슷한 말을 하고 있을 것이다. 어떤 감정이라도 그것을 마음속에서 불가피하게 일어난 당연한 것으로 치료자가 받아들이게 되면, 내담자는 수치심이 감소되어 자기공개가 촉진될 뿐만 아니라 비밀스러운 경험이라고 해서 위험한 것은 아니라는 점을 알게 된다. 또한 이러한 반응을 통해 생동감과 진실성이 증가되어 고통스러운 감정도 느껴 볼 만한 가치가 있는 것으로 여기게 된다.

또한 내담자들은 치료를 통해서 여러 가지 감정, 심지어 반대되는 감정 상태가 동시에 존재할 수 있다는 것을 배우게 된다. 나의 내담자 한 사람은, 내가 그에게 유익하지만 상처가 되는 말을 했을 때, 자신의 복잡한 감정을 탐색하면서 "내가 당신에게 감사함을 느끼는지 원망감을 느끼는지 살펴보고 있습니다. 그런데 그러한 두 감정은 서로 배타적인 것이 아닌 것 같더군요."라고 최근에 말한 적이 있다. 치료를 통해서, 환자들은 부정적인 감정이 회피할 수 없는 것이고, 양가감정은 언제나 경험되는 것이며, 한 사람의 약점은 그의 강점과 밀접하게 연결되어 있다는 것을 알게 된다. 이러한 것들이 항상 흔쾌히 받아들여질 수 있는 교훈은 아니다. 정서적 갈등상태의 한 측면만을 받아들이고 다른 측면은 무시하는 단순성, 예컨대 자신이나 타인이 완벽하기만을 바라는 단순성의 매력은 매우 뿌리가 깊은 것이다. 그러나 이들은 소중한 교훈이다. 우리가 최근에 매우 극단적인 형태로 목격하고 있듯이, 사람들은 자기편의 선함과 적의 악함을 이분법적으로 확신한 나머지 이러한 신념적 환상을 지키기 위해서 자신과 타인을 파멸시키는 일을 심지어 황홀경 상태에서 하고 있다(Eigen, 2001, 2002).

Goleman(1995)이 정서적 지능이라고 부른 것은 분석가들이 전통적으로 정서적 통찰(지적인 통찰과 대응되는 용어)이라고 지칭하는 것과 일맥상통한다(Hatcher, 1973). 이러한 개념이 서양문화에서 살고 있는 많은 사람에게 충격을 주었다는 사실은 정신분석학계에서 당연시되는 지혜들이 다른 분야에서는 상식적인 지식이 아니라는 점을 보여 준다. 감정 조절과 정서적 성숙에 관한 많은 지혜가 우리의 내담자들에게 전달된다. 내담자들은 정상적 슬픔과 병리적 애도의 차이, 즉 슬픔과 우울의 차이를 알게 된다. 그들은 분리불안이 불가피한 것이라는 것을 알게 된다. 개인적 양심을 통해서 받아들일 수 있는 것과 그럴 수 없는 것을 알게 된다. 어떤 것을 깊이 느끼는 것은 '약점을 내보이는 것' 이나 '자신을 수치스럽게 느끼는 것' 과 같은 것이 아니라는 점을 이해하게 된다. 모든 감정과 욕망은 이기적인 속성을 지닌다는 점 그리고 겉보기에 매우 '이기적이지 않은' 행위 속에도 개인적인 욕망이 숨겨져 있음을 수치스러워할 필요가 없다는 점을 알게 된다. 내담자는 자신의 감정을 진지하게 받아들이는 것을 배우게 된다.

발 달

Freud가 아동은 심리성적 단계를 순서적으로 통과하면서 발달한다고 생각한 이후로, 정신분석은 발달이론을 수용하게 되었다. 정신분석적 운동의 초기부터 정신역동적 치료자들은 성격특성과 정신병리가 '고착' 을 반영하는 것으로 보려는 습성을 지니고 있다. 즉, 우리는 환자가 오래전에 해결하거나 극복했어야 할 정상적인 발달과정상의 갈등에 붙들려 있는 것으로 보고 있다. 예컨대, Freud는 강박적 성격을 지닌 사람들에게서 관찰되는 유명한 세 가지의 특질, 즉 질서정연함, 고집스러움, 인색함을 아동기의 대소변 훈련과정에서 유래한 것으로 보았는데, 변훈련 과정은 그러한 행동들과 그 반대되는 행동이 자연스럽게 유발되는 갈등적인 성숙과정이라고 할 수 있다.

Erik Erikson, Peter Blos, Harry Stack Sullivan, Margaret Mahler, Jean Piaget, Melanie Klein, Donald Winnicott, Thomas Ogden 등의 이론가들이 주장한 발달 모델은 수십 년 동안 정신역동적 이론에 영향을 미쳤다. 문제를 발달적 관점에서 이해하기 위해서 정신분석적 이론가들은 애착, 아동 심리학, 부모–아동의 초기 관계에 대한 연구를 열성적으로 활용해 왔다. 이러한 이론적 · 경험적 연구를 치료자들이 치료에 적용하게 되면서, 내담자와의 일상적 상호작용을 이해하는 관점에도 직 · 간접적인 영향을 미치게 되었다. 즉, 내담자들은 심리적 문제를 발달적 관점에서 이해하려는 치료자와 자신의 문제에 관해 반복적으로 이야기하면서, 이러한 문제가 현재의 가혹한 현실 때문에 생긴 것이 아니라 발달과정의 갈등에 고착되어 생겨난 것으로 보게 된다.

치료자들은 '문 손잡이 대화' 또는 '출구 표현' (Gabbard, 1982)에 관해 서로 농담을 나누곤 하는데, 이는 내담자가 (흔히 치료시간에는 아무 일도 없었던 듯이 이야기하다가) 치료시간이 끝나 갈 즈음에 중요한 정보를 말하는 현상으로서 내담자가 문으로 나가면서 말하기 때문에 그에 관해 논의할 시간이 없다. 이러한 행동이 치료자에게도 나타난다는 사실을 나는 나 자신의 경험을 통해 알게 되었는데, 다른 치료자들도 그렇다고 말하고 있다. 치료자들은 치료회기의 끝 무렵에 환자의 대답을 요구하지 않은 채로 중요한 말을 흘리는 '지나가는 말' 을 하곤 한다. 이러한 말은 흔히 정상적인 발달적 현상을 언급하는 말로서 내담자가 자신의 문제를 덜 병적이고 좀 더 긍정적인 관점에서 볼 수 있게 하기 위한 것이다. 예컨대, 대부분의 치료자들은 자신이 다음과 같은 말을 자주 한다는 것을 발견하곤 한다: "상대방을 이상화하는 것은 이성관계의 구애단계에서 나타나는 정상적인 현상입니다." "임신을 하게 되면 자신을 훨씬 더 어른스럽고 유능하게 느낄 수도 있고 훨씬 더 아이 같고 무능하다고 느낄 수도 있지요." "은퇴를 하게 되면 자기정체감의 위기가 나타나게 되지요." "친밀한 관계를 위해 노력하는 것은 당신 나이에서는 자연스러운 것입니다." "청소년들은 대부분 그러한 도덕적 경직성을 지니고 있지요." "제대로 양육받지 못한 아이들은 자신이 나쁜 사람이라는 생각에 붙잡혀 있을 수 있습니다. 그들은 양육자가 그들을 방치하고 학대했다는 고통스러운 현실을 인정하기보다는 자신이 '착해지면' 상황이 좋아질 것이라고 믿으려 하지요."

나는 교사 집안의 출신이며 나의 기질에는 교육자적인 성향이 있다. 내가 다른 치료자들보다 더 교육자적이라는 것을 당연한 것으로 받아들이고 있다. 대부분의 치료자들처럼 나는 건강한 정신을 갖기 위해 애쓰는 환자에게 교육적인 '지나가는 말' 을 자주 하곤 한다. 왜냐하면 정신병적 또는 공생적 심리상태에 있는 사람들은 일상적인 발달적 갈등에 대해서도 매우 혼란스러워하며 자신의 정상적 욕구를 이상한 것으로 혼동하는 경향이 있기 때문이다. 또한 나는 매우 잘 적응하고 있는 내담자들에게도 가끔 그러한 말을 하곤 하는데, 치료경험과 나이가 많아지면서 내가 잘 이해하게 된 발달적 과제를 내담자가 겪고 있을 때 특히 그러하다. 예컨대, 죽어 가는 부모를 돌보느라 지친 사람에게 나는 이렇게 말해 주곤 한다.

> "내 경험에 따르면, 당신이 아무리 열심히 간병을 하고 아무리 많은 시간을 병상 곁에서 보내더라도, 부모님이 돌아가시고 나면 당신은 좀 더 많은 것을 해드렸어야 했다고 느낄 것입니다. 아무리 열심히 간병을 한다 해도 나중에 자책을 하게 되지요. 이러한 자책은 애도과정의 초기에 나타나는 중요한 경험입니다. 매우 헌신적으로 간병을 했고 사랑하는 사람이 죽는 순간까지 손을 꼭 잡고 있었던 사람들을 알고 있는데, 이러한 사람들도 "당신을 사랑해요."라고 한 번 더 말해 주지 못한 것에 대해서 여전히 자책을 한답니다."

환자들은 이런 말을 해 준 것에 대해서 나중에 고마움을 표시하기도 한다. 인생의 단계마다 겪게 되는 발달과정은 각 단계마다 새롭게 적응해야 하는 문제들을 잘 이해하고 있더라도 힘든 것이다. 따라서 대부분의 치료자들은 환자에게 그들이 직면하게 될 것에 대해서 '미리 예상되는 것에 관한 말'을 해 주곤 한다.

치료자들은, 흔히 내담자에게 적절한 해석을 해 주는 과정에서, 증상이 호전과 악화를 반복하면서 회복된다는 점, 애정 욕구는 정상적인 인간적 욕구라는 점, 기본적 기질과 애착 유형은 잘 변하지 않는다는 점과 같이 잘 알려진 발달과정에 관한 정신분석적인 지식을 전해 준다. 치료자들은 이러한 지식이 내담자의 마음속에 내면화되어 치료가 끝난 후에도 잘 적응할 뿐만 아니라 미래의 문제를 잘 헤쳐 나가는 데 도움이 되기를 바란다. 우울증이 발병한 27세 여성의 경우, 돌아가신 어머니가 자신을 낳았던 나이가 27세였으며 자신의 우울증이 돌아가신 어머니에 대한 동일시에 의한 것이라는 점을 잘 알게 된다면, 어머니가 돌아가신 나이에 그녀가 우울증세를 경험하게 되더라도 놀라지 않을 것이다. 이상적으로는, 그녀가 무의식적인 기념일 반응의 영향력을 잘 알고 있어서, 또 다른 기념일 반응을 겪게 되더라도 이러한 애도과정을 효과적으로 잘 대처해 나갈 것이며, 그러한 사실을 알고 있기 때문에 자신을 편안하게 잘 유지할 수 있게 될 것이다.

내담자 문제의 발달적 관련성에 관해서 내가 종종 하는 것처럼 치료자가 분명하게 설명을 해 주든 그렇지 않든 간에, 분석적 치료자가 지니고 있는 발달적 관점은 내담자에게 전달되어 내면화된다. 이러한 내면화 과정의 공통적인 징후로서 환자는 자신이 아동기에 얼마나 미숙했었는지를 갑작스럽게 인식하게 된다. 어린 시절에 겪은 사건을 되돌아보면서, 우리는 어린아이로서의 모습과 지금의 모습 간에 연속성을 느끼게 된다. 그러나 치료과정에서 아동기 경험을 이야기하게 되면, 흔히 환자들은 어린 시절 스트레스에 잘 대처할 수 없었던 자신의 미숙한 모습을 지금 성인이 되어 다른 관점에서 바라보게 되면서 자신의 **불연속성**을 인식하며 놀라움의 정서적 반응을 보이게 된다. 어린 시절의 감정을 재경험하면서, 그들은 성인으로서의 자신과 아동으로서의 자신을 구별하기 시작하며 어린 시절에 형성되었던 태도에 대해서 거리를 두게 된다. 내담자는 자신이 어린 시절에 심한 스트레스나 충격적인 사건을 경험했던 나이의 아동과 만나게 되면서, 잊었던 과거경험을 치료자에게 이야기하는 경우가 많다. "7세짜리 아이는 정말 어리네요!" 나의 한 내담자가 귀여운 조카를 만나고 나서 그 나이에 그녀가 당했던 학대에 대처하기 위해 필사적으로 조숙해져야만 했던 경험을 회상하면서 한 말이다. 우리 자신의 경우이든 타인의 경우이든, 아동기의 심리적 세계가 지금과 얼마나 다르며 그때부터 지금까지 살아오면서 얼마나 많은 변화가 있었는지를 인식하게 되면, 어린 시절의 아동에 대해서 연민을 느끼게 된다. 그러한 연민은 심리치료를 통해서 얻게 되는 또 다른 교훈으로서 곧 좀 더 자세하게 설명할 것이다.

외상경험과 스트레스

정신분석적 전통은 발달과정이 스트레스나 외상경험과 영향을 주고받으며 이루어진다는 후천적 인식론의 입장을 취해 왔다. 우리는 충격적인 경험, 심리적 스트레스, 인간적 취약성에 관해서 해가 갈수록 많은 것을 알게 되었다(예로서 van der Kolk, McFarlane, & Weisaeth, 1997을 참고하라). 예를 들어, 모든 아이들은 상당한 적응력을 지니고 있어서 부모의 사랑, 재혼, 이혼 후에 도움 없이도 그 아픔을 극복할 것이라는 가정이 희망사항이었을 뿐이라는 것을 알게 되었다. 애착의 강렬함과 사랑했던 사람을 상실하면서 겪게 되는 고통을 잘 알게 되었다. 인정받지 못하고, 혹사당하고, 무자비하게 질책당하고, 통보 즉시 해고당할 수 있다고 느끼는 조직문화에서는 사람이 잘 성장할 수 없다는 것을 알게 되었다. 충격적 경험을 통해서 뇌에 손상이 생길 수 있으며(Fonagy & Target, 1997; Thomson, 2003) 그러한 경험에 대한 재경험과 역할재현으로 인해 다시 충격적 경험을 받을 수 있다는 것을 알게 되었다. 서양 문화에서 살고 있는 사람들 중에는 이러한 견해에 동의하지 않는 사람들도 많다. 예컨대, 전투경험이 인격을 파괴하기보다 오리려 인격을 강화시킨다고 확신하고 있는 사람들도 있다.

우리의 환자들은 치료를 통해 자신의 취약성을 직면하게 되면서 이러한 고통스러운 현실에 적응하게 된다. 내가 치료했던 한 남자 환자는 조개를 먹으면 치명적인 알레르기가 나타날 수 있다는 점을 방어적으로 무시해 왔는데, 만약 해물요리의 내용물을 잘 알지 못하고 먹으면 혈청쇼크로 인해 죽을 수 있다는 사실을 심각하게 인식하게 되면서, 비상시에 의사가 알레르기를 인식할 수 있는 팔찌를 차기 시작했다. 나의 동료 한 사람이 치료했던 한 내담자는 허세를 부리는 여성이었는데, 의지력과 건전한 생활만으로 암을 예방할 수 없다는 것을 알게 되면서 유방암 검사와 유방 X선 검사와 같은 진단검사를 받기 시작했다. 심리치료자들은 자신이 예방을 위해 할 수 있는 일이 그다지 많지 않다고 생각한다(그 주된 이유는 치료를 받지 않았을 때 어떤 일이 일어났을지 입증할 수 없기 때문이다.). 그러나 앞에서 소개한 두 사람이 치료를 받으며 나타낸 반응을 통해서, 내담자가 자신의 취약성과 한계를 솔직하게 인정하도록 도움으로써 많은 심각한 문제를 예방할 수 있다고 믿게 되었다.

이러한 맥락에서 정신분석가, 특히 남자 정신분석가의 사망률이 다른 남성 전문가, 내과의사, 정신과의사를 포함한 일반인의 사망률보다 낮다는 최근의 연구결과(Jeffrey, 2001)가 시사하는 점을 살펴보는 것은 흥미로울 것이다. 대다수의 정신분석가들은 정신분석을 받은 경험이 신체적 건강에 도움이 되었기 때문에 이러한 연구결과가 나온 것이라고 추측하고 있다. 그러나 분석가들은 감정을 언어로 표현하고 자신의 약점에 대한 방어적 반응을 줄임으로써 건강의 혜택을 얻을 뿐만 아니라, 내담자들이 흔하게 겪는 스트레스를 피하는 방법을 대리적으로 배우기 때문일 수도 있다. 미국의 경우, 인간으로서 용납될 수 없는 생활방식을 사회적으로 널리 용인함으로써 하나의 문화적 정신병리가 생겨나고 있다. 나는 요즘 최대한 성공해야 한다는 환자들의 신념에 도전하곤 한다. 나는 그들이 어린 자녀와 더 많은 시간을 보내지 못한 것에 대해서 나중에 후회하지 않을 것인지 묻곤 한다. 밤이든 낮이든 부르면 언제든지 달려가야 하는 직업을 갖는 일에 의문을 제기하곤 한다. 일주일에 60시간을 일하면서 두 명의 미취학 아동과 10대의 양딸, 애완견, 집, 보트, 늙은 양가 부모를 돌보며 어떻게 인생을 즐길 수 있다고 생각하는지 묻곤 한다.

정신분석적 치료자들이 자신을 깊이 살펴보고 다른 사람의 삶을 가까이서 관찰한 바에 근거하여 한 인간이 감당할 수 있다고 생각하는 삶은, 기술 중심적인 현대사회 속에서 강렬한 물질적 추구를 하며 살아가야 하는 삶과 불일치가 점점 더 심해지는 듯하다. 최근의 정치적 · 경제적 · 사회적 심리학자들이 물질적 축적을 통해서는 행복을 얻을 수 없다는 정신분석적 가정을 입증하고 있는 점이 그나마 작은 위안이다(참고: Lane, 2000). Eric Fromm(1947)은 20세기의 국가적 · 국제적 상업화 현상과 함께 나타나는 시장지향성에 관해 예리한 분석을 한 바 있는데(그는 자신과 타인을 상품으로 취급하고 우월한 매력, 명성, 능력을 지닌 사람으로서 '자신을 포장' 하거나 '자신을 판매' 함으로써 자존감을 얻으려는 인간 유형이 출현하고 있다고 묘사한 바 있다), 과연 이러한 심리적 추세가 미래에 어떤 정도까지 극심해질 것으로 상상할 수 있었을지 궁금하다. 의료계에서 '스트레스 해소' 를 대대적으로 권장하는 것만으로는 현대인의 가족에게 스트레스를 가중시키는 경제적 · 기술적 · 사회적 세력에 대응하기 어렵다. 심리치료 과정에서 내담자가 자신이 속한 문화에서 정상적이라고 여겨지는 것을 넘어서서 자신에게 개인적으로 참되고 올바른 것이라고 느껴지는 것을 깊이 탐색하게 되면, 비합리적이지만 대세를 이루는 환경적 압력에 대해서 건강하게 저항할 수 있는 힘을 얻게 된다.

외상경험, 즉 스트레스의 범위를 넘는 압도적인 경험과 관련하여, 그러한 경험을 지닌 대부분의 환자들이 심리치료를 통해 얻게 되는 주요한 교훈은 그들이 당시에는 통제할 수 없었던 많은 상황으로부터 이제는 자신을 보호할 수 있다는 점과 모든 상황이 그러한 외상경험을 재현하는 것은 아니라는 점이다. 외상적인 학대를 경험한 내담자들이 나타내는 전이는 초기에 강렬하게 나타날 뿐만 아니라 내성능력에 의해 쉽게 약화되지 않기 때문에, 그러한 내담자들은 치료자가 진정으로 우러나는 호의적 관심을 지니고 있다는 것을 받아들이기 어렵다. 외상 생존자들은 대다수의 다른 환자에 비해서 치료자를 그들에게 상처를 준 사람과 혼동하는 경향이 더 강하다. 현재는 과거와 다르다는 점을 서서히 확인해 가는 과정은 그러한 내담자들이 치료를 통해 얻게 되는 핵심적인 경험이 된다. 이러한 과정을 사례보고나 이론적인 관점에서 서술한 임상적 문헌이 많이 있을 뿐만 아니라, 최근에는 생리학적 연구를 통해서도 심리치료가 전전두엽 피질의 활동을 강화하여 외상적 기억이 의식에 쉽게 침범하지 못하도록 만든다는 것이 밝혀졌다(LeDoux, 1992).

또한 외상 생존자들은 고통스러운 기억을 부적절하게 촉발시키는 상황을 어떻게 회피하는지 심리치료를 통해서 배우게 된다. 정신분석적 치료자들은 교육하는 것을 좋아하지 않지만, 이런 점에 있어서는 분명하게 조언하는 것이 일반적이다. 2001년 9월 11일, 나의 여러 친구와 동료들은 그들의 내담자에게 "세계무역회관이 무너지는 광경을 반복해서 보여 주는 텔레비전을 당신의 자녀들이 보지 않도록 하십시오."라고 말해 주었다. 나는 해리장애를 지닌 환자들에게 "당신은 'Sybil'[2]을 보는 것이 좋다고 생각하십니까?"라고 묻곤 한다. 내담자들은 자신을 외상경험이 반복되는 것으로부터 보호할 수 있으며, 과거경험이 반드시 반복되는 것도 아니며, 인생에서 불가피하게 겪을 수밖에 없는 숙명적인 죽음과 약점이 아니라면 더 이상 고통받을 필요가 없다는 치료자의 신념을 내면화하게 된다.

친밀감과 성(性)

정신분석적 치료에서는 대화만 나누도록 엄격하게 제한되어 있지만 그러한 관계가 매우 친밀해져서 우리를 놀라게 하기도 하고, 위로하기도 하며, 양육하기도 하고, 감동시키기도 한다는 것을 치료자들은 직접 체험을 통해서 알게 된다. 타인과의 유대관계를 향상시키기 위해서 치료를 받게 되었든 그렇지 않든 간에, 매우 사적인 생각과 감정을 인식하는 능력이 향상되면 그 영향이 다른 곳으로 확산된다. 집중적인 치료를 받은 대부분의 내담자들은 교우관계와 연인관계를 어떻게 원활하게 만드는지 알게 된다. 따라서 분석적 치료의 부산물로서 정서적으로 친밀한 관계를 형성하는 능력이 향상되는 경우가 많다. 성적으로 친밀한 관계를 맺는 능력이 증진되는 경우도 있다.

지난 20여 년에 걸쳐 수행된 연구에 따르면, 최소한 미국의 경우에, 많은 사람들이 상대방과 만족스러운 성적인 관계를 맺고 싶어 하지만 성욕을 느낄 수 없다고 호소하고 있다. 이성애자, 동성애자, 양성애자 또는 성전환자이든 상관없이, 근래에 성치료

2) 역자 주: 다중 성격장애, 즉 해리성 정체감 장애를 다룬 영화.

를 받으러 오는 사람들은 구체적인 성기능장애를 호소하기보다 모호한 박탈감과 성적인 무감각을 호소하는 경우가 더 흔하다(Leiblum & Rosen, 2000). 내담자들이 항상 성적인 쾌락을 정서적 유대와 조화시키는 능력을 향상시키기 위해서 심리치료를 받으러 오는 것은 아니지만, 치료적 경험을 통해서 친밀감과 열정을 조화시키는 것이 가능하다는 것을 배우게 된다.

심리치료자들은 다른 직업인들, 심지어 바텐더, 미용사, 택시 운전사보다 사람들의 은밀한 성적 관계에 관해서 더 많은 이야기를 듣게 된다. 사람들이 얼마나 성적으로 다양한 행동을 하는지 알게 되면서 놀라게 된다. 대다수의 문화에는 "모든 고양이들이 어둠 속에서는 똑같이 행동한다."는 믿음, 즉 모든 사람은 표준적인 패턴에 따라 성적으로 흥분하며 이러한 보편적 흥분 패턴을 유발하는 다양한 창의적 방법을 아는 것이 좋은 애인이 되는 비결이라는 미신적 믿음이 존재한다. 그러나 치료자들은 성과 관련된 여러 가지 측면들, 즉 욕망 수준, 흥분 패턴, 성적 상상의 내용, 성생활에서 취하는 동일시의 유형, 성감대의 위치, 성적 공포와 소망의 영향, 성적인 외상경험, 강렬함과 부드러움 및 적극성과 소극성의 취향, 다양한 소망들(공격성, 의존성, 관음증적인 소망과 노출증적인 소망, 지배하고 지배당하고자 하는 소망, 착취하고 착취당하고자 하는 소망)과 성생활을 조화시키는 방식 등에 있어서 사람마다 얼마나 현격하게 다른지를 알게 되면서 깊은 흥미를 느끼게 된다. 치료자는 사람에 따라서 성의 방어적 기능(적개심을 분출하고, 무의식적 죄책감을 행동으로 나타내고, 외상경험을 극복하고, 인간관계의 상처를 치유하고, 위로를 받고자 하고, 자존감을 복구하고, 소외감을 극복하고, 권태감을 감소시키는 기능 등)이 얼마나 다양한지 잘 알고 있다.

우리 자신이 '정상인지' 아니면 '비정상인지'를 인식하는 것은 쉬운 일인 듯하다. 즉 대부분의 다른 사람들이 우리와 유사하다고 추정하거나 우리의 개인적 취향이 특이해서 다른 사람이 이해하기 어렵다고 추정함으로써 이러한 판단이 가능하다. 대부분의 경우, 진실은 아마도 그 중간의 어느 곳일 것이다. 즉, 우리 모두는 어떤 기본적 측면에서는 서로 유사하지만, 다른 측면에서는 각기 다르다. 심리치료에서는 내담자가 인간으로서 해서는 안 되는 행위를 하고 있다는 수치심을 느끼지 않으면서 자신의 독특하고 특별한 점을 분명히 이해하도록 돕는다. 인간은 특히 성의 영역에서 정상성과 변태성을 평가하는 경향이 있다. 우리는 모두 성적인 존재로서 성적인 취향에 있어서 약간씩 독특하다. 심리치료를 통해서 많은 사람들이 자신이나 타인의 성에 관해서 함부로 판단할 수 없다는 것을 알게 된다. 치료자들은 환자가 성에 관해서 이야기하면 구체적인 세부적 내용을 물으면서 개인마다 독특한 성적 취향을 지닌다는 점을 은밀하게 전달한다. 성적인 다양성을 인식하고 죄의식 없이 자신의 독특한 성생활을 즐기게 되는 것은 분석적 치료에서 흔히 얻게 되는 '일반적' 효과로서 성적인 관계를 좀 더 융통성 있게 맺도록 해 준다.

심리치료를 통해서 사람들은 성적인 주제에 관해서 구체적이고 사실적으로 이야기하는 것을 배우게 된다. 성은, 어른들의 도움 없이, 우리의 욕구를 어떻게 전달하고 상대방의 욕구를 파악해야 하는지 스스로 발견해야만 하는 삶의 유일한 영역이다. 부모는 학령기 이전의 어린 아동으로서 우리가 질문을 할 때는 좋은 성교육자일 수 있다. 그러나 사춘기에 이르러 육체적 욕구에 대한 새로운 자각을 갖게 되고 성에 대한 관심이 좀 더 구체적이고 강력해지면, 부모로부터 독립하려는 발달적 현상으로 인해서 우리가 느끼고 원하는 것을 매우 개방적인 부모라 할지라도 이야기하기 어렵게 된다. 심리치료를 받게 되기까지 성에 관해서 어른에게 자유롭게 말하는 기회를 가질 수 있는 사람은 거의 없다. 따라서 내담자들은 성에 관한 임상가의 견해에 깊은 관심을 지니고 귀를 기울이게 된다.

성생활을 풍요롭게 하려는 사람은 자신의 특이한 성적 취향을 상대방에게 잘 표현할 뿐만 아니라 쾌락추구에 있어서 상대방의 독특한 점을 파악하는 방법을 발견하게 된다. 그들은 내면적 욕구를 상당히 자유롭게 언어적으로 표현할 수 있기 때문에, 자신을 흥분시키는 것을 좀 더 자유롭게 요청하게 되며, 말하지 않아도 자신이 무엇을 원하는지 상대방이 '잘 알고' 있어야 한다는 기대를 하지 않기 때문에 상대방에게 부담을 주지 않는다. 그들은 성적인 정서적 친밀감을 형성하기 위해서 흔히 다툼과 타협이 필요하다는 점을 알게 된다. 진실한 영적인 배우자를 발견하게 되면 부부가 말없이도 항상 멋있는 성생활을 하거나 행복하게 살아가게 된다는 생각은 잘못된 문화적 미신으로서 성과 친밀감에 관한 좋은 교육 자료가 아니다.

최근에 정신분석가가 저술한 여러 대중적 서적에서 이러한 주제가 다루어지고 있다. 그 이유는 아마도 많은 내담자들이 친밀한 관계에 대한 자신의 갈등을 인식하고 탐색하려는 욕구를 지니고 있다는 점을 치료자들이 잘 알고 있기 때문일 뿐만 아니라 내담자들이 이러한 영역을 좀 더 잘 이해함으로써 도움을 받게 되는 것을 목격했기 때문일 것이다. Harriet Lerner(1989)는 여성을 대상으로 쓴 책에서 열애중인 연인들이 밀고 당기는 패턴을 "친밀한 관계의 춤"이라고 묘사한 바 있다. Stephen Mitchell은 『사랑은 지속될 수 있는가(*Can Love Last?*)』(2002)라는 유고 저술에서, 홀로 있어야 하는 고독보다 친밀한 관계가 더 고통스러울 수 있다고 주장한 바 있다. Deborah Luepnitz(2002)는 철학자 Schopenhauer가 추운 밤을 지새우는 고슴도치에 인간을 암묵적으로 비유한 우화로부터 영감을 얻어 이 주제에 관한 책을 쓰기도 했다. 우리는 따뜻함을 얻기 위해 친밀해지기를 원하지만, 서로를 찌르고 상처받지 않기 위해서 멀어지게 된다. 그러면 우리는 추위에 떨게 되어 다시 가까워지려고 하는 순환적 현상이 반복되게 된다.

우리의 바람을 표현하고 상대방 역시 그렇게 하도록 격려함으로써 인간관계를 향상시킬 수 있다는 깨달음과 마찬가지로, 정서적으로나 성적으로 친밀한 관계는 우리가 바라는 것인 동시에 두려워하는 것이라는 깨달음 역시 심리치료를 통해서 얻게 되는 성과 중의 하나이다. 이와 관련된 맥락에서, 내담자들은 문제해결을 위해서 상대방이 변해야 하는 것이 아니라 자신이 상대방을 있는 그대로 수용해야 한다는 점을 배우게 된다. 내담자들은 한 사람의 악한 속성이 그 사람의 선한 속성과 불가피하게 연결되어 있다는 점을 깊이 이해하게 된다(나의 친구 한 명은 "내담자들이 장단점을 패키지로 지니고 찾아온다는 것을 알게 되었다."고 말한 바 있다.). 또한 내담자들은 자신과 함께 살아가는 사람들이 자신의 부정적인 특성에 대해서 인내하고 있다는 점을 깨닫게 된다.

자존감

현실에 근거한 신뢰할 수 있는 자존감을 발달시키는 것은 치료에서 이루어지는 심층적인 학습과정에 의한 여러 가지 결과 중의 하나이다. 치료를 받으면서 내담자는 자신을 있는 그대로 이해하고 수용하며, 자신을 평가하는 합리적인 기준을 지니게 되고, 자기가치감에 대한 불안이나 상실감 없이 비판과 실패(또는 성공, 사실 성공에 대한 인내도 쉬운 일이 아닐 수 있다)를 견딜 수 있게 된다(참고: Strenger, 1998). 안정되고 유연한 자존감을 키우기 위해 심리치료에서 배우게 되는 것은 개인적인 심리적 역동에 따라 사람마다 각기 다르다.

어떤 사람들(대부분 매우 우울하고, 피학적이며, 고전적 의미에서 강박적인 사람들)은 자신의 결점, 실패, 실수, 범죄, 착각을 자꾸 마음속에 떠올리게 하는 잔혹한 내면적 소리에 괴로워하며 치료를 받으러 오게 된다. 이러한 경우, 치료를 통해 학습되어야 하는 것은 그들이 느끼는 만큼 자신이 열등하지 않다는 점, 그들이 생각하는 결점이나 잘못에는 특별하거나 이상한 점이 없다는 점 그리고 자신의 심리상태를 상상 속의 이상적 인간과 무차별적으로 비교하는 것은 비합리적이라는 점이다. 혐오하는 자신의 특성들을 수용적인 치료자에게 반복적으로 공개하는 과정을 통해서 혹독한 초자아가 부드러워지게 되면, 그러한 환자들은 자신을 공격하는 대신 자신을 위로하는 법을 배우게 된다. 그들은 자신이 못된 열등한 존재라는 생각에서 벗어나, 자신도 그만하면 좋은 사람이라는 사실을 편안하게 받아들이게 된다.

다른 부류의 사람들(현저한 자기애나 정신병질적 특성을 지닌 사람들)은 내면적인 공허감이나 비현실적인 특권의식을 지니고 있어서 자신이 갖지 못한 것을 지닌 사람들에 대해서 만성적인 질투감을 느끼는 환자들이다. 이러한 임상적 집단에는 매우 성공한 사람들이 있는데, 이들은 자신의 세속적 성취(돈, 명예, 권력)를 과시하지만 이러한 모든 성취가 여전히 '충분하지' 않다고 믿고 있다. 또한 이러한 부류의 사람들 중에서 그다지 성공하지 못한 사람들의 경우는 분노감과 우울감 때문에 치료를 받으러 온다.

이들은 인생에서 '얻지' 못한 것이 무엇인지를 이해하려고 한다. 이들은 실속보다 허세를 중시하고 내면적 만족감이 어떤 것인지를 잘 알지 못하는 경향이 있다. Kernberg (1984)는 이들이 알코올과 약물 남용의 문제를 지닌 임상적 집단보다 위험성이 더 크다고 지적한 바 있다.

주관적인 '공허감'을 느끼는 내담자가 치료에서 배우게 되는 것은 자존감이 성취물이나 획득물 또는 들뜬 기분에 의해서 강화되는 것이 아니라 내면적 동기의 만족감에 의해서 강화된다는 점이다. 이러한 사람은 일시적으로 주의를 끄는 외부적 요인보다는 진정한 것으로 느껴지는 내면적 경험을 알게 되고, 완벽주의적 이상을 추구하기보다 있는 그대로를 수용하는 법을 배우게 된다. 이러한 변화는 도덕적 교육에 의해서 일어나지 않는다. 오히려, 치료과정에서 일어나는 작은 사건들에서 의미를 발견하게 되면서, 그때그때의 순간에 머무를 수 있고 현재를 더 나은 상태와 비교하지 않으면서 순간순간의 체험을 즐길 수 있는 능력이 향상된다. 나는 3장에서 치료자가 자신의 실수와 한계를 인정하지만 치명적인 것으로 여기지는 않는 모습을 통해서 공허감이나 죄책감으로 고통스러워하는 내담자들이 많은 것을 배울 수 있다고 언급한 바 있다. 치료자가 완벽하지는 않지만 굳건한 자존감을 지니고 있다는 점을 보면서 이러한 환자들은 강한 인상을 받게 된다.

심한 공허감을 느끼고 있거나 방어적 왜곡을 나타내는 내담자를 치료하는 경우, 치료시간이 얼마나 성공적이었는지를 평가하는 나의 기준은 그 시간에 얼마나 정서적으로 진실한 대화를 나누었느냐는 점이다. 이러한 부류의 환자들은 노골적인 자기도취와 더불어 치료자의 인간적 태도에 대한 무관심 때문에 정신건강 전문가들 사이에서 악명이 높다. 그러나 '공허감'을 느끼는 내담자가 솔직하고 진실하게 이야기하게 되는 순간, 내담자와 치료자 모두가 깊은 감동을 느끼게 된다. 다른 환자들과 비교해서 이러한 사람들의 진전은 더디게 나타나지만, 시간이 흐름에 따라 치료자의 진지한 관심, 정서적 솔직함과 진실성을 받아들이게 되며, 이러한 점들을 내면화하면서 매우 싸늘했던 내면적 세계가 따뜻해지기 시작한다. 내가 과거에 치료했던 한 내담자는 "내가 직장을 좌지우지하며 문제를 일으킬 때보다 비록 시시하고 별 볼일 없는 일이라도 열심히 일할 때, 나 자신에 대한 만족감이 더 크다는 것을 알게 되었습니다."라고 놀라움을 표시하며 말한 적이 있다.

주관적인 공허감 때문에 괴로워했던 환자들이 치료를 통해 배우게 된 것을 자발적으로 이야기하는 경우, 대화나 자기탐색보다는 구체적인 본보기를 통해서 더 많은 것을 배우게 되었다고 말하곤 한다. 이들은 치료자의 긍정적인 측면들을 동일시하게 되고, 그 결과 자기가치감도 높아지게 된다. 나의 환자 중에는 내가 정해진 시간에 치료를 끝마치고 치료비의 신속한 지불을 요청하는 일상적인 모습을 보면서 자기자신을 소중히 여기며 행동하는 점이 배울 만했다고 말하는 사람들이 있다. 다른 환자들은 내가 그들의 이야기를 귀 기울여 듣는 점을 배우게 되었다고 말하기도 했다. 그리고 치료가 종결되어 가는 시점에 있던 한 환자는, 자신이 치료과정을 통해 가장 인상 깊게 깨달은 점은 내가 그의 보험회사에 속임수를 쓰지 않고 정당하게 치료비를 요구하는 모습이었다고 말하여 나를 놀라게 한 적이 있다.

용서와 연민

내담자들은 자신의 부모, 배우자, 상사, 가족 구성원을 변화시킴으로써 자신의 문제가 해결될 수 있다는 강한 희망을 지니고 심리치료를 받으러 오는 경우가 많다. 이러한 희망이 의식적인 경우도 있고 그렇지 못한 경우도 있다. 우리가 변화시킬 수 있는 유일한 사람은 치료를 받으러 온 내담자 자신이라는 점을 마음 깊이 인정하는 것은 고통스러운 일이다. 다른 사람을 변화시키려는 생각을 포기하는 일은 아동기의 소망을 포기하는 것이며 오랜 애도과정이 필요하다. 다른 사람들을 변화시키려는 생각을 포기함으로써 결과적으로 그들이 우리의 말에 귀를 기울이고 우리의 요청을 받아들이며 세상을 좀 더 객관적으로 이해할 수 있게 된다. 어떤 사람이나 사물을 '고치려 하는 것'은 우리가 처한 상황을 해결하는 방법이 아닐 수 있음을 알게 된다. 우리의 한계를 수용하는 것이 그러한 한계에 끊임없이 저항하는 것보다 우리를 더 자유롭게 만든다는 것을 배우게 된다. 이러한 깨달음은 실망스러운 현실을 받아들이는 애도과정만큼이나 소중한 것이다.

정신분석적 치료를 직접 접해 본 경험이 없는 많은 사람들은 이러한 치료가 불평과 불만을 늘어놓는 훈련으로서 내담자로 하여금 자신의 실수와 좌절에 대해서 아동기의 양육자를 책망하게 만드는 의례적 행위는 아닌지 의혹을 제기한다. 부모들은 심리치료자를 만나는 자녀가 부모의 잘못을 폭로하고 그들을 바보나 괴물처럼 여기게 되지는 않을까 걱정한다. 치료의 초기에, 많은 환자들이 가족 구성원에 대한 불평을 하게 되고 그들의 부모가 이상적인 부모상에 어긋나게 행동했던 점들을 낱낱이 인식하게 되는 것이 사실이다. 그러나 시간이 흐르면서 실망스러운 일들을 슬퍼하고 수용하게 됨에 따라서, 그 반대의 태도가 나타나기 시작한다. 부모와 다른 윗사람들은 모두 그들이 처한 상황에서 나름대로 최선을 다했던 사람들이라고 생각하게 된다. 내담자가 자신을 점차 성인으로 인식하게 됨에 따라, 어른 역시 약점을 지닌 사람일 뿐이라는 사실을 이해하게 된다. 세상은 공정해야 한다는 유아적 기대를 버리는 대신 인생은 공정하지 않더라도 창의성, 즐거움, 만족감을 얻을 수 있는 많은 기회를 제공하고 있다는 좀 더 편안한 관점을 갖게 된다.

잘못된 행위는 용서받기 전에 잘못으로 인식되어야 한다. 우리는 치료를 받기 시작할 때에도, 우리의 부모 역시 부모가 있었다는 점과 그들도 한때는 양육자의 결점에 의해서 그리고 그들의 인생에서 겪은 나쁜 사건에 의해서 상처를 입은 아이였었다는 점을 항상 머릿속으로는 알고 있다. 그러나 우리를 실망시켜 온 부모를 가슴으로 용서하기 위해서는, 그들이 잘못한 행위의 심리적 결과를 인정하고 탐색하는 것이 바람직하다. 그리고 우리 자신도 비슷한 잘못을 해 왔거나 그럴 가능성이 있음을 인식해야 한다. 정신분석적 치료자는 우리의 불만을 표현하게 하고, 잘못된 행위를 통해서 우리를 고통스럽게 만든 가해자에 대한 분노를 전이과정에서 표출하게 하며, 과거에 일어난 일에 대한 슬픔을 느끼게 하고, 마지막으로, 우리의 과거는 변화될 수 없지만 우리의 미래는 성장한 주체의식에 의해 스스로 만들어 갈 수 있다는 현실을 받아들이도록 격려한다.

정신분석적 치료를 통해서 우리는 자신의 문제와 한계에 대해서 자신을 비난하지 않는 것을 배우게 된다. 우리는 자신을 공격하는 대신, 변화될 수 있는 것을 변화시키도록 노력하며, 변화될 수 없는 것에 대해서는 우리 자신을 공격하기보다 스스로 위로하는 능력을 발달시킨다. 우리 자신과 우리의 단점을 점점 더 수용하게 됨에 따라, 타인에 대한 동정심을 더 많이 느끼게 된다. 사실, Young-Eisendrath(2001)는 자신과 타인에 대한 연민심을 발달시키는 것이 고통의 감소와 마찬가지로 중요한 치료적 목표라고 주장한 바 있다. Neville Symington(1986, p. 170)은 자존감이 사랑하는 능력과 명백하게 연결되어 있다고 보았다. 사실 단기치료나 심한 장애를 지닌 환자의 치료를 통해서 치료자가 고통스러운 경험으로 가득 찬 내담자를 용서의 화신으로 변화시킬 수는 없다. 그러나 나의 임상적 경험에 따르면, 치료기간을 정해 놓지 않은 장기적인 정신분석적 치료를 통해서 얻게 되는 한 가지 두드러진 성과는 자신과 타인 모두를 용서하는 능력이다.

제 11 장

직업적인 위험과 만족

나는 작은 것에 욕심을 부리는 바보였다.

— Billy Joel, "The Longest Time"

나는 독자적인 개업활동을 하는 심리치료자로 살아가는 것에 대해서 만족한다. 깊은 깨달음을 얻을 수 있는 기회를 지속적으로 갖게 됨으로써 나의 삶이 풍요로워지고 있고, 나의 시간관리와 노동조건을 스스로 조절할 수 있으며, 내가 하는 일이 소중하다고 확신하며, 진정한 신뢰관계를 맺을 수 있는 위치에 있음을 항상 감사하고 있다. 환자와 지도하는 수련생마다 각기 개성을 지니고 있어서, 나의 일은 지루하지 않다. 그러나 이러한 특권은 그 대가를 치러야 한다. 어린 시절부터 다른 사람을 돕고자 하는 강한 소망을 지녀 온 독자들은, 타인을 돕는 전문가로서 겪게 되는 어려운 점과 한계를 알아두는 것이 필요하다. 타인을 도우려는 지나치게 거창한 계획은 가능한 한 빨리 수정되는 것이 바람직하다. 분명한 직업적 소명의식을 지니고 있지 않거나 자신이 기질적으로 정신분석적 치료자로서 적절한지를 확신하지 못하는 사람들에게 있어서,

이 장은 자신이 직업인으로서 올바른 방향감각을 지니고 있는지 평가하는 데 유익할 것이다. 나는 먼저 치료자의 역할에서 느끼는 괴로움과 좌절감을 살펴보고 난 후에 상당한 만족감을 주는 점들을 제시하고자 한다.

직업적 위험

현실적인 직업적 불리함

Rutgers에 있는 우리 학과의 경우, 임상적 활동을 하지 않는 교수들은 정신분석적 치료자의 안락한 생활에 대해 비난과 질투가 섞인 말을 종종 하곤 한다. 그들은 우리가 하루 종일 앉아서 '걱정 많은 사람들'을 치료하며, 일정한 간격으로 "으흠." 하며 맞장구나 쳐주면서 매시간 말미에는 두툼한 치료비를 받는다고 생각한다. 우리는 경험적인 연구문헌을 읽지 않으며(이 점에 있어서 그들의 생각은 옳다—대부분의 치료자들은 학문적 연구자들이 보고한 것보다는 다른 치료자들이 쓴 것을 읽는다), 부유한 환자들을 대상으로 그들에게 치료가 필요하든 그렇지 않든 간에 무한정 치료하며, 어느 누구에게도 우리가 하는 일을 설명할 필요가 없다. 이러한 생각이 과거에는 옳았는지 모르지만, 내가 치료해 온 30년 동안에는 확실히 그러하지 않았다. 이러한 언급에 대해서 나는 다음과 같이 응수하곤 한다. "그래요. 정년보장이 되고, 안정된 직장에 무료 사무실, 비서, 대학원생 조교, 복사시설, 풍족한 월급, 유급 안식년, 연금, 질병 시에도 계속 지급되는 월급을 받으며, 그리고 한밤중에 자살하겠다고 위협하며 전화하는 사람도 없이 사는 것은 정말 힘들겠네요." 대학 교수의 이러한 혜택을 받을 수 있다면, 나는 경험적 연구문헌을 더 많이 읽을 것이다.

다른 직업에도 나름대로 불리한 점이 있겠지만, 심리치료의 개업활동을 하게 되면 현실적으로 여러 가지의 불리한 점들을 감수해야 하는데, 이러한 점들은 유리한 점들과도 밀접히 연관되어 있다. 우리는 항상 미지의 낯선 사람들을 환자로 맞아들여야 한다. 우리는 한 내담자에게 시행한 치료를 다른 내담자에게 재활용할 수 없다. 모든 새로운 내담자마다 우리는 이 사람과 어떻게 의미 있는 대화를 나눌 수 있을지 그리고 어떻게 도움을 줄 수 있을지 생각하면서, 처음부터 치료과정을 새롭게 시작해야 한다. 우리는 두려울 만큼 무거운 책임을 지니지만 그러한 책임을 감당할 만한 권한은 주어지지 않는 경우가 많다. 우리는 내담자들이 지닌 정신병리로 인해 나타나는 두렵고 때로는 위험한 행동을 대면하게 된다. 우리가 말실수를 하면, 그 말은 환자의 마음에 깊이 새겨져서 다시 우리에게 되돌아와 계속 우리를 괴롭힌다. 우리는 자신의 부족한 점과 잘못한 점들에 대해서 반복적으로 직면하게 되며, 인간으로서 가능한 한 진실하고 솔직해야 한다는 심리적 압력으로 인해 항상 고통을 받는다. 그리고 우리는 내담자가 깊은 내면적 변화를 나타내기까지 많은 시간을 투자해야 하는데, 이러한 내면적 변화는 우리가 처음에 심리치료에 그토록 매력을 느끼게 만들었던 것이지만 어떤 내담자의 경우에는 치료가 종료된 후에도 이러한 변화가 뚜렷하게 나타나지 않는다.

우리가 치료 서비스를 제공하는 기관에 고용되어 일하게 된다면, 역기능적 조직에서 경험할 수 있는 모든 문제들(상처를 주고받는 직장 내의 역학관계, 치료자의 입장을 이해하지 못하는 기관운영자, 미친 듯이 몰아치는 소장, 합리적이지 않은 운영방침들, 자꾸 변하는 규칙들, 때로는 지나칠 정도의 관료적인 간섭들)을 겪게 된다. 환자를 돌보는 일보다 소송에 대비하여 치료 자료를 잘 보관하는 일에 더 신경을 써야 한다. 미국의 경우, 치료기관에서 일하는 치료자들은 내담자를 어떻게 치료했는지와 아무런 관계가 없는 여러 가지 서류를 제출하라는 보험사의 요구에 따라야 한다(정신분석적 치료를 '목표증상'과 '기능수준'의 용어로 바꾸는 작업은 많은 치료자들이 능숙하게 잘 하지만 결코 좋아하지 않는다). 그리고 일의 부담이 압도적으로 많은 경우도 있다. 잘 운영되는 기관이라 하더라도, 빨리 환자를 치료해야 하는 부담 때문에 치료자들은 정서적으로 감당할 수 있는 것보다 더 많은 환자에게 애착을 형성하고 이별을 해야 한다. 최근에 나의 동료 한 사람은 요즘 같은 시대에 치료기관에서 수년간 고용되어 일해 온 치료자들은 성자이거나 매춘부 아니면 독자적으로 개업할 수 있는 자격증을 따지 못한 사람일 것이라고 말하기도 했다. 아울러 단기치료의 한계를 인정한다면, 이러한 압력 때문에 고용된 치료자들은 내담자에게서 현저한 성격변화가 일어나거나 새로운 능력의 획득을 통해 성숙하는 모습을 지켜봄으로써 치료자로서 자신감을 얻게 되는 경험을 할 수 없게 된다.

나처럼 혼자서 개업을 하는 치료자들은 치료비와 치료 일정을 자기 마음대로 정할 수 있는 유리한 점이 있지만, 수입이 일정하지 않다. 환자들은 새롭게 왔다가 떠나가는데, 오랜 기간 머무르는 사람들의 경우에도 치료회기의 빈도를 자꾸 바꾼다. 우리는 아프거나 응급상황이 생기거나 배심원의 의무를 위해 불려 가거나 휴가를 가게 될 때 어떠한 배상금도 받지 못한다. 공식적으로 받는 '통상적인' 치료비가 얼마이든 간에, 따뜻한 마음을 지닌 치료자들은 내담자가 경제적으로 어려운 경우에 치료비를 낮추는 경향이 있다. 또한 다른 가족구성원의 직장의료보험에 가입되어 있지 않다면, 미국의 경우 치료자들은 수입의 상당부분을 의료보험료로 지불해야 한다. 우리는 치료실을 임대해야 하고, 가구를 들여야 하며, 치료 시 발생하는 문제에 대비한 보험료를 지불해야 하고, 우리 자신을 광고해야 하며, 내담자를 의뢰받을 수 있는 곳을 개발해야 하고, 전문적 능력을 계속 발전시켜야 하며, 여러 가지 청구서를 처리하고 기록하는 일을 해야 하고, 멀리 여행을 갈 때는 환자의 안녕을 위해서 대비책을 세워 두어야 한다. 만족스러운 치료를 받은 내담자들이 치료 의뢰를 받게 되는 주요한 원천이라는 사실을 인정한다면, 우리가 잘 치료하지 못하는 경우에는 내담자를 확보하기 어렵다. 이러한 점들이 견디기 어려운 문제는 아니지만 치료자로 하여금 기민한 사업가가 되도록 만드는데, 이러한 측면은 치료자의 개인적 취향과 잘 맞지 않을 수 있으며 수련 프로그램에서 소홀히 다루는 전문가 활동의 한 측면이다.

마지막으로, 우리는 늘 앉아서 일하기 때문에 운동량이 부족하다. 치료자들은 하루 종일 앉아서 일할 뿐만 아니라 가만히 앉아서 일하게 된다. 아동을 치료하는 사람들은 마루에 드러눕기도 하고 모래 상자에서 놀이를 할 수 있는 이점이 있으나 성인을 치료하는 대부분의 치료자들은 그러한 신체적 움직임의 기회가 없다(치료가 없는 시간을 이용하여 나는 그럴 필요가 있든 없든 간에 계단을 오르내린다.). 그리고 가만히 오랫동안 앉아 있기 때문에 생기는 신체적 긴장은 자세에 세심한 주의를 기울인다 하더라도, 해소하기 어렵다. 나는 환자에게 편안하게 긴장을 이완하고 모든 것으로부터 자유로울 수 있다는 점을 알려 주는 동시에 나의 척추에 손상이 가지 않도록 앉는 자세를 아직 발견하지 못했다. 마루에 양발을 똑바로 하고 앉는 자세는 '군인' 이나 '교사' 와 같은 자세여서 '편안한 친구' 의 분위기를 나타내지 못한다. 치료자들이 등과 목 문제를 나타내는 비율이 트럭 운전사에 이어 2위라는 점을 최근에 알게 되었는데 당연히 그럴 수 있다고 생각한다.

정서적 탈진과 간접적인 외상경험

치료자로서 하루의 치료 일정에서 접하게 되는 모든 정서적 메시지에 집중하는 일은 일상생활에서 지치는 경우보다 훨씬 더 피곤한 일이다. 휴가가 끝나 갈 무렵이나 하루 종일 강의를 하고 난 경우와 비교해서, 나는 하루 종일 환자를 치료하고 났을 때 훨씬 더 피곤하고 소진되는 느낌을 갖는다. 정서적 탈진은 서서히 밀려오는 피로감의 일종이다. 치료하는 순간에 나는 피로가 밀려오는 것을 전혀 깨닫지 못한다. 치료하는 동안 내가 의식하는 것은 내가 명료한 의식상태에서 치료시간에 제시되는 대화내용에 흥미를 느끼며 깊이 몰두하고 있다는 것이며, 내담자의 언행에 대한 자유연상, 심상, 정서적 반응에 따라서 관심사가 변화한다. 폭풍 같은 감정으로 나를 공격하는 경계선 성격의 내담자들을 제외하면, 환자들은 치료시간에 나를 피곤하게 하지 않는다. 운동선수들이 경기가 끝날 때까지 전혀 피로함을 느끼지 못하듯이, 나는 내가 치료실을 떠날 때까지 정서적으로 소진되었다는 것을 의식하지 못한다.

나의 딸인 Helen은, 이제 많이 커서 어른이 집중해서 듣고 있는 경우와 단지 듣는 척하는 경우를 구분할 수 있게 되었는데, 내가 환자를 하루 종일 치료하고 난 후에는 "듣기 장애(listening disability)"를 지닌 것 같다며 힐난하곤 한다(그녀는 DSM 식으로 'LD' 라고 축약어로 말하기를 좋아한다.). 그녀의 말이 옳다. 여러 치료자의 자녀와 배우자들을 치료하면서 내가 알게 된 바에 따르면, 이러한 사람들이 공통적으로 불평하는 것은 그들의 부모나 배우자가 자상한 관심과 공감능력을 지니고 있다고 주변의 동료들이나 환자들로부터 존경받을지 모르지만 집에서는 무관심하고 짜증을 잘 낸다는 것이다. 내담자를 제한하고 조절할 수 있는 개업 치료자들도 이처럼 정서적 탈진으로 힘들어하는데, 치료기관에서 일하는 치료자들은 엄청나게 많은 내담자와 가족을 치료하느라 얼마나 힘들어할지 상상하기 어렵다. 그들은 적당히 치료하는 법을 배우거나 일에 빨리 지쳐 버리거나 아니면 이 두 가지 모두를 나타내게 될 것이다. 내가 참여하는 한 토론집단은 대학의 상담센터에서 일하는 세 명의 치료자로 구성되어 있다. 학기 중에 스트레스가 높아질 때면, 이들은 모두 차라리 작은 꽃가게를 운영하는 것이 낫지 않을까 하는 이야기를 하곤 한다.

이러한 정서적 탈진은 단순하지만 힘든 치료과정과 지속적으로 자기절제를 해야 하기 때문이기도 하다. 항상 내담자의 말에 귀를 기울이며 그에 맞추어 주는 일은 공감적인 만남을 위해 필수적인 정서적 에너지를 소모시킨다. 그러나 정서적 탈진은 치료자가 치료시간에 몰두했던 모든 것을 말할 수 있고 하루 종일 흡수한 감정을 일부라도 정서적으로 배출할 수 있는 기회가 적다는 사실과 관련되어 있기도 하다. 하루 종일 어린아이를 키우면서 어른끼리 대화를 나눌 기회를 갖지 못하는 주부들처럼, 치료자들은 탈진감을 느끼며 다른 유형의 관계를 절실히 원하게 된다. 치료기관의 경우라 할지라도, 치료자는 혼자 고립된 상태에서 일을 하게 된다. 치료자의 의식에 침투하는 투사적 동일시와 내사적 동일시의 내용들은 모두 쉽게 없앨 수가 없다. 게다가, 내담자의 사생활을 보호해야 하는 의무 때문에 동료들과 치료경험을 나눌 때에도 그대로 이야기할 수 없다. 내담자의 신원이 알려지지 않도록 항상 신경을 써야 하고 가명을 사용하거나 개인의 신상내용을 약간씩 바꾸면서 내담자의 사생활을 세심하게 보호해야 하기 때문에, 치료자는 업무시간이 아닌 때에도 일을 하고 있는 셈이다. 정신분석적 문헌에서는 이러한 탈진의 위험에 관해서 자주 언급되고 있다(예: A. Cooper, 1986).

다른 사람의 감정을 끊임없이 흡수하는 일의 또 다른 결과는 우리가 그렇게 느끼지 않아도 될 강렬한 감정을 느끼게 된다는 것이다. 애정을 나누는 일이라 할지라도 에너지가 필요하다. 하물며 내담자에 대해서 권태감, 짜증스러움 또는 적개심을 느끼는 일은 매우 불쾌한 일이다. 지속적으로 동정심을 느끼는 환자라고 해서, 치료자가 고통스러운 감정을 느끼지 않는 것은 아니다. 즉, 환자들이 우리에게 이야기하는 사람들에 대해서 강한 부정적 감정을 느끼게 된다. 사랑하는 사람의 삶을 고통스럽게 만드는 사람들을 얼굴도 모르지만 미워하게 된다. 청소년을 치료하는 치료자들은 내담자와 동일시하여 그들의 부모를 바보나 괴물로 간주하려는 유혹을 지속적으로 경계해야 한다. 연인관계에 있는 두 사람이 각기 다른 치료자에게 치료를 받는 경우, 내가 한 연인을 치료하고 있고 상대 연인을 치료하는 다른 치료자와 이야기를 나누어도 좋다는 허락을 받았을 때, 두 연인 간의 갈등에 관해서 진정한 균형감각을 갖고 이야기를 나누기는 참으로 어렵다. 좋은 의도를 지니고 있음에도 불구하고, 치료자들은 자신이 치료하는 내담자를 옹호하는 반면 다른 치료자의 돌봄을 받고 있는 상대방을 비난하게 된다.

내담자가 자신의 문제를 해결하려 하기보다는 그의 자녀나 배우자가 구제불능이라는 점을 치료자에게 설득하려고 애쓰는 경우가 종종 있다. 자녀가 어떻게 행동하든 나쁜 아이로 보려고 작정한 부모의 경우, 특히 부모가 너무 심리적으로 나약해서 그의 투사를 직접적으로 직면시키기 어려운 경우, 이렇게 다른 사람의 정신병리를 주장하는 모습을 지켜보는 일은 특히 괴로운 일이다. 최선을 다하고 있는지는 모르지만 자녀에게 상처를 주고 있는 문제 가정의 경우, 자녀들을 치료하다 보면 그들이 겪는 고통을 지켜보아야 한다. 그래서 전체적인 가족체계를 바꾸거나 아니면 내담자와 그 가족의 마음을 획기적으로 바꿔주고 싶을 때가 많지만, 치료자는 작은 변화에 만족해야 한다. 아마도 이러한 한계를 감내하는 일은 그 자체가 힘든 일이다. 왜냐하면 보다 큰 도움을 주고 싶지만 그것이 비현실적이라면 그러한 목표를 포기해야 한다는 점에서 일종의 애도과정이 필요하기 때문이다.

많은 치료자들과 마찬가지로, 나는 관음증적인 성향이 강한 사람이다. 나는 사적이고, 비밀스럽고, 일반인에게 공개되지 않은 일들을 알고 싶어 한다. 나는 『피플(*People*)』이라는 잡지를 읽고, 소문에 관해 수다를 떨며, 흥미진진한 일화에 관해 듣기를 좋아한다. 내가 치료자로 수련받기 시작했을 때, 이처럼 문제가 있지만 강력하게 자리 잡고 있는 내 성격의 일부가 치료과정에서 깊이 충족되고 있다고 생각했다. 내담자의 사생활에 대해 알게 된 것을 다른 사람에게 이야기할 수 없을 때 관음증의 즐거움이 반감된다는 점을 유감스럽지만 지적하고자 한다. 환자가 이야기한 내용이 극적이고 특이한 것일수록, 치료자는 그 사람과 동일시할 가능성이 높아지기 때문에 그 사람이 공개한 내용을 말하지 않으려고 노력하게 된다. 그리고 "어떤 일을 했다고요?!"라며 내담자의 사생활을 캐묻는 행위는 많은 경우 치료적 행위가 되지 않기 때문에 치료자는 비밀을 지켜야 할 필요가 없는 내담자라 할지라도 관음증적인 즐거움을 추구해서는 안 된다. 그래서 관음증적인 충동을 건강하게 잘 승화시키는 것은 매우 어렵지만 중요한 일이다.

좀 더 심각한 경우, 즉 치료자가 내담자에 관한 많은 문제들을 다루고 있는 경우(예컨대, 자살을 하려 하거나 학대적인 관계에 휘말려 들거나 위험한 일을 반복해서 하거나 무서운 질병에 시달리고 있는 내담자의 경우), 편안한 마음을 갖기가 어렵다. 이러한 경우, 무기력감을 느끼게 되면 도움을 주고자 하는 마음이 약화될 수도 있다. 그러나 내담자를 보살펴 주지 않고는 정신분석적 관점에서 내담자의 성장을 촉진할 수 없으며, 다른 사람을 보살피는 일에는 그와 관련된 고통이 따르게 된다(참고: Gaylin, 1976). 다른 분야의 종사자들 중에는 심리치료자들이 고통을 차단하는 냉정함을 지니고 있다고 생각하는 이들이 있는데, 아마도 이들은 치료자들이 매일의 삶 속에서 얼마나 강한 정서적 부담을 느끼는지 알지 못할 것이다. 이차적 또는 대리적 외상경험에 관한 전문적 문헌(Greenson, 1967; Herman, 1992; Kogan, 1995; Pearlman & Saakvitne, 1995)이 최근에 증가하고 있듯이, 외상적 사건의 희생자를 돕는 치료자들은 치료에 전념하면서 심리적 상처를 입을 가능성이 높다.

적절한 죄책감과 부적절한 죄책감

치료자들은 그들이 원하는 만큼 신속하게 많은 도움을 주기 어려우며, 때로는 전혀 도움을 주지 못하는 경우도 있다. 모든 사람이 심리치료를 받게 되는 것은 아니며, 도움을 원하는 모든 사람이 정신분석적 치료를 받는 것도 아니며, 모든 치료자-환자 관계가 잘 기능하는 것도 아니다. 환자와 치료자의 '궁합'은 치료자가 어떻게 할 수 없는 미묘하고도 중요한 문제이다(참고: Kantrowitz, 1995). 치료자가 자신의 자존감을 위해서 치료효과에 집착할 경우 나타나는 부정적인 결과는, 대다수 치료자들의 초자아가 어떻게 이루어져 있느냐와 관련되어 있는데, 긍정적인 치료성과를 얻지 못했을 때 치료자가 우울해질 수 있다는 점이다. 내담자와의 치료가 실패했을 때, 특히 오랜 기간 많은 정서적 투여를 한 경우에는 심한 좌절감을 느끼게 된다.

자신의 능력을 신뢰할 수 있도록 어느 정도의 전능감을 지니는 것은 치료자에게 장점이 될 수 있다. 내가 치료활동을 시작하던 초기에, 내담자를 이해하고 치료하기 위해서 열심히 노력하기만 하면 어떤 사람도 치료할 수 있다는 강한 신념을 지니고 있었기 때문에, 매우 치료하기 어려운 환자들의 증상을 호전시킬 수 있었는지 모른다. 권위주의적인 자신감은 희망을 낳고, 희망은 그 자체로 강력한 치료적 효과를 지닌다 (Frank & Frank, 1991). 그러나 전능감을 추구하는 정상적인 노력과 불유쾌한 현실을 부인하려는 과대망상적 노력은 구별되어야 한다. 그러한 구분을 하지 못하면 많은 치료자에서 흔히 나타나는 직업적 위험이 초래될 수 있다. 다른 사람을 구제하겠다는 매우 강렬한 소망을 지닌 치료자들은 자기비판의 고통을 당하게 된다.

주요한 정신장애의 치명성에 관한 통계자료에 근거하면, 매우 심각한 문제를 지닌 사람들을 대상으로 오랫동안 일해 온 대부분의 치료자들은 그들의 숙련정도에 상관없이 그들이 치료하는 내담자가 자살하는 경험을 하게 될 것이다. 환자가 이렇게 사망한 경우 치료자가 겪게 되는 고통은 매우 오랫동안 지속된다. 이러한 충격적인 사건을 경험한 치료자들은 그러한 일에 관해서—가능하면, 자살한 환자를 지닌 치료자들을 도운 경험이 많은 전문가로부터—도움을 받는 것이 바람직하다. 내담자가 자살하게 되면, 치료자는 일반적으로 다소 피해의식적인 상태가 된다. 환자를 죽게 만든 무능한 치료자에 대해서 주변의 모든 정신건강 전문가들이 이야기하고 있을지 모른다고 걱정하게 된다. 이러한 반응은 자살로 인해 유발된 분노와 비판(자연스럽게 내담자에게 향해지는 감정)을 자신에게 내향화한 다음에 이러한 태도를 동료들에게 투사하는 심리적 역동과 관련되어 있다.

자살을 방지하지 못한 경우보다 전문가들이 더 고통스럽게 느끼는 유일한 경우는, 치료하던 내담자가 살인을 하는 경우일 것이다. 나의 동료 한 사람은 의처증적인 남편에 대해 걱정하는 한 헌신적인 여성으로부터 그녀의 남편을 평가해 달라는 부탁을 받고, 그 남편을 한 번 만나 치료적 동맹을 맺어 보려고 시도하고 나서, 그에게 병원에 입원하여 항정신병 약물치료를 받아보라고 권유했다. 그러나 그 남자의 의료보험회사는 그가 자신은 정상이라며 그럴 듯하게 강력한 항변을 하자, 입원비의 지원을 거부했다. 그 남자와 면담약속이 있던 전주에, 그 남자는 자신의 아내를 살해하고 말았다. 이 문제를 해결하려 한 방식에 관해서 아무도 치료자를 비난할 수 없었지만, 치료자는 자책감을 느끼게 되었다.

이 치료자는 올바른 치료적 노력을 했기 때문에 그나마 위안을 느낄 수 있었다. 만약 그가 내담자의 살인 가능성을 잘못 과소평가해서—그 내담자가 공격성을 숨겼을 경우에는 이렇게 평가하기 쉽다—매주 외래치료를 권유했었다면 그가 어떤 기분을 느낄 것인지 상상해 보라. 3장에서 지적했듯이, 모든 치료자는 실수를 할 수 있고, 그러한 실수는 교정될 수 있으며 오히려 성장을 촉진할 수도 있다. 그러나 때로는 그러한 실수가 명백한 재난으로 나타날 수도 있다. 대부분의 치료자들이 죄책감과 관련된 중요한 갈등을 지니고 있다면, 특히 아동기에 상상 속에서 저지른 사악한 행위를 취소하고자 하는 무의식적인 소망 때문에 그토록 절실하게 치료자가 되려고 한 경우라면, 치료자가 자신의 잘못을 쉽게 용서하기 어려울 것이다. 내 친구 중에는 고소당한 치료자의 변호를 주로 하는 변호사가 있는데, 그는 자신의 내담자인 치료자 대부분이 잘못한 것이 없을 때에도 쉽게 죄책감을 느끼고 자신의 엄격한 처벌기준에 피학적으로 굴복하는 모습에 자주 놀라게 된다고 말하고 있다.

다른 사람과의 부적절한 관계

대부분의 정신분석적 치료자들을 성가시게 하는 것 중의 하나는, 이 분야를 전공하지 않은 다른 사람들과 처음 만나게 될 경우 이들이 나타내는 방어적 태도이다. 이들은 "지금 나를 분석하고 있는 것은 아닌가요?"라고 불안한 미소를 지으며 말한다. 나는 가끔 Miss Manners(Judith Martin)와 같은 느낌을 받는데, 그녀는 저녁 파티에 갈

때마다 그녀의 곁에 앉은 사람들이 포크를 올바로 사용하고 있는지에 신경을 쓴다고 말한 바 있다. 이러한 우려 섞인 반(半) 농담을 하는 사람들에게 "나는 돈을 받지 않으면 절대로 분석하지 않아요."라는 식으로 농담하거나 "내가 분석을 할 수 있으려면 당신이 나에게 훨씬 더 많은 것을 이야기해 주어야 합니다."라고 좀 더 진지하게 응답해 주면 이들은 편안해하곤 한다. 내 동료 한 사람은 이러한 상황을 "그래요. 나는 당신을 꿰뚫어 볼 수 있고 당신의 모든 문제점을 알 수 있지요. 하지만 나는 당신과 맛있는 식사를 하고 싶어요!"라고 장난스럽게 대응한다고 한다.

더 힘든 점은 어떤 식으로든 환자와 관련이 되는 사람들이 신경을 쓰며 경계를 한다는 점이다. 이들은 치료자가 (그들이 내담자가 말하는 'Jane' 인지 'John' 인지를 치료자가 알지 못할 때에도 종종) 그들에 관해서 들었을지 모르는 것에 대해서 불쾌한 상상을 하거나 그들의 친구를 빨리 치료하지 않는 것처럼 보이는 치료자에 대해서 비판적인 태도를 취할 수도 있다. 때로는 치료자에게 이해할 수 없는 뜻밖의 행동과 태도를 보이는 사람들도 있는데, 그 이유는 그들이 내담자와 관련되어 있기 때문일 수 있다. 이유를 알 수 없지만 다른 사람들이 치료자에게 경계심이나 분노를 느낄 때, 또는—만약 그 이유를 추측할 수 있다 하더라도—그러한 부적절한 반응을 유발하게 된 이유에 대해서 자유롭게 이야기할 수 없을 때 묘한 외로움을 느끼게 된다.

더 심각한 문제는 우리의 친구나 동료를 포함해서 매우 친밀한 사람들로부터 오해를 받고 있다는 고통스러운 느낌이다. 다른 사람들이 우리에 관해 추측해서 하는 말을 환자로부터 자주 전해 듣게 되는 일은 심각한 직업적 위험요인이다. 정신분석적 치료를 받는 사람들은 치료자에 관한 것이면 어떤 것이든 촉각을 곤두세우며 알려 하거나 치료자에 관해 다른 사람들이 생각하는 바를 열심히 귀 기울여 듣는 경향이 있다. 그들은 다른 사람들이 말한 것을 공정하고 정확하게 보고하는 경우도 있지만, 자신의 전이감정을 포함시켜서 그들이 들은 말의 어조나 내용을 왜곡하여 전달하는 경우도 있다. 환자들이 항상 치료자를 위한 선의의 전달자인 것은 아니다. 상당한 인격을 갖춘 내담자의 경우에도 강렬한 감정 상태에서는 왜곡을 하는 것으로 알려져 있다. 내 환자 중의 한 사람은 그녀가 상당히 전문가적인 경멸적 '진단명' 을 만들어서 그녀의 남편뿐만 아니라 나에게도 부여했다고 고백한 적이 있다.

나의 내담자였던 도나(Donna)는 응급 서비스를 받기 위해 지역 정신건강 센터에 자주 가곤 했다. 8장에서 언급한 바 있듯이, 그녀는 특히 내가 휴가 중일 때 그곳을 방문하곤 했는데, 그곳의 면접자가 나처럼 잘 대해 주지 않는다고 그를 무자비하게 공격하곤 했다. 나는 그 센터의 소장이 도나의 도발적이고 위협적인 행동을 보고 나의 치료 능력에 대해서 경멸적인 말을 했다는 소문을 전해 듣게 되었다. 나는 그를 비난할 수 없었지만, 그러한 소문은 나를 고통스럽게 했으며, 그런 말에 대해서 내가 할 수 있는 일은 아무것도 없었다(내가 그러한 일에 관해 토로하고 다른 사람에게 도움이 되도록 그러한 경험을 소개하고 있는 지금까지도 그러하다—Lepore와 Smyth(2002)를 참고하라.). 그 당시 내가 할 수 있었던 유일한 위안은 나를 비방한 그 사람을 고소하는 일에 관해서 구체적으로 생생하게 공상하는 일이었다.

친구나 동료가 말한 것으로 추정되는 경멸적인 말을 듣게 될 때, 우리는 맥락을 알지 못하면 그가 어떤 말을 무슨 뜻에서 했는지 알기 어렵다. 비밀유지의 의무 때문에 우리는 우리가 환자에게 권장하는 일, 즉 당사자에게 가서 "당신이 정말 내가 미치광이라고 말한 적이 있나요?"라고 물어 확인하는 일을 할 수가 없다. 따라서 우리는 우리의 감정을 처리하여 해독시킬 수가 없다. 진실한 직선적인 감정표현을 중요하게 여기면서도 우리의 직업 때문에 정작 우리 자신은 그 어떤 표현도 할 수 없다는 것은 치료자가 감수해야 할 역설적인 일이다.

작은 지역사회에서 살면서 치료활동을 하는 치료자의 경우, 매일의 일상적인 활동은 고기어항 안에서 사는 것과 비슷한 점이 있다. 만약 한 치료자가 대학교, 회사, 종교 단체, 시골 마을, 작은 도시에서 치료를 하고 있다면, 시저의 아내처럼 항상 비난받을 것 같은 만성적인 부담에 시달리게 될 것이다. 큰 도시라 하더라도 심리치료자들이 일상적 생활 장면에서 행동하는 모습이 호기심 많은 내담자나 그들이 아는 사람들에게 노출될 수 있다. 치료자가 되려는 사람들은 그들이 치료실 안에서는 규범에 따라 행동해야 한다는 점을 잘 알고 있지만, 치료실 밖에서 그들이 어느 정도나 그렇게 행동해야 하는지를 잘 예상하지 못한다. 치료자가 치료실 밖에서 자유롭게 행동하여 어떤 결과가 일어나든 상관하지 않는 정도(예컨대, 그들은 내담자가 치료자의 비전문가적 모습을 목격하거나 알게 되는 것이 치료적으로 도움이 된다고 생각한다)나 여러 사람 앞에 있을 때 상당한 예의를 갖추려고 하는 정도가 치료자들마다 각기 다르다. 아마 대부분의 치료자들은 이런 점에서 두 가지 태도를 절충하고 있을 것이다. 어떤 태도를 택하든, 우리가 관찰되고 있다는 점에 대해서 느끼게 되는 분노를 잘 감당해야 한다. 다른 사람의 이목에 신경을 써야 하는 일은 중요하거나 높은 지위—성직자, 회사 사장, 저명인사, 정치인, 교사 등—에 있는 사람의 경우 직업적인 부담이다. 그러나 치료자가 되려는 대부분의 사람들은 그들의 사소한 일상적인 일도 소문, 질투, 적개심을 촉발시킬 수 있으며 권력에는 항상 부정적인 대가가 따른다는 점을 잘 모르고 있다.

치료자들만이 겪는 사회적인 문제의 하나는 내담자가 참석하거나 참석할 가능성이 있는 모임에 초대를 받는 일이다. 치료자가 세심히 관찰되고 주목될 것을 알고 있는 파티에 참석하는 것은 어리석은 일이다. 어떤 치료자들은 사교적 모임에 초청받으면 참석자 명단을 요청하여 만약 환자가 그 모임에 참석하면 가지 않는다. 어떤 치료자들은 환자와 그 모임에 관해서 이야기를 하여 그 모임에서 서로 어떻게 행동할 것인지에 관해 협의하기도 한다. 환자의 바람에 따라서 어떻게 할 것인지를 결정하는 치료자들도 있다. 대부분의 치료자들은 아마도 "이 환자는 다음 치료시간에 와서 그를 불편하게 한 나의 행동에 관해서 이야기를 할 만큼 충분한 신뢰를 지니고 있는가?" "나를 이상화하고 있는 환자가 약간의 실망을 하더라도 이를 인내할 수 있을 만큼 이 환자와 나는 충분히 오랜 기간 치료적 동맹을 맺어 왔는가?" 또는 "성폭행을 당한 과거경험을 가진 10대 환자의 경우, 치료실 밖에서 치료자를 만나는 것을 마치 금기를 어기는 외상경험으로 느끼지는 않을까?"와 같은 물음을 통해서 각각의 내담자를 평가할 것이다. 치료자들 중에는 단순한 개인적 취향에 따라서 초대에 응할 것인지 여부를 결정하는 이들이 있는데, 이러한 부류의 치료자들을 부러워하는 치료자들도 있다.

한때 유명했지만 지금은 유감스럽게도 없어진 Kansas의 Meninger 공동체에서는, 치료자와 환자들이 모든 곳에서 서로 만날 수밖에 없었다. Topeka는 작은 마을이었는데, 마을 사람의 대부분은 Meninger Clinic에서 일하고 있었다. 그곳에 살고 있는 정신과 의사, 심리학자, 사회사업가, 간호원들은 대부분 수련을 위해서 치료나 분석을 받고 있었다. 따라서 그들은 같은 작은 공동체에서 동료들을 치료할 수밖에 없었다. 장기적인 양질의 입원치료를 받기 위해서 Topeka에 온 환자들도 있었다. 병원에 있는 모든 사람들, 즉 환자와 치료자들은 같은 식당에서 식사를 했다. 음식 접시를 들고 탁자로 가서 거기서 환자를 만나고, 다른 자리에 앉아 있는 사람들에게 오가며 대화하는 것은 일상적인 일이었다. 파티는 정말 어려운 상황이었을 것이다.

이론적으로, 치료자들은 다른 사람과 마찬가지로 '사생활을 영위할' 권리, 즉 치료 공간 밖에서는 긴장을 풀고 자신의 생활을 즐길 수 있는 권리를 가지고 있다. 그러나 내가 알고 있는 많은 치료자들은 치료적 관계를 보호해야 하기 때문에 어떤 식으로든 치료실 밖에서의 활동을 제한하고 있다. 내 친구 한 명은 만족스럽게 느꼈던 정치적 활동을 포기했는데, 그 이유는 경계선적 심리상태와 강박적 추적행동을 나타낸 경력이 있는 여자 환자가 그와 같은 정치운동가 집단에 가입하여 다양한 회의와 자원봉사자 활동에 참여하기 시작했기 때문이다. 활동분담을 배정하는 사람은 이들이 치료자와 환자의 관계에 있다는 사실을 전혀 모르기 때문에 그들을 같은 위원회에 배정했다. 뿐만 아니라 환자는 적극적으로 찬성하지만 치료자는 반대하는 사안에 관해서, 이 사람은 그러한 내용을 두 사람 각각에게 이야기해 주곤 했다. 환자는 치료시간에 치료자와 정치적인 주제에 대해서 대화를 하려 했으며, 치료자가 참여하는 정치조직에 가입하게 된 것이 전이과정에서 나타나는 강박적 애착의 첫 번째 징후라는 점을 인식하지 못했다. 환자에 의해 일종의 '스토킹'을 당하고 있다고 느낀 치료자는 그가 위원회 활동에 갑자기 흥미를 잃게 된 이유를 다른 사람에게 변명해야 했으며, 그렇게 변명하는 일에 피곤함을 느끼게 되면서 그 정치조직에서 탈퇴하였다. 이 치료자는 환자에게 그로부터 계속 치료를 받으려면 그 정치집단에 참여하지 말라고 요구할 수도 있었지만, 이러한 요구에 대해서 이 여자 환자가 피해의식적인 외상적 반응을 나타낼 수 있다고 느꼈던 것이다. 이러한 유형의 딜레마는 치료나 직업적 활동에 관한 문헌에서 제시하고 있는 것보다 더 흔하다.

과도한 업무시간

치료자가 되려는 많은 사람들은 아동기부터 다른 사람들이 그에게 이해와 위로를 받고 조언을 청하기 위해 찾아오는 상담자의 역할을 하곤 했다고 말한다. 치료자가 되려고 하는 것은 많은 경우 이러한 상담자의 역할을 즐기기 때문이다. 또한 대다수의 치료자들은 그들의 전문적 능력을 통해서 도움을 줄 수 없는 사람들까지도 돕고 싶어 한다. 그들은 자원봉사자, 지역사회의 기여자, 장애아동의 후원자 등의 역할에 흥미를 느끼게 된다. 그러나 일단 치료자가 되면, 대부분의 치료자들은 치료실 밖에서 개인적인 문제로 자문을 받고자 하는 사람들에 대해서 싫증을 느끼게 된다. 나는 모르는 사람으로부터 일주일에 최소한 한 번 이상 심리적 증상이나 대인관계에 관해 질문하는 이메일을 받는다. 나는 메일을 보낸 모든 사람에게 성심껏 응답하려고 노력하면서 그가 사는 곳을 알아내어 그 동네의 치료자에게 찾아가 보라고 권유한다. 그러나 이러한 일을 위해 많은 시간을 투여해야 하며, 이들이 치료를 받기 위해 동료 치료자를 찾아가는 경우도 드물다. 요즘에 나는 잘 모르는 사람의 즉흥적인 메시지에는 응답하지 않는다.

친한 친구와 오랜 시간 이야기하는 것은 지나치게 대화가 길어져도 짜증스럽지 않다는 점에서 문제가 되지 않는다. 치료자는 그들을 잘 알고 있고, 그들에게 깊은 관심을 지니고 있으며, 도움이 될 수 있기를 바란다. 그러나 치료자가 잘 알지 못하는 사람의 경우, 비밀스러운 이야기를 듣고 도움의 요청에 응해야 하는 일은 매우 부담스러운 일이다. 그러한 문제가 발생한 맥락과 그에 관여한 사람들의 특성에 관해서 치료자가 알아야 하는 정보량은 실로 막대한 것이기 때문에, 과거사를 자세히 탐색하며 임상적 면접을 하기 어려운 치료실 밖의 일상적 상황에서 치료자들은 다른 일반인보다 더 나은 조언을 주기 어렵다. "아 참! 내가 심리학자(정신과의사, 상담자, 사회사업가)에게 묻고 싶었던 것이 있었어요."라는 말을 들을 것 같은 예감을 느낄 때가 많다. 만약 우리가 이러한 요청을 외면한다면 무례하게 보일 수 있으며, 그렇다고 해서 이에 정중하게 응한다면 계속 질문하라는 의미로 받아들여 끊임없는 질문공세에 붙잡혀 버릴 수 있기 때문에, 치료자들은 이러한 두 가지의 난처한 상황에 빠지는 것을 두려워한다.

치료자, 배우자, 자녀 또는 친구의 치료자에 관해 불평하고 싶어 하는 사람들이 있는데, 이들은 치료가 도움이 되지 않는다거나 치료자가 무능하다는 그들의 생각에 동조하도록 의도된 유도질문을 하곤 한다. "당신은 환자에게 X라고 말하는 치료자를 어떻게 생각하십니까?"라고 시작되는 말은 특히 경계해야 한다. 우리는 불안해하는 친척을 무료로 치료해 달라거나 비판적인 친척에게 공격방법을 알려 주라는 요청을 우아하게 비켜나가는 나름대로의 방법을 가지고 있다. 그러나 치료자들은 다른 사람을 좌절시키는 일을 좋아하지 않으며, 과도하게 개입하거나 전적으로 회피하는 것을 모두 기피한다.

치료자가 업무시간 외에도 치료적 활동을 하게 되는 이유 중에 하나는 우리가 늘 공감적인 태도를 취하려고 한다는 점이다. 치료자로서 원숙해지게 되면, 우리는 다른 사람에 대한 정상적인 관심을 좀 더 효과적으로 표현할 수 있게 된다. 우리는 얼굴표정과 신체언어를 예리하게 감지하며, 업무시간 외에도 우리가 의도한 것보다 다른 사람들이 자신의 이야기를 더 많이 하도록 유도할 경우가 많다. 예를 들어, 나는 동료들과 함께 학술회의에 참석하기 위해서 길고 힘든 비행기 여행 끝에 먼 거리에 있는 한 도시에 도착한 적이 있다. 나는 호텔의 접수대 앞에서 기다리는 줄의 맨 앞에 있게 되었는데, 손님에게 객실을 배정하는 여자가 매우 피곤해 보였다. 그녀가 비흡연실이 비어 있는지를 컴퓨터로 확인하는 동안, 나는 "오늘 힘든가 봐요?"라고 물었다. 나의 공감적 관심에 열을 올리면서, 그녀는 즉시 그날 오후에 해야 할 많은 일들을 자세하게 늘어놓았다. 내 뒤에 기다리던 동료가 나의 어깨를 툭툭 치면서 "면담시간이 언제 끝나나요? 나는 방에 들어가 쉬고 싶은데."라고 속삭였다.

일이 끝난 후에도 진심으로 타인을 보살피려는 친밀감의 표현으로, 우리는 일상적인 대인관계에서 치료자의 역할을 하려 하고 습관적으로 안내자가 되려 하는 경향이 있다. 이러한 경향은 치료기관에서 중요한 책임자의 위치에 있는 치료자의 경우에 특히 뚜렷하게 나타나는데, 이들은 자신이 내담자뿐만 아니라 수련생과 고용된 치료자로부터 늘 전이반응(특히 이상화와 평가절하)을 야기하는 대상이 된다는 것을 알게 된다. 높은 위치에 있는 사람들은 주고받는 상호적인 관계를 맺을 기회가 상대적으로 적기 때문에(권력을 지닌 사람과 관계를 증진시키려는 사람들은 순수한 친밀감을 표현하기보다 더 복잡한 논의거리를 제기하는 경우가 많다— 이런 점에서 가장 높은 위치에 있는 사람은 외롭다!), 경험이 많은 치료자가 서로 평등하게 주고받을 수 있는 관계에서조차 자기억제적인 경청자의 습관을 버리지 못한다면 정말 불행한 일이다. 수련기관을 운영하고 있는 내 동료 한 명은 다음과 같이 이야기한 바 있다:

> 나는 동료 치료자들이 여러 해의 치료활동에 익숙해지게 되면— 마치 치료관계에서 그러하듯이— 사적인 관계에서도, 심지어 친구관계에서도 자신의 욕구를 억제하고 타인의 욕구를 우선시하는 경향이 있다는 것을 알게 되었다. 환자를 치료하면서 인간관계의 이러한 일상적인 상호적 측면을 경시하는 습관이 몸에 배었기 때문에, 나는 나 자신이 일상적 위치로 돌아가서 욕구를 표현하고 내가 원하거나 우리 사이에서 느끼는 것을 말할 수 있는 그저 평범한 사람이 되는 훈련을 다시 해야만 했다(개인적 교신, 2003년 8월 4일).

진실성에 대한 중독

거의 논의된 적이 없는 한 가지 직업적 위험은 잡담, 가벼운 대화, 술 파티와 같은 상황에서도 심리치료적 태도를 지님으로써 분위기를 썰렁하게 만드는 현상이다. 나의 동료들은 내가 이러한 현상을 이야기했을 때에야 이를 인식하게 되었다고 말했다. 심리적으로 중요하고 진실하며 비방어적인 것을 포착하려는 태도가 습관화되어, 일상적인 가벼운 농담을 심각한 것으로 받아들일 수 있다. 몇 년 전에 한 친구가 나에게 놀리는 듯한 반어적인 농담을 했을 때, 그것이 나에게는 일종의 욕설로 여겨졌다. 내가 과거에 비해서 재미없는 사람이 되어 가거나 유머감각을 상실하게 되었다고 생각하지는 않는다. 다만 내가 들은 것은 무엇이든지 심각하게 여기는 것이 나의 습관이 되었던 것이다.

환자와 이야기를 나누면서, 웃기에는 너무나 재난적인 온갖 종류의 이야기를 듣게 된다(한 내담자의 친구가 '자살하기 위해서' 버터를 자르는 플라스틱 칼로 손목을 그었던 일이 생각난다.). 그러한 이야기를 듣는 동안 웃음을 참으며 진지한 표정을 짓거나 적어도 무표정한 모습을 나타내는 일이 너무 익숙해져서, 다른 사교적 만남에서도 이러한 태도가 나타나기 쉽다. 아마도 이러한 현상 때문에 그토록 많은 치료자들이 유머감각이 없고, 둔감하며, 무언가에 몰두해 있는 사람으로 여겨지는 것일 것이다. 심리치료자들이 나타내는 융통성 없는 진지함에 불편함을 느끼는 사람들도 있다. 그러한 사람들이 그저 재미로 가볍게 던진 말을 진지하게 받아들이는 치료자의 습관적 태도는 그들을 불편하게 할 수 있으며 치료자를 쓸데없이 걱정이 많은 전문가라는 웃음거리로 만들 수 있다.

적대적이거나 둔감한 전문가들

현재 약물치료와 인지행동적 치료는 유행하고 있는 반면 정신역동적 치료는 '경험적 지지' 나 '과학적 근거' 가 부족하다는 비판이 널리 퍼져 있는 상황에서, 정신분석적 치료자들은 다른 전문가들, 심지어 정신건강 분야의 전문가들에 의해서 흔히 몽상가, 공룡 또는 바보로 취급되고 있다. 과거에 미국심리학회의 한 사교적 모임에서, 나는 먼 도시에서 온 한 심리학자를 알게 되었는데 그와 함께 춤추는 것을 좋아했다. 나는 그가 하는 일을 물었고 심한 뇌손상으로 고통받는 사람들에 대한 그의 연구에 관심을 지니고 귀를 기울였다. 그가 나에게 하는 일을 물었고 나는 정신분석가라고 대답했다. 그 순간 그는 마치 나에게 전염이나 될 것처럼 몸을 멀리 하면서 "아, 그건 좋지 않은 일인데요. 나는 좀 특이한 사람들이나 그런 일을 하는 것으로 생각합니다." 라고 말했다.

사실 비임상적 심리학자나 연구자들은 Freud학파와 약간이라도 관련된 것이면 불신의 눈으로 바라보는 경향이 있기는 하지만 치료자들에게 불리한 행동을 하지는 않는다. 과거 20여 년간, 이상심리학을 가르치는 교수들조차도 임상적 경험을 하기가 매우 어려운 상황에 처해 있었다. 그들은 연구비를 따고 논문을 발표해야 하는 강한 압력 때문에 소수의 환자라도 치료할 수 있는 여유를 갖기가 어려웠다. 그 결과, 치료활동에 호의적인 방식으로 정신병리학과 심리치료가 대학생들에게 소개되지 못했다. 현재 대부분의 치료자들은 학생들에게 잘못 전달된 지식에 대해 매우 불만스러워하고 있으며, 치료가 어떤 것인지 잘 모르는 사람들에 의해 공공정책이 좌지우지되는 점을 심히 걱정하고 있다.

이와 같은 맥락에서, 근년에 나는 헌신적인 분석치료자의 환자가 전문가로 추정되는 사람들(약물치료를 하는 정신과의사, 가족, 교사, 친척)로부터 그가 받고 있는 치료방법이 비효과적이거나 심지어 '비윤리적' 이어서 시간과 돈을 낭비하는 것이라는 말을 듣게 되었다는 등의 여러 가지 소문을 전해 들었다. 그러한 경멸적인 말을 듣게 되는 것은 고통스러운 일이며, 치료자가 공들여 형성한 신뢰를 약화시키는 것일 경우에는 더욱 고통스럽다. 다행히, 정신분석적 치료를 받는 대부분의 사람들은 그들이 도움을 받고 있다는 것을 체험하기 때문에 다른 사람들의 비판적 견해를 무시하게 된다. 그러나 대부분의 치료자들은 방어자의 입장에 서는 것을 좋아하지 않는다. 그들의 치료에 대해 변호하기보다 사람들을 돕는 일에 집중하고 싶어 한다. 다른 전문가들로부터 오해를 받는 일은 속상한 일이며 파괴적인 면을 지니고 있다.

다른 치료자의 활동을 존중하고 지지하는 것은 일종의 직업적 예의다. 이러한 예의를 지키기보다 어겼을 때 더 존경받기도 하지만, 이러한 윤리는 중요한 것이다. 만약 한 치료자의 환자가 위기상태에 처하여 입원하게 되는 경우, 병원의 의료진은 환자의 상태와 치료방향에 대한 치료자의 평가를 존중하며 경청할 뿐만 아니라 외래치료가 필요할 경우엔 그 환자를 원래의 치료자에게 돌려보내곤 한다. 잘 운영되는 치료기관에서는 이렇게 사려 깊게 처리하는 것이 기본이다. 그러나 많은 환자를 빨리 처리해야 하는 의료센터 직원들이 이렇게 사려 깊게 행동하는 경우는 드물다. 나의 여러 동료들에 따르면, 그들의 내담자가 관료주의적인 병원에 가게 될 경우, 그들이 한 치료는 잘못된 것으로 간주되고, 환자는 그러한 치료를 포기하거나 다른 종류의 치료를 받도록 강요된다고 한다. 또는 환자들이 어떤 약을 전에 복용했으며 그 효과가 어떠했는지를 알아보기 위해서 의뢰한 치료자에게 전화연락을 하지도 않고 약물치료를 하는 경우도 있다. 이처럼 바쁘거나 악의적인 전문가들에 의해서 환자가 제대로 된 치료를 받지 못하는 것은 참기 어려운 일이다.

또한 한 가지 고통스러운 현상은, 치료자에 의해서 많이 논의되었지만 정신분석적 문헌에서는 거의 다루지 않고 있는 것인데, 정신분석적 치료자들이 서로를 경쟁적이고 심지어 경멸적인 태도로 대한다는 점이다. 나는 사례회의에서 사례를 제시한 치료자에게 멸시적인 '공개적 슈퍼비전'을 하는 경우를 여러 번 목격했다. 정신분석가의 가장 나쁜 죄악은 Clara Thompson(M. Green, 1964)이 "파괴적인 습관"이라고 잘 명명했듯이, 치료내용에 대한 비판을 하기보다 치료자에 대한 해석을 하는 것이다(예: "그는 자신의 자기애적 특권의식을 나타내고 있을 뿐이다." 또는 "그녀는 적대적인 아버지에 대한 전이를 나타내고 있는 것이 분명하다."). 치료실에서는 인내심이 많고 공감을 잘 하는 사람들이 어떻게 공개적인 사례회의에서는 그처럼 야비한 사람으로 돌변하는지 매우 궁금하다. 이렇게 서로를 적대적으로 대하는 이유는, 아마도 다른 사람들이 자신을 부정적으로 평가한다는 것을 비밀스러운 경로로 알게 되지만 그것을 직접 표현할 수 없기 때문에 갖게 되는 적개심과 관련성이 있을 것이다. 이 책을 읽는 독자들은 동료 치료자를, 그들이 정신분석적 치료를 하든 다른 치료를 하든, 경멸적으로 대하지 않기를 간절히 바란다. 다른 치료자에 대해 가혹한 비평을 하는 것은 누구에게도 도움이 되지 않는다. 청중 중에서는 비판당하는 사람에게 치료를 받고 있는 사람이 있을 수도 있다.

마찬가지로, 치료자들은 다른 치료자가 비윤리적인 치료를 했다는 것을 알게 될 경우 전문가의 윤리규범과 법률에 따라 행동해야 하지만, 내담자에게 그 치료자를 공식적으로 고소하거나 소송을 제기하도록 권유하기 전에 신중하게 생각하거나 자문을 구할 필요가 있다. 나는 치료자를 징벌하려는 사람들이 그 과정에서 이득보다 훨씬 많은 손실을 겪는 많은 경우를 보아 왔다. 예컨대, 환자들은 그들이 재판정에 세우려고 하는 치료자의 변호사에 의해 조사를 받으면서 외상경험을 당할 수도 있다. 치료자가 내담자로 하여금 다른 치료자를 고소하도록 은밀하게 또는 분명하게 부추기게 만드는 여러 가지 역전이적 태도가 있다. 이러한 역전이적 태도에는 자신이 다른 치료자보다 더 고결하다는 것을 확인하려는 소망, 복잡한 일을 단순하게 해결하려는 소망, 환자를 자신이 처한 상황에 대처할 수 없는 무력한 아동으로 간주하려는 무의식적인 경멸적 성향 등이 있다. 게다가, 일단 치료자가 환자의 법정 소송을 지원하는 역할을 하게 되면, 환자는 (아마도 도덕적으로 우월한) 치료자를 실망시킬 것에 대한 불안 때문에 어떤 결정을 다양한 각도에서 자유롭게 생각할 수 없게 된다.

나는 단지 화가 난 내담자가 치료자를 괴롭히려 했기 때문에 수개월 또는 수년에 걸쳐 괴로운 조사를 받아야 했던 양심적인 치료자들에 관한 이야기를 많이 들었다. 다른 사람을 돕는 전문직에 종사하는 치료자들은 항상 희생자의 입장을 지지하게 되는데, 치료자가 치료를 잘못했다는 주장을 듣는 경우 그러한 치료자로부터 고통을 당했다고 말하는 사람의 편에서 보상이 이루어지기를 바라게 된다. 나도 이러한 유혹에 빠진 적이 있는데, 지금은 후회를 하고 있다. 법적인 또는 윤리적인 규범에 따라야 하는 경우를 제외하고, 증거가 불충분한 경우라면 다른 치료자에게 유리하도록 상황을 해석하는 것이 더 바람직하다. 만약 동료 치료자가 내담자에게 해로운 행동을 하고 있다고 진정으로 우려한다면, 제3자를 관여시키기 전에 치료자들이 직접 동료 치료자에게 그러한 우려를 이야기하라고 대다수 전문분야의 윤리적 강령에서 권장하고 있다.

자기애적 오만함

정신분석가들이 지난 세기 동안 차지했던 높은 위상에서 추락한 지금, 치료자들이 지나친 자만심을 갖게 될 위험은 덜 심각하다. 하지만, 8장에서 지적했듯이, 심리치료는 우리에게 심리적으로 의지하고 있고 우리를 이상화하고 있는 내담자를 대하며 일하는 직업이다. 이전의 논문(McWilliams, 1987)에서 논의한 바 있지만, 나는 치료자의 역할을 통해 자기애적인 만족을 얻으면서 자칫하면 타락할 수 있다는 점을 “아하!” 경험을 통해 깨닫곤 한다. 나는 최근에 한 수련위원회의 위원으로 선출되었다. 분위기를 익히면서, 나는 한동안 그 위원회에서 조용히 있었다. 그런데 내가 특히 잘 알고 있는 한 주제를 다루게 되었다. 회의가 열리기를 인내심 있게 기다리다가, 나는 적절한 시기에 핵심적이라고 생각하는 주장을 했다. 나의 주장은 주목을 받는 대신 정중히 받아들여지는 듯하다가 곧 무시되었다. 이때 나는 마음속으로 "잠깐 기다려라! 나는 이미 말했으니까!"라고 말했다. 이것은 진정한 경종이 되는 경험이었다.

그때부터, 나는 치료자들이 내담자의 안녕을 위해서뿐만 아니라 그들 자신을 위해서도 자신의 직업적 활동내용을 잘 모르거나 별로 신경 쓰지 않는 사람들과 정기적으로 자주 어울리는 기회를 가져야 한다고 생각하게 되었다. 우리를 꾸짖을 수 있고 우리가 솔직해질 수 있는 친구를 지니는 것과 마찬가지로, 어린아이를 돌보는 부모가 되어 보는 것은 치료적 전능감을 완화시키는 좋은 경험이 된다. 치료자들의 웅대한 자기상이 치료과정에서 불가피하게 자주 강화되기 때문에 그들이 서로에 대해서 그리고 다른 전문가에 대해서 건방지고 오만하며 경멸적인 태도를 나타낼 수 있다.

상실감

우리는 정신분석적 치료를 하면서 환자들과 강한 애착을 형성한다. 우리는 치료시간 사이에도 환자에 대해서 생각하고, 그들의 삶과 관련된 사람들을 생생하게 떠올리며, 그들이 원가족에게 할 수 없었던 새로운 행동을 시도할 때는 숨을 죽이며 그들을 격려한다. 그들이 치료를 마치고 떠나갈 때, 심지어 만족스러운 협동적 관계에서 함께 합의된 일정에 따라 종료되는 경우에도, 우리는 애도과정을 겪게 된다. 이때 쓸쓸하다고 느끼기보다는 슬픔과 기쁨이 섞여 있는 감정을 느끼게 되는데, 이는 치료가 잘 이루어지면 환자가 우리에게서 떠나갈 수밖에 없다는 것을 잘 알고 있기 때문이다. 어떤 치료자들은 이러한 기분을 자녀가 처음 학교에 등교를 하거나 졸업을 하거나 결혼을 하는 날 눈물을 흘리게 되는 부모의 기분과 비슷하다고 말하기도 한다(Furman, 1982 참고). 이러한 애도 감정은 다소 허전함을 느끼는 사적인 감정이지만, 적어도 치료가 잘 마무리되었다는 긍정적 감정과 뿌듯함이 섞여 있다.

치료 중인 환자나 과거에 치료했던 환자가 사망했을 경우, 치료자는 앞서 언급한 위안을 전혀 느낄 수 없는 애도과정을 겪게 된다. 이 경우에는 각별한 쓸쓸함을 느끼게 되며, 이 직업의 독특한 특성으로 인해 복잡한 감정을 느끼게 된다. 우리의 가족이나 친구들 중에서 누군가가 사망했을 때 느끼는 슬픔과 달리, 속마음을 털어놓는 관계의 상실에 대한 고통은 관습적인 의례행위와 일반적 기준의 위로에 의해서 쉽게 해소될 수 있는 것이 아니다. 나는 8장에서 소개했던 몰리(Molly)의 장례 예배에서 각별한 슬픔을 경험했었다. 그녀는 뉴저지에서 이사하여 여러 해 동안 버지니아에서 생활했었는데, 그녀의 장례 예배는 우연하게도 내가 사는 지역에서 열렸었다. 그녀는 남편과 함께 이 근방에 사는 시댁 친척을 방문하러 왔다가 갑작스러운 발작으로 사망했다. 그녀와 남편은 그전에 시댁 식구들을 만나러 왔을 때 나의 집으로 나를 찾아온 적이 있었다. 그 몇 년 후 어느 날 아침 그녀의 남편이 나의 집으로 찾아왔다. 그는 내 이름을 기억하지는 못했지만 나의 집은 기억하고 있었다. 그는 내가 몰리의 죽음을 알고 싶어 할 것으로 생각했다고 말했다. 그가 좋아하지 않는 몰리의 친척들이 주로 참석할 것으로 생각되는 장례 예배에 내가 그와 함께 참석할 수 있는지를 물었다. 그는, 자신들의 잘못된 기대를 충족시키기 위해서 끊임없이 몰리에게 압박을 가했던 부모와는 달리, 그의 아내를 있는 그대로 사랑했던 사람과 함께 가고 싶다고 설명했다. 몰리는 그녀가 받은 치료에 대해서 무자비하게 비판적인 가족들에게는 말하지 않았었다.

장례 예배에서 그와 나는 서로를 정서적으로 위로하고 의지하면서 몰리의 친구들과 가족들의 조문을 받게 되었는데, 이를 통해서 내가 고인의 인생에서 중요한 역할을 했던 사람이라는 사실을 은연중에 알리게 되었다. 조문객이 내가 어떻게 몰리를 알게 되었느냐고 물을 때마다, 나는 모호하게 대답하면서("우리는 여러 해 전에 같은 분야에서 일을 했었지요." "아, 당신도 간호원이신가요?" "아니요. 하지만 관련된 분야에 있었지요…….") 주의를 돌리기 위해 바쁜 듯이 주변을 둘러보곤 했다. 남편의 자기절제(그는 몰리의 부모에게 화를 내지 않을까 두려워했다)를 지원하는 동시에 치료의 비밀을 지키려는 일로 하루 종일을 보내야 했기 때문에, 내 자신의 슬픔은 거의 표현할 수가 없었다. 다음날 아침, 나는 일부러 몇 분 늦게 장례식에 참석했는데, 사람들과 인사 나누는 일을 피하기 위해서뿐만 아니라 힘겨운 아동기의 상처를 극복하기 위해 오랜 기간 치료적 노력을 해나가는 과정을 지켜보면서 내가 깊이 경탄하게 되었던 한 여성을 이렇게 일찍 저

세상으로 보내게 된 점을 슬퍼하며 울기 위함이었다.

죽음이라는 주제에 있어서, Michael Eigen은 치료자가 죽어서는 안 된다는 의무감으로 인해 받게 되는 스트레스를 깊이 있게 논의한 유일한 분석가이다. 적어도 장기 치료의 경우, 치료계약에는 내담자가 치료자를 지속적으로 만날 수 있어야 한다는 점이 암시되어 있다. 치료자가 살아 있다는 사실(Khan, 1970; Pine, 1985; Winnicott, 1955)은 치유 과정에서 중요한 점인데, 자신의 문제가 심각하다는 깊은 믿음을 지닌 내담자의 경우에는 더욱 그러하다. 괴로워하는 사람을 돕기 위해서 협력적인 치료관계를 맺게 될 때, 우리는 치료기간 동안 그러한 관계를 유지하기 위해 최선을 다한다는 암묵적인 서약을 하는 셈이다. 환자가 그들의 과거경험에 기인한 나쁜 영향을 극복하기 위해서 우리를 중요한 존재로 받아들이도록 권유하는 일은, 치료자가 가능한 한 건강하게 살아 있어야 한다는 의무를 스스로 짊어지는 일이다. 치료자가 병들었을 때, 특히 치명적 질병일 경우, 치료자는 자신의 질병을 치료하는 일과 더불어 환자의 삶과 관련된 수많은 전문가적 결정들을 해야 하는 부담을 안게 된다. 6장에서 지적한 바 있듯이, 오랜 기간 지속되어 온 심리적 문제를 변화시키는 강력한 위치에 서게 된다는 것은, 달리 말하면, 그만큼 심한 부담을 감당해야 한다는 것을 의미한다.

만족감

정신분석적 치료자로 일하면서 만족스럽게 느껴지는 대부분의 것들은, 특히 매우 중요한 것들은 즉시 나타나지 않는다. 치료경력을 쌓는 초기에는 치료자의 역할을 하게 되었다는 것만으로도 상당히 영광스럽게 느껴진다(치료활동을 시작했을 때, 나는 '내 환자' 라는 말을 자주 사용했었다. 수련생으로 오랜 기간 어린애 같은 경력을 쌓은 후이기 때문에, 이런 용어는 내가 분명한 어른이 되었다는 느낌을 주었다.). 아울러 돈을 벌게 되는 것과 수련과정 동안 누적된 빚을 갚아 나가는 것은 즐거운 일이다. 의미 있는 긍정적인 일, 즉 내가 처음 수련을 시작했을 때 매우 경이롭게 느꼈던 일을 하면서 돈을 벌 수 있다는 것만으로도 만족스러운 일이다. 신참 치료자들은 경제적인 여유가 있다면 무료로 해 줄 수 있는 일을 하면서 돈을 받는 것에 대해 '어색함' 을 느꼈다고 말하곤 한다.

치료를 시작한 지 몇 달 또는 몇 년 동안은, 앞에서 지적한 만족과는 별개로, 인간 심리의 이해와 치료 기술이 증가하는 급격한 상승곡선이 주된 보상으로 느껴진다. 내담자들과 이들을 돕는 기술을 지속적으로 배울 수 있다는 점은, 치료자로 살아가는 동안 늘 경험하게 되는 기쁨이지만, 특히 치료경력을 쌓아 가는 초기에 중요하다. 왜냐하면 이 시기에는 치료를 통해 얻게 되는 더 깊은 내면적인 만족감이 아직 나타나지 않기 때문이다. 심리치료의 수련과정에 있는 수련생들은 내담자들이 인생을 변화시킬 정도로 현저하게 성장하는 모습을 지켜볼 수 있을 만큼 오랜 기간 내담자를 치료하지 않는 경우가 대부분이다. 수련생들은 이러한 변화가 일어난다는 것을 신념수준에서 지니고 있어야 한다.

수련생이 수련과정에서 하게 되는 단기치료를 통해서도 깊이 있는 도움을 줄 수 있지만(깊이 있는 심리치료를 하기 위해서 반드시 장기치료를 할 필요는 없다는 Marmor(1979)의 주장을 참고하라), 단기치료의 효과가 지속적이라고 믿을 만한 증거는 부족하다. 치료기관에서 만났던 카운슬러를 나중에 찾아와서 그들 간의 대화가 오래도록 도움이 되었다(실제로 이런 일이 일어난다)고 감사를 표시하는 소수의 내담자들도 몇 년이 지나면 나타나지 않는다. 수련 프로그램은 깊이보다 넓이를 지향하는 경향이 있어서, 수련생들에게 소수의 내담자와 집중적인 치료를 하도록 권장하기보다 가능한 한 다양한 범위의 내담자들을 만나게 한다. 이렇게 하는 것이 바람직할 수도 있지만, 진정한 변화를 만들어 낼 수 있다는 유능감을 수련생들이 얻게 하는 과정을 지연시키게 된다. 이러한 만족감과 그 밖의 다른 구체적인 내용은 다음 절에서 논의할 것이다.

개인적인 교훈을 지속적으로 배우게 됨

개개 내담자의 내면적인 주관적 세계에서 나타나는 독특함을 배울 수 있다는 점은 치료자에게 있어서 지적 수준뿐만 아니라 정서적 수준에서도 항상 매력적인 점이다.

이러한 만족은 즉시 이루어진다. 정신분석은 지루하지 않다. 지루하게 느껴질 때조차도, 치료자는 권태감이 치료적 공간에 스며들게 된 이유에 대해서 호기심을 갖게 된다. 모든 환자는 각기 다르다. 모든 환자는 인생이 어떻게 펼쳐질 수 있는지에 관해서 각기 다른 모습을 보여 준다. 우리가 항상 (의식적으로든 그렇지 않든) '당연한 것' 또는 '정상적인 것' 으로 간주해 온 것과는 다른 모습을 보여 주는 것만으로도 모든 환자는 우리 자신과 우리 가족에 관해서 무언가를 가르쳐 주고 있다. 각각의 내담자에 관해서 많은 것을 알게 됨에 따라, 우리는 우리 자신에 관해서도 많은 것을 배우게 된다. 치료자들이 점점 더 자신을 정교하게 이해하게 되는 부수적 이득은 심리치료라는 분야에서만 얻을 수 있는 것이다. 배우들도 그들의 직업을 통해서 이와 비슷한 이득을 얻는다고 말하는 것을 들은 적이 있기는 하다.

반대되는 정보가 없는 상황의 경우, 우리 모두는 다른 사람들에게 우리 자신의 역동을 투사하는 경향이 있다. 우리는 다른 사람의 행동을 보면서 만약 우리가 그들의 상황에 있었더라면 어떻게 했을 것인가의 관점에서 그들의 행동을 이해하려 한다. 우리의 해석이 옳은 경우도 있지만 때로는 현저하게 잘못된 것일 수도 있다. 인간은 서로 공통적인 면이 많다고 생각한다면, 대부분의 사람들은 그들 자신의 마음에 비추어 타인의 동기를 이해할 수 있다는 가정하에서 타인을 이해하고 행동하면서 별 무리 없이 인생을 잘 살아갈 수 있다. 그러나 치료자들에게는 이러한 현저한 오해가 용납되지 않는다. 치료자로 성장하려면, 우리는 우리 자신의 역동과 다른 사람의 역동을 잘 구분할 수 있어야 하며 우리의 개인적인 경험 방식이 정상이라는 무의식적인 가정에 의문을 제기할 수 있어야 한다. 따라서 우리는 우리 자신에 대한 전반적인 이해를 심화시키는 노력을 평생토록 계속해야 한다. 자기이해를 위한 이러한 노력은 고통과 수치감을 수반하지만 치료자의 역할을 넘어서 궁극적으로 우리에게 도움이 되는 것이다.

설명을 덧붙인다면, 자신과 타인을 구별하고 투사에 근거한 믿음을 수정하는 일은 개인적 수준뿐만 아니라 거시적이고 구조적 수준에서도 이루어져야 한다. 심리치료가 전문분야로 성장하면서, 많은 사람들에 의해서 받아들여지고 있는 일반적인 가정들, 즉 X는 '항상' Y를 의미한다는 가정들은 의심해 보아야 할 대상이라는 것이 밝혀지게 되었다. 하나의 원리가 모든 현상에 적용된다는 식의 이론이 매력적일 수 있지만, 예외 없이 모든 자료를 설명하는 경우는 드물다. 이론은 그 이론을 개발한 사람들과 열광적으로 지지하는 사람들의 심리와 잘 맞는 동조적인 경향이 있다(Atwood & Stolorow, 1993). 과거 수십 년 동안, 학문분야로서의 정신분석은 점점 더 다양한 이론들을 포용해 왔으며(Gill, 1994; Jacobson, 1994; Michels, 1988; Wallerstein, 1988, 1992) 과잉일반화를 했던 초기의 이론적 경향을 점진적으로 수정해 왔다. Freud는 자신의 일부 생각에 대해서 매우 고집스러운 모습을 보였는데, 아마도 그의 개인적 역동이 그러한 생각을 '당연한 것' 이거나 '정상적인 것' 으로 여기도록 만들었기 때문일 것이다. 잘못 적용된 Freud 이론을 수정한 유명한[1] 일 중의 하나는 Heinz Kohut (1979)의 기념비적 논문인 "Mr. Z에 대한 두 가지 분석" 이다. 이 논문에서, Kohut은 그가 교육받았던 오이디푸스적 설명과는 상당히 다른 패러다임(자기 심리학)에 따라서 피분석자의 역동을 설명하였으며, 환자를 이렇게 달리 이해하는 것이 훨씬 더 정확하고 궁극적으로 더 치료적이라는 것을 보여 주었다.

투사에 근거해서 전반적인 잘못을 범하고 있는 좀 더 구체적인 예는 『정신장애의 진단 및 통계 편람(*DSM-IV*)』(American Psychiatric Association, 1994)에서 반사회성 성격장애의 진단을 위해 "충동성 또는 미리 계획을 세우지 못함" 이라는 기준을 제시하고 있는 것이다. 정신병질적인 사람들 중에는 충동적인 이들도 있지만, 소름 끼칠 만큼

1) 일부 사람들에게는 이 글이 유명한 것이 아니다. 새로운 관점을 제시한 이 글에서, Kohut은 그가 오이디푸스 갈등의 관점에서 '고전적인' 분석방식으로 치료했다고 주장하는 한 남자를 기술하고 있다. 그러고 나서 그러한 분석치료의 결과가 실망스럽게 나타났던 'Mr. Z' 가 여러 해 후에 다시 치료를 받기 위해 찾아오게 된 경위를 설명하고 있다. 그들의 두 번째 치료과정에서, Kohut은 그가 시도하고 있던 자기심리학의 관점에 따라 분석치료를 했고, 그 남자는 훨씬 더 호전되었다고 보고하였다. Kohut의 아들은 그의 아버지가 사망한 후에, Kohut 자신이 바로 Mr. Z였다고 정신분석학계에 밝혔다. Kohut은 마치 그가 그 자신과 유사한 환자의 치료자였었던 것처럼 위장하여, 자신의 역동과 더불어 고전적 정신분석을 통해 실패했던 자신의 경험을 제시했던 것이다. 이러한 위장이 중요한 논점을 제시하기 위한 것으로서 용서될 수 있는 것인지 아니면 윤리적 문제가 되는 거짓행위인지는 그 이후로 뜨거운 논란이 되어 왔다(Strozier, 2001을 참고하시오.).

계산적이며 음흉한 사람들이 많으며(Meloy, 1988), 이들은 매우 세부적인 일까지 고려하여 범죄를 계획한다. 집단적으로 볼 때 반사회적인 사람들이 충동적이라는 생각은 아마도 *DSM-IV*를 만든 상대적으로 비정신병질적 전문가들에 의한 투사를 보여 주는 것이다. 달리 말하면, 반사회적 성향을 지닌 대다수 사람들이 "만약 내가 극악무도한 범죄행위를 하게 된다면, 매우 충동적인 상태에서 그렇게 했을 것이다."라고 말하는 것은 당연하다는 것이다. 범죄적인 정신병질자들이 지니고 있는 두려울 정도로 가학적이고 특이한 내면적 세계는 우리 자신의 심리를 통해 이해하기 어렵다. 외상경험을 한 적이 없는 대부분의 사람들이 비슷하게 나타내는 한 가지 맹점은 외상경험을 한 사람들이 해리상태에서 나타내는 행동을 가장된 것으로 쉽게 믿어 버리려는 경향이다. 외상경험이 없는 사람은 속으로 "내가 그처럼 극적인 행동을 나타낸다면, 그것은 연기를 할 때다."라고 생각하는 것이다.

치료자들은 전문가로서 경험을 해 나가면서 이러한 맹점들을 발견하고 투사 경향을 극복하는 과정을 겪게 된다. 심리치료는 겸허한 자세로 계속 배워 가는 과정이다. 우리는 충분히 알지 못하고, 충분히 알 수도 없으며, 따라서 우리는 환자로부터(Casement, 1985) 그리고 경험을 통해서(Bion, 1962; Chales, in press) 배워 갈 필요가 있다. 우리는 충분히 알고 있지 못하다는 겸손한 자세를 견지해야 한다. 많은 다양한 사례들, 그만큼 다양한 유형의 고통 그리고 인생에 대한 다양한 생각들을 가까이 접하게 되면서 치료자의 안목이 넓어지게 된다. 투사적 성향을 극복하는 것뿐만 아니라, 우리의 관음증적 욕구를 궁극적으로 유익한 방향으로 해소해 나가야 한다. Ella Freeman Sharpe (1947)는 대다수의 분석적 치료자를 위해서 다음과 같은 점을 지적한 바 있다:

> 개인적으로 나는 다른 사람의 경험을 통해서 나의 자아가 풍성해지는 것이 나에게 적지 않은 만족감을 준다고 생각한다. 개인이 경험할 수 있는 인생경험이 제한되어 있지만…… 나는 치료를 통해서 삶의 다양성과…… 상상할 수 있는 모든 상황들, 인간적 비극과 희극, 삶의 우스꽝스러움과 고통스러움, 패배자가 느끼는 비애, 인간적 숙명을 극복해 나가는 믿기 어려운 영혼의 인내와 승리를 경험하게 된다. 정신분석가가 되기로 선택한 것에 대해서 내가 가장 기쁘게 생각하는 것은 인간으로서 겪을

> 수 있는 매우 다양한 유형의 경험을 나의 것으로 만들 수 있었다는 점인데, 이것은 나의 치료경험이 없었다면 한 번뿐인 인생에서 결코 경험하거나 이해할 수 없었던 것들이다(p. 122).

치료자로 살아가면서 우리는 자신의 다양한 모습에 직면하게 되는데, 이러한 모습은 우리가 알고 싶어 하지 않지만 우리의 성숙을 위해서 중요한 것이다. 우리는 내담자에 관한 특이한 사실을 새롭게 알게 되면서 "아하!" 하는 순간을 만나게 되는데, 이러한 사실의 인식을 통해서 이를 알기 전에 우리가 내담자를 얼마나 이해하지 못하고 있었는지를 깨닫게 된다. 그리고 개개 환자의 주관적 세계에 심리적으로 몰입하게 되면서 우리 자신도 광범위한 영향을 받게 된다. 신경과학의 최근 연구(예: Cozolino, 2002; Damasio, 2000; LeDoux, 1998, 2003; Schore, 2003a, 2003b; Solms & Turnbull, 2002)는 두 사람이 규칙적으로 진지한 정서적 교류를 하게 되면 그들 모두의 뇌에서 변화가 서서히 나타난다는 것을 보여 주고 있다. 두 사람이 독특한 공감적 관계를 경험함에 따라 그들 모두에게 새로운 신경연결망이 형성되는데, 특히 심상과 정동 영역뿐 아니라 Solms와 Schore와 같이 정신분석에 대한 이해가 깊은 연구자들이 Freud가 말하는 무의식에 해당하는 것으로 여기는 뇌반구인 '오른쪽 마음(right mind)'의 심층적 구조에도 변화가 생긴다. 우리의 뇌는 다른 사람의 마음과 친밀하게 교류하게 되면 말 그대로 '성장하게' 된다. 모든 시대의 진지한 치료자들(Aaron, 1996; Ferenzi, 1932; Mitchell, 1997; Searles, 1975; Sharpe, 1947; Stone, 1961; Szasz, 1956)이 인식했듯이, 우리가 그들을 치료하듯이 우리 역시 환자를 통해서 치유된다. 사실, 나의 동료 한 명이 최근에 언급했듯이, 내담자가 치료되기 위해서는 치료자에게 어떤 변화가 일어나야 하는지 모른다. Maroda(2003)는 다음과 같이 기술하고 있다:

> 사람은 깊고 친밀한 관계를 통해서 변화한다. 이러한 관계에서는 그들의 방어가 사라지고, 가장 원초적인 감정이 나타나며, 그들이 자신을 더 잘 알게 되고 또한 달리 느껴보는 기회를 갖게 된다. 대부분의 사람들은 이러한 경험을 해 볼 기회가 적다. 그들이 사랑에 빠지거나 자녀를 갖게 되거나 분석과정에 깊이 몰입할 때, 이러한 경험

을 하게 된다. 달리 생각하면, 우리를 변화시키는 이러한 유형의 친밀한 관계를 맺을 수 있는 기회는 항상 우리 주변에 존재하고 있다(p. 21).

잘 늙고 오래 사는 일

직업으로 심리치료를 하는 이점 중의 하나는 치료의 경력이 길어질수록 더 많은 지혜를 얻게 되고 좀 더 수월하게 치료기술을 구사할 수 있게 된다는 점이다. 신참 치료자들도 때로는 숙련된 치료자들처럼 효과적인 치료를 할 수 있지만, 그들은 치료적 성공을 거두기 위해서 숙련된 치료자들보다 더 많은 정서적 투자와 노고를 대가로 치르게 된다. 다행히도, 세월이 흐름에 따라 치료자들이 유능해진다는 사실은 치료자 자신뿐만 아니라 많은 사람들에 의해 인정되고 있다. 점점 더 급격한 변화가 일어나고 있어서 많은 직장인들이 기계나 새로운 후배 전문가에 의해 밀려나지 않을까 걱정하고 있는 이 시대에, 오랜 경력을 지닐수록 더 숙련되고 성숙한 판단을 하게 된다고 인정되는 직업을 갖고 있다는 것은 축복이다. 운동선수, 무용수, 육체노동자와 달리, 치료자들은 늙는다고 해서 직업에서 밀려나지 않으며, 알츠하이머 질환이나 다른 노인성 치매에 걸리지만 않는다면 은퇴하라는 압력도 받지 않는다. 치료자 중에는 90대에도 환자를 만나고, 책을 발간하고, 학술회의에서 발표를 하는 사람도 있다.

나는 앞 장에서 정신분석가들이 다른 직업을 가진 사람들보다 더 오래 산다는 흥미로운 사실(Jeffrey, 2001)을 언급한 바 있다. 정신역동적 치료자로 살아간다는 것은 개인적 치료에 많은 시간을 투여한다는 것을 의미한다. 정신분석적 치료의 특징이라고 할 수 있는 정서적 표현은 신체건강에도 유익하며(Pennebaker, 1997), 면역체계의 손상을 저하시킨다고(Pennebaker, Kiecolt-Glaser, & Glaser, 1988) 알려져 있다. 이러한 직업을 지닌 사람들은 고통받는 내담자에게 치료의 혜택을 전해 줄 뿐만 아니라 수련과정에서 치료를 받음으로써 자신도 치료의 혜택을 받게 된다는 점에서 운이 좋은 사람들이다. 더구나 우리가 의미 있고, 흥미로우며, 가치 있는 치료활동을 하면서 장수할 수 있는 동시에 늙은 나이에도 그러한 활동을 할 수 있다는 점은 확실히 좋은 일임에 틀림없다.

돕는 일의 만족감

내가 생각하기에는, 치료자로 살아가는 궁극적인 만족은 정직하고 호기심 어린 자세로 다른 사람에게 정당한 일을 하면서 생계를 유지할 수 있다는 점이다. 나는 '이기적이지 않은' 이타심이 존재한다고 생각하지 않지만, 인간은 협동하고 서로를 도우려는 선천적인 욕구를 지니고 있는 것 같다(Slavin & Kriegman, 1992). 많은 전문가들이 다른 사람에게 도움을 주는 일을 하지만, 심리치료라는 직업은 특별히 친밀하고, 체계적이며, 통합적인 도움을 주기 때문에 아무리 힘들더라도 치료활동에서 의미감과 충만감을 느끼게 한다. 나는 이러한 직업, 즉 내가 즐길 수 있고 나의 기질에 잘 맞는 일을 하면서 생계를 유지할 수 있는 직업이 나의 시대와 문화에 존재한다는 점에 감사한다.

내가 알고 있는 경제적으로 부유한 많은 사람들은 그들이 하는 일을 부담스러운 짐으로 생각하고 있는데, 왜냐하면 (내가 생각하기에) 그러한 일을 통해서 그들이 중요시하는 욕구를 충족시킬 수 없기 때문이다. 특히, 최근의 경제적인 분위기에서 그들은 압박감을 느끼고, 과로하게 되며, 직업의 안정성에 대해서 걱정하고 있다. 인생을 가치 있게 살아가려는 그들의 소망들은 흔히 그들의 직업을 통해서 충족되지 못하기 때문에 지역사회에 무언가를 '환원' 하려는 마음으로 나타나게 된다. 그래서 그들은 봉사 단체에 가입하고, 기부금을 내며, 비영리단체의 위원회 활동을 하고, 대의명분을 위한 자원봉사를 하며, 교회, 정치 활동 그리고 예술 활동에 참여한다. 그들의 생활은 이리저리 다양한 방향으로 분산되게 되며, 지나치게 확산될 위험성이 크다.

나는 내가 아는 대부분의 사람들보다 자신의 근무시간과 노동조건을 더 잘 조절할 수 있다. 그들은 내가 하는 것보다 훨씬 더 많은 보수를 받지만, 적절한 자유시간과 자율성을 희생해야 한다. 그들은 흔히 특정한 방식으로 옷을 입어야 하고, 멋있는 차를 타야 하며, 자신을 특정한 광택제로 치장해야 한다고 느낀다. 나는 그러한 압력들이 사람에게 중압감을 느끼게 한다고 본다. 그러나 치료자로 살아가는 실제적 이점들보다 더 중요한 것으로서, 나는 나의 일에서 일종의 유동성과 포괄성을 느끼는데, 이런 일은 적어도 근대적이고 포스트 모던한 시대에는 드문 일이라고 생각한다. 심리치료자의 역할에는, 나의 직업 활동, 자선적 욕구, 끝없는 호기심 그리고 진실함에 대한 소망 이 모두가 통합되어 있다. 내가 충분히 나다울 수 있을 때, 내 환자를 더 잘 치료할 수 있다. 치료자로서 우리의 직업이 지닌 이런 특성을 소중하게 생각하는 치료자들이 많다. 정신분석적 치료자에 대한 부정적인 생각에는 이처럼 말로 표현하기 힘든 만족감에 대한 무의식적 질투가 연결되어 있는 것은 아닌지 궁금하다.

3장에서 언급된 바 있듯이, 선배 치료자들이 심리치료에 중요한 기여를 한 사람으로 인정하고 있는 재능 있는 분석가인 Frieda Fromm-Reichmann은 『나는 당신에게 행복을 약속한 적이 없어요(*I Never Promised You a Rose Garden*)』(H. Green, 1964)라는 자전적 책을 쓴 Joanne Greenberg(처음에는 Hannah Green이라는 가명으로 발표함)가 젊은 시절에 겪었던 정신병적 장애를 성공적으로 치료한 정신과의사로 많은 사람들에게 알려져 있다. 정통파 유대인 가정에서 양육된 Fromm-Reichmann은 천지창조 시에 흩어져 버린 신성의 불꽃을 다시 부활시키는 집단적 과제인 Tikkun[2]에 관해서 위대한 16세기 랍비인 Isaac Luria가 저술한 책을 통해서 어린 시절에 커다란 감명을 받았다(참고: Hornstein, 2000). Luria는 다른 인간을 돕는 것이 내재적으로 구원적인 것이라고 가르쳤다. Tikkun의 가르침에 따르면, "한 사람을 구원하는 것은 세상을 구원하는 것이다." 이러한 신념과 그에 따라 행동하는 것에 대한 만족감은 대부분의 분석적 치료자들이 치료에 전념하게 되는 바탕이 된다.

나의 내담자 도나(Donna)가 새로 낳은 딸과 함께 나를 만나러 왔을 때, 나는 그녀가 아기를 정서적으로 잘 보살피며 능숙하게 다루는 모습에 깜짝 놀랐다. 그녀는 딸아이를 어려움 없이 잘 돌보았고, 아이가 편안하도록 잘 안고 있었으며, 정신병적으로 우울했던 그녀의 어머니나 폭력적이고 방임적이었던 그녀의 아버지와 달리, 모든 점에

2) 역자 주: 세상을 치유하고 개선하려는 유태교 운동.

서 헌신적이고 예민한 부모처럼 행동했다. 그녀와 나는 그녀가 어린 시절에 겪은 외상 경험을 잘 알고 있었으므로, 나는 도나에게 어떻게 그처럼 딸을 잘 돌보는 유능한 엄마가 될 수 있었느냐고 물었다. 결코 Winnicott이나 그가 제안한 정신분석적인 붙잡아주기(holding)의 개념에 대해서 들어본 적이 없는 이 문제 많던 여성은 잠시 생각하더니 "두 가지가 있지요. 그 하나는 내가 영장류라는 사실이고, 둘째는 당신이 지난 수년간 나를 지탱해 주었듯이 나는 내 딸을 지탱해 주고 있을 뿐이지요."라고 대답했다.

우리의 치료를 통해 도움을 받지 못하는 내담자도 있지만, 대부분의 환자들은 호전된다. 그들은 자신에 대해 좀 더 정직해지고, 부적응적인 증상이 사라지며, 문제에 대처하는 효과적인 방법을 배우게 된다. 인간관계가 증진되고, 인생을 좀 더 놀이처럼 즐기게 되며, 다양한 감정을 키워나가면서 그러한 감정을 깊이 느끼고 잘 조절한다. 좀 더 효과적으로 마음을 편안하게 만들 수 있고, 좀 더 자신이 굳건한 기반 위에 서 있으며, 어려움을 견뎌 살아 있다는 느낌을 갖게 된다. 오랜 치료과정에 대해서, 그들은 감사의 표현을 통해 항상 우리에게 보상을 주지만(참고: Gabbard, 2000), 우리도 마찬가지로 그들에게 감사한다. 치료자로 살아가면서 내담자가 심리적으로 성장하는 모습을 바라보는 것은 사랑스러운 자녀가 자신감 있는 성인으로 변해 가는 모습을 바라보는 경험과 매우 비슷하다. 이처럼 만족스러운 것은 없다.

제 12 장

치료자의 자기관리

> 자기희생적인 기독교 여성들이 때로는 자신의 삶을 잃게 되듯이, 치료자들도 때로는 자신의 개성을 잃게 될 수 있다. 자신의 권익을 추구하기보다 다른 사람을 위해 살아가는 사람들은 그렇게 되기 쉽다. 매일 그리고 하루 종일 심리치료를 하게 되면, 치료자는 자신의 삶을 잃어버리게 될 위험성이 있다. 마치 매춘부 부모처럼 자신의 자녀들을 정성껏 키우지 못할 뿐만 아니라 건성으로 대하게 될 위험성이 있다. …… 치료자는 자기 자신만을 위해 살아갈 수 있는 공간을 확보하는 것이 중요하며, 그러한 공간에서는 자신을 죽이기보다 자신을 잘 표현하는 것이 필요하다.
>
> – Anthony Storr (1990, p. 186)

내가 이 장에서 치료자의 자기관리에 관한 내용을 소개하게 된 것은 신참 치료자들로부터 자신이 이러한 점들을 깨닫기까지 많은 시행착오를 경험하기 전에 누군가가 이러한 점들을 미리 알려 주면 좋겠다는 말을 많이 들었기 때문이다. 내가 소개하는 점들의 대부분은, 특히 이 장의 초반부에서 소개하는 내용들은, 수면을 충분히 취하는 것이 중요하다는 말처럼 항상 어머니들이 자녀에게 말해 주는 상식적인 것들이지만, 나는 더 나아가서 치료자가 자기관리를 소홀히 하게 되면 치료과정에서도 문제가 생길 수 있다는 점들을 구체적으로 밝히고자 했다. 또한 치료자들이 외상경험을 지닌 환자를 치료하다 보면 자신도 간접적으로 외상경험을 하게 된다는 사실을 심각하게 다루고자 한다. 외상경험을 지닌 환자들을 치료할 때 자기관리가 중요하다는 것을 배우게 되지만, 치료자들은 자신의 마음을 보살피는 일에 상당히 소홀한 경향이 있다.

심리치료자들은 다른 사람을 보살피는 일에는 매우 열심이지만, 정작 자기 자신을 보살피는 일에는 무관심하다고 널리 알려져 있다. 만약 우리가 자신을 희생하면서 다른 사람을 보살피려는 성향, 즉 우리의 자기 피학적 성향을 중요한 문제로 여기지 않는다면, 그 이유는 대다수의 치료자들이 수련을 받는 과정에서 내담자의 바람이 우선이며 치료자의 바람은 부차적이라는 가혹한 메시지를 주입받았기 때문일 수 있다. 이러한 메시지는 의학(특히 간호학), 사회복지학, 종교직과 같이 자기희생을 이상화하는 직업에서 가장 강조하는 것이다. 앞에서 치료경계에 관해 설명하면서, 나는 내담자의 바람이 치료자의 바람과 본질적으로 상충되거나 경쟁관계에 있는 것이라고 보는 견해, 즉 제한된 자원을 두고 싸우는 제로섬 게임처럼 한쪽을 보살피면 다른 한쪽이 희생되는 것이라는 주장은 옳지 않다고 말한 바 있다. 오히려 치료자들은 자신의 적당한 개인적 바람을 잘 충족시킬 때 치료를 더 효과적으로 잘 하는 경향이 있다.

우리들에게 주입된 생각과는 반대로, 이타적인 행동은 자신을 위하는 행동과 상충되는 것이 아니다. 동기에 대한 정신분석적 이론과 삶의 만족도에 관한 최근의 실증적 연구에서 주장하듯이, 나는 진정한 마음으로 다른 사람에게 효과적인 도움을 주려면 자기 자신에 대한 존중감이 높아야 한다고 믿게 되었다. 심지어 희생적인 사랑이라는 보편적인 이미지, 즉 자신의 바람을 희생하면서 행복한 마음으로 아이에게 젖을 물리는 어머니의 모습도 실상은 일방적인 관계라고 할 수 없다. 아이를 돌보는 어머니는 수유행위 속에서 공생적이고 상호적인 방식으로 혜택을 얻게 된다. 즉, 아이가 젖을 빨게 되면 어머니는 유방에서 느껴지던 불편한 압박감이 감소되는 것을 느끼게 된다. 기분이 더 좋아지는 것이다. 더욱이 아이를 가슴에 품고 시선을 교환하며 느끼는 즐거움은 더 말할 것도 없다. 이처럼 가장 일방적인 인간관계라고 보이는 경우일지라도 실상은 관련자 모두에게 이익을 주고 있는 것이다.

다음 절에서, 나는 내가 치료를 하면서 그리고 치료자들을 훈련시키면서 경험을 통해 습득한 치료자의 자기관리에 관한 몇 가지 실제적인 교훈들을 요약하여 소개할 것이다. 흔히 신참 치료자들은 내가 제시하는 자기관리 방법들이 상당히 생소해서 잘 이해하기 어렵다고 말하곤 하기 때문에, 여기에서는 그러한 방법들을 상당히 구체적으로 소개할 것이다. 이러한 방법 중 몇 가지는 내가 확신을 가지고 다른 사람에게 권유할 수 있지만, 사람마다 각기 다르다는 점 그리고 내가 제시하는 어떤 조언은 일부 독자들에게 적합하지 않을 수 있다는 점을 인정하면서 시작하고자 한다. 약간 중복이 될 수 있지만, 내가 소개할 권장사항들을 원초아, 자아, 초자아에 대한 관리로 약간 장난스럽게 주제를 나누어 보았다.

원초아에 대한 관리

이 절에서는 치료자의 육체, 감성적 능력 그리고 한 인간으로서 지니는 기본적인 욕구들의 관리에 대해서 소개하고자 한다. 대다수의 치료자들이 적당한 수면, 휴식, 여가 그리고 "재충전을 위한 시간"에 대한 욕구를 희생하면서 과도하게 치료를 하고 있다. 앞 장에서 이미 자신을 과도하게 혹사하면서 생기는 몇 가지 증상들을 소개한 바 있지만, 여기에서는 치료자들이 자신의 신체적 · 심리적 한계를 인식하고 자기 피학적인 성향을 절제하는 지혜를 지녀야 할 여러 가지 측면을 요약하여 소개하고자 한다.

수면과 휴식

우선 치료자들은 충분한 수면을 취하는 것이 중요하다. 내담자의 말을 경청하면서 겪게 되는 최악의 심리적 상태는 참을 수 없이 밀려드는 졸음이다. 눈을 뜨고 있으려고 안간힘을 쓰면서 달팽이처럼 느리게 기어가는 시계를 바라보는 것은 매우 고통스러운 일이다. 일부 환자들의 경우, 특히 잘 알려져 있듯이 자기도취적 성격이거나 해리적 방어기제를 지닌 환자들의 경우, 치료자를 수면발작과 같은 상태(narcoleptic response)에 빠지게 만든다. 이러한 경우 투사적 동일시(projective identification)나 정서적 감염(affective contagion)에 의해서 유발되는 극심한 지루함 속에서 지쳐가는 몸을 추스르며 환자의 이야기를 경청하는 것은 매우 어려운 일이다. 치료자는 수면 부족으로 사고과정이 원활하지 못할 수 있는데, 이러한 경우 자신이 최선의 치료를 하지 못했다는 것을 인식하면서 괴로움을 느끼게 된다. 잘 알고 있는 사실이겠지만, 환자 역시 치료자를 졸리게 만들었다는 것을 알게 되는 경우 상처를 입게 된다.

치료를 너무 많은 시간 하지 않는 것 그리고 예약이 없는 자기만의 시간을 확보하는 것이 중요하다. 주말이나 저녁의 자유시간을 소중하게 여기는 치료자라면, 내담자의 편의를 위해서 이러한 시간을 침해당하지 않도록 해야 한다. 만약 이러한 시간이 침해당하게 되면, 치료자는 자기 자신이나 환자에 대해서 원망하는 감정이 들게 될 것이다. 또한 적절한 휴가 기간, 즉 항상 환자의 감정에 맞춰 주어야 하는 긴장감으로부터 벗어날 수 있는 시간을 며칠 또는 몇 주간 갖는 것은 치료자의 정신건강을 위해서 필수적인 것이다. 무선전화가 일상화된 시대이기 때문에, 휴가를 가더라도 그동안 해야 할 일을 전화로 '보충' 하고 싶은 유혹을 느끼게 될 것이다. 그러나 대부분의 사람들에게 있어서 휴가가 업무로부터의 완전한 탈출이 되지 못하면 진정한 휴식이 되기 어렵다.

내가 처음 치료를 시작했을 때, 치료자와 이별하는 것을 매우 힘들어하는 환자들이 몇 명 있었다. 나는 그들의 고통을 덜어 주기 위해서 항상 나와 연락이 닿을 수 있도록 해 주었다. 그러나 심각한 분리불안을 장기적으로 치료하려면 이별을 회피하는 것이 아니라 떠나갔다가 되돌아오는 모습을 명확하게 보여 주면서 일시적인 버림받음이 결국에는 다시 만남으로 이어진다는 것을 인식시켜야 한다는 것을 곧 깨닫게 되었다. 휴가 기간이 한 예가 될 수 있는데, 이별은 그 의미를 충분히 탐색하고, 깊이 있는 이야기를 나누며, 회피하기보다는 느껴 보아야 할 경험인 것이다. 그리고 치료경계에 관한 장에서 이미 소개한 바 있지만, 환자가 치료자를 혹사시킨다는 죄책감을 느끼기보다 치료자의 경계에 대해서 분노를 느끼는 것이 더 나은 경우가 많다.

치료자의 신체적 · 심리적 역량을 혹사시키는 치료기관에서 일하는 치료자들은, 미국의 경우는 건강관리 위기로 인해서 이러한 상황이 점점 더 늘어나고 있는데, 자신이 담당하는 모든 환자들을 충분히 보살펴 주는 것이 불가능하다고 느끼게 된다. 치료자들은 그러한 상황에 능력껏 잘 대처하면서 자신을 잘 용서해야 한다(경제적인 어려움을 겪는 기관에서 가난한 내담자를 상대로 일하는 치료자들이 경험하는 심리적 스트레스를 다룬

Altman의 논문(1993)이나 책(1995)을 참고하기 바란다.). 이상적으로는, 치료자들이 그러한 치료기관에 자신의 업무가 비인간적으로 과중하다는 것을 솔직하게 주장해야 하며, 기관 운영진으로 하여금 그들이 부과하는 업무량이 적절하다는 생각을 부끄럽게 여기도록 저항해야 한다. 물론 이것은 쉬운 일이 아니다. 공격자와 동일시하지 않으면서 적절한 근무량에 대한 치료기관의 방침에 저항하는 것은 어려운 일이다. 특히, 치료를 시작하는 몇 년 동안은 자신의 경력을 쌓아 가야 하는 시기이기 때문에, 불가능한 일을 요구하는 것이 아니라고 믿고자 하는 기관 운영진들을 만족시키기 위해서 과도한 업무를 감당하는 것이 최선의 적응방법일 수도 있다. 그러나 자신의 균형감각을 잃지 않고 그러한 희생이 정당한 것이라고 생각하지 않는 것이 중요하다. 때로는 비슷한 입장에 처해 있는 동료들과 불평을 나누는 것도 도움이 될 수 있으며, 치료기관의 압력 때문에 충분한 보살핌을 주지 못하게 되는 환자들에게 사과를 하는 것도 나쁘지 않다.

건강

치료자들은 단기적으로는 물론 장기적으로도 자신의 건강을 잘 보살펴야 한다. 내가 이렇게 말하는 이유는 정신분석적 지향을 지닌 치료자들 중에 자신의 심리적 건강 상태가 괜찮다면 신체적 건강도 좋은 것이라고 잘못 생각하는 사람들이 있다는 것을 알고 있기 때문이다. 그러나 정신건강이 좋으면 신체건강도 좋은 것이라고 동일시하는 사람들은 일종의 전능적 부인(omnipotent denial)을 하는 실수를 범하고 있는 것이며 인간이 지니는 현실적인 나약성을 무시하는 것이다. 특히, 어떠한 이유로든 신체검사를 정기적으로 받지 않는 것은 위험하다. 정신분석적 유형의 치료를 하는 사람들은 암의 징후를 신체화나 전환증상으로 해석하면서 치료시기를 놓쳐 버리는 경향이 있는 것으로 잘 알려져 있다.

질병에 걸렸을 때 현명하게 잘 대처하는 것도 중요하다. 환기가 잘 되지 않는 치료실에서 가벼운 질병을 지닌 채로 찾아오는 환자들을 만나다 보면, 호흡계 전염병에 잘 감염될 수 있다. 치료자들은 감기나 가벼운 전염병을 지닌 채로 치료를 계속하려 할 수 있다. 다른 사람에게 집중하다 보면 자신의 신체적 증상을 잊게 되고 회복이 늦어지게 된다. 좀 더 중한 질병일 때는 반드시 치료를 중단하고 쉬어야 한다. 질병이나 수술로부터 회복되는 단계에 있는 치료자들은 내담자를 방치했다는 죄책감 때문에 조급하게 치료를 다시 시작하려는 유혹을 느끼게 된다. 사설 치료센터에서 일하는 치료자들은 치료하지 못하는 시간만큼 수입이 줄어들기 때문에 몸이 완전히 회복되지 않은 상태에서도 치료를 재개하는 경향이 있다. 그러나 수입이 줄어들더라도 질병에서 빨리 회복되는 것이 더 나으며, 치료자 자신을 위해서도 좋은 일이다. 환자들에게는 자신의 건강을 적절하게 잘 돌보는 모범적인 인물이 필요하며, 치료자들은 그들의 치료 과정을 계속 함께해 주어야 한다(심리치료자의 질병에 대한 논문을 모아놓은 Schwartz와 Silver(1990)의 책을 참고하기 바란다.).

심리치료는 앉아서 하는 일이기 때문에 치료자들은 시간을 내어 운동을 해야 한다. 러닝머신이나 어떤 정해진 규칙에 따라서 해야 하는 운동이 잘 맞지 않는 나 같은 사람들은 걷기, 뛰기, 자전거 타기, 수영, 댄스 등의 운동을 할 수도 있다. 규칙적인 운동을 지속하기가 어렵다고 생각하는 사람들은 친구나 동료들과 규칙적인 운동을 하기로 약속하고 자신의 결심을 강화할 수도 있다. 어떤 자문 전문가에 따르면, 걸으면서 자문이나 슈퍼비전을 하는 것이 앉아서 하는 것 못지않게 도움이 된다고 한다. 운동은 놀이와 결합될 수도 있다. 여러 해 동안 나는 Astaire와 Rogers[1)]의 열렬한 팬이며 50대 이상의 연령대인 4명과 함께 매주 탭 댄스 수업에 참여했었다. 우리는 정말 지지리도 춤을 못 추었지만 나름대로 즐거운 시간을 보냈다.

앞 장에서 이미 언급했듯이, 치료자들은 등과 목에 문제가 생기는 일이 매우 흔하다. 일단 척추에 손상이 생겼다면, 그 손상이 악화되지 않도록 노력해야 한다. 하지만

1) 역자 주: Fred Astaire(1899-1987)와 Ginger Rogers(1991-1995)는 미국의 유명한 댄서이자 배우이며 이들은 "Flying Down to Rio"(1933)를 시작으로 10편의 영화를 함께 찍었다.

문제가 생긴 후에 정형외과 의사나 척추 지압사를 찾아가는 것보다 미리 예방하는 것이 훨씬 더 중요하므로, 치료자는 면담이 없는 시간에 튼튼이 걷거나 등을 잘 받쳐 주는 의자를 사용하는 것이 바람직하다. 나의 동료 몇 명은 척추보호 의자(orthopedic chair)를 강력하게 추천하고 있고 전문적으로 제작된 정형외과적 장비가 그 만한 값어치를 하겠지만, 이러한 추천을 받아들이기 전에 독자들은 실물을 보고 주문하기 바란다.

아무리 잘 디자인된 의자라도 어떤 사람의 등에는 잘 맞지 않을 수 있으며, 잘못해서 전원이 꺼지는 경우에는 고문 의자처럼 느껴질 수도 있다. 등을 보호하기 위해서 내가 사용하는 방법은 요추를 잘 받쳐주면서 등을 기댈 수 있는 의자에 앉는 것인데, 환자가 장의자에 눕는 경우에는 나도 등을 뒤로 기대어 거의 눕는 자세를 취한다.

재정적 문제

개업을 하고 있는 치료자들은 간헐적인 질병, 자리를 비우는 일, 예약취소로 치료비를 받지 못하는 일 등에 대비하기 위해서 개인적으로 충분한 돈을 벌어야 한다. 그렇기 때문에 치료자는 치료비를 상당히 높게 책정해서 이런저런 이유로 예상치 못한 손실을 보충하는 것이 필요하다. 대부분 치료비는 면담시간, 즉 회기별로 청구되지만, 치료비에는 치료과정에 대해 깊이 생각하는 일, 자문을 구하는 일, 관련 문헌을 읽거나 학회에 참석하여 치료자의 역량을 증대시키는 일, 면담자료의 기록, 전화 통화, 환자와 만나는 시간 이외에 해야 하는 업무 등에 대한 비용이 포함되어야 한다. 그리고 치료비는 치료자가 적절한 수면과 운동, 의학적 치료 그리고 휴식을 취할 수 있는 충분한 액수여야 한다.

신참 치료자들은 내담자의 재정 사정에 알맞은 수준의 치료비만을 받았다가 어려움을 겪게 되는 경우가 많다. 그러나 이들은 표준적인 치료비 범위의 금액을 말하더라도 내담자들이 대부분 눈도 깜짝하지 않는다는 것을 금방 깨닫게 된다. 치료를 협상하려 하거나 그러해야 하는 환자들의 경우, 치료자는 '보통의' 치료비 또는 가장 높은 치료비를 제시한 후에 거기서부터 협상을 해 나가는 것이 인심 좋게 처음부터 치료비를 낮춰 놓고 대화를 시작하는 것보다 낫다. 치료자들은 접수면접을 하면서 어떤 사람에게는 치료비를 깎아 주어야겠다는 생각을 종종 하게 된다. 그러나 환자가 먼저 말하기 전에 치료비를 줄여서 제시하게 되면, 그 뒤에 이어지는 협상과정에서 사무실 임대비도 감당하기 어려울 정도로 치료비가 삭감될 수 있다.

전문직의 위상이 그로 인한 수입과 밀접하게 연관되어 있는 서양 사회에서, 특히 '치료자' 에 대한 비용을 줄이려는 보험회사의 압력이 드세지고 있는 시대에, 낮은 비용의 서비스를 제공하는 경우라 하더라도 심리치료의 소중함을 주장하는 것이 필요하다. 그러한 한 가지 방법은 나중에 치료비를 깎아 주더라도 정당한 치료비를 제시하는 것이다. 사실, 전문직으로서 심리치료에 대한 존중심을 갖게 하고 전문가 활동에 대한 현실적 비용을 일반인에게 알리기 위해서, 관리의료체계하에 있는 내담자들을 치료하게 되는 대다수의 미국 심리치료자들은, 나중에 보험회사가 정신건강치료에 대해 지급하는 형편없는 치료비를 수용할지라도, 자신이 정상적으로 받는 치료비를 제시한다. 그 어떤 치료자도 면담시간 단위로 받는 치료비만으로는 갑부가 될 수 없으며, 설혹 자신의 모든 환자들이 정상적인 치료비를 지불한다 하더라도 (나는 이런 상황에 있는 치료자를 거의 보지 못했다) 부자가 될 수는 없다. 그러나 치료자는 그러한 수입으로 괜찮은 집을 사고, 때때로 외식을 하며, 재미난 휴가를 보내고, 두어 명의 자녀에게 고등교육을 시킬 정도의 안락한 삶을 영위할 수 있다.

내가 알고 있는 동료 몇 명은 자신의 수입을 과도하게 예상해서 얻게 된 빚을 갚기 위해 자신을 혹사시키고 있다. 특히, 개업을 하려는 사람들의 경우에, 응급상황, 치료중단, 휴일, 내담자가 줄어든 기간, 가난한 내담자에게 치료비를 낮춰 주는 일 등을 고려하지 않은 채로, 면담시간 단위로 치료비를 책정하고 그에 근거해서 연간 총수입을 계산하면 괜찮은 소득이라고 생각할 수도 있다. 그러나 치료자는 자신의 수입을 후하게 예상하려는 경향이 있기 때문에, 특히 수련 받으면서 진 빚을 갚아야 하는 시기이기 때문에, 과도한 재정적 확충을 하지 않도록 조심하는 것이 중요하다는 점을 말해두고 싶다. 만약 치료자가 치료시간마다 돈을 최대한 많이 벌어야 한다는 압박감에 시달리게 된다면, 내담자의 면담 빈도를 늘여야 할 것인지의 여부나 내담자의 종결 의사가 저항인지 아니면 적절한 발달적 성취인지를 판단해야 하는 경우와 같은 치료적 판단에 좋지 않은 영향을 미칠 수 있다.

승화

치료과정에서 반드시 지켜야 할 사항들 때문에 치료자들은 참기 어려운 심리적 부담을 느끼게 될 때가 종종 있다. 이러한 경우에 치료자들은 치료시간에 애써 억눌러 두었던 것들을 치료실 밖에서 배출할 수 있는 창구가 필요하다. 치료실 밖에서 배출해야 하는 충동과 감정은 현재 담당하고 있는 환자에 따라 다를 수 있으며 치료자에 따라서 현저하게 다를 수 있다. 이렇게 해소하기 어려운 충동을 무해하거나 사회적으로 유용한 활동으로 전환하는 것을 Freud는 '승화' 라고 명명했다. 이 개념은 물리학에서 빌려 온 것으로서 원래는 물질의 형태가 중간적 상태를 거치지 않고 다른 것으로 변화하는 것(예: 얼음에서 수증기로 변화하는 것)을 의미한다. 나는 이 개념이 환자에게 배출될 경우에 파괴적인 결과를 초래할 수 있는 심리적 에너지를 긍정적으로 활용하는 것에 대한 적절한 비유라고 생각한다.

나를 포함한 상당수의 정신분석가들은 치료적 작업을 하는 동안 억눌러 두었던 자기현시적인 노출 욕구를 지니고 있다. 치료자에게 있어서 가르치는 일은 심리치료라는 일에서 벗어나 기분전환을 할 수 있는 좋은 기회이다. 이를 통해서, 치료자는 자신의 생각이 내담자에게 미칠지도 모르는 여러 가지 복잡한 영향에 대해 걱정하지 않으면서 생각하는 바를 자유롭게 말할 수 있고, 조용히 경청만 하는 치료적 자세와는 현저하게 다른 역할을 수행하면서 즐길 수도 있으며, 다른 사람이 압도되어 감당하지 못할 것이라는 두려움 때문에 표현을 하지 못한 채 입을 다물고 있을 필요도 없다. 관음증적 욕구에 대해서 앞 장에서 언급한 바 있듯이, 심리치료 과정에서 들은 것을 함부로 공개해서는 안 되기 때문에 심리치료를 통해서는 이러한 욕구를 잘 충족시킬 수 없다. 그러나 관음증적 욕구를 배출할 수 있는 다른 출구들, 예컨대 전기나 소설을 읽는 일, 연극이나 영화를 보는 일, 비밀로 하지 않아도 되는 주제들에 대해서 친구들과 잡담을 나누는 일은 마음대로 할 수 있다. 이러한 활동은 대다수 치료자의 정신건강에 중요한 기여를 하게 된다.

우리가 지니고 있는 성숙한 합리적인 자기애적 욕구들은, 치료해 준 것에 대해 고마워하는 환자들과 치료가 잘 이루어진 것에 대한 만족감을 통해서 충족될 수 있다. 그러나 8장과 10장에서 이미 언급한 바 있듯이, 유아적인 웅대성(infantile grandiosity)을 강화하는 것은 직업적으로 위험하기 때문에, 이러한 일이 발생하지 않도록 치료자는 신경증적 전능감(neurotic omnipotence)을 약화시킬 수 있는 환경을 찾아 그 속에 머무는 것이 필요하다. 그러나 병적인 자기애를 예방하거나 감소시킬 수 있는 조치를 취하는 일뿐만 아니라, 치료과정에서 충족되지 않는 정상적인 자기애를 충족시킬 수 있는 기회를 갖는 것도 필요하다. 특히, 무자비하게 치료자를 폄하하는 내담자를 치료하고 있는 경우, 치료자는 자신을 존중하는 사람들과 이야기를 나누며 인정받는 경험을 할 필요가 있다.

친구나 가족으로부터 정서적 지지를 받는 것이 필요하다는 점에 대해 다른 저술가들이 어떻게 말하고 있는지 살펴보는 과정에서, 나는 Ralph Greenson이 쓴 글을 접하게 되었다.

> 정신분석가는 집으로 돌아왔을 때 더 이상 정신분석가가 아닐 수 있는 기회를 가져야 한다. 일단 사무실에서 퇴근을 하면, 자연스럽고 진실된 온전한 인간으로서 행동하는 자유로움을 느낄 수 있어야 한다. 자신의 나약함을 드러냈을 때, 상대방이 비난하지 않고 오히려 사랑스럽게 여겨 주는 곳이 필요하다. 똑똑한 사람을 사랑하고 존경하는 것은 쉬운 일이다. 그러나 진실한 사랑을 지닌 아내만이 집에서 바보가 되는 사람도 사랑할 수 있는 것이다. 정신분석가에게는 이러한 경험이 필요하다. 그가 하는 일은 심리적인 에너지를 많이 빼앗는 일이기 때문에, 혼신을 다해 치료를 하게 되면 탈진하게 된다. 따라서 분석가는 집에 돌아왔을 때 심리적인 영양분을 취하는 일이 필요하다(1966, pp. 286-287).

Greenson의 글에서 가부장적인 생각만 제외한다면 그의 지적은 모두 타당하다. 만약 부부가 모두 일하고 있거나, 특히 둘 다 모두 정신분석가일 경우에, 서로를 지지해 주고 재충전시킬 수 있는 방법을 함께 상의하는 것이 필요하다.

승화가 필요한 또 다른 영역은 공격적인 감정, 공상, 충동들이 관련된 경우이다. 정상적인 치료과정에서는 치료자가 자신의 공격성을 분출할 수 있는 기회가 없지는 않지만 그다지 많지 않다. 직면의 방법을 사용할 때에는 우리가 영향을 미치려는 사람에게 과도한 상처를 주지 않도록 신중하게 사용해야 한다. 치료적 작업의 진지함과 내담자를 신중하게 대해야 한다는 만성적인 긴장 때문에, 치료자는 자신의 공격성을 배출할 수 있는 출구를 열심히 찾게 된다. 영화 '애널라이즈 디스(Analyze This)'[2]에서 Billy Crystal이 연기한 심리치료자는 푸념만 늘어놓는 환자에게 화를 내면서 "정신 차려요!"라고 소리치는 상상을 즐기는데, 이것은 이러한 배출의 좋은 예라고 할 수 있다. '밥에게 어떤 일이 일어났나(What about Bob?)'[3]라는 영화에서 느끼는 즐거움도 그러한 예인데, 이 영화를 통해서 "상황은 언제든지 더 나빠질 수 있다."는 위안을 얻게 된다. 치료과정에서 겪는 스트레스 때문에 치료자들은 외과의사, 검시관, 병리학자, 장의사들이 즐겨하는 유명한 냉소적인 농담에 견줄 정도로 독설적인 농담을 만들어내어 즐기기도 한다. 치료자들은 '고약한' 내담자로부터 당한 일에 대해서 서로를 위로하기도 하고, 치료과정에서 공통적으로 겪게 되는 고통스러운 이야기들을 교환하기도 한다. 이렇게 서로 위로하고 울분을 발산할 수 있는 것은 슈퍼비전 집단이나 토론 집단에 속해 있거나 다른 동료들과 함께 일하는 경우에 부가적으로 얻을 수 있는 혜택이다.

직면하고 경쟁하고 싶은 욕구를 지닌 치료자들은 직업적 특성 때문에 좌절감을 많이 느낄 수 있는데, 스포츠나 정치적인 활동, 탐정 소설, 전문적 영역에서의 경쟁 또는 공격적 속성이 좀 더 분명하게 나타나는 다른 활동을 통해서 상당히 기분전환을 할 수

2) 역자 주: Robert De Niro와 Billy Crystal이 주연한 코미디 영화로서 1999년에 개봉된 작품이다.
3) 역자 주: Bill Murray와 Richard Dreyfuss가 주연한 코미디 영화로서 1991년에 개봉된 작품이다.

있다. 도예가인 나의 동료는 진흙을 물레에 내팽개치는 행위를 통해서 자신의 공격적인 측면을 해소하곤 한다. 스포츠광인 치료자도 있고, 흙 속으로 삽을 꽂아 넣는 것을 좋아하기 때문에 정원 가꾸는 일을 즐기는 치료자도 있으며, 실제로 일어난 범죄에 관한 문헌을 수집하는 치료자도 있다. 공격성을 승화하는 방법은 여러 가지가 있으며, 치료자들이 그렇게 하는 이유도 다양하다. 도전적인 환자들이 치료자의 공격성을 충분히 자극하지 않는다 하더라도 미국의 보험회사들이 치료자를 화나게 만들곤 한다.

여가 활동

치료자들은, 특히 작은 지역사회에서 활동하는 치료자들은, 완전히 치료에서 벗어나 여가를 즐기는 일이 쉽지 않을 것이다. 물론 일에서 벗어나 여가를 즐기는 것이 휴가의 목적이겠지만, 일상적인 생활 속에서도 재미있게 즐길 수 있는 요소가 상당히 많으며 그렇지 않다면 우리의 인생은 의무적으로 해야 하는 일이 끝없이 펼쳐지는 것으로 느껴질 것이다. 섹스는 대다수의 성인들에 있어서 쉽게 접할 수 있는 유희 공간이 될 수 있다. 성적인 활동을 활발하게 하는 치료자들은 심한 스트레스 상황도 활기차게 잘 대처할 수 있다. 성적인 배출구를 가지고 있지 못하면 신경증에 걸리기 쉽다고 생각하는 것은 Freud 이론을 잘못 이해한 것이지만(Freud는 성행위를 하는 것보다 성애적인 감정을 잘 수용하는 것이 더 중요하다고 강조했다), 특히 심리적으로 친밀한 사람과 만족스러운 성생활을 하는 것은 삶에서 겪게 되는 스트레스와 좌절을 이겨내고 안정을 찾는 데에 확실히 도움이 된다.

이 밖에도 좀 더 개인적인 여가거리들은 많이 있다. 어떤 치료자들은 음악에 심취하고, 다른 치료자들은 스포츠에 열광하기도 한다. 취미를 잘 발전시키거나 영화를 광적으로 좋아하거나 손자들과 많은 시간을 보내기도 하는 치료자들이 있다. 내가 아는 치료자 몇 명은 1년에 여러 차례 블랙잭을 하러 카지노에 가기도 한다. 이들은 그곳에서 처음 만난 이방인들이 뒤섞여 있는 테이블에서 잡담하는 것을 즐기곤 하는데, 이러한 잡담 속에는 치료적인 상호작용에서 경험하는 복잡미묘한 감정들을 전혀 느끼지 않게 된다. 치료를 하다 보면 고립감을 느끼게 되는데, 그러한 감정을 상쇄시킨다는 점에서 이러한 활동은 특히 소중한 것이다. 어떤 방식으로 여가를 즐기든, 치료활동으로 인해서 여가활동이 잠식되지 않도록 하는 것이 중요하다. 자식이 어릴 때는, 부모가 자신만을 위한 시간을 갖기가 어렵다. 특히, 치료자로 일하면서 동시에 젖먹이 아이나 걸음마 단계의 아이를 키우고 있다면, 그러한 치료자는 자신의 정신건강을 위해서 그 두 가지 일로부터 해방될 수 있는 시간을 일주일에 몇 시간 정도 확보하는 것이 매우 중요하다.

자아에 대한 관리

이 절에서는 치료자의 심리적 건강, 유능한 역량, 전문가적 성장을 함양하는 자기관리 측면을 소개하고자 한다. 자아를 잘 보살피는 것이 원초아의 기본적인 욕구를 잘 돌보는 것만큼이나 심리적 건강과 행복에 중요하다는 가정에 바탕을 두고 있다.

지속적인 심리학적 교육

4장에서 나는 학습의 원천으로서 치료자가 분석이나 치료를 받는 것이 중요하다는 점에 대해서 다각적인 설명을 한 바 있다. 치료과정에서 겪는 스트레스를 터놓고 이야기하면서 그러한 스트레스가 생겨나는 원인을 탐색할 수 있는 기회가 있다는 것이 얼마나 소중한지를 다시 강조하고자 한다. 자격증을 따기 위해서 필요한 슈퍼비전 횟수를 모두 채운 후에도 정기적으로 슈퍼비전을 받거나 신뢰할 수 있는 선배에게 자문을 구하는 것은 그만한 투자 가치가 있는 것이다. 단지 임상적 장면에서 일하는 친구와 일주일에 한 번씩 점심을 같이 먹으면서 사례에 관한 이야기를 나누는 것도 치료에 대한 유능감과 편안함을 현저하게 증가시킬 수 있다.

대다수 치료자들의 사교적 성품과 치료적 활동의 고립적 측면을 고려한다면, 집단을 구성해서 참여자들이 돌아가며 사례를 발표하는 것은 새로운 학습을 계속할 수 있는 좋은 방법이다. 나는 30년 이상 같은 집단에 계속 참여해 왔으며 지금도 그러한 집단 활동을 즐기며 도움을 받고 있는 사람들을 알고 있다. 리더가 없는 또래 집단이든 선배 치료자가 운영하는 집단이든 모두 지속적인 교육을 받을 수 있는 좋은 기회가 된다. 이러한 집단을 통해서 구성원들과 솔직한 이야기를 하게 되고 치료과정에서 느끼는 고독감을 줄일 수 있다. 그러한 모임의 장점은 여러 사람이 참석할수록 서로 배울 수 있는 전문적 경험의 양이 증가된다는 점이다. 아주 희귀한 사례를 논의할 경우에도, 발표자 외에 누군가는 그와 유사한 치료적 경험으로 힘들어한 적이 있다는 것을 알게 된다.

예를 들면, 내가 참석하는 수요 모임에서 껌을 씹는 사람에 대한 지독한 혐오감 때문에 치료를 받는 한 환자의 사례를 논의한 적이 있었다. 정신장애 분류체계에는 어느 곳에도 "병적인 혐오감 장애"라는 병명이 존재하지 않지만, 그 모임의 한 참석자가 그와 유사한 성격의 내담자를 치료한 적이 있었다. 그 내담자는 가구에 머리카락이 붙어 있는 것을 볼 때마다 구역질을 참을 수 없는 여성이었다. 치료를 받으러 오는 내담자들이 지니는 문제 중에는 공식적 진단체계에 잘 맞지 않는 아주 특이한 것들이 있다. 이러한 문제를 겪고 있는 사람을 돕기 위해서는 여러 치료자들의 지식과 경험을 모을 필요가 있다.

경험이 아주 많아서 더 이상 배울 것이 없는 그런 경우는 없다. 특히, 다양한 환자를 대상으로 치료를 하고 있는 경우에는 항상 새로운 지식을 필요로 하는 환자들을 만나게 된다. 그러한 지식은 심리적인 증상에 관한 것일 수도 있고, 신체적 질병과 관련된 것일 수도 있으며, 환자의 생물학적인 성(gender)과 성적인 취향(sexual orientation)에 관한 것일 수도 있고, 종족이나 민족적 배경, 국적, 종교, 문화적 환경, 직장에서의 스트레스 또는 독특한 개인적 경험에 관한 것일 수도 있다. 다른 치료자들의 치료방법을 계속 접하게 됨으로써 치료자들은 자극을 받을 수 있고, 여러 유형의 치료 방법을 알게 되며, 내담자를 서로 의뢰할 수 있는 연결망 속에 배속되고, 자신의 직업과 관련된 정치적 문제들을 논의할 수 있으며, 치료와 관련된 정보를 공유할 수 있게 된다.

학술행사, 사례발표회나 워크숍은 직업적인 자양분을 얻을 수 있는 소중한 원천이다. 박사과정이나 수련 프로그램에 등록하여 공부하는 것은 특히 도움이 된다. 다른 사람에게 끊임없이 우리의 관심과 공감, 정서적 투자를 해야 하는 치료자들은 다른 사람이 제공하는 것을 받아들이는 경험을 통해서 치료활동의 대가로 나타나는 정서적인 고갈 상태를 막을 수 있다. 임상가에게 보수교육을 요구하지 않는 주(州)에서도, 치료자에게 새로운 치료기술이나 내담자에 대한 새로운 평가방법을 소개하는 모임에는 많은 사람들이 참석한다.

치료자 모임에서 자신의 치료 사례를 발표하는 것도 유익한 경험이 될 수 있다. 특히, 사례 발표는 자료를 정리하고 간과했던 부분을 발견하는 좋은 경험이 된다.

치료자로 성장하게 되면서, 배워야 할 것들이 점차적으로 줄어들게 된다. 이러한 현상은 처음에 자신감을 갖게 해 주지만, 결국에는 중요한 지식을 따라가며 배우려는 동기를 약화시킨다. 그러고는 지식을 집중적으로 빨리 습득하는 활기찬 노력을 하지 않게 된다. 오랜 경험을 지닌 치료자들은 치료과정에서 무언가 창의적인 느낌을 지니기보다 똑같은 행동을 반복하고 있다고 자각하는 시기가 있다고 한다(A. Cooper, 1986). Emmanuel Ghent(1989)가 지적했듯이, "해석이 마치 틀에 박힌 말처럼 들리기 시작할 때 …… 우리는 정신분석적 '탈진 증후군' 을 앓고 있는 것이다." (p. 170) 자신의 직업 활동에 대해서 단조로운 기분을 느끼게 된다면, 치료자는 새롭게 생각하고 치료할 수 있는 방법을 찾아 나설 필요가 있다.

사생활

앞 장에서 나는 치료자의 삶이, 특히 작은 지역에서 활동하는 치료자의 경우, 마치 어항처럼 노출될 수 있다고 이야기한 바 있다. 이것은 신참 치료자들이 무시하거나 경시하기 쉬운 직업적 위험 중의 하나이다. 이러한 측면은 치료자가 편안하고 자유스럽게 살아가는 것을 저해할 수 있기 때문에 관심을 지닐 필요가 있다. 그 정도가 어떠하든 간에, 치료자는 자신이 내담자의 행동에 대처해야 한다는 걱정 없이 자기 본연의 모습대로 지낼 수 있는 공간을 확보해 두어야 한다.

내가 지금 살고 있고 치료를 하고 있는 이 작은 지역사회로 이사를 왔을 때, 행동하기가 자유롭지 못했던 과거 경험 때문에 이 동네와 주변 지역에 사는 사람을 치료하지 않기로 마음먹었다. 이러한 방침은 내가 미처 생각하지 못한 것을 비롯한 여러 가지 측면에서 도움이 되었다. 예를 들어, 내가 교육위원회 위원으로 출마했을 때 환자들이 나에게 표를 줄 것인지 말 것인지를 망설여야 하는 어색한 상황에 처하지 않게 되었다. 또한 내 친구의 자녀를 치료할 때 생기는 복잡한 문제를 겪을 필요도 없어졌다. 나는 지역의 로터리 클럽에 가입할 수 있었고, 야한 농담에 내가 웃어도 이 모습을 보고 내담자들이 분개하리라는 걱정을 하지 않아도 되었다. 내가 화장도 하지 않고 청바지를 입은 채 시내를 뛰어다녀도 이러한 나의 평범한 모습을 보고 충격을 받을 사람이 없어서 좋았다(물론 그런 사람을 만날 수도 있지만, 훨씬 줄어들 것이다.).

나의 사생활을 보호하기 위한 이러한 결정은 특히 내가 유방암 진단을 받았을 때 여러 가지 좋은 점이 있었다. 나는 이웃 사람들에게 이 사실을 알리고, 동네 사람들로부터 어떤 의사와 병원이 좋은지에 관한 정보를 얻을 수 있었으며, 정서적인 격려도 받을 수 있었고, 내담자들에게 자동적으로 전달될 것이라는 걱정 없이 나의 불안한 마음을 표현할 수도 있었다. 그래서 내가 치료를 받고 나서 예후가 좋다는 것을 알게 되기까지 나의 내담자들은 아무도 내가 암에 걸렸다는 것을 알지 못했다. (참고로, 이러한 사실은 치료자들이 비밀을 잘 지킨다는 점을 보여 주고 있다. 그 당시에 나의 내담자 중에는 치료자들도 있었는데, 그들은 나의 병에 대해서 잘 알고 있는 나의 동료들과 같은 직장에 있는 사람들이었다.) 나 자신이 매우 불안한 상태에서 환자들의 불안을 다루었다면 나에게는 어려운 일이었을 것이며, 그 당시에 나의 불안을 털어놓을 수 있는 사적인 공간이 있었다는 점에 대해서 특히 감사하고 있다.

나는 모든 치료자들이 이러한 결정을 내릴 수 있는 상황에 있지 않다는 것을 잘 알고 있다. 어떤 치료자들은 이웃 주민을 치료하지 않으면 굶을 수밖에 없는 좁은 지역에서 활동하고 있다. 그리고 그러한 선택이 가능한 경우라 하더라도, 치료자가 처음 개업을 해서 공과금을 납부해야 할 때나 치료를 간청하는 환자를 거절하기는 어려운 일이다. 치료자의 사생활 노출 문제에 대해서 내가 선택한 방법은 다른 치료자들이 각기 나름대로의 방법을 찾기 위한 일반적인 원칙을 제시하기 위해서 예시한 것이다. 대다수 치료자에게 있어서 가장 좋은 방법은, 치료를 하고 있는 곳에서 멀리 떨어진 곳에 은둔처를 마련하고 아무도 모르게 하거나 절친한 친구들에게만 알려 주는 것이다.

만약 사생활이 노출되었을 경우에는 유머 감각을 지니는 것이 필수적이다. 나의 동료 한 명은 다음과 같은 이야기를 해 주었다. 그에게는 네 살 때 처음 찾아와서 치료를 받다가 열다섯 살이 되어 다시 치료를 받게 된 소녀 환자가 있었다. 그녀는 네 가구의 집이 약간 떨어져 있는 교외의 작은 마을에 살고 있었다. 어느 면담시간에, 그녀는 무언가 말을 꺼내기 힘들어하는 듯이 보였고, 경험이 풍부한 이 치료자는 직감력을 발휘하여 그녀에게 말하기 힘든 것이 있느냐고 물었다. 그녀는 한동안 난처해하며 말을 하지 않다가, 치료자에게 자신의 부탁을 들어줄 수 있느냐고 물었다. 치료자는 "물론이지."라고 대답했다. 그러자 그 소녀는 "제발, 아침에 속옷 차림으로 신문 가지러 나오지 마세요."라고 말했다고 한다.

자기표현

치료자들은 수련을 받으면서 환자의 표현 욕구를 자신의 표현 욕구보다 우선시하도록 교육을 받는다. 아마도 분석가들이 매우 다양하고 현란한 이론, 모델 그리고 비유를 만들어내는 이유 중의 하나는 내담자의 자기표현을 존중하며 많은 면담시간을 보내면서 자기 자신의 배출구가 필요하다는 것을 느끼기 때문일 것이다. 내가 보기에는, 자신의 표현 욕구가 꽃을 피울 수 있는 영역을 확보하는 것이 자기 관리의 중요한 측면이다. 자신의 창의성을 발휘할 영역을 만드는 방법은 치료자마다 매우 다양하지만, 그 표현 양식이 개그를 하는 것이든 현악 4중주 연주를 하는 것이든 상관없이 그러한 과정을 통해서 유사한 효과를 얻게 된다.

심리치료 전문가들 중에는 예술적 재능을 지닌 사람들이 드물지 않다. 치료자들 중에는 악기를 연주하거나 노래를 부르거나 그림을 그리거나 시를 쓰는 사람들이 많다.

어떤 치료자들(Irving Yalom, Alan Wheelis, Christopher Bollas가 그 예다)은 소설을 쓰기도 하는데, 자신이 면담시간에 자주 경험하지만 표현하지 못했던 감정이나 공상을 치료에 관한 이야기로 표현하고 있다. 다른 치료자들은 명상과 같은 영성 수련을 하기도 한다. 어떤 사람들은 영향력 있는 활동을 하고자 하는 욕구를 충족시키기 위해 사회적 · 정치적 운동에 참여하기도 한다. 치료 시간에도 자신의 창의성을 표출할 수 있지만, 치료를 하는 일은 자신이 창의적 활동을 주도하기보다 상대방에게 반응해 주며 따라가는 과정인 것이다.

전문적인 글을 쓰는 것도 창의적인 표현 욕구를 충족시킬 수 있는 좋은 방법이다(Slochower(1998)의 논문과 Lepore와 Smyth(2002)가 글쓰기의 치료적 가치에 대한 경험적 연구들을 정리한 책을 참고하기 바란다.). 최근 십수년을 통틀어 가장 자기공개적인 정신분석적 저술가 중의 한 명이라고 할 수 있는 Michael Eigen은 깊은 개인적 욕구를 표현하기 위해 글을 쓴다고 이야기한 바 있다.

> 치료자는 글을 통해서 자신이 개인적으로 느끼는 깊은 경험을 다른 사람에게 전달한다. 정신분석은 말을 통한 치료(talking cure)일 뿐만이 아니라 글을 통한 치료(writing cure)가 될 수도 있다. 글은 면담시간의 경험을 정리하는 데 도움을 줄 뿐만 아니라 이러한 경험을 새롭게 발견하고 만들어내는 데에도 도움을 준다(1993, p. 262).

글을 통해서, 우리는 환자와 함께 있을 때 표현하지 못했던 내면의 소리를 표현할 수 있다. 논문이나 책을 쓰는 일에 빠져 있을 때, 나는 마음이 열려 있으면서도 집중되어 있는 독특한 의식상태로 들어가는데, 그러한 상태에서는 나의 깊은 곳에 존재하는 표현 욕구를 편안하게 표현할 수 있는 고향에 돌아온 듯한 느낌을 갖는다. Stephen Mitchell의 추모예배에서 나온 이야기에 따르면, 그는 책과 논문을 저술하기 위해서 혼자만의 시간으로 확보해 둔 수요일 오전을 가장 행복한 시간으로 여겼다고 한다. 대부분의 신참 치료자들은 전문 서적을 쓰는 것이 자신과는 거리가 먼 나이 많은 사람들이나 하는 활동이라고 여기는 것 같다. 그러나 신참 치료자들도 말하고 싶은 중요한 것들이 있을 것이며 전문적인 출구를 통해 표현할 수 있다. 일단 논문을 써서 게재신청을 하고, 심사평에 응답하며, 수정하는 작업을 하다 보면, 그러한 일들에 매료되어 중독이 될 수도 있다.

초자아에 대한 관리

이 마지막 절에서는, 치료자들이 치료하는 일에 대해서 진실성과 자긍심을 느낄 수 있고 자신의 도덕성과 진실성이 훼손되거나 위협받는다고 느끼는 상황에서 자신을 지킬 수 있는 방법들을 소개하고자 한다. 이러한 방법에는 단지 윤리적 규범을 준수하는 것 외에도 다양한 방법들이 존재한다.

가족을 잘 돌보기

이 장의 앞부분에서, 나는 치료를 너무 많이 하는 것과 지불능력 이상의 채무를 지는 것이 얼마나 위험한지에 대해서 언급한 바 있다. 치료를 너무 많이 하지 않는 것이 특히 필요한 시기는 치료자에게 어린 자녀가 있을 때이다. Ralph Greenson의 경우처럼 치료자(남자이든 여자이든)가 자신의 일에 몰두하면서 생기는 구멍을 정성껏 메워주는 아내를 지니는 경우는 매우 드물다. 많은 정신분석적 저술가들은 치료자가 가족과 함께 시간과 애정을 나누지 못하는 경우가 매우 많다는 점을 지적하고 있다. 예를 들어, Storr(1990, p. 187)는 치료자의 가정생활에 문제가 생기는 이유는, "자신이 하는 일을 가족에게 이야기할 수 없는 직업적 특성 때문"이기도 하고, 심리치료가 심리적 에너지를 소진시키는 일이어서 너무 많은 치료를 하다 보면 심리적 에너지가 고갈되기 때문이라고 보았다. 다른 사람을 돕는 일에 열심인 사람들에게 있어서, 자신의 자녀를 잘 돌보는 일은 그 자체로 중요할 뿐만 아니라 자신의 자존감이 사랑하는 사람들을 잘 돌보는 일과 밀접하게 관련되어 있다는 점에서 매우 중요하다.

가족을 소홀하게 대했다는 것을 깨닫게 되면, 자신이 가장 소중하게 여기는 것을 위해 살지 못했다는 죄책감으로 오래도록 고통스러움을 느끼게 된다. 나는 이러한 자책감을 느끼는 50~60대의 사람들을 여러 명 치료해 보았는데, 이들은 지나간 일을 되돌리거나 회복시킬 수 없다는 점에 대해서 매우 괴로워했다. 불행하게도, 자녀가 양육자의 정서적인 지원을 가장 필요로 하는 시기는 치료자가 전문가로서 경력을 쌓아가면서 수련 시기에 진 빚을 갚기 위해 돈에 쪼들리는 시기이다. 젊은 치료자들은 시간을 자유롭게 쓰지 못하는 직장에서 일하게 되는 경우가 많으며, 자격을 잘 갖추기 위한 여러 가지 통과의례에 몰두하게 된다. 그럼에도 불구하고, 가정을 새로 꾸리는 치료자들은 가능한 한 일하는 시간을 줄이고, 유별나게 까다로운 내담자를 맡는 일을 피하며, 물질적인 여유가 부족하더라도 가족과 함께 보내는 시간을 늘릴 수 있도록 노력해야 한다.

자신의 치료 작업을 드러내기

정신분석적인 치료자는 마음 한편으로 항상 다음과 같은 의문을 지니게 된다. "내가 지금 방어를 하고 있는 것은 아닐까? 나 자신의 욕구는 합리화하면서, 환자의 욕구를 문제 삼고 있는 것이 아닌가? 이러한 점에서 분석을 더 받아야 하나?" 특히, 요즘에는 "분석이 충분히 된 사람"이란 완벽주의적인 이상일 뿐 그러한 사람은 존재하지 않는다고 밝혀져 있기 때문에, 치료자들은 끊임없는 내성을 해야 하는데, 이러한 노력은 부담스러운 것이기도 하고 해방감을 주는 일이기도 하다. 앞 절에서 소개한 여러 가지 권장 사항들, 특히 지속적인 배움을 위한 기회를 만드는 일은 치료자가 자신의 진실성을 느끼는 데에도 도움이 된다. 우리가 자신의 가치관에 따라 진실하게 살고 있는지 가늠해 볼 수 있는 좋은 방법은 자신이 한 구체적 행동들을 존경하는 동료에게 이야기하는 자신의 모습을 상상해 보는 것이다. 만약 치료실에서 어떤 일이 일어났는지를 그러한 동료에게 이야기하기 어렵다면, 아마도 자신의 행동에 무언가 문제될 만한 점이 있는 것이다.

치료하면서 자신이 한 일들을 신뢰하는 동료에게 편안한 마음으로 밝힐 수 있는지 스스로에게 물어보는 일 외에도, 치료자들은 자신이 한 일의 세부적인 내용에 대해서 이야기를 나눌 수 있는 모임에 정기적으로 참여하는 것이 좋다. 자신이 치료하고 있는 사례에 대해 안전한 분위기 속에서 다른 사람에게 이야기하는 것은, 혹시 자신이 내담자를 악용하는 행위로 이끄는 "미끄러운 비탈길(slippery slope)[4)]" (Guthiel & Gabbard, 1993, 1998)로 가고 있는 것은 아닌지 점검해 볼 수 있는 가장 좋은 방법이다. 나는 내담자에 대해서 성적인 감정을 느끼거나 어떤 다른 방식으로 이용하려는 생각(예: 증권 중개인인 환자에게 투자의 조언을 구하고 싶은 유혹을 느끼는 것)을 하면서 난처한 상황에 빠져 있는 치료자의 사례 발표를 여러 번 접한 적이 있다. 이러한 문제로 어려움을 겪는 것은 매우 흔한 일이다. 슈퍼바이저나 자문가 또는 동료들은 이처럼 불가피하게 겪게 되는 감정과 유혹을 이겨내고 심지어 이러한 경험을 즐길 수 있도록 치료자에게 도움을 줄 수 있으며, 이러한 경우에는 지지를 해 주기보다 치료적 교육에 주안점을 두어야 한다.

위기관리

이 절에서 다루는 내용은, 치료경계에 관한 장에서 위기관리에 관해 언급했던 것과 마찬가지로, 법적인 소송이나 보상 청구가 흔한 미국의 치료자들에게 더 잘 적용될 수 있는 것이다. 자신의 진실성이 의심받는 상황에 처하게 될 경우, 치료자가 할 수 있는 필수적인 방어방법은 치료기록을 자세하게 해 두는 것이다. 환자의 비밀 보호를 위해서 대다수의 치료자들은 고용주나 치료에 관한 법률이 요구하는 범위 안에서 가능한 한 최소한의 정보만을 기록한다. 정신분석적 치료자들 중에는 전혀 기록을 하지 않는

4) 역자 주: 처음에는 대수롭지 않게 생각하다가 점차적으로 깊이 빠져들어 마침내 파멸에 이르는 일련의 과정을 일컫는 용어이다. Guthiel과 Gabbard는 치료자가 내담자와의 경계를 엄밀히 지키지 않게 되면 결국에는 착취적이고 위험한 성적인 관계를 형성하게 될 수 있다는 점을 지적한 바 있다.

사람들도 많다(예: Reik, 1948). 기록을 하는 것은 Freud가 말하는 "고르게 떠 있는 주의" 에 방해가 될 뿐만 아니라 닉슨 대통령이 재임하던 시절에 있었던 Daniel Ellsberg의 정신과 기록 도난사건을 겪고 나서, 치료자들은 치료기록을 적게 지니고 있을수록 내담자를 더 잘 보호할 수 있다는 생각을 하게 되었다. 그러나 이제는 법이 바뀌게 되어, 미국에서는 환자에 대한 기록 미비가 치료과실을 입증하는 가장 중요한 증거라는 판례가 있는 것으로 알고 있다.

환자를 보호하기 위해서 최소한의 기록을 하는 것이 여전히 필요하다. 그러나 치료자가 고소를 당하게 되거나 자신의 치료를 정당화할 임상적 근거를 제시해야 하는 경우, 문제 제기가 될 만한 점들에 대해서 기록을 해 두는 것이 치료자의 보호를 위해서 매우 중요하다. 우울증 환자의 경우, 치료자는 자신이 자살 가능성을 평가했으며 자살 위험이 높은 경우에는 이러한 문제에 대한 예방책을 이야기했다는 기록을 남겨 두는 것이 필수적이다. 이와 마찬가지로, 적대적이고 폭력 경력이 있는 내담자의 경우에는 살인 가능성을 평가해 두어야 한다.

치료자가 어떤 임상적 판단을 내리기 어려웠거나 비판적인 제3자로부터 이의제기를 받을 수 있는 문제를 다룰 때에는, 동료에게 자문을 구하고 그러한 사실을 환자의 파일에 기록해 두어야 한다. 대부분의 윤리위원회는 자문 요청에 대한 기록을 면책이나 감형의 사유로 간주하고 있다. 그러나 역전이적 감정이나 공상을 환자의 파일에 기록해 두어서는 안 된다. 윤리위원회는 정신분석적 치료의 발달추세를 따라가지 못하고 있기 때문에 치료자들에게 과거처럼 "백지 상태[5)]"를 유지하라거나 "치료자의 역전이 감정을 분석하여 제거하라."고 요구했던 시대의 직업윤리를 강요하고 있다.

변호사와 친분을 쌓는 것도 좋은 방법이다. 다양한 문제를 취급하는 유능한 변호사

---

5) 역자 주: 라틴어로는 tabula rasa이며 John Locke의 철학에서 때 묻지 않은 백지 같은 정신상태를 의미한다. Freud의 고전적 정신분석에서는 분석가가 아무런 편견이 없는 백지 상태를 유지하고 있어서 내담자의 전이가 그대로 반영될 수 있어야 한다고 보았다. 따라서 치료자의 역전이 반응은 치료에 방해가 되는 것으로 여겼으나, 최근의 대상관계 이론가들은 이러한 상태가 불가능할 뿐만 아니라 치료자의 역전이 반응을 잘 활용하면 치료에 도움이 될 수 있다는 입장을 나타내고 있다.

보다는 상당히 특수한 전문분야이기는 하지만 정신건강 관련법에 능통한 변호사라면 더욱 바람직하다. 여러 주의 경우 심리학자, 정신과의사 또는 사회복지사가 가입하는 학회들은 치료자가 판단하기 힘든 어떤 결정을 해야 할 때(보험회사에게 어떤 내용의 문서를 보내야 하는지, 이혼하려는 환자의 배우자를 만나야 하는지, 내담자가 자신의 치료기록을 보여 달라고 하는데 이것을 보여 주면 화를 낼 것이 분명한 경우에 어떻게 대응해야 하는지 등등) 자문을 구할 수 있는 법률 고문을 두고 있다. 특히, 문서로 회신을 해야 하는 경우에는 자격을 갖춘 변호사에게 자문을 구하는 것이 자문비용 못지않은 가치를 지닌다. 마지막으로 가장 중요한 것은, 전문가 윤리위원회로부터 어떤 의혹이나 이의제기를 받게 되거나 소송 의도가 있는 내담자로부터 어떤 편지를 받게 될 경우에, 치료자는 어떤 대응도 하기 전에 먼저 변호사와 상의해야 한다.

사소한 일로도 소송을 일삼는 이러한 시대에는 몇 년에 한 번 정도 위기관리 워크숍에 참가하는 것도 바람직하다. 어떤 보험회사는 이러한 문제에 관한 교육 프로그램에 지속적으로 참여하는 치료자들에게 의료과실 보상(malpractice coverage)에 대한 보험료를 깎아 준다. 미국의 정신분석적 치료자들을 위해서 이러한 문제에 대해 Lawrence Hedges(2000)가 쓴 책을 참고하는 것이 매우 유익하다는 점을 다시 한 번 강조하고 싶다. 또한 최근에 환자의 비밀보장에 관한 법률이 바뀌었기 때문에, 치료자는 위기관리에 대한 신간 서적을 보거나 교육을 받는 것이 현명하다.

동료들과 잘 지내기

심리치료는 힘든 일이므로 치료자들은 같은 일을 하는 사람들을 서로 위로하고 존중해 주는 것이 필요하다. 치료 방법이나 기본적 입장이 상당히 다른 치료자라 하더라도 마찬가지다. 같은 분야에서 일하는 사람들과 잘 지내는 것은 그 자체로도 의미 있는 일이지만, 정중하게 행동하는 치료자 자신에게도 도움이 되는 일이다. 어떤 치료자들은 자신이 의심을 받았기 때문에 그 덕분에 치료를 성실하게 잘 할 수 있게 되었다며 감사해하기도 한다. 1장에서 지적한 바 있듯이, 정신분석가들은 자신들이 다른 정신건강 전문가들에게 부렸던 횡포에 대해서 지금 그 대가를 톡톡히 치르고 있다.

앞 장에서 언급했듯이, 소문은 치료자들의 포도 넝쿨 같은 연결망을 통해서 금방 퍼져 나가며, 한 동료에 대해서 한 비난은 그 사람이 멀리 떨어져 있다 하더라도 그 사람의 귀에 들어가게 된다. 환자 의뢰, 의학적 자문, 치료센터의 개설 그리고 다른 전문적인 조언 등에 있어서 서로 도움을 주고받게 되는 같은 분야에서 불필요하게 적을 만드는 것은 현명한 일이 아니다. 특히, 치료자는 환자의 이야기에 근거에서 동료에 대한 평가를 하지 않도록 주의해야 한다. 우리가 치료실에서 듣게 되는 말들이 내담자의 관점에서는 그렇게 보일지 모르지만 '객관적인 사실' 이라고 단정할 수는 없다. 우리 모두와 마찬가지로, 환자들은 분리(splitting)의 방어기제를 사용하여 세상을 흑백논리로 단순화해서 이해하려는 복잡한 무의식적인 동기를 지니고 있다. 환자들은 어떤 치료자에게서 선한 모습을 느끼고 싶어 할 때, 다른 치료자의 악한 모습을 보게 되고 그것을 이야기하는 경향이 있다.

이러한 기회를 통해서 말하고 싶은 것은, 자신과 다른 치료 분야에 속해 있는 사람들에 대해서 비하적인 언행을 하지 말라는 것이다. 정신과의사들의 오만한 태도가 얼마나 상처를 주고 화나게 만드는지를 잘 아는 심리학자들이 사회복지사들에 대해서 우월감을 표현한다는 이야기를 종종 듣게 되는데, 그때마다 나는 마음이 불편하다. 치료자들이 소속해 있는 모든 분야는 각자 강점과 약점을 지니고 있으며, 우리 치료자들은 서로 경쟁을 하기보다 함께 걱정해야 할 절박한 문제들을 많이 가지고 있다. 예를 들어, 우리는 힘을 합쳐서 심리치료가 어떤 것이라는 것을 일반 대중에게 알리고, 단기치료만이 "증거 기반적(evidence-based)" 치료에 해당된다는 잘못된 생각에 도전해야 한다. 이러한 관점으로 보면, 미국심리학회가 많은 재원을 투자하여 심리학자도 처방권을 가질 수 있도록 노력한 것이 정치적으로는 불행한 결과를 초래했다고 할 수 있는데, 왜냐하면 그로 인해서 우리가 비판자들로부터 대화 치료(talking cure)를 방어하기 위해 함께 힘을 모아야 할 시기에 정신과의사들과의 관계가 소원해졌기 때문이다.

다른 분야의 전문가들과 만날 때는 그들이 유능하고 선의를 지닌 사람들이라고 생각하는 것이 바람직하다. 적어도 그들이 그렇지 않다는 것이 분명하게 입증될 때까지는 말이다. 수련과정에서 평가를 받을 때처럼 자연히 방어적인 태도를 취하게 되는 경우라 할지라도, 다른 전문가들이 훌륭한 의도를 지니고 있다고 생각할 때, 일이 더 잘 풀리는 경향이 있다. 평가를 받는 상황에서, 우리는 평가받는 것에 대한 적개심을 투사하여 평가자를 박해자로 지각하기 쉽다. 내가 지도했던 수련생 중에는 이러한 생각을 없애기 위해 우호적인 평가자의 모습을 상상하는 훈련을 통해서 공식적인 사례발표를 더 잘 해낼 수 있었다고 이야기한 사람들이 몇 명 있었다.

여러 해 전에 뉴저지 주의 심리전문가 자격심사를 받기 위해 구두시험을 치르면서, 나는 일주일에 네 번씩 장의자에 누워 치료를 받은 내담자 사례를 보고했다. 그 당시의 심사위원 두 명은 저명한 행동치료자와 내담자 중심 치료자였다. 심사위원이 이렇게 구성되어 나는 긴장했다. 그들은 호의적인 모습을 보였지만, 한순간 나는 성인다운 판단력을 잠시 잃어 버렸다. 행동주의적 입장을 지닌 심사위원이 나에게 내담자가 행동치료를 받을 수 있도록 다른 기관에 의뢰한 적이 있느냐고 물었다. 나는 그 심사위원의 이론적 입장에 대한 나의 존중심을 보여 주려고 "아, 물론이죠!"라고 대답했다. 그러자 그 심사위원은 "왜 그렇게 했나요?"라고 물었다. 그 순간 내 마음은 백지상태가 되고 말았다. 나는 환자의 주된 증상이 단순 공포증인 드문 경우를 제외하면 행동치료자에게 환자를 의뢰할 필요가 있는 상황을 생각해 낼 수 없었으며, 행동치료자가 잘 치료할 수 있는 영역은 단순한 공포 증상을 소거시키는 일밖에 없다는 나의 생각에 그 심사위원이 화를 낼까 봐 걱정되었다. 그래서 나는 잠시 망설이다가 심사위원이 선의를 지니고 있으며 정직한 모습을 소중하게 여길 것이라고 판단했다. 그래서 "제가 편견이 없다는 것을 보여 드리려다 보니 너무 성급하게 답을 했던 것 같습니다. 질문하신 것에 대해 다시 생각해 보니, 저는 찾아오는 거의 모든 사람들에게 정신분석적 치료를 하려 하고, 그러한 치료가 별로 도움이 되지 않는 듯할 때에만 다른 치료자에게 의뢰를 한다는 것이 더 솔직한 답변인 것 같습니다."라고 말했다. 이러한 대답에 두 명의 심사위원은 모두 내가 자신의 이론적 입장에 대해 확신을 지니는 것은 좋은 태도라고 말해 주었다. 그래서 그들은 자신들의 열린 마음을 보여 주었고, 나는 솔직했던 점에 대해서 기분이 좋아졌다.

정직함

이 책을 시작하면서 다루었던 정직함의 주제로 다시 돌아오게 되었다. 내가 아주 어렸을 때, 심리적인 문제에 있어서 지혜로우셨던 나의 어머니는 말하는 방식을 잘 선택하기만 하면 누구에게나 무엇이든지 별 어려움 없이 말할 수 있다고 조언해 주셨다. 이 말은 방어적이고 이해하기 힘든 사람들과 솔직한 대화를 나누는 방법을 배우는 일에 평생을 바치기로 한 나 같은 사람에게는 소중한 메시지였다. 나에게 있어서 정신분석이 하나의 전문분야로 그리고 정신역동적 치료가 하나의 직업으로 매력적인 이유 중 하나는 분석적 치료가 과학적 측면과 예술적 측면 모두에 있어서 사실을 있는 그대로 말하려는 지속적인 노력이라는 점이다. 나는 성(sexuality)에 관해서 귓속말로 이야기를 나누어야 했던 시대에 Freud가 여성도 남성과 마찬가지로 성욕을 지닌다고 주장한 점과, 자신의 말이 내담자에게 진지하게 받아들여질 수 있도록 말하는 방법을 제시했다는 점에 대해서 감사한다. 그 후에, 나는 Bowlby가 인간의 욕구 중에서 의존 욕구가 핵심적이라는 점을 강조했을 때 기뻤다. 좀 더 지나서, 나는 우리에게 끊임없는 자기애적 소망이 있음을 현실적으로 바라볼 수 있게 해 준 Kohut을 존경하게 되었다. 요즘은, 어떤 치료에서든 치료자는 전이-역전이 상황에 빨려들 수밖에 없다는 사실을 밝혀내어 케케묵은 정신분석에 새로운 시각을 도입한 대상관계 이론가들에게 감사하고 있다.

Winnicott(1960)은 어린아이가 환경으로부터 어떤 적응과 타협의 압박을 받더라도 참된 자기감(the sense of a true self)을 지니려 하는 보편적인 욕구에 대해서 이야기했다. 그가 이야기한 것은 도덕적 관점에서의 정직함이라기보다 근본적인 생동감을 유지하고 되찾는 일에 관한 것이었는데, 물론 이 두 가지는 서로 연관되어 있는 것이다. 사람은 자신이 스스로에게 진실할 수 있을 때, 특히 그러한 진실한 모습 속에서 다른 사람들로부터 이해받을 수 있을 때, 기분이 좋아지는 경향이 있다. 환자에게 있어서 정신분석적 치료를 통해 경험할 수 있는 가장 커다란 만족감 중의 하나는 그들의 심리적 결점과 모든 것이 수용받는다는 느낌이다. 그러나 참 자기(true self)를 함양하는 것은 내담자뿐만 아니라 우리 자신에게도 필요한 일이며, 우리의 직업적 활동을 수행하는 능력과도 불가분의 관계에 있는 것이다. 진실이 떠올라 명확해질 수 있는 적절한 분위기를 만들어내는 것이 정신분석적 치료의 핵심이다.

부 록

추천 도서

아래의 목록에 모든 영역의 문헌이 충분하게 포함되어 있는 것은 아니다. 이 목록은 초심자에게 심리치료라는 직업을 소개할 때 내가 선호하는 책들을 열거한 것으로서, 아마도 나의 전문 분야(심리학)에 관한 책들이 많이 포함된 반면에 정신의학이나 목회상담학 그리고 사회복지학 분야의 문헌들이 상대적으로 적게 포함되어 있을 것이다. 또한 이론적으로 상당히 어렵고 난해한 고전들도 몇 권 포함시켰는데, 그 이유는 심리치료 분야에서 이러한 책들이 매우 중요하기 때문이다. 특히, 저자의 주장을 잘 보여 주고 독자들에게 구체적인 치료방법을 알려 줄 수 있는 축어록이나 자세한 사례자료가 포함되어 있는 책을 소개하고자 했다.

고전적인 정신분석적 치료에 관한 책들

Appelbaum, S. A. (2000). *Evocativeness: Moving and persuasive interview in psychotherapy*. Northvale, NJ: Jason Aronson. – 내담자와 나눈 대화의 축어록이 많이 소개되어 있다. Appelbaum은 감정과 접촉하는 것을 강조하고 있다.

Greenson, R. R. (1967). *The technique and practice of psychoanalysis*. New York: International Universities Press. – 전통적인 정신분석에 대해서 여전히 고전으로 여겨지는 책이다. 정신분석이 시행된 치료과정을 이해하는 데 도움이 된다.

Hammer, E. (1990). *Reaching the affect: Style in the psychodynamic therapies*. New York: Jason Aronson. – 여러 가지 성격유형에 관한 것이기는 하지만, Appelbaum처럼 분위기나 정서적인 의사소통을 강조하고 있다.

Levy, S. T. (2002). *Principles of interpretation: Mastering clear and concise interventions in psychotherapy.* Northvale, NJ: Jason Aronson. – 고전적 해석기법들을 아주 압축적이면서 이해하기 쉽게 분류해 놓았다. 논문으로 발표되기도 했다.

Schafer, R. (1983). *The analytic attitude.* New York: Basic Books. – 정신분석적 분위기와 환경을 우수하게 잘 소개한 책이다.

Schafer, R. (2003). *Interpretation and insight: The essential tools of psychoanalysis.* New York: Other Press. – 나의 책을 막 출판사에 보내려고 할 때 이 책이 나왔다. 나는 아직 이 책을 읽지 못했지만, Schafer의 임상적 저술은 항상 이해하기 쉽고 재치가 있으며 공감적이기 때문에 그를 믿고 이 책을 추천한다.

Weiner, I. B. (1998). *Principles of Psychotherapy* (2nd ed.). New York: Wiley. – 깊은 생각을 웅변적으로 잘 서술한 고전이다.

대상관계 이론에 관한 책들

Casement, P. J. (1985). *Learning from the patient.* New York: Guilford Press. – 심리치료에 포함되어야 할 점들을 따뜻하고 겸손하며 사려 깊게 살펴본 책이다.

Charles, M. (in press). *Learning from experience: A clinician's guide.* Hillsdale, NJ: Analytic Press. – Bion의 이론을 이해하기 쉽게 소개한 사람들이 많지 않지만, Charles가 쓴 이 작은 책은 Bion을 비롯하여 Klein, Winnicott 그리고 다른 저명한 대상관계 이론가의 이론을 잘 소개하고 있으며 이러한 이론들을 치료과정에서 매일 부딪치는 어려움과 잘 연결시키고 있다.

Luepnitz, D. A. (2002). *Schopenhauer's porcupines: Intimacy and its dilemmas: Five stories of psychotherapy.* New York: Basic Books. – 읽는 재미가 있어서 전문가뿐만 아니라 일반대중에게도 인기가 있는 책으로서, 저자가 치료한 매우 다른 다섯 사례를 통해서 현대의 정신분석적 치료를 아주 생생하게 잘 보여 주고 있다. Luepnitz는 자신의 경험을 이야기하면서, 임상적 판단을 내릴 때 Winnicott, Lacan 그리고 Klein과 같은 대상관계 이론가의 이론을 어떻게 적용할 수 있는지를 잘 예시하고 있다.

Scharff, D. E. (1995). *Object relations theory and practice: An introduction*. Northvale, NJ: Jason Aronson. – 쉽게 읽을 수 있는 책으로서 이론의 치료적 시사점을 잘 설명하고 있다.

자기심리학이나 상호주관적 입장에 관한 책들

Barch, M. F. (1990). *Doing Psychotherapy*. New York: Basic Books. – 자세한 치료 내용을 소개하고 있는 매우 훌륭한 입문서이다.

Buirski, P., & Haglund, P. (2001). *Making sense together: The intersubjective approach to psychotherapy*. Northvale, NJ: Jason Aronson. – Stolorow, Atwood, Orange, Brandchaft 등이 개발한 치료방법을 구체적으로 잘 보여 주면서 설명하고 있다.

Shane, E., Shane, M., & Gales, M. (1997). *Intimate attachments: Toward a new self psychology*. New York: Guilford Press. – 자세한 발달적 맥락에서 자기심리학적 치료기법들을 잘 설명하고 있다. 내담자와 치료자 간의 친밀함과 관계 양상의 다양한 측면들 그리고 그 치료적 함의를 잘 설명하고 있다.

Stolorow, R. D., Atwood, G. E., & Brandchaft, B. (1987). *Psychoanalytic treatment: An intersubjective approach*. Hillsdale, NJ: Analytic Press. – 상호주관적 치료 모델을 간단하게 열정적으로 서술해 놓은 입문서이다.

Wolf, E. S. (1998). *Treating the self: Elements of clinical self psychology*. New York: Guilford Press. – 대부분 Kohut의 저술에 근거한 쉽게 읽을 수 있는 입문서이다.

대인관계적이고 현대의 관계이론적 서적들

Fromm-Reichman, F. (1950). *Principles of intensive psychotherapy*. Chicago: University of Chicago Press. – 옛날식의 표현을 사용하고 있지만("the psychiatrist", "the doctor", 남성형 대명사를 사용하는 등), 특히 정신증적 문제를 지닌 환자를 치료하는 사람들에게는 여전히 많은 도움이 되는 책이다.

Hoffman, I. Z. (1998). *Ritual and spontaneity in the psychoanalytic process: A dialectical constructivist view.* Hillsdale, NJ: Analytic Press. – 초심자에게는 쉬운 책이 아니지만, 현대의 치료방법을 이해하는 데 중요한 책이다.

Teyber, E. M. (1999). *Interpersonal process in psychotherapy: A relational approach.* Belmont, CA: Wadsworth. – 쉽게 구할 수 있는 좋은 책이다. 비싸지만 논문으로 구해 볼 수도 있다.

Karen Maroda는 현재 대상관계 이론의 관점에서 책을 집필하고 있는 중이다. 그녀의 글은 항상 정열적이고 재치가 있으며 읽는 재미가 있다.

통합적인 입장의 서적들

Bender, S., & Messner, E. (2003). *Becoming a therapist: What do I say, and why?* New York: Guilford Press. – 제목에 있는 질문에 대한 답을 제시하는 아주 구체적이고, 이해하기 쉬우며, 자세히 기술된 책이다. 치료 분야에 비교적 초심자인 사람과 경험이 많은 치료자/교육자가 함께 저술한 공동작품으로서 가장 실제적인 책들 중의 하나이다.

Bocknek, G. (1993). *Ego and self in weekly psychotherapy.* New York: International Universities Press. – 자아심리학, 자기심리학, 관계 이론, 발달 이론들을 집대성한 책으로서 일주일에 한 번 하는 치료에 대해 잘 소개하고 있는 입문서이다.

Gibney, P. (2003). *The pragmatics of therapeutic practice.* Melbourne, Autralia: Psychoz Publications. – 정신분석적 입장과 체계이론적 입장에서 개인치료, 집단치료, 가족치료에 관한 생각들을 아름다운 문체로 소개한 책으로서 심리치료의 미학과 역동을 예리하게 잘 기술하고 있다.

Hedges, L. E. (1983, rev. ed. 1995). *Listening perspectives in psychotherapy.* Northvale, NJ: Jason Aronson. – 경청을 통해서 여러 유형의 내담자들이 지니는

핵심적인 문제를 이해하는 방법을 다룬 중요한 책으로서, 철학적 입장과 정신분석적 치료를 통합하여 제시하고 있다.

Josephs, L. (1995). *Balancing empathy and interpretation: Relational character analysis*. Northvale, NJ: Jason Aronson. – 병적인 성격구조를 변화시키려는 치료적 시도를 관계이론적 입장에서 설명하고 있으며, 고전적인 개념과 현대적 개념을 잘 통합하고 있다.

Roth, S. (1987). *Psychotherapy: The art of wooing nature*. Northvale, NJ: Jason Aronson. – 많은 사례를 소개하며 이론적 개념을 공감적으로 잘 표현한 우수한 책이다.

Rubinovits-Seitz, P. F. D. (2002). *A primer of clinical interpretation*. Northvale, NJ: Jason Aronson. – Kohut, Hoffman, Schafer, Spence, 상호주관성 이론가들, '급진적 관계주의' 학파 그리고 다원론적 접근을 포함하여, 해석에 대한 고전적 입장과 '후기 고전적' 입장을 잘 개관하고 있다.

Schlestinger, H. J. (2003). *The texture of treatment: On the matter of psychoanalytic technique*. Hillsdale, NJ: Analytic Press. – 체계이론적 관점에서 정신분석적 치료를 해박하면서도 전문용어를 많이 사용하지 않고 설명하고 있다.

Stark, M. (1994). *Working with resistance*. Northvale, NJ: Jason Aronson. – 심리치료를 애도과정으로 유익하게 재해석하고 있으며, Stark의 해석 방식에 대한 명쾌한 실례를 많이 수록하고 있다. 특권의식의 문제를 지닌 내담자들을 어떻게 치료해야 하는지 설명하고 있다는 점에서 특히 도움이 되는 책이다.

Storr, A. (1990). *The art of psychotherapy* (2nd ed.). Woburn, MA: Butterworth Heinemann. – 기본적인 주제들을 다루면서도 어떻게 치료자의 스타일을 환자의 성격구조에 맞추어 가야 하는지를 평이하고 우아하게 소개하고 있는 입문서이다. 히스테리적, 우울증적, 강박증적, 분열성 성격을 다루고 있는데, Storr는 Jung에게서 영향을 많이 받았다.

Wachtel, P. L. (1993). *Therapeutic communication: Knowing what to say when*.

New York: Guilford Press. – 정신분석과 인지행동적 치료법을 설득력 있고 사려 깊게 통합한 책으로서 구체적인 예가 많이 소개되고 있다.

통제-숙달 치료에 관한 서적

Weiss, J. (1993). *How psychotherapy works: process and technique*. New York: Guilford Press. – San Francisco Psychotherapy Research Group에 속해 있는 임상가들과 연구자들의 관점에서 정신분석적 치료를 직설적으로 설명하고 있다.

지지적인 정신분석적 입장의 심리치료

Karon, B., & VandenBos, G. R. (1981). *Psychotherapy of schizophrenia: The treatment of choice*. New York: Jason Aronson. – 이 책은 입수하기가 어려워진 것으로 알고 있다. 그러나 이 책을 구할 수 있다면, 정신증적 환자를 이해하고 이들을 돕기 위한 실제적인 방법들을 발달시키는 데에 매우 많은 도움이 된다는 것을 알게 될 것이다.

Pinsker, H. (1997). *A primer of supportive psychotherapy*. Hillsdale, NJ: Analytic Press. – 지지적인 치료기법에 잘 반응하는 환자들을 치료하는 치료자들에게 구체적인 조언을 제시하는 매우 명쾌한 책으로서 지지적인 치료의 목적을 잘 보여 주는 많은 인용 자료를 제시하고 있다.

Rockland, L. H. (1992). *Supportive therapy: A psychodynamic approach*. New York: Basic Books. – 탐색적인 치료를 할수록 퇴행과 불안이 증가하는 사람들을 치료할 때 가장 도움이 되는 서적이다.

Ann Applebaum은 현재 지지적인 치료에 대한 책을 저술 중인데 훌륭한 책이 될 것 같다.

경계선 환자에 대한 심리치료

Kernberg, O. F. (1975). *Borderline conditions and pathological narcissism*. New York: Jason Aronson. – 초심자는 읽기 어려운 책이지만 경계선적 성격구조를 탁

월하게 설명하고 있으며 한 세대의 치료자들에게는 경계선적 상태를 이해하는 기본서였다. 자아 상태의 빈번한 변화와 정체감 통합의 결함을 강조하고 있다.

Kernberg, O. F. (1984). *Severe Personality disorders: Psychotherapeutic strategies.* New Haven, CT: Yale University Press. – 위의 책보다는 덜 난해하며, 특히 구조화된 면접에 대한 서술부분이 유익하다.

Masterson, J. (1976). *Psychotherapy and the borderline adult: A developmental approach.* New York: Brunner/Mazel. – Mahler의 연구에서 영감을 받아, 발달모델에 기초하여 경계선 환자의 역동을 설명하고 있는 책이다. 신경증적인 우울과 경계선 환자가 나타내는 우울 간의 차이를 설명하고 있으며 함입(engulfment)과 유기(abandonment) 간의 갈등을 잘 묘사하고 있는 유익한 책이다.

Yeomans, F. E., Clarkin, J. F., & Kernberg, O. F. (2002). *A primer of transference focused therapy for the borderline patient.* Northvale, NJ: Jason Aronson. – 경계선 환자를 정신분석적으로 치료하는 방법을 매뉴얼처럼 만든 책으로서 비교적 읽기 쉽고 적용하기도 용이하다.

단기 및 지침서식 정신분석적 치료들

Book, H. E. (1997). *How to practice brief psychodynamic psychotherapy: The core conflictual relationship theme method.* Washington, DC: American Psychological Association. – 정신분석적 단기치료를 경험에 근거하여 배우기 쉽게 소개하고 있는 책이다.

Luborsky, L., & Crits-Christoph, P. (1990). *Understanding transference: The CCRT method.* New York: Basic Books. – H. E. Book이 소개하고 있는 방법의 기초가 되는 책이다. Luborsky가 오랜 기간 열심히 수행한 연구들은 이러한 치료방법을 강력하게 지지하는 증거가 되고 있다.

Messer, S. B., & Warren, C. S. (1995). *Models of brief psychodynamic therapy: A comparative approach.* New York: Guilford Press. – 정신분석적 이론들에서 파

생한 여러 가지 단기치료들을 개관한 매우 유용한 책이다.

다양한 심리치료에 대한 개관

Gurman, A. S., & Messer, S. B. (Eds.) (2003). *Essential psychotherapies: Theory and practice* (2nd ed.). New York: Guilford Press. – 여러 이론적 입장과 치료적 방식에 대해서 지도자급 심리치료자들이 쓴 글들을 편집한 책이다. 잘 쓰였으며, 학술적이고, 읽기도 쉬운 책이다. 저자들은 치료의 현실적인 면들을 논의하기 위해서 아주 뛰어나지는 않지만 대체로 잘 진행된 사례를 하나씩 소개하고 있다. 다양한 치료를 포괄하고 있으며, 비싼 만큼의 값어치가 있는 책이다.

참고문헌

Abend, S. (1982). Serious illness in the analyst: Countertransference considerations. *Journal of the American Psychoanalytic Association, 30,* 365-379.

Ablon, S. S., Brown, D., Khantzian, E. J., & Mack, J. E. (Eds.) (1993). *Human feeling: Explorations in affect development and meaning.* Hillsdale, NJ: Analytic Press.

Adler, G. (1980). Transference, real relationship and alliance. *International Journal of Psycho-Analysis, 61,* 547-558.

Allport, G. W. (1961). *Pattern and growth in personality.* New York: Holt, Rinehart & Winston.

Altman, N. (1993). Psychoanalysis and the urban poor. *Psychoanalytic Dialogues, 3,* 29-49.

Altman, N. (1995). *The analyst in the inner city: Race, class, and culture through a psychoanalytic lens.* Hillsdale, NJ: Analytic Press.

Appelbaum, S. A. (2000). *Evocativeness: Moving and persuasive interventions in psychotherapy.* Northvale, NJ: Jason Aronson.

Aristotle. (n.d.). *Politics* (H. Rackham, trans.). Cambridge, MA: Harvard University Press, 1997.

Arkowitz, H., & Messer, S. (Eds.) (1984). *Psychoanalytic therapy and behavior therapy: Is integration possible?* New York: Plenum Press.

Aron, L. (1991). The patient's experience of the analyst's subjectivity. *Psychoanalytic Dialogues, 1,* 29-51.

Aron, L. (1996). *A meeting of minds: Mutuality in psychoanalysis.* Hillsdale, NJ: Analytic Press.

Aron, L. (1997). Self-disclosure and the interactive matrix: Commentary on Kenneth A. Franks' paper. *Psychoanalytic Dialogues, 7,* 315-318.

Atwood, G. E., Orange, D. M., & Stolorow, R. D. (2002). Shattered worlds/psychotic states: A post-cartesian view of the experience of personal annihilation. *Psychoanalytic Psychology, 19,* 281-306.

Atwood, G. E., & Stolorow, R. D. (1993). *Faces in a cloud: Intersubjectivity in personality theory.* Northvale, NJ: Jason Aronson.

Bachrach, H. M. (1983). On the concept of analyzability. *Psychoanalytic Quarterly, 52,* 180-203.

Bachrach, M. M., & Leaff, L. A. (1978). "Analyzability": A systematic review of the clinical and quantitative literature. *Journal of the American Psychoanalytic Association, 26,* 881-920.

Bader, M. (1997). Cultural norms and the patient's experience of the analyst's business practices. *Psychoanalytic Quarterly, 66,* 93-97.

Bashe, E. D. (1989). *The therapist's pregnancy: The experience of patient and therapist in psychoanalytic psychotherapy.* Unpublished doctoral dissertation, Rutgers University.

Beck, A. T. (1976). *Cognitive therapy and the emotional disorder.* New York: International Universities Press.

Beebe, B., Lachmann, F., & Jaffe, J. (1997). Mother-infant interaction structures and presymbolic self-and object representations. *Psychoanalytic Dialogues, 7,* 133-182.

Belsky, J. (1979). Mother-father-infant interaction: A naturalistic observational study. *Developmental Psychology, 15,* 601-607.

Benjamin, J. (1995). *Like subjects, love objects: Essays on recognition and sexual difference.* New Haven, CT: Yale University Press.

Benjamin, J. (1997). *The Shadow of the other.* New York: Routledge.

Benjamin, J. (2002, January 19). [Discussion of papers presented by J. M. Davies and I. Z. Hoffman. Conference of the Interactional Association for Relational Psychotherapy and Psychoanalysis, New York.]

Berger, L. (2002). *Psychotherapy as praxis: Abandoning misapplied science.* Victoria, BC: Trafford.

Bergin, A., & Garfield, S. (Eds.) (2000). *Handbook of psychological change: Psychotherapy processes and practices for the 21st century.* New York: Wiley.

Bergmann, M. S. (1982). Platonic love, transference love and love in real life. *Journal of the American Psychoanalytic Association, 30,* 87-111.

Bergmann, M. S. (1987). *The anatomy of loving: The story of man's quest to know what love is.* New York: Columbia University Press.

Bergmann, M. S. (1988). On the fate of the intrapsychic image of the psychoanalyst after the termination of the analysis. *Psychoanalytic Study of the Child, 43,* 137-153.

Bettelheim, B. (1983). *Freud and man's soul.* New York: Knopf.

Bion, W. R. (1962). *Learning from experience.* London: Karnac, 1984.

Bion, W. R. (1970). *Attention and interpretation.* New York: Jason Aronson.

Blagys, M. D., & Hilsenroth, M. J. (2000). Distinctive of short-term psychodynamic-interpersonal psychotherapy: A review of the comparative psychotherapy process literature. *Clinical Psychology: Science and Practice, 7,* 167-189.

Bleger, J. (1967). Psycho-analysis of the psycho-analytic frame. *International Journal of Psycho-Analysis, 48,* 511-519.

Blum, H. (1973). The concept of erotic transference. *Journal of the American Psychoanalytic Association, 21,* 61-76.

Bollas, C. (1987). *The shadow of the object.* New York: Columbia University Press.

Bollas, C., & Sundelson, D. (1995). *The new informants: The betrayal of confidentiality in psychoanalysis and psychotherapy.* Northvale, NJ: Jason Aronson.

Book, H. E. (1997). *How to practice brief psychodynamic psychotherapy: The core conflictual relationship theme method.* Washington, DC: American Psychological Association.

Bowlby, J. (1969). *Attachment and loss: Vol. 1. Attachment.* New York: Basic Books.

Bowlby, J. (1988). *A secure base: Parent-child attachment and healthy human development.* New York: Basic Books.

Brazelton, T. B. (1982). Joint regulation of neonate-parent behavior. In E. Tronick (Ed.), *Social interchange in infancy* (pp. 137-154). Baltimore: University Park Press.

Brazelton, T. B., & Als, H. (1979). Four early stages in the development of mother-infant interaction. *Psychoanalytic Study of the Child, 34,* 349-369.

Breger, L. (2000). *Freud: Darkness in the midst of vision: An analytical biography.* New York: Wiley.

Bretherton, I. (1990). Communication patterns, internal working models, and the inter-generational transmission of attachment relationships. *Infant mental Health Journal, 11,* 237-257.

Bromberg, P. (1992). The difficult patient or the difficult dyad?-Some basic issues. *Contemporary Psychoanalysis, 28,* 495-502.

Brunswick, R. (1928). A supplement to Freud's "History of an Infantile Neurosis." *International Journal of Psycho-Analysis, 9,* 439-476.

Bucci, W. (2002). The challenge of diversity in modern psychoanalysis. *Psychoanalytic Psychology, 19,* 216-226.

Buckley, P. (2001). Ancient templates: The classical origins of psychoanalysis. *American Journal of Psychotherapy, 55,* 451-459.

Bugental, J. F. T. (1964). The person who is the psychotherapist. *Journal of Consulting Psychology, 28,* 272-277.

Cardinal, M. (1983). *The words to say it.* Cambridge, MA: VanVactor & Goodheart.

Casement, P. J. (1985). *Learning from the patient.* New York: Guilford Press.

Casement, P. J. (2002). *Learning from our mistakes: Beyond dogma in psychoanalysis and psychotherapy.* New York: Guilford Press.

Cassidy, J., & Shaver, P. R. (Eds.) (2002). *Handbook of attachment: Theory, research and clinical applications.* New York: Guilford Press.

Charles, M. (2003). On faith, hope, and possibility. *Journal of the American Academy of Psychoanalysis and Dynamic Psychiatry, 31,* 687-704.

Charles, M. (in press). *Learning from experience: A guidebook for clinicians.* Hillsdale, NJ: Analytic Press.

Chasseguet-Smirgel, J. (1992). Some thoughts on the psychoanalytic situation. *Journal of the American Psychoanalytic Association, 40,* 3-25.

Chernin, K. (1995). *A different kind of listening: My psychoanalysis and its shadow.* New York: Harper Collins.

Chessick, R. D. (1969). *How psychotherapy heals: The Process of intensive psychotherapy.* New York: Jason Aronson.

Chodorow, N. (1999). *The power of feelings.* New Haven, CT: Yale University Press.

Clance, P. R., & Imes, S. A. (1978). The impostor phenomenon in high achieving women: Dynamic and therapeutic interaction. *Psychotherapy: Theory, Research, and Practice, 15,* 241-247.

Clarke-Stewart, K. A. (1978). And Daddy make three: The father's impact on mother and young child. *Child Development, 49,* 466-478.

Clarkin, J. F., Yeomans, F. E., & Kernberg, O. F. (1999). *Psychotherapy for borderline personality.* New York: Wiley.

Coates, S., & Moore, M. (1997). The complexity of early trauma: Representation and transformation. *Psychoanalytic Inquiry, 17,* 286-311.

Coen, S. (2002). *Affect intolerance in patient and analyst.* Northvale, NJ: Jason Aronson.

cohn, J., Campbell, S., Matias, R., & Hopkins, J. (1990). Face-to-face interactions of post-partum depressed and nondepressed mother-infant pairs at 2 month. *Development Psychology, 26,* 15-23.

Comfort, A. (1972). *The joy of sex.* New York: Simon & Schuster.

Conners, M. E. (2001). Integrative treatment of symptomatic disorders. *Psychoanalytic Psychology 18,* 74-91.

Cooper, A. (1986). some limitations on therapeutic effectiveness: The "burnout syndrome" in psychoanalysis. *Psychoanalytic Quarterly, 60,* 576-598.

Cooper, S. H. (2000). *Objects of hope: Exploring possibility and limit in psychoanalysis.* Hillsdale, NJ: Analytic Press.

Cortina, M., & Marrone, M. (Eds.) (2003). *Attachment theory and the psychoanalytic process.* London: Whurr.

Cozolino, L. (2002). *The neuroscience of psychotherapy: Building and rebuilding the human brain.* New York: Norton.

Crastnopol, M. (1997). Incognito or not? The patient's subjective experience of the analyst's private life. *Psychoanalytic Dialogues, 7,* 257-280.

Csikszentmihalyi, M. (1990). *Flow: The psychology of optimal experience.* New York: Harper & Row.

Damasio, A. R. (1994). *Descartes' error: Emotion, reason, and the human brain.* New York: Grosset/Putnam.

Damasio, A. R. (2000). *The feeling of what happens: Body and emotion in the making of consciousness.* New York: Harcourt.

Davies, J. (1994). Love in the afternoon: A relational reconstruction of desire and dread in the countertransference. *Psychoanalytic Dialogues, 4,* 153-170.

Davies, J. M., & Frawley, M. G. (1994). *Treating the adult survivor of childhood sexual abuse: A psychoanalytic perspective.* New York: Basic Books.

DeCasper, A., & Fifer, W. (1980). Of human bonding: Newborns prefer their mothers' voices. *Science, 208,* 1174-1176.

DeCasper, A., & Spence, M. (1986). Prenatal maternal speech influences newborns' perception of speech sounds. *Infant Behavior and Development, 9,* 133-150.

Dewald, P. A. (1976). Transference regression and real experience in the psychoanalytic process. *Psychoanalytic Quarterly, 45,* 213-230.

Dewald, P. A. (1982). Serious illness in the analyst: Transference, countertransference, and reality responses. *Journal of the American Psychoanalytic Association, 30,* 347-363.

Dimen, M. (1994). Money, love and hate: Contradictions and paradox in psychoanalysis. *Psychoanalytic Dialogues, 4,* 69-100.

Doi, T. (1989). The concept of *amae* and its psychoanalytic implications. *International Review of Psycho-Analysis, 16,* 349-354.

Doidge, N. (2001). Diagnosing *The English Patient:* Schizoid fantasies of being skinless and of being buried alive. *Journal of the American Psychoanalytic Association, 49,* 279-309.

Doidge, N., Simon, B., Brauer, L., Grant, D. C., First, M., Brunshaw, J., et al. (2002). Psychoanalytic patients in the U. S., Canada, and Australia: 1. DSM-III-R disorders, indications, previous treatment, medications, and length of treatment. *Journal of the American Psychoanalytic Association, 50,* 575-614.

Duehrssen, A., & Jorswick, E. (1965). Empirical and statistical inquiries into the therapeutic potential of psychoanalytic treatment. *Der Nervenarzt, 36,* 166-169.

Ehrenberg, D. B. (1992). On the question of analyzability. *Contemporary Psychoanalysis, 28,* 16-31.

Eigen, M. (1981). The area of faith in Winnicott, Lacan and Bion. *International Journal of PsychoAnalysis, 62,* 413-433.

Eigen, M. (1992). *Coming through the whirlwind: Case studies in psychotherapy.* Wilmette, IL: Chiron.

Eigen, M. (1993). *The electrified tightrope.* Northvale, NJ: Jason Aronson.

Eigen, M. (2001). *Ecstasy.* Middletown, CT: Wesleyan University Press.

Eigen, M. (2002). *Rage.* Middletown, CT: Wesleyan University Press.

Eisenstein, A., & Regillot, K. (2002). Midrash and mutuality in the treatment of trauma: A joint account. *Psychoanalytic Review, 89,* 303-327.

Eissler, K. R. (1953). The effect of the structure of the ego on psychoanalytic technique. *Journal of the American Psychoanalytic Association, 1,* 104-143.

Ekstein, R., & Wallerstein, R. S. (1958). *The teaching and learning of psychotherapy.* Madison, CT: International Universities Press, 1971.

Ellman, S. J. (1991). *Freud's technique papers: A contemporary perspective.* Northvale, NJ: Jason Aronson.

Erle, J. B. (1979). An approach to the study of analyzability and analyses: The course of forty consecutive cases selected for supervised analysis. *Psychoanalytic Quarterly, 48,* 198-228.

Erle, J. B. (1993). On the setting of analytic fees. *Psychoanalytic Quarterly, 62,* 106-108.

Erle, J. B., & Goldberg, D. A. (1979). Problems in the assessment of analyzability. *Psychoanalytic Quarterly, 48,* 48-84.

Escalona, S. K. (1968). *The roots of individuality: Normal patterns of development in infancy.* Chicago: Aldine.

Escalona, S. K., & Corman, H. (1974). Early life experience and the development of competence. *International Review of Psycho-Analysis, 1,* 151-168.

Etchegoyen, R. H. (1991). *The fundamentals of psychoanalytic technique.* London: Karnac Books.

Fenichel, O. (1941). *Problems of psychoanalytic technique.* Albany, NY: Psychoanalytic Quarterly.

Ferenczi, S. (1932). *The clinical diary of Sandor Ferenczi* (J. Dupont, Ed.; M. Balint, & N. Z. Jackson, Trans.). Cambridge, MA: Harvard University Press, 1988.

Field, T., Goldstein, S., & Guthertz, M. (1990). Behavior-state matching and synchrony in mother-infant interactions of depressed and nondepressed dyads. *Developmental Psychology, 26,* 7-14.

Fieldsteel, N. (1989). Analysts' expressed attitudes toward dealing with death and illness. *Contemporary Psychoanalysis, 25,* 427-431.

Fine, R. (1971). *The healing of the mind: The technique of psychoanalytic psychotherapy.* New York: David McKay.

Fiscalini, J. (1988). Curative experience int the analytic relationship. *Contemporary Psychoanalysis, 24,* 125-142.

Flournoy, O. (1992). Review of *Psychotic anxieties and containment: A personal record of an analysis with Winnicott. International Journal of Psycho-Analysis, 73,* 593-594.

Fonagy, P. (2000). *Attachment theory and psychoanalysis.* New York: Other Press.

Fonagy, P., Gergely, G., Jurist, E. L., & Target, M., (2002). *Affect regulation, mentalization, and the development of the self.* New York: Other Press.

Fonagy, P., Leigh, T., Steele, M., Steele, H., Kennedy, R., Mattoon, G., et al. (1996). The relationship of attachment status, psychiatric classification, and response to psychotherapy. *Journal of Clinical and Consulting Psychology, 64,* 22-31.

Fonagy, P., & Target, M. (1997). Perspectives on the recovered memories debate. In J. Sandler, & P. Fonagy (Eds.), *Recovered memories of abuse: True of false?* (pp. 183-216). London: Karnac Books.

Fosha, D. (2000). *The transforming power of affect: A model for accelerated change.* New York: Behavioral Sciences Research Press.

Foster, R. P., Moskowitz, M., & Javier, R. A. (Eds.) (1996). *Reaching across boundaries of culture and class: Widening the scope of psychotherapy.* Northvale, NJ: Jason Aronson.

Fowler, J. W. (1981). *Stages of faith: The psychology of human development and the quest for meaning.* New York: HarperCollins.

Frank, J. D., & Frank, J. B. (1991). *Persuasion and healing: A comparative study of psychotherapy* (3rd ed.). Baltimore: Johns Hopkins Press.

Frank, K. A. (1992). Combining action techniques with psychoanalytic psychotherapy. *International Journal of Psycho-Analysis, 19,* 57-79.

Frattaroli, E. (2001). *Healing the soul in the age of the brain: Becoming conscious in an unconscious world.* New York: Viking Penguin.

Frawley-O'Dea, M. G., & Sarnat, J. E. (2001). *The supervisory relationship: A contemporary psychodynamic approach.* New York: Guilford Press.

Freedman, N., Hoffenberg, J. D., Vorus, N., & Frosch, A. (1999). The effectiveness of psychoanalytic psychotherapy: The role of treatment duration, frequency of sessions, and the therapeutic relationship. *Journal of the American Psychoanalytic Association, 47,* 741-772.

Freud, S. (1905). On psychotherapy. *Standard Edition, 7,* 257-268.

Freud, S. (1910). "Wild" psycho-analysis. *Standard Edition, 11,* 221-227.

Freud, S. (1912a). The dynamics of transference. *Standard Edition, 12,* 99-108.

Freud, S. (1912b). Recommendations to physicians practicing psycho-analysis. *Standard Edition, 12,* 111-120.

Freud, S. (1913). On beginning the treatment. *Standard Edition, 12,* 123-144.

Freud, S. (1914). On the history of the psycho-analytic movement. *Standard Edition, 14,* 7-66.

Freud, S. (1915). Observations on transference love. *Standard Edition, 12,* 159-171.

Freud, S. (1916). Some character types met with in psycho-analytic work. *Standard Edition, 14,* 311-333.

Freud, S. (1919). Lines of advance in psychoanalytic therapy. *Standard Edition, 17,* 159-168.

Freud, S. (1923). The ego and the id. *Standard Edition, 19,* 3-66.

Freud, S. (1926). The question of lay analysis. *Standard Edition, 20,* 183-250.

Freud, S. (1937). Analysis terminable and interminable. *Standard Edition, 23,* 209-254.

Frey, W. H., II (1985). *Crying: The mystery of tears.* Minneapolis: Winston Press.

Fromm, E. (1947). *Man for himself: An inquiry into the psychology of ethics.* New York: Rinehart.

Fromm-Reichmann, F. (1950). *Principles of intensive psychotherapy.* Chicago: University of Chicago Press.

Fromm-Reichmann, F. (1952). *Psychotherapy with schizophrenics.* New York: International Universities Press.

Furman, E. (1982). Mothers have to be there to be left. *Psychoanalytic Study of the Child, 37,* 15-28.

Gabbard, G. O. (1982). The exit line: Heightened transference-countertransference manifestations at the end of the hour. *Journal of the American Psychoanalytic Association, 30,* 579-598.

Gabbard, G. O. (Ed.) (1989). *Sexual exploitation in professional relationships.* Washington, DC: American Psychiatric Press.

Gabbard, G. O. (1994). Sexual excitement and countertransference love in the analyst. *Journal of the American Psychoanalytic Association, 42,* 1083-1106.

Gabbard, G. O. (1995). The early history of boundary violations in psychoanalysis. *Journal of the American Psychoanalytic Association, 43,* 1115-1136.

Gabbard, G. O. (1998). Commentary on paper by Jody Messler Davies. *Psychoanalytic Dialogues, 8,* 781-789.

Gabbard, G. O. (2000). On gratitude and gratification. *Journal of the American Psychoanalytic Association, 48,* 697-716.

Gabbard, G. O. (2002). *The psychology of* The Sopranos: *Love, death, desire, and betrayal in America's favorite gangster family.* New York: Basic Books.

Gabbard, G. O., & Lester, E. P. (1995). *Boundaries and boundary violations in psychoanalysis.* New York: Basic Books.

Gabbard, G. O., Peltz, M. L., & COPE Study Group on Boundary Violations (2002). Speaking the unspeakable: Institutional reactions to boundary violations by training analysts. *Journal of the American Psychoanalytic Association, 49,* 659-673.

Gaston, L., Marmar, C. R., Gallagher, D., & Thompson, L. W. (1991). Alliance prediction of outcome beyond in-treatment symptomatic change in psychotherapy processes. *Psychotherapy Research, 1,* 104-113.

Gaylin, W. (1976). *Caring.* New York: Knopf.

Ghent, E. (1989). Credo_The dialectics of one-person and two-person psychologies. *Contemporary Psychoanalysis, 25,* 169-211.

Ghent, E. (1990). Masochism, submission, surrender-Masochism as the perversion of surrender. *Contemporary Psychoanalysis, 26,* 108-136.

Gill, M. M. (1994). *Psychoanalysis in transition: A personal view.* Hillsdale, NJ: Analytic Press.

Gill, S. (Ed.) (2002). *The supervisory alliance: Facilitating the psychotherapist's learning experience.* Northvale, NJ: Jason Aronson.

Gitelson, M. (1962). The curative factors in psycho-analysis. *International Journal of Psycho-Analysis, 43,* 194-205.

Glover, E. (1931). The therapeutic effect of inexact interpretation: A contribution to the theory of suggestion. In *The technique of psycho-analysis* (pp. 353-366). New York: International Universities Press, 1955.

Glover, E. (1955). *The technique of psycho-analysis.* New York: International Universities Press.

Goldstein, S., & Thau, S. (2003, April 4). *Couples, attachment, and neuroscience.* Paper presented at the 23rd annual spring meeting of the Division of Psycho-analysis (39) of the American Psychological Association, Minneapolis, MN.

Goleman, D. (1995). *Emotional intelligence.* New York: Bantam Books.

Good, G. E. (2001). Putting it into words: Developing a strategic marketing network. *American Psychoanalyst, 35*(3), 1, 6.

Gordon, K. (2004). The tiger's stripe . . . Some thoughts on psychoanalysis, gnosis, and the experience of wonderment. *Contemporary Psychoanalysis, 40,* 5-45.

Green, H. (1964). *I never promised you a rose garden.* New York: Holt, Rinehart & Winston.

Green, M. R. (Ed.) (1964). *Interpersonal psychoanalysis: The selected papers of Clara Thompson.* New York: Basic Books.

Greenacre, P. (1959). Certain technical problems in the transference relationship. *Journal of the American Psychoanalytic Association, 7,* 484-502.

Greenberg, J. R. (1986). Theoretical models and the analyst's neutrality. *Contemporary Psychoanalysis, 22,* 87-106.

Greenberg, J. R. (1991). Countertransference and reality. *Psychoanalytic Dialogues, 1,* 52-73.

Greenberg, J. R. (2001). The analyst's participation: A new look. *Journal of the American Psychoanalytic Association, 49,* 359-381.

Greenberg, L. S. (1986). *Emotion in psychotherapy.* New York: Guilford Press.

Greenson, R. R. (1950). The mother tongue and the mother. In *Explorations in psychoanalysis* (pp. 31-43). New York: International Universities Press.

Greenson, R. R. (1954). About the sound "Mm. . ." In *Explorations in psychoanalysis* (pp. 93-97). New York: International Universities Press.

Greenson, R. R. (1966). That "impossible" profession. In *Explorations in psychoanalysis* (pp. 269-287). New York: International Universities Press, 1978.

Greenson, R. R. (1967). *The technique and practice of psychoanalysis.* New York: International Universities Press.

Greenson, R. R. (1971). The real relationship between the patient and the psychoanalyst. In *Explorations in psychoanalysis* (pp. 425-440). New York: International Universities Press.

Greenson, R. R. (1974). The decline and fall of the 50-minute hour. In *Explorations in psychoanalysis* (pp. 404-503). New York: International Universities Press.

Greenspan, S. I. (1996). *Developmentally based psychotherapy.* New York: International Universities Press.

Grinker, R., Sr., Werble, B., & Drye, R. (1968). *The borderline syndrome: A behavioral study of ego functions.* New York: Basic Books.

Grosskurth, P. (1986). *Melanie Klein: Her world and her work.* New York: Knopf.

Grotjahn, M. (1954). About the relation between psycho-analytic training and psycho-analytic therapy. *International Journal of Psycho-Analysis, 35,* 254-262.

Grostein, J. S. (2000). *Who is the dreamer who dreams the dream? A study of psychic presences.* Hillsdale, NJ: Analytic Press.

Gutheil, T. G., & Gabbard, G. O. (1993). The concept of boundaries in clinical practice: Theoretical and risk-management dimensions. *American Journal of Psychiatry, 150,* 188-196.

Gutheil, T. G., & Gabbard, G. O. (1998). Misuses and misunderstandings of boundary theory in clinical and regulatory settings. *American Journal of Psychiatry, 155,* 409-414.

Haas, L. J., & Malouf, J. L. (2002). *Keeping up the good work: A practitioner's guide to mental health ethics* (3rd ed.). Sarasota, FL: Professional Resource Press.

Hammer, E. (1990). *Reaching the affect: Style in the psychodynamic therapies.* New York: Jason Aronson.

Hatcher, R. (1973). Insight and self-observation. *Journal of the American Psychoanalytic Association, 21,* 377-398.

Hedges, L. E. (1983). *Listening perspectives in psychotherapy.* Northvale, NJ: Jason Aronson, 1995.

Hedges, L. E. (1996). *Strategic emotional involvement.* Northvale, NJ: Jason Aronson.

Hedges, L. E. (2000). *Facing the challenge of liability in psychotherapy: Practicing defensively.* Northvale, NJ: Jason Aronson.

Hellinga, G., van Luyn, B., & Dalewijk, H.-J. (Eds.) (2001). *Personalities: Master clinicians confront the treatment of borderline personality disorders.* Northvale, NJ: Jason Aronson.

Herman, J. L. (1992). *Trauma and recovery.* New York: Basic Books.

Hilsenroth, M. J., Ackerman, S. J., Clemence, A. J., Strassle, C. G., & Handler, L. (2002). Effects of structured clinician training on patient and therapist perspectives of alliance early in psychotherapy. *Psychotherapy: Theory/ Research/Practice/Training, 39,* 309-323.

Hirsch, I. (1994). Countertransference love and theoretical model. *Psychoanalytic Dialogues, 4,* 171-192.

Hirsch, I. (1998). The concept of enactment and theoretical convergence. *Psychoanalytic Quarterly, 67,* 78-101.

Hoffman, I. Z. (1983). The patient as interpreter of the analysts's experience. *Contemporary Psychoanalysis, 19,* 399-422.

Hoffman, I. Z. (1992). Some practical implications of a social-constructionist view of the psychoanalytic situation. *Psychoanalytic Dialogues, 2,* 287-304.

Hoffman, I. Z. (1996). The intimate and ironic authority of the psychoanalyst's presence. *Psychoanalytic Quarterly, 65,* 102-136.

Hoffman, I. Z. (1998). *Ritual and spontaneity in the psychoanalytic process: A dialectical constructivist view.* Hillsdale, NJ: Analytic Press.

Hoffman, L. (2002). Psychoanalytic ideas and empirical approaches. *APA Review of Books, 47,* 728-731.

Holmqvist, R. (2000). Staff feelings and patient diagnosis. *Canadian Journal of Psychiatry, 45,* 349-356.

Hopkins, L. (1998). D. W. Winnicott's analysis of Masud Khan: A preliminary study of failures of object usage. *Contemporary Psychoanalysis, 34,* 5-47.

Hornstein, G. A. (2000). *To redeem one person is to redeem the world: The life of Frieda Fromm-Reichmann.* New York: Free Press.

Hovarth, A. O., & Symonds, B. D. (1991). Relation between working alliance and outcome in psychotherapy: A meta-analysis. *Journal of Counseling Psychology, 38,* 139-149.

Howard, K. I., Kopta, S. M., Krause, M. S., & Orlinsky, D. E. (1986). The dose-effect relationship in psychotherapy. *American Psychologist, 41,* 159-164.

Howard, K. I., Lueger, R. J., Maling, M. S., & Martinovich, Z. (1993). A phase model of psychotherapy: Causal mediation of outcome. *Journal of Counseling and Clinical Psychology, 61,* 678-685.

Howard, K. I., Moras, K., Brill, P., Martinovich, A., & Lutz, W. (1996). Evaluation of psychotherapy: Efficacy, effectiveness, and patient progress. *American Psychologist, 51,* 1059-1064.

Hurvich, M. S. (1989). Traumatic moment, basic dangers, and annihilation anxiety. *Psychoanalytic Psychology, 6,* 309-323.

Isaacson, E. B. (1991). *Chemical dependency: Theoretical approaches and strategies working with individuals and families.* New York: Haworth Press.

Isay, R. (1991). The homosexual analyst: Clinical considerations. *Psychoanalytic Study of the Child, 46,* 199-216.

Jacobs, T. (1986). On countertransference enactments. *Journal of the American Psychoanalytic Association, 34,* 289-307.

Jacobson, J. (1994). Signal affects and our psychoanalytic confusion of tongues. *Journal of the American Psychoanalytic Association, 42,* 15-42.

Jeffery, E. H. (2001). The mortality of psychoanalysts. *Journal of the American Psychoanalytic Association, 49,* 103-111.

Jones, D. (1993). A question of faith. *Contemporary Psychoanalysis, 29,* 130-243.

Jones, E. (1957). *The life and work of Sigmund Freud, vol. 3: The last phase, 1919-1939.* New York: Basic Books.

Jordan, J. F. (1992). The transference: Distortion or plausible conjecture? *International Journal of Psycho-Analysis, 73,* 729-738.

Josephs, L. (1995). *Balancing empathy and interpretation: Relational character analysis.* Northvale, NJ: Jason Aronson.

Jung, C. G. (1945). The relations between the ego and the unconscious. In H. Read, M. Fordham, & G. Adler (Eds.), *The collected works of C. G. Jung* (Bollinger Series 20, Vol. 7, pp. 120-239). Princeton, NJ: Princeton University Press, 1953.

Jung, C. G. (1916). The transcendent function. In R. F. C. Hull (Trans.), *The collected works of C. G. Jung* (Vol. 8, pp. 67-91). Princeton, NJ: Princeton University Press, 1953.

Kandera, S., Lambert, M., & Andrews, A. (1996). How much therapy is really enough? A session-by session analysis of the psychotherapy dose-effect relationship. *Journal of Psychotherapy Practice and Research, 4,* 132-151.

Kantrowitz, J. L. (1995). The beneficial aspects of the patient-analyst match. *International Journal of Psycho-Analysis, 76,* 299-313.

Kantrowitz, J. L., Paolitto, F., Sashin, J., Solomon, L., & Katz, A. L. (1986). Affect availability, tolerance, complexity, and modulation in psychoanalysis: Follow-up of a longitudinal, prospective study. *Journal of the American Psychoanalytic Association, 43,* 529-559.

Karon, B., & VandenBos, G. R. (1981). *Psychotherapy of schizophrenia: The treatment of choice.* New York: Jason Aronson.

Kassan, L. D. (1999). *Second opinions: Sixty psychotherapy patients evaluate their therapists.* New York: Jason Aronson.

Katz, J. N. (2001). *Love stories: Sex between men before homosexuality.* Chicago: University of Chicago Press.

Kernberg, O. F. (1975). *Borderline conditions and pathological narcissism.* New York: Jason Aronson.

Kernberg, O. F. (1984). *Severe personality disorders: Psychotherapeutic strategies.* New Haven, CT: Yale University Press.

Kernberg, O. F. (1986). Institutional problems of psychoanalytic education. *Journal of the American Psychoanalytic Association, 34,* 799-834.

Kernberg, O. F. (1987, June, 24). *Working with the borderline patient.* Paper presented at the University of Medicine and Dentistry of New Jersey, Piscataway, NJ.

Kernberg, O. F. (1995). *Love relations: Normality and pathology.* New Haven, CT: Yale University Press.

Kernberg, O. F. (2000). A concerned critique of psychoanalytic education. *International Journal of Psychoanalysis, 81,* 97-119.

Khan, M. M. (1970). Montaigne, Rousseau and Freud. In *The privacy of the self* (pp. 99-111). New York: International Universities Press, 1974.

Kirsner, D. (2000). *Unfree associations: Inside psychoanalytic institutes.* London: Process Press.

Klein, M. (1935). A contribution to the psychogenesis of manic-depressive states. In *Love, guilt and reparation and other works, 1921-1945* (pp. 262-289). New York: Free Press, 1975.

Klein, M. (1957). Envy and gratitude. In *Envy and gratitude and other works 1946-1963* (pp. 176-235). New York: Free Press, 1975.

Klerman, G. L., Weissman, M. M., Rounsaville, B. J., & Chevron, E. S., (1984). *Interpersonal psychotherapy of depression.* New York: Basic Books.

Kogan, I. (1995). *The cry of mute children: A psychoanalytic perspective of the second generation of the Holocaust.* London: Free Association Books.

Kohut, H. (1959). Introspection, empathy and psychoanalysis. *Journal of the American Psychoanalytic Association, 7,* 459-483.

Kohut, H. (1968). The evaluation of applicants for psychoanalytic training. *International Journal of Psycho-Analysis, 49,* 548-554.

Kohut, H. (1971). *The analysis of the self: A systematic approach to the psychoanalytic treatment of narcissitic personality disorder.* New York: International Universities Press.

Kohut, H. (1977). *The restoration of the self.* New York: International Universities Press.

Kohut, H. (1979). The two analysis of Mr. Z. *International Journal of PsychoAnalysis, 60,* 3-27.

Kohut, H. (1984). *How does analysis cure?* (A. Goldberg, Ed., with P. Stepansky). Chicago: University of Chicago Press.

Koocher, G. P., & Keith-Spiegel, P. C. (1998). *Ethics in psychology: Professional standards and cases* (2nd ed.). New York: Oxford University Press.

Kristeva, J. (1987). *In the beginning was love: Psychoanalysis and faith.* New York: Columbia University Press.

Krystal, H. (1978). Trauma and affects. *Psychoanalytic Study of the Child, 33,* 81-116.

Krystal, H. (1988). *Integration and self-healing: Affect, trauma, alexithymia.* Hillsdale, NJ: Analytic Press.

Krystal, H. (1997). Desomatization and the consequences of infantile psychictrauma.

Psychoanalytic Inquiry, 17, 126-150.

Kubie, L. (1952). Problems and techniques of psychoanalytic validation and progress. In E. Pumpian-Mindlin (Ed.), *Psychoanalysis as a science* (pp. 46-124). Palo Alto, CA: Stanford University Press.

Kuhn, T. S. (1962). *The structure of scientific revolutions.* Chicago: University of Chicago Press.

Kuhn, T. S. (1977). *The essential tension: Selected studies in scientific tradition and change.* Chicago: University of Chicago Press.

Laing, R. D. (1960). *The divided self.* New York: Pantheon.

Lamb, M. E. (1977). Father-infant and mother-infant interaction in the first year of life. *Child Development, 48,* 167-181.

Lane, R. E. (2000). *The loss of happiness in market democracies.* New Haven, CT: Yale University Press.

Langs, R. (1975). The therapeutic relationship and deviations in technique. *International Journal of Psychoanalytic Psychotherapy, 4,* 106-141.

Langs, R. (1979). *The therapeutic environment.* New York: Jason Aronson.

Lawner, P. (2001). Spiritual implications of psychodynamic therapy: Immaterial psyche, ideality, and the "area of faith." *Psychoanalytic Review, 88,* 525-548.

Lazarus, A. L., & Zur, O. (2002). *Dual relationships and psychotherapy.* New York: Springer.

Lear, J. (1990). *Love and its place in nature.* New York: Farrar, Straus & Giroux.

Lear, J. (2003). *Therapeutic action: An earnest plea for irony.* New York: Other Press.

LeDoux, J. E. (1992). Emotion as memory: Anatomical systems underlying indelible neural traces (pp. 269-288). In S.-A. Christianson (Ed.), *Handbook of emotion and memory.* Hillsdale, NJ: Erlbaum.

LeDoux, J. E. (1998). *The emotional brain: The mysterious underpinnings of emotional life.* New York: Simon & Schuster.

LeDoux, J. E. (2003). *Synaptic self.* New York: Penguin.

Leiblum, S. R., & Rosen, R. C. (Eds.) (2000). *Principles and practice of sex therapy* (3rd ed.). New York: Guilford Press.

Lepore, S. J., & Smyth, J. M. (Eds.) (2002). *The writing cure: How expressive writing promotes health and emotional well-being.* Washington, DC: American Psychological Association.

Lerner, H. G. (1989). *The dance of intimacy: A woman's guide to courageous acts of change in key relationships.* New York: Harper & Row.

Leuzinger-Bohleber, M., Stuhr, U., Ruger, B., & Beutel, M. (2003). How to study the "quality of psychoanalytic treatments" and their long-term effects on patients' well-being: A representative, multiperspective follow-up study. *International Journal of Psychoanalysis, 84,* 263-290.

Levenson, E. A. (1972). *The fallacy of understanding: An inquiry into the changing structure of psychoanalysis.* New York: Basic Books.

Levenson, E. A. (1978). Two essays in psychoanalytic psychology-I. Psychoanalysis: cure or persuasion. *Contemporary Psychoanalysis, 14,* 1-17.

Levenson, E. A. (1982). Follow the fox: An inquiry into the vicissitudes of psychoanalytic supervision. *Contemporary Psychoanalysis, 18,* 1-15.

Levenson, E. A. (1988). The pursuit of the particular-On the psychoanalytic inquiry. *Contemporary Psychoanalysis, 24,* 1-16.

Levenson, E. A. (1992). Mistakes, errors, and oversights. *Contemporary Psychoanalysis, 28,* 555-571.

Levenson, E. A. (1996). Aspects of self-revelation and self-disclosure. *Contemporary Psychoanalysis, 32,* 237-248.

Levin, J. D. (1987). *Treatment of alcoholism and other addictions: A self-psychology approach.* Northvale, NJ: Jason Aronson.

Lichtenberg, J. (1998). Experience as a guide to psychoanalytic therapy and practice. *Journal of the American Psychoanalytic Association, 46,* 17-36.

Linehan, M. M. (1993). *Cognitive-behavioral treatment of borderline personality disorder.* New York: Guilford Press.

Lipin, T. (1963). The repetition compulsion and "maturational" drive-representatives. *International Journal of Psycho-Analysis, 44,* 389-406.

Lipton, S. D. (1977). The advantages of Freud's technique as shown in his analysis of the Rat Man. *International Journal of Psycho-Analysis, 58,* 255-274.

Liss-Levinson, N. (1990). Money matters and the woman analyst: In a different voice. *Psychoanalytic Psychology, 7,* 119-130.

Little, M. (1951). Countertransference and the patient's response to it. *International Journal of Psycho-Analysis, 32,* 32-40.

Loewald, H. W. (1960). On the therapeutic action of psycho-analysis. *International Journal of Psycho-Analysis, 41,* 16-33.

Lohser, B., & Newton, P. M. (1996). *Unorthodox Freud: The view from the couch.* New York: Guilford Press.

Lothane, Z. (1987). Love, seduction and trauma. *Psychoanalytic Review, 74,* 83-105.

Lothane, Z. (2002). Commentary: Requiem or reveille. A response to Robert F. Bornstein (2001). *Psychoanalytic Psychology, 19,* 572-579.

Luborsky, L. (1984). *Principles of psychoanalytic psychotherapy: A manual for supportive/expressive treatment.* New York: Basic Books.

Luborsky, L., & Crits-Christoph, P. (1990). *Understanding transference: The CCRT method.* New York: Basic Books.

Luborsky, L., Diguer, L., Luborsky, E., Singer, B., & Dickter, D. (1993). The efficacy of dynamic psychotherapies: Is it true that everyone has won so all shall have prizes? In N. E. Miller, L. L. Luborsky, J. P. Barber, U. J. Docherty (Eds.), *Psychodynamic treatment research: A handbook for clinical practice* (pp. 447-514). New York: Basic Books.

Luborsky, L., Rosenthal, R., Diguer, L., Andrusyna, T. P., Berman, J. S., Levitt, J. T., et al. (2002). The dodo bird verdict is alive and well-mostly. *Clinical Psychology: Science and Practice, 9,* 2-12.

Lueger, R., Lutz, W., & Howard, K. I. (2000). the predicted and observed course of psychotherapy for anxiety and mood disorders. *Journal of Nervous and Mental Disease, 188,* 127-134.

Luepnitz, D. A. (2002). *Schopenhauer's porcupines. Intimacy and its dilemmas: Five stories of psychotherapy.* New York: Basic Books.

Luhrman, T. M. (2000). *Of two minds: The growing disorder in American psychiatry.* New York: Knopf.

Main, M. (1998). Recent studies in attachment: Overview, with selected implications for clinical work. In S. Goldberg, J. Kerr, & R. Muir (Eds.), *Attachment theory: Social, developmental, and clinical perspectives* (pp. 407-474). Northvale, NJ: Analytic Press.

Main, M., & Hesse, E. (1990). Parents' unresolved traumatic experiences are related to infant disorganized attachment status: Is frightened and/or frightening parental behavior the linking mechanism? In M. Greenberg, D. Cicchetti, & E. M. Cummings (Eds.), *Attachment in the preschool years: Theory, research and intervention* (pp. 161-182). Chicago: University of Chicago Press.

Main, M., Kaplan, N., & Cassidy, J. (1985). Security in infancy, childhood and adulthood: A move to the level of representation. *Monograph of the Society on Research in Child Development, 50* (1-2 Serial No. 209), 65-104.

Main, M., & Solomon, J. (1991). Procedures for identifying infants as disorganized-disoriented during the Ainsworth Strange situation. In M. T. Greenberg, D. Cicchetti, & E. M. Cummings (Eds.), *Attachment in the preschool years: Theory, research, and intervention* (pp. 22-31). Chicago: University of Chicago Press.

Mann, J. (1973). *Time-limited psychotherapy.* Cambridge, MA: Harvard University Press.

Marmor, J. (1979). Short-term dynamic psychotherapy. *American Journal of Psychiatry, 136,* 149-155.

Maroda, K. J. (1991). *The power of countertransference.* Northvale, NJ: Jason Aronson.

Maroda, K. J. (1999). *Seduction, surrender, and transformation: Emotional engagement in the analytic process.* Hillsdale, NJ: Analytic Press.

Maroda, K. J. (2002, March 23). *Issues in erotic countertransference: Origins, guilt and self-disclosure.* Paper presented at the annual spring meeting of the Institute for Psychoanalysis and Psychotherapy of New Jersey, Iselin, NJ.

Maroda, K. J. (2003). *Legitimate gratification of the analyst's needs.* Unpublished manuscript.

Masling, J. (2000, May 12). *Remarks to the American Psychoanalytic Association on the occasion of his honorary membership 89th annual meeting of members.* Retrieved February 1, 2002, from.

Masterson, J. (1976). *Psychotherapy and the borderline adult: A development approach.* New York: Brunner/Mazel.

McDougall, J. (1985). *Theaters of the mind: Illusion and truth on the psychoanalytic stage.* New York: Basic Books.

McDougall, J. (1989). *Theaters of the body: A psychoanalytic approach to psychosomatic illness.* New York: Norton.

McGoldrick, M. (1996). Irish families. In M. McGoldrick, J. Giordano, & J. K. Pearce (Eds.), Et*hnicity and family therapy* (2nd ed., pp. 544-566). New York: Guilford Press.

McGuire, W. (Ed.) (1974). *The Freud/Jung letters: The correspondence between Sigmund Freud and C. G. Jung* (R. Manheim & R. F. C. Hull, Trans.). Princeton, NJ: Princeton University Press.

McWilliams, N. (1986). Patients for life: The case for devotion. *The Psychotherapy Patient, 3,* 55-69.

McWilliams, N. (1987). The grandiose self and the interminable analysis. *Current Issues in Psychoanalytic Practice, 4,* 93-107.

McWilliams, N. (1991). Mothering and fathering processes in the psychoanalytic art. *Psychoanalytic Review, 78,* 525-545.

McWilliams, N. (1994). *Psychoanalytic diagnosis: Understanding personality structure in the clinical process.* New York: Guilford Press.

McWilliams, N. (1998). Relationship, subjectivity, and inference in diagnosis. In J. W. Barron

(Ed.), *Making diagnosis meaningful: Enhancing evaluation and treatment of psychological disorders* (pp. 197-226). Washington, DC: American Psychological Association.

McWilliams, N. (1999). *Psychoanalytic case formulation.* New York: Guilford Press.

McWilliams, N. (2003). The educative aspects of psychoanalysis. *Psychoanalytic Psychology, 20,* 245-260.

McWilliams, N., & Weinberger, J. (2003). Psychodynamic psychotherapy. In G. Stricker, & T. A. Widiger (Eds.), *Comprehensive Handbook of Psychology, vol. 8: Clinical Psychology* (pp. 253-277). New York: Wiley.

Meissner, W. (1983). Values in the psychoanalytic situation. *Psychoanalytic Inquiry, 3,* 577-598.

Meissner, W. W. (1991). *What is effective in psychoanalytic therapy? The move from interpretation to relation.* Northvale, NJ: Jason Aronson.

Meissner, W. W. (1996). *The therapeutic alliance.* New Haven, CT: Yale University Press.

Meloy, J. R. (1988). *The psychopathic mind: Origins, dynamics, and treatment.* Northvale, NJ: Jason Aronson.

Meloy, J. R. (Ed.) (1998). *The psychology of stalking: Clinical and forensic perspectives.* New York: Elsevier Science.

Menaker, E. (1942). The masochistic factor in the psychoanalytic situation. *Psychoanalytic Quarterly, 11,* 171-186.

Messer, S. B., & Wampold, B. E. (2002). Let's face facts: Common factors are more potent than specific therapy ingredients. *Clinical Psychology: Science and Practice, 9,* 21-25.

Messer, S. B., & Warren, C. S. (1995). *Models of brief psychodynamic therapy: A comparative approach.* New York: Guilford Press.

Messer, S. B., & Winokur, M. (1984). Ways of knowing and visions of reality in psychoanalytic theory and behavior therapy. In H. Arkowitz, & S. B. Messer (Eds.), *Psychoanalytic therapy and behavior therapy: Is integration possible?* (pp. 63-100). New York: Plenum Press.

Messer, S. B., & Woolfolk, R. L. (1998). Philosophical issues in psychotherapy. *Clinical Psychology: Science and Practice, 5,* 251-263.

Michels, R. (1988). One psychoanalysis or many? *Contemporary Psychoanalysis, 24,* 359-371.

Miller, A. (1975). *Prisoners of childhood: The drama of the gifted child and the search for the true self.* New York: Basic Books.

Miller, A. (1979). The drama of the gifted child and the psycho-analyst's narcissistic disturbance. *International Journal of Psycho-Analysis, 60,* 47-58.

Mitchell, S. A. (1988). *Relational concepts in psychoanalysis.* Cambridge, MA: Harvard

University Press.

Mitchell, S. A. (1993). *Hope and dread in psychoanalysis.* New York: Basic Books.

Mitchell, S. A. (1997). *Influence and autonomy in psychoanalysis.* Hillsdale, NJ: Analytic Press.

Mitchell, S. A. (2002). *Can love last? The fate of romance over time.* New York: Norton.

Mitchell, S. A., & Black, M. J. (1995). *Freud and beyond: A history of modern psychoanalytic thought.* New York: Basic Books.

Momigliano, L. (1987). A spell in Vienna: But was Freud a Freudian? An investigation into Freud's technique between 1920 and 1938, based on the published testimony of former analysands. *International Review of Psycho-Analysis, 14,* 373-389.

Money, J. (1986). *Lovemaps: Clinical concepts of sexual/erotic health and pathology, paraphilia, and gender transposition in childhood, adolescence and maturity.* New York: Irvington.

Morrison, A. L. (1997). Ten years of doing psychotherapy while living with a life-threatening illness: Self-disclosure and other ramifications. *Psychoanalytic Dialogues, 7,* 225-241.

Morrison, A. P. (1989). *Shame: The underside of narcissism.* Hillsdale, NJ: Analytic Press.

Moses, I. (1988). The misuse of empathy. *Contemporary Psychoanalysis, 24,* 577-593.

Mumford, E., Schlesinger, H. J., Glass, G. V., Patrick, C., & Cuerdon, T. (1984). A new look at evidence about reduced cost of medical utilization following mental health treatment. *American Journal of Psychiatry, 141,* 1145-1158.

Nacht, S. (1958). Variations in technique. *International Journal of Psycho-Analysis, 39,* 235-237.

Nacht, S. (1962). The curative factors in psycho-analysis. *International Journal of Psycho-Analysis, 43,* 206-211.

Nathanson, D. L. (Ed.) (1987). *The many faces of shame.* New York: Guilford Press.

Nathanson, D. L. (1996). *Knowing feeling: Affect, script, and psychotherapy.* New York: Norton.

Natterson, J. M. (2003). Love in psychotherapy. *Psychoanalytic Psychology, 20,* 509-521.

Norcross, J., Strausser-Kirtland, D., & Missar, C. (1988). The processes and outcomes of psychotherapists' personal treatment experiences. *Psychotherapy: Theory, Research, and Practice, 25,* 36-43.

Norcross, J., Geller, J., & Kurzawa, E. (2000). Conducting psychotherapy with psychotherapists: 1, Prevalence, patients and problems. *Psychotherapy: Theory, Research, and Practice, 37,* 199-205.

Nydes, J. (1963). The paranoid-masochistic character. *Psychoanalytic Review, 50,* 215-251.

Ogden, T. H. (1985). On potential space. *International Journal of Psycho-Analysis, 70,* 129-141.

Ogden, T. H. (1986). *The matrix of the mind: Object relations and the psychoanalytic dialogue.* Northvale, NJ: Jason Aronson.

Ogden, T. H. (1997). *Reverie and interpretation: Sensing something human.* Northvale, NJ: Jason Aronson.

Ogedn, T. H. (2001). *Conversations at the frontier of dreaming.* Northvale, NJ: Jason Aronson.

Paolino, T. J. (1981). *Psychoanalytic psychotherapy: Theory, technique, therapeutic relationship and treatability.* New York: Bruner/Mazel.

Pearlman, L. A., & Saakvitne, K. (1995). *Psychotherapy with incest survivors.* New York: Norton.

Peebles-Kleiger, M. J. (2002). *Beginnings: The art and science of planning psychotherapy.* Hillsdale, NJ: Analytic Press.

Pennebaker, J. W. (1997). *Opening up: The healing power of expressing emotions* (rev. ed.). New York: Guilford Press.

Pennebaker, J. W., Keicolt-Glaser, & Glaser, R. (1988). Disclosure of trauma and immune function: Health implications for psychotherapy. *Journal of Consulting and Clinical Psychology, 56,* 239-245.

Perry, J., Banon, E., & Ianni, R. (1999). Effectiveness of psychotherapy for personality disorders. *American Journal of Psychiatry, 156,* 1312-1321.

Person, E. S. (1991). Romantic love: Intersection of psyche and cultural unconscious. *Journal of the American Psychoanalytic Association, 39,* 383-412.

Phillip, C. E. (1993). Dilemmas of disclosure to patients and colleagues when a therapist faces a life-threatening illness. *Health Social Work, 18,* 13-19.

Pine, F. (1985). *Developmental theory and clinical process.* New Haven, CT: Yale University Press.

Pine, F. (1990). *Drive, ego, object, and self: A synthesis for clinical work.* New York: Basic Books.

Pine, F. (1998). *Diversity and direction in psychoanalytic technique.* New Haven, CT: Yale University Press.

Pinsker, H. (1997). *A primer of supportive psychotherapy.* Hillsdale, NJ: Analytic Press.

Pizer, B. (1997). When the analyst is ill: Dimensions of self-disclosure. *Psychoanalytic Quarterly, 66,* 450-469.

Pizer, B. (1997). The distributed self. Introduction to symposium on "The multiplicity of self and analytic technique." *Contemporary Psychoanalysis, 32,* 449-507.

Pope, K. S. (1986). Research and laws regarding therapist-patient sexual involvement: Implications for therapists. *American Journal of Psychotherapy, 40,* 564-571.

Putnam, F. W. (1989). *Diagnosis and treatment of multiple personality disorder.* New York: Guilford Press.

Racker, H. (1968). *Transference and countertransference.* New York: International Universities Press.

Reich, W. (1932). *Character analysis.* New York: Farrar, Straus, and Giroux, 1972.

Reik, T. (1941). *Masochism and modern man.* New York: Farrar, Straus.

Reik, T. (1948). *Listening with the third ear: The inner experience of a psychoanalyst.* New York: Farrar, Straus.

Renik, O. (1995). The ideal of the anonymous analyst and the problem of self-disclosure. *Psychoanalytic Quarterly, 64,* 78-101.

Renik, O. (1996). The perils of neutrality. *Psychoanalytic Quarterly, 65,* 495-517.

Renshon, S. A. (1998). *High hopes: The Clinton presidency and the politics of ambition.* New York: Routledge.

Richards, H. J. (1993). *Therapy of the substance abuse syndromes.* Northvale, NJ: Jason Aronson.

Riding, A. (2001, July 14). Correcting her idea of politically correct. *New York Times,* pp. B9, 11.

Rieff, P. (1959). *Freud: The mind of the moralist.* New York: Viking Press.

Robbins, A. (Ed.) (1988). *Between therapists: The processing of transference/countertransference material.* New York: Human Sciences Press.

Robbins, A. (1989). *The psychoaesthetic experience: An approach to depth-oriented treatment.* New York: Human Sciences Press.

Rock, M. H. (Ed.) (1997). *Psychodynamic supervision: Perspectives of the supervisor and supervisee.* Northvale, NJ: Jason Aronson.

Rockland, L. H. (1992). *Supportive therapy: A psychodynamic approach.* New York: Basic Books.

Rodman, F. R. (2003). *Winnicott: Life and work.* Cambridge, MA: Perseus Books.

Roland, A. (1999). The spiritual self and psychopathology: Theoretical reflections and clinical observations. *Psychoanalytic Psychology, 16,* 211-233.

Roth, A., & Fonagy, P. (1996). *What works fro whom?: A critical review of psychotherapy research.* New York: Guilford Press.

Roth, S. (1987). *Psychotherapy: The art of wooing nature.* Northvale, NJ: Jason Aronson.

Rothgeb, C. (1973). *Abstracts of the* Standard Edition of the Complete Psychological Works of Sigmund Freud (foreword by R. R. Holt). New York International Universities Press.

Rothschild, B. (2000). *The body remembers: The psychophysiology of trauma and trauma treatment.* New York: Norton.

Roughton, R. E. (2001). Four men in treatment: An evolving perspective on homo-sexuality and bisexuality, 1965 to 2000. *Journal of the American Psychoanalytic Association, 49,* 1187-1217.

Russell, P. L. (1998). Trauma and the cognitive function of affects. In J. G. Teicholz, & D. Kriegman (Eds.), *Trauma, repetition, and affect regulation: The work of Paul Russell* (pp. 23-47). New York: Other Press.

Sacks, O. (1995). *An anthropologist on mars.* New York: Knopf.

Safran, J. D. (1993). Breaches in the therapeutic alliance: An arena for negotiating authentic relatedness. *Psychotherapy: Theory, Research, and Practice, 30,* 11-24.

Safran, J. D., & Muran, J. C. (2000). *Negotiating the therapeutic alliance: A relational treatment guide.* New York: Guilford Press.

Sandell, R., Blomberg, J., Lazar, A., Carlsson, J., Broberg, J., & Schubert, J. (2000). Varieties of long-term outcome among patients in psychoanalysis and long-term psychotherapy: A review of findings in the Stockholm outcome of Psychoanalysis and Psychotherapy Project(STOPP). *International Journal of Psycho-Analysis, 81,* 921-942.

Sass, L. A. (1992). *Madness and modernism: Insanity in the light of modern art, literature, and thought.* New York: Basic Books.

Schafer, R. (1974). Talking to patients in psychotherapy. *Bulletin of the Menninger Clinic, 38,* 503-515.

Schafer, R. (1976). *A new language for psychoanalysis.* New Haven, CT: Yale University Press.

Schafer, R. (1979). Character, egosyntonicity, and character change. *Journal of the American Psychoanalytic Association, 27,* 867-891.

Schafer, R. (1983). *The analytic attitude.* New York: Basic Books.

Schafer, R. (1999). Recentering psychoanalysis: From Heinz Hartmann to the contemporary British Kleinians. *Psychoanalytic Psychology, 16,* 339-354.

Schimek, J. G. (1975). A critical re-examination of Freud's concept of unconscious mental representation. *International Review of Psycho-Analysis, 2,* 171-187.

Schlesinger, H. J. (2003). *The texture of treatment: On the matter of psychoanalytic technique.* Hillsdale, NJ: Analytic Press.

Schnedier, K. J. (1998). Toward a science of the heart: Romanticism and the revival of psychology. *American Psychologist, 53,* 277-289.

Schore, A. N. (1994). *Affect regulation and the origin of the self.* Mahwah, NJ: Erlbaum.

Schore, A. N. (2003a). *Affect dysregulation and disorders of the self.* New York: Norton.

Schore, A. N. (2003b). *Affect regulation and the repair of the self.* New York: Norton.

Schwartz, H. J., & Silver, A. S. (1990). *Illness in the analyst: Implications for the treatment relationship.* New York: International Universities Press.

Searl, M. N. (1936). Some queries on principles of technique. *International Journal of Psycho-Analysis, 17,* 471-493.

Searles, H. (1959). Oedipal love in the countertransference. In *Collected papers on schizophrenia and related subjects* (pp. 284-303). New York: International Universities Press, 1965.

Searles, H. (1975). The patient as therapist to his analyst. In *Countertransference and related Subjects: Selected papers* (pp. 380-459). New York: International Universities Press, 1979.

Sechehaye, M. A. (1960). *Symbolic realization: A new method of psychotherapy applied to a case of schizophrenia.* New York: International Universities Press.

Seinfeld, J. (Ed.) (1993). *Interpreting and holding: The paternal and maternal functions of the psychotherapist.* Northvale, NJ: Jason Aronson.

Seligman, M. (1995). The effectiveness of psychotherapy: The *Consumer Reports* study. *American Psychologist, 50,* 965-974.

Seligman, M. (1996). Science as an ally of practice. *American Psychologist, 51,* 1072-1079.

Semrad, E. V. (1980). *The heart of therapist.* New York: Jason Aronson.

Shane, E. (2003, April 4). *Boundaries, boundary dilemmas, and boundary violations: A contemporary, non-linear dynamic systems perspective in the psychoanalytic situation.* Paper presented at the spring meeting of the Division of Psychoanalysis (39), American Psychological Association, Minneapolis, MN.

Shane, E., & Shane, M. (1996). Self psychology in search of the optimal: A consideration of optimal responsiveness, optimal provision, optimal gratification and optimal restraint in the clinical situation. *Progress in Self Psychology, 12,* 37-54.

Shane, E., & Shane, M. (Eds.) (2000). On touch in the psychoanalytic situation. *Psychoanalytic Inquiry, 20*(3).

Sharpe, E. F. (1930). The analyst. In *Collected papers on psycho-analysis* (pp. 9-21). New York: Brunner/Mazel, 1950.

Sharpe, E. F. (1947). The psycho-analyst. In *Collected papers on psycho-analysis* (pp. 109-122.

New York: Brunner/Mazel, 1950.

Shaw, D. (2003). On the therapeutic action of analytic love. *Contemporary Psychoanalysis, 39,* 251-278.

Shedler, J., Mayman, M., & Manis, M. (1993). The *illusion* of mental health. *American Psychologist, 48,* 1117-1131.

Sifneos, P. (1973). The prevalence of 'alexithymic' characteristics in psychosomatic patients. *Psychotherapy and Psychosomatics, 22,* 255-262.

silverman, L. (1984). Beyond insight: An additional necessary step in redressing intrapsychic conflict. *Psychoanalytic Psychology, 1,* 215-234.

Slavin, J. H. (1994). On making rules: Toward a reformulation of the dynamics of transference in psychoanalytic treatment. *Psychoanalytic Dialogues, 4,* 253-274.

Slavin, J. H. (2002, November 22). *Discussion of clinical presentation by Eric Sherman: Adventures in suburbia: The analyst, the patient, and the package in the waiting room.* Paper presented at the International Association for Relational Psychotherapy and Psychoanalysis Conference on Sexuality. New York.

Slavin, M., & Kreigman, D. (1992). *The adaptive design of the human psyche: Psychoanalysis, evolutionary biology, and the therapeutic process.* New York: Guilford Press.

Slavin, M., & Kriegman, D. (1998). Why the analyst needs to change: Toward a theory of conflict, negotiation, and mutual influence on the therapeutic process. *Psychoanalytic Dialogues, 8,* 247-284.

Slochower, J. A. (1997). *Holding and psychoanalysis: A relational perspective, vol.5.* Hillsdale, NJ: Analytic Press.

Slochower, J. A. (1998). Illusion and uncertainty in psychoanalytic writing. *International Journal of Psychoanalysis, 79,* 333-347.

Smith, M., Glass, G., & Miller, T. (1980). *The benefits of psychotherapy.* Baltimore: John Hopkins University Press.

Snyder, C. R., & Ingram, R. E. (Eds.) (1994). *Handbook of psychotherapy and behavioral change* (4th ed., pp. 248-250). New York: Wiley.

Solms, M., & Turnbull, O. (2002). *The brain and the inner world: An introduction to the neuroscience of subjective experience.* New York: Other Press.

Spence, D. P. (1982). *Narrative truth and historical truth.* New York: Norton.

Spezzano, C. (1993). *Affect in psychoanalysis: A clinical synthesis.* Hillsdale, NJ: Analytic Press.

Stark, M. (1994). *Working with resistance.* Northvale, NJ: Jason Aronson.

Stark, M. (1999). *Modes of therapeutic action: Enhancement of knowledge, provision of experience, and engagement in relationship.* Northvale, NJ: Jason Aronson.

Steiner, J. (1993). Psychic retreats: *Pathological organizations in psychotic, neurotic and borderline patients.* London: Routledge, 1993.

Steingart, I. (1993). *A thing apart: Love and reality in the therapeutic relationship.* Northvale, NJ: Jason Aronson.

Sterba, R. (1934). The fate of the ego in analytic therapy. *International Journal of Psycho-Analysis, 15,* 117-126.

Stern, D. B. (1984). Empathy is interpretation (And whoever said it wasn't?). commentary on papers by Hayes, Kiersky & Beebe, and Feiner & Kiersky. *Psychoanalytic Dialogues, 4,* 441-471.

Stern, D. B. (1988). Not misusing empathy. *Contemporary Psychoanalysis, 24,* 598-611.

Stern, D. B. (1997). *Unformulated experience: From dissociation to imagination in psychoanalysis.* Hillsdale, NJ: Analytic Press.

Stern, D. N. (1995). *The motherhood constellation: A unified view of parentinfant psychotherapy.* New York: Basic Books.

Stoller, R. S. (1997). *Splitting: A case of female masculinity.* New Haven, CT: Yale University Press.

Stolorow, R. D., & Atwood, G. E. (1997). Deconstructing the myth of the neutral analyst: An alternative from intersubjective systems theory. *Psychoanalytic Quarterly, 66,* 431-449.

Stolorow, R. D., Atwood, G. E., & Brandchaft, B. (1987). *Psychoanalytic treatment: An intersubjective approach.* Hillsdale, NJ: Analytic Press.

Stone, L. (1954). The widening scope of indications for psycho-analysis. *Journal of the American Psychoanalytic Association, 27,* 567-594.

Stone, L. (1961). *The psychoanalytic situation: An examination of its development and essential nature.* New York: International Universities Press.

Storr, A. (1990). *The art of psychotherapy* (2nd ed.). Woburn, MA: Butterworth-Heinemann.

Strachey, J. (1934). The nature of the therapeutic action of psycho-analysis. *International Journal of Psycho-Analysis, 15,* 127-159.

Strenger, C. (1991). *Between hermeneutics and science: An essay on the epistemology of psychoanalysis.* New York: International Universities Press.

Strenger, C. (1998). *Individuality, the impossible project: Psychoanalysis and self-creation.* New York: International Universities Press.

Strozier, C. B. (2001). *Heinz Kohut: The making of a psychoanalyst.* New York: Farrar, Straus & Giroux.

Strupp, H., Hadley, S., & Gomez-Schwartz, B. (1977). *Psychotherapy for better or worse: An analysis of the problem of negative effects.* New York: Jason Aronson.

Sue, D. W., & Sue, D. (1990). *Counseling the culturally different: Theory and practice* (2nd ed.). New York: Wiley.

Sullivan, H. S. (1947). *Conceptions of modern psychiatry.* New York: Norton.

Sullivan, H. S. (1953). *The interpersonal theory of psychiatry.* New York: Norton.

Symington, N. (1986). *The analytic experience.* New York: St. Martin's Press.

Szasz, T. S. (1956). On the experiences of the analyst in the psychoanalytic situation? A contribution to the theory of psychoanalytic treatment. *Journal of the American Psychoanalytic Association, 4,* 197-223.

Szasz, T. S. (1961). *The myth of mental illness: Foundations of a theory of personal conduct.* New York: Hoeber-Harper.

Szasz, T. S. (2003). The cure of souls in the therapeutic state. *Psychoanalytic Review, 90,* 45-62.

Tarasoffvs. Board of Regents of the University of California, 17 Cal. 3rd 425 (Cal. 1976).

Tessman, L. H. (2003). *The analyst's analyst within.* Hillsdale, NJ: Analytic Press.

Thompson, C. (1956). The role of the analyst's personality in therapy. *American Journal of Psychotherapy, 10,* 347-359.

Thompson, M. G. (1996). Freud's conception of neutrality. *Contemporary Psychoanalysis, 32,* 25-42.

Thompson, M. G. (2002). The ethic of honesty: The moral dimension to psychoanalysis. *fort da: The Journal of the Northern California Society for Psychoanalytic Psychology, 8,* 72-83.

Thomson, P. (2003, April 4). *Trauma, creativity, and neuropsychoanalysis: A dialectic interplay of hopelessness and hope.* Paper presented at the 23rd annual spring meeting of the Division of Psychoanalysis (39) of the American Psychological Association, Minneapolis, MN.

Tomkins, S. S. (1962). *Affect, imagery, consciousness: Vol. 1. The positive affects.* New York: Springer.

Tomkins, S. S. (1963). *Affect, imagery, consciousness: Vol. 2. The negative affects.* New York: Springer.

Tomkins, S. S. (1991). *Affect, imagery, consciousness: Vol. 3. The negative affects: Anger and fear.* New York: Springer.

Toronto, E. L. K. (2001). The human touch: An exploration of the role and meaning of physical touch in psychoanalysis. *Psychoanalytic Psychology, 18,* 37-54.

Tronick, E. (1989). Emotions and emotional communication in infants. *American*

Psychologist, 44, 112-119.

Tyson, P. (1996). Object relations, affect management, and psychic structure formation. *Psychoanalytic Study of the Child, 51,* 172-189.

van der Kolk, B. A., McFarlane, A. C., & Weisaeth, L. (Eds.) (1997). *Traumatic stress: The effects of overwhelming experience on mind, body, and society.* New York: Guilford Press.

Vaughan, S. C. (1997). *The talking cure: The science behind psychotherapy.* New York: Grosset/Putnam.

Volkan, V. D. (1984). *What do you get when you cross a dandelion with a rose? The true story of a psychoanalysis.* New York: Jason Aronson.

Wachtel, P. L. (1977). *Psychoanalysis and behavior therapy: Toward an integration.* New York: Basic Books.

Wachtel, P. L. (1997). *Psychoanalysis, behavior therapy, and the relational world.* Washington, DC: American Psychological Association.

Waelder, R. (1937). The problem of the genesis of psychical conflicts in earliest infancy. *International Journal of Psycho-Analysis, 18,* 406-473.

Walker, L. E. (1980). *The battered woman.* New York: HarperCollins.

Wallerstein, R. S. (1986). *Forty-two lives in treatment: A study of psychoanalysis and psychotherapy.* New York: Guilford Press.

Wallerstein, R. S. (1988). One psychoanalysis or many? *International Journal of Psycho-Analysis, 69,* 5-19.

Wallerstein, R. S. (Ed.) (1992). *The common ground of psychoanalysis.* Northvale, NJ: Jason Aronson.

Wallerstein, R. S. (1998). *Lay analysis: Life inside the controversy.* Hillsdale, NJ: Analytic Press.

Wampold, B. E. (2001). *The great psychotherapy debate: Models, methods, and findings.* Mahwah, NJ: Erlbaum.

Washton, A. M. (Ed.) (1995). *Psychotherapy and substance abuse: A practitioner's handbook.* New York: Guilford Press.

Washton, A. M. (2004). *Substance abuse treatment in office practice.* New York: Guilford Press.

Weinberger, J. (1995). Common factors aren't so common: The common factors dilemma. *Clinical Psychology: Science and Practice, 2,* 45-69.

Weiss, J. (1993). *How psychotherapy works: Process and technique.* New York: Guilford Press.

Weiss, J., Sampson, H., & the Mt. Zion Psychotherapy Research Group. (1986). *The psychoanalytic process: Theory, clinical observation, and empirical research.* New York: Guilford Press.

Welch v. American Psychoanalytic Association, No. 85 Civ. 1651 (JFK), 1986 U. S. Dist. Lexis 27182 (S. D. N. Y., April 14, 1986).

Welch, B. L. (1999). Boundary violations: In the eye of the beholder. Interview in *Insight: Safeguarding psychologists against liability risks.* American Professional Agency.

Welch, B. L. (2003, November 15). *Safe practice: Legal and ethical dimensions* [Seminar on risk management], Philadelphia, PA.

Westen, D. (1998). The scientific legacy of Sigmund Freud: Toward a psychodynamically informed psychological science. *Psychological Bulletin, 124,* 333-371.

Wheelis, A. (1958). *The quest for identity: The decline of the superego and what is happening to American character as a result.* New York: Norton.

Wilson, A. (1995). Mapping the mind in relational psychoanalysis: Some critiques, questions, and conjectures. *Psychoanalytic Psychology, 12,* 9-30.

Winnicott, D. W. (1947). Hate in the countertransference. In *Collected papers* (pp. 194-203). New York: Basic Books, 1958.

Winnicott, D. W. (1953). Transitional objects and transitional phenomena?A study of the first not-me possession. *International Journal of Psycho-Analysis, 34,* 89-97.

Winnicott, D. W. (1954). The depressive position in normal emotional development. In *Through paediatrics to psycho-analysis* (pp. 262-277). New York: Basic Books, 1975.

Winnicott, D. W. (1955). Metapsychological and clinical aspects of regression within the psycho-analytical set-up. *International Journal of Psycho-Analysis, 36,* 12-26.

Winnicott, D. W. (1958). The capacity to be alone. In *The maturational process and the facilitating environment* (pp. 29-37). London: Hogarth Press, 1965.

Winnicott, D. W. (1960). Ego distortion in terms of true and false self. *The maturational process and the facilitating environment* (pp. 140-152). New York: International Universities Press, 1965.

Winnicott, D. W. (1963). Psychiatric disorder in terms of infantile maturational processes. In *The maturational process and the facilitating environment* (pp. 37-55). New York: International Universities Press, 1965.

Winnicott, D. W. (1971). *Playing and reality.* New York: Penguin.

Wolf, E. S. (1998). *Treating the self: Elements of clinical self psychology.* New York: Guilford Press.

Wolpe, J. (Ed.) (1964). *The conditioning therapies: The challenge in psychotherapy.* New York: Holt, Rinehart, & Winston.

Wurmser, L. (1981). *The mask of shame.* Baltimore: Johns Hopkins University Press.

Yalom, I. D. (2002). *The gift of therapy: An open legger to a new generation of therapists and their patients.* New York: HarperCollins.

Yeomans, F. E., Clarkin, J. F., & Kernberg, O. F. (2002). *A primer of transference-focused psychotherapy for the borderline patient.* Northvale, NJ: Jason Aronson.

Yogman, M. W. (1981). Games fathers and mothers play with their infants. *Infant Mental Health Journal, 2,* 241-248.

Young, J. E., Klosko, J. S., & Weishaar, M. E. (2003). *Schema therapy: A practitioner's guide.* New York: Guilford Press.

Young-Breuhl, E., & Bethelard, F. (2000). *Cherishment: A psychology of the heart.* New York: Free Press.

Young-Eisendrath, P. (2001). When the fruit ripens: Alleviating suffering and increasing compassion as goals of clinical psychoanalysis. *Psychoanalytic Quarterly, 70,* 265-285.

Zetzel, E. (1956). Current concepts of transference. *International Journal of Psycho-Analysis, 37,* 369-376.

Zetzel, E. (1970). *The capacity for emotional growth.* New York: International Universities Press.

찾아보기

인명

내용

※ 저자 소개

❖ Nancy McWilliams(Ph.D.)

Rutgers에 있는 New Jersey 주립대학 응용 및 전문 심리학 대학원에서 정신분석적 이론과 치료를 가르치고 있다. 1978년에 미국 정신분석 심리학회(National Psychological Association for Psy-choanalysis)로부터 자격증을 받은 그녀는 New Jersey의 정신분석 및 심리치료 연구소, 현대 심리치료의 전국 수련프로그램, 현대 정신분석 연구를 위한 미네소타 연구소에서도 가르치고 있으며, 미국 전역과 캐나다, 멕시코, 러시아, 스웨덴, 그리스, 터키, 호주, 뉴질랜드를 순회하며 강의를 하고 있다. 그녀는 New Jersey의 Flemington에서 개업하여 정신분석, 정신역동적 심리치료와 슈퍼비전을 하고 있다. 『정신분석적 진단: 치료과정에서의 성격구조 이해』(Guilford Press, 1994)와 『정신분석적 사례이해』(Guilford Press, 1999)의 저자이며, 성격, 정신병리, 심리치료, 이타주의, 성(sexuality and gender)에 관한 여러 논문을 발표하였다.

※ 역자 소개

❖ 권석만

서울대학교 심리학과를 졸업하고 동 대학원에서 임상심리학을 전공하여 석사학위를 받았다. 서울대병원에서 임상심리 수련과정을 수료하였으며, 임상심리전문가 및 정신보건임상심리사(1급) 자격을 취득하였다. 호주의 Queensland 대학교 심리학과에서 박사학위를 받았으며, 현재 서울대학교 심리학과 교수로 재직하고 있다. 주요 저서로 『현대 이상심리학』 『인간관계의 심리학』 『우울증』 『자기애성 성격장애』(공저) 등이 있으며, 역서로는 『인지치료의 창시자-아론 벡』 『단기심리치료』(공역), 『심리도식치료』(공역), 『정신분석적 사례이해』(공역) 등이 있다.

❖ 이한주

서울대학교 심리학과를 졸업하고 동 대학원에서 임상심리학을 전공하여 석사학위를 받았다. 서울대병원에서 임상심리 수련과정을 수료하였으며, 임상심리전문가 및 정신보건임상심리사(1급) 자격을 취득하였다. 미국의 Texas 대학교 심리학과에서 임상심리학 박사학위를 받았으며, 현재 미국 Wisconsin 대학교 심리학과 조교수로 재직 중이다. 주요 저서로 『강박성 성격장애』(공저), 『사례로 읽는 임상심리학』(공저) 등이 있으며, *Behavior Research and Therapy*를 비롯한 저명한 학술지에 강박장애에 관한 여러 논문을 발표하였다.

❖ 이순희

서울대학교 심리학과를 졸업하고 동 대학원에서 임상심리학을 전공하여 석사학위를 받았다. 서울대병원에서 임상심리 수련과정을 수료하였으며, 임상심리전문가 및 정신보건임상심리사(1급) 자격을 취득하였다. 현재 미국의 Rochester 대학교 심리학과에서 임상심리학 박사학위과정을 이수하고 있으며, 불안장애에 관한 여러 논문을 발표하였다.

정신분석적 심리치료

Psychoanalytic Psychotherapy
A Practitioner's Guide

2007년 6월 11일 1판 1쇄 발행
2025년 3월 25일 1판 14쇄 발행

지은이 • Nancy McWilliams
옮긴이 • 권석만 · 이한주 · 이순희
펴낸이 • 김 진 환
펴낸곳 • (주) 학지사
04031 서울특별시 마포구 양화로 15길 20 마인드월드빌딩 5층
대표전화 • 02) 330-5114 팩스 • 02) 324-2345
등록번호 • 제313-2006-000265호
홈페이지 • http://www.hakjisa.co.kr
인스타그램 • https://www.instagram.com/hakjisabook

ISBN 978-89-5891-474-7 93180

정가 20,000원

역자와의 협약으로 인지는 생략합니다.
파본은 구입처에서 교환하여 드립니다.